漢語·華語抄畧

漢語·華語抄畧

朴在淵 · 朴徹庠 · 崔晶惠 共著

中韓翻譯文獻研究所
圖書出版 學古房

□ 일러두기

1. 음차자나 오기로 보이는 한자는 글자 옆에 [ ]로 바로잡아 주고, 원본이 훼손되거나 판독이 불가능한 글자는 □으로 표시하였다.
2. 【 】는 «漢語»와 «華語抄畧»의 쪽수를 나타내는데, a는 앞면을 b는 뒷면을 표시한다.
3. «漢語»는 회화 부분에서 화자가 달라질 때마다 문단을 바꾸어 주고, 40여 개의 에피소드를 각각 단락으로 나누었다.
4. «漢語»의 속담 부분에서 첫째 줄은 중국어 원문, 둘째 줄은 원 한글 번역, 셋째 줄은 현대어 번역, 넷째 줄은 보충 설명이나 대응되는 우리나라 속담을 나열하였다. 보충설명은 ( )으로, 우리나라 속담은 [ ]으로 표시하였다.
5. 각주의 경우, 표제항 / 한어병음 / 품사 / 중국어 석의 / 역학서와 명청 번역고소설의 용례 순으로 나열하였다.
6. 참조 표시 '☞' 를 두어 중국어 역학서나 필사본 한어 회화서, 명청 중국소설 번역본에 나타난 유사한 속담을 참조하도록 하였다.

머리말

본서에서 소개하는 《漢語》와 《華語抄畧》은 조선 후기의 한어회화서들로 속담, 관용구, 성구, 상용구 등을 살펴볼 수 있다는 공통점을 가지고 있다.

《漢語》는 필사본 한어회화서로 고문헌 연구가인 박철상 선생의 소장본이다. 《漢語》는 조선 말기의 책으로 추정되며 1장부터 12장까지는 속담이, 13장부터 35장까지는 중국어 회화가 실려 있다. 그 크기는 19.8×30.5cm이고 1책 35장으로 되어 있으며 원작자는 알 수 없다. 겉표지에는 붓글씨로 낙서처럼 덧칠이 되어 있는 가운데 "漢語"란 글자가 어렴풋이 보인다. 필체로 보건대 대략 19세기 말에서 20세기 초반에 필사된 것으로 추정된다. 각 면은 한어 원문이 10행씩으로 구성되어 있으며, 속담 원문 아래에 쌍행소자로 한글 번역이 되어 있다. 한어 원문에 언해문은 달려 있으나 주음은 달려 있지 않다.

《漢語》에 실린 속담 표현은 253개에 달하는데 한국의 속담과는 약간 다른 표현 형식들도 다수 있다. 이들은 '歇後語(헐후어)'에 속하거나 '관용구', 또는 '상용구'로 분류될 수 있는 표현들이다. 《漢語》에 나타난 속담 중에는 한국의 속담과도 매우 비슷하거나 혹은 유사한 속담들이 꽤 있어서 흥미롭다. 중국어 회화가 실려 있는 원문에서 대화의 시작과 끝은 줄을 바꿈으로써 표시하고 있다. 그 대화의 내용으로 보아 40개의 에피소드로 나누어 실어 놓았다.

《華語抄畧》은 선문대학교 중한번역문헌연구소가 소장하고 있는 필사본 한어 속담집이다. 기존에 발견된 대부분의 조선후기 필사본 한어회화서들과는 다르게 성구나 속담, 관용구를 모아 놓은 책으로 속담과 어휘 475 구절이 수록되어 있다. 표지는 왼쪽에 묵서의 큰 글씨로 "華音"이라 적혀 있고, 그 옆에 다시 붉은 색으로 "華音"이라고 다시 한 번 적혀 있다. 오른쪽에는 "乙巳淸和節"이라 적혀 있고 겉표지 뒷면에는 녹색으로 "乙巳中夏"로 표기되어 있어 1905년에 필사된 것임을 알 수 있다. 그런데 본문 제목은 "華語抄畧"이라 되어 있다.

《華語抄畧》의 한 면은 8행, 한 행은 20자 내외로 이루어져 있다. 특이한 점은 제1면에서 제3장 앞면까지만 오른쪽에 한글로 된 주음이 있다는 것이다. 제1

장 앞뒤 면은 녹색으로, 제2장 앞뒤와 제3장 앞면은 녹색으로 글씨가 적혀 있는 것을 볼 수 있다. 처음부터 원문과 같이 발음을 표기해 놓은 것이 아니라, 한문 원문을 다 적은 후에 그 사이사이에 처음부터 주음을 달다가 그만둔 것으로 보인다.《華語抄畧》에서는 어순의 변화, 부분 생략, 어휘 교체 등 다양한 형태의 변화를 보이는 속담들을 고찰할 수 있어서 관련 분야 연구에 도움을 줄 수 있는 자료라고 할 수 있다.

위 두 자료는 모두 국제학술대회에서 처음으로 소개되었다.《漢語》는 2012년 7월 28일에서 29일 덕성여자대학교에서 열린 역학서학회 제4회 국제학술대회에서 '새로 발견된 조선 말기의 한어 회화서 〈漢語〉에 나타난 속담에 대하여'라는 제목으로 발표하였고,《華語抄畧》은 2012년 8월 10일 한국외국어대학교에서 열린 한국중국언어학회 국제학술대회에서 '關於新發現的漢語俗語集《華語抄畧》'이라는 제목으로 발표하였다.

이 자료들을 한 권의 책으로 묶는 데 자료를 제공하고 영인을 허락해 주신 박철상 선생과《華語抄畧》입력을 도와준 김아영 선생에게 감사를 표한다. 그리고 같이 논문을 엮은 최정혜 교수와, 출판에 힘써 주신 학고방 하운근 사장님과 박은주 님에게도 고마운 마음을 전한다. 끝으로 이 책은 선문대학교 중한번역문헌연구소 근대한어자료 총서 중의 하나임을 밝힌다.

2012. 10. 9

朴在淵

目 次

조선 후기의 한어 회화서《漢語》에 나타난 속담에 대하여 ······ 9

關於朝鮮後期漢語會話書《漢語》中的俗語 ······ 33

關於漢語俗語集《華語抄畧》 ······ 54

修綆室 所藏《漢語》 ······ 64

中韓翻譯文獻研究所 所藏《華語抄畧》 ······ 184

[부록 : 원문 영인]

修綆室 所藏《漢語》 ······ 315

中韓翻譯文獻研究所 所藏《華語抄畧》 ······ 387

조선 후기의 한어 회화서 《漢語》에 나타난 속담에 대하여

1. 서 론

〈漢語〉는 조선 말기의 책으로 추정되는 한어 회화서로, 1장부터 12장까지는 속담을 모아 놓았고, 13장부터 35장까지는 중국어 회화로 이루어져 있다. 〈漢語〉는 고문헌 연구가인 박철상 선생 소장본으로, 크기는 19.8×30.5cm이고 1책 35장으로 되어 있으며 원작자는 알 수 없다. 겉표지에는 붓글씨로 낙서처럼 덧칠이 되어 있는 가운데 "漢語"란 글자가 어렴풋이 보인다. 필체로 보건대 대략 19세기 말에서 20세기 초반에 필사된 것으로 추정된다. 각 면은 한어 원문이 10행씩으로 구성되어 있으며, 속담 원문 아래 쌍행소자로 한글 번역이 되어 있다. 한어 원문에 번역문은 달려 있으나 주음은 달려 있지 않다.

〈漢語〉에 실려 있는 속담 표현은 253개에 달한다. 이 모두를 엄격한 의미에서 속담으로 볼 수 있느냐에 대해서는 다소간의 의문을 제기할 수 있다. 속담으로 보기에는 비유적인 표현이 덜한 직접적인 표현도 있고, 연어(collocation)처럼 동사구인 표현도 있다. 이들 각각을 모두 전형적인 한국의 속담 형식에 비견하여 진정한 속담인지 아닌지를 엄격하게 따지기보다는 한국의 속담 개념과 중국어의 속담 개념이 다르다는 것을 먼저 인지할 필요가 있겠다. 중국어의 속담은 '諺語', '歇後語[1]', '관용구' 등이 모두 포함되는 다소 광의의 개념이다. 따라서 이 논문에서는 중국어 속담의 개념에 근거하여 다소 융통성 있는 기준을 적용하고자 한다. 따라서 넓은 의미에서 경계와 풍자, 교훈을 담고 있으면서 관습적으

1) 歇後語(헐후어): 숙어의 일종으로 대부분이 해학적이고 형상적인 어구로 되어 있음. 원칙상 앞 뒤 두 부분으로 나뉘어져 있는데, 앞부분은 수수께끼 문제처럼 비유하고 뒷부분은 수수께끼 답안처럼 그 비유를 설명함. 보통 뒷부분은 드러내지 않고 앞부분만으로 뜻을 나타내는데 앞뒤 부분 모두를 병렬할 수도 있음. 수사법의 하나로서 문예작품이나 일상생활에서 성어(成語)와 마찬가지로 많이 쓰임. (『중한사전』, 2002, 고려대학교 민족문화연구원)

로 써 온 비유적인 표현에 대해서 속담으로 통칭하고 〈漢語〉에 실린 속담의 특징적인 부분들을 형식적인 측면과 내용적인 측면으로 나누어 살펴보고자 한다.

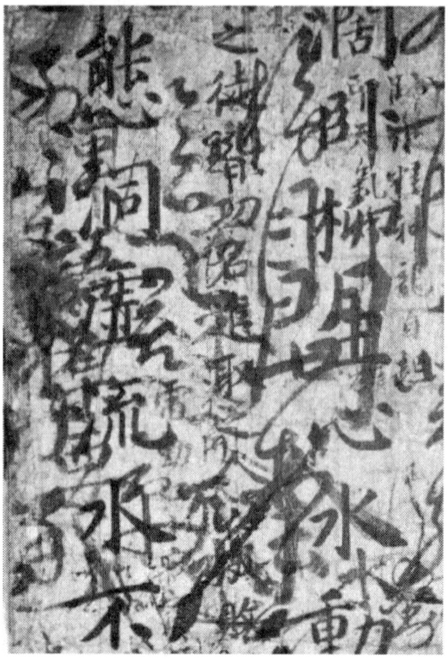

사진 1 : 표지

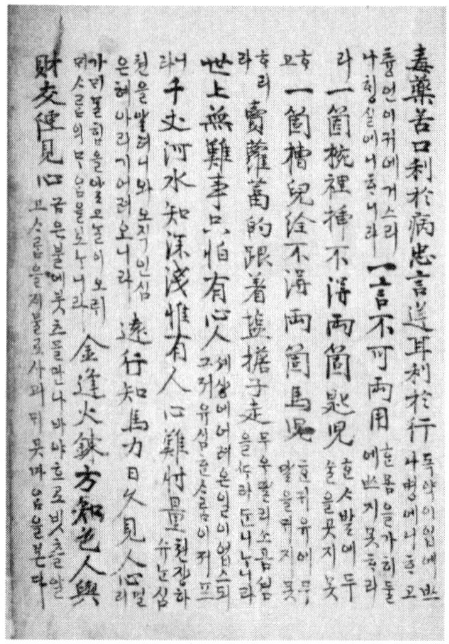

사진 2 : 속담을 써 놓은 면

2. 〈漢語〉에 나타난 속담 양상

2.1 형식적 특징

〈漢語〉에 나타난 속담[2]도 대개는 문장이지만 구(句)의 형식으로 이루어진 속담도 있다. 속담의 형식은 구이든 문장이든 해당 속담이 가진 속뜻이 가장 잘

2) 〈漢語〉에서는 실제로 속담이라고 하지 않고, '常言(상언)'이라고 지칭하고 있으며, 1회 등장한다. 속담의 의미로 쓰는 용어로는 '俚語', '俚諺', '俗諺', '常言', '常談' 등이 두루 쓰여 왔다. 정확하게 '속담'이라고 지칭한 것은 장서각 소장 〈三國志演義〉 번역필사본(18세기 초중반)에서 찾아볼 수 있다. 이에 따르면, "諺語云 '天與勿取, 反受其咎.' 某願明公詳察焉"에서 諺語를 풀이하면서 "**언** 〔**속담**이라〕 의 닐오ᄃᆡ 하ᄂᆞᆯ히 준 거ᄉᆞᆯ 가지디 아니ᄒᆞ면 도로혀 그 앙화ᄅᆞᆯ 밧ᄂᆞ다 ᄒᆞ니 원컨대 명공은 ᄉᆞᆯ피라(三國 8:102)"라고 한 것을 볼 수 있다. 속담에 해당하는 의미의 용어로 '쇽담'이라는 용어가 쓰인 것은 18세기 중반 자료인 〈同文類解〉(1748)에서 '俗話'의 번역어로 쓰인 것을 찾아볼 수 있다.

전달되면 그것으로 충분하다. 〈漢語〉에 있는 전체 253개의 속담 표현 중에 명사구의 형식을 보이는 표현은 다음 두 가지 경우만 관찰된다(아래는 원문, 번역문, 현대어 풀이의 순서로, 이하 인용문의 순서도 동일함. 숫자는 편의상 속담의 순서에 따라 필자가 붙인 것임).

(1) a. 47. 瞎厮的老婆, 師婆的丈夫.
쇼경의 겨집 무당의 셔방.
소경의 마누라 무당의 서방.

b. 245. 早茶晚酒飯後烟.
아츰 차와 져녁 술과 밥 후 담베.
아침 차와 저녁 술과 식후 담배.

한편 위 (1)은 중국어에서 관용구에 해당하는 예이다. 서론에서도 언급했듯이 중국의 속담은 우리나라의 속담보다도 그 형식적인 제약이 덜하다. 중국의 속담에는 '속언, 헐후어(歇後語), 관용구'가 포함되는데 이들 각각에 대해서 간단하게 살펴보고자 한다.

중국 속담의 한 부류로 포함되는 관용구는, 속담처럼 철학적이거나 이치에 대한 설명(哲理)을 담고 있지 않으면서 관용적인 쓰임을 갖는 표현을 말한다. 중국의 관용구는 두 가지의 부류로 나뉘는데, 그 하나는 (1)'구성요소들의 조합으로 일정한 의미를 나타내는 것'을 말하고, 다른 하나는 (2)'구성요소들의 조합으로 일정한 의미를 나타내지 않는 것'을 말한다. (1)의 경우는 우리나라의 속담과 거의 비슷해 보이며 (2)의 경우에는 그 글자수가 다소 적다는 특징이 있다. 즉, 한자로 3글자에서 많으면 10글자 정도의 표현 형식을 갖고 있다.

헐후어(歇後語)는 歇後謎語라고도 하는데 말 그대로 '뒷부분을 생략한 말'이란 뜻으로 풀이할 수 있다. 여기에는 뒷부분을 생략한 대신 '앞부분만으로 그 의미를 암시한다'는 뜻도 내포되어 있다. 즉, 歇後語는 모두 두 부분으로 구성되는데, 앞부분은 대부분이 형상적 비유로 마치 수수께끼의 문제와 같고, 뒷부분은 本意의 설명으로 마치 수수께끼의 답과 같다고 할 수 있다. 평소 말을 하거나 문장을 쓸 때, 다만 전반부의 비유만을 말하거나 쓰고 후반부의 해석을 생략함으로써, 청자나 독자들로 하여금 그 의미를 추측케 하는 것이다. 보통 뒷부분은 드러내지 않고 앞부분만으로 뜻을 나타내는데 앞뒤 부분 모두를 병렬할 수도 있다. 수천 년 동안 줄곧 군중들 사이에서 전해 내려오면서 생동감과 간결함, 선명함과 소박함, 재치와 유머 그리고 쉽고 평이함과 같은 특성으로 말미암아 대중들로부터 즐겨 사용되고 있으며 元明 희곡과 소설에 많이 사용되고 있다. '歇後'란 단어는 중국의 舊唐書란 책에서 최초로 쓰였으며, 당나라 侯白이 엮은 '啓顔錄'과 당대시인 杜甫의 시에서도 헐후어의 형식이 보이는 것으로 보아 이미 당대 이전부터 존재한 듯하다. 헐후어는 體式에 따라 成語式 歇後語와 比喩式 歇後語로 구분된다. 〈漢語〉에 실린 속담 표현 중 헐후어에 해당하는 예로는 다음 8가지를 들 수 있다.

(2) a. 14. 再看的木留着根兒 — 長者賜不敢辭.
다시 볼 나무ᄂᆞᆫ 글늘 두ᄂᆞ니라 어룬이 주ᄆᆡ 감히 사양치 못ᄒᆞᄂᆞ니라.
다시 볼 나무는 뿌리를 남겨 둔다. — 어른이 주시는 것은 사양하지 못한다.

b. 28. 猫弄水泡 — 空嘉[喜]歡.
괴가 물거품을 어르고 쇽절업시 깃거ᄒᆞᆫ다.
고양이가 돼지 오줌보를 가지고 놀다. — 속절없이 마냥 즐거워한다.

c. 37. 丢了枴棍 — 受狗欺.
막ᄃᆡ를 일흐면 ᄀᆡ 업슈이 너기믈 밧ᄂᆞ니라.
막대를 잃다. — 개의 업신여김을 받는다.

d. 43. 六月裡扇子不可借人 — 你熱我也熱.
뉴월 부ᄎᆡᄂᆞᆫ 빌니지 못ᄒᆞᆯ 거시니 너 더울 졔 나도 더우니라.
오뉴월 부채는 빌리지 못한다. — 너 더울 때 나도 덥다.

e. 80. 臘鴨子煮在鍋裡 — 身子兒爛；嘴頭兒還硬.
납월 오리를 가마의 살무니 몸은 물러도 부리ᄂᆞᆫ 오히려 세더라.
음력 십이월 오리를 가마에 삶다. — 몸은 물러도 부리는 오히려 딱딱하다(끝까지 지기 싫어하다).

f. 189. 豆芽菜 – 有甚綑兒.
콩기름이 므슴 뭇그미 이시리오.
콩나물 – 무슨 묶음이 있으리오(콩나물은 묶을 수 없다/체통이 안 서다/꼴이 아니다).

g. 222. 眼飽肚飢 – 畵餅充飢.
눈이 브르고 빅가 골푸니 그림에 썩이 골픈 거슬 메온다.
눈은 배부른데 배가 고프다. – 그림의 떡.

h. 236. 釘在椅子上 – 白不起身.
박인 듯기 교의 우희 이셔 부질업시 니지 아니흐다.
의자에 붙박인 듯이 앉아 있다. – 그냥은 일어나지 않는다.

중국어 표현이 전반부와 후반부의 두 부분으로 나뉘는 것은 헐후어의 전형적인 특징이라고 할 수 있다. 이를 반영해 현대역도 두 부분으로 나누어 기술하였다. 다만 〈漢語〉의 언해문은 이들을 하나의 문장으로 기술하고 있는데, 이것은 우리나라의 전형적인 속담 표현에는 헐후어처럼 두 부분으로 나누어진 형식이 없었기 때문에 우리나라식의 표현으로 바꾸어 제시해 놓은 것으로 추측할 수 있겠다.

또한 〈漢語〉에 나타난 다음 표현들은 연어 구성(collocation) 혹은 상용구와 비슷한 형식과 의미를 가진다. 즉 일상적으로 쓰일 수 있는 간단한 표현으로 굳이 완전한 문장이 아니어도 되며 은유처럼 비유적인 표현으로 쓰이지는 않는 표현들을 말한다. 〈漢語〉에 나타난 연어 구성 혹은 상용구에 속하는 표현들을 보이면 다음과 같다.

(3) a. 12. 特恩怎麽報淂.
특은을 엇지 갑흐리오.
특별한 은혜를 어찌 갚으리오.

b. 59. 動不動兒要罵人.
져기 나면 ᄉᆞ롬을 욕ᄒᆞ려 ᄒᆞᆫ다.

걸핏하면 남 욕하려 한다.

c. 76. 明日日頭打西出來.
ᄂᆡ일은 ᄒᆡ가 셔로 도드리라.
내일은 해가 서쪽에서 뜨겠다.

d. 93. 你拿甚麼嘴臉見我.
네 무슴 부리와 ᄂᆞᆾ츨 가져 나를 볼다?
네 무슨 낯짝으로 나를 보느냐?

e. 94. 起早眊晩狠辛苦了.
일 닐고 늣기야 쟈니 ᄀᆞ장 신고ᄒᆞ여라.
일찍 일어나고 늦게 자니 가장 고생스럽다.

f. 97. 是天大的造化了.
이 하ᄂᆞᆯᄀᆞᆺ치 큰 사망이로다.
이 하늘같이 큰 조화로다. / 더할 나위없이 큰 복이로다.

g. 104. 就殺身也難報.
곳 몸을 죽여도 갑기 어렵다.
목숨으로도 갚기 어렵다.

h. 110. 炕頭熱墊〻草兒.
캉 아ᄅᆡ목이 더우니 집흘 괴오라.
온돌 아랫목이 더우니 짚을 깔아라.

i. 117. 那淂閑錢買這箇東西使喚.
엇지 한가ᄒᆞᆫ 돈을 어더 이거슬 사 ᄡᅳ리오.
이런 것을 사서 쓸 공돈이 어디 있으리오.

j. 123. 自手不折怎的支使人.
제 손이 부러지〻 아니ᄒᆞ엿거든 엇지 ᄉᆞᄅᆞᆷ을 시기리오.

멀쩡한 제 손 놔두고 어찌 남을 시키리오.

k. 168. 誰人保得常無事.
뉘 건ᄂᆡ 일 업기를 미드리오.
그 누가 항상 무사하기를 보장할 수 있으리오.

l. 196. 見勢頭不好就跑去了.
셰 죠치 아니믈 보고 곳 나ᄅᆞ나다.
낌새가 좋지 않음을 보고 달아나다.

m. 197. 你看他的眼勢罷.
네 저의 눈츼를 보와라.
네 그 사람 눈치를 보라.

n. 198. 剛ㆍ的逢着這好機會.
겨요 이 죠흔 긔회를 만ᄂᆞ다.
겨우 이 좋은 기회를 만나다.

o. 199. 你要他也要到底給誰?
너도 달라 ᄒᆞ고 저도 ᄯᅩ 달라 ᄒᆞ니 나죵ᄂᆡ 누를 주리오.
너도 달라 하고 저도 달라 하니 도대체 누구를 주리오.

p. 235. 就在門縫裡張看.
곳 문틈에셔 ᄇᆞᄅᆞ보다.
문틈으로 엿보다.

q. 249. 這裡推那裡, 那裡推這裡, 就耽悞了半日.
예셔 져긔 미로고 졔셔 여긔 미러 곳 반일 머므다.
이리 저리 미루다 반일을 지체하다.

정리하자면, 〈漢語〉에 나타난 속담 표현들은 철학적이거나 이치와 관련된 심오한 의미는 갖지 않으면서 굳은 형식으로 쓰이는 관용구, 앞뒤 부분으로 나뉘어 수수께끼처럼 앞부분으로 뒷 부분을 추측하게 하는 헐후어, 특별히 비유적인 의미를 갖지는 않으면서 일상적으로 잘 어울려서 쓰는 상용구(연어 구성)로 나눌수 있겠다. 이렇게 중국어로 표현되는 관용구, 헐후어, 상용구를 모두 포함할 만한 한국어의 표현 단위가 정확하게 없으므로 본고에서는 그 형식과 의미면에서 근접하다고 볼 수 있는 '속담'으로 이들을 아울러 칭하고 있다.

다음으로 문형적인 특징을 살펴보고자 한다. 〈漢語〉에 실린 대부분의 속담 표현들은 문장의 형식을 취하고 있으며, 문형은 평서문이 대부분이다. 의문문과 명령문도 발견되는데, 의문문의 경우는 다음 (4a)를 제외하고는 나머지 14개의 표현 모두가 (4b)와 같은 수사의문문의 형식을 취하고 있는 것을 볼 수 있다. 짧은 문장으로 인상적인 메시지를 전달하기 위해서는 일반적인 의문문보다는 수사의문문이 더 적절한 전략일 것이다. 즉 질문에서 이미 결론 또는 해답을 내포하고 있는 수사의문문은 평이한 평서문보다 더 강력한 메시지를 전달할 수 있는 장치이기 때문이다.

(4) a. 92. 甚風刮了就是你來.
무슴 바ᄅᆞᆷ이 부러ᄂᆞ뇨 곳 이 네 왓도다.
무슨 바람이 불어서 왔느냐.

b. 10. 殺鷄焉用牛刀.
ᄃᆞᆰ을 죽이ᄆᆡ 엇지 우도를 ᄡᅳ료.
닭 잡는 데 소 잡는 칼을 쓰랴.

명령문의 형식을 취하고 있는 속담 표현은 많지 않지만, 다음 6가지 정도가 관찰된다.

(5) a. 73. 要知山下路, **須**問過來人.
산 아ᄅᆡ 길을 알려 ᄒᆞ거든 모로미 지나온 ᄉᆞᄅᆞᆷᄃᆞ려 **무르라**.
산 아래 길을 알려 하거든 모름지기 지나온 사람에게 물어라.

b. 111. 得意地方**別**再去.
득의ᄒᆞᆫ ᄯᅡ흔 다시 가지 **말라**.

뜻을 얻은 곳에 다시 가지 말라. (한 번 재미 본 일은 다시 하지 마라.)

c. 124. 不結子花**休**要種, 無義之人不可交.
열ᄆᆡ 여지 아니ᄒᆞᄂᆞᆫ 쏫츤 심으지 **말고** 의 업슨 ᄉᆞᄅᆞᆷ은 가히 ᄉᆞ괴지 아니리라.
열매 열리지 않는 꽃은 심지 말고 의리 없는 사람은 사귀지 말라.

d. 152. 打狗也看主人面, **不**看僧面看佛面.
개를 쳐도 쥬인의 ᄂᆞᆺ츨 보ᄂᆞ니 즁의 ᄂᆞᆺ츨 보지 말고 부쳐의 ᄂᆞᆺ츨 **보라**.
개를 쳐도 주인의 낯을 보듯이 중의 낯을 보지 말고 부처님 낯을 보라.

e. 191. 便淂一片橘皮吃, 切**莫**忘了洞庭湖.
곳 ᄒᆞᆫ 조각 귤피를 어더 먹고 일졀이 동졍호를 잇지 **말라**.
귤껍질 한 조각 얻어먹고 동정호를 잊지 말라. (근본을 잊지 말라.)

f. 202. 好的也放在心裡, 歹的也**放**在心裡.
죠흔 것도 마ᄋᆞᆷ에 너허 두고 사오나온 것도 마ᄋᆞᆷ에 너허 **두라**.
좋은 것도 마음에 담아 두고 나쁜 것도 마음에 담아 두라.

명령문인 속담 표현은 해당 표현에 쓰인 단어가 때로는 비유적인 표현을 포함하고 있는 경우도 있지만[3], 전체 문장의 표현에서는 직접적인 명령의 의미를 명료하게 전달하고 있는 특징을 보인다. 이는 명령문의 자체의 문형적 특징에서 비롯된 것으로 보인다. 직접적인 지시나 경계, 경고, 훈계 등을 나타내기 위해 사용하는 문형이 명령문이다 보니 직접적인 표현이 주로 쓰였을 것이라 추측할 수 있다. (5b), (5c), (5e)는 부정명령문으로 '別, 休, 莫'에 해당하는 번역문이 '말라' 형태로 나타나면서 부정문을 만들게 된다. (5b)의 '別'은 현대 중국어에서도 여전히 부정문을 만드는 기능을 갖고 있다.

속담 표현에서 흔히 관찰할 수 있는 형식적인 특징으로는 대구(對句)의 기법을 들 수 있다. 대(對)를 이루는 구절들을 반복적으로 배치할 때, 그 구절들이

3) (3b)의 표현에서 '열매 열리지 않는 꽃'은 물론 축자적으로도 해석할 수 있지만, '결실(결과)이 없는 일'과 같이 비유적으로도 해석할 수 있다.

비슷한 의미를 갖는다면 대구법을 이용해 전체 속담의 의미를 강조할 수 있게 된다. 따라서 대구는 전달하고자 하는 비유적인 의미를 좀 더 강조하여 전달할 수 있는 방법이 될 수 있다. 짧은 문장으로 인상적인 의미를 전달해야 하는 '속담'이라는 형식에서는 선호되는 전략이 될 수 있는 셈이다. 〈漢語〉에 수록된 속담 표현 중에 대구의 기법이 사용된 표현은 70여 개에 달한다.

(6) a. 3. 一箇椀裡揷不淂兩箇匙兒, 一箇槽兒絟不淂兩箇馬兒.
흔 ᄉᆞ발에 두 술을 곳지 못ᄒᆞ고 흔 귀유에 두 말을 ᄆᆡ지 못ᄒᆞ리라.
한 사발에 두 숟가락을 꽂지 못하고 한 구유에 두 말을 매지 못하리라.

b. 81. 人有貴賤, 口無尊卑.
ᄉᆞᄅᆞᆷ은 귀쳔이 이셔도 입은 존비 업ᄂᆞ니라.
사람은 귀천이 있어도 입은 위아래가 없다.

c. 122. 上不敬則下慢.
우히 공경치 아니ᄒᆞ면 아ᄅᆡ가 거만ᄒᆞᄂᆞ니라.
윗사람이 공경하지 않으면 아랫사람이 거만해진다.

(6a)는 가장 전형적인 대구의 기법이 쓰인 표현으로 '대등적 대구 표현'이라고 할 수 있다. '두 사람이 항상 같이 있으면 갈등이나 마찰이 있다'는 의미를 전달하기 위해서 '한 사발에 두 숟가락을 꽂지 못한다'와 '한 구유에 두 말을 매지 못한다'라는 같은 의미를 나타내는 두 문장을 대등적으로 연결하여 하나의 속담으로 만든 경우이다. 선행절과 후행절을 연결하는 연결어미는 대부분 '-고'가 사용되어, 두 개의 절이 같은 의미를 담고 있어서 전체 문장의 의미를 강조하게 된다. 혹은 다음의 (7a)나 (7b)와 같이 두 개의 절이 서로 관련이 있는 의미를 담고 있어서, 결과적으로 전체 문장의 의미를 강조하게 되는 경우도 있다. (7a)는 '잘 나갈 때 찾아오는 사람은 있어도 정말 어려울 때 도와주는 사람은 없다'라는 의미를 나타내고 (7b)는 '다른 사람의 말은 잘 들으면서 정작 가까이 있는 사람의 말은 귀담아 듣지 않는다'라는 의미를 나타낸다.

(7) a. 105. 錦上添花的有, 雪裡送炭的沒有.
길 우희 꼿 더ᄒᆞᄂᆞ니는 잇고 눈속에 숫 보ᄂᆡᄂᆞ니는 업ᄂᆞ니라.
비단에 꽃을 더하는 사람은 있어도 눈 속에 숯을 보내주는 사람은 없다.

b. 170. 外人說着金字經, 家人說着耳邊風.
외인의 니르믄 김ᄌᆞ경이오 가인의 니르믄 귀ᄀᆞ의 ᄇᆞ롬이라.
다른 사람의 말은 금과옥조요 집안 사람의 말은 마이동풍이라.

특히 (7b) 역시 '대등적 대구 표현'에 속하는 것으로, 선행절과 후행절이 연결되는 양상이 서로 관련된 절을 나열하는 방식으로 전체 문장의 의미를 나타내는 경우라고 하겠다.

(6b)는 서술어에서 '있다'와 '없다'라는 서로 상반되는 의미를 가진 서술어를 이용해 '입은 위아래가 없다'라는 의미를 부각시키고 있다. (6b)와 같은 표현은 '대조적 대구 표현'이라 할 수 있는데, 의미가 서로 맞서는 서술어를 선행절과 후행절에 배치시켜서 나타내고자 하는 의미를 강조하는 경우가 많다. 선행절과 후행절을 연결하는 어미로는 '-지만', '-아/어도/여도'와 같이 상반된 의미를 나타내는 형태가 쓰인다.

(8) a. 65. 一日賣了三担甲[假], 三天賣不了一担針[眞].
ᄒᆞᄅᆞ에 세 짐 갑옷슨 ᄑᆞ라도 사흘에 ᄒᆞᆫ 짐 ᄇᆞ늘은 ᄑᆞ지 못ᄒᆞᄂᆞ니라.
하루에 세 짐 갑옷은 팔아도 사흘에 한 짐 바늘은 팔지 못한다.
[정품은 사흘에 한 짐도 못 파는데 모조품은 하루에 세 짐이나 판다.]

b. 24. 秀才不出門, 廣知天下事.
슈ᄌᆡ가 문에 나지 아니ᄒᆞ여도 쳔하 일을 너비 아ᄂᆞ니라.
수재는 문밖을 나서지 않아도 천하 일을 널리 안다.

c. 13. 巧媳婦做不淂沒米飯, 醜媳婦免不淂見公婆.
ᄌᆡ간 잇는 겨집이라도 ᄡᆞᆯ 업슨 밥을 딧지 못ᄒᆞ고 더러온 며ᄂᆞ리도 싀부모 보기를 면치 못ᄒᆞᄂᆞ니라.

재주 있는 아내도 쌀 없이는 밥 못 짓고 못생긴 며느리도 시부모를 안 볼 수는 없다.

위의 (8) 표현들 역시 대조적 대구 표현의 예이다. (8a)는 서술어를 '팔다'와 '팔지 못하다'와 같이 한쪽의 서술어를 부정하는 형식으로 상반되게 표현함으로써 대구를 이루고 있다. (8b)는 두 절의 서술어가 의미상으로 대조를 이루는 경우로, '나서지 않아서 모른다'와 '나서지 않아도 안다'는 두 서술어가 의미상 맞서고 있는 표현이라고 할 수 있다. 한편 (8c)는 두 종류의 대구가 복합적으로 사용된 속담이다. 선행절인 '재주 있는 아내도 쌀 없이는 밥 못 짓다'와 후행절인 '못생긴 며느리도 시부모를 안 볼 수는 없다'는 대등적 대구 표현의 유형에 속한다. 그리고 선행절 안에서와 후행절 안에서 각각 대조적 대구 표현의 형식을 유지하고 있는 것을 볼 수 있다.

(6c)는 선행절과 후행절이 서로 상반되는 '조건적 대구 표현'이라고 할 수 있다. 이때 상반된다는 것은 형식적으로 선행절과 후행절의 표현이 상반되는 것을 말하며, 의미적으로는 상반되는 표현이 더해지면서 전체 문장은 한 가지의 통일된 의미를 표현하게 된다. 즉 (6c)에서는 '사람을 공경하라'는 메시지를 담고 있다. '조건적 대구 표현'에서는 선행절과 후행절을 연결하는 어미로 '-(으)면'처럼 조건이나 가정을 나타내는 형태가 쓰인다.

(9) a. 48. 春天不下種, 到秋那淂收.
봄에 삐을 쌔치 아니면 ᄀᆞ을의 엇지 거두리오.
봄에 씨를 뿌리지 않으면 가을에 어찌 거두리오.

b. 128. 善被人欺, 馬善被人騎.
ᄉᆞ름이 용ᄒᆞ면 ᄉᆞ름의 소김을 닙고 ᄆᆞᆯ이 용ᄒᆞ면 ᄉᆞ름의 타기를 닙ᄂᆞᆫ다.
사람이 착하면 남에게 잘 속고 말이 순하면 사람들을 태우게 된다.

위의 (9b)는 선행절과 후행절이 '대등적 대구 표현'으로 이어지면서 각 절 안에서는 조건적으로 연결된 속담이다.

2.2 내용적 특징

〈漢語〉에 실린 속담들 중에는 한국의 속담 표현과 거의 같거나 비슷한 경우가 있다. 또한 해석되는 의미는 동일하지만, 빗대어 표현하는 대상을 한국 속담과 다른 것을 사용하여 나타낸 경우도 있다. 우선 한국의 속담과 거의 같은 속담들로, 그 예를 보이면 다음과 같다 ([ ] 안에는 같은 의미로 조금 다르게 표현한 한국 속담 혹은 같은 의미를 나타내는 또다른 한국 속담을 보였다).

(10) a. 135. 孩兒不哭娘不妳.
아희가 우지 아니면 어미가 졋 먹이지 아니ᄒᆞᆫ다.
울지 않는 아이 젖 주랴.
[보채는 아이 밥 한 술 더 준다. / 우는 아이 떡 하나 더 준다.]

b. 141. 遠親不如近隣.
먼 겨레가 갓가온 동ᄂᆡ만 ᄀᆞᆺ지 못ᄒᆞ다.
먼 친척이 가까운 이웃만 못하다.
[먼 데 일가가 가까운 이웃만 못하다. / 이웃 사촌.]

c. 211. 不燒火的烟洞怎麽生烟.
블 아니 ᄯᆡ인 굴독에 엇지 ᄂᆡ가 나리오.
[아니 땐 굴뚝에 연기 나랴.]

d. 6. 千丈河水知深淺, 惟有人心難忖量.
천쟝 하슈ᄂᆞᆫ 심천을 알려니와 오직 인심은 혜아리기 어려오니라.
[천 길 물 속은 알아도 한 치 사람 속은 모른다.]

e. 17. 飢時糟糠, 甛如蜂蜜.
줄일 ᄯᆡ에 겨가 달기가 ᄭᅮᆯ 가트니라.
굶주릴 때 겨가 꿀처럼 달다.
[배부른 자에게는 고량진미를 주어도 별 맛을 모른다. / 시장이 반찬.]

f. 20. 孤掌難鳴, 單絲不線.
외손벽이 울기 어렵고 홋올이 실 되지 못ᄒᆞᆫ다.

외손뼉이 울기 어렵고 홑올로는 실이 되지 못한다.
[외손뼉이 못 울고 한 다리로 가지 못한다. / 외손뼉이 울랴.]

g. 30. 快刀割水兩開難.
드ᄂᆞᆫ 칼노 물을 버히ᄆᆡ 둘희 나기 어려오니라.
드는 칼로 물을 베지만 가르기 어렵다.
[칼로 물베기.]

h. 69. 好話不出門, 惡事傳千里.
죠흔 말은 문에 나지 아니ᄒᆞ고 사오나온 일은 쳔리에 젼ᄒᆞᄂᆞ니라.
좋은 말은 문 밖을 나지 않으나 나쁜 말은 천리를 간다.
[나쁜 소문은 빨리 퍼진다.]

i. 76. 明日日頭打西出來.
ᄂᆡ일은 ᄒᆡ가 셔로 도드리라.
[해가 서쪽에서 뜨겠다.]

j. 155. 十箇指頭咬着都疼.
열 손가락을 물면 다 알프니라.
[열 손가락 깨물어 아프지 않은 손가락 없다.]

k. 132. 少雀兒赶不上老鶴兒的寸步.
뱝ᄉᆡ가 황ᄉᆡ 거름을 ᄯᆞ로지 못ᄒᆞᄂᆞ니라.
[뱁새(/촉새)가 황새 따라가다가 가랭이 찢어진다.]

l. 139. 小厮眼前不可吃水.
져근 아희 눈에ᄂᆞᆫ 믈 먹지 못ᄒᆞ리로다.
작은 아이 눈에는 물 먹지 못하리라.
[아이들 보는데 찬물도 못 마시겠다.]

m. 21. 網雖千口, 不如一綱.
그물이 비록 쳔 입이나 ᄒᆞᆫ 별이만 갓지 못ᄒᆞ니라.

그물이 천 코라도 벼리 하나만 못하다.
[그물이 삼천 코라도 벼리가 으뜸. / 그물이 열 자라도 벼리가 으뜸.]

n. 115. 賒三不迭現二.
셋 지운 거시 현셩ᄒᆞᆫ 둘만 ᄀᆞᆺ지 못ᄒᆞ다.
외상 주고 세 개 파느니 현금 받고 두 개 파는 게 낫다.
[부자집 외상보다 거랭이[4] 맞돈이 좋다.]

o. 207. 老鴉叫十二樣聲, 誰愛他麽.
가마괴 열두 가지 쇼ᄅᆡ ᄒᆞᆫ들 뉘 저를 ᄉᆞ랑ᄒᆞ랴.
까마귀 열두 가지 소리 한들 누가 저를 사랑하랴.
[까마귀 하루에 열두 마디를 울어도 송장 먹은 소리.]

p. 140. 燈臺照不淂自己.
등ᄃᆡ가 제 몸을 비최지 못ᄒᆞᆫ다.
등잔도 자기 몸을 비추지 못한다.
[등잔 밑이 어둡다. / 등하불명 / 중이 제 머리를 못 깎는다.]

q. 220. 人是舊的好, 衣是新的好.
ᄉᆞ름은 오ᄅᆡ니가 죠코 옷슨 ᄉᆡ거시 죠흐니라.
사람은 구관이 명관이오 옷은 새옷이 좋다.
[사람은 헌 사람이 좋고 옷은 새 옷이 좋다. / 옷은 새것이 좋고 님은 옛 님이 좋다.]

이들 속담은 (10a)나 (10b), (10l), (10n)처럼 인간사(人間事)와 관련된 일상적인 의미를 표현하거나, (10c), (10h)처럼 보편적인 진리를 표현하는 경우들로 한국과 중국이라는 사회 문화적 차이와는 크게 관련이 없는 속담들이라 할 수 있겠다. 반면 궁극적인 의미는 한국 속담과 동일하지만 한국 속담에서와는 다른 대상을 이용하여 표현한 속담들도 있는데, 〈漢語〉에서는 20여 개의 속담 표현을 찾아볼 수 있었다. 그 예들을 보이면 다음과 같다. 인용문의 순서는 지금까

4) 거랭이: 거지가 비럭질하여 얻은 음식물을 거두어 놓은 밥주머니.

지의 순서와 같으며, 각 인용문의 마지막 [ ] 안에는 해당되는 한국 속담을 써 놓았다.

(11) a. 24. 秀才不出門, 廣知天下事.
슈ᄌᆡ가 문에 나지 아니ᄒᆞ여도 쳔하 일을 너비 아ᄂᆞ니라.
수재는 문밖을 나서지 않아도 천하 일을 널리 안다.
[두메 앉은 이방이 조정 일 알듯.]

b. 33. 拿一箇魚混一河水.
ᄒᆞᆫ 낫 고기를 잡으ᄆᆡ 왼내를 흐리온다.
물고기 한 마리 잡으려다 온 시냇물을 흐린다.
[빈대 잡으려고 초가삼간 태운다.]

c. 38. 虎入平林被犬欺, 龍離大海受蝦戱.
범이 평님에 들면 개 업슈이 너기믈 닙고 농이 대ᄒᆡ를 ᄯᅥᄂᆞ면 ᄉᆡ오의 희롱을 밧ᄂᆞ니라.
호랑이가 평평한 숲에 들면 개의 업신여김을 받고 용이 큰바다를 떠나면 새우의 조롱을 당한다.
[용이 물밖에 나면 개미가 침노를 한다.]

d. 67. 鴈過留聲, 人過留名.
기러기 지나ᄆᆡ 소ᄅᆡ를 머믈고 ᄉᆞ름이 지나ᄆᆡ 일홈을 머믈온다.
기러기 지나가면 소리가 남고 사람이 지나면 이름이 남는다.
[호랑이는 가죽을 남기고 사람은 이름을 남긴다.]

e. 136. 纔生的犢兒不怕大蟲.
갓ᄂᆞᆫ 쇼야지가 큰 즘ᄉᆡᆼ을 저퍼 아니ᄒᆞ다.
갓난 송아지 범 무서운 줄 모른다.
[하룻강아지 범 무서운 줄 모른다.]

f. 143. 嗔拳不打笑臉.
셩ᄂᆡᆫ 쥬머괴 웃ᄂᆞᆫ 밤를 치지 못ᄒᆞᆫ다.

성난 주먹이 웃는 빰을 치지 못한다.
[웃는 낯에 침 못 뱉는다.]

g. 146. 龍鬪虎爭, 苦了小獐.
농이 ᄡᆞ호고 범이 ᄃᆞ토ᄆᆡ 져근 놀니 익굿다.
용과 호랑이가 싸움에 새끼 노루만 다친다.
[고래 싸움에 새우등 터진다.]

h. 163. 一年經蛇咬, 三年怕井繩.
ᄒᆞᆫ ᄒᆡ를 ᄇᆡ암 물려 지ᄂᆡ면 삼년을 드레줄도 저퍼ᄒᆞᄂᆞ니라.
한 해를 뱀에 물려 지내면 삼 년을 두레박줄 보고도 두려워한다.
[자라 보고 놀란 가슴 솥뚜껑 보고 놀란다. / 불에 놀란 놈 화젓가락 보고 놀란다. / 불에 놀란 놈 부지깽이만 보아도 놀란다.]

i. 206. 出頭椽兒先朽爛.
모ᄂᆞᆫ 혀가 몬져 ᄡᅥᆨᄂᆞ니라.
튀어나온 서까래가 먼저 썩는다.
[모난 돌이 정 맞는다.]

j. 208. 老鴉還笑猪蹄黑.
가마괴 도로혀 되야지 발 거믄 거슬 웃ᄂᆞᆫ다.
까마귀가 도리어 돼지다리 검다고 비웃는다.
[똥 묻은 개가 겨 묻은 개 나무란다. / 그슬린 돼지가 달아맨 돼지 타령한다.]

k. 49. 偷鷄的猫兒到底不改性.
ᄃᆞᆰ 도적ᄒᆞᄂᆞᆫ 괴가 마ᄎᆞᄂᆡ 본셩을 고치지 못ᄒᆞᆫ다.
닭 훔치는 고양이가 끝끝내 본성을 못 고친다.
[제 버릇 개 못 준다.]

l. 82. 滿瓶不搖半瓶搖.
왼병은 흔들리지 아니ᄒᆞ고 반병은 흔들리ᄂᆞ니라.
가득 찬 병은 흔들리지 않아도 반병은 흔들린다.

[빈 달구지 굴러가는 소리가 더 요란하다.]

m. 154. 一魚混水, 衆魚不安.
ᄒᆞᆫ 낫 고기 물을 흥치ᄆᆡ 뭇고기 편안치 아니타.
물고기 한 마리가 온 웅덩이 물을 다 흐리니 여러 물고기 편치 않다.
[미꾸라지 한 마리가 온 웅덩이 물을 다 흐린다.]

n. 160. 掩耳偸鈴一般.
귀를 가리오고 방올 도적홈 갓다.
귀를 가리고 방울 도적하다.
[눈 가리고 아웅한다.]

(11)은 서로 다른 대상을 이용해 동일한 의미를 나타내는 속담들로, 한국 속담에서 쓰인 사물과 유사한 범주에 있는 사물들을 이용해 속담으로 표현한 것이다. 즉, (11a)에서 '수재'는 한국 속담에서 '이방'으로 표현되었고 (11b)에서 '물고기'는 '빈대'로, (11c)에서 '호랑이/용'이 '용'으로 표현되고 '개/새우'가 '개미'로 각각 포현되었다. (11d)에서는 '기러기'가 '호랑이'로, (11e)에서는 '송아지'가 '강아지'로, (11f)에서는 '뺨'이 '낯'으로, (11g)에서는 '용'과 '호랑이'는 한국 속담에서 '고래'로 표현되었고 '새끼 노루'가 '새우'로 표현되었다. 그리고 (11h)에서는 '뱀'이 '자라'로, '두레박줄'이 '솥뚜껑'으로 표현되었고, (11i)에서는 '서까래'가 '돌'로, (11j)에서는 '까마귀'가 '개'로 표현되었다. (11k)는 '고양이'를 '사람'으로 (11l)은 '병'을 '달구지'로 표현하였다. (11m)은 '물고기'를 '미꾸라지'로, (11n)은 '귀'를 '눈'으로 표현하였다. 서로 교체되어 표현된 속담은 동물 범주의 대상들끼리, 혹은 신체 범주의 대상들끼리, 혹은 인공물 범주의 대상들끼리 그 안에서 교체되었지만, 교체된 각각의 속담 의미는 같은 맥락에서 의미가 통한다.

(12) a. 98. 上樑不正底樑歪.
웃들뵈 바로지 아니면 아릭들뵈 기우ᄂᆞ니라.
위의 들보가 바로 되지 않으면 아래 들보가 기운다.
[윗물이 맑아야 아랫물도 맑다.]

b. 221. 十斧俱下, 無不砍倒.
열 도ᄭᅴ 홈ᄭᅴ ᄂᆞ리ᄆᆡ 찍어 것구러지ᄂᆞᆫ 아니리 업ᄂᆞ니라.
열 도끼 함께 나림에 찍어 가꾸러지지 않는 이 없다.
[열 번 찍어 아니 넘어가는 나무 없다.]

c. 18. 自家養活的狗還咬脚後跟兒.
나 기른 개가 도로혀 발뒤측을 문다.
내가 기른 개가 발뒤꿈치를 문다.
[믿는 도끼에 발등 찍힌다. / 믿는 나무에 곰이 핀다.]

d. 32. 可惜了, 好一塊羊肉落在狗口裡.
앗갑다 죠흔 ᄒᆞᆫ 덩이 양육이 ᄀᆡ 입에 ᄯᅥ러졋다.
아깝다 좋은 한 덩이 양고기가 개 입에 떨어졌다.
[개발에 주석 편자(/버선).]

e. 41. 天塌了還有撑天大漢子.
하ᄂᆞᆯ이 문허져도 ᄃᆞ로혀 하ᄂᆞᆯ 고일 큰 놈이 잇ᄂᆞ니라.
하늘이 무너져도 도리어 하늘 고일 큰 놈이 있다. / 큰 문제가 생겨도 이를 해결할 사람이 나타나게 마련이다.
[하늘이 무너져도 솟아날 구멍이 있다.]

f. 58. 狐狸打不成倒惹了一屁骨臊.
여으를 쳐 잡지 못ᄒᆞ고 도로혀 왼 밋 노린내만 내다.
여우를 잡기는커녕 밑 노린내만 맡다.
[막걸리 거르려다 지게미도 못 건지다.]

g. 246. 親不親故鄉人, 美不美鄉中水.
친ᄒᆞ고 친치 아니나 고향 ᄉᆞ름이오 ᄋᆞ롬다오나 ᄋᆞ롬답지 아니나 향즁 물이라.
친하던 친하지 않던 고향 사람이오 아름답던 아름답지 않던 고향의 물이라.
[까마귀도 내 땅 까마귀라면 반갑다.]

h. 179. 人ㆍ有面, 樹ㆍ有皮.
ᄉᆞᄅᆞᆷ마다 ᄂᆞᆾ치 잇고 나무마다 가족 잇다.
사람마다 낯이 있고 나무마다 가죽 있다.
[빈대도 콧등이 있다.]

위 (12)는 교체되는 대상들이 다른 의미 범주에 속하는 속담에 해당된다. (12a)에서 '들보'는 한국 속담에서 '물'로 나타나고, (12b)에서 '사람(이)'은 '나무'로 나타난다. (12b)의 경우, 〈漢語〉의 속담 자체가 비유적인 표현이므로 사실은 한국 속담과 일맥상통하는 측면이 있다고 할 수 있다. 즉, 결국 〈漢語〉의 속담에서 '사람(이)'이 나무를 의미한다고 본다면, 거의 동일한 속담으로 처리해도 될 것이다. (12c)에서 '개'는 '도끼'로, (12d)에서 '양고기'는 '주석 편자'로 나타났다. 양고기는 우리나라에서 전통적인 음식 재료로 사용한 것은 아니므로 (12d)의 속담은 중국 식문화를 반영한 표현이라고 할 수 있을 것이다. (12e)은 '사람'이 '구멍'으로, (12f)는 '여우'를 '막걸리'로 나타냈다. (12g)는 〈漢語〉 속담에서는 '사람'과 '물'로 표현한 것을 우리 속담에서는 '까마귀'로 나타낸 예이다.

한편, 다음의 (13o)와 (13s)의 속담은 〈漢語〉에 나타난 표현이 더 구체적이고 이에 대응되는 한국 속담은 포괄적으로 표현된 경우이다.

(13) o. 46. 做一日和尙撞一日鐘.
하ᄅᆞ 즁 되면 하ᄅᆞ 북을 치ᄂᆞ니라.
하루 중 노릇하면 하루 북을 친다.
[하루살이 살림.]

s. 125. 千里上官只爲口.
쳔리예 벼슬ᄒᆞ기ᄂᆞᆫ 다만 입을 위호미라.
천리를 멀다 않고 벼슬살이 가는 것은 다 먹고 살기 위해서이다.
[목구멍이 포도청이다.]

때로는 여러 개로 달리 표현되는 속담이 궁극적으로는 한 가지 의미로 해석되는 경우도 있다. 〈漢語〉에 나타나는 속담 중에서 한국의 속담과 대응되는 경우에 그 대응되는 속담이 두 가지 이상이 되는 예들도 찾아볼 수 있다. 이들은 〈漢語〉의 속담에서 쓰인 대상물들과는 다른 범주의 대상물을 이용하여 비유하면서 대응되는 속담 표현으로 나타난다.

(14) a. 2. 一言不可兩用.
혼 몸을 가히 둘에 쁘지 못ᄒᆞ리라.
한 몸을 가히 둘에 쓰지 못하리라.
[한 몸에 두 지게는 질 수 없다. / 한 말등에 두 안장 지울가.]

b. 109. 木不鑽不透, 話不說不明.
남글 뚤지 아니면 사뭇지 못ᄒᆞ고 말을 니르지 아니면 붉지 못ᄒᆞᄂᆞ니라.
나무를 뚫지 않으면 사무치지 못하고 말을 이르지 않으면 분명하지 못하다.
[고기는 씹어야 맛이고 말은 해야 맛이다. / 벙어리 속은 그 어미도 모른다.]

c. 39. 十箇狼守一箇犢兒, 誰的先下口.
열 일희가 혼 쇠야지를 직희ᄆᆡ 뉘 몬져 먹을고.
이리 열 마리가 송아지 한 마리를 지킴에 누가 먼저 먹을고.
[고양이보고 반찬가게 지키란다. / 고양이에게 제물을 지키란다. / 개에게 된장 덩어리 지키게 하는 격. / 귀신에게 떡 맡기는 격.]

(11), (12), (13), (14)에 나타난 속담들이 특별히 그 당시의 사회 문화적 풍속을 나타낸다거나 중국의 풍습을 잘 보여준다거나 하는 증거가 명확하게 나타나지 않는다. 크게는 동양 문화권에 속한 나라들이어서 사고방식이나 생활 풍습이 많이 다르지 않아서일 것이다. 따라서 관습적으로 써 온 비유적인 언어 표현인 속담에서도, 약간씩은 다른 대상을 이용해 달리 표현된다고 하더라도 미루어 짐작할 수 있을 정도의 변이형들이 존재하는 것은 아닐까 하는 추측을 해 볼 수 있겠다.

이전 시대에 쓰이다가 한동안 쓰이지 않아서 소실되어 가는 어휘로 분류되었던 어휘가 〈漢語〉에서 관찰되었다. 바로 '건ᄂᆡ'와 '거ᄂᆡ'이다.

(15) a. 88. 時常家裡穿梭一般走.
건닉 집의 뵈틀에 북 나드ᄃᆞ시 단니다.
늘상 집의 베틀에 북 나들 듯이 싸다닌다.

b. 168. 誰人保淂常無事.
뉘 **건닉** 일 업기를 미드리오.
그 누가 항상 무사하기를 보장할 수 있으리오.

c. 112. 知足者常樂, 能忍者自安.
죡ᄒᆞᆫ 줄 아ᄂᆞ니ᄂᆞᆫ **거닉** 즐기고 능히 참ᄂᆞ니ᄂᆞᆫ ᄉᆞᄉᆞ로 편안ᄒᆞ니라.
족한 줄 아는 사람은 항상 즐겁고 능히 참는 사람은 저절로 편안하니라.

'건닉'와 '거닉'는 문맥상 '늘'이라는 의미로 해석된다. (15)에서 '건닉'와 그 이형태인 '거닉'는 한자어 '時常' 또는 '常'의 대역어로 쓰였다. 속담집 〈漢語〉에 보이는 '건닉'는 역학서인 〈朴通事新釋諺解〉(1765)에서 그 용례를 찾아볼 수 있다.

(16) a. 큰 형아 네 放心ᄒᆞ라 내 **건닉** 혼자 와 쏠 제 살마다 다 관혁에 관을 마치ᄂᆞ니 오ᄂᆞᆯ 엇디 긔지 못ᄒᆞᆯ 理 이시리오 (大哥你放心, 我**往常**獨自一箇來射, 箭箭都射着把子上的紅心, 今日豈有不贏之理呢?) 〈朴新 1:53b〉

b. 만일 너ᄀᆞᆺ치 이 게어른 아ᄒᆡ들이 다만 **건닉** 놀기만 貪ᄒᆞ여 나지 즐겨 빗기지 아니ᄒᆞ며 먹이기를 ᄀᆞ음아지 아니ᄒᆞ고 밤에 ᄯᅩ 죽은ᄃᆞ시 자고 즐겨 니러 여믈을 주지 아니ᄒᆞ니 이 ᄆᆞᆯ이 엇디 능히 ᄉᆞᆯ디리오 (若像你這懶小厮們, 只是一**味**貪頑, 日裏不肯刷不管喂, 夜裏又死睡不肯起來添草, 這馬如何能長膘呢?) 〈朴新 1:24b〉

두 번의 용례에서 '건닉'는 〈朴通事新釋諺解〉에서 '건닉'는 '往常' 또는 '一味'의 대역어로 쓰였는데 모두 '늘', '언제나', '마냥'의 뜻이다. 〈朴通事新釋諺解〉 이후의 문헌에 '건닉'나 '거닉'를 한동안 찾아볼 수 없다가 〈漢語〉에서 다시 '건닉'와 '거닉'를 확인해 볼 수 있었다.

3. 결 론

이상으로 〈漢語〉에 나타나는 속담들을 살펴보았다. 속담이라고 지칭하기에는 다소 애매한 표현들도 다수 있었으나, 교훈성과 풍자성을 가지며 그 언어를 사용하는 사람들의 정서가 잘 드러나는 표현을 속담이라고 넓게 정의했을 때, 크게 벗어나지 않는 범위에서 해당 표현들을 포함하여 살펴보았다. 이상에서의 논의를 정리하면 다음과 같다.

형식적인 측면에서 보면, 문형에서는 평서문의 비율이 가장 높았다. 의문문과 명령문도 있었으나 그 수에 있어서는 평서문에 미치지 못했다. 특히 의문문은 수사의문문의 형식을 빌어 속담에서 표현하고자 하는 의미를 명확하게 전달하려는 경향이 두드러졌다. 형식적인 특징의 다른 하나는 대구(對句)가 흔히 사용된다는 점이다. 대구의 유형은 크게 3가지로 나눌 수 있었다. '대등적 대구 표현', '대조적 대구 표현', '조건적 대구 표현'이 그것이다. 때로 이들 유형이 혼합된 형태로 나타나는 속담들도 발견할 수 있었다.

내용적 측면에서는 우리나라의 속담과 거의 똑같거나 유사한 표현들을 살펴보았다. 거의 똑같은 표현은 속담 표현에서 이용하거나 비유하는 대상물조차 동일한 것을 이용해 역시 같은 의미를 나타낸 것들이다. 유사한 표현은 같은 의미를 전달하지만 이용하거나 비유하는 대상물이 서로 다른 경우들이었다. 하나의 중국어 속담에 대응되는 한국어 속담이 하나가 아닌 둘 이상인 경우들도 발견되었다.

〈漢語〉에서 쓰인 어휘 중 주목할 만한 것으로는 '건ᄂᆡ'와 '거ᄂᆡ'가 있다. '건ᄂᆡ'와 '거ᄂᆡ'는 18세기 자료까지는 관찰되다가 그 쓰임이 보이지 않아서 소멸 단계에 있는 것으로 여겨졌던 어휘이다. 그러던 것이 19세기 중후반의 자료로 추정되는 〈漢語〉에서 발견되었다. 그 의미는 '늘', '언제나' '마냥'으로 해석된다.

참 ‖ 고 ‖ 문 ‖ 헌

- 姜信道, 『朝漢成語諺語詞典』, 商務印書館, 1986.
- 溫端政, 『中國俗語大辭典』, 上海辭書出版社, 1989.
- 張魯原 · 胡雙寶, 『古諺語辭典』, 北京出版社, 1989.
- 翟建波, 『中國古代小說俗語大詞典』, 漢語大詞典出版社, 2002.
- 朴在淵, 『中朝大辭典』(전 9책), 鮮文大學校 中韓飜譯文獻研究所, 2002.
- 박재연, 『필사본 고어대사전』(전 7책), 학고방, 2010.
- 박재연, 『조선후기 한어 회화서 사전』, 학고방, 2010.
- 김종택, "속담의 기능과 의미 구조", 새국어생활 제4권 제2호, 1994, 26-45.
- 김진식, "관용어와 속담의 특성 고찰(Ⅰ)"-상이점을 중심으로-, 開新語文研究 第13輯, 1996, 17-41.
- 민순홍, "속담의 언어적 속성 연구", 나랏말씀 17, 대구대학교, 2002, 59-73.
- 민현식, "속담에 나타난 전통 인문학적 사유", 한국어 의미학 11, 2002, 199-234.
- 서정욱, "고사성어와 속담(俗談)의 관련성 고찰", 啓明語文學 第10輯, 1997, 49-60.
- 신명숙, "俗談 研究의 課題와 展望-研究史를 中心으로-", 國文學論集 16, 1999, 단국대학교, 245-265.
- 심재기, "俗談의 綜合的 檢討를 爲하여", 冠嶽語文研究 第7輯, 1982, 215-244.
- 진경지, "한 · 중 속담의 변용과 와전", 한국언어문화 제21집, 2002, 한국언어문화학회, 295-315.

關於朝鮮後期漢語會話書《漢語》中的俗語

1. 序論

《漢語》為一部朝鮮末期漢語會話書，第1葉至12葉收錄漢語俗語，第13章至35章收錄漢語會話。現有一本藏於韓國古文獻研究家朴徹庠先生處，大小為19.8×30.5釐米，1冊35葉，作者不詳。封面潦草的毛筆印記間隱隱可見“漢語”兩字，依照字體判斷，抄寫時期應在19世紀末至20世紀初。本書每面有十行漢語原文，原文下方以雙行小字寫著韓語譯文，但未標寫注音。《漢語》中收錄漢語俗語253條，但從嚴格意義上講能否將這些都看作是俗語，還有待深究。與一般俗語相較而言，書中的部分語句比喻意味較少，更為直接，而有些則是形成搭配(collocation)的動賓短語。而在與韓國俗語進行比較，是否應看作是俗語之前，需了解韓國俗語和漢語俗語的區別。漢語俗語所囊括的範圍較韓國俗語廣一些，包括諺語、歇後語、慣用語等。鑒於此，本文中所指“俗語”也將採用較為寬泛的概念，即將帶有警示、諷刺、教訓意味，通俗且含有比喻的語句統稱為“俗語”。在此基礎上，本文將對《漢語》中俗語的特點分形式特點和內容特點兩部分進行分析。

2. 《漢語》中的俗語

2.1 形式特點

《漢語》中收錄的俗語[1]大部分為句子，但也有短語。但無論是句子還是短語，只

1) 《漢語》中稱作“常言(상언)”，見一回。俗語名目繁多，有“俚語”、“俚諺”、“俗諺”、“常言”、“常談”等。韓語中的“속담(俗談)”一詞最初見于藏書閣所藏《三國志演義》翻譯抄本(18世紀初、中葉)，書中有一句“諺語云‘天與勿取，反受其咎’某願明公詳察焉”，對其中“諺語”一詞的韓語注解爲“언〔속담이라〕의 닐오ᄃᆡ 하ᄂᆞᆯ히 준 거ᄉᆞᆯ 가지디 아니ᄒᆞ면 도로혀 그 앙화ᄅᆞᆯ 밧ᄂᆞᆫ다 ᄒᆞ니 원컨대 명공은 ᄉᆞᆯ피라(三國 8:102)”。與“俗語”意義相同的詞有“쇽담”，見于18世紀中期資料《同文類解》(1748)

要能準確傳達俗語的意思即可。書中收錄的253個俗語中採用名詞性短語形式的僅有如下兩條(例句依序為原文、近代韓語譯文、現代韓語解釋，例句前的數字為作者按俗語收錄順序後加)。

(1) a. 47. 瞎厮的老婆，師婆的丈夫.
쇼경의 겨집 무당의 셔방.
소경의 마누라 무당의 서방.

b. 245. 早茶晩酒飯後烟.
아츰 차와 져녁 술과 밥 후 담베.
아침 차와 저녁 술과 식후 담배.

同時，(1)中所列例句為漢語慣用語。正如在序論中所說，與韓國俗語相比，漢語俗語的形式更為多樣，包括諺語、歇後語、慣用語。

慣用語為中國俗語的一種，指不具有哲理性的為人們所慣用的一種固定詞組。中國的慣用語可分為兩類，一類是(1)“通過構成要素的組合，表達一定意義”的語句，另一類是(2)“作為構成要素的組合，不表示一定意義”的語句。(1)與韓國俗語相近，(2)則有字數較少的特點，即字數一般在3至10個字之間。

歇後語亦稱歇後謎語，顧名思義就是“‘歇’去後文的語句”，其中也包括“隱去後文，用前文暗示含義”之意。即歇後語由前後兩部分組成，前一部分是形象的比喻，像謎面，後一部分是對本意的解釋、說明，像謎底。使用時通常說出或寫出前面的比喻部分，省略後面的解釋部分，令聽衆或讀者僅憑前一部分猜測其本意。通常會隱去後半部分，僅用前半部分傳達意義，但有時也會前後部分並列。在過去幾千年間，歇後語因其生動、簡潔、明快、樸素、風趣、簡單易懂等特點，在群衆間廣泛傳播、使用，尤其多見於元明時期的戲曲和小說中。“歇後”一詞最初見於中國史籍《舊唐書》，但唐朝侯白所撰《啟顏錄》和杜甫所作詩句中也可見歇後語形式，由此可見歇後語早在唐代之前便已存在。按體式，歇後語可分為成語式歇後語和比喻式歇後語。《漢語》所收錄俗語中歇後語有如下8條。

中，書中將“俗話”譯爲“쇽담”。

(2) a. 14. 再看的木留着根兒 — 長者賜不敢辭.

다시 볼 나무ᄂᆞᆫ 글늘 두ᄂᆞ니라 어룬이 주ᄆᆡ 감히 사양치 못ᄒᆞᄂᆞ니라.

다시 볼 나무는 뿌리를 남겨 둔다. — 어른이 주시는 것은 사양하지 못한다.

b. 28. 猫弄水泡 — 空嘉[喜]歡.

괴가 물거품을 어르고 쇽졀업시 깃거ᄒᆞᆫ다.

고양이가 돼지 오줌보를 가지고 놀다. — 속절없이 마냥 즐거워한다.

c. 37. 丟了枴棍 — 受狗欺.

막ᄃᆡ를 일흐면 ᄀᆡ 업슈이 너기믈 밧ᄂᆞ니라.

막대를 잃다. — 개의 업신여김을 받는다.

d. 43. 六月裡扇子不可借人 — 你熱我也熱.

뉴월 부칙ᄂᆞᆫ 빌니지 못ᄒᆞᆯ 거시니 너 더울 졔 나도 더우니라.

오뉴월 부채는 빌리지 못한다. — 너 더울 때 나도 덥다.

e. 80. 臘鴨子煮在鍋裡 — 身子兒爛々嘴頭兒還硬.

납월 오리를 가마의 삶무니 몸은 물러도 부리ᄂᆞᆫ 오히려 세더라.

음력 십이월 오리를 가마에 삶다. — 몸은 물러도 부리는 오히려 딱딱하다 (끝까지 지기 싫어하다).

f. 189. 豆芽菜 — 有甚綑兒.

콩기름이 므슴 뭇그미 이시리오.

콩나물 — 무슨 묶음이 있으리오(콩나물은 묶을 수 없다/체통이 안 서다/꼴이 아니다).

g. 222. 眼飽肚飢 — 畵餠充飢.

눈이 브르고 ᄇᆡ가 골푸니 그림에 쩍이 골푼 거슬 메온다.

눈은 배부른데 배가 고프다. — 그림의 떡.

h. 236. 釘在椅子上 — 白不起身.

박인 듯기 교의 우희 이셔 부질업시 니지 아니ᄒᆞ다.

의자에 붙박인 듯이 앉아 있다. ― 그냥은 일어나지 않는다.

另外, 下列例句的形式和含義則與常用詞搭配 (collocation)或常用句相近。即都是日常生活中經常使用的簡單語句, 不一定是整句, 也未使用比喻手法。《漢語》中收錄的常用詞搭配或常用句如下:

(3) a. 12. 特恩怎麽報淂.
특은을 엇지 갑흐리오.
특별한 은혜를 어찌 갚으리오.

b. 59. 動不動兒要罵人.
져기 나면 ᄉᆞᄅᆞᆷ을 욕ᄒᆞ려 ᄒᆞᆫ다.
걸핏하면 남 욕하려 한다.

c. 76. 明日日頭打西出來.
ᄂᆡ일은 ᄒᆡ가 셔로 도드리라.
내일은 해가 서쪽에서 뜨겠다.

d. 93. 你拿甚麽嘴臉見我.
네 무슴 부리와 ᄂᆞᆺ츨 가져 나를 볼다?
네 무슨 낯짝으로 나를 보느냐?

e. 94. 起早眊晩狠辛苦了.
일 닐고 늣ᄀᆡ야 쟈니 ᄀᆞ장 신고ᄒᆞ여라.
일찍 일어나고 늦게 자니 가장 고생스럽다.

f. 97. 是天大的造化了.
이 하늘ᄀᆞᆺ치 큰 사망이로다.
이 하늘같이 큰 조화로다. / 더할 나위없이 큰 복이로다.

g. 104. 就殺身也難報.
곳 몸을 죽여도 갑기 어렵다.

목숨으로도 갚기 어렵다.

h. 110. 炕頭熱墊∶草兒.
　칵 아ᄅᆡ목이 더우니 집흘 괴오라.
　온돌 아랫목이 더우니 짚을 깔아라.

i. 117. 那淂閑錢買這箇東西使喚.
　엇지 한가ᄒᆞᆫ 돈을 어더 이거슬 사 쓰리오.
　이런 것을 사서 쓸 공돈이 어디 있으리오.

j. 123. 自手不折怎的支使人.
　제 손이 부러지∶ 아니ᄒᆞ엿거든 엇지 ᄉᆞᄅᆞᆷ을 시기리오.
　멀쩡한 제 손 놔두고 어찌 남을 시키리오.

k. 168. 誰人保淂常無事.
　뉘 건ᄂᆡ 일 업기를 미드리오.
　그 누가 항상 무사하기를 보장할 수 있으리오.

l. 196. 見勢頭不好就跑去了.
　셰 죠치 아니믈 보고 곳 나ᄅᆞ나다.
　낌새가 좋지 않음을 보고 달아나다.

m. 197. 你看他的眼勢罷.
　네 저의 눈츼를 보와라.
　네 그 사람 눈치를 보라.

n. 198. 剛∶的逢着這好機會.
　겨요 이 죠흔 긔회를 만ᄂᆞ다.
　겨우 이 좋은 기회를 만나다.

o. 199. 你要他也要到底給誰?
　너도 달라 ᄒᆞ고 저도 또 달라 ᄒᆞ니 나죵ᄂᆡ 누를 주리오.

너도 달라 하고 저도 달라 하니 도대체 누구를 주리오.

p. 235. 就在門縫裡張看.
곳 문틈에셔 ᄇᆞᄅᆞ보다.
문틈으로 엿보다.

q. 249. 這裡推那裡, 那裡推這裡, 就耽悞了半日.
예셔 져긔 미로고 졔셔 여긔 미러 곳 반일 머므다.
이리 저리 미루다 반일을 지체하다.

接下來是《漢語》中俗語的句型特點。《漢語》裏的俗語多數為句子，以陳述句為主，也見疑問句和祈使句。書中的疑問句除例(4a)外，其餘14條均為反問句。若要以短句強烈傳達某種信息時，相對於一般疑問句，反問句無疑是最有效的戰略。即問題中已包含結論或答案的反問句可以比陳述句更強有力地傳達信息。

(4) a. 92. 甚風刮了就是你來.
무슴 바ᄅᆞᆷ이 부러ᄂᆞ뇨 곳 이 네 왓도다.
무슨 바람이 불어서 왔느냐.

b. 10. 殺鷄焉用牛刀.
ᄃᆞᆰ을 죽이ᄆᆡ 엇지 우도를 ᄡᅳ료.
닭 잡는 데 소 잡는 칼을 쓰랴.

句型為祈使句的俗語書中並不多見，有如下6條:

(5) a. 73. 要知山下路, **須**問過來人.
산 아ᄅᆡ 길을 알려 ᄒᆞ거든 모로미 지나온 ᄉᆞᄅᆞᆷᄃᆞ려 **무르라**.
산 아래 길을 알려 하거든 모름지기 지나온 사람에게 물어라.

b. 111. 得意地方**別**再去.
득의ᄒᆞᆫ ᄯᅡ흔 다시 가지 **말라**.

뜻을 얻은 곳에 다시 가지 말라.
한 번 재미 본 일은 다시 하지 마라.

c. 124. 不結子花**休**要種, 無義之人不可交.
열ᄆᆡ 여지 아니ᄒᆞᄂᆞᆫ ᄭᅩᆺ츤 심으지 **말고** 의 업ᄉᆞᆫ ᄉᆞᄅᆞᆷ은 가히 ᄉᆞ괴지 아니리라.
열매 열리지 않는 꽃은 심지 말고 의리 없는 사람은 사귀지 말라.

d. 152. 打狗也看主人面, **不**看僧面看佛面.
개를 쳐도 쥬인의 ᄂᆞᆺ츨 보ᄂᆞ니 즁의 ᄂᆞᆺ츨 보지 말고 부쳐의 ᄂᆞᆺ츨 **보라.**
개를 쳐도 주인의 낯을 보듯이 중의 낯을 보지 말고 부처님 낯을 보라.

e. 191. 便淂一片橘皮吃, 切**莫**忘了洞庭湖.
곳 ᄒᆞᆫ 조각 귤피를 어더 먹고 일졀이 동졍호를 잇지 **말라.**
귤껍질 한 조각 얻어먹고 동정호를 잊지 말라. (근본을 잊지 말라.)

f. 202. 好的也放在心裡, 歹的也**放**在心裡.
죠흔 것도 마ᄋᆞᆷ에 너허 두고 사오나온 것도 마ᄋᆞᆷ에 너허 **두라.**
좋은 것도 마음에 담아 두고 나쁜 것도 마음에 담아 두라.

雖然上述祈使句俗語中有包含比喻的句子[2], 但整體而言都趨於直白, 直截了當地傳達命令之意。這源於祈使句自身所具有的句型特點, 作為直接傳達指示、警惕、警告、訓誡之意的句型, 祈使句中自然會採用較為直白的表現手法。(5b)、(5c)、(5e)為否定祈使句, 句中的否定词“别、休、莫”, 在韓语译文中译作“말라”, 形成否定句。

俗語中經常出現的句式特點之一便是採用對偶法。將意義相近, 且成“對”的詞組或句子重複排列, 可起到強調俗語含義的作用。即對偶法是能夠有效強調和傳達比喩之意的修辭手法。因此需以短句有效傳達寓意的“俗語”中經常採用對偶法便不足為奇。《漢語》中採用對偶法的俗語達70餘條。

2) (5c)中的“열매 열리지 않는 꽃”按字面意思可理解爲“未結果的花”, 但還可看作是比喻句, 解釋爲“沒有結果的事”。

(6) a. 3. 一箇椀裡挿不滑兩箇匙兒, 一箇槽兒絟不滑兩箇馬兒.
훈 ᄉᆞ발에 두 술을 곳지 못ᄒᆞ고 훈 귀유에 두 말을 ᄆᆡ지 못ᄒᆞ리라.
한 사발에 두 숟가락을 꽂지 못하고 한 구유에 두 말을 매지 못하리라.

b. 81. 人有貴賤, 口無尊卑.
ᄉᆞᄅᆞᆷ은 귀쳔이 이셔도 입은 존비 업ᄂᆞ니라.
사람은 귀천이 있어도 입은 위아래가 없다.

c. 122. 上不敬則下慢.
우히 공경치 아니ᄒᆞ면 아ᄅᆡ가 거만ᄒᆞᄂᆞ니라.
윗사람이 공경하지 않으면 아랫사람이 거만해진다.

(6a)為最典型的對偶句俗語, 屬“正對偶句”。為傳達“兩個人經常共處便會產生矛盾或摩擦”之意, 將寓意相同的“一個碗裏插不得兩個匙兒”和“一個槽兒絟不得兩個馬兒”這兩句對等地排列在一起, 組成一句完整的俗語。韓語譯文中連接前句和後句的連接語尾大多使用“-고”, 表示前后意義相同, 从而起到强調整體含義的效果。下列例句中(7a)寓意“得意時有人找, 落魄時無人幫”, 而(7b)傳達的意思是“願意聽取外人的話, 卻聽不進家人的話”。

(7) a. 105. 錦上添花的有, 雪裡送炭的沒有.
깁 우희 곳 더ᄒᆞᄂᆞ니ᄂᆞᆫ 잇고 눈속에 슷 보ᄂᆡᄂᆞ니ᄂᆞᆫ 업ᄂᆞ니라.
비단에 꽃을 더하는 사람은 있어도 눈 속에 숯을 보내주는 사람은 없다.

b. 170. 外人說着金字經, 家人說着耳邊風.
외인의 니르믄 김ᄌᆞ경이오 가인의 니르믄 귀ᄀᆞ의 ᄇᆞᄅᆞᆷ이라.
다른 사람의 말은 금과옥조요 집안 사람의 말은 마이동풍이라.

尤其(7b)也是“正對偶句”, 將前後意義相補的兩句排列在一起, 從而傳達全句所要表達的意思。(6b)則在前句和後句分別使用意義相反的“有”和“無”作謂語, 以凸顯和強調“口無尊卑”之意。(6b)為“反對偶句”, 常見用法是將意義相反的謂語分別置於前後句中, 從而強調欲表達的意思。此时, 連接前後句的韓語連接語尾多用“-지만”、“-아

/어도/여도”等表示前後意義相反的語尾。

(8) a. 65. 一日賣了三担甲[假], 三天賣不了一担針[眞].

ᄒᆞᄅᆞ에 세 짐 갑옷슨 ᄑᆞ라도 사흘에 ᄒᆞᆫ 짐 ᄇᆞᄂᆞᆯ은 ᄑᆞ지 못ᄒᆞᄂᆞ니라.

하루에 세 짐 갑옷은 팔아도 사흘에 한 짐 바늘은 팔지 못한다.

[정품은 사흘에 한 짐도 못 파는데 짝퉁은 하루에 세 짐이나 판다.]

b. 24. 秀才不出門, 廣知天下事.

슈ᄌᆡ가 문에 나지 아니ᄒᆞ여도 천하 일을 너비 아ᄂᆞ니라.

수재는 문밖을 나서지 않아도 천하 일을 널리 안다.

c. 13. 巧媳婦做不淂沒米飯, 醜媳婦免不淂見公婆.

ᄌᆡ간 잇ᄂᆞᆫ 겨집이라도 ᄡᆞᆯ 업슨 밥을 딧지 못ᄒᆞ고 더러온 며ᄂᆞ리도 ᄉᆡ부모 보기를 면치 못ᄒᆞᄂᆞ니라.

재주 있는 아내도 쌀 없이는 밥 못 짓고 못생긴 며느리도 시부모를 안 볼 수는 없다.

(8)中的三個例句亦屬“反對偶句”。(8a)中謂語各使用“賣了”和“賣不了”, 即後句使用否定式表示相反之義, 形成對偶。(8b)則是前後句謂語意義相反, “不出門所以不知道”和“不出門也知道”, 這兩種含義形成對比。另外, (8c)則是兩種對偶同時出現的對偶句。前句“巧媳婦做不得沒米飯”和後句“醜媳婦免不得見公婆”形成正對偶。同時, 前句和後句又分別形成反對偶。

(6c)則為前後句意義相反的“串對偶句”, 這裏所謂相反是指前後句表現方式的相反, 加之意義的相對, 最終整體含義歸結為同一種意思, 即(6c)所傳達的意思是“須恭敬他人”。串對偶句的韓語譯文中, 連接前後句时多用“-(으)면”等前接條件或假設的語尾。

(9) a. 48. 春天不下種, 到秋那淂收.

봄에 ᄡᅵ을 ᄲᅢ치 아니면 ᄀᆞ을의 엇지 거두리오.

봄에 씨를 뿌리지 않으면 가을에 어찌 거두리오.

b. 128. 善被人欺, 馬善被人騎.
ᄉᆞ룸이 용ᄒᆞ면 ᄉᆞ룸의 소김을 닙고 ᄆᆞᆯ이 용ᄒᆞ면 ᄉᆞ룸의 타기를 닙ᄂᆞ다.
사람이 착하면 남에게 잘 속고 말이 순하면 사람들을 태우게 된다.

(9b)為前句和後句形成"正對偶句", 而前後句又各自包含條件關係的俗語。

2.2 內容特點

《漢語》中還可見與韓國俗語意思相近或近乎一致的俗語。另外, 也有意義相同, 但比喻對象不同的情況。首先, 近乎一致的俗語有如下幾條([ ]中為意義相近或相同的韓國俗語)。

(10) a. 135. 孩兒不哭娘不妳.
아희가 우지 아니면 어미가 졋 먹이지 아니ᄒᆞᆫ다.
울지 않는 아이 젖 주랴.
[보채는 아이 밥 한 술 더 준다. / 우는 아이 떡 하나 더 준다.]

b. 141. 遠親不如近隣.
먼 겨레가 갓가온 동ᄂᆡ만 ᄀᆞᆺ지 못ᄒᆞ다.
먼 친척이 가까운 이웃만 못하다.
[먼 데 일가가 가까운 이웃만 못하다. / 이웃 사촌.]

c. 211. 不燒火的烟洞怎麽生烟.
블 아니 ᄯᅵ인 굴독에 엇지 ᄂᆡ가 나리오.
[아니 땐 굴뚝에 연기 나랴.]

d. 6. 千丈河水知深淺, 惟有人心難忖量.
쳔쟝 하슈ᄂᆞᆫ 심천을 알려니와 오직 인심은 혜아리기 어려오니라.
[천 길 물 속은 알아도 한 치 사람 속은 모른다.]

e. 17. 飢時糟糠, 甛如蜂蜜.

줄일 ᄊᆡ에 져가 달기가 ᄭᅮᆯ 가트니라.
굶주릴 때 져가 꿀처럼 달다.
[배부른 자에게는 고량진미를 주어도 별 맛을 모른다. / 시장이 반찬.]

f. 20. 孤掌難鳴, 單絲不線.
외손벽이 울기 어렵고 홋올이 실 되지 못ᄒᆞᆫ다.
외손뼉이 울기 어렵고 홑올로는 실이 되지 못한다.
[외손뼉이 못 울고 한 다리로 가지 못한다. / 외손뼉이 울랴.]

g. 30. 快刀割水兩開難.
드ᄂᆞᆫ 칼노 물을 버히ᄆᆡ 둘ᄒᆡ 나기 어려오니라.
드는 칼로 물을 베지만 가르기 어렵다.
[칼로 물베기.]

h. 69. 好話不出門, 惡事傳千里.
죠흔 말은 문에 나지 아니ᄒᆞ고 사오나온 일은 쳔리에 젼ᄒᆞᄂᆞ니라.
좋은 말은 문 밖을 나지 않으나 나쁜 말은 천리를 간다.
[나쁜 소문은 빨리 퍼진다.]

i. 76. 明日日頭打西出來.
ᄂᆡ일은 ᄒᆡ가 셔로 도드리라.
[해가 서쪽에서 뜨겠다.]

j. 155. 十箇指頭咬着都疼.
열 손가락을 물면 다 알프니라.
[열 손가락 깨물어 아프지 않은 손가락 없다.]

k. 132. 少雀兒赶不上老鶴兒的寸步.
뱝ᄉᆡ가 황ᄉᆡ 거름을 ᄯᆞ로지 못ᄒᆞᄂᆞ니라.
[뱁새(/촉새)가 황새 따라가다가 가랭이 찢어진다.]

l. 139. 小厮眼前不可吃水.

져근 아희 눈에ᄂᆞᆫ 믈 먹지 못ᄒᆞ리로다.
작은 아이 눈에는 물 먹지 못하리라.
[아이들 보는데 찬물도 못 마시겠다.]

m. 21. 網雖千口, 不如一綱.
그믈이 비록 쳔 입이나 ᄒᆞᆫ 별이만 갓지 못ᄒᆞ니라.
그물이 천 코라도 벼리 하나만 못하다.
[그물이 삼천 코라도 벼리가 으뜸. / 그물이 열 자라도 벼리가 으뜸.]

n. 115. 賒三不迭現二.
셋 지운 거시 현셩ᄒᆞᆫ 둘만 ᄀᆞᆺ지 못ᄒᆞ다.
외상 주고 세 개 파느니 현금 받고 두 개 파는 게 낫다.
[부자집 외상보다 거랭이[3] 맞돈이 좋다.]

o. 207. 老鴉叫十二樣聲, 誰愛他麼.
가마괴 열두 가지 쇼ᄅᆡ ᄒᆞᆫ들 뉘 저를 ᄉᆞ랑ᄒᆞ랴.
까마귀 열두 가지 소리 한들 누가 저를 사랑하랴.
[까마귀 하루에 열두 마디를 울어도 송장 먹은 소리.]

p. 140. 燈臺照不得自己.
등ᄃᆡ가 제 몸을 비최지 못ᄒᆞᆫ다.
등잔도 자기 몸을 비추지 못한다.
[등잔 밑이 어둡다. / 등하불명 / 중이 제 머리를 못 깎는다.]

q. 220. 人是舊的好, 衣是新的好.
ᄉᆞᄅᆞᆷ은 오ᄅᆡ니가 죠코 옷슨 ᄉᆡ거시 죠ᄒᆞ니라.
사람은 구관이 명관이오 옷은 새옷이 좋다.
[사람은 헌 사람이 좋고 옷은 새 옷이 좋다. / 옷은 새것이 좋고 님은 옛 님이 좋다.]

---

3) 거랭이: 乞丐存放行乞得來的食物的飯袋。

上述俗語中(10a)、(10b)、(10l)、(10n)為與人間事，即與日常生活有關的俗語，而(10c)、(10h)為表現普遍真理的俗語。這些俗語均與韓國和中國的社會文化差異無太多關聯。與此相反，也有意思相同，但使用的對象不同的俗語。此類俗語《漢語》中見20餘條。具體例句如下(例句的排列順序與其他例句相同，各例句最後一行[ ]內為相應韓國俗語。)：

(11) a. 24. 秀才不出門，廣知天下事.
슈진가 문에 나지 아니ᄒᆞ여도 쳔하 일을 너비 아ᄂᆞ니라.
수재는 문밖을 나서지 않아도 천하 일을 널리 안다.
[두메 앉은 이방이 조정 일 알듯.]

b. 33. 拿一箇魚混一河水.
ᄒᆞᆫ 낫 고기를 잡으ᄆᆡ 왼내를 흐리온다.
물고기 한 마리 잡으려다 온 시냇물을 흐린다.
[빈대 잡으려고 초가삼간 태운다.]

c. 38. 虎入平林被犬欺，龍離大海受蝦戲.
범이 평님에 들면 개 업슈이 너기믈 닙고 뇽이 대ᄒᆡ를 ᄯᅥᄂᆞ면 ᄉᆡ오의 희롱을 밧ᄂᆞ니라.
호랑이가 평평한 숲에 들면 개의 업신여김을 받고 용이 큰바다를 떠나면 새우의 조롱을 당한다.
[용이 물밖에 나면 개미가 침노를 한다.]

d. 67. 鴈過留聲，人過留名.
기러기 지나ᄆᆡ 소ᄅᆡ를 머믈고 ᄉᆞ름이 지나ᄆᆡ 일홈을 머믈온다.
기러기 지나가면 소리가 남고 사람이 지나면 이름이 남는다.
[호랑이는 가죽을 남기고 사람은 이름을 남긴다.]

e. 136. 纔生的犢兒不怕大蟲.
갓난 쇼야지가 큰 즘싱을 저퍼 아니ᄒᆞᆫ다.
갓난 송아지 범 무서운 줄 모른다.
[하룻강아지 범 무서운 줄 모른다.]

f. 143. 嗔拳不打笑臉.

셩ᄂᆡᆫ 쥬머괴 웃ᄂᆞᆫ 밤를 치지 못ᄒᆞᆫ다.

성난 주먹이 웃는 뺨을 치지 못한다.

[웃는 낯에 침 못 뱉는다.]

g. 146. 龍鬪虎爭, 苦了小獐.

뇽이 ᄡᆞ호고 범이 ᄃᆞ토ᄆᆡ 져근 놀니 ᄋᆡᆨ굿다.

용과 호랑이가 싸움에 새끼 노루만 다친다.

[고래 싸움에 새우등 터진다.]

h. 163. 一年經蛇咬, 三年怕井繩.

ᄒᆞᆫ ᄒᆡ를 ᄇᆡ암 물려 지ᄂᆡ면 삼년을 드레줄도 저퍼ᄒᆞᄂᆞ니라.

한 해를 뱀에 물려 지내면 삼 년을 두레박줄 보고도 두려워한다.

[자라 보고 놀란 가슴 솥뚜껑 보고 놀란다. / 불에 놀란 놈 화젓가락 보고 놀란다. / 불에 놀란 놈 부지깽이만 보아도 놀란다.]

i. 206. 出頭椽兒先朽爛.

모ᄂᆞᆫ 혀가 몬져 ᄡᅥᆨᄂᆞ니라.

튀어나온 서까래가 먼저 썩는다.

[모난 돌이 정 맞는다.]

j. 208. 老鴉還笑猪蹄黑.

가마괴 도로혀 되야지 발 거믄 거슬 웃ᄂᆞᆫ다.

까마귀가 도리어 돼지다리 검다고 비웃는다.

[똥 묻은 개가 겨 묻은 개 나무란다. / 그슬린 돼지가 달아맨 돼지 타령한다.]

k. 49. 偷鷄的猫兒到底不改性.

ᄃᆞᆰ 도적ᄒᆞᄂᆞᆫ 괴가 마ᄎᆞᆷᄂᆡ 본셩을 고치지 못ᄒᆞᆫ다.

닭 훔치는 고양이가 끝끝내 본성을 못 고친다.

[제 버릇 개 못 준다.]

l. 82. 滿甁不搖半甁搖.

왼병은 흔들리지 아니ᄒᆞ고 반병은 흔들리ᄂᆞ니라.
가득 찬 병은 흔들리지 않아도 반병은 흔들린다.
[빈 달구지 굴러가는 소리가 더 요란하다.]

m. 154. 一魚混水, 衆魚不安.
ᄒᆞᆫ 낫 고기 물을 흥치매 뭇고기 편안치 아니타.
물고기 한 마리가 온 웅덩이 물을 다 흐리니 여러 물고기 편치 않다.
[미꾸라지 한 마리가 온 웅덩이 물을 다 흐린다.]

n. 160. 掩耳偸鈴一般.
귀를 가리오고 방올 도적홈 갓다.
귀를 가리고 방울 도적하다.
[눈 가리고 아웅한다.]

(11)為使用類似範疇内的不同對象, 表現同一含義的俗語, 即中國俗語中使用的事物與韓國俗語中使用的事物屬類似範疇。(11a)中的“秀才”, 在韓语俗語中為“이방(吏房)”; (11b)漢語俗語中的“魚”, 對應韓國俗語中的“빈대(臭蟲)”; (11c)中, “虎 / 龍”則對應“용(龍)”, “狗 / 蝦”對應“개미(螞蟻)”; (11d)中, “雁”對應“호랑이(虎)”; (11e)中, “犢”對應“개(狗)”; (11f)中, “臉(頰)”對應“낯(面)”; (11g)中, “龍”和“虎”對應“고래(鯨魚)”, “小獐”對應“새우(蝦)”; (11h)中, “蛇”對應“자라(鱉)”, “井繩”對應“솥뚜껑(鍋盖)”; (11i)中, “椽”對應“돌(石頭)”; (11j)中, “老鴉”對應“개(狗)”; (11k)中, “猫”對應“사람(人)”; (11l)中, “瓶”對應“달구지(馬車)”; (11m)中, “魚”對應“미꾸라지(泥鰍)”; (11n)中, “耳”對應“눈(眼睛)”。上述俗語中相對應的事物均在類似範疇內, 即動物以動物代替, 身體部位以身體部位代替, 人造物品以人造物品代替, 但俗語的含義卻相通。

(12) a. 98. 上樑不正底樑歪.
웃들뵈 바로지 아니면 아릭들뵈 기우ᄂᆞ니라.
위의 들보가 바로 되지 않으면 아래 들보가 기운다.
[윗물이 맑아야 아랫물도 맑다.]

b. 221. 十斧俱下, 無不砍倒.

열 도ᄭᅴ ᄒᆞᆷᄭᅴ ᄂᆞ리ᄆᆡ 찍어 것구러지ᆢ 아니리 업ᄂᆞ니라.

열 도끼 함께 나림에 찍어 넘어가지 않는 이 없다.

[열 번 찍어 아니 넘어가는 나무 없다.]

c. 18. 自家養活的狗還咬脚後跟兒.

나 기른 개가 도로혀 발뒤측을 문다.

내가 기른 개가 발뒤꿈치를 문다.

[믿는 도끼에 발등 찍힌다. / 믿는 나무에 곰이 핀다.]

d. 32. 可惜了, 好一塊羊肉落在狗口裡.

앗갑다 죠흔 ᄒᆞᆫ 덩이 양육이 ᄀᆡ 입에 ᄯᅥ러젓다.

아깝다 좋은 한 덩이 양고기가 개 입에 떨어졌다.

[개발에 주석 편자(/버선).]

e. 41. 天塌了還有撑天大漢子.

하ᄂᆞᆯ이 문허져도 ᆢ로혀 하ᄂᆞᆯ 고일 큰 놈이 잇ᄂᆞ니라.

하늘이 무너져도 도리어 하늘 고일 큰 놈이 있다. / 큰 문제가 생겨도 이를 해결할 사람이 나타나게 마련이다.

[하늘이 무너져도 솟아날 구멍이 있다.]

f. 58. 狐狸打不成倒惹了一屁骨臊.

여으를 쳐 잡지 못ᄒᆞ고 도로혀 왼 밋 노린내만 내다.

여우를 잡기는커녕 밑 노린내만 맡다.

[막걸리 거르려다 지게미도 못 건지다.]

g. 246. 親不親故鄕人, 美不美鄕中水.

친ᄒᆞ고 친치 아니나 고향 ᄉᆞᄅᆞᆷ이오 ᄋᆞ롬다오나 ᄋᆞ롬답지 아니나 향즁 물이라.

친하던 친하지 않던 고향 사람이오 아름답던 아름답지 않던 고향의 물이라.

[까마귀도 내 땅 까마귀라면 반갑다.]

h. 179. 人ㆍ有面, 樹ㆍ有皮.
ᄉᆞ룸마다 ᄂᆞᆺ치 잇고 나무마다 가족 잇다.
사람마다 낯이 있고 나무마다 가죽 있다.
[빈대도 콧등이 있다.]

(12)為使用屬不同範疇事物, 表現相同含義的俗語。(12a)中, “梁”對應“물(水)”; (12b)中, “人”對應“나무(樹)”。(12b)的《漢語》俗語採用比喻法, 就此而言與韓國俗語有一脈相通之處。俗語中的“人”所指為“樹”, 因此也可將這兩種俗語看作是相同的俗語。(12c)中, “狗”對應“도끼(斧)”; (12d)中, “羊肉”對應“주석편자(錫蹄鐵)”。鑒於羊肉並非韓國傳統食材, 故(12d)中的漢語俗語可看作是反映中國飲食文化的用例。(12e)中, “大漢子(人)”對應“구멍(孔)”; (12f)中, “狐狸”對應“막걸리(馬格利酒)”; 而例(12g)中, “人”和“水”在韓國俗語中被“까마귀(烏鴉)”代替。

(13o)和(13s)為漢語俗語寓意較為具體, 而相應的韓國俗語則較寬泛的例句。

(13) o. 46. 做一日和尙撞一日鐘.
하ᄅᆞ 즁 되면 하ᄅᆞ 북을 치ᄂᆞ니라.
하루 중 노릇하면 하루 북을 친다.
[하루살이 살림.]

s. 125. 千里上官只爲口.
천리예 벼슬ᄒᆞ기ᄂᆞᆫ 다만 입을 위호미라.
천리를 멀다 않고 벼슬살이 가는 것은 다 먹고 살기 위해서이다.
[목구멍이 포도청이다.]

另外, 還可發現一個俗語對應多個國語俗語的情況。即《漢語》中收錄的俗語中, 有些有兩個以上意思相同的韓國俗語。相對應的多條韓國俗語以不同範疇的事物作為比喻對象物。

(14) a. 2. 一言不可兩用.
ᄒᆞᆫ 몸을 가히 둘에 쓰지 못ᄒᆞ리라.

한 몸을 가히 둘에 쓰지 못하리라.
[한 몸에 두 지게는 질 수 없다. / 한 말등에 두 안장 지울가.]

b. 109. 木不鑽不透, 話不說不明.
남글 뚤지 아니면 사못지 못ᄒᆞ고 말을 니르지 아니면 ᄇᆞᆰ지 못ᄒᆞᄂᆞ니라.
나무를 뚫지 않으면 사무치지 못하고 말을 이르지 않으면 분명하지 못하다.
[고기는 씹어야 맛이고 말은 해야 맛이다. / 벙어리 속은 그 어미도 모른다.]

c. 39. 十箇狼守一箇犢兒, 誰的先下口.
열 일희가 ᄒᆞᆫ 쇠야지를 직희ᄆᆡ 뉘 몬져 먹을고.
이리 열 마리가 송아지 한 마리를 지킴에 누가 먼저 먹을고.
[고양이보고 반찬가게 지키란다. / 고양이에게 제물을 지키란다. / 개에게 된장 덩어리 지키게 하는 격. / 귀신에게 떡 맡기는 격.]

(11)、(12)、(13)、(14)所舉漢語俗語並未包含當時中國的社會風俗等明顯的中國色彩, 其原因可能是因為中韓均屬東亞文化圈, 思維方式、生活風俗等較相近所致。因此在運用比喻法傳達各種含義的俗語中, 即使存在對象物不同的異形俗語, 仍能推測出俗語的意思。

《漢語》中可見古時使用過, 但如今已消逝不再使用的詞彙, 如“건ᄂᆡ”和“거ᄂᆡ”。

(15) a. 88. 時常家裡穿梭一般走.
건ᄂᆡ 집의 뵈틀에 북 나드ᄃᆞ시 단니다.
늘상 집의 베틀에 북 나들 듯이 싸다닌다.

b. 168. 誰人保淂常無事.
뉘 **건ᄂᆡ** 일 업기를 미드리오.
그 누가 항상 무사하기를 보장할 수 있으리오.

c. 112. 知足者常樂, 能忍者自安.
족ᄒᆞᆫ 줄 아ᄂᆞ니는 **건ᄂᆡ** 즐기고 능히 참ᄂᆞ니는 스ᄉᆞ로 편안ᄒᆞ니라.

족한 줄 아는 사람은 항상 즐겁고 능히 참는 사람은 저절로 편안하니라.

根據文章脈絡判斷，“건ᄂᆡ”和“거ᄂᆡ”相當於現代韓語中的“늘(經常)”。(15)中，“건ᄂᆡ”及其異形詞“거ᄂᆡ”被用作“時常”或“常”的對譯詞。其中“건ᄂᆡ”一詞的用例還可見於譯學書《朴通事新釋諺解》(1765)中。

(16) a. 큰 형아 네 放心ᄒᆞ라 내 **건ᄂᆡ** 혼자 와 ᄡᆞᆯ 제 살마다 다 관혁에 관을 마치ᄂᆞ니 오ᄂᆞᆯ 엇디 긔지 못ᄒᆞᆯ 理 이시리오 (大哥你放心，我往常獨自一箇來射，箭箭都射着把子上的紅心，今日豈有不贏之理呢?) 〈朴新 1:53b〉

b. 만일 너ᄀᆞᆺ치 이 게어른 아ᄒᆡ들이 다만 **건ᄂᆡ** 놀기만 貪ᄒᆞ여 나ᄌᆡ 즐겨 빗기지 아니ᄒᆞ며 먹이기ᄅᆞᆯ ᄀᆞ음아지 아니ᄒᆞ고 밤에 ᄯᅩ 죽은ᄃᆞ시 자고 즐겨 니러 여믈을 주지 아니ᄒᆞ니 이 ᄆᆞᆯ이 엇디 능히 ᄉᆞᆯ디리오 (若像你這懶小厮們，只是一味貪頑，日裏不肯刷不管喂，夜裏又死睡不肯起來添草，這馬如何能長膘呢?) 〈朴新 1:24b〉

從上舉兩個用例中可知，在《朴通事新釋諺解》裏“건ᄂᆡ”被用作“往常”或“一味”的對譯詞，相當於現代韓語中的“늘(常)”、“언제나(總是)”、“마냥(一味)”。但此後“건ᄂᆡ”和“거ᄂᆡ”似乎消失了一陣，並未見於其他文獻中，直至在《漢語》裏再次出現。

3. 結論

本文對《漢語》所收錄俗語進行了分析。其中雖夾雜部分看似與一般俗語有所出入的用例，但本文擴大俗語範圍，將帶有教訓、諷刺意味，可表現當時風土人情的語句定義為俗語，對相應用例進行了分析。以上分析內容可整理如下。

從形式層面來看，書中所收錄俗語大部分為陳述句。也有疑問句和祈使句，但其比例遠低於陳述句。其中，疑問句多採用反問形式，以更明確傳達俗語的含義。另一個形式特點是俗語中對偶法的頻繁使用。對偶共有三類，即“正對偶”、“反對偶”、“串對偶”。書中還可發現幾個對偶混合出現的俗語。

就內容層面而言，本文對書中的漢語俗語中和韓國俗語表現方法相同或相近的用例進行了分析。書中表現方法相同的俗語採用相同的比喻對象，所表達的意思也相同。而表現方法相近的俗語雖然意義相同，但比喻對象採用不同的事物。另外，書中還可見一個漢語俗語對應兩個以上韓國俗語的情況。

《漢語》中使用的較為特殊的詞彙有“건ᄂᆡ”、“거ᄂᆡ”。“건ᄂᆡ”、“거ᄂᆡ”主要出現於18世紀的資料中，後逐漸消失，但再次出現在看似抄寫於19世紀中後期的《漢語》中。其含義相當於現代韓語中的“늘”、“언제나”、“마냥”。

參考文獻

- 姜信道, 1986, 《朝漢成語諺語詞典》, 商務印書館.
- 溫端政, 1989,《中國俗語大辭典》, 上海辭書出版社.
- 張魯原・胡雙寶, 1989,《古諺語辭典》, 北京出版社.
- 翟建波, 2002,《中國古代小說俗語大詞典》, 漢語大詞典出版社.
- 朴在淵, 2002,《中朝大辭典》, 韓國鮮文大學校 中韓翻譯文獻研究所.
- 朴在淵, 2010,《筆寫本古語大辭典》, 學古房.
- 朴在淵, 2010,《朝鮮後期漢語會話書辭典》, 學古房.
- 김종택, 1994, 俗談的功能和語義結構, 新國語生活 第4卷 第2號, 26-45.
- 김진식, 1996, 慣用語和俗談特性考察(Ⅰ)-以相異點為主-, 開新語文研究 第13輯, 17-41.
- 민순홍, 2002, 俗談的語言屬性研究, 國語17, 韓國大邱大學校, 59-73.
- 민현식, 2002, 俗談中的傳統人文學思維, 韓國語語義學11, 199-234.
- 서정욱, 1997, 故事成語和俗談的關聯性研究, 啟明語文學第10輯, 49-60.
- 신명숙, 1999, 俗談研究的課題及展望-以研究史為主-, 國文學論集16, 韓國檀國大學校, 245-265.
- 심재기, 1982, 為了俗談的綜合研討, 冠嶽語文研究 第7輯, 215-244.
- 진경지, 2002, 韓中俗談的變用和訛傳, 韓國語言文化 第21輯, 韓國語言文化學會, 295-315.

關於漢語俗語集《華語抄畧》

1. 前言

《華語抄畧》爲抄本漢語俗語集, 現藏於鮮文大學中韓翻譯文獻研究所, 大小爲19.8×30.5㎝, 不分卷一冊, 共10張. 作者、筆寫者不詳. 封面題有大字“華音”, 傍邊再題有紅色大字“華音”, 右邊題有“乙巳淸和節”, 扉葉用綠色題有“乙巳中夏”, 可見抄寫於1905年. 正文題目爲“華語抄畧”. 此書每一面寫有八行漢語原文, 每一行二十字左右. 第一葉至第三葉前半葉, 漢語原文的右側標有漢語逐字注音, 但沒有譯文. 俗語和詞(組)共收錄475條: 格言警句7條, 諺語244條, 歇後語24條, 成語25條, 慣用語句23條, 詞(組)142條

2. 俗語

俗語作爲語彙的一個組成部分是早已存在的. 先秦典籍裡就引用了不少俗語, 只是那時還沒有“俗語”這個名稱, 多叫作“諺”、“鄙語”、“野語”、“民語”、“鄙諺”等等. 唐宋以後, 特別是明淸白話戲曲小說和譯學書裡, “俗語”這個名稱, 多叫作“常言”、“俗語”, 如:

□ 常言

《翻譯老乞大》: “常言道: ‘馬不得夜草不肥, 人不得橫財不富.’” 《翻譯朴通事》: “常言道: ‘話不說不知, 木不鑽不透.’” 《朴通事諺解》: “常言道: ‘男兒無婦財無主, 婦人無夫身無主.’ 怎刮劃我這一場愁.” 《漢淸文鑑・言論》: “常言道.” 《忠義水滸傳》: “常言道: ‘殺人須見血, 救人須救徹.’” 《平妖傳》: “常言道: ‘兩葉浮萍歸大海, 人生何處不相逢?’” 《西遊記》: “常言道: ‘皇帝輪流做, 明年到我家.’ 只敎他搬出去, 將天宮讓與我, 便罷了; 若還不讓, 定要攪攘, 永不淸平!” 《包公演義》: “常言道: ‘欲心一動, 則便侵之.’ 妖正欲迷惑個好男子, 沒尋機會處.” 《忠烈小五義》: “同三哥說話實在難說, 人家常言說的好, 明槍容易躱, 暗箭最難防.”

☐ 俗語

《老乞大新釋諺解》: "俗語說, 好看千里客, 萬里要傳名. 這話却也不錯的." 《伍倫全備諺解》: "俗語說: '男家不望女家鈔', 有得來也要." (伍倫 2:13a) 《西遊記》: "這正是俗語云: '大海裏翻了豆腐船, 湯裏來, 水裏去.'" 《女仙外史》: "俗語云: '借人衣, 不可披.' 羞也咤?"

而且出現了比它更口語化的"俗話"、"諺語"一詞.

☐ 俗話

《同文類解》: 俗話 《蒙語類解》俗話 《老乞大新釋諺解》: "大哥說的是, 俗話說, 慣會出外偏憐客, 自己貪盃惜醉人, 果然不錯"

☐ 諺語

《三國志演義》: "諺語云: '天與勿取, 反受其咎.' 某願明公詳察焉."

俗語包括諺語、歇後語(引注語)、慣用語和口頭上常用的成語、來自名家名篇的名言警句. 唐宋以後, 特別是古典小說裏, 俗語就更常見了, 古典小說用諺豊富多彩; 宋、元、明、清四朝, 包括了差不多一千年的歷史時期. 尤其是明清以來, 小說戲曲、國外漢語會話書數量甚多, 如能將這些資料中引用的俗語全部輯錄出來, 無疑是有重大意義的. 俗語具有以下三個特點.

一、具有群衆性. 俗語絶對多數是人民群衆創造的, 說不出具體的作者. 這是俗語區別於名言警句的關鍵所在. 有的俗語哲理性很強, 也可以看成是格言或警句, 然而, 更多的格言警句來自名家名篇. 後來流傳很廣, 有的還相當通俗易懂. 也可以算是俗語. 例如:

187. 陳仲子耳無聞目無見. *語出《孟子 藤文公下》. 比喩淸廉.

95. 觀於海[者]難爲水. *語出《孟子 盡心上》. 看見過大海的人, 對江河的水就看不上眼了. 比喩見過大世面的人, 對於平常事物看不上眼. (兒女 15)

129. 歲寒然後知松栢之後凋. *語出《論語・子罕》. 後人常以松柏後凋比喩處於濁世而能保持節操的人. (紅樓 51:77)

143. 人而無信, 不知其可也. *語出《論語・爲政》.一個人不講信用, 不知他該怎麽辦? 謂人必須誠實, 守信用. ☞ 人而無信, 不知其可 (斬鬼傳)

177. 一日不見來如三秋. *三秋: 三年. 意爲一天不見面就如同分別了三年. 形容離別後想念殷切. 語本«詩經 · 王風 · 采葛» "一日不見, 如三秋兮".

226. 能起予心可與言詩. *語出《論語 · 八佾》

俗語雖然是群衆所創造的, 自然爲群衆所喜聞樂見. 但是並非所有的俗語都一定流行得很久很廣. 有的俗語, 流行的時間不很長, 地區不很廣, 但由於它們在一定時間和空間裏廣範流行, 仍然應該承認它具有群衆性. 二、具有鮮明的口語性和通俗性. 俗語是通過群衆世代口耳相傳而流傳開的. 三、具有相對的定型性. 俗語不能是長篇大論, 而是簡明凝練的, 也不是自由組合的語句, 而是約定俗成, 具有定型性的特點. 但是俗語在結構上又有很大的靈活性, 同一個俗語可以有許多變體, 有的可以調換部分詞語, 改變說法,[1] 如:

□ 吃着碗裡, 看着鍋裡 (金瓶 72) ☞ 14. 吃椀飯看鍋飯.

□ 纔飛的鴿子過不得嶺. (漢語 修綆室 11b) ☞ 24. 纔生的鴿子飛不得高嶺.

□ 母狗不掉尾, 公狗不上身 (金瓶 76) ☞ 58. 母狗不搖尾, 公狗不上身.

□ 三步幷做兩步 (醒恒 35) ☞ 72. 兩步做一步.

□ 鐵打房梁磨繡針, 功到自然成 (兒女 23) ☞ 231. 打鐵磨成針, 功到自然成.

有的可以減少一部分, 如:

□ 一箇椀裡揷不淂兩箇匙兒, 一箇槽兒絟不淂兩箇馬兒 (漢語 修綆室 1a) ☞ 6. 一箇椀裏揷不得兩箇匙兒.

□ 宮自宮商自商, 唱的唱彈的彈 (漢語 修綆室 10a) ☞ 12. 宮自宮商自商.

□ 嫩草怕霜霜怕日, 惡人自有惡人磨 (殺狗記 14) ☞ 28. 草怕霜, 霜怕日.

□ 知人知面不知心, 畵虎畵皮難畵骨. (金瓶 51) ☞ 96. 知人知面不知心.

□ 銅盆撞了鐵掃帚, 惡人自有惡人磨 (醒恒 14) ☞ 99. 銅盆撞着鐵刷箒.

□ 水泡雖大沒斤兩, 稱錘雖小壓千斤. (漢語 修綆室 34b) ☞ 157. 稱錘雖小, 壓重千斤.

□ 强中更有强中手, 英雄隊內揀英雄 (綠牡 3:17) ☞ 262. 强中更有强中手.

---

1) 溫端政(1989),〈前言〉,《中國俗語大辭典》, 上海辭書出版社.

或者增加一部分, 如:

☐ 火上添油 (王昭君 下31:10) (負曝閑談 30) ☞ 37. 雪上加霜, 火上添油.

☐ 狗咬人人不咬狗 (漢語 修綆室 9b) ☞ 43. 狗咬人人不咬狗, 馬踢人人不踢馬.

☐ 牛大壓不死虱子 ☞ 48. 牛大跐不殺虱子, 山高遮不得太陽.

☐ 兵來將擋, 水來土掩 ☞ 104. 文來文對, 武來武對; 兵來將迎, 水來土掩.

有的可以顚倒語序, 如:

☐ 只怕睜眼的金剛, 不怕閉眼的佛爺 (金甁 35) ☞ 106. 不怕閉眼的佛爺, 只怕睜眼的金剛.

☐ 急來抱佛脚, 閒時不燒香 (水滸 17) ☞ 170. 閒時不燒香, 急來[抱]佛脚.

☐ 佛是金裝, 人是衣裝 (漢語 修綆室 21b) ☞ 11. 人是衣裝, 佛是金裝.

所以, 俗語的定型性只能是相對的, 不是絶對的.

2.1.

再看諺語, 諺語是在群衆中間流傳的固定語句, 用簡單通俗的話反映出深刻的道理. 以下是《華語抄畧》所見的諺語.

1. 走到日明還不出門. 2. 緊吃的飯噎着脖子. 3. 孩子不啼哭, 娘不妳. 5. 飢不擇食, 慌不擇路. 7. 扇子雖醜, 涼風自在. 8. 嗳費心活到老死. 9. 佛淹水裡救不得羅漢. 10. 倒貼門神, 還怪畵匠. 13. 不淂睡覺, 怎麽做夢. 14. 吃椀飯看鍋飯. 15. 人皮裡包狗骨頭 16. 犯夜的倒拿巡更的. 18. 一魚混水, 衆魚不安. 19. 不看僧面看佛面. 20. 十箇指頭掙的也活不得一口. 23. 天下宰相都是秀才做的. 25. 當場者亂, 隔壁心寬. 26. 甕裏做[捉]了鱉. 27. 自家壞的事要頂扛別人. 29. 天塌了, 還有撑天的大漢子. 30. 怕他學舌隨屁尻走. 31. 嗔拳不打笑面. 32. 藍田之玉未必盡美, 涇河之水未必長濁. 33. 牧[牡]丹花兒雖好, 還要綠葉兒扶持. 34. 蒼蠅不鑽無縫的鷄鳴. 35. 小吃多甛, 呑多嚼不爛. 36. 老鴉還笑猪蹄黑. 38. 三分像人, 七分似鬼. 39. 耳邊風聽着. 41. 壁有縫, 墻有耳. 45. 泥佛勸土佛. 47. 火到猪頭爛, 錢到公事辦. 49. 飯飽弄快子, 瘡好忘了疼. 50. 竹籃打水, 魚網斗風. 51. 先斷後不亂. 52. 頭醋不酸到底兒薄. 53. 十箇持[指]頭咬着都疼. 54. 天有不測風雨, 人有朝夕禍福. 55. 笆籬不牢, 狗鑽入來. 56. 不圖打魚, 只圖混水. 57. 情人眼裏出西施. 59. 上樑不正, 底樑不正. 60. 解鈴的是絟鈴的. 62. 善有善報, 惡有惡報. 63. 兎兒沿山跑, 還來歸舊窩. 65. 雷聲大, 雨點小. 67. 鳳生鳳龍生龍, 耗子生鑽窟窿. 68. 天雖高往下看着哩. 69. 成大事者, 不愛小費. 70. 但知銀子貴, 不會幹事難. 71. 海水知深淺, 人心難忖量. 73. 兩程做一程. 74. 背孩兒找孩兒. 75. 不吃酒髗鼻子. 76. 心緊的吃不得熱的. 77. 身在矮簷下, 不敢不低頭. 78. 表裝不如裏裝. 80. 一星子火能燒萬頃田. 81. 氷厚三尺, 不是一日之寒. 82. 憂上添憂, 愁上添愁. 83. 車不橫行, 禮不退回. 84. 銀器雖破斤兩有. 85. 孔夫子第一箇徒弟. 98. 孔夫子也每事問. 86. 一人有福, 拖帶滿屋. 88. 無事不登三寶殿. 89. 一傳十, 十傳百. 91. 家鷄打得團團轉, 野鷄打得滿天飛. 93. 瓦罐不離井上破, 將軍不離陣前亡. 94. 將上不勾, 比下有勾. 97. 初入盧葦, 不知深淺樣的. 100. 登檯下不知自己. 101. 把無底坑塡得起. 103. 十箇明星當不得一箇月兒. 105. 爭强不伏弱. 106. 不怕閉眼的佛爺, 只怕睜眼的金剛. 107. 經目之事, 猶且未眞; 背後之話, 豈可全信. 109. 雪裡埋死屍, 自然消長出來. 113. 蝴蝶兒飛來飛去, 不離花枝. 115. 旣吃王水土, 豈敢說是非. 116. 一棒打倒兩箇人. 117. 十箇瞎子一箇明枝. 118. 外邊得了一扇, 家裡還去[丢]兩扇門. 119. 貴裡買的貴裡賣, 賤裡買的賤裡賣. 120. 將酒投酒, 朋友相會的一般. 122. 人雖這般般, 天理未然然. 123. 天不從人願. 124. 雀兒赶不上老鶴的寸步. 127. 百日打柴一日燒. 130. 酸甘苦辣都是經過. 133. 賣蘿葍的跟着塩担子走. 134. 肚子裡小鹿突突的跳. 135. 有麝自然香, 何必當風立. 136. 竈口不燒火, 烟洞裡怎麼生烟? 137. 學到老, 不會到老. 139. 爾是接人以武, 我是接人以文. 140. 可與知者言, 不可與不知者道. 141. 坐壇遣將軍. 142. 屁尻大, 敢弔了心. 146. 夜盹到明, 明盹到夜. 148. 砂糖口, 稱鉤心. 152. 人害人人不死, 天害人纔害死了. 154. 針子戳在屁尻, 左扭扭不得右扭不得. 158. 爾在三十三千[天]之上, 他在九十九地之下. 159. 頭上一打, 脚底板響的人. 160. 當着事粧箇不知, 當着話粧箇不聽. 161. 男僧寺對着女寺, 無事也有事. 162. 馬行的時候, 牛也走了. 163. 滿甁不搖半甁搖. 166. 便得一片橘皮吃, 莫忘了洞庭湖. 167. 酒色財氣上超出的也難. 168. 樹老花不老, 人老心不老. 169. 功塔兒不壞了. 171. 讓了甛桃, 還尋苦奈. 172. 兩鯨相爭, 魚鰕受殃. 173. 好話不出門, 歹話行千里. 174. 北京耗子到南京偸油吃, 好肥了, 回到南[北]京還瘦了. 176. 左右勤. 178. 布機也似針線. 183. 滿舡的金銀, 塡不得烟火[花]寨. 185. 井裏河裏的水有乾了時候. 186. 耕也餒在其中. 188. 天不肯傷善類. 189. 天旋地轉, 精神昏了. 190. 在家千日好, 出戶一日難. 191. 剉豆腐, 砍不得了. 192. 皮匠家裡失火, 鞋頭出來. 193. 凍死不烤燈火, 餓死不吃糟糠. 198. 上帝也不能殺孫行者. 200.

三十六計, 走爲上策. 202. 掃三災救八難的菩薩. 206. 外人說的金字經, 家人說的耳邊風. 207. 草裡兎狗赶出來, 心裡話酒赶出來. 208. 昨日夢兆好, 今日大發財. 210. 見人之一善一惡, 說定是非却不難河[啊]. 211. 慌做一團, 口不出氣. 213. 前人栽樹, 後人看花. 215. 出身有賤, 掩藏不得. 221. 陽壽已盡, 鬼差上門, 上帝也沒奈何. 224. 天大的扎筏子當差, 你的根前. 225. 莊家怎會官裡事. 228. 大娘子是一百年家主, 小妳妳是一時草花. 230. 一母之子, 有賢有愚. 232. 他的擔的擔兒, 教我要擔着了. 233. 公平交易, 水漲舡高 235. 有錢可以通神. 236. 天下老鴉一般黑. 237. 鐵匠家裡好裡刀子沒有. 238. 天也不使空人. 239. 漁火[伙]也不知魚名, 柴夫不知樹名. 240. 瞎子上嶺, 不辨高低. 241. 人不可貌相, 海不可斗量. 242. 衣破才不破. 243. 花香蝶不來. 245. 鳳凰不落無寶處. 246. 出頭椽兒先腐爛. 247. 爛木頭鉅不得. 249. 寺破僧醜看佛面. 250. 巧者多勞拙者閑. 252. 那一箇猫兒不吃腥. 255. 矢在弦上, 不得不發. 256. 旱天開水道, 須防暴雨時. 258. 嚼倒泰山, 不謝土地. 259. 草房宅房睡覺的一般. 260. 自古穿青衣抱黑柱. 261. 病孩兒孝親. 263. 種瓜得瓜, 種豆得豆. 264. 蛟[蚊]子撲扇死, 自爲嘴傷人. 265. 一言出口, 駟馬難追. 267. 心靈的啞吧. 268. 張三吃酒, 李四還錢. 269. 張三殺人, 李四償命. 270. 太歲頭上動土. 271. 火裡火去, 水裡水去. 273. 網雖千口, 不如一綱. 274. 各人洗面各人光. 275. 要打猢狸不成, 還惹了一屁股臊. 277. 叫天天應, 叫地地靈. 279. 做一日和尙撞一日鍾. 280. 現鍾不打去做鍾. 281. 人沒害虎心, 虎沒害人心. 282. 寃有寃家, 債有債主. 283. 陰天皮鼓打不響. 284. 念經打和尙. 293. 葷不葷, 素不素. 294. 東不着西不就. 295. 倚子折了, 無地靠了. 298. 淸的自是淸, 葷的自是葷. 302. 花木瓜, 空好看. 310. 一不做, 二不休. 335. 便知就裡, 不知就裡. 336. 沒有王屠, 連毛吃猪. 337. 自古人惡禮不惡. 340. 多管是時常三病四痛. 345. 大街上好挨擠不開哩. 348. 買金的偏不着賣金的. 369. 好惱存性兒. 372. 專一聽, 雀察壁. 375. 在外眠花臥柳, 難噤聲些. 378. 打着羊狗驢騾戰. 380. 仇家路兒窄. 383. 能走不能飛. 384. 原來是箇隨水倒舵、順水摧船的行貨. 387. 賊人膽兒虛. 388. 瓜兒只揀軟處捏. 441. 蠅拂子殺才. 466. 果然認得馬, 狗也赶不上. 467. 到底好牲口, 騎着纔拿着.

2.2.

再看歇後語. 除了諺語以外, 俗語還包括歇後語, 由“引子”和“注釋”前後兩個部分造成的. 與漢語的其它組成部分(如成語、諺語)相比較, 歇後語的主要特色是基於大衆性和口語性的幽默性、趣味性. 歇後語形象生動, 幽默詼諧. 《金瓶梅》、《水滸傳》等明代通俗小說, 之所以爲衆人喜愛, 原因之一就在於, 它們吸取了歇後語之類的民衆語言的形象性、生動性、情趣性.

《華語抄畧》有24個歇後語, 如:

21. 石灰布帒 – 到處有蹤. 22. 槐樹遍擔 – 寧折不彎. 44. 一般風火事 – 慢條斯禮兒. 64. 一鍬掘井 – 慢慢的等着罷. 87. 啞子吃黃連 – 苦在心裡. 90. 路上行人口似碑 – 話不虛傳. 110. 千里送鵝毛 – 物輕人意重. 121. 把爾房子吽謊 – 神廟好. 125. 黃鼠狼要吃天鵝肉 – 氣力不加. 126. 肉包打狗 – 無路回. 131. 關王賣豆腐 – 人硬貨不硬. 138. 孔夫子也只會一腿 – 恐有不到處. 165. 老鼠尾巴生廣[瘡]兒 – 濃水不多. 229. 怎肯守定顏回 – 安貧樂道. 251. 黃花女做媒 – 自己難保. 253. 肐者[子]窩帶着鉤子 – 手心上有鰾. 254. 寒天窮漢子 – 走的快. 462. 爲漢子作漾子的 – 打鎗跑馬. 463. 羊角葱靠南墻 – 越發老辣. 464. 猪眼 – 一箇人喫兩箇人不喫. 465. 拴的不結실 – 又是一空. 468. 走的熱麽 – 化開了. 471. 拉了去 – 那不是官牛麽? 472. 禿老婆上轎子 – 往後的事情不理論.

上述例子說明不論從語言形式本身的性質上看, 還是從傳統習慣上看, 都應該把這類歇後語(引注語)列入俗語.

3. 慣用語

再看慣用語. 慣用語從結構上也可以分爲兩種類型: 一類是表示完整意思的句子, 一類是不表示完整意思的詞組. 在形式上同言語沒有甚麽區別, 只是在內容上屬於描述性, 缺乏諺語所具有的哲理性. 這一類慣用語, 有些人就認爲是諺語, 劃入俗語是沒有甚麽問題的. 後一類慣用語, 從字數上看, 少則三四個, 多則七八個, 還有十來個的, 如:

3.1. '~(一)樣'、'~一般'型

66. 園頭的苦瓜一樣看. 102. 亡羊修牢一樣. 184. 五百年前寃家撞的一樣. 203. 靠罪泰山一樣. 182. 狂風驟雨樣的刷過了. 132. 石頭撞釘一般. 243. 天上吊

下來的一般. 259. 草房宅房睡覺的一般. 275. 八鑾進寶的一般. 278. 似量着做的一般. 17. 穿梭一般走.

3.2. '別要~'、'休要~'型

128. 別要一二其德, 先行其而後從之. 365. 休要和他一般見識.

3.3. '~麼?'、"~罷"型. '成語+罷'型

92. 一口兒吃飽麼? 108. 教爾咬耗子呣, 不要閣老的公鷄管爾麼? 257. 肐膊往外麼?

下面列擧的語句, 旣不屬諺語, 也不屬於歇後語, 但從它的本質特點來看, 也應該屬於慣用語句.

4. 那陳[陣]風刮爾來. 40. 沒爾是活不到今日. 61. 爾也染做半藍. 112. 比他古人也無羞. 114. 不漏一字兒. 144. 慾火一丈高. 156. 天大的事情. 164. 掛住了他的網裏. 180. 脚步兒放鬆些. 181. 潑潑養. 195. 看爾尙有孩子. 209. 靑旋旋的剃頭. 327. 只是說箇不了. 351. 認眞起來麼? 360. 面皮蠟渣也似黃了.[2] 370. 紫漲了面皮.[3] 373. 滿肚中不快活. 374. 中人的拖刀之計.[4] 405. 燙酒來篩下. 469. 憑他怎麼的罷. 470. 不離大隔兒. 473. 怎麼不買出他的命來麼? 475. 你高麗沒本事, 馬忒不中用.

---

2) "王婆當時就地下扶起武大來, 見他口裏吐血, 面皮蠟査也似黃了, 便叫那婦人出來, 舀碗水來, 救得蘇醒。" (水滸 75) "臉唬的蠟査也似黃, 跪着西門慶, 再三哀告。" (金瓶 14)

3) "紫漲了臉." 無顔面赤, 或生氣面.(語錄彙編 水滸 19a) "紫漲了面皮." 낫 붉혀 (語錄彙編 水滸 19b) "襲人羞的臉紫漲起來, 想一想原是自己把話說錯了。" (紅樓 31:19)

4) "若要我解勸時, 日出在西方, ……一朝吊桶落在你井裏, 早晚中了拖刀計。" (宋元戲文 王祥臥冰) "我的傻寃家, 你想起甚麼來, 中了人的拖刀計? 把你心愛的人兒, 這等下無情折挫. 常言道: '家鷄打淂團團轉, 野鷄打得貼天飛. 你就把奴打死了, 也只在這屋裏, 敢往那裏去?" (金瓶 12)

4. 成語

再看成語. 成語從來源上可分爲兩類: 一類屬於書面系統, 一類屬於口語系統. 前者當然不屬於俗語, 後者則可歸入俗語. 以下是口頭上常用的成語.

46. 貼皮貼肉 111. 將曲作直 175. 矯摸矯樣 197. 惡人難化 145. 目搖心蕩 147. 離門離戶 151. 搖鈴打鼓 153. 不讓一步 155. 右旋左旋 179. 內自訟則 194. 棄舊從新. 196. 眼黑地黃 201. 萬事皆休 205. 尋花問柳 204. 七顚八倒 212. 動人唇齒 218. 葉落歸根 220. 拿三道三 219. 左話右說 248. 鎚[鎚]輕鐵跳 266. 自庇自驚 272. 交饋交受 296. 佛眼相看 304. 探頭舒腦 339. 百依百隨 350. 三心二意 352. 情知理虧 382. 毬子心腸 400. 連三接四 439. 文文謅謅

部分成語出現於朝鮮時代司譯院譯學書, 主要見於《譯語類解補》'瑣說'或者'雜語'條, 如: 113. "將曲作直"(59b) "拿三道三" (29b) "葉落歸根" (61a) "左話右說" (59b) "佛眼相看" (59b) "探頭舒腦" (61b) "毬子心腸" (60a) "鎚[鎚]輕鐵跳" (61a).

其次, "三心二意"見於《漢淸文鑑》'猜疑'條(8:20a)和《課程目錄》'性行'條.(48a)

4.1. 成語+詞(組)型

'成語+的'、'成語+罷'、'成語+詞兒'、'詞兒+成語'型

42. 咬文嚼字的 79. 將功折罪罷 149. 數一數二的 150. 一五一十告送 199. 作出迷天大罪.

5. 詞、詞組

第8葉前半葉第6行'本領'至第10葉前半葉出現的, 并不是成語或俗語, 而是詞組. 這些詞組如下:

227. 仰攎着捊合蓬着去 285. 本領 286. 祭起 287. 造化 288. 晦氣 289. 打關節 293. 鑽營 290. 屎精 292. 肯哭的 297. 變過臉來 299. 行貨 300. 大家 301. 探子 303. 張望 305. 毛病 306. 登時 307. 胡說 308. 白道 309. 連夜

311. 干休 312. 直恁 313. 糊塗 314. 渾脹東西 315. 年下 316. 日逐 317. 托出 318. 兀自 319. 標致 320. 打地 321. 行在 322. 賣弄 323. 面生 324. 面生人 325. 眼生 326. 眼生人 328. 眼見 329. 眼勢 330. 對換 331. 對馬 332. 撒尿 333. 風聲 334. 使巧兒 338. 猜了 341. 中聽 342. 却又作怪 343. 備馬 344. 摘鞍子 346. 一味 347. 好 349. 過意不去 353. 猛可裡 354. 驀然 355. 懶吃 356. 會得 357. 瞧科 358. 知局 359. 不字 361. 了也 362. 了便了了. 363. 何故見外 364. 烘衣裳 366. 賠我 367. 感多心 368. 拄拐 371. 挑撥 376. 觀風 377. 行市遲 379. 落錢 381. 散氣 385. 挨次 386. 恭喜 389. 估想 390. 打扮 391. 堂客 392. 兩椿大事 393. 動撣不得 394. 光溜ㆍ 395. 扯木過的 396. 捱不過 397. 受用 398. 打趣 399. 倒且靠後 401. 給箇沒臉 402. 多禮 403. 妥當 404. 爭些兒 406. 秧歌 407. 古詞 408. 雪片也似 409. 遮莫 410. 躧了 411. 不忿 412. 撇下鋪馬 413. 經到報至 414. 宿頭 415. 將着 416. 敢未打火 417. 福物 418. 休要 419. 遭是 420. 一千人 421. 一千 422. 看顧 423. 照顧 424. 越發 425. 一遭 426. 禁了口 427. 蠻法 428. 大踏步 429. 渾家 430. 酒家 431. 剪拂 432. 八眼 433. 結果了 434. 剪經 435. 風話 436. 綠林 437. 落草 438. 勾當 439. 文ㆍ謅ㆍ 440. 延挨 441. 掙扎 443. 撲通 444. 火家 445. 叵耐 446. 不耐煩 447. 悄ㆍ 448. 尷尬 449. 蹺蹊 450. 撒酒風 451. 算他 452. 走了風 453. 打水 454. 搭箭 455. 刺ㆍ疼 456. 空馬 457. 攡馬 458. 鏇馬 459. 眼花 460. 一發 461. 打話 474. 怨不得.

上面列擧的詞兒或詞組, 基本上常見於《水滸傳》、《金瓶梅》、《西遊記》、《紅樓夢》等明淸小說. 其中 277. "仰攡着掙合蓬着丢"只見於《金瓶梅》, 如: "賊秫小廝, 仰攡着掙了合蓬着去." (金瓶 51) "你家老婆在家仰攡着掙, 你在這裏合蓬着丢." (金瓶 81)

"合蓬着丢"意爲"合撲着花錢", 指嫖妓. 另外, "捱不過"、"不耐煩"等詞組也見於《譯語類解》[5)]

5) "捱不過" (譯上 氣息 38b) 不耐繁 병드다 (譯上 疾病 60b)

漢語

1. 【1a】毒藥苦口利於病，忠言逆耳利於行.[1]

독약이 입에 쓰나 병에 니ᄒᆞ고 츙언이 귀에 거스리나 힝실에 니ᄒᆞ니라.

독약은 입에 쓰나 병에 이롭고 충언은 귀에 거스리나 행실에 이로우니라.

[입에 쓴 약이 병을 고친다. / 입에 쓴 약이 병에 좋다.]

2. 一言不可兩用.[2]

ᄒᆞᆫ 몸을 가히 둘에 쓰지 못ᄒᆞ리라.

한 몸을 가히 둘에 쓰지 못하리라.

[한 몸에 두 지게는 질 수 없다. / 한 말등에 두 안장 지울가.]

---

1) 【毒藥苦口利於病，忠言逆耳利於行】dúyàokǔkǒulìyúbìng，zhōngyánnì'ěrlìyúxíng 〈諺〉 好藥喝起來很苦，但有益於治病，忠誠的勸告聽起來很刺耳，但有利於行爲.¶ ☞ 良藥苦口利於病，忠言逆耳利於行 ‖ "竊聞~. 昔楚懷王不聽屈原之言，會盟於武關，爲秦所困. 今主公輕離大郡，欲迎劉備於涪城，恐有去路而無回路矣." (三國 60) ☞ 良藥苦口，忠言逆耳 ‖ :됴ᄒᆞᆫ 藥이·이비·쓰고 忠言·이 귀·예 거·스ᄂᆞ·니 ‖ "~, 冷暖自知如魚飲水，何須他日待龍華，今朝先授菩提記." :됴ᄒᆞᆫ 藥이·이비·쓰고 忠言·이 귀·예 거·스ᄂᆞ·니·ᄎᆞ며 더·우믈 :제 :알면 고·기·믈 마·쇼미·ᄀᆞᆮᄒᆞ·니 :엇뎨 모·로매 다ᄅᆞᆫ 나·래 龍華·ᄅᆞᆯ 기·드·리리·오 오·ᄂᆞᆳ 아·ᄎᆞᄆᆡ 몬져 菩提記·ᄅᆞᆯ 授ᄒᆞ·리라 (金三 3:62a) [량약쿠컥, 쭝옌늬얼] ▼조흔 약이 입에 쓰고 츙셩스러운 말이 귀에 거ᄉᆞ리는 것이오 ‖ "俗語兒說的'~.' 若不是一家兒，我巴不得兒的哄着，叫他喜歡呢，必定討他的厭煩作甚麼." 속담에 조흔 약이 입에 쓰고 츙셩스러운 말이 귀에 거ᄉᆞ리는 것이오 만일 한 집안이 아니면 나는 속여 져로 하여곰 질겁게 ᄒᆞ기를 바랏겟소 그혀이 제게 미움을 사가지고 무엇ᄒᆞ겟소 (支那 壞學 360)

2) 【一言不可兩用】yīyánbùkěliǎngyǒng 〈諺〉 一身不當二役. 一人不做二業.¶ ☞ 一馬不配兩鞍

3. 一箇椀裡挿不淂兩箇匙兒, 一箇槽兒絟不淂兩箇馬兒.[3)]

ᄒᆞᆫ ᄉᆞ발에 두 술을 곳지 못ᄒᆞ고 ᄒᆞᆫ 귀유에 두 말을 ᄆᆡ지 못ᄒᆞ리라.
한 사발에 두 숟가락을 꽂지 못하고 한 구유에 두 말을 매지 못하리라.
(두 사람이 항상 같이 있으면 갈등이나 마찰을 빚는다는 말.)

4. 賣蘿菖的跟着塩擔子走.[4)]

무우 팔리 소곰 셤을 ᄯᆞ라ᄃᆞᆫ니ᄂᆞ니라.
무우 파는 사람 소금 섬을 따라다니다.
(자신과 무관한 일에 관심 두는 것을 조롱하는 말.)

5. 世上無難事, 只怕有心人.[5)]

셰상에 어려온 일이 업스되 그저 유심ᄒᆞᆫ ᄉᆞᄅᆞᆷ이 저프니라.
세상에 어려운 일이 없으되 그저 뜻을 가지고 있는 사람이 두렵다.

---

3) 【一箇椀裡挿不淂兩箇匙兒, 一箇槽兒絟不淂兩箇馬兒】 yīgewǎnlichābudéliǎngechír, yīgecáorshuānbudéliǎngemǎr 〈諺〉 比喻有矛盾的人在一起, 常生糾紛.¶ ☞ 一个碗裡挿不得兩个匙 [이거완리차부더냥거츠] 한 ᄉᆞ발의 술 둘을 ᄭᅩᆺ지 못ᄒᆞ니니라 (華撮 日用行語 64a) ☞ 一箇椀裏挿不得兩箇匙兒 [이거완리챠부더량] ~ (華語抄畧 1a/6) ☞ 一箇椀內兩張匙,不是湯着就抹着 ‖ "常言說得好: 三窩兩塊, 六婦小妻. ~. 如何沒些氣兒?" (金甁 76)

4) 【賣蘿菖的跟着塩担子走】 máiluóbodegēnzheyándānzizǒu 〈諺〉 譏諷關心與己無干的事情.¶ ~ (華語抄畧 4b/133) "俺的小肉心, 正經使着他, 死了一般懶待動旦. 不知怎的, 聽見乾猫兒頭差事, 鑽頭覓縫幹辦了要去, 去的那快! 見他房裏兩箇丫頭, 你替他走, 管你腿事? ~, 咸嘈心. 好箇閑嘈心的小肉兒!" (金甁 20) ☞ 賣蘿菖的拉塩担心, 攘成嘈心 ‖ "你看, 獻勤的小婦奴才! 你慢慢走, 慌怎的? 搶命哩! 黑影子拌倒了, 磕了牙也是錢. 姐姐, ~. 養下孩子來, 明日賞你這小婦一箇紗帽戴." (金甁 30)

5) 【世上無難事, 只怕有心人】 shìshàngwúnánshì, zhǐpàyǒuxīnrén 〈諺〉 指只要肯用心, 甚麼難題也能解決.¶ [시빵우난스, 즈바우신인] 셰샹의 어려온 일이 업고 다만 유심ᄒᆞᆫ 사ᄅᆞᆷ을 두려ᄒᆞᆫ다 (紅樓 49:4) [시샹우ᄂᆞᆫ싀, 즤파융신싄] 셰상에 어려울 일이 업스니 담안 용심ᄒᆞᄂᆞᆫ 사ᄅᆞᆷ이니라 ‖ "你能彀像他這苦心就好了, 學什麼有個不成的. 俗語兒說, '~'." 네가 능히 그 사람갓치 고심ᄒᆞ면 좃킷소. 무엇을 ᄇᆡ호던지 니루지 못ᄒᆞ리오. 속담에 셰상에 어려울 일이 업스니 담안 용심ᄒᆞᄂᆞᆫ 사ᄅᆞᆷ이니라 (華語精選 124) ☞ 世上無難事, 只怕人心自不堅 ‖ "聽說, 你這幾天迷在好地方兒, 不聽老人家的話. 我勸你萬惡淫爲首, 百行孝爲本. ~, 你若盡心竭力的用功, 怎麼不能成呢." 드르니 로형이 요ᄉᆡ 어느 곳에 골몰ᄒᆞ야 로인의 말을 듯지 안는다 ᄒᆞ니 내가 로형께 권ᄒᆞ노니 만악은 이 음머리가 되고 ᄇᆡᆨ 가지 힝실에는 효가 근본이 되오 셰상에 어려운 일이 업고 다만 인심이 스사로 굿지 못홈을 두려 ᄒᆞ오 로형이 만일 진심 갈력ᄒᆞ야 힘을 쓰면 무슨 못ᄒᆞᆯ 일이 잇겟소 (漢語大成 138) ☞ 世間無難事, 只要有心人 ‖ "~, 豈有竟不能挽回的理? 弟今想得一箇妙法在此, 只是無處去尋取那件寶貝, 故不免費躊躕." (鐵花仙史 12)

6. 千丈河水知深淺, 惟有人心難忖量.

천쟝 하슈ᄂᆞᆫ 심천을 알려니와 오직 인심은 혜아리기 어려오니라.

[천 길 물 속은 알아도 한 치 사람 속은 모른다.]

7. 遠行知馬力, 日久見人心.6)

멀리 가ᄆᆡ ᄆᆞᆯ힘을 알고 ᄂᆞᆯ이 오ᄅᆡᄆᆡ ᄉᆞᄅᆞᆷ의 ᄆᆞᄋᆞᆷ을 보ᄂᆞ니라.

멀리 감에 말힘을 알고 날이 오래면 사람의 마음을 안다.

8. 金逢火鍊方知色, 人與財交便見心.7)

금은 불에 붓츠믈 만나 바야흐로 빗츨 알고 ᄉᆞᄅᆞᆷ을 ᄌᆡ물로 사괴ᄆᆡ 곳 마ᄋᆞᆷ을 본다.

금은 불에 붙여 보아야 색깔을 알고 사람은 재물로 사귀어 보아야 마음을 알 수 있다.

9. 【1b】人面咫尺, 心隔千里.8)

ᄉᆞᄅᆞᆷ의 ᄂᆞᆺ츤 지쳑이로되 마ᄋᆞᆷ은 쳔리을 격ᄒᆞ다.

[얼굴은 지척이나 마음은 천리.]

---

6) 【遠行知馬力, 日久見人心】yuǎnxíngzhīmǎlì, rìjiǔjiànrénxīn 〈諺〉 路程遠可以知道馬力的强弱, 時間久可以知道人心的善惡. 指時間是檢驗人的最好辦法.¶ [원힝지마리, ᅀᅵ각견인신] 멀리 가매 ᄆᆞᆯ힘을 알고 날이 오래매 ᄉᆞᄅᆞᆷ의 ᄆᆞᄋᆞᆷ을 보ᄂᆞ니라 (朴新 2:23a) [원힝지마리, 이각견인신] 멀니 힝ᄒᆞ면 말힘을 알고 날이 오ᄅᆡ면 ᄉᆞ람의 마음 아ᄂᆞᆫ이라 (華撮 日用行語 61a) ☞ 路遠知馬力, 日久見人心 ‖ “便是印板兒也似印在我這心上, 則願得姐姐長命富貴. 若有些兒好歹, 我少不得報答姐姐之恩.” (爭報恩 1折) “據人言, 昌或忠或佞, 入耳難分, 一時不辨, 因此臣暗使心腹, 探聽眞實, 方知昌是忠耿之人. 正所謂‘~’.” (封神 20)

7) 【金逢火鍊方知色, 人與財交便見心】jīnfēnghuǒliànfāngzhīsè, rényǔcáijiāobiànjiànxīn 〈諺〉 金子遇火燒煉才能辨出它的成色如何, 人與金錢打交道便能看出其心地如何. 意謂在金錢面前能識別人.¶ “這吳大舅已聽他妹子說不做錢糧, 何況又黑眼見了白晃晃銀子, 如何不應承, 於是收了銀子.……正是: ~.” (金瓶 79)

8) 【人面咫尺, 心隔千里】rénmiànzhǐchǐ, xīn'géqiānlǐ 〈成〉 咫: 周制以八寸爲咫, 合今制六寸二分二厘. 咫尺: 形容距離很近. 指親密相處的人, 彼此也不易猜透心思.¶ “這來保口中不言, 內心暗道: ‘這天殺, 原來連我也瞞了! 嗔道路上賣了這一千兩銀子, 乾淨要起毛心. 正是: ~.’” (金瓶 81)

10. 殺鷄焉用牛刀.[9)]

둙을 죽이믜 엇지 우도를 쓰료.
[닭 잡는데 소 잡는 칼을 쓰랴.]
(작은 일에 큰 인물이 나설 필요가 없다.)

11. 睚覺的老虎踢起來, 種的火鑽起來.

자는 범을 ᄎᆞ 니르혀고 무든 불을 니르현다.
자는 호랑이 차 일으키고 파묻은 불 일으킨다.

12. 特恩怎麼報淂.

특은을 엇지 갑흐리오.
특은을 어찌 갚으리오.

13. 巧媳婦做不淂沒米飯, 醜媳婦免不淂見公婆.[10)]

---

9) 【殺鷄焉用牛刀】 shājīyānyòngniúdāo 〈諺〉 殺鷄哪用得着殺牛的刀. 比喻小題不必大做或大材不要小用.¶ 둙 죽이기에 엇디 쇼 잡ᄂᆞᆫ 칼흘 ᄡᅳ리오 ‖ "~? 不必溫侯有勞虎威。吾觀斬衆諸侯首級, 如探囊取物." 둙 죽이기에 엇디 쇼 잡ᄂᆞᆫ 칼흘 ᄡᅳ리오 구ᄐᆡ여 온후의 범 ᄀᆞᄐᆞᆫ 위엄을 슈고롭긔 말고 내 모든 졔후의 슈급 버혀오ᄆᆞᆯ ᄂᆞ뭇치 녀흔 것 내ᄃᆞᆺ ᄒᆞ리라 (三國 2:59) ▼엇지 닭 줍ᄂᆞᆫᄃᆡ 쇠 칼흘 ᄡᅳ리오 ‖ "岑彭出戰, 甄阜曰: '~?'" 즘핑이 나 ᄡᅡ호고져 ᄒᆞ거ᄂᆞᆯ 견부 왈 엇지 닭 줍ᄂᆞᆫᄃᆡ 쇠 칼흘 ᄡᅳ리오 (東漢 2:7) ▼닭을 잡ᄂᆞᆫᄃᆡ 엇지 쇼 잡ᄂᆞᆫ 칼을 ᄡᅳ리오 ‖ "~, 待末將走馬擒來便了." 닭을 잡ᄂᆞᆫᄃᆡ 엇지 쇼 잡ᄂᆞᆫ 칼을 ᄡᅳ리오 쇼장이 나가 ᄉᆞ로잡으리이다 (再生 10:29) ☞ 割鷄焉用牛刀 ¶ 둙 죽이기예 엇디 쇠 칼흘 ᄡᅳ리오 ‖ "目今二將已亡, 又折許多人馬, 量一新野小可之地, 何必經由丞相? '~', 吾與汝擒劉備." 이제 이쟝이 죽고 허다 인마를 업시ᄒᆞ야시니 이런 젹은 고들 엇디 승샹긔 보ᄒᆞ며 둙 죽이기예 엇디 쇠 칼흘 ᄡᅳ리오 내 널로 더브러 뉴비를 ᄉᆡᆼ금ᄒᆞ리라 (三國 12:36) 둙 버히기예 엇디 쇼 잡ᄂᆞᆫ 칼흘 ᄡᅳ리오 (忠義水滸 서울대 22:20b-63) 둙 죽이기의 엇디 쇼 잡ᄂᆞᆫ 칼을 쓰리오 (型世 6:15) 닭 잡ᄂᆞᆫ ᄃᆡ 우도를 씀이라 (綠牡 3:2)

10) 【巧媳婦做不淂沒米飯, 醜媳婦免不淂見公婆】 qiǎoxífuzuòbùdeméimǐfàn, chǒuxífumiǎnbùdejiàngōngpo 〈諺〉 比喻沒有必要條件, 才能便無從施展, 事情就很難做成. ¶ ☞ 巧息婦做不得沒米飯 [쟌시부주부더무미반] 슬거온 겨집이라도 쌀 업슨 밥은 짓지 못ᄒᆞ나니라 (華撮 日用行語 59b) ☞ 巧媳婦做不出無米飯 공교ᄒᆞᆫ 며ᄂᆞ리가 ᄡᆞᆯ 업ᄂᆞᆫ 밥을 짓지 못ᄒᆞᆫ- ‖ "珠大奶奶本來細心, 東府裏大奶奶也是見過陣仗的, 就是巧媳婦做不出無米飯, 是頭一件難事." 쥬대내내ᄂᆞᆫ 본ᄃᆡ ᄆᆞ음이 졍셰ᄒᆞ고 동부즁 대내내도 ᄯᅩᄒᆞᆫ 믈졍을 도져히 아나 공교ᄒᆞᆫ 며ᄂᆞ리가 ᄡᆞᆯ 업ᄂᆞᆫ 밥을 짓지 못ᄒᆞᆫ다 ᄒᆞ니 이거시 뎨일 어려온 일이니라 (紅補 11:24) ☞ 巧媳婦煮不得沒米的粥 ‖ "常言'巧媳婦煮不得沒米的粥'. 你如今力不從心, 只索付之無奈了." 샹언에 일넛스되 교ᄒᆞᆫ 며ᄂᆞ리도 ᄡᆞᆯ 업ᄂᆞᆫ 쥭은 짓지 못ᄒᆞᆫ다 ᄒᆞ얏스니 이졔 마암ᄃᆡ로 힘이 밋치지 못ᄒᆞᄂᆞᆫ ᄃᆡ에야 엇지할 슈 업깃도다 (今古新舊 65) ☞ 巧媳婦做不出沒米的粥來: "巧媳婦做不出沒米的粥來, 叫我怎麼樣呢?" (紅樓 24)

ᄌᆡ간 잇ᄂᆞᆫ 겨집이라도 ᄡᆞᆯ 업슨 밥을 딧지 못ᄒᆞ고 더러온 며ᄂᆞ리도 싀부모 보기를 면치 못ᄒᆞᄂᆞ니라.

재주 있는 아내도 쌀 없이는 밥 못 짓고 못생긴 며느리도 시부모를 안 볼 수는 없다.

14. 再看的木留着根兒 — 長者賜不敢辭.

다시 볼 나무ᄂᆞᆫ 글늘 두ᄂᆞ니라 어룬이 주ᄆᆡ 감히 사양치 못ᄒᆞᄂᆞ니라.
다시 볼 나무는 뿌리를 남겨 둔다 — 어른이 주시는 것은 사양하지 못한다.

15. 留得青山在, 不怕柴火燒.[11)]

청산을 머무러 이시면 나무 ᄠᆡ히기 저프지 아니ᄒᆞᄂᆞ니라.
[청산이 있는데 땔나무 걱정 하랴.]
(근본이 착실하게 갖추어지면 걱정할 필요가 없다.)

16. 瓦罐不離井上破.[12)]

드레ᄂᆞᆫ 우물에 ᄯᅥ나지 아니ᄒᆞ여 ᄭᆡ치ᄂᆞ니라.
두레박은 우물 근처에서 깨지기 마련이다.

---

11) 【留得青山在, 不怕柴火燒】 liúdeqīngshānzài, bùpàcháihuǒshāo 〈諺〉 比喩只要保存最根本的力量, 以後就不愁沒辦法.¶ [ᄅᆛ더칭산ᄌᆡ, 부파ᄎᆡ호샤ᇢ] 청산의 머물너 이스면 남기 젹을 가 접버 아니ᄒᆞ나니라 (華撮 日用行語 61a) ☞ 留得青山在, 那怕沒柴燒 ‖ "大丈夫男子漢却做這般兒女態! 銅錢銀子人生上的垢膩, 硬着膊了掙, 再掙些起來. 自古道: '留得青山在, 那怕沒柴燒.' 怎麽爲這銀子哭." ᄃᆡ장뷔 엇지 이 ᄀᆞᆺ튼 ᄋᆞ녀ᄌᆞ의 ᄐᆡ도ᄅᆞᆯ 지으리오 돈과 은ᄌᆞᄂᆞᆫ 슈족을 슈고로이 ᄒᆞ여 모흐면 다시 어드리니 ᄌᆞ고로 니ᄅᆞᄃᆡ 청산을 머믈너 두면 엇지 구둘의 ᄉᆞᆯ을 남뮈 업ᄉᆞ리오 ᄒᆞ엿거ᄂᆞᆯ 엇지 이 은ᄌᆞᄅᆞᆯ 위ᄒᆞ여 우ᄂᆞ뇨 (快心 9:53)

12) 【瓦罐不離井上破】 wǎguànbùlíjǐngshàngpò 〈諺〉 比喩某一人或事物, 由于本質決定, 早晩必然在特定的場合毁滅.¶ [와권부리징상포] 드러박은 우물의 가가가 ᄭᆡ리ᄂᆞ니라 (華撮 日用行語 61a) [와권부리징샹포] "~, 喫這等衣飯的, 那箇得久長? 你看這等人子孫, 那箇得昌盛?" 瓦罐은 井上을 ᄯᅥ나디 아니ᄒᆞ여 破ᄒᆞᄂᆞ니 이런 衣飯을 먹ᄂᆞᆫ 이 어ᄂᆡ 久長홈을 어드리오 네 보라 이런 사ᄅᆞᆷ의 子孫이 어ᄂᆡ 昌盛홈을 어드리오 (伍倫 5:20b) "自古道: 瓦罐不離井上破." (京本通俗 馮玉梅團圓) ☞ 瓦罐不離井上破, 强人必在鏑前亡 ¶ 久經沙場的將軍難免在對陣中死亡, 就像汲水的瓦罐難免在井上打破一樣. 比喩經常去幹有危險的事, 遲早要出事. ‖ "段三娘恐王慶有失, 挺朴刀來相助. 三個人鬪了十數合, 三個人裏倒了一個.正是: ~." (水滸 104) ☞ 瓦罐不離井上破, 將軍不離陣前亡 (華語抄略 3b/93) ☞ 瓦罐不離井上破, 將軍難免陣中亡. ‖ "自古道: '~'. 你我兩人, 下半世也够吃用了, 只管做這沒天理的勾當, 終須不是個好結果." (京本通俗 錯斬崔寧)

17. 飢時糟糠, 甛如蜂蜜.[13)]

줄일 쩍에 져가 달기가 꿀 가트니라.

굶주릴 때 겨가 꿀처럼 달다.

[배부른 자에게는 고량진미를 주어도 별맛을 모른다. / 비지 먹은 배는 약과도 싫다 한다.]

18. 自家養【2a】活的狗還咬脚後跟兒.[14)]

나 기른 개가 도로혀 발뒤측을 문다.

내가 기른 개가 발뒤꿈치를 문다.

[제가 기른 개에게 발꿈치 물린다.]

19. 閑時不燒香, 急來抱佛脚.[15)]

한가훈 쩍에는 향을 픠오지 아니후다가 급후면 부쳐의 다리를 안느니라

평소에는 향 피우지 않다가 급하니까 부처님 다리를 부여잡는다.

(일이 없을 때에는 분향을 게을리 하다가 졸지에 급한 일을 당하면 어쩔 줄

---

13) 【飢時糟糠, 甛如蜂蜜】jīshízāokāng, tiánrúfēngmì 〈諺〉 餓了吃糠甛如蜜, 飽了吃蜜也不甛. 比喻急需時剛好得到滿足.¶ ☞ 飢時得一口, 强如飽時得一斗 [기亽듸이쿠, 캉슈반亽듸이두 /기스더이쿠, 캉슈반스더이두] 골픈 제 훈 입 어더머구미 브른 제 훈 말 어둠두곤 더으- /골픈 제 훈 입 어더 먹으미 브른 제 훈 말 어듬도곤 나으니라 ‖ “不當. ~. 我正飢渴時, 主人家這般與茶飯喫, 怎生忘的你!” 不敢當히 골픈 제 훈 입 어더머구미 브른 제 훈 말 어둠두곤 더으니 우리 졍히 빅골프고 목몰라 이신 저긔 쥬싄이 이리 차반 주워 머기니 엇디 너를 니즈리오 (飜老上43b) 당티 못후여라 골픈 제 훈 입 어더 먹으미 브른 제 훈 말 어듬도곤 나으니라 우리 졍히 飢渴훈 빼예 쥬인이 이리 차반 주어 머기시니 엇디 너를 니즈리오 (老上 39b) [지스이쿠, 창슈반스더이두] 곪흘 제 훈 입 다시미 브른 제 훈 말 어듬도곤 나으니 ‖ “當不得, ‘~.’ 我們正在饑渴時候, 主人家就這般給茶飯吃, 怎麼能忘你的情呢!” 當치 못후여라 곪흘 제 훈 입 다시미 브른 제 훈 말 어듬도곤 나으니 우리 正히 飢渴홀 째에 主人이 이믜셔 이리 차반 주어 먹이니 엇지 能히 네 情을 니즈리오 (老新 1:55a) ☞ 飢時飯, 渴時漿 ‖ “原來那時正値天旱, 太宗皇帝五品以上官員, 都要悉心竭慮, 直言得失, 以憑採用. 論常何官職也該具奏, 正欲訪求飽學之士, 倩他代筆. 恰好王媼說起馬秀才, 分明是飢時飯, 渴時漿, 正搔着癢處.” (喩明 5)

14) 【自家養活的狗還咬脚後跟(兒)】zìjiāyǎnghuódegǒuháiyǎojiǎohòugēn(r) 〈諺〉 狗咬呂洞賓, 不識好歹.¶ [즈가양호디주환얀교후근] 이녁 기른 기 도로혀 발뒤축을 문다 (華撮 日用行語 61b)

15) 【閒時不燒香, 急來抱佛脚】xiánshíbùshāoxiāng, jíláibàofójiǎo 〈諺〉 比喩平時不作好準備, 事到臨頭纔慌忙設法應付.¶ ~ (華語抄畧 5b) [현스부샤향, 기레봐포교] 한가로온 쩍여 향을 아니 퓌오다가 급후면 부쳐의 다리을 봇드나니라 (華撮 日用行語 61b) “這伙三黨之親, 自從倪太守亡後, 從不曾善繼一盤一盒, 歲時也不曾酒杯相及, 今日大塊銀子送來, 正是‘~’.” (喩明 10) ☞ 閒時不燒香, 忙時抱佛腿 ‖ “只見應伯爵從角門首出來, 說: ‘哥休替黃四哥說人情, 他~.’” (金甁 67) ☞ 急來抱佛脚, 閒時不燒香

몰라 부처 다리를 안는다는 뜻으로, 평소에 부지런히 하여 급한 일을 당하더라도 당황하지 말라는 말.)

[급하면 관세음보살을 외운다. / 급하면 부처다리를 안는다.]

20. 孤掌難鳴, 單絲不線.[16]

외손벽이 울기 어렵고 홋올이 실 되지 못ᄒᆞᆫ다.

외손뼉이 울기 어렵고 홑올이 실 되지 못한다.

[외손뼉이 못 울고 한 다리로 가지 못한다. / 외손뼉이 울랴. / 한손뼉이 울지 못한다.]

21. 網雖千口, 不如一綱.[17]

그물이 비록 쳔 입이나 ᄒᆞᆫ 별이만 갓지 못ᄒᆞ니라.

---

16) 【孤掌難鳴, 單絲不線】 gūzhǎngnánmíng, dānsībùxiàn 〈諺〉 一個巴掌拍不響, 一根絲搓不成線. 比喩一個人力量有限, 做不成大事.¶ ☞ 孤掌難鳴 ¶ 외로온 손바닥이 울기 어렵- ‖ "我燕青欲待爲哥哥報仇雪恥, 手戮奸人, 又恨此時此際, ~, 只好徒存此心罷了." 내 비록 원슈ᄅᆞᆯ 갑고져 ᄒᆞ나 외로온 손바닥이 울기 어려온디라 이 ᄆᆞ음을 어ᄃᆡ 펴리오 (後水滸 1:12) ▼외 손바당이 울기 어렵- ‖ "我要在此屯扎, ~, 要回瓦崗, 當日乘興而來, 今日敗興而返, 何面目見江東父老?" 내 여긔셔 머믈려 ᄒᆞ나 외 손바당이 울기 어렵고 와강으로 도라가려 ᄒᆞ니 당초의 홍이 이셔 왓다가 오ᄂᆞᆯ날 패홍ᄒᆞ야 도라가니 어ᄂᆞ 면목으로 강동부로ᄅᆞᆯ 보리오 (隋史遺文 11:51) ▼고장난명 ‖ "再將二哥激發走了, 剩了五弟一人, ~." ᄯᅩ 이거ᄅᆞᆯ 격동ᄒᆞ여 도쥬케 ᄒᆞ면 오뎨 홀노 남아 아모리 무ᄉᆞᆫ 일을 힝코ᄌᆞ ᄒᆞ여도 고장난명이오 (忠俠 16:13) "趙雲~, 只護得阿斗, 安能移舟傍岸?" (三國 61) "有心要救他, 只是單絲不成線, 孤掌豈能鳴." (水滸 49) "看見城主已有準備, 自己後軍無繼, ~只得拔轉旗頭, 重回舊路." (喩明 21) ☞ 單絲不線, 孤掌難鳴 ¶ ᄒᆞᆫ 니음 실노ᄂᆞᆫ ᄭᅩᆫ들 못ᄒᆞ고 외숀퍽은 울기 어렵다 *一根絲不成線, 一個巴掌拍不響, 比喩力量單薄, 難以成功. ‖ "大聖笑道: '師父, 你也忒不通變. 常言道, ~. 那魔三個, 小妖千萬, 教老孫一人, 怎生與他賭鬪?'" 힝ᄌᆞ 왈 스승님은 변통 업시니 길가의 돌부쳐나 다르리잇가 상담의 ᄒᆞᆫ 니음 실노ᄂᆞᆫ ᄭᅩᆫ들 못ᄒᆞ고 외숀퍽은 울기 어렵다 ᄒᆞ니 져 요괴 십만 요병을 거ᄂᆞ려시니 노숀이 혼ᄌᆞ로셔ᄂᆞᆫ ᄡᅡ호기 어려오니이다 (西遊 영남대 33:37) "爲見解珍、解寶是個好漢, 有心要救他. 只是~. 只報得他一個信." (水滸 49) "我要救沙僧, 誠然是~." (西遊 30) ☞ 單絲不成線, 獨樹不成林 ¶ 홋겹실이 실마리ᄅᆞᆯ 일우지 못ᄒᆞ고 외로이 잇ᄂᆞᆫ 남기 슈플을 일우지 못ᄒᆞ- ‖ "先還'~', 如今有了個對子, 鬧急了, 再打狠了, 你好逃走到南京找那一個去." 이왕은 홋겹실이 실마리ᄅᆞᆯ 일우지 못ᄒᆞ고 외로이 잇ᄂᆞᆫ 남기 슈플을 일우지 못ᄒᆞ더니 이졔 ᄃᆡ두ᄒᆞ리 이시니 요란을 ᄆᆡ우 지으라 다시 치기ᄅᆞᆯ ᄆᆡ우 ᄒᆞ거든 너ᄂᆞᆫ 조히 도망ᄒᆞ여 남경의 니ᄅᆞ러 져 일ᄀᆡ 보옥을 찻게 ᄒᆞ라 (紅樓 56:85) "~." (說岳 48) "貧不欺富, 富不欺官, 不論大小官, 不由別的, 只在人.無才的人化了錢得不着好官, 摠督大人出名頭沒兒不化錢, 那能作官呢? 古人說是, '~', 連好漢子無錢行也行不了.這不是老馬大哥的恩典嗎?" (中華 藏書 23a)

17) 【網雖千口, 不如一綱】 wǎngsuīqiānkǒu, bùrúyīgāng 〈諺〉 拿衣提鈴, 張網提綱. 造屋要架梁, 撒網要抓綱.¶ ~ (華語抄畧 8a/274)

그물이 천 코라도 벼리 하나만 못하다.

[그물이 삼천 코라도 벼리가 으뜸. / 그물이 열 자라도 벼리가 으뜸.]

22. 十箇看守的, 難防一箇賊.[18)]

직희리 열히 흔 독적을 막기 어려오니라.

지키는 사람 열이 도적 하나를 막기 어렵다.

23. 有心開飯店, 不怕大肚漢.[19)]

유심흐여 밥졈을 여러시니 냥 큰 놈을 저퍼 아니흔다

일부러 밥집을 열었는데 밥통 큰 놈 두려워 하랴.

24. 秀才不出門, 廣知天下事.[20)]

슈직가 문에 나지 아니흐여도 쳔하 일을 너비 아누니라

수재는 문밖을 나서지 않아도 천하 일을 널리 안다.

[두메 앉은 이방이 조정 일 알듯.]

25. 人無千日好, 花無百日紅.[21)]

---

18) 【十箇看守的, 難制防一箇賊】 shígekànshǒude, nánzhìfángyīgezéi 〈諺〉 [시거칸수디난지방이거 즤] 열이 보살피난 이가 흔 도적을 막기 어려오니라 (華撮 日用行語 62b)

19) 【有心開飯店, 不怕大肚漢】 yǒuxīnkāifàndiàn, bùpàdàdùhàn 〈諺〉 [우신키반뎐, 부파다두한] 밥 파난 뎐팡을 열 마음 이스면 비 큰 놈을 두려워 아니흐나니라 (華撮 日用行語 63a)

20) 【秀才不出門, 廣知天下事】 xiùcáibùchūmén 〈諺〉 指讀書人多閉門讀書, 不諳世事.¶ [식치부츄문, 광지텬햐스] 션비가 문의 나지 안니흐여도 넙이 텬흐 일을 아나니라 (華撮 日用行語 63a) ☞ 秀才不出門, 能知天下事 ‖ "是不是那嗎箇理嗎? 少心必得勝啊! 咱們渾賬的黎民, 誰也明白往前的事嗎? 古人說是: '~.' 各人不知各人的命啊, 咱們大家活不着一百二百的人間七十古來稀." (中華 藏書 4b) "'~'. 秀才以天下爲己任, 自應自新其德, 知能幷進……必也杜門不出, 十年讀書, 十年養氣, 如董江都下帷不綴, 一旦出身任事, 乃無所不知, 無所不能." (吳下諺聯 卷二)

21) 【人無千日好, 花無百日紅】 rénwúqiānrìhǎo, huāwúbǎirìhóng 〈諺〉 比喩好景不長.¶ [인우쳔이화, 화우버이홍] 스람은 쳔일거지 죠흔 일 업고 쏫츤 빅일써지 불근 거지 업나니라 (華撮 日用行語 64b) "我初來時也是客官, 也曾相待的厚. 如今却聽莊客搬口, 便疏慢了我, 正是'~.'" 나도 처음에 왓실 제는 샹긱이라 흐더니 츄후에는 장긱놈의 참소를 신텅흐고 졈졈 괄디흐니 정히 닐은바 인무쳔일회라 흐니 내 이 놈을 어이 그져 두리오 (水滸 新文 2:21:25) 사름은 쳔일을 됴히 지내는 일이 업고 쏫은 빅일을 붉지 못흔다 ‖ "自心中忖道: '常言: ~. 哥哥自出外去當官, 不管家事. 必然嫂嫂見我做了這些衣裳, 以定背後有說話.'" 싱각흐되 즈고로 사름은 쳔일을 됴히 지내는 일이 업고 쏫은 빅일을 붉지 못흔다 흐더니 이 말이 과연 흐도다 (水滸 新文 3:43:139) "倘手遲脚慢, 便去捉鷄罵狗, 口裏好不乾淨. 正是: ~." (醒恒 1) "~. 若再有人攛掇, 怕不

ᄉᆞ름은 쳔일 죠흔 거시 업고 곳츤 ᄇᆡᆨ일 븕근 거시 업다.
사람은 천일 좋은 것이 없고 꽃은 백일 붉은 것이 없다.
[피는 꽃도 한때라. / 십년 권세도 없고 열흘 붉은 꽃 없다.]

26. 山高上不淂, 水深渡不淂.

산이 놉하 오로지 못ᄒᆞ고 물이 깁허 건너지 못ᄒᆞᆫ다.
산이 높아 오르지 못하고 물이 깊어 건너지 못한다.

27. 孩兒利害爺娘吃罵, 奴才利害主子吃【2b】罵.

아희 사오나오면 부뫼 욕먹고 죵이 사오나오면 샹젼이 욕먹ᄂᆞ니라.
아이 사나우면 부모가 욕먹고 종이 사나우면 상전이 욕 먹는다.

28. 猫弄水泡 – 空嘉[喜]歡.[22)]

괴가 물거품을 어르고 쇽절업시 깃거ᄒᆞᆫ다.
고양이가 돼지 오줌보를 가지고 놀다 – 속절없이 마냥 기쁘다.

29. 瞎厮打老婆不鬆手.

소경이 겨집을 치ᄆᆡ 손을 서운이 아니ᄒᆞᆫ다.
소경이 마누라를 때림에 손이 맵다.

30. 快刀割水兩開難.[23)]

드ᄂᆞᆫ 칼노 물을 버히ᄆᆡ 둘히 나기 어려오니라.
드는 칼로 물을 베지만 가르기 어렵다.
[칼로 물베기.]

變卦?" (警通 31)

22) 【猫弄水泡 – 空喜歡】 māonùngshuǐpào, kōngxǐhuān 〈歇〉 水泡: 尿胞; 指猪的膀胱. 譏諷人空喜歡了一場.¶ ☞ 猫弄尿胞 – 空喜歡 ‖ "多大的孩子, 一個懷抱的尿泡種子, 平白子扳親家, 有錢沒處施展的. 爭破臥單沒的盖, ~! 如今做濕親家還好, 到明日休要做了乾親家才難." (金瓶 41) "各人家的財帛, 難道是來安血汗裡掙的? 和誰合的伙計, 憑契取的銀子? 有誰是證佐交付與俺的? 他經紀打了牙 – 自家咽, ~ 敢和誰說!" (續金瓶 8) ☞ 猫咬尿胞 – 空歡喜 ‖ "你看那娘娘一片雲情雨意, 哄得那妖王骨軟筋麻. 只是沒福, 不淂沾身. 可憐! 眞是'~!'" (西遊 71) ☞ 狗咬尿胞 – 虛喜歡 ‖ "他是有孩子的姐姐, 又是時運, 人怎的不看他? ……仰着、合着, 沒的~." (金瓶 30)

23) 【快刀割水兩開難】 kuàidāogēshuǐliǎngkāinán 〈諺〉 利刀劈水不斷.¶

31. 馬行的時候牛也走.[24)]

ᄆᆞᆯ 갈 ᄣᆡ에 쇼도 가ᄂᆞ니라.

말이 갈 수 있는 곳은 소도 갈 수 있다.

(남이 할 수 있는 것은 나도 할 수 있다.)

32. 可惜了, 好一塊羊肉落在狗口裡.[25)]

앗갑다 죠흔 ᄒᆞᆫ 덩이 양육이 ᄀᆡ 입에 ᄯᅥ러졋다.

아깝다 좋은 한 덩이 양고기가 개 입에 떨어졌다.

[개발에 버선. / 개발에 주석 편자.]

33. 拿一箇魚混一河水.

ᄒᆞᆫ 낫 고기를 잡으ᄆᆡ 왼내를 흐리온다.

물고기 한 마리 잡으려다가 온 시냇물을 흐린다.

[빈대 잡으려다 초가삼간 다 태운다.]

34. 遠井救不淂近火.[26)]

먼ᄃᆡ 물이 갓가온 불을 구치 못ᄒᆞᆫ다.

먼데 우물이 가까운 불을 끄지 못한다.

---

24) 【馬行的時候, 牛也走(了)】 mǎxíngdeshíhou, niǔyězǒule 〈諺〉 馬能去的地方牛也能去. 用以表示別人能做到的, 我也能做得到.¶ ~ (華語抄畧 5b /162)

25) 【好一塊羊肉落在狗口裡】 hǎoyīkuàiyángròuluòzàigǒukǒulǐ 〈諺〉 比喻美貌女子錯嫁給了醜陋的男人. 狗爪穿襪, 不相配. 狗爪掛銅蹄, 不相稱.¶ ᄒᆞᆫ 덩이 됴흔 양육이 개 입에 ᄯᅥ러졋- ‖ "武大是個懦弱依本分的人, 被這一班人不時間在門前道: '~'!" 인물이 잔만ᄒᆞᆷ을 업슈히 녁여 무대의 집문 압헤 와 ᄀᆡ탄 업시 욕ᄒᆞ야 닐오ᄃᆡ ᄒᆞᆫ 덩이 됴흔 양육이 개 입에 ᄯᅥ러졋다 (水滸 新文 2:23:40) "把一個如花似玉的愛女嫁與那酸黃齏、爛豆腐的秀才, 沒有一人不笑他呆癡, 道是: '好一塊羊肉, 可惜落在狗口裏了.'" (初刻 10)

26) 【遠井救不得近火】 yuǎnjǐngjiùbùdéjìnhuǒ 〈諺〉 遠處的井難救近處的火. 比喻緩慢的措施或遲延的救援, 不能解決眼下之急.¶ ☞ 遠水救不得近火 [□쉬ᄌᆡ부더진호] 원수구부득근화 (你呢貴姓 29b) [원쉬ᄌᆡ부더진호] 먼데 잇ᄂᆞᆫ 믈이 갓가온ᄃᆡ 블을 구원ᄒᆞ지 못ᄒᆞ리라 (紅樓 15:53) ☞ 遠水不救近火 ¶ 먼 믈이 갓가온 불을 구티 못ᄒᆞ- ‖ "在浙江餘杭, 雖有劉元進起兵相應, 也相隔遠, ~." 졀강 여항의 비록 뉴원진이 병을 니ᄅᆞ혀 서ᄅᆞ 응ᄒᆞ나 샹게 머러 먼 믈이 갓가온 불을 구티 못ᄒᆞ고 (隋史遺文 9:9) ☞ 遠水救不得近火, 遠井救不淂近火

35. 老鴉奪了鳳凰窩.[27)]

가마괴가 봉황의 집을 앗다.

까마귀가 봉황의 집을 빼앗다.

36. 賣酒家不說酸.[28)]

술 파ᄂᆞᆫ 집의셔 싀다 니르지 아니ᄒᆞᆫ다.

술 파는 집에서 시다 말하지 않는다.

37. 丟了枴棍 — 受狗欺.[29)]

막ᄃᆡ를 일흐면 ᄀᆡ 업슈이 너기믈 밧ᄂᆞ니라.

막대를 잃다 — 개의 업신여김을 받는다.

38. 虎入平林被犬欺, 龍離大海受蝦戲.[30)]

범이 평님에 들【3a】면 개 업슈이 너기믈 닙고 뇽이 대희를 써ᄂᆞ면 ᄉᆡ오의 희롱을 밧ᄂᆞ니라.

호랑이가 평평한 숲에 들면 개의 업신여김을 받고 용이 큰바다를 떠나면 새우의 조롱을 당한다.

[용이 물밖에 나면 개미가 침노를 한다.]

---

27)【老鴉奪了鳳凰窩】lǎoyāduólefènghuángwō 〈諺〉 比喻低賤的人强占了高貴的東西.¶ ☞ 老鴉占了鳳凰巢 ‖ “則一句唬得我顫欽欽魄散魂消, 不爭這老鴉占了鳳凰巢, 却不道君子不奪人之好. 把柴家今日都屬趙, 惹萬代史官笑, 笑掩欺負他寡婦孤兒老共小, 强要了他周朝.” (風雲會 2折)

28)【賣酒家不說酸】màijǐujiābùshuōsuān 〈諺〉 比喻賣東西的人不會說自己的東西不好.¶ ☞ 賣瓜的誰說瓜苦

29)【丟了枴棍 — 受狗欺】diūleguǎigùn, shòugǒuqī 〈歇〉 比喻放棄自衛就要吃虧受欺.¶ ☞ 丟了枴杖 — 就受狗的氣 ‖ “印月道: ‘有辣面三碗, 你去對奶奶說聲, 好請他來相會.’ 七官道: ‘打得我好, 我代你說哩!’ 印月道: ‘你看~, 你不去我自家去.’” (檮杌閑評 12) ☞ 抄化子不見了枴棒兒 — 受狗的氣 ‖ “伯爵道: ‘誰叫他不拿個棍兒來! 我如今~了.” (金瓶 60) ☞ 丟了枴杖 — 就受狗的氣 ☞ 丟了枴棍 — 受狗欺

30)【虎入平林被犬欺, 龍離大海受蝦戲】hǔrùpìnglínbèiquánqī, lónglídàhǎishòuxiáxì 〈諺〉 老虎離開森林來到平地, 狗也敢欺侮它, 龍一到淺水中, 連蝦也敢戲弄它. 比喻英雄或貴人一旦勢落魄, 就會受小人的氣.¶ ☞ 龍遊淺水遭蝦戲, 虎落平原被犬欺 ‖ “三藏見了, 雖則是一心忙似箭, 兩脚走如飛, 終是心驚膽顫, 腿軟脚麻. ……被那些小妖, 平擡特去. 正是: ~.” (西遊 28) ☞ 龍離大海受蝦戲, 虎入平林被犬欺 ‖ “大軍將到雁門, 虜王突厥撤圍而走, 誘隋煬帝軍馬入關, 親督鐵騎四十萬功打雁門劫駕, 金鼓之聲振動天地. 正是: ~.” (禪眞 39)

39. 十箇狼守一箇犢兒, 誰的先下口.[31)]

열 일희가 ᄒᆞᆫ 쇼야지를 직희ᄆᆡ 뉘 몬져 먹을고.

이리 열 마리가 송아지 한 마리를 지킴에 누가 먼저 먹을고.

[고양이보고 반찬가게 지키란다. / 고양이에게 제물을 지키란다. / 개에게 된장 덩어리 지키게 하는 격. / 귀신에게 떡 맡기는 격.]

40. 一福能壓百禍.[32)]

ᄒᆞᆫ 복이 능히 ᄇᆡᆨ화를 누로ᄂᆞ니라.

한 복이 백 가지 재앙을 누른다.

41. 天塌了還有撑天大漢子.[33)]

하ᄂᆞᆯ이 문허져도 ᄃᆞ로혀 하ᄂᆞᆯ 고일 큰 놈이 잇ᄂᆞ니라.

하늘이 무너져도 도리어 하늘 고일 큰 놈이 있다.

(큰 문제가 생겨도 이를 해결할 사람이 나타나게 마련이다.)

[하늘이 무너져도 솟아날 구멍이 있다.]

42. 樹老花不老, 人老心不老.[34)]

남근 늙거도 곳츤 늙지 아니ᄒᆞ고 ᄉᆞᄅᆞᆷ은 늙어도 마ᄋᆞᆷ은 늙지 아니ᄒᆞᄂᆞ니라.

나무는 늙어도 꽃은 늙지 아니하고 사람은 늙어도 마음은 늙지 않는다.

43. 六月裡扇子不可借人 ― 你熱我也熱.

뉴월 부ᄎᆡᄂᆞᆫ 빌니지 못ᄒᆞᆯ 거시니 너 더울 졔 나도 더우니라.

오뉴월 부채는 빌리지 못한다. ― 너 더울 때 나도 덥다.

---

31) 【十箇狼守一箇犢兒, 誰的先下口】shígelángshǒuyīgedúr, shuídexiānxiàkǒu 〈諺〉 狐狸看鷄, 越看越稀. 讓猫看肉, 讓貛守田.¶

32) 【一福能壓百禍】yīfúnéngyābǎihuò 〈諺〉 舊謂福氣大的人能消除各種禍害.¶ "你心好, ~, 就有小人, 一時自然多消散了." (金瓶 72) ☞ 一福能壓百禍, 一正能除百邪 ‖ "古云: 聖天子有百靈護佑, 大將軍有八面威風. ~. 依臣之見, 殿下可備祭禮以祀之, 或者仗殿下威福, 保全一郡生靈, 也未可定." (飛龍 39)

33) 【天塌了還有撑天大漢子】tiāntàleháiyǒuchēngtiāndàhànzi 〈諺〉 比喩出了問題自會有能人來解決, 自己只管放心.¶ [텨타랸환위찬텬디다한즈] 天塌了還有撑天的大漢子 (華語抄畧 1b/29) ☞ 天攤下來自有長的撑住 ‖ "常言道: 天攤下來自有長的撑住. 凡是有愚兄在前, 賢弟休得過慮." (醒恒 7)

34) 【樹老花不老, 人老心不老】shùlǎohuābùlǎo, rénlǎoxīnbùlǎo 〈諺〉 樹老花不老, 人老心不老 (華語抄畧 5b/168)

44. 只要自家飽，不管別人餓.

그저 제 ᄇᆡ만 부르려 ᄒᆞ고 ᄂᆞᆷ의 주리믄 관겨히 아니 녀기ᄂᆞ니라.
그저 제 배만 불리려 하고 남의 굶주림은 대수롭게 여긴다.

45. 桃花三月紅，菊花九月開.

도화ᄂᆞᆫ 삼월의 븕고 국화ᄂᆞᆫ 구월의 픠ᄂᆞ니라.
복사꽃은 삼월에 붉고 국화는 구월에 핀다.

46. 做一日和尙撞一日鐘.[35)]

하ᄅᆞ 즁 되면 하ᄅᆞ 북을 치ᄂᆞ니라.
하루 중 노릇하면 하루 북을 친다.
[하루살이 살림.]

47. 瞎厮的老婆，師婆的丈夫.

쇼경의 겨【3b】집 무당의 셔방.
소경의 마누라 무당의 서방.

48. 春天不下種，到秋那濄收.

봄에 ᄢᅵ을 ᄲᅧ치 아니면 ᄀᆞ을의 엇지 거두리오.
봄에 씨를 뿌리지 않으면 가을에 어떻게 수확을 거두리오.

49. 偸鷄的猫兒到底不改性.[36)]

ᄃᆞᆰ 도적ᄒᆞᄂᆞᆫ 괴가 마ᄎᆞᆷᄂᆡ 본셩을 고치지 못ᄒᆞᆫ다.
닭 도적하는 고양이가 끝끝내 본성을 못 고친다.
[제 버릇 개 못 준다.]

---

35)【做一日和尙撞一日鐘】zuòyīrìhéshàng, zhuàngyīrìzhōng 〈諺〉 原指撞鐘是和尙應做的事. 後多比喩工作消極應付, 幹一天算一天, 得過且過. 過一日是一日.¶ ~ (華語抄畧 8a/280) “那道人道: ‘拜已畢了, 還撞鐘怎麽?’ 行者方丢了鐘杵, 笑道: ‘你那裡曉得! 我這是‘~’的. ” (西遊 16) ☞ 做一天和尙撞一天鐘. ‖ “孫知府便說: ‘老哥眞是能者多勞, 所以如此公忙得很.’ 傅知縣嘆了一口氣道: ‘也不過做一天和尙撞一天鐘., 盡我的職分罷了.’” (文明 7)

36)【偸鷄的猫兒到底不改性】tōujīdemāordàodǐbùgǎixìng 〈諺〉 偸吃猫兒性不改. 狗改不了吃屎.¶

50. 拔了蘿菖地皮寬.37)

무우을 ᄉᆡᆨ히면 ᄯᅡ히 너르니라.

무우를 뽑으면 땅이 넓다.

(걸리적거리는 사람을 치우니 속이 다 시원하다.)

51. 非敢後也, 馬不進.

감히 후ᄒᆞᄂᆞᆫ 줄이 아니라 ᄆᆞᆯ이 가지 아니ᄒᆞᆫ다.

감히 뒤떨어지려는 것이 아니라 말이 가지 않는다.

52. 羊毛出在羊身上.38)

양의 털이 양의 몸에 나ᄂᆞ니라.

양털은 양 몸에서 난다.

[돈 놓고 돈 먹는다.]

53. 陰天皮鼓打不響.39)

흐린 ᄂᆞᆯ 북은 쳐 소ᄅᆡ 나지 아니ᄒᆞᄂᆞ니라.

흐린 날 북은 쳐도 소리 나지 않는다.

54. 氷厚三尺不是一時的寒.40)

어름이 석 ᄌᆞ 둡거ᄭᅴᄂᆞᆫ ᄒᆞᆫᄢᅴ ᄎᆞ미 아니라.

석 자 두께의 얼음은 한때 추위로 이루어진 것이 아니다.

---

37) 【拔了蘿菖地皮寬】báleluóbodìpíkuān 〈諺〉 拔去菜地裏的蘿蔔, 顯得地面寬了. 比喻去掉碍事的人, 爲別人擴大了地盤兒. 比喻除掉了心中憎恨的人, 才能舒心.¶ ☞ 拔了蘿蔔一地皮寬 ‖ "被月娘瞅了一眼, 說道: '~, 交他去了, 省的他在這裏跑兎子一般.'" (金甁 51) "常言道: '一鷄死, 一鷄鳴. 新來的鷄兒打鳴不好聽? 我死了, 把他立起來, 也不亂, 也不嚷, 纔~." (金甁 67)

38) 【羊毛出在羊身上】yángmáochūzàiyángshēnshàng 〈諺〉 比喻用對方的錢, 花在對方或與對方有關的人身上. 也指轉嫁各種負擔.¶ "媒人打夾帳, 家人落背弓, 陪堂講謝禮, 那'~', 做了八百銀子, 將珍哥娶到家內." (醒姻 1) "雖不破甚錢財, 却也支吾費事, 佃戶男男女女. 都是黃中通家, 少不得時年節下, 彼此桃來李答, 俗話說得好, ~, 又道是在山靠山, 在水吃水, 所需用度, 不過在田地花息上." (生綃剪 15) "如今舅老爺來了, 這個錢我們下頭亦情願報效的, 但是有一句俗語, 叫做'~', 無非還是拿着老爺的錢貼補舊老爺罷了." (官場 59)

39) 【陰天皮鼓打不響】yīntiānpígǔdǎbùxiǎng 〈諺〉 ~ (華語抄畧 8a/284)

40) 【氷厚三尺, 不是一時的寒】bīnghòusānchǐ, bùshìyīshídehán 〈諺〉 冰凍三尺厚, 並不是一天的寒冷造成的. 比喻事物的形成, 總有一個過程.¶ ☞ 氷厚三尺, 不是一日之寒 (華語抄畧 3a/81) "這中原天氣十分冷, 氷厚三尺, 不是一日之寒也." (朱有燉 賽嬌容 4)

55. 蜂蜜吃咳說苦.

ᄭᅮᆯ 먹고 ᄡᅳ다 니른다.
꿀 먹고 쓰다고 한다.

56. 各人洗臉各人光.[41)]

각인이 ᄂᆞᆺ ᄡᅵ스ᄆᆡ 각인이 번〻ᄒᆞ다.
각자 낯 씻으매 각자 반반하다.
(각자 일한 만큼 혜택을 받는다.)

57. 先下米的先吃飯.[42)]

몬져 ᄡᆞᆯ을 두니 몬져 밥을 먹ᄂᆞ니라.
먼저 쌀을 앉힌 자가 먼저 밥을 먹는다.

58. 狐狸打不成倒惹了一屁骨臊.[43)]

여으를 쳐 잡지 못ᄒᆞ고 도로혀 왼 밋 노린내만 내다.
여우를 잡기는 커녕 밑 노린내만 맡다.
[막걸리 거르려다 지게미도 못 건지다.]

59. 動不動兒要罵人.

져기 나면 ᄉᆞᄅᆞᆷ을 욕ᄒᆞ【4a】려 ᄒᆞᆫ다.
걸핏하면 남 욕하려 한다.

---

41)【各人洗臉各人光】gèrénxǐliǎngèrénguāng 〈諺〉 比喻各人做事各人得益.¶ ☞ 各人洗面各人光 (華語抄畧 8a/275) "這燒香可是神佛兒的事情, '公修公得, 婆修婆德', 咱'各人洗面各人光'." (兒女 13)

42)【先下米的先吃飯】xiānxiàmǐdexiānchīfàn 〈諺〉 比喻事情早辦早成. 也比喻早動手的早得益.¶ ☞ 先下米先吃飯 ‖ "你這銀子, 你速些便好. 常言先下米先吃飯, 千里姻緣着線牽, 休要落在別人手內." (金瓶 87) "俗語說: '先下米先吃飯.' 果然有命, 水到渠成." (兒女 30)

43)【狐狸打不成, 倒惹了一屁骨臊】húlidǎbùchéng, dàorěleyīpìgǔsào 〈諺〉 指事情沒辦成, 反而招來惡果. 偷鷄不得蝕把米.¶ "你不該先把銀子遞與小斯, 倒做了管手. ~." (金瓶 79) ☞ 要打猢狸不成, 還惹了一屁股臊 (華語抄畧 8a/277) ☞ 羊肉饅頭沒的吃, 空教惹得一身騷 ‖ "平民大怒, 把他罵了一頓, 連打幾個耳光子, 連主人家也數落了幾句. 呂公一場沒趣, 敢怒而不敢言. 正是: ~." (喻明 1) ☞ 羊肉不吃得, 空惹一身騷 ‖ "傍人聞此, 編成四句歌兒唱道: ~, 變鬼因貪色, 風流沒下梢." (禪眞 22)

60. 凍不烤燈火, 餓不吃猫飯.[44]

어러도 등블은 쪼이지 아니ᄒᆞ고 굴머도 괴밥을 먹지 아니ᄒᆞᄂᆞ니라

얼어 죽더라도 등불은 쪼이지 않고 굶주려도 고양이밥은 먹지 않는다

61. 明月不長圓, 彩雲容易散.[45]

ᄇᆞᆰ근 ᄃᆞᆯ은 기리 둥구지 못ᄒᆞ고 ᄎᆡ운은 흣터지기 쉬오니라.

밝은 달은 오래 둥글지 못하고 무지개는 흩어지기 쉽다.

62. 天有不測風雨, 人有暫時禍福.

하ᄂᆞᆯ은 측냥치 못ᄒᆞᆯ 풍위 잇고 ᄉᆞᄅᆞᆷ은 잠시 화복이 잇ᄂᆞ니라.

하늘은 측냥하지 못할 비바람 있고 사람은 한때의 화복이 있다.

63. 蒼蠅不鑽無縫的鷄鴠.[46]

파리가 솔 업슨 ᄃᆞᆰ의알을 ᄃᆞᆲ지 못ᄒᆞᆫ다.

파리도 틈이 없는 알은 쉬를 스지 못한다.

64. 家鷄打淂團∶轉, 野鷄打淂貼天飛.[47]

---

44) 【凍不烤燈火, 餓不吃猫飯】dòngbùkǎodēnghuǒ, èbùchīmāofàn 〈諺〉 ☞ 凍死不烤燈火, 餓死不吃糟糠 (華語抄畧 6a/193)

45) 【明月不長圓, 彩雲容易散】míngyuèbùchángyuán, cǎiyúnróngyìsàn 〈熟〉 月亮不會一直是圓的, 好花開不久卽謝. 比喻好景不長.¶ ☞ 明月不常圓, 彩雲容易散 ‖ "不僅美人不見, 卽迷香洞亦不知所在矣. 生大悟曰: '~, 此之謂乎!' 乃逡巡而返." (淸・程趾祥 此中人語 卷4)

46) 【蒼蠅不鑽無縫的鷄鴠】cāngyingbùzuànwúfēngdejīdàn 〈諺〉 比喻一個人有缺點, 別人才會乘隙而入.¶ [창잉부좐무ᄫᅮᆼ디지단] ~ (華語抄畧 2a/34) ☞ 蒼蠅不入無縫的蛋 ‖ "俗語說得好, ~, 若是任知縣不肯聽分上, 下官怎的敢去講分上? 譬如老大人素嚴關防, 誰敢以私書于干謁?" 속담이 올ᄒᆞ니 ᄑᆞ리도 틈이 업ᄉᆞᆫ 알ᄒᆞᆫ 쉬ᄅᆞᆯ 스디 못ᄒᆞᆫ다 ᄒᆞ니 만일 임디현이 청을 듯디 아니ᄒᆞ면 하관이 엇디 감히 청ᄒᆞ리잇고 비컨ᄃᆡ 노대인이 본ᄃᆡ 청촉의 엄ᄒᆞ니 뉘 감히 ᄉᆞ∶ 일노 칭념ᄒᆞ며 (包公 尸數椽 9:6) ☞ 蒼蠅不抱沒縫兒的鷄蛋 파리도 틈 업는 달긔알은 못 ᄲᆡ라 먹어 (語錄彙編 水滸 33b) [창잉부밮메ᄫᅮᆼ얼디지단] 창승이 솔기 업ᄂᆞᆫ 계란은 아지 못ᄒᆞᆫ- ‖ "又道是: '~'. 雖然這柳家的沒偸, 到底有些影兒, 人纔說他." 또 니ᄅᆞᄃᆡ 창승이 솔기 업ᄂᆞᆫ 계란은 아지 못ᄒᆞᆫ다 ᄒᆞ니 비록 그러나 져 류식뷔 도적질 ᄒᆞᆫ ᄇᆡ 업ᄉᆞ나 그림ᄌᆞᄂᆞᆫ 잇ᄉᆞ니 ᄉᆞᄅᆞᆷ의 말이 그러ᄒᆞᆫ지라 (紅樓 61:75)

47) 【家鷄打淂團團轉, 野鷄打淂貼天飛】jiājīdǎdetuántuánzhuàn, yějīdǎdetiētiānfēi 〈諺〉 比喻家人被打, 還留在家中; 外人被打, 就回離家而去.¶ "南都閭巷中常諺, 往往有粗俚而可味者, 漫記數則, 如曰: ……'~'." (客座贅語 1) "我的傻寃家, 你想起甚麽來, 中了人的拖刀計? 把你心愛的人兒, 這等下無情折挫. 常言道: '~. 你就把奴打死了, 也只在這屋裏, 敢往那裏去?" (金瓶 12) ☞ 家鷄打得團團

집돍은 치믹 도릭ㅣㅣ 구을고 들돍은 치믹 하놀의 븟허 나ᄂᆞ니라.
집닭은 치면 도래도래 구을고 꿩은 치면 하늘에 붙어 난다.
닭은 치면 집안에서만 빙빙 맴돌지만 꿩은 치면 날아가 버린다.

65. 一日賣了三担甲，三天賣不了一担針.[48)]

ᄒᆞᄅᆞ에 세 짐 갑옷슨 ᄑᆞ라도 사흘에 ᄒᆞᆫ 짐 ᄇᆞ늘은 ᄑᆞ지 못ᄒᆞᄂᆞ니라.
하루에 세 짐 갑옷은 팔아도 사흘에 한 짐 바늘을 팔지 못한다.
(정품은 사흘에 한 짐도 못 파는데 모조품은 하루에 세 짐이나 판다.)

66. 在家千日好，出外一日難.[49)]

집의 이셔ᄂᆞᆫ 쳔일이 죠터니 밧긔 나가니 ᄒᆞᆯ리 어렵다.
집에 있을 때는 천일이라도 편하더니 집을 나서니 하루 버티기도 힘들다.

67. 鴈過留聲，人過留名.[50)]

기러기 지나믹 소릭를 머믈고 ᄉᆞᄅᆞᆷ이 지나믹 일홈을 머믈온다.

轉, 野鷄打得滿天飛 [쟈지다더톤톤, 현여지다더만텬븨] ~ (華語抄畧 3a/91)

48) 【一日賣了三担甲，三天賣不了一担針】 yīrìmàilesāndānjiǎ, sāntiānmàibuliǎoyīdānzhēn 〈諺〉 指以假亂眞的東西有市場，眞的東西人家却反而不信而賣不出去.¶ ☞ 一日賣得三担假，三日賣不得一担眞 ‖ "你只沒道世上都是眞的，不知世上大半多是假的.……從來說: '~'." (西湖二集 20) ☞ 三日賣不得一担眞，一日賣了三担假 ‖ "任道士聽言，師徒們都笑了，說: '還是他老實.' 又替他使錢討了一張度牒，自此以後，凡事幷不防範. 正是: ~." (金瓶 93) ☞ 十日賣一担針賣不得，一日賣三担甲倒賣了 ‖ "于是兩個姑子，每人拿出二兩銀子來相謝，說道: '明日若坐了胎氣，還與薛爺一匹黃褐段子做袈裟穿.' 那薛姑子合掌道了問訊: '多承菩薩好心.' 常言: ~." (金瓶 50)

49) 【在家千日好，出外一日難】 zàijiāqiānrìhǎo, chūwàiyīrìnán 〈諺〉 在家裡生活費在外邊方便、容易.¶ ☞ 在家千日好，出戶一日難 (華語抄畧 6a/190) ☞ 在家千日好，出戶一日難 ‖ [지가쳔이화, 츄왜이스난] 집이 이슬 지ᄂᆞᆫ 쳔일이라도 죠코 밧겨 나가면 일시라도 어러오니라 (華撮 日用行語 62b) "朝鮮國老兄弟托我這一点兒事，咳有不依的嗎? 只怕你呢輩不上我啊. 一出門的人，'在家千日好，出戶一日難.' 一上道的時候兒，不論白夜裡走，顧不得吃不吃飯，手忙脚亂，走得兒來回，連白夜裡睡得睡不覺." (中華 藏書 3b) ☞ 在家千日好，出外片時難 ¶ 집의 이셔ᄂᆞᆫ 일쳔 날이 됴흐나 밧긔 나가ᄂᆞᆫ ᄒᆞᆫ 쌔 어렵다 ‖ "諸兄在上，老伯母與秦大嫂埋怨，小弟不敢分辯，諸兄是做豪傑的人，豈不知'在家千日好，出外片時難.'" 노틱모와 진대쉬 쇼뎨를 원망ᄒᆞ시니 감히 분변티 못ᄒᆞ거니와 모든 형은 호걸의 사ᄅᆞᆷ이라 엇디 집의 이셔ᄂᆞᆫ 일쳔 날이 됴흐나 밧긔 나가ᄂᆞᆫ ᄒᆞᆫ 쌔 어렵다 ᄒᆞᄆᆞᆯ 아디 못ᄒᆞᄂᆞᆫ다 (隋史遺文 2:70)

50) 【鴈過留聲，人過留名】 yàn'guòliúshēng, rénguòliúmíng 〈諺〉 意爲人走過一個地方，要做好事，留下一個好名聲. 也指人生一世要留下個好名聲.¶ ☞ 人過留名，鴈過留聲 ‖ [린□부밍 안궈부싱] ᄉᆞ람 지ᄂᆡ면 명이 잇고 기러기 지ᄂᆡ면 소리 잇다 (你呢貴姓 26a) "我也鬧了一輩子，'人過留名，鴈過留聲.' 算是這麽件事，老弟你瞧着行得行不得?" (兒女 32)

기러기 지나간 뒤 소리가 남기고 사람이 지난 뒤 이름을 남긴다.

[호랑이는 죽어서 가죽을 남기고 사람은 죽어서 이름을 남긴다.]

68. 一箇傳十, 十傳百; 【4b】 路上行人口似碑.[51)]

ᄒᆞ나히 열에 젼ᄒᆞ고 열히 ᄇᆡᆨ에 젼ᄒᆞ니 길ᄒᆡ ᄃᆞᆫ니ᄂᆞᆫ ᄉᆞᄅᆞᆷ이 입이 비 ᄀᆞᆺ다.

한 사람이 열 사람에게 전하고 열 사람이 백 사람에게 전하니 길에 다니는 사람이 입이 비 같다.

[한 입 너머 두 입 / 발 없는 말이 천리를 간다.]

69. 好話不出門, 惡事傳千里.[52)]

죠흔 말은 문에 나지 아니ᄒᆞ고 사오나온 일은 쳔리에 젼ᄒᆞᄂᆞ니라.

좋은 말은 문 밖을 나지 않으나 나쁜 말은 천리를 간다.

[나쁜 소문은 빨리 퍼진다.]

70. 蚊虫遭扇打, 只爲嘴傷人.[53)]

모긔가 부ᄎᆡ 치믈 만나믄 그저 부리로 ᄉᆞᄅᆞᆷ을 상ᄒᆞ믈 위호미라.

모기가 부채에 부딪혀 죽는 것은 사람을 물려고 했기 때문이다.

(함부로 입을 놀리다가 스스로 화를 부르다.)

71. 大才小用[54)]可惜了.

---

51) 【路上行人口似碑】 lùshangxíngrénkǒusìbēi 〈諺〉 口是碑: 人們的嘴像碑文一樣, 對人或事作出評論. 無論做的如何隱蔽, 總會傳出去, 兩人們議論、評判.¶ 길ᄒᆡ ᄒᆡᆼ인들이 이 말을 훤뎐ᄒᆞ- ‖ "把一座淮城, 已騷擾得鷄犬不寧了。自古道: "~." 沸沸揚揚, 傳將開去, 李密在路, 早已聞得, 自忖道." 회안 ᄯᅡ히 심히 소동ᄒᆞ야 계견도 평안티 아니ᄒᆞᆫ디라 길ᄒᆡ ᄒᆡᆼ인들이 이 말을 훤뎐ᄒᆞ니 니밀이 듯고 ᄉᆡᆼ각ᄒᆞᄃᆡ (隋史遺文 9:30-42) "這件事在你老兄雖說是做得隱瞞, 可曉得~呢!" (糊塗世界) "這件事在你老兄雖說是做得隱瞞, 可曉得~呢!" (糊塗世界) ☞ 路上行人口是碑 ‖ "常言鐘在寺裡, 聲在外邊. ~, 好歹少不得有人傳說, 如何禁得人口嘴呢?" (石點頭 8)

52) 【好話不出門, 惡事傳千里】 hǎohuàbùchūmén, èshìchuánqiānlǐ 〈諺〉 好事不出門, 惡事傳千里.¶ ☞ 好話不出門, 歹話行千里 (華語抄畧 5b/173)

53) 【蚊子撲扇死, 自爲嘴傷人】 wénzipūshànsǐ, zìwèizuǐshāngrén 〈諺〉 比喩招來禍患是因爲出口傷人.¶ ☞ 蚊虫遭扇打, 只爲嘴傷人 ‖ "衙內隨令伴當, 卽時叫將媒人陶媽媽來, 把玉簪兒領出去, 便變銀子來交, 不在話下. 正是: ~." (金瓶 91) ☞ 蚊虫遭扇打, 只爲嘴傷人 ‖ "~. 我如今先把你這箇賊鬼嘴割將下來, 且看你怎麼?" (西洋記 63)

54) 【大才小用】 dàcáixiǎoyòng ☞ 大才大用 ‖ [다ᄎᆡ다용] "~的人." ᄃᆡ지ᄃᆡ용인이라 (你呢貴姓 29a) [다채다용] 큰 ᄌᆡ죠면 크게 쓰- ‖ "~的話一點兒不錯." 큰 ᄌᆡ죠면 크게 쓴단 말이 조곰도

큰ᄌᆡ조를 젹게 쓰기 앗갑도다.
큰재주를 적게 쓰기 아깝다.

72. 母狗不搖尾, 公狗不上身.[55)]

암ᄀᆡ가 ᄭᅩ리를 흔드지 아니ᄒᆞ면 수개가 몸에 오로지 아니ᄒᆞᄂᆞ니라
암캐가 꼬리를 흔들지 않으면 숫캐가 몸에 오르지 않는다.
(남녀가 음란한 것은 여자쪽에도 일정한 책임이 있다.)

73. 要知山下路, 須問過來人.[56)]

산 아ᄅᆡ 길을 알려 ᄒᆞ거든 모로미 지나온 ᄉᆞ룸ᄃᆞ려 무르라.
산 아래 길을 알려 하거든 모름지기 지나온 사람에게 물어라.

74. 野路看着近, 一時走不到.

들길을 보ᄆᆡ 갓가오나 일시에 가 다ᄃᆞᆺ기 어렵다.
들길을 보면 가까우나 일시에 가 다다르기 어렵다.

75. 草怕霜, 霜怕日.[57)]

플은 서리를 저퍼ᄒᆞ고 서리ᄂᆞᆫ ᄒᆡ를 저퍼ᄒᆞᄂᆞ니라.
풀은 서리를 두려워하고 서리는 해를 두려워한다.

그르지 아니타 (華啓下 7b)

55) 【母狗不搖尾, 公狗不上身】 mǔgǒubùyáowěi, gōnggǒubùshàngshēn 〈諺〉 搖尾: 翹起尾巴求歡. 指男女淫亂, 女方也有一定責任.¶ [무구부얀위, 궁구부샹신] ~ (華語抄畧 2b/58) ☞ 母狗不掉尾, 公狗不上身 ‖ "大不正則小不敬. ~." (金瓶 76) ☞ 母狗不掉尾, 公狗不跳槽 ‖ "他是你丈人愛妾, 寡居守孝. 你因何把他戲嘲? 也有那沒廉恥斜皮, 把你刮刺上了. 自古~." (金瓶 86)

56) 【要知山下路, 須問過來人】 yàozhīshānxiàlù, xūwènguòláirén 〈諺〉 山中問路, 必須向走過山下路的人打聽. 也比喻要了解事情眞相, 就得請教經歷過的人.¶ "正商議時, 只見大路傍邊走出一箇老公公來. ……八戒望見大喜道: '師兄, 常言道: ~. 你上前問他一聲, 何如?" (西遊 21) "~. 天師, 你好差意了, 你又不曾到西洋去走過, 怎麽曉得西洋的道路是這等樣兒難上難?" (西洋記 9) ☞ 要知山下路, 須問去來人 ¶ 산 ᄋᆞ릐 길을 알고져 ᄒᆞᆯ진ᄃᆡ 모로미 지나오난 ᄉᆞ룸으게 무로라 ‖ "常言道: '~.' 你上前問他一聲, 何如?" 상언에 닐러시되 산 ᄋᆞ릐 길을 알고져 ᄒᆞᆯ진ᄃᆡ 모로미 지나오난 ᄉᆞ룸으게 무로라 ᄒᆞ니 져 노공다려 무러보라 (西遊 啓明 7:18-21)

57) 【草怕霜, 霜怕日】 cǎopàshuāng, shuāngpàrì 〈諺〉 指一物降一物, 厲害的人會被更厲害的人制服.¶ [찬파솽, 솽파이] ~ (華語抄畧 1b/28) ☞ 嫩草怕霜霜怕日, 惡人還被惡人磨 ‖ "這些徒弟們欲要上前解救, 見那匡胤相貌非凡, 身材雄壯, 定是箇難鬪的英雄, ……只得也不多言, 也不動手, ……如兩句俗語說的: '~.'" (飛龍 29)

76. 明日日頭打西出來.

ᄂᆡ일은 ᄒᆡ가 셔로 도드리라.

[내일은 해가 서쪽에서 뜨겠다.]

77. 風不刮樹不搖, 雨不來河不漲.[58)]

ᄇᆞᄅᆞᆷ이 부지 아니면 남기 흔드기지 【5a】 아니ᄒᆞ고 비 오지 아니면 물이 넘지 아니ᄒᆞᄂᆞ니라.

바람이 불지 않으면 나무 흔들리지 않고 비 오지 않으면 물이 넘치지 않는다.

78. 天若改常不風則雨, 人若改常不病則死.

하ᄂᆞᆯ이 만일 덧〻ᄒᆞᆫ 거슬 고치면 ᄇᆞᄅᆞᆷ 아니면 비 오고 ᄉᆞᄅᆞᆷ이 만일 덧〻ᄒᆞᆫ 거슬 고치면 병 아니면 죽ᄂᆞ니라.

하늘이 만약 늘 하던 것을 고치면 바람 아니면 비 오고 사람이 만일 늘 하던 것을 고치면 죽는다.

79. 天不言而自高, 地不言而自厚.[59)]

하ᄂᆞᆯ이 말 아니ᄒᆞ여도 스〻로 놉고 ᄯᅡ히 말 아니ᄒᆞ여도 스〻로 두터오니라.

하늘이 말 하지 않아도 스스로 높고 땅이 말 하지 않아도 스스로 두텁다.

80. 臘鴨子煮在鍋裡 — 身子兒爛〻, 嘴頭兒還硬.[60)]

---

58) 【風不刮樹不搖, 雨不來河不漲】fēngbùguāshùbùyáo, yǔbùláihébùzhǎng 〈諺〉 比喩事出有因.¶ ☞ 風不來樹不動, 雨不來河不漲 [ᄫᅮᆼ부레슈부야ᇢ, 유부레허부쟝] ᄇᆞ람이 부디 아니면 남기 흔드기디 아니ᄒᆞ고 비오디 아니면 믈이 넘디 아니ᄒᆞ- ‖ "常言道: '~.'" 常言에 닐오ᄃᆡ ᄇᆞ람이 부디 아니면 남기 흔드기디 아니ᄒᆞ고 비오디 아니면 믈이 넘디 아니ᄒᆞᆫ다 ᄒᆞᄂᆞ니라 (朴中 58a) ☞ 風不來樹不搖, 雨不來河不漲 [ᄫᅮᆼ불례수부야ᇢ, 유불ᄂᆡ허부쟝] 바람이 오지 아니ᄒᆞ면 남기 흔덕이지 아니코 비 오지 아니ᄒᆞ면 ᄂᆡᆺ물이 넘씨지 아니ᄒᆞ나니라 (華撮 日用行語 59b) ☞ 風不來樹不動, 船不搖水不渾 ‖ "(婆昔)等宋江起身淨水, 倒把言語來嘲惹張三. 常言道: '~.' 那張三亦是個酒色之徒, 這事如何不曉得." (水滸 21)

59) 【天不言而自高, 地不言而自厚】tiānbùyánérzìgāo, dìbùyánérzìhòu 〈諺〉 天雖沉默, 不說自己高, 實際上仍然很高, 地也不必說自己厚, 實際上仍然是厚. 比喩爲人好壞, 不在自吹, 自有公論.¶ ☞ 天不言而自高, 地不言而自卑 ‖ "你這老婆, 平日只顧說他怎的! 我已是死去的人了, 隨他罷了~." (金瓶 62)

60) 【臘鴨子煮在鍋裡 — 身子兒爛爛, 嘴頭兒還硬】làyāzizhǔzàiguōli, shēnzirlànlàn, zuǐtóurháiyìng 〈歇〉 臘鴨子: 腌鴨. 揶揄人嘴硬, 死不認輸.¶ "(婦人)說道: '可又來, 你臘鴨子煮在鍋裡 — 身子兒爛了, 嘴頭兒還硬~.'" (金瓶 61)

납월 오리를 가마의 살무니 몸은 물러도 부리는 오히려 세더라.

음력 십이월 소금에 절인 오리를 가마의 삶다. – 몸은 물러도 부리는 오히려 딱딱하다.

[지고는 못산다.]

81. 人有貴賤, 口無尊卑.

ᄉᆞᄅᆞᆷ은 귀쳔이 이셔도 입은 존비 업ᄂᆞ니라.

사람은 귀천이 있어도 입은 위아래가 없다.

82. 滿瓶不搖半瓶搖.61)

왼병은 흔들리지 아니ᄒᆞ고 반병은 흔들리ᄂᆞ니라.

가득 찬 병은 흔들리지 않아도 반쯤 찬 병은 흔들린다.

[빈 달구지 굴러가는 소리가 더 요란하다.]

83. 人生一世, 草生一秋.62)

인ᄉᆡᆼ은 일셰오 초ᄉᆡᆼ은 일쥐라.

사람은 태어나 한 세상이요 풀은 한 해라.

[인생은 짧다.]

84. 人離鄕賤, 物離鄕貴.63)

---

61) 【滿瓶不搖半瓶搖】mánpíngbùyáobànpíngyáo 〈諺〉 比喩有眞才實學的人總是謹言愼行, 一知半解的人纔愛誇誇其談.¶ ~ (華語抄畧 5b/163) ☞ 滿瓶醋不響, 半瓶醋晃蕩

62) 【人生一世, 草生一秋】rénshēngyīshì, cǎoshēngyīqiū 〈諺〉 人活一輩子就像草生一年一樣. 比喩人生短暫.¶ [신ᅌᅥᆼ이시, 챂ᅌᅥᆼ이칙 /신ᅌᅥᆼ이시, 챂ᅌᅥᆼ이칙] 사ᄅᆞᄆᆞᆫ 일셰만 사라 잇고 프른 ᄒᆞᆫ ᄀᆞᅀᆞᆳ장 사라 잇ᄂᆞ니 (飜朴 上1a) 人生 一世ㅣ오 草生 一秋ㅣ라 (朴上 1a) [인승이시, 챂승이칙] 人生 一世ㅣ오 草生 一秋ㅣ라 (朴新 1:1a) [인승이시, 좌승이칙] 인ᄉᆡᆼ일셰요 초ᄉᆡᆼ일츄라 (華撮 日用行語 59a) ▼인ᄉᆡᆼ이 ᄒᆞᆫ 셰샹 지냄이 초로 ᄀᆞᆺ- /人生一世하고 草生一秋하- ‖ "阮小七又道: '~. 我們只管打魚營生, 學得他們過一日也好.'" 인ᄉᆡᆼ이 ᄒᆞᆫ 셰샹 지냄이 초로 ᄀᆞᆺ거ᄂᆞᆯ 우리ᄂᆞᆫ 다만 고기 잡아 ᄉᆡᆼ애ᄒᆞ니 뎌 사ᄅᆞᆷ과 ᄀᆞᆺ치 ᄒᆞ로라도 지내엿스면 ᄒᆞᆫ이 업스리로다 (水滸 新文 1:14:142) 阮小七이가 말을 하되 人生一世하고 草生一秋한듸 울이는 다맛 고기만 잡아 산이져 놈들을 ᄇᆡ와 할오만 살면 죠컷다 (水滸 菊齋 3:47a) "娘娘, ~, 不要錯過了. 他說要見娘娘哩!" (梧桐影 8) ☞ 人生一世, 草生一春 ‖ "蜀有'人生一世, 草生一春'之語." (通俗編 11) "勞氏道: '~, 不行, 這樣風流事, 空作陽間一婦人." (禪眞後 52) "~, 稱着這好風光, 落得尋點快活." (紅樓復 71)

63) 【人離鄕賤, 物離鄕貴】rénlíxiāngjiàn, wùlíxiāngguì 〈諺〉 人離故鄕便卑賤. 意思是在人生地不熟的外鄕往往被人冷落.¶ [신리향젼, 우리향귀] 사ᄅᆞᆷ이 離鄕ᄒᆞ면 쳔ᄒᆞ고 物이 離鄕ᄒᆞ면 貴타 ᄒᆞᄂᆞ니라 (朴中 17b) [인리향젼, 우리향귀] 사ᄅᆞᆷ이 離鄕ᄒᆞ면 賤ᄒᆞ고 物이 離鄕ᄒᆞ면 貴타 ‖ "咳,

ᄉᆞᄅᆞᆷ은 고향을 ᄯᅥ나면 쳔ᄒᆞ고 물은 고향을 ᄯᅥ나면 귀ᄒᆞ니라.
사람은 고향을 떠나면 천하고 물건은 고향을 떠나면 귀하다.
[고향을 떠나면 천하다.]

85. 【5b】 葉落歸根兒.

닙히 ᄯᅥ러져 ᄲᅮᆯ히로 도라가ᄂᆞ니라.[64)]
잎이 떨어져 뿌리로 돌아간다.
(사물에는 반드시 돌아감이 있다. / 타향에 살던 사람은 마침내는 본토로 돌아간다.)

86. 夜哭到明, ᠂᠂哭到夜, 還不知那一箇媽᠂᠂死了.[65)]

밤ᄉᆡ도록 울고 낫 져무도록 우다가 어늬 마노라 죽으믈 모로더라.
[밤새도록 통곡을 해도 어떤 마누라 초상인지 모른다. / 밤새도록 울다가 누가 죽었느냐고.]

女兒你不曉得. 常言道; '~.' 況那朝鮮淸醬最是有名的哩." 애 女兒ㅣ아 네 아지 못ᄒᆞᆫ다 常言에 니ᄅᆞ되 ᄉᆞᄅᆞᆷ이 離鄕ᄒᆞ면 賤ᄒᆞ고 物이 離鄕ᄒᆞ면 貴타 ᄒᆞ니 ᄒᆞ믈며 뎌 朝鮮 ᄀᆞᆫ댱은 ᄀᆞ장 이 有名ᄒᆞᆫ 거시라 (朴新 2:26a) [인리썅쟌, 우리썅귀] ᄉᆞᄅᆞᆷ이 본향을 ᄯᅥ나면 賤ᄒᆞ고 물건이 본향을 ᄯᅥ나면 貴ᄒᆞ- ‖ "好說, 你呢別誇奬我罷. 俗言道'~'一點兒不錯. 若是這塊石頭不露面, 就誰知他是値錢的寶貝?" 죠흔 말이야 너ᄂᆞᆫ 나ᄅᆞᆯ 誇奬치 말지어다 俗言의 니ᄅᆞ기ᄅᆞᆯ ᄉᆞᄅᆞᆷ이 본향을 ᄯᅥ나면 賤ᄒᆞ고 물건이 본향을 ᄯᅥ나면 貴ᄒᆞ다 ᄒᆞ미 조곰도 틀니지 아니ᄒᆞ다 만일 이 뭉치 돌이 낫출 드러ᄂᆡ지 아니ᄒᆞ엿시면 뉘 져거시 갑ᄊᆞᆫ 寶貝인 쥴 알니오 (華啓下 29b) ☞ 物離鄕貴, 人離鄕賤 ‖ [우리향귀, 인리향졍] 물은 고향을 ᄯᅥ나면 귀ᄒᆞ고 ᄉᆞ람은 고향을 ᄯᅥ나면 쳔ᄒᆞ나니라 (華撮 日用行語 58b) ☞ 物離鄕貴 ‖ [우리빵귀] 믈건은 본향을 ᄯᅥ나야 귀ᄒᆞ- ‖ "妹妹知道, 這就是俗語說的'~', 其實可算甚麽呢?" ᄆᆡᄆᆡ가 아ᄂᆞ냐 져거시 믄득 속담의 니ᄅᆞ기ᄅᆞᆯ 믈건은 본향을 ᄯᅥ나야 귀ᄒᆞ다 ᄒᆞ나 기실은 가히 무어시라 혬ᄒᆞ랴 (紅樓 67:46)

64) 【葉落歸根兒】 yèluòguīgēnr 〈成〉 比喩事物有一定歸宿, 多指客居他鄕的人終究要回到本土.¶ 葉落歸根 (華語抄畧 6b/218) [여로귀근] 도로 근본으로 가단 말 (譯補 雜語 61a) 입히 ᄯᅥ러져 ᄲᅮᆯ니로 도라가- ‖ "兩家都是做官的, 也是拿不定. 或者那邊還調進來, 卽不然, 終有個葉落歸根." 두 집이 도시 벼ᄉᆞᆯᄒᆞᄂᆞᆫ지라 이거ᄉᆞᆯ 잡아 뎡치ᄅᆞᆯ 못ᄒᆞ거니와 혹ᄌᆞ 져편의셔 벼ᄉᆞᆯ을 옴겨 드러올 ᄂᆞᆫ지라 곳 그러치 아니면 맛ᄎᆞᆷ내 입히 ᄯᅥ러져 ᄲᅮᆯ니로 도라가미 이시며 (紅樓 100:39)

65) 【夜哭到明, 明哭到夜, 還不知那一箇媽媽死了】 yèkūdàomíng, míngkūdàoyè, hāibùzhīnǎyīgemāmasǐle 〈諺〉 哭了半天靈, 不知誰死了.¶ ☞ 夜哭到明, 明哭到夜 ‖ [여쿠닫밍 ː 쿠닫여] 밤의 우러 낫거지 니르고 나져 우러 밤거지 니르단 말이라 (華撮 日用行語 60a) 밤의 우러 밝기의 닐으고 밝기의 울어 밤거지 니르- ‖ "滿朝公卿, ~, 還能哭死董卓否?" 만죠공경은 밤의 우러 밝기의 닐으고 밝기의 울어 밤거지 니르 능히 동탁을 죽일소냐 (毛三國 1:66)

87. 破的容易救的難.

일키ᄂᆞᆫ 쉬오되 엇기ᄂᆞᆫ 어렵다.
잃기는 쉬워도 얻기는 어렵다.

88. 時常家裡穿梭一般走.

건ᄂᆡ 집의 뵈틀에 북 나드ᄃᆞ시 싸다니다.
늘상 집의 베틀에 북 나들 듯이 돌아다닌다.

89. 王爺也有草鞋的親戚.

님군ᄭᅴ도 집신 ᄀᆞ은 겨레 잇ᄂᆞ니라.
임금도 짚신 신은 친척 있다.

90. 積功凡事成.

공을 ᄡᅡᄒᆞ면 범ᄉᆡ 니ᄂᆞ니라.
공을 쌓으면 모든 일이 이루어진다.

91. 心緊的吃不淂熱粥.66)

마ᄋᆞᆷ이 급ᄒᆞ니ᄂᆞᆫ 더온 쥭을 먹지 못ᄒᆞᄂᆞ니라.
마음이 급한 사람은 더운 죽을 먹지 못한다.

92. 甚風刮了就是你來.67)

무슴 바ᄅᆞᆷ이 부러ᄂᆞ뇨 곳이 네 왓도다.
[무슨 바람이 불어서 왔느냐.]

93. 你拿甚麼嘴臉見我.

네 무슴 부리와 ᄂᆞᆺ츨 가져 나를 볼다?
네 무슨 낯짝으로 나를 보느냐?

---

66) 【心緊的吃不淂熱粥】 xīnjǐndechībùderèzhōu 〈諺〉 比喻心情焦躁往往辦不成事情.¶ ☞ 心緊的吃不得熱的 [신긴디치부더여] ~ (華語抄畧 3a/76)

67) 【甚風刮了就是你來】 shénfēngguālejiùshìnǐlái 〈熟〉 ☞ 那陣風刮爾來 [나친봉과니래] ~ (華語抄畧 1a/4)

94. 起早睡晚狠辛苦了.

일 닐고 늣기야 쟈니 ᄀᆞ장 신고ᄒᆞ여라.
일찍 일어나고 늦게 자니 가장 고생스럽다.

95. 拆東墻補西墻.68)

파동보셔【6a】ᄒᆞ단 말이라.
동쪽 담을 헐어 서쪽 담을 쌓다.

96. 走慣了的狗也不咬.

ᄃᆞ니기 닉으니ᄂᆞᆫ 개도 무지 아니ᄒᆞᄂᆞ니라.
다니기 익은 사람은 개도 물지 않는다.

97. 是天大的造化了.

이 하ᄂᆞᆯᄀᆞᆺ치 큰 사망이로다.
이 하늘같이 큰 조화로다. / 더할 나위없이 큰 복이로다.

98. 上樑不正底樑歪.69)

웃들뵈 바로지 아니면 아ᄅᆡ들뵈 기우ᄂᆞ니라.
[윗물이 맑아야 아랫물도 맑다.]

99. 上馬管軍, 下馬管民.70)

ᄆᆞᆯ ᄐᆞ면 구[군]ᄉᆞ를 가아말고 ᄆᆞᆯ를 나리면 ᄇᆡᆨ셩을 가암아ᄂᆞ니라.
말 타고는 군사를 다스리고 말에서 내려서는 백성을 돌본다.

---

68) 【拆東墻補西墻】chāidōngqiángbǔxīqiáng 〈諺〉 西墻壞了, 拆掉東墻來修補. 比喩臨時解救危急, 不從根本上解決.¶ ☞ 拆的東墻補西墻 ‖ "二位有所不知, 我如今西墻倒壞, 我是~, 豈是有奈何的麼?" (鍾馗傳 4)

69) 【上樑不正底樑歪】shàngliángbùzhèngdǐliángwāi 〈諺〉 比喩上面的人思想行爲不正派, 下邊的人也跟着不學好.¶ ☞ 上樑不正, 底樑不正 ‖ [샹량부징, 디량부징] ~ (華語抄畧 2b/59)

70) 【上馬管軍, 下馬管民】shàngmǎguǎnjūn, xiàmǎguǎnmín 〈諺〉 意爲權力極大, 軍事民政一把攬.¶ "原來北京大名府留守司, ~, 最有權勢." 원ᄅᆡ 븍경 대명부 유슈ᄂᆞᆫ ᄆᆞᆯ게 올으면 군ᄉᆞᄅᆞᆯ 가음알고 ᄆᆞᆯ게 ᄂᆞ리면 ᄇᆡᆨ셩을 다ᄉᆞ리니 극히 권셰 잇더라 (水滸 新文 1:11:117) "今據此山城, 雖是任小, ~, 生殺在于掌握." (金甁 100) "這宋江、盧俊義皆是我等仇人, 今日倒吃他做了有功大臣, 受朝廷這等欽恩賞賜, 却教他~." (水滸 100)

100. 若說一句知心話, 死也甘心.

만일 훈 구 ᄆᆞᄋᆞᆷ 아ᄂᆞᆫ 말을 니르면 죽어도 감심ᄒᆞ리라.

만일 마음 알아주는 말을 이르면 죽어도 원이 없겠다.

101. 有麝自然香, 何必當風立.[71)]

샤가 이시면 ᄌᆞ연 향ᄂᆡ 나ᄂᆞ니 엇지 반ᄃᆞ시 ᄇᆞᄅᆞᆷ을 당ᄒᆞ여 셔료.

[사향이 있으면 자연 향내 나나니 굳이 반드시 바람을 당하여 서랴.]

102. 飽吃一遭好, 茶飯也在運氣上.[72)]

ᄒᆞᆫ 지위 죠흔 음식 먹기도 팔ᄌᆞ에 잇ᄂᆞ니라.

한 차례 좋은 음식 먹는 것도 팔자에 달렸다.

103. 心好的必有福田, 心不好的必有灾殃.[73)]

ᄆᆞᄋᆞᆷ 죠흐니ᄂᆞᆫ 반ᄃᆞ시 복이 잇고 ᄆᆞᄋᆞᆷ 죠치 아니ᄒᆞ니ᄂᆞᆫ 반ᄃᆞ시 ᄌᆡ앙이 잇ᄂᆞ니라.

마음이 착한 이는 반드시 복을 받고 마음이 나쁜 이는 반드시 재앙을 받는다.

---

71) 【有麝自然香, 何必當風立】 yǒushèzìránxiāng, hébìdāngfēnglì 〈諺〉 意爲有品德有本領的人, 不必自我宣揚, 別人也會知道. 言外之意是沒品德、沒本領的人, 不管怎樣自我吹噓, 也無濟於事.¶ ~ (華語抄畧 4b/135) "南都閭巷中常諺, 往往有粗俚而可味者……曰, ~." (客座贅語 1) ☞ 有麝自然香 샤향곳 이시면 향내 ᄌᆞ연 나— ‖ "~, 家中有了好貨, 不怕人不尋上門來。" 샤향곳 이시면 향내 ᄌᆞ연 나ᄂᆞᆫ 거시니 ᄂᆞᆷᄃᆞ려 쟈랑 아니ᄒᆞ다 사리 업슬가 근심ᄒᆞ랴 (後水滸 8:70) "~. 麝香在臀, 擒獲者疾取方得, 少遲已自剔破矣. ……收取其香, 雖什襲以藏, 香氣必達于外, 偶一沾染, 經月不散." (吳下諺聯 卷1)

72) 【飽喫一遭好茶飯, 也在運氣上】 bǎochīyīzāohǎocháfàn, yězàiyùnqìshàng 〈諺〉 ☞ 飽喫一遭好茶飯, 也在運氣的好 [밮치이좌화차반, 여지윤키디화] ᄒᆞᆫ 번 죠흔 ᄎᆞ반 먹기도 죠흔 운수의 잇ᄂᆞᆫ 이라 (華撮 日用行語 60a) ☞ 飽吃好茶飯有福氣 ‖ "酒是小哈, 飯是多吃啊. 下山的猛虎氣是惹禍的根苗啊, 忘憂不成忙了事. 俗言道: '~.' 咱們朋友裡咳用莊假嗎? 初會的朋友裡頭否咧, 有点莊假呢. 熟視人跟前也不分彼此." (中華 藏書 7a)

73) 【心好的必有福田, 心不好的必有灾殃】 xīnhǎodebìyǒufútián, xīnbùhǎodebìyǒuzāiyāng 〈熟〉 意謂心好的最後還是得好報, 心惡的最後還是得惡報, 上天的報應不會有差錯.¶ ☞ 心好只好, 心惡只惡, 仔細看來, 上天不錯 ‖ "後來周裁縫死在牢中, 拖出去丢在萬人坑內, 未免猪拖狗扯. 只因舌尖口快, 又貪着五兩銀子, 竟要害人性命, 合受此報. 花二娘命該刀下身亡, 只因救了任三的妻子, 起了這點好心, 故使奶奶答救了這條性命. 正是: ~." (歡喜寃家 1)

104. 就殺身也難報.

곳 몸을 죽여도 갑기 어렵다.

목숨으로도 갚기 어렵다.

105. 錦上添花的有, 雪裡送炭的沒有.[74)]

깁 우희 쏫 더ᄒᆞ【6b】ᄂᆞ니ᄂᆞᆫ 잇고 눈속에 숫 보ᄂᆡᄂᆞ니ᄂᆞᆫ 업ᄂᆞ니라.

비단에 꽃을 더하는 사람은 있어도 눈 속에 숯을 보내주는 사람은 없다.

(잘 나갈 때 찾아오는 사람은 있어도 정말 어려울 때 도와주는 사람은 없다.)

106. 有君子戀君子, 無君子想君子.

군ᄌᆡ 이시면 군ᄌᆞ를 나모라ᄒᆞ고 군ᄌᆡ 업스면 군ᄌᆞ를 ᄉᆡᆼ각ᄒᆞᄂᆞ니라.

군자 있으면 군자를 나무라고 군자 없으면 군자를 그리워한다.

107. 受人的托, 必當終人的事.[75)]

ᄉᆞ롬의 부탁을 바드ᄆᆡ 반ᄃᆞ시 맛당이 ᄉᆞ롬의 일을 맛츠리라.

남의 부탁을 받으면 반드시 남의 일을 끝내 주어야 한다.(남에게 주기로 약속한 것은 반드시 지켜라.)

108. 爲官者爲名, 爲商者爲利.

벼슬ᄒᆞᄂᆞ니ᄂᆞᆫ 명을 위ᄒᆞ고 장ᄉᆞᄒᆞᄂᆞ니ᄂᆞᆫ 리를 위ᄒᆞᄂᆞ니라.

벼슬하는 사람은 명예를 위하고 장사하는 사람은 이익을 위한다.

---

74) 【錦上添花的有, 雪裡送炭的沒有】jǐnshàngtiānhuādeyǒu, xuělisòngtàndeméiyǒu 〈諺〉 比喻人情勢利, 越是需要幫助的越少人幫助, 越是得勢富足的越有人去巴結奉承.¶ ☞ 雪中送炭人間少, 錦上添花世上多 ‖ "~. 却是世情看冷淡, 果然人面有高低." (說呼全傳 2) "只見從外面來了一位老人, 口中說: '成龍在這裡麼? 我昨天才回來, 這一年有餘, 你我未見, 我聽說你窮困至此, 我特冒雪而來, 給你送幾兩銀子, 以濟燃眉之急.' 正是: ~." (永平升平前傳 3) ☞ 雪中送炭眞人少, 錦上添花世間多 ‖ "這天大雪, 正在屋中發愁, 就聽外面喊叫: '鄭華雄!' 正是: ~." (彭公案 205)

75) 【受人的托, 必當終人的事】shòuréndetuō, bìdāngzhōngréndeshì 〈諺〉 接受了別人的托咐, 必定要把別人交下的事情辦好.¶ ☞ 受人的托, 必當終人的事 ‖ "~. 大人的分付, 着我先進城去, 尋那楊金吾劉衙內. 直到倉裹尋他, 尋不着一箇. 如今大人也不知在那裏, 我且到這接官廳試看咱." (陳州糶米 3折)

109. 木不鑽不透, 話不說不明.[76)]

남글 ᄯᅮᆯ지 아니면 사ᄆᆞᆺ지 못ᄒᆞ고 말을 니르지 아니면 ᄇᆞᆰ지 못ᄒᆞᄂᆞ니라.
나무를 뚫지 않으면 사무치지 못하고 말을 이르지 않으면 분명하지 못하다.
[고기는 씹어야 맛이고 말은 해야 맛이다. / 벙어리 속은 그 어미도 모른다.]

110. 炕頭熱墊々草兒.

캉 아ᄅᆡ목이 더우니 집흘 괴오라.
구들 아랫목이 더우니 짚을 깔아라.

111. 得意地方別再去.[77)]

득의ᄒᆞᆫ ᄯᅡᄒᆞᆫ 다시 가지 말라.
뜻을 얻은 곳에 다시 가지 말라.
한 번 재미 본 일은 다시 하지 마라. (재미 본 것은 한번으로 족하고 물러날 때를 알아야 한다.)

112. 知足者常樂, 能忍者自安.[78)]

죡ᄒᆞᆫ 줄 아ᄂᆞ니ᄂᆞᆫ 거ᄉᆡ 즐기고 능히 참ᄂᆞ니ᄂᆞᆫ 스々로 편안ᄒᆞ니라.
족한 줄 아는 사람은 늘상 즐겁고 능히 참는 사람은 저절로 편안하니라.

113. 不會爬光學走.

길 줄 모로고 몬져 것기부터 ᄇᆡ혼다.
[걷기도 전에 뛰려고 한다. / 기기도 전에 날기부터 한다. / 푸둥지[79)]도 안 난 것이 날려고 한다.]

---

76) 【木不鑽不透, 話不說不明】mùbùzuànbùtòu, huàbùshuōbùmíng 〈諺〉 ☞ 木不轉不透 ‖ [무부좐부□] 남글 쓔루지 아니하면 ᄯᅮᆯ너지 안너니라 (你呢貴姓 29a).

77) 【得意地方別再去】déyìdìfangbiézàiqù 〈諺〉 稱心如意的事, 不宜重復去做.¶ ☞ 得意不可再往 ‖ “如今雖然被他們爭回這箇臉來, 然而我心上倒反害起怕來. 我總恐怕地方上的百姓不知進退, ……那可萬萬使不得! 俗語說得好, 叫做‘~’. 這箇事可得責成你老哥身上.” (官場 53) ☞ 得意不宜再往 ‖ “公孫先生又要暗訪, 包公搖頭道: ‘~. 待我細細思索便了.’” (三俠 7)

78) 【知足者常樂, 能忍者自安】zhīzúzhěchánglè, néngrénzhězì'ān 〈諺〉 舊謂知道滿足的人心裏經常快樂, 能够忍讓的人身家自然安寧.¶ ☞ 知足心常樂, 能忍身自安 ‖ “有句俗話: ‘~.’ 這年頭, 風風雨雨的, 少不了就得睜一眼閉一眼, 誰去惹那箇不利索.” (王厚選・古城青史 15)

79) 푸둥지: 아직 깃이 나지 않은 어린 새의 날갯죽지.

114. 三遍淘井吃甛水.[80)]

세 번 우믈을 츠면 단믈을 먹다.

우물을 세 번은 쳐야 단물을 먹을 수 있다.

115. 賒三不迭現二.[81)]

셋 지운 거시 현셩흔 둘만 굿지 못흐다.

외상 주고 세 개 파느니 현금 받고 두 개 파는게 낫다.

[부자집 외상보다 거랭이[82)] 맞돈이 좋다.]

116. 心比天還高, 命比【7a】紙還薄.[83)]

므음은 하늘의 비흐미 도로혀 놉고 명은 죠희의 비흐미 도로혀 엷다.

마음은 하늘보다도 높고 목숨은 종잇장만도 못하다.

117. 那淂閑錢買這箇東西使喚.

엇지 한가흔 돈을 어더 이거슬 사 쁘리오.

이런 것을 사서 쓸 공돈이 어디 있으리오.

118. 入門休問榮枯事, 看着容顔便得知.[84)]

---

80) 【三遍淘井吃甛水】sānbiàntáojǐngchītiánshuǐ 〈諺〉 井多淘幾遍能吃上甛水, 人多向幾位老師求教就會本領高超.¶ ☞ 井淘三遍吃甛水, 人從三師武藝高 ‖ "俗話道: '~, 人從三師武藝高.' 往後兒, 你要注意隨時隨地向認字的人學習, 多認些老師." (郭澄清・大刀記 13章)

81) 【賒三不迭現二】shēsānbùdiéxiàn'èr 〈諺〉 賒: 賒欠. 本指經商賣貨賒賬不如收現金可靠, 多比喩做事貴在眞正得到實惠.¶ ☞ 賒三不敵見二 ‖ "我老孫不去! 不去! 俗語謂'~', 只望你隨高就低的送一副便了." (西遊 3) ☞ 賒得不如現得 ‖ "天下好人也有窮到底的, 難道一箇箇爲官不成? 俗語道得好, '~', 何如把女兒嫁一箇富翁, 且享此目前快活." (初刻 10)

82) 거랭이: 거지가 비럭질하여 얻은 음식물을 거두어 놓은 밥주머니.

83) 【心比天還高, 命比紙還薄】xīnbǐtiānháigāo, mìngbǐzhǐháibáo 〈諺〉 形容志向很大.¶ ☞ 心比天高 ‖ "霽月難逢, 彩雲易散. ~, 身爲下賤." (紅樓 5)

84) 【入門休問榮枯事, 看着容顔便得知】rùménxiūwènróngkūshì, kànzheróngyánbiàndézhī 〈諺〉 到一戶人家那裏, 不必打聽家境如何, 看主人的臉色表情就知道了. 指人的心思情緖, 總要外露.¶ ☞ 入門休問榮枯事, 觀着容顔便得知 ‖ 뎌의 길흉을 뭇디 말고 그 얼골을 보라 ‖ "常言道: 入門休問榮枯事, 觀着容顔便得知. 你看那齊國遠的嘴臉, 若同他到長安, 定要惹出一場不軌的事來." 샹담의 닐오듸 뎌의 길흉을 뭇디 말고 그 얼골을 보라 흐니 졔국원의 형용을 볼딘대 흔가디로 댱안의 갓다가는 분명히 일댱 사오나온 일을 저즈러 내게 녀루흘디라 (隋史遺文 4:38) 문에 들거든 심즁의 연고를 뭇지 말고 다만 용모를 몬져 보라 ‖ "婆子道: '有甚麼難猜, 自古'入門休問榮枯事, 觀着容顔便得知'. 老身異樣蹺蹊作怪的事, 都猜得着." 무엇이 알기 어려오리오 넷

문에 들ᄆᆡ 영고ᄉᆞ를 뭇지 말라 얼굴을 보면 곳 아ᄂᆞ니라.
문에 들어 번영과 쇠락의 일을 묻지 말라 얼굴을 보면 곧 안다.

119. 逢人且說三分話, 未可全抛一片心.85)

ᄉᆞᄅᆞᆷ을 만나ᄆᆡ 또 삼분 말 니르고 가히 일편 ᄆᆞᄋᆞᆷ을 다 더지〻 못ᄒᆞ리라.
사람을 만나 삼분의 일만 이야기하고 자기 속을 다 보이지 말라.

120. 馬有垂韁之報, 狗有濺草之恩.86)

ᄆᆞᆯ은 곳비 드리온 갑흐미 잇고 개ᄂᆞᆫ 플에 물 ᄲᅮ린 은혜 잇ᄂᆞ니라.
말은 고삐 드리운 은혜 있고 개는 풀에 물 뿌린 은혜 있다.

121. 謀事在人, 成事在天.87)

사ᄅᆞᆷ이 닐넛스되 문에 들거든 심즁의 연고ᄅᆞᆯ 뭇지 말고 다만 용모ᄅᆞᆯ 몬져 보라 ᄒᆞ엿스니 로신이 관인의 동졍을 보고 어이 몰을 리 잇스리오 (水滸 新文 2:23:56) "入門休問榮枯事, 觀着容顏便得知. 自家招贅蔡伯喈爲婿, 可謂得人. 只一件, 他自從到此, 眉頭不展." (琵琶記 31)

85) 【逢人且說三分話, 未可全抛一片心】 féngrénqiěshuōsānfēnhuà, wéikěquánpāoyīpiànxīn 〈諺〉 指對人要存戒心, 說話要有所保留.¶ "別人都罷了, 只是潘金蓮惱的要不的, 背地唆調吳月娘, 與李瓶兒合氣; 對着李瓶兒, 又說月娘許多不是, 說月娘容不的人. 李瓶兒尙不知墮他計中, 每以姐姐呼之, 與他親厚尤密. 正是~." (金瓶 20) ☞ 逢人只說三分話, 未可全抛一片心 ‖ "一言抄百語, 你'~', 切記, 切記!" (兒女 3)

86) 【馬有垂韁之報, 狗有濺草之恩】 mǎyǒuchuíjiāngzhībào, gǒuyǒjiàncǎozhī'ēn 〈諺〉 垂繮: 指當策馬時放鬆繮繩. 比喻微小的恩德也當酬報. 前秦苻堅和慕容衝打仗, 苻堅敗了, 逃走時滾落到山澗裏, 爬不上來. 他騎的那匹馬, 就跪在澗邊, 讓所係的繮繩垂下去, 他抓住了繮繩爬上來, 才脫了難. 出«異苑».¶[마ᄋᆛ취강즈뱌, 구ᄋᆛ졘찬즈ᄋᆞᆫ] 말은 곱비을 드리워 갑난 거시 잇고 ᄀᆡ은 풀의 물 ᄲᅮ린 은혀가 잇나니라 (華撮 日用行語 64b) ☞ 馬有疆繩爲認報, 狗有踐草的恩 ‖ "比方說, 我還你這怎嗎不受送禮的東西, 你也心裡過得去嗎? 人家都有肝胆胃心. 普天下人否咧, 誰沒有五行內的嗎? 將心自比心罷, 對不對? 那嗎个兒理嗎? 人有恩典爲義重, '~', 簷前蹄馬贖葤葤, 寒虫叫聲音滴滴." (中華 藏書 8b) ☞ 馬有垂韁之報 ‖ "你若肯扶傾濟弱, 我可便回嗔作笑, ……休道是人呵, ~" (元·王子一 誤入桃源 4) ☞ 馬有垂繮之義 ‖ "凡鱗介鳥獸爲四靈所屬, 種類雖別, 靈性則一. 如~, 犬有濕草之仁, 若謂無知無識, 何能如此?" 이 고기 능히 미리 아ᄂᆞᆫ 지혜 잇슬진ᄃᆡ 당초 어부의 그물의 그릇 걸니지 아니리니 대쳬 의논컨ᄃᆡ 죠수닌개의 뉘 ᄉᆞ령의 쇽ᄒᆞᆫ ᄇᆡ라 그 풍뉘 비록 각〻이나 그 신령ᄒᆞᆫ 셩품은 ᄒᆞᆫ 가지라 ᄆᆞᆯ이 쥬인을 알고 개 임ᄌᆞᄅᆞᆯ ᄯᅡ로미 엇지 즘ᄉᆡᆼ의 무지ᄒᆞ다 ᄒᆞ며 (鏡花 6:61)

87) 【謀事在人, 成事在天】 móushìzàirén, chéngshìzàitiān 〈諺〉 謀劃事情在於人, 能不能辦成事情則決定於天意. ¶일을 ᄭᅬᄒᆞ믄 사ᄅᆞᆷ의게 잇고 일을 일오믄 하ᄂᆞᆯ희 잇도다 ‖ "孔明聞知, 仰天嘆曰: ~!" 공명이 앙텬댱탄 왈 일을 ᄭᅬᄒᆞ믄 사ᄅᆞᆷ의게 잇고 일을 일오믄 하ᄂᆞᆯ희 잇도다 (三國 34:42) [무스재인 쳥스재텬] 모ᄉᆞᄂᆞᆫ ᄌᆡ인ᄒᆞ고 셩ᄉᆞᄂᆞᆫ ᄌᆡ텬이라 ‖ "劉姥姥道: '這倒也不然. ~. 咱們謀到了, 靠菩薩的保佑, 有些機會, 也未可知.'" 류로뢰 니ᄅᆞᄃᆡ 이ᄂᆞᆫ 또 그러치 아니ᄒᆞ니 모ᄉᆞᄂᆞᆫ

일을 ᄭᅬᄒᆞ기ᄂᆞᆫ ᄉᆞᄅᆞᆷ의게 잇고 일 일으기ᄂᆞᆫ 하ᄂᆞᆯ에 잇ᄂᆞ니라.
일 꾀하기는 사람에게 달렸고 일을 이루는 것은 하늘에 달렸다.
[진인사대천명이라]

122. 上不敬則下慢.88)

우히 공경치 아니ᄒᆞ면 아ᄅᆡ가 거만ᄒᆞᄂᆞ니라.
윗사람이 공경하지 않으면 아랫사람이 거만해진다.

123. 自手不折怎的支使人.

제 손이 부러지〻 아니ᄒᆞ엿거든 엇지 ᄉᆞᄅᆞᆷ을 시기리오.
멀쩡한 제 손 놔두고 어찌 남을 시키리오.

124. 不結子花休要種, 無義之人不可交.89)

ᄌᆡ인ᄒᆞ고 셩ᄉᆞᄂᆞᆫ ᄌᆡ텬이라 우리 무리 모칙이 도져ᄒᆞ면 돌보와 쥬실 보ᄉᆞᆯ이 무슴 긔회 잇실ᄂᆞᆫ지 ᄯᅩᄒᆞᆫ 가히 아지 못ᄒᆞᆯ지라 (紅樓 6:17) 모ᄉᆞᄂᆞᆫ ᄌᆡ인ᄒᆞ고 셩ᄉᆞᄂᆞᆫ ᄌᆡ텬이라 ‖ "武侯云: '~.' 若得明日一天東北風, 大事畢矣." 졔갈무휘 니ᄅᆞᄃᆡ 모ᄉᆞᄂᆞᆫ ᄌᆡ인ᄒᆞ고 셩ᄉᆞᄂᆞᆫ ᄌᆡ텬이라 ᄒᆞ니 만일 명일 하로ᄅᆞᆯ 동븍풍이 불면 대ᄉᆞᄅᆞᆯ 일우리로다 (女仙 36:29) [모스재인, 청스재텬] 謀事ᄂᆞᆫ 在人ᄒᆞ고 成ᄂᆞᆫ 在天이라 ᄒᆞ니 (華啓下 36b) ☞ 謀事在人成在天 ‖ "~, 那知暗有神驗." 일을 ᄭᅬᄒᆞ믄 ᄉᆞᄅᆞᆷ의게 잇고 셩사ᄒᆞ믄 하ᄂᆞᆯ의 잇ᄂᆞᆫ지라 가만ᄒᆞᆫ 즁의 신통ᄒᆞᆫ 녕험이 이시믈 엇지 알니오 (千里 2:40) "匹配姻親不偶然, 須知月老有紅牽, 弱冠當諧及笄女, ~." (明・無心子 金雀記 6)

88) 【上不敬則下慢】shàngbùjìngzéxiàmàn 〈諺〉 指辦事上上級抓得不緊, 下邊人也就怠慢了.¶ ☞ 上不緊則下慢 ‖ 우희 잡죄지 못ᄒᆞ면 아ᄅᆡ가 느리다 (水滸 奎章 17:61) 우히 잡죄지 못ᄒᆞ면 아ᄅᆡ가 느리다 ᄒᆞ니 (水滸 聯帖 12b) 우희 잡즤지 못ᄒᆞ면 아ᄅᆡ가 느릐다 ᄒᆞ니 (水滸 16:36) 우희로셔 잡기〻 못하면 알ᄋᆡ셔 늘이게 하난이라 (水滸 菊齋 1:61b) ▼우히 긴치 아니ᄒᆞ면 아래 ᄒᆡ타ᄒᆞᆫ- ‖ "胡說! ~.我自進士出身, 歷任到這一郡諸侯, 非同容易." 무슴 말인다 ᄌᆞ고로 닐은 말이 우히 긴치 아니ᄒᆞ면 아래 ᄒᆡ타ᄒᆞᆫ다 ᄒᆞ엿스니 내 진ᄉᆞ 츌신으로 몃 번 쳔직ᄒᆞ여 이 고을을 엇〻스니 용이ᄒᆞᆫ 일이 아니라 (水滸 新文 1:16:170) ▼우히셔 잡지〻 안이하면 알ᄋᆡ셔 거만이 하는이라 ‖ "胡說, ~, 我自進士出身歷任到這一郡諸侯, 非同容易." 안이 되는 말 마라 우히셔 잡지〻 안이하면 알ᄋᆡ셔 거만이 하는이라 ᄂᆡ가 進士 出身으로셔 베살을 지ᄂᆡ되 一郡 諸侯에갓지 온 거시 엉간찬이 슙잔하고 (水滸 菊齋 3:29a) "'~.' ……今日東京太師府, 差一幹辦, 來到這裏, 領太師台旨: 限十日內, 須要捕獲各賊正身, 完備解京." (水滸 17) "自古道: '~.' 本縣今限你一箇月, 要拿到這兩名響馬." (說唐 22)

89) 【不結子花休要種, 無義之人不可交】bùjiézǐhuāxiūyàozhòng, wúyìzhīrénbùkějiāo 〈諺〉 不要栽種不結子的花卉, 不可與不講信義的人交往.¶ "家中平安兒小厮, 又偸盜出解當庫頭面, 在南瓦子裏宿娼. 被吳驛丞拿住, 痛刑拶打, 教他指攀月娘與玳安有奸, 要羅織月娘出官, 恩將仇報.……正是: ~." (金甁 31) ☞ 不結子花休要種 ‖ "~. 天下之花多矣, 結子者佳……惟蓮結子. 信如諺言, 若牡丹、若菊, 不必刻意以務種也." (吳下諺聯 卷2)

열ᄆᆡ 여지 아니ᄒᆞᄂᆞᆫ ᄭᅩᆺ츤 심으지 말고 의 업슨 ᄉᆞᄅᆞᆷ은 가히 ᄉᆞ괴지 아니리라.
열매 맺지 않는 꽃은 심지 말고 의리 없는 사람과는 사귀지 말라.

125. 千里【7b】上官只爲口.[90)]

천리예 벼슬ᄒᆞ기ᄂᆞᆫ 다만 입을 위호미라.
천리를 멀다 않고 벼슬살이 가는 것은 다 먹고 살기 위해서이다.
[목구멍이 포도청이라.]

126. 男大須婚, 女大須嫁.[91)]

ᄉᆞ나희 크면 모로미 혼인ᄒᆞᆯ 쎄시오 겨집이 크면 모로미 셔방마즐 거시라.
남자가 장성하면 장가갈 것이오 여자가 크면 시집갈 것이다.

127. 爲己者多, 爲人者少.

내 몸 위ᄒᆞᄂᆞ니ᄂᆞᆫ 만코 ᄉᆞᄅᆞᆷ 위ᄒᆞᄂᆞ니ᄂᆞᆫ 적다.
내 한몸 위하는 사람은 많지만 남 위하는 사람은 적다.

---

90) 【千里上官只爲口】qiānlǐshàngguānzhǐwèikǒu 〈諺〉 舊謂不遠千里去做官, 圖的只是錢財.¶ ☞ 千里爲官只爲財 ‖ "單太爺道: '不管他心狠不狠, '~', 這箇錢也是他們做都老爺的人應解要的. 不然, 他們在京裏, 難道叫他喝西北風不成?" (官場 17) "常言道的好, '~', 只要有錢到手, 官還要他做甚麼呢?" (中國現在記 2)

91) 【男大須婚, 女大須嫁】nándàxūhūn, nǚdàxūjià 〈諺〉 男女成年後婚嫁是必然的.¶ 아ᄃᆞᆯ이 ᄌᆞ라면 댱가 드리고 ᄯᆞᆯ이 ᄌᆞ라면 셔방 마치- ‖ "~, 古今常禮, 我爲你母親, 事當稟命於我. 你招劉玄德爲婿, 如何瞞我? 女兒須是我的!" 아ᄃᆞᆯ이 ᄌᆞ라면 댱가 드리고 ᄯᆞᆯ이 ᄌᆞ라면 셔방 마치ᄂᆞᆫ 거시 고금 샹녜라 날을 어미라 ᄒᆞ면 엇디 날ᄃᆞ려 니ᄅᆞ디 아니ᄒᆞ고 뉴현덕을 사회 사ᄆᆞ려 ᄒᆞ고 더브러다가 두어시되 날을 긔이ᄂᆞᆫ다 (三國 17:97) 남ᄌᆞ 장ᄃᆡᄒᆞ면 혼취ᄒᆞ고 녀ᄌᆞ 장ᄃᆡᄒᆞ면 츌가ᄒᆞ- ‖ "~, 人間大禮. 這个是要緊事情, 那個不要婆婆家, 爲閨女爲到多時呢." 남ᄌᆞ 장ᄃᆡᄒᆞ면 혼취ᄒᆞ고 녀ᄌᆞ 장ᄃᆡᄒᆞ면 츌가ᄒᆞ믄 인간ᄃᆡ례라 뉘 구고의 집이 업ᄉᆞ리오 이제 구고의 집을 두지 아니려 ᄒᆞ면 어ᄂᆡ ᄯᆡ가지 규즁녀ᄌᆞ 되려 ᄒᆞᄂᆞ뇨 (千里 3:56) ☞ 男大須婚, 女大必嫁 ‖ "魯智深呵呵大笑道: '~. 這是人倫大事, 五常之禮. 何故煩惱?'" 아ᄃᆞᆯ이 자람애 쟝가드리고 ᄯᆞᆯ이 자람애 싀집 보냄이 인륜대ᄉᆞ오 오샹에 ᄯᅥᆺᄯᅥᆺᄒᆞᆫ 례니 무ᄉᆞᆷ 연고로 번뇌ᄒᆞ리오 (水滸 新文 1:4:49) "'~', 古今常禮。" (三國 11) "常言道~. 如今永兒年已長成, 只管留他在家, 不是久長之計, 他的終身也是不了." (平妖 4) ☞ 男大當婚, 女大當嫁 ‖ "叔叔, 常言道: '~.' 此言眞不誣也!" 슉슉이 상ᄒᆡ 니르기를 남ᄌᆞ ᄌᆞ라면 맛당히 장가들 거시오 녀ᄌᆞᄂᆞᆫ 맛당히 시집갈 거시라 ᄒᆞ더니 이 말ᄉᆞᆷ이 실노 허언이 아니로다 (綠牡 1:2) "~, 理之當然. 兄長之擧, 眞爲兩全其美." (水滸後傳 39)

128. 人善被人欺, 馬善被人騎.92)

ᄉᆞᄅᆞᆷ이 용ᄒᆞ면 ᄉᆞᄅᆞᆷ의 소김을 닙고 ᄆᆞᆯ이 용ᄒᆞ면 ᄉᆞᄅᆞᆷ의 타기를 닙ᄂᆞ다.
사람이 착하면 남에게 잘 속고 말이 순하면 사람들을 태우게 된다.
[개도 무는 개를 돌아본다. / 개도 사나운 개를 돌아본다.]

129. 受人點水的恩, 必當湧泉之報.93)

ᄉᆞᄅᆞᆷ의 졈슈 만ᄒᆞᆫ 은혜를 바드면 반ᄃᆞ시 맛당히 湧泉으로 갑흘 거시니라.
물방울 같은 작은 은혜를 입었더라도 반드시 샘물로 갚아야 한다.

130. 要人不知, 除非莫爲.94)

ᄉᆞᄅᆞᆷ이 아지 말과져 ᄒᆞ면 아니ᄒᆞᆯ 만 갓지 못ᄒᆞ니라.
남이 모르게 하려면 아예 하지를 말라.

131. 少吃多甛, 多吃少甛.95)

---

92) 【人善被人欺, 馬善被人騎】 rénshànbèirénqī, mǎshànbèirénqí 〈諺〉 人過分老實善良, 就會受人欺侮, 就像馴良的馬常被人騎一樣.¶ ☞ 人善得人欺, 馬善得人騎 ‖ "怪不得俺每自輕自賤, 常言道: 賤裏買來賤裏賣, 容易得來容易捨. 趁將你家來, 與你家做小婆, 不氣長, 自古~. 便是如此." (金甁 76) ☞ 人善有人欺, 馬善有人騎 ‖ "衆三爺一聽, 箇箇怒目横眉, 齊奔和尙而來. 濟公說: '好, 善哉善哉. ~.'" (濟公 17)

93) 【受人點水的恩, 必當湧泉之報】 shòuréndiǎnshuǐde'ēn, bìdāngyǒngquánzhībào 〈諺〉 受人一滴水的恩惠, 也要拿一井泉水來報答. 指受人恩惠, 必當加倍報償.¶ ☞ 受人點水恩, 必當井泉報 ‖ "做個爽爽利利人, 莫要鳥吊. ~." (飛跎全傳 5) ☞ 受人滴水之恩, 必有養金之報 ‖ "神仙~, 我取水與你吃了, 不知你怎麼度我?" (韓湘子 9)

94) 【要人不知, 除非莫爲】 yàorénbùzhī, chúfēimòwéi 〈諺〉 要想別人不知道, 不如自己不去做.¶ ☞ 若要不知, 除非莫爲 ¶ 모ᄅᆞ과다 ᄒᆞ면 말아야 옳ᄒᆞ- ‖ "~, 滿城百姓, 那一個不知?" 모ᄅᆞ과다 ᄒᆞ면 말아야 올티 만셩 ᄇᆡᆨ셩이 뉘 모ᄅᆞᄂᆞᆫ 거시라 날을 소기려 ᄒᆞᄂᆞ다 (三國 17:97) 모른다고 ᄒᆞᆯ지라도 제 잡담ᄒᆞ고 왼 성즁 안 ᄇᆡᆨ셩은 고만둘지라도 누가 모르게는냐 (語覽 三國 109a) 만일 아디 말과뎌 ᄒᆞᆯ딘대 아니홈만 ᄀᆞᆺ디 못ᄒᆞ다 ‖ "俗語說得好: '~.' 況才子佳人, 一擧一動, 關人二目, 動成千秋佳話." 쇽셜의 니론바 만일 아디 말과뎌 ᄒᆞᆯ딘대 아니홈만 ᄀᆞᆺ디 못ᄒᆞ다 ᄒᆞ니 ᄌᆡᄌᆞ와 가인의 ᄒᆞᆫ번 ᄒᆞᆫ 일이 사ᄅᆞᆷ의 이목의 ᄯᅥ러뎌 쳔츄에 아ᄅᆞᆷ다온 말이 되ᄂᆞ니 뎨 비록 멀리 이시나 아란디 오란디라 (玉嬌 2:24, 25) ☞ 若要人不知, 除非己莫爲 ¶ 사ᄅᆞᆷ으로 ᄒᆞ야곰 모로게 ᄒᆞ고져 ᄒᆞᆯ진ᄃᆡ 아이의 제 아니ᄒᆞᆷ만 ᄀᆞᆺ지 못ᄒᆞ- ‖ "~. 此事關係甚重, 斷不敢遵命." 사ᄅᆞᆷ으로 ᄒᆞ야곰 모로게 ᄒᆞ고져 ᄒᆞᆯ진ᄃᆡ 아이의 제 아니ᄒᆞᆷ만 ᄀᆞᆺ지 못ᄒᆞ고 이 일이 관계즁대ᄒᆞ므로 감히 말ᄒᆞ지 못ᄒᆞᆫ다 ᄒᆞ야ᄂᆞᆯ (鏡花 7:20) ☞ 欲人不知, 莫若不爲 ‖ "~. 你做的事, 外邊那一個不說的? 你瞞咱則甚!" (二刻 38)

95) 【少吃多甛, 多吃少甛】 shǎochīduōtián, duōchīshǎotián 〈諺〉 指美味食物, 少吃一些感到有滋味, 吃多了不好吃了.¶ ☞ 少吃多滋味, 多吃壞肚皮. ‖ "警世之諺: ……~. 下句«元典章»." (范寅 越諺)

적게 먹으면 달미 만코 만히 먹으면 달미 적으니라.
적게 먹으면 맛나고 많이 먹으면 맛나지 않다.

132. 少雀兒赶不上老鶴兒的寸步.[96)]

밥식가 황식 거름을 ᄯᆞ로지 못ᄒᆞᄂᆞ니라.
[뱁새(촉새)가 황새 따라가다가 가랭이 찢어진다.]

133. 蝴蝶兒飛來飛去, 不離花枝.[97)]

나뷔가 ᄂᆞᆯ아오고 ᄂᆞᆯ아가 ᄭᅩᆺ가지에 ᄯᅥᄂᆞ지 아니ᄒᆞᄂᆞ니라.
나비가 날아갔다 날아오며 꽃가지를 떠나지 않는다.
[꽃 본 나비.]

134. 救人一命, 勝作千層【8a】塔兒.[98)]

ᄉᆞᄅᆞᆷ의 ᄒᆞᆫ 목숨을 구ᄒᆞ면 쳔층탑을 ᄆᆡᆫ글ᄆᆡ셔 나으니라.
한 사람의 목숨 구하는 것이 천층 탑을 쌓는 것보다 낫다.

☞ 小吃多甛, 呑多嚼不爛 [산치도텬, 튼도쵸부란] ~ (華語抄畧 2a/35)

96) 【少雀兒赶不上老鶴兒的寸步】shǎoquèrgǎnbùshanglǎhèdecūnbù 〈諺〉 麻雀學公鷄瀉尿, 腎肝都要瀉出來. 麻雀不要跟鸛子飛.¶

97) 【蝴蝶兒飛來飛去, 不離花枝】húdiérfēiláifēiqù, bùlíhuāzhī 〈諺〉 蝴蝶見了花, 樂不可支.¶ ~ (華語抄畧 4a/113)

98) 【救人一命, 勝作千層塔兒】jiùrényīmìng, shèngzuòqiāncéngtǎr 〈諺〉 救人一條活命, 比建造七層佛塔的功德還要大.¶ ☞ 救人一命, 勝造七級浮屠 ‖ ᄉᆞᄅᆞᆷ의 일명 구ᄒᆞ여 젹션ᄒᆞ미 도로혀 칠급 부도 짓긔에셔 낫다 (西遊 啓明 16:10-47) ▼사ᄅᆞᆷ의 ᄒᆞᆫ 목숨 구ᄒᆞ미 닐곱 층 부도 ᄆᆡᆫᄃᆞ니의셔 낫— ‖ "小道是出家人, 以慈悲爲本, 方便爲門, ~." 쇼도ᄂᆞᆫ 츌가ᄒᆞᆫ 사ᄅᆞᆷ이라 ᄌᆞ비 방편ᄒᆞ기ᄅᆞᆯ 읏듬을 삼으니 사ᄅᆞᆷ의 ᄒᆞᆫ 목숨 구ᄒᆞ미 닐곱 층 부도 ᄆᆡᆫᄃᆞ니의셔 낫다 ᄒᆞ니 이 사ᄅᆞᆷ이 만일 심샹ᄒᆞᆫ 뉘면 쇼되 뎌ᄅᆞᆯ 내여 보내여실 거시로ᄃᆡ 이ᄂᆞᆫ ᄒᆞᆫ 낫 큰 ᄯᅳᆺ 잇ᄂᆞ니라 (隋史遺文 2:63) ▼사ᄅᆞᆷ ᄒᆞ나 살오ᄂᆞᆫ 거시 졀 닐곱 짓ᄂᆞᆫ 공부도곤 낫다 ‖ "常言'~.' 一則感謝厚情, 二來當積陰德." 샹담의 닐오ᄃᆡ 사ᄅᆞᆷ ᄒᆞ나 살오ᄂᆞᆫ 거시 졀 닐곱 짓ᄂᆞᆫ 공부도곤 낫다 ᄒᆞ고 뎌의 졍ᄉᆞ도 하 블샹ᄒᆞ니 우리 음덕인들 아니 되랴 (西遊 延世 7:17) "大賢在上. 小子聞古人云: '~.' 今我父女兩命皆懸大賢之手, 只要大賢肯發慈心, 我父女就可超生了." 쇼ᄌᆞᄂᆞᆫ 듯건ᄃᆡ 녯말의 니르되 사ᄅᆞᆷ의 ᄒᆞᆫ 목숨을 구졔ᄒᆞ미 닐곱 층 탑 무으나니에셔 낫다 ᄒᆞ더니 이제 우리 부녀의 두 목숨이 대현의 손에 달녀시니 만일 대현이 ᄌᆞ비지심을 베푸시면 부녀의 명이 ᄒᆞᆷ게 살니로소이다 (鏡花 7:68) ▼ᄉᆞᄅᆞᆷ의 일명을 구ᄒᆞ미 칠층탑을 모흐니보다 승ᄒᆞ다 ‖ "待我摸摸, 還有氣息沒有. 豈不聞'~'嗎?" 도로혀 긔식이 잇ᄂᆞᆫ지 ᄂᆡ 만져 보리니 엇지 듯지 못ᄒᆞ엿ᄂᆞ냐 ᄉᆞᄅᆞᆷ의 일명을 구ᄒᆞ미 칠층탑을 모흐니보다 승ᄒᆞ다 ᄒᆞᄂᆞ니라 (忠俠 31:6) "我死之後, 你千萬帶隻眼睛, 收留他回去, 撫養成人, 也是~." (何典 5)

135. 孩兒不哭娘不妳.[99)]

아희가 우지 아니면 어미가 졋 먹이지 아니ᄒᆞᆫ다.
울지 않는 아이 젖 주랴.
[보채는 아이 밥 한 술 더 준다. / 우는 아이 떡 하나 더 준다.]

136. 纔生的犢兒不怕大蟲.[100)]

갓는 쇼야지가 큰 즘싱을 저퍼 아니ᄒᆞ다.
갓난 송아지 범 무서운 줄 모른다.
[하룻강아지 범 무서운 줄 모른다.]

137. 滿腹文章充不淂飢.[101)]

ᄇᆡ에 가득ᄒᆞᆫ 문쟝이 골픈 거슬 메오지 못ᄒᆞᄂᆞ니라.
글이 뱃속에 가득해도 배고픈 것을 채워주지 못한다.

138. 火到猪頭爛, 錢到公事辦.[102)]

---

99) 【孩兒不哭, 娘不妳】 hái'érbùkū, niángbùnǎi 〈諺〉 ☞ 孩子不啼哭, 娘不妳 ‖ [ᄒᆡᄌᆞ부치쿠냥부내] ~ (華語抄畧 1a/3)

100) 【纔生的犢兒不怕大蟲】 cáishēngdedúrbùpàdàchóng 〈諺〉 剛生下的小牛不知老虎厲害, 不怕老虎. 比喻缺少經驗, 不知道危險. 也比喻年輕人無所顧慮, 敢作敢爲. 有時也指沒有經驗, 蠻幹一通. «莊子 · 知北遊»: 汝瞳焉如新出之犢, 而無求其故.¶ ☞ 初生之犢不懼於虎 ‖ ᄀᆞᆺ난 숑아지 범을 두려 아니ᄒᆞᆫ- ‖ "俗云: '~.' 父親縱然斬了此人, 只是羌胡一小卒耳. 倘有疏虞, 且以伯父所托江山之重, 等閑輕如鴻毛也?" 쇽담의 닐오ᄃᆡ ᄀᆞᆺ난 숑아지 범을 두려 아니ᄒᆞᆫ다 ᄒᆞᄂᆞ니 부친이 비록 덕을 참ᄒᆞ나 블과 강호의 ᄒᆞᆫ 쇼졸이라 관겨티 아니ᄒᆞ고 힝혀 허소ᄒᆞ미 이시면 ᄇᆡᆨ부의 의탁ᄒᆞᆫ 강산의 듕ᄒᆞᆫ 거ᄉᆞᆯ 엇디 홍모ᄀᆞ티 가ᄇᆡ야이 너기리오 (三國 24:74) ▼간난 쇼야지 범을 무서워 안니ᄒᆞᆫ- ‖ "平曰: '俗云: ~, 父親縱然斬了此人, 只是西羌一小卒耳, 倘有疏虞, 非所以重伯父之託也.'" 평 왈 쇽설에 간난 쇼야지 범을 무서워 안니ᄒᆞᆫ다 ᄂᆡ 부친니 비록 ᄂᆡ 놈을 버혀도 오히려 분심은 풀니지 안니코 ᄇᆡᆨ부의 부탁을 어길가 ᄒᆞ나니다 (毛三國 12:68) ☞ 初生之犢(兒)不怕虎 ¶ 갓는 쇠아지 ᄀᆞᆺ흐여 호랑을 겁ᄒᆞ지 아닛- ‖ "我倒是個'~': 將來到彼, 我就同你前去, 難道我們兩個還敵不住他一個麽?" 나ᄂᆞᆫ 비컨ᄃᆡ 갓ᄂᆞᆫ 쇠아지 ᄀᆞᆺ흐여 호랑을 겁ᄒᆞ지 아닛ᄂᆞ니 쟝ᄂᆡ 저 곳에 니르거든 우리 ᄒᆞᆷ게 나아가 말ᄒᆞ야 보려니와 엇지 우리 둘이 저 ᄒᆞ나흘 대젹지 못ᄒᆞ리요 (鏡花 13:54) "天祥年方十七歲, 正所謂'~', 催開戰馬, 搖手中槍衝殺過來." (封神 73)

101) 【滿腹文章充不淂飢】 mánfùwénzhāngcōngbùdéjī 〈諺〉 滿肚子的學問也不能用來充飢. 慨嘆學問不值錢.¶ ☞ 滿腹文章不療飢 ‖ "現在百姓日無半餐, 帝師的道術, 眞是~." (女仙 85)

102) 【火到猪頭爛, 錢到公事辦】 huǒdàozhūtóulàn, qiándàogōngshìbàn 〈諺〉 火候到了, 難煮的猪頭也能熟透; 錢花到了, 難辦的公事也能辦成. 指舊時官場中, 行賄可以打通各種關節. 也泛指只要肯花錢, 就可以辦成一切難辦的事.¶ [호단쥬투란쳔돠궁스반] ~ (華語抄畧 2a/47) "當日席散, 韓夫人

불이 니르면 돗희머리가 무로녹고 돈이 니르면 공ᄉᆞ를 잘ᄒᆞᄂᆞ니라.
불이 이르면 돼지머리가 무르녹고 돈이 이르면 공사를 잘한다.

139. 小厮眼前不可吃水.

져근 아희 눈에ᄂᆞᆫ 믈 먹지 못ᄒᆞ리로다.
작은 아이 눈에는 물 먹지 못하리라.
[아이들 보는데 찬물도 못 마시겠다.]

140. 燈臺照不淂自己.[103)]

등ᄃᆡ가 제 몸을 비쵀지 못ᄒᆞᆫ다.
등잔도 자기 몸은 비추지 못한다.
[등잔 밑이 어둡다. / 등하불명. / 중이 제 머리를 못 깎는다.]

141. 遠親不如近隣.[104)]

먼 겨레가 갓가온 동ᄂᆡ만 ᄀᆞᆺ지 못ᄒᆞ다.
먼 친척이 가까운 이웃만 못하다.
[먼데 일가가 가까운 이웃만 못하다.]

取出若干物事, 制辦賽神禮物, 繡下四道長幡. 自古道好道: ~." (醒恒 13) "常言道: ~. 且說西門慶、夏提刑已是會定了. 次日, 到衙門裹陞廳, 那提孔、節級幷緝捕觀察, 都被樂三替苗青上下打點停當了." (金瓶 47) ☞ 錢到公事辦, 火到猪頭爛 ‖ "自古'~'. 只要破些錢子, 把這枕箱買了回來, 這事便罷了." (儒林 13) ☞ 火大蒸的猪頭爛, 錢多買的公事辦 ‖ "盛希僑道: '啥是章程, 銀子就是章程. ~.'" (歧路 77)

103) 【燈臺照不淂自己】dēngtáizhàobùdezìjǐ 〈諺〉 燈盞下的托臺, 燈光能照遠處, 燈臺周圍却一片暗影. 比喩人們容易看到別人的缺點, 却看不見自身的缺點.¶ ☞ 燈臺照人不照己 ‖ "南都閭巷中常諺, 往往有粗俚而可味者, 漫記數則, 如曰……'~.'" (客座贅語 卷1)

104) 【遠親不如近鄰】yuǎnqīnbùrújìnlín 〈諺〉 意爲鄰居間相互照顧非常重要.¶ 먼데 일개 갓가온ᄃᆡ 니웃만 못ᄒᆞ다 ‖ "常言道: '~.' 休要失了人情." 녯 말에 닐넛스되 먼데 일개 갓가온ᄃᆡ 니웃만 못ᄒᆞ다 ᄒᆞ니 너ᄂᆞᆫ 뎌 사ᄅᆞᆷ의 것을 공히 먹지 말고 회샤ᄒᆞ여 인졍을 끼쳐 두라 (水滸 新文 2:23:62) "算~. 你何須苦苦執性." (殺狗記 25) "狄周把劉振白拉到沒人的所在, 合他說道: '~, 你倒凡百事肯遮庇, 倒出頭的說話?'" (醒姻 80) "當時我就要把他找過來問問他, 後來我又想着, ~, 成天家一塊堆兒住著, 何必爲這點小事兒, 傷了和氣, 所以也就沒理他." (京語 興訟 上56a) "你們二位這個事, 大家也都聽明白喇. 全都是一時的誤會, 不是爲甚麼大事, 都不要往下再說喇! 俗語兒說, ~. 你們素常又都不錯, 眞爲孩子傷了和氣, 有多們教人笑話呀!" (京語 辯駁 上92b) ☞ 遠親近鄰不如對門 ‖ "多謝你箇山海也似深恩, 你便待佯推佯遜, 我怎肯不睬不問. 常言道~. 哥也着小生一言難盡." (元・無名氏 凍蘇秦 4折)

142. 成大事者不惜小費.105)

대ᄉᆞ 일우ᄂᆞ니ᄂᆞᆫ 져근 허비를 앗기지 아니타.

큰일 할 사람은 작은 돈 쓰는 것을 아까워하지 않는다.

143. 嗔拳不打笑臉.106)

셩ᄂᆡᆫ 쥬머괴 웃ᄂᆞᆫ 밤를 치지 못ᄒᆞᆫ다.

성난 주먹이 웃는 뺨을 치지 못한다.

[웃는 낯에 침 못 뱉는다. / 숙인 머리는 베지 않는다.]

144. 只聞其名, 不會其面.

다만 그 일홈만 듯고 그 얼굴은 아지 못ᄒᆞ다.

이름만 듣고 얼굴은 모른다.

145. 外邊得了一塊板, 家裡丢了兩扇門

밧긔셔 ᄒᆞᆫ 쪽 널【8b】을 엇고 집의셔 두 쨕 문을 일타.

밖에서 한 쪽 널을 얻고 집에서 두 짝 문을 잃다.

146. 龍鬪虎爭, 苦了小獐.107)

농이 ᄡᆞ호고 범이 ᄃᆞ토ᄆᆡ 져근 놀니 ᄋᆡᆨ굿다.

---

105)【成大事者, 不惜小費】chéngdàshìzhě, bùxíxiǎofèi 〈諺〉 辦大事的人不吝惜小的破費.¶ "~. 小不忍, 則亂大謀. 掌三軍、封萬戶, 豈可這等樣兒的匹夫之勇, 婦人之仁. 咱爺的雄兵幾十萬, 那裏少了這五十名害兵的囚軍." (西洋記 19) ☞ 成大事者, 不愛小費 ‖ [칭ᄃᆞ스져부ᄋᆡ산픠] ~ (華語抄畧 2b/69) ☞ 成大者不惜小費 ‖ "那賁四連忙跪下說: '何爺說的是. 自古使的憨錢, 治的莊田: 千年房舍換百主, 一番拆洗一番新.' 把個何太監聽了喜歡的要不的, 便道: '你是那裏的? 此人倒會說話兒. 常言~, 其實說的是." (金瓶 71) ☞ 幹大事不惜小費 ‖ "'學裡, 堂上, 開封本府, 東司裡, 學院裡, 撫臺, 這各衙門禮房書辦, 都要打點到. 我也不知該費多少, 總是五七十兩銀子, 大約可以. 你兩個見景生情.' 王中道: '~.'" (歧路 5)

106)【嗔拳不打笑臉】chēnquánbùdǎxiàoliǎn 〈諺〉 發怒時不打笑臉相迎的人.¶ ☞ 嗔拳不打笑面 [친퀀부다샤면] ~ (華語抄畧 1b/31) "僧問: '如何是和尚家風?' 師曰: '~.'" (五燈會元 15) "你只顧打他怎的? 自古'~', 他又不曾傷犯着你." (金瓶 96) "師姑大怒道: '~.' 我好意勸你, 怎倒這等不受人抬舉." (何典 7)

107)【龍鬪虎爭, 苦了小獐】lóngdòuhǔzhēng, kǔlexiǎozhāng 〈諺〉 比喻强者相爭, 禍及弱者.¶ "自此已後, 經濟只在前邊, 無事不敢進入後邊來……把傅伙計餓的只拿錢街上蕩麵吃. 正是: '~'" (金瓶 85) ☞ 龍鬪虎爭, 苦了小張 ¶ 張: "獐"的諧音. 比喻强者相爭, 禍及弱者. ‖ "你每多不知道, 只我猜得着. 此已定是西門官府和三官兒上氣, 嗔請他表子, 故拿俺每煞氣. 正是: ~." (金瓶 69)

용과 호랑이가 싸움에 새끼 노루만 다친다.
[고래 싸움에 새우등 터진다.]

147. 讓了甛桃, 去尋苦李.[108]

단 복셩화를 ᄉᆞ양ᄒᆞ고 가 쁜 오얏슬 엇ᄂᆞᆫ다.
단 복숭아를 마다하고 쓴 자두를 찾는다.
(좋은 것은 남에게 양보하고 자신은 시원찮은 것을 찾는다.)

148. 矢在弦上, 不淂不發.[109]

솔이 시위예 이시ᄆᆡ 시러금 발치 아니치 못ᄒᆞ다.
시위 얹은 화살은 쏘지 않을 수 없다.
[기발지시. / 기장지무.]

149. 倒貼門神, 怪畵工.[110]

문뷔[111]를 것고로 부치고 화원을 허믈ᄒᆞ다.
악귀를 쫓는 신장을 거꾸로 부치고 화공을 나무란다.

150. 火燒到身, 各自掃去.[112]

불이 타 몸에 니르ᄆᆡ 각ᄀᆞ ᄉᆞᄉᆞ로 쓰러바리ᄂᆞ니라.

---

108) 【讓了甛桃, 去尋苦李】ràngletiántáo, qùxúnkǔlǐ 〈諺〉 比喩把好的讓給別人, 自己去找差的.¶ ☞ 讓了甛桃, 還尋苦奈 ‖ ~ (華語抄畧 5b/171) ☞ 讓了甛桃, 去尋酸李 ‖ "~. 奴將你這定盤星兒錯認了." (金瓶 38)

109) 【矢在弦上, 不得不發】shǐzàixiánshàng, bùdebùfā 〈諺〉 比喩爲形勢所迫, 不得不做.¶ ~ (華語抄畧 7b) "陳琳作檄, 草成, 呈太祖. 太祖先苦頭風, 是日疾發, 臥讀琳所作, 翕然而起曰: '此愈我疾病.' 太祖平鄴, 謂陳琳曰" '君昔爲本初作檄書, 但罪孤而已, 何乃上及父祖乎? 琳謝曰: '~.' 太祖愛其才, 不咎." (太平御覽 597 魏書) ☞ 箭在弦上, 不得不發 ‖ "~耳." (三國 32)

110) 【倒貼門神, 怪畵工】dǎotiēménshén, guàihuàgōng 〈諺〉 ☞ 倒貼門神, 還怪畵匠 [닫텨문신, 환괘화쟝] ~ (華語抄畧 1a/10)

111) 문비(門裨): 정월 초하룻날에 악귀를 쫓는 뜻으로 대문에 붙이는 신장(神將)의 그림.

112) 【火燒到身, 各自掃去】huǒshāodàoshēn, gèzìsǎoqù 〈諺〉 緊急時只能保全自己.¶ ☞ 火燒到身, 各自去掃 ¶ 내 압회 불을 몬져 구ᄒᆞ라 ‖ "古人有云: '~; 蜂蠆入懷, 隨卽解衣.' 若還楊提轄在這裡, 我們都說不過. 如今他自去的不知去向, 我們回去見梁中書相公, 何不都推在他身上." 고어에 운ᄒᆞ되 내 압회 불을 몬져 구ᄒᆞ라 ᄒᆞ엿고 벌이 품에 들거든 옷을 버서 헷치라 ᄒᆞ엿스니 만일 양뎨할이 잇고 보면 발명치 못ᄒᆞ려니와 이제 다라낫스니 모든 일을 뎌의 신샹에 밀우고 우리ᄂᆞᆫ 무죄ᄒᆞᆫ 양으로 발명ᄒᆞᆷ이 엇지 됴치 아니리오 (水滸 新文 1:16:161)

몸에 불 붙음에 내 앞의 불부터 끈다.
[제 발등의 불을 먼저 끄랬다. / 내 발등의 불을 꺼야 남의 발등의 불을 끈다.]

151. 小魚多刺, 小事多忙.

져근 고기 가싀 만코 져근 일이 밧분 거시 만타.
작은 고기 가시 많고 작은 일이 바쁜 것이 많다.
[잔고기 가시 세다.]

152. 打狗也看主人面, 不看僧面看佛面.[113)]

개를 쳐도 쥬인의 ᄂᆞᆺ촐 보ᄂᆞ니 즁의 ᄂᆞᆺ촐 보지 말고 부쳐의 ᄂᆞᆺ촐 보라.
개를 쳐도 주인의 낯 보듯이 중의 낯을 보지 말고 부처님 낯을 보라.

153. 經過大難的不怕小煩.

대난을 지내ᄆᆡ 져근 번거ᄒᆞᆫ 거슬 저퍼 아니ᄒᆞᄂᆞ니라.
큰 난리를 겪음에 번거로운 것을 마다하지 않는다.

154. 一魚混水, 衆魚不安.[114)]

ᄒᆞᆫ 낫 고기 물을 흥치ᄆᆡ 뭇고기 편안치 아니타.
물고기 한 마리가 물을 다 흐리니 여러 물고기 편치 않다.
[미꾸라지 한 마리가 온 웅덩이 물을 다 흐린다. / 송사리 한 마리가 온 강물을 다 흐린다.]

155. 十箇指頭咬着都疼.[115)]

열 손가락을 물면 다 알프니라.
[열 손가락 깨물어 아프지 않은 손가락 없다.]

---

113) 【打狗也看主人面, 不看僧面看佛面】dǎgǒuyěkànzhǔrénmiàn, bùkànsēngmiànkànfómiàn 〈諺〉比喻懲處某人要顧及主子或與他有關的人的顏面.¶ ☞ 打狗看主面 ‖ “〔淨〕正是不思~. 說我妖狐弄鬼頭.” (明・沈璟 義俠記 27) ☞ 打狗看主人面 ‖ “~, 我且不要輕動褻尊, 先發揮他一場.” (照世杯 掘新坑慳鬼成財主)

114) 【一魚混水, 衆魚不安】yīyúhúnshuǐ, zhòngyúbù'ān 〈諺〉一個爛桃壞滿筐. 一顆老鼠屎, 敗壞一鍋湯.¶ [이위훈쉬, 중위부안] ~ (華語抄畧 1b/18)

115) 【十箇指頭咬着都疼】shígezhǐtouyǎozhedōuténg 〈諺〉比喻骨肉之情, 無論哪一個受到傷害, 都會感到心疼.¶[시거즈투얏져두퉁] ~ (華語抄畧 2a/53) “死了的也是侄兒, 活着的也是侄兒, ~.” (金瓶 7)

156. 婆兒燒香當不得老子念佛.

겨집의 향 퓌오는 거시 사나희 념불을 당치 못ᄒᆞᄂᆞ니라.

계집의 향 피우는 것이 남편 염불만 못한다.

157. 【9a】 慣曾出外偏憐客, 自己貪杯惜醉人.116)

밧긔 나ᄀᆞ기 익그면 편벽히 나으ᄂᆡ를 어엿비 너기고 이녁이 술 탐ᄒᆞ면 취ᄒᆞᆫ ᄉᆞᄅᆞᆷ을 앗기ᄂᆞ니라.

밖에 나는 것이 익숙해지면 나그네를 반갑게 여기고 자신이 술을 탐하면 취한 사람을 아낀다.

158. 畵虎畵皮難畵骨, 知人知面不知心.117)

---

116) 【慣曾出外偏憐客, 自己貪盃惜醉人】 guàncéngchūwàipiānliánkè, zìjǐtānbēixīzuìrén 〈諺〉 比喩有共同經歷或遭遇的人互相同情.¶ [관충츄왜편린커, ᄌᆞ기탄븨시쥐싄] 일즉 외방의 나ᄃᆞᆫ니기 니그면 일편도이 나그내를 에엿비 너기고 나옷 수울 탐ᄒᆞ면 취ᄒᆞᆫ 사ᄅᆞᄆᆞᆯ 앗기ᄂᆞ니라 (飜老上42a) 일즙 외방의 나ᄃᆞᆫ니기 닉으면 일편되이 나그내ᄅᆞᆯ 에엿비 녀기고 나곳 술을 탐ᄒᆞ면 취ᄒᆞᆫ 사ᄅᆞᆷ을 앗기ᄂᆞ니라 (老上 37b) ☞ 慣曾爲旅偏憐客 ‖ "第一來我則是可憐見無主娘親, 第二來是我~, 第三來也是我自己貪杯惜醉人." (救風塵 3折) "一會兒巡軍朗朗, 提將鈴來, 爲甚教疾把門開, 我須是~." (金鳳釵 3折)

117) 【畵虎畵皮難畵骨, 知人知面不知心】 huàhǔhuàpínànhuàgǔ, zhīrénzhīmiànbùzhīxīn 〈諺〉 比喩人心險惡難測.¶ [화후화피난화구, 지인지면부지신] 범을 그리매 가족은 그려도 쎠 그리기 어렵고 사ᄅᆞᆷ을 알매 ᄂᆞᆺ촌 아라도 ᄆᆞᄋᆞᆷ 아지 못ᄒᆞᆫ다 (朴新 3:42a) 범을 그려도 쎠 그리기 어렵고 사ᄅᆞᆷ을 살피ᄆᆡ 마음 알기 어렵다 (禪眞 11:14) 범을 그리ᄂᆞ 쎠를 그리지 못ᄒᆞ고 ᄉᆞᄅᆞᆷ을 아ᄃᆡ 그 뜻을 아지 못ᄒᆞᆫ다 (唐秦 3:9) [지인지면부지신, 화후화피난화구] 사람을 알고 얼골을 아되 마음을 아지 못ᄒᆞ나니라 범을 글이ᄆᆡ 가 죽은 글이 되 쌔은 글이기 어렵다 (華撮 日用行語 64b) [화후화피난화구, 지신지면부지신] 범을 그리매 가족은 그려도 쎠 그리기 어렵고 사ᄅᆞᆷ을 알매 ᄂᆞᆺ촌 아라도 ᄆᆞᄋᆞᆷ은 아디 못ᄒᆞ- ‖ "常言道: '~.'" 常言에 닐오ᄃᆡ 범을 그리매 가족은 그려도 쎠 그리기 어렵고 사ᄅᆞᆷ을 알매 ᄂᆞᆺ촌 아라도 ᄆᆞᄋᆞᆷ은 아디 못ᄒᆞᆫ다 ᄒᆞᄂᆞ니라 (朴下 40b) ▼범을 그려도 가쥭만 그리고 쎠ᄅᆞᆯ 그리기 어려오며 사ᄅᆞᆷ을 아라도 낫만 알고 ᄆᆞᄋᆞᆷ을 아지 못ᄒᆞᆫ- ‖ "果然是~." 과연 범을 그려도 가쥭만 그리고 쎠ᄅᆞᆯ 그리기 어려오며 사ᄅᆞᆷ을 아라도 낫만 알고 ᄆᆞᄋᆞᆷ을 아지 못ᄒᆞᆫ다 ᄒᆞ미 올흐니 (再生 2:84) ▼범을 그림애 가족은 그리되 쎠ᄅᆞᆯ 그리기 어렵고 사ᄅᆞᆷ을 ᄉᆞ괴되 낫은 아나 ᄆᆞᄋᆞᆷ을 알기 어렵- ‖ "楊雄聽了, 心中火起, 便罵道: '~'. 這廝倒來我面前又說海闍黎許多事, 說得個沒巴鼻! 眼見得那廝慌了, 便先來說破, 使個見識!" 범을 그림애 가족은 그리되 쎠ᄅᆞᆯ 그리기 어렵고 사ᄅᆞᆷ을 ᄉᆞ괴되 낫은 아나 ᄆᆞᄋᆞᆷ을 알기 어렵다 ᄒᆞᆫ 말이 과연 올토다 뎌 놈이 나의 면젼에셔 텬연이 ᄒᆡ화샹의 허다ᄒᆞᆫ 험담을 ᄒᆞ더니 원ᄅᆡ 데 낫 업ᄂᆞᆫ 짓을 져질고 도로혀 나ᄅᆞᆯ 속엿도다 (水滸 新文 3:44:156) "(小生)哥哥要結義他, 自去結義. 小弟決不敢從命. 正是: ~." (殺狗記 2) "嫦娥不見影沈沈, 盡把閑愁占伏吟. ~." (紫釵記 42) "正是: '~.'" (清平山堂 曹伯明着勘贓記) ☞ 畵龍畵龍難畵骨, 知人知面不知心 ‖ "楊雄聽了, 心中火起, 便罵道: '~. 這廝倒來我面前又說海闍黎許多事, 說

범을 그리ᄆᆡ 가족은 그려도 쌔 ᄀᆞ[그]리기 어렵고 ᄉᆞᄅᆞᆷ을 알ᄆᆡ ᄂᆞᆺ츤 알아도 마ᄋᆞᆷ 알지 못ᄒᆞᄂᆞ니라.

[호랑이는 가죽은 그려도 뼈다귀는 그리기 어렵고 사람은 낯은 알아도 마음은 모른다.]

159. 金磚何厚, 玉瓦何薄.118)

금벽쟝은 엇지 둣거오며 옥기와ᄂᆞᆫ 엇지 여르뇨.

금벽돌은 왜 두꺼운데 옥기와는 왜 얇으냐.

(공평하지 못한 것을 불평하는 말.)

160. 掩耳偸鈴一般.119)

귀를 가리오고 방울 도적홈 갓다.

귀를 막고 방울 도적하다.

[눈 가리고 아웅한다.]

161. 太倉一粒米, 九牛一根毛.120)

태챵에 ᄒᆞᆫ 낫 ᄡᆞᆯ이오 구우에 ᄒᆞᆫ 낫 털럭이라.

곳간에 쌀 한 톨이오 아홉 마리 소의 터럭 하나라.

得個沒巴鼻.” (水滸 45)

118) 【金磚何厚, 玉瓦何薄】 jīnzhuānhéhòu, yùwǎhébáo 〈諺〉 意謂爲何厚此薄彼. 報怨待人不公平.¶ “夏逢若道: ‘~, 一般都是兄弟, 如何兩樣看承? 我一定要揷一分兒.” (歧路 69) ☞ 磚兒能厚, 瓦兒能薄 ‖ “~? 西院待你極好, 爲何亦偏護二娘?” (林蘭香 38) ☞ 磚兒能厚, 瓦兒能薄 ‖ 言不可異同.(語覽 水滸 53a) (大方 水滸 6b) 言不可異同也. (水滸 延世 52b) “只見衆頭領都道: ‘俺哥哥敬員外十分, 俺等衆人, 當敬員外十二分. 偏我哥哥筵席便吃! ~!’” (水滸 61) “鹽也是這般鹽, 醋也是這般醋. ~? 你一旦棄舊憐新.” (金瓶 38) “~? 一般都是弟兄, 怎的先前兌換時, 幇着他强要我吃虧, 如今又假公道搶白我.” (石頭記 13)

119) 【掩耳偸鈴一般】 yǎn’ěrtōulíngyībān 〈諺〉 鈴能出聲, 捂耳盜取, 比喩自己欺騙自己. 語本«呂氏春秋 · 自知».¶ ☞ 掩耳盜鈴 ¶ 귀ᄅᆞᆯ 막고 방울을 도적ᄒᆞ- ‖ “後來春香見事難出脫, 只得喊叫, 此乃~的意思.” 후의 츈향이 일이 버셔나기 어려오믈 보고 마지 못ᄒᆞ야 소ᄅᆡ 지르니 이ᄂᆞᆫ 귀ᄅᆞᆯ 막고 방울을 도적ᄒᆞᄂᆞᆫ 의ᄉᆞ라 (包公 咬舌咬喉 1:51) 귀ᄅᆞᆯ 가리오고 방울을 도적ᄒᆞ- ‖ “那怕再念三十本«詩經», 也都是~, 哄人而已.” 삼십 권 시젼을 읽엇신들 무어세 ᄡᅳ리오 이ᄂᆞᆫ 모다 귀ᄅᆞᆯ 가리오고 방울을 도적ᄒᆞᄃᆞᆺ 사ᄅᆞᆷ만 속일 ᄯᆞᄅᆞᆷ이라 (紅樓 9:13)

120) 【太倉一粒米, 九牛一根毛】 tàichāngyīlìmǐ, jiǔniúyīgēnmáo 〈諺〉 九: 虛數, 形容多. 從好多牛身上拔去一根毛. 比喩微不足道.¶ ☞ 九牛去得一毛 ‖ “張廩生自道算無遺策, 只費得五百金, 巨萬家事一人獨享, 豈不是~, 老大的便宜了?” (二刻 4) ☞ 牛身上拔了一根毛 ☞ 牛身上拔了一根毛

162. 山高遮不淂太陽，牛大壓不殺虱子.[121]

산이 놉하도 ᄐᆡ양을 가리오지 못ᄒᆞ고 쇠 커도 니를 눌러 죽이지 못ᄒᆞᄂᆞ니라.

산이 높아도 해를 가리지는 못하고 소가 커도 이를 눌러 죽이지 못한다.

163. 一年經蛇咬，三年怕井繩.[122]

ᄒᆞᆫ ᄒᆡ를 ᄇᆡ암 물려 지ᄂᆡ면 삼년을 드레줄도 저퍼ᄒᆞᄂᆞ니라.

한 해를 뱀에 물려 지내면 삼년을 드레박줄 보고도 두려워한다.

[자라 보고 놀란 가슴 솥뚜껑 보고 놀란다. / 불에 놀란 놈 화젓가락 보고 놀란다. / 불에 놀란 놈 부지깽이만 보아도 놀란다.]

164. 閉門家裡坐，禍從天上來.[123]

문을 닷고 집의 안져도 홰 하ᄂᆞᆯ로좃차 온다.

문 걸어 잠그고 방안에 가만 있어도 재앙은 하늘로부터 떨어진다.

(재앙은 갑자기 닥친다.)

165. 三人同行少的吃苦.[124]

---

121) 【山高遮不淂太陽，牛大壓不殺虱子】shān'gāozhèbùdétàiytàiyáng，niúdàyābùshāshīzi 〈諺〉 輩分或地位低的人無論如何也高不過輩分或地位高的人.¶ ☞ 山高遮不住太陽 ‖ [산가ᅮ져부더ᄐᆡ양] 산이 놉파도 볏츨 가리오지 못ᄒᆞ고 (華撮 日用行語 60b) ᄌᆞ근 셰가 큰 셰를 당치 못ᄒᆞ단 말 (語錄彙編 水滸 20b) ☞ 山高高不過太陽 ‖ "雖然歲數大，~." (紅樓 24)

122) 【一年經蛇咬，三年怕井繩】yīniánjīngshéyǎo，sānniánpàjǐngshéng 〈諺〉 一朝被蛇咬，三年怕井蠅.¶ [이년깅셔얀, 산년파징싱 /이년깅셔얀, 산년파징싱] ᄒᆞᆫ ᄒᆡ옷 ᄇᆡ얌 믈이기 디내면 삼년이도록 드렛줄도 저프다 ᄒᆞᄂᆞ니라 (飜朴 上37a) ᄒᆞᆫ ᄒᆡ롤 ᄇᆡ얌 믈려 디내면 三年을 드렛줄도 접퍼 ᄒᆞᆫ다 ᄒᆞ니라 (朴上 34b) [이년깅셔얀, 산년파징싱] 一年을 ᄇᆡ얌 물려 디내면 三年을 드렛줄도 저퍼ᄒᆞᆫ- ‖ "常言道: '~.'" 常言에 니ᄅᆞ되 一年을 ᄇᆡ얌 물려 디내면 三年을 드렛줄도 저퍼ᄒᆞᆫ다 ᄒᆞ니라 (朴新 1:36b)

123) 【閉門家裡坐，禍從天上來】bìménjiālizuò，huòcóngtiānshànglái 〈諺〉 指災禍突如其來.¶ "我關上這門者. 我如今閉門家裡坐，還怕甚禍從天上來!" (虎頭牌 4折) "張權房屋家私，盡行變賣入官. 畫供已畢，上了脚鐐手扭，發下司獄司監禁. 連夜備文申報上司. 正是: ~." (醒恒 20) ☞ 閉門屋裡坐，禍從天上來 ‖ "周氏道: '這等大雪，又是何人敲門?' 只因這人來，有分教，周氏再不能與喬俊團圓. 正是: ~." (警通 33)

124) 【三人同行少的吃苦】sānréntóngxíng xiǎodechīkǔ 〈諺〉 小的: 平輩中排行在後的，或晚輩. 幾個人出門，"小"字輩往往多勞多累. ¶ [산인통힝, 샤디치쿠] 세 사ᄅᆞᆷ이 ᄒᆞᆫ가지로 가매 졈은이 슈고ᄒᆞᆫ다 ‖ "你三箇裏頭，着這箇老年的看着罷. 自古道，'~.' 我們三箇人去罷." 너희 셋 즁에 이 늙으니로 ᄒᆞ여 보게 호미 무던ᄒᆞ다 녜로브터 니ᄅᆞ되 세 사ᄅᆞᆷ이 ᄒᆞᆫ가지로 가매 졈은이 슈고ᄒᆞᆫ다 ᄒᆞ니 우리 세 사ᄅᆞᆷ이 가미 무던ᄒᆞ다 (老新 1:42ab) ☞ 三人同行小的苦 [산신통힝, 샤디쿠

세 사ᄅᆞᆷ이 동힝ᄒᆞᄆᆡ 져무니 슈고ᄒᆞᆫ다.

세 사람이 동행함에 막내가 고생한다.

166. 尊府上要【9b】借一間房子睡覺.

ᄃᆡᆨ의 ᄒᆞᆫ 간 방을 비러 자고져 ᄒᆞ노라.

댁의 방 한 칸을 빌려 자고자 합니다.

167. 手忙脚亂[125)]搬東搬西,[126)] 如坐針氈兒.

/산인퉁힝, 샨디쿠ᅵ 세히 ᄒᆞᆫᄃᆡ 길 녀매 져므니 슈고ᄒᆞᄂᆞ니라 / 세 사ᄅᆞᆷ이 ᄒᆞᆷᄭᅴ 녜매 져므니 슈고ᄒᆞᄂᆞ니라 *小的: 平輩中排行在後的, 或晩輩. 幾個人出門, "小"字輩往往多勞多累. ‖ "你三箇裏頭, 着這老的看着. '~.' 咱們三箇去來." 너희 세희 듕에 이 늘그니 ᄒᆞ야 보라 ᄒᆞ야라 세히 ᄒᆞᆫᄃᆡ 길 녀매 져므니 슈고ᄒᆞᄂᆞ니라 우리 세히 가져 (飜老 上33b, 34a) 너희 셋 듕에 이 늘그니 ᄒᆞ야 보게 ᄒᆞ라 세 사ᄅᆞᆷ이 ᄒᆞᆷᄭᅴ 녜매 져므니 슈고ᄒᆞᄂᆞ니라 우리 세히 가쟈 (老上 31a) "大哥孝順識親疏, 二哥留下着當門戶, 第三個哥哥休言語, 你償命正合去. 常言道: '~.' 再不須大叫高呼." (蝴蝶夢 2折)

125) 【手忙脚亂】 shǒumángjiǎoluàn 〈成〉 形容遇事慌張, 不知如何是好.¶ [ᄉᆡ망교뢴] 덤벙여 결을 업슨 거동 (譯補 瑣說 60a) 부산ᄒᆞ다 (語覽 水滸 43a) 붐뷔게 (水滸 延世 9a-8) ▼황망ᄒᆞ- ‖ "王摩跳下騾來, 一手牽着, 同入熱鬧處.四人故意東張西望, 慢慢的走, 要人看見.不期這些人, 俱一心在那裏~的料理.便是看見也不留心." 왕매 노새게 ᄂᆞ려 곳비ᄅᆞᆯ 닛글고 네히 ᄒᆞᆫ가지로 동셔로 두로 ᄃᆞᆫ니며 사ᄅᆞᆷ 모든 곳을 가 보니 사ᄅᆞᆷ마다 어ᄌᆞ러이 황망ᄒᆞᆫ 거동이 잇거ᄂᆞᆯ (後水滸 6:64) ▼힝ᄀᆡᆨ이 많- ‖ "近日官塘大路上, 沒人行走, 客貨到這裡來的到多, 我和小厮兩個~, 又値不來." 근ᄂᆡ예 대로로 사ᄅᆞᆷ이 가디 못ᄒᆞ야 힝ᄀᆡᆨ이 만히 이러로 ᄃᆞᆫ니기로 힝각이 만하 내 혼자셔 밥 ᄑᆞᆯ기의 밋처 도디 못ᄒᆞ니 (回文 4:12b) ▼슈망각난ᄒᆞ- ‖ "衆家人下艙, 叫他們先擡一桌上來, 大家~的擺滿兩張臺桌, 點上香燭, 過去通知大爺." 가인 등이 션챵의 나려 몬져 한 탁ᄌᆞᄅᆞᆯ 옴겨 드러와 모다 슈망각난ᄒᆞ여 량ᄀᆡ 젹은 탁ᄌᆞ의 가득히 버리고 향촉을 현 후의 도라가 대야의게 통긔ᄒᆞ며 (紅復 7:18) "今兒還有好些零碎同連日收下來的禮物, 都趕着發下船去. 剩了明日一天, 省得~的, 倒來不及." 금일의 허다 영ᄰᆡᄒᆞᆫ 물건과 련일 바든 물건을 모다 급히 션샹을 보ᄂᆡᆯ 명일 하로의 모든 일을 슈습ᄒᆞ여야 슈망각난ᄒᆞ미 업ᄉᆞ리이다 (紅復 24:102) "衆人不知有何用處, 只得按着吩咐的樣子盪起. 一個個~, 整整鬧了一夜, 方才盪得." 즁인이 무ᄉᆞᆫ 쇼용이 이시믈 아지 못ᄒᆞ고 다만 분부ᄒᆞᄂᆞᆫ ᄃᆡ로 ᄆᆡᆫ들ᄉᆡ 사ᄅᆞᆷ마다 졍히 일야ᄅᆞᆯ 슈망각난ᄒᆞ여 겨유 ᄆᆡᆫ든지라 (忠俠 4:87) ▼슈각이 황란ᄒᆞ- *慌張忙亂. ‖ "這何九叔却才起來, 聽得是武松來尋, 嚇得~." 뎌 하구슉이 비로소 니러나다가 무숑의 부르ᄂᆞᆫ 소래ᄅᆞᆯ 듯고 슈각이 황란ᄒᆞ여 (水滸 新文 2:25:89) "只見那店裡有幾處座頭, 三五箇篩酒的酒保都~搬東搬西." 본직 그 酒幕에 열어관ᄃᆡ 잘 이가 잇고 三五箇 쥴 거ᄉᆞ는 中老未가 모도 분부게 이것도 치이며 져것도 치이고 (水滸 菊齋 3:31b) [ᄉᆡ망쟈뢴] ~ ‖ "那就是咧.把東西都打開咧, 老爺你來瞧瞧, 點點數兒罷. 你開那箇箱子, 拿出官服朝靴來, 都擱得外邊, 別擱裏頭, 臨走時候兒, 不用~罷." 그거시 곳 올타 물건을다가 다 버려시니 老爺아 에 와 보고 보ᄋᆞ 數ᄅᆞᆯ 혜여라 네 져 箱子ᄅᆞᆯ 열고 官服과 朝靴ᄅᆞᆯ 가져다가 다 밧긔 두고 쇽의 두지 말아 갈 ᄯᅢ의 手忙脚亂치 안케 ᄒᆞ여라 (華啓 下 13b) [ᄉᆡ망교뢴] 손이 밧부고 다리가 어즈러이 ‖ "北京是離這裡兩千多里地, 限十幾天的日

손이 밧부고 발이 어즈러워 동으로 옴기고 셔로 옴겨 바늘 방셕에 안즘 굿다.
바늘방석에 있는 것처럼 손발이 바쁘게 동분서주한다.

168. 誰人保滑常無事.

뉘 건늬 일 업기를 미드리오.
그 누가 항상 무사하기를 보장할 수 있으리오.

169. 一身有福拖帶滿屋.127)

ᄒᆞᆫ 몸이 유복ᄒᆞ면 왼집을 쓸인다.
한 사람이 잘 되면 그 집안 전체가 잘 된다.
[원님(/사또) 덕에 나발 분다.]

170. 外人說着金字經, 家人說着耳邊風.128)

외인의 니르믄 김ᄌᆞ경이오 가인의 니르믄 귀ᄀᆞ의 ᄇᆞ름이라.
다른 사람의 말은 금과옥조요 집안 사람의 말은 마이동풍이라.

子, ~的, 走得來回, 黑着白日裡跑的時候, 連覺也治不得睡, 何時顧得吃飯不吃飯?" 븍경이 여긔셔 이쳔여 리가 되는ᄃᆡ 십여 일 한졍허고 손이 밧부고 다리가 어즈러이 ᄂᆡ회를 단니는ᄃᆡ 밤낫즈로 단닐 ᄯᆡ의 잠도 잘 자지 못허는ᄃᆡ 언졔 밥을 먹으며 밥 먹지 못허는 거슬 도라보깃는니 (中華 濯足 43a) "大哥, 你咳[還]不知道我們走路的莘苦다. 北京是離這裏兩千多里的을, 限十幾天的日子ᄒᆞ고, ~的게. 走得來回려, 黑着白日裏跑的時候에, 連覺也治不得睡ᄒᆞᄂᆞᄃᆡ, 何時顧得喫飯不喫飯랴." (騎着一匹 14b) "一上道的時候兒, 不論白夜裡走, 顧不得吃不吃飯, ~, 走得兒來回, 連白夜裡睡得睡不覺. 一天走一百多里地, 一場下雪, 一場蝸風, 凍手凍足, 治不得走." (中華 藏書 3b) ☞ 脚忙手亂

126) 【搬東搬西 반동반서】 bāndōngbānxī 〈成〉 이것 져것 옴기다 (水滸 奎章 5:30) (水滸 延世 6b-4) (語覽 水滸 43a) 이것 저것 옴다가 (水滸 4:17) 이것도 욍기며 져것도 욍기다 (水滸 菊齋 1:22a)

127) 【一身有福拖帶滿屋】 yīshēnyǒufútuōdàimǎnwū 〈諺〉 一個人有了福運, 會帶挈全家人或周圍的人都得到好處.¶ ☞ 一人有福帶挈一屋 ‖ "二哥說那裡話! 常言道: ~. 我們在此合藥, 俱是有功之人. 只管受用去, 再休多話." (西遊 69) ☞ 一人有福托帶滿屋 ‖ "大爺呀! 眞應了俗語說的: ~. 一家子本都仗着老爺, 如今老爺走了這步背運, 帶累的大爺你受這樣苦惱." (兒女 3)

128) 【外人說着金字經, 家人說着耳邊風】 wàirénshuōzhejīnzìjīng, jiārénshuōzhe'ěrbiānfēng 〈諺〉 耳邊風: 比喩聽不進耳的話. 金字經: 佛經. 有珍貴之物. 家裡人說了當作耳邊之風, 外人說了當作金字佛經. 比喩人往往輕視家裡人的勸告, 而容易聽信外人的說話.¶ ☞ 外人說的金字經, 家人說的耳邊風 ‖ ~ (華語抄畧 6b/206) ☞ 家人說着耳邊風, 外人說着金字經 ‖ "正經家裡老婆, 好言語說着, 你肯聽? 只是院裡淫婦在你跟前說句話兒, 你倒着人個驢耳朵聽他. 正是~." (金瓶 14)

171. 家醜不可外揚.[129)]

집의 흉은 가히 밧긔 드러ᄂᆡ지 못ᄒᆞ다.
집안의 흉은 밖에 드러내지 않는다.

172. 鳳凰無寶處不落.[130)]

봉황은 보ᄇᆡ 업슨 곳에 ᄯᅥ러지ː 아니ᄒᆞ다.
봉황은 보배 없는 곳에 내려앉지 않는다.
(귀한 사람은 천한 곳에 머무르지 않는다.)

173. 狗咬人ː不咬狗.[131)]

개ᄂᆞᆫ ᄉᆞᄅᆞᆷ을 무러도 ᄉᆞᄅᆞᆷ은 개를 무지 아니ᄒᆞ다.
개는 사람을 물어도 사람은 개를 물지 않는다.

174. 皮子沒有, 毛兒那裡出來了.[132)]

가족이 업스면 털이 엇지 나리오.
가죽이 없으면 털이 어떻게 나겠는가.
[가죽이 있어야 털이 나지.]

---

129) 【家醜不可外揚】jiāchǒubùkěwàiyáng 〈諺〉 指家庭或內部不光彩的事, 不向外張揚.¶ 집의 드ᄅᆞ온 말을 ᄇᆞᆺ긔 ᄂᆡ지 말ᄂᆞ (唐秦 12:27) 집안의 더러온 말을 남다려 이라지 말나 ‖ "小姐就將侯登躲在床後調戲之言說了一遍. 侯氏故意沉吟一會, 道: '我兒, ~, 你們表姊妹也不碍事." 소졔 후등의 젼후 ᄒᆞ던 말과 평상 뒤희 숨엇다 나오던 말을 다ᄒᆞ니 후시 왈 집안의 더러온 말을 남다려 이라지 말나 (粉粧 1:183) ☞ 家醜不可外談 ¶ 집안의 붓그러온 일을 남다려 니르지 못ᄒᆞᆫ다 ‖ "古人云, ~, 奈神僧是朕恩人, 方敢奉告." 고어의 운ᄒᆞᄃᆡ 집안의 붓그러온 일을 남다려 니르지 못ᄒᆞᆫ다 ᄒᆞ니 닙의 옴기ː 즁난ᄒᆞ니 신승은 웃지 말나 (西遊 영남대 31:42) ☞ 肐膊往外磨 ‖ ~ (華語抄畧 7b/258)

130) 【鳳凰無寶處不落】fènghuángwúbǎochùbùluò 〈諺〉 比喻貴人不在賤地停留, 也比喻對自己無利的事不幹. ‖ "婆子道: '……我這侄兒, 平日有仁義, 老身捨不得他好溫克性兒, 不然, 老身也不管着他.' 那張四在傍, 把婆子瞅了一眼, 說道: '你好失心兒! ~.'" (金瓶 7) ☞ 鳳凰不落無寶處 ~ (華語抄畧 7b/246)

131) 【狗咬人人不咬狗】gǒuyǎorénrénbùyǎogǒu 〈諺〉 ☞ 狗咬人人不咬狗, 馬踢人人不踢馬 [구얖인ː부얖구, 마치인ː부치마] ~ (華語抄畧 2a/43)

132) 【皮子沒有, 毛兒那裡出來了】píziméiyǒu, máornǎlichūláile 〈諺〉 皮之不存, 毛將焉附.¶ ☞ 皮子沒有呢, 毛兒那裡生出來 [피즈무익니, 맏올나리승츄레] 가족이 업스니 털억이 어ᄃᆡ셔 나리요 (華撮 日用行語 61b)

175. 一方之地有賢有愚.

일방 싸히 어진 이도 잇고 어린 이도 잇나니라.

어디든 현명한 사람도 있고 어리석은 사람도 있다.

176. 免死狐悲, 物傷其類.133)

토끼 죽으미 여히 슬허ᄒᆞ니 물이 그 류를 슬허ᄒᆞᆫ다.

토끼가 죽으면 여우가 슬퍼하는 법, 끼리끼리 어울리는 법이다.

[가재는 게편이요 초록은 동색이라.]

177. 三日沒【10a】吃飯眼前花.134)

삼일을 밥 먹으미 업스면 눈이 어둡다.

삼일 굶었더니 눈앞이 노랗다.

---

133) 【免死狐悲, 物傷其類】tùsǐhúbēi, wùshāngqílèi 〈成〉 比喩因類死亡而感到悲傷. 物以類聚, 人以群分.¶ 톳기 죽으면 여이 슬허ᄒᆞ믄 그 뉘 ᄀᆞ흐ᄆᆡ 그러타 (西遊 延世 9:31) 톳기 쥭으ᄆᆡ 여이 슬혀ᄒᆞ믄 그 뉴를 위ᄒᆞ미라 ‖ "獲曰: '~.'" ᄆᆡᆼ학이 슬피 빌ᄃᆡ 톳기 쥭으ᄆᆡ 여이 슬혀ᄒᆞ믄 그 뉴를 위ᄒᆞ미라 (三國 29:27) "~." 톳끼 쥭으ᄆᆡ 여이 슬허ᄒᆞᆫ다 ᄒᆞ니 이ᄂᆞᆫ 그 동뉴ᄅᆞᆯ 위ᄒᆞ미니 ᄂᆡ 엇지 도인을 히ᄒᆞ리오 (東遊記 2:20) 톡기 죽으ᄆᆡ 여희 슬허ᄒᆞ믄 그 유를 앗기미라 ‖ "三藏嘆曰: '~.' 叫: '悟空, 你上前去問他一聲, 爲何這等遭罪?'" 삼장이 보고 차탄 왈 톡기 죽으ᄆᆡ 여희 슬허ᄒᆞ믄 그 유를 앗기미라 오공은 져다려 무ᄉᆞᆷ 죄로 져런 고초를 격ᄂᆞᆫ고 아라오라 (西遊 영남대 27하:27) [투쓰후뷔 우쌍치릐] 톳기가 쥭으ᄆᆡ 녀호가 슬허ᄒᆞᆫ다 ᄒᆞ니 이ᄂᆞᆫ 동류ᄅᆞᆯ 위ᄒᆞ여 슬허ᄒᆞ미라 *比喩同類相憐惜. ‖ "黛玉便說 '~', 不免感歎起來." ᄃᆡ옥이 급히 말ᄒᆞᄃᆡ 톳기가 쥭으ᄆᆡ 녀호가 슬허ᄒᆞᆫ다 ᄒᆞ니 이ᄂᆞᆫ 동류ᄅᆞᆯ 위ᄒᆞ여 슬허ᄒᆞ미라 ᄒᆞ미 도로혀 감탄ᄒᆞ믈 일워내믈 면치 못ᄒᆞ니 (紅樓 57:119) "~總一般, 表姐淸名遭不白, 奴心尙且爲她酸, 自家宅內焉相笑?" 쇽어의 니ᄅᆞᄃᆡ 톳기 쥭으ᄆᆡ 여희 슬허ᄒᆞᆫ다 ᄒᆞᄂᆞ니 표져제 청빅ᄒᆞᆫ 졀ᄀᆡ로 원통ᄒᆞᆫ 일을 당ᄒᆞᄆᆡ 나의 ᄆᆞᄋᆞᆷ이 오히려 져ᄅᆞᆯ 위ᄒᆞ여 비산ᄒᆞ거든 ᄌᆞ긔 가즁인을 엇지 셔로 우ᄉᆞ리오 (再生 12:79) 톡기 죽음애 여회 슬허홈은 그 류ᄅᆞᆯ 앗김이라 ‖ "我和你是一般犯罪的人. 特地報你地道. 豈不聞~? 我們只怕你初來不省得, 通你得知." 우리 다 너와 ᄀᆞᆺ흔 일반 죄슈기로 특별이 닐으ᄂᆞ니 엇지 듯지 못ᄒᆞᆫ다 톡기 죽음애 여회 슬허홈은 그 류ᄅᆞᆯ 앗김이라 우리 등은 네 처음으로 왓슴애 아지 못ᄒᆞᆯ가 ᄒᆞ여 닐으노라 (水滸 新文 2:27:114) "三藏嘆曰: '~.'" (西遊 62)

134) 【三日沒吃飯眼前花】sānrìméichīfànyǎnqiánhuā 〈諺〉 比喩盼望的人或事盼不到, 心裏發慌. 也戲指隨手摘來的花朵.¶ "惠蓮道: '大淸早晨, 平白笑的是甚麼?' 平安道: '我笑嫂子~, 我猜他昨日一夜不來家.' 這老婆請了此言, 便把臉紅了." (金瓶 23) ☞ 三日不吃飯眼前花 ‖ "婦人接過月琴, 在手內彈了一回, 說道: '我問孟三兒, 也學會了幾句兒了.' 一壁彈着, 見太湖石畔石榴花經雨盛開, 戲折一枝, 簪于雲鬢之傍, 說道: '我老娘帶個~.'" (金瓶 27)

178. 有眼不識荊山玉, 拿着頑石一樣看.[135)]

눈이 〻셔도 형산옥을 아지 못ᄒᆞ여 완셕을 가져 ᄒᆞᆫ가지로 본다.
눈이 있어도 형산의 옥을 알아보지 못하고 하찮은 돌로 여긴다.
[눈이 있어도 망울이 없다.]

179. 人〻有面, 樹〻有皮.[136)]

ᄉᆞᄅᆞᆷ마다 ᄂᆞᆺ치 잇고 나무마다 가족 잇다.
사람마다 낯이 있고 나무마다 가죽 있다.
[빈대도 콧등이 있다 / 빈대도 낯짝이 있다.]
(모든 사람은 다 자존심이 있다.)

180. 天也有眼望下看呢.

하늘도 눈이 〻셔 아ᄅᆡ를 보ᄂᆞ니라.
하늘도 눈이 있어 아래를 내려다본다.

181. 晝夜勞苦通不得閑.

쥬야로 슈고ᄒᆞ여 아조 한가홈을 엇지 못ᄒᆞ다.
쥬야로 수고하여 아주 한가함을 얻지 못한다.

182. 笆籬不牢, 狗鑽入來.[137)]

바ᄌᆞ를 ᄃᆞᆫ〻이 못ᄒᆞ면 개 뚧고 드러온다.
울타리가 튼튼하면 개가 뚫고 들어오지 못한다.

---

135) 【有眼不識荊山玉, 拿着頑石一樣看】 yǒuyǎnbùshíjīngshān yù, názhewánshíyīyàngkàn 〈諺〉 荊山: 在湖北省西部, 武當山東南、漢江西岸. 爲西周時楚國建國地區. 有抱玉巖, 相傳楚國卞和在此得玉. 謂把荊山玉當作頑石看. 比喩人有眼無珠, 不識好壞與賢愚.¶ "我西門慶一時昏昧, 不聽你之良言, 辜負你的好意. 正是~." (金甁 21)

136) 【人人有面, 樹樹有皮】 rénrényǒumiàn, shùshùyǒupí 〈諺〉 面: 臉面. 每個人都有面皮, 就像每株樹都有樹皮一樣. 指人人都有做人的尊嚴.¶ "使不得. ~. 他必衆人前誇口, 方才上去捉拿. 若今在衆人面前打他, 叫他以後怎麽做人?" 만일 즁인 면젼에셔 져를 ᄭᅮ짓고 치면 이후에 제 엇지 ᄉᆞᄅᆞᆷ을 ᄃᆡ면ᄒᆞ리오 (綠牡 2:165) "不管蝗虫螞蚱, 一倒都說着. 對着他三位師父、郁大姐, ~, 俺每臉上就沒些血兒?" (金甁 76) "~. 人之生也, 理從面達, 愧怍徵焉; 不恤其面, 生理絶矣." (淸・王有光 吳下諺聯) ☞ 人有臉, 樹有皮 ‖ "~, 前日趕出來, 磕頭亂央不肯收下, 今日得不的一聲兒, 又回去了. 不說在別人臉上不好看, 叫人在廚房裏也難見老樊們." (歧路 36)

137) 【笆籬不牢, 狗鑽入來】 bālíbùláo, gǒuzuànrùlái 〈諺〉 [바리부랖구줜유래] ~ (華語抄畧 2b/55)

183. 要打沒好手, 厮罵沒好口.138)

치려 ᄒᆞ믜 죠흔 손이 업고 서ᄅᆞ 욕ᄒᆞ믜 죠흔 입이 업다.
치는데 좋은 손이 있을 리 없고 서로 욕함에 좋은 입이 있을 리 없다.

184. 宮自宮商自商, 唱的唱彈的彈.139)

궁은 궁이오 상은 상이오 노ᄅᆡ 브르리 노ᄅᆡ 부르고 줄타리 줄탄다
궁은 궁이오 상은 상이오 노래 부르는 사람 노래 부르고 줄 타는 사람 줄 탄다.
너는 너고 나는 나다.

185. 不是疼人是疼錢.

이 ᄉᆞᄅᆞᆷ을 ᄉᆞ랑ᄒᆞ미 아니라 돈을 ᄉᆞ랑ᄒᆞ미로다.
사람을 사랑하는 것이 아니라 돈을 사랑하는 것이다.

186. 甁兒罐兒都有耳朶.

병과 탕관이 다 귀 잇ᄂᆞ니라.
병과 탕관이 다 귀가 있다.

187. 天下錢眼兒都一様.140)

쳔하에 돈구뮈 다 ᄒᆞᆫ가지라.
천하에 돈구멍은 다 같다.
[세상에 돈 싫어하는 사람은 없다.]

188. 酒吃頭鍾, 茶吃末鍾.

술은 쳣잔을 먹고 차【10b】ᄂᆞᆫ ᄭᅳᆺ잔을 먹다.
술은 첫잔을 마시고 차는 끝잔을 마신다.

---

138) 【要打沒好手, 厮罵沒好口】 yàodǎméihǎoshǒu, sīmàméihǎokǒu 〈諺〉 指人打架、吵罵, 態度絶不會好.¶ "常言道: ~. 不爭你姊妹們攘開, 俺每親戚在這裏住着也羞. 姑娘, 你不依我, 想是嗔我在這裏, 叫轎子來, 我家去罷." (金甁 75)

139) 【宮自宮商自商, 唱的唱彈的彈】 gōngzìgōngshāngzìshāng, chàngdechàngtándetán 〈諺〉 你是你, 我是我.¶ ☞ 宮自宮, 商自商 [궁즈궁샹즈샹] ~ (華語抄畧 1a/12)

140) 【天下錢眼兒都一様】 tiānxiàqiányǎnrdōuyīyàng 〈諺〉 錢眼: 古時銅錢中的方孔, 便于繩串. 比喩世上的人眼力、喜愛都差不多.¶ "雖故姐夫裏邊頭緒兒多, 常言道: '好子弟不嫖一個粉頭, 粉頭不接一個孤老. ~,' 不是老身誇口說, 我家桂姐也不醜, 姐夫自有眼, 也不消人說." (金甁 15)

189. 豆芽菜 — 有甚綑兒.141)

콩기름이 므슴 뭇그미 이시리오.

콩나물 — 무슨 묶음이 있으리오. (콩나물은 묶을 수 없다. 체통이 안 서다. 꼴이 아니다.)

190. 嚴霜便打孤根草.142)

된서리 곳 외로은 풀을 치다.

된서리가 외로운 풀에 내리다.

(재난은 종종 타격을 감당하지 못하는 약자에게 찾아온다.)

191. 便得一片橘皮吃, 切莫忘了洞庭湖.143)

곳 흔 조각 귤피를 어더 먹고 일졀이 동졍호를 잇지 말라.

[귤껍질 한 조각 얻어 먹고 동정호를 잊지 말라.]

(작은 은혜라도 잊지 아니한다는 말)

192. 男兒不吃嗟來食.

사나희 챠릐식를 먹지 아니타.

사내는 던져 주는 음식을 먹지 않는다.

193. 媽ㆍ的女兒不會搽粉麽?

마ㆍ의 쫄이 분ᄇᆞ를 줄 모로ᄂᆞ냐?

지체 높은 분의 딸이 분바를 줄 모르냐?

---

141) 【豆芽菜 — 有甚綑兒】dòuyácài, yǒushénkǔnr 〈歇〉 豆芽菜打不成捆兒. 比喩不成體統, 沒有規矩, 沒正經.¶ "金蓮道: '娘, 我也見這老婆, 這兩日有些別改模樣的. 怕這賊沒廉恥話, 鎮日在那屋裡, 纏了這老婆也不見的. 我聽見說, 前日與了他兩對簪子, 老婆戴在頭上, 拿與這個瞧, 拿與那個瞧.' 月娘道: '~!'" (金瓶 65) ☞ 豆芽菜 — 有甚正條綑兒 ‖ "若不依我, 打聽出來, 看我嚷的塵鄧鄧的不! 讓我就擯兌了這淫婦, 也不此甚麽兒.……你這波答子爛桃行貨子, ~ 也怎的? 老娘如今也賊了些兒了." (金瓶 72)

142) 【嚴霜便打孤根草】yánshuāngbiàndǎgūgēncǎo 〈諺〉 冷酷的寒霜偏偏要摧殘枯了根的小草. 比喩弱者往往更容易遇到不幸.¶ ☞ 嚴霜偏打枯根草 ¶ "這的是~. 哎喲, 正跌着我這殘病腰, 一會家疼, 一會家焦." (魔合羅 2折) ☞ 嚴霜單打獨根苗, 大水盡淹獨木橋

143) 【便得一片橘皮吃, 切莫忘了洞庭湖】biàndéyīpiànjúpíchī, qièmòwàngledòngtínghú 〈諺〉 江蘇洞庭湖中洞庭山所産洞庭橘, 皮薄而味美. 比喩不要忘本.¶ ~ (華語抄畧 5b/166) "王婆道: '却不要忘了許我那十兩銀子!' 西門慶笑道: '~. 這條計, 乾娘幾時可行?'" (金瓶 3) ☞ 但得一片橘皮吃, 而莫忘了洞庭湖 ‖ "乾媽這般費心, 我到家, 便取定銀子送來.……~." (金瓶 4)

194. 牛尾巴盖不淂馬屁骨.

쇠ᄭᅩᆯ리 ᄆᆞᆯ 밋구멍 덥지 못ᄒᆞ다.

쇠꼬리로는 말 똥구멍을 덮지 못한다.

195. 赶着月光一步一步捱到家裡.

ᄃᆞᆯ빗ᄎᆞᆯ ᄯᆞ라 ᄒᆞ 거름식 ᄒᆞᆫ 거름식 집의 갓가스로 가다.

달빛을 따라 한 걸음 한 걸음씩 겨우 집으로 가다.

196. 見勢頭不好就跑去了.

셰 죠치 아니믈 보고 곳 나ᄅᆞ나다.

낌새가 좋지 않음을 보고 달아나다.

197. 你看他的眼勢罷.

네 저의 눈츼를 보와라.

네 그 사람 눈치를 보라.

198. 剛ㄱ的逢着這好機會.

겨요 이 죠흔 긔회를 만ᄂᆞ다.

겨우 이 좋은 기회를 만나다.

199. 你要他也要到底給誰?

너도 달라 ᄒᆞ고 저도 ᄯᅩ 달라 ᄒᆞ니 나죵ᄂᆡ 누를 주리오.

너도 달라 하고 저도 달라 하니 도대체 누구를 주리오.

200. 甛言美語三冬暖, 惡語傷人六月寒.144)

ᄃᆞᆫ말과 미어ᄂᆞᆫ 삼동이 다ᄉᆞᄒᆞ고 사【11a】오나온 말은 ᄉᆞ름을 샹ᄒᆞ니 六月이 ᄎᆞ도다.

---

144)【甛言美語三冬暖, 惡語傷人六月寒】tiányánměiyǔsāndōngnuǎn, èyǔshāngrénliùyuèhán 〈諺〉 三冬: 冬季. 聽了甛美的語言, 在冬天裡會感到溫暖; 傷人的惡語, 在大熱天裡也會使人感到心寒.¶ “別人行甛言美語三冬暖, 我跟前惡語傷人六月寒. 我爲頭兒看, 看你個離魂倩女, 怎發付擲果潘安.” (王實甫 西廂 3本2折) “李嬌兒從玳安自院中來家時分, 走來窓下潛聽, 見潘金蓮對着月娘, 罵他家千淫婦、萬淫婦, 暗暗懷恨在心. 從此二人結仇, 不在話下. 正是~.” (金瓶 12)

감언이설은 삼동에도 따스하고 사나운 말은 사람을 다치게 하니 오뉴월에도 서늘하다.

201. 兒不嫌母醜, 狗不嫌家貧.[145)]

ᄋᆞ희ᄂᆞᆫ 어믜 더러옴을 혐의치 아니ᄒᆞ고 개ᄂᆞᆫ 집 가난ᄒᆞᆷ믈 혐의치 아니ᄒᆞ다.

자식은 어미 못생긴 것을 꺼리지 않고 개는 집 가난함을 꺼리지 않는다.

202. 好的也放在心裡, 歹的也放在心裡.

죠흔 것도 마음에 너허 두고 사오나온 것도 마음에 너허 두라.

좋은 것도 마음에 담아 두고 나쁜 것도 마음에 담아 두라.

203. 人之壽夭不在乎藥材.

ᄉᆞ롬의 슈요ᄂᆞᆫ 약에 잇지 아니ᄒᆞ다.

사람의 수명은 약에 있지 않다.

204. 人多舌頭多.[146)]

ᄉᆞ롬이 만흐면 말이 만흐니라.

[사람이 많으면 말이 많다.]

205. 數一數二[147)]的財主.

첫ᄌᆡ 둘ᄌᆡ 가는 쟝ᄌᆡ라.

첫째 둘째 가는 재산가라.

---

145) 【兒不嫌母醜, 狗不嫌家貧】 érbùxiánmŭchŏu, gŏubùxiánjiāpín 〈諺〉 比喻親骨肉之間不會互相嫌棄.¶ ☞ 兒不嫌母醜, 犬不嫌主貧 ‖ "吳忠曾聞古人言: ~.我員外不知爲何把小官人赶將出去, 我聽得沒處安身, 却在城南破瓦窯中權歇." (殺狗記 16)

146) 【人多舌頭多】 rénduōshétouduō 〈諺〉 形容人多意見多, 難以一致.¶ "爲甚麽剛才到這屋裡, 我就掇他出去? 銀姐, 你不知, 俺這家~." (金瓶 44) ☞ 人多口多 ‖ "也有叫碧眼禪師的, 也有叫鼻峰禪師的……正是個~, 口多號多." (西洋記 4)

147) 【數一數二】 shŭyīshŭèr 〈熟〉 不算第一, 也算第二.¶ "~的." (華語抄畧 5a/149) ▼버곰ᄒᆞ- ‖ "袁隱又時時稱讚他的才名, 與燕白頷~, 平如衡信以爲眞." 원은이 또 시시의 당인의 ᄌᆡ명이 연빅함이와 버곰ᄒᆞ다 ᄒᆞ야 일ᄏᆞᄅᆞ니 평여형이 미더 진진 말이라 ᄒᆞ야 (平山 4:95) ▼버곰디곰ᄒᆞ- ‖ "你昨日說張寅與燕白頷~." 여형이 작일의 닐오ᄃᆡ 당인이 연빅함으로 더브러 버곰디곰 ᄒᆞ다더니 (平山 5:8) "學士, 此乃金陵~的歌者, 如學士遞一杯." (風光好 3)

206. 出頭椽兒先朽爛.[148)]

모ᄂᆞᆫ 혀가 몬져 쎡ᄂᆞ니라.

튀어나온 서까래가 먼저 썩는다.

[모난 돌이 정 맞는다.]

207. 老鴉叫十二樣聲, 誰愛他麼.[149)]

가마괴 열두 가지 쇼릐 ᄒᆞᆫ들 뉘 저를 ᄉᆞ랑ᄒᆞ랴.

까마귀 열두 가지 소리 한들 누가 저를 사랑하랴.

[까마귀 하루에 열두 마디를 울어도 송장 먹은 소리.]

208. 老鴉還笑猪蹄黑.[150)]

가마괴 도로혀 되야지 발 거믄 거슬 웃ᄂᆞᆫ다.

까마귀가 돼지의 발이 검다고 비웃지만 사실 발과 꼬리는 희다.

[그슬린 돼지가 달아맨 돼지 타령한다. / 똥 묻은 개가 겨 묻은 개 나무란다.]

209. 我眼睛是認淂你, 拳頭呢不認淂你.

내 눈은 이 너를 아라도 쥬머괴ᄂᆞᆫ 너를 모로ᄂᆞ니라.

내 눈은 너를 알아봐도 주먹은 너를 몰라본다.

[법보다 주먹.]

210. 只像牛身上拔了一根毛兒.[151)]

---

148) 【出頭椽兒先朽爛】chūtóuchuánrxiānxiǔlàn 〈諺〉 安在梁上支撑屋面的木條. 出頭的椽子由於風化日晒等會先腐爛. 比喻冒尖或帶頭的人, 容易最先遭到不幸.¶ "說長并道短, ……~." (金瓶 86) ☞ 出頭椽兒先腐爛 ‖ ~ (華語抄畧 7b/247)

149) 【老鴉叫十二樣聲, 誰愛他麼】lǎoyājiàoshí'èryàngshēng, shuí'àitāma 〈諺〉 野鷄叫不出鳳凰音.¶ ☞ 狗口裡吐出甚麼象牙來 ‖ 개 입에 무슴 상아를 토ᄒᆞ여 내리오 (漢語 修綆室 11ab/212) ☞ 狗口裡吐出甚麼象牙 ‖ "父親, 和這等東西, 有甚麼好話, 講出甚麼理來. ~. 向前打這食酒不幹營生糟醜生賊弟子孩兒." (遇上皇 1折) "你這歪狗材, 狗口裡吐不出甚麼象牙來!" (金瓶 35) ☞ 狗嘴裏還有象牙不成 ‖ "寶釵笑道: '不用問, ~!'" 보채 웃고 니ᄅᆞ듸 구ᄐᆞ여 무롤 거시 업ᄉᆞ니 ᄀᆡ 입쇽의 도로혀 상ᄋᆡ 이시랴 (紅樓 42:87)

150) 【老鴉還笑猪蹄黑】lǎoyāháixiàozhūtíhēi 〈諺〉 烏鴉說猪黑, 自醜不覺得. 烏鴉說猪黑, 其實猪還有白脚白尾巴的.¶ [랖야환샾쥬티희] ~ (華語抄畧 2a/36)

151) 【只像牛身上拔了一根毛兒】zhǐxiàngniúshēnshàngbáleyīgēnmáor 〈諺〉 九: 虛數, 形容多. 從好多牛身上拔去一根毛. 比喻微不足道. ¶ ☞ 太倉一粒米, 九牛一根毛 태챵에 ᄒᆞᆫ 낫 ᄡᆞᆯ이오 구우에 ᄒᆞᆫ 낫 털럭이라 (漢語 修綆室 9a/161) ☞ 九牛去得一毛 ‖ "張廩生自道算無遺策, 只費得五百

그저 쇠몸에 ᄒᆞᆫ 터럭 ᄲᅢ힘과 ᄀᆞᆺ다.
[그저 소 몸에서 털 하나 뽑은 것이나 다름없다. / 구우일모.]

211. 不燒火的烟洞怎麽生烟.

블 아니 ᄯᅵ인 굴독에 엇지 ᄂᆡ가 나리오.
[아니 땐 굴뚝에 연기 나랴.]

212. 狗口裡吐出甚麽象【11b】牙來.[152)]

개 입에 무슴 상아를 토ᄒᆞ여 내리오.
개 입에서 상아를 토해 낼 수는 없다.
[개는 개소리밖에 못낸다. / 까마귀 하루에 열두 마디를 울어도 송장 먹은 소리.]

213. 瓦房、草房睡覺一般.

기와집 초가집 자기ᄂᆞᆫ ᄒᆞᆫ가지라.
기와집이나 초가집이나 자는 것은 매한가지.

214. 白餑〻、黑餑〻一様味兒.

흰ᄯᅥᆨ 거믄ᄯᅥᆨ이 ᄒᆞᆫ가지 마시라.
흰떡 검은떡이나 맛은 매한가지.

215. 瘦也因他, 病也因他.

여위기도 저를 인ᄒᆞ고 병도 저로 ᄒᆞ여 인ᄒᆞ다.
여윈 것도 저 때문이오 병도 저 때문이다.

金, 巨萬家事一人獨享, 豈不是~, 老大的便宜了?" (二刻 4)

152) 【狗口裡吐出甚麽象牙來】gǒukǒulitùchūshénmexiàngyálái 〈諺〉 比喻壞人的嘴裡說不出好話. 語本晉・葛洪«抱朴子・淸鑒»"虎尾不附狸身, 象牙不出鼠口".¶ "父親, 和這等東西, 有甚麽好話, 講出甚麽理來. ~. 向前打這食酒不幹營生糟醜生賊弟子孩兒." (遇上皇 1折) "你這歪狗材, 狗口裡吐不出甚麽象牙來!" (金甁 35) ☞ 狗嘴裏還有象牙不成 [구쥐리환우ᄲᅡᆼ야부청] ᄀᆡ 입쇽의 도로혀 상ᄋᆡ 잇- ‖ "寶釵笑道: '不用問, ~!'" 보채 웃고 니ᄅᆞᄃᆡ 구ᄐᆞ여 무롤 거시 업ᄉᆞ니 ᄀᆡ 입쇽의 도로혀 상ᄋᆡ 이시랴 (紅樓 42:87) ☞ 狗嘴裡如何吐出象牙來 ‖ "我聽的這話, 心裏說~? 到底拿不穩他的心." (歧路 108)

216. 養猫的家裡鼠不恣行.

괴 기르ᄂᆞᆫ 집의 쥐 방ᄌᆞ히 단니지 못ᄒᆞᆫ다.

고양이 기르는 집에 쥐가 날뛰지 못한다.

217. 人在矮簷下, 不敢不低頭.153)

ᄉᆞᄅᆞᆷ이 나즌 쳠하 아ᄅᆡ 이시ᄆᆡ 감히 머리를 슈기지 아니타 못ᄒᆞ다.

낮은 처마 밑에서는 머리를 숙이지 않을 수 없다.

218. 人情送馬匹, 買賣爭分毫.

인졍은 馬匹을 보ᄂᆡ고 ᄒᆞᆫ졍은 分毫을 닷호ᄂᆞ니라.

인정은 마필을 보내고 흥정은 극히 적은 분량을 다툰다.

219. 纔飛的鴿子過不淂嶺.154)

ᄀᆞᆺ 나ᄂᆞᆫ 비들기 재를 넘지 못ᄒᆞᄂᆞ니라.

갓 나는 비둘기 재를 넘지 못한다.

220. 人是舊的好, 衣是新的好.155)

ᄉᆞᄅᆞᆷ은 오ᄅᆡ니가 죠코 옷슨 ᄉᆡ거시 죠흐니라.

[사람은 구관이 명관이오 옷은 새옷이 좋다. / 사람은 헌사람이 좋고 옷은 새옷이 좋다. / 옷은 새것이 좋고 님은 옛님이 좋다.]

221. 十斧俱下, 無不砍倒.

열 도ᄭᅴ ᄒᆞᆷᄭᅴ ᄂᆞ리ᄆᆡ 찍어 것구러지ː 아니리 업ᄂᆞ니라.

[열 번 찍어 안 넘어가는 나무 없다.]

---

153) 【人在矮簷下, 不敢不低頭】rénzàiǎiyánxià, bùgǎnbùdītóu 〈諺〉 比喻在別人的勢力挾制下, 不得不服從.¶ ☞ 在人矮簷下, 怎敢不低頭 ☞ 在人矮簷下, 不敢不低頭 ‖ 在人下不敢放心, 言在下者不敢不行賂也. (水滸 延世 52b) 言在下者不敢不行賂. (語覽 水滸 55a) "古人道: '不怕官, 只怕管.' ~!" (水滸 28) "~. 月香無可奈何, 只得伏低伏小." (醒恒 1)

154) 【纔飛的鴿子過不得嶺】cáifēidegēziguòbudélǐng 〈諺〉 [칩의디거즈고부티링야] "~啊." 하룻 비들기 ᄌᆡ 넘지 못ᄒᆞᆫ단 말이라 (華撮 日用行語 64a) ☞ 纔生鴿的子飛不得高嶺 [ᄎᆡ승거디즈븨부더갈링] ~ (華語抄畧 1b/24)

155) 【人是舊的好, 衣是新的好】rénshìjiùdehǎo, yīshìxīndehǎo 〈諺〉 [인스긱디화, 이스신디화] ᄉᆞ람은 날근 이가 죠코 오슨 ᄉᆡ 거시 죠흔니라 (華撮 日用行語 60b)

222. 眼飽肚飢 — 畫餅充飢.[156)]

눈이 브르고 빅가 골푸니 그림에 썩【12a】이 골픈 거슬 메온다.
눈은 배부른데 배가 고프다 — 그림에 떡.

223. 手拿魚籃避不淂腥.[157)]

손에 고기 다ᄅᆞ치 가지미 비리믈 피치 몬ᄒᆞᆫ다.
손에 고기 다래끼 들고 있으면 비린 것을 피하지 못한다.

224. 沒有屠戶, 連毛吃麽?[158)]

빅쟝이 업스면 털조차 먹으랴.
백정이 없다고 털까지 먹으랴.

225. 只怕睜眼的金剛, 不怕閉眼的佛爺.[159)]

그저 눈 부롭ᄯᅳᆫ 금강은 저퍼ᄒᆞ고 눈 가문 부쳐는 저퍼 아니ᄒᆞᄂᆞ니라.
그저 눈 부릅뜬 금강이 무섭지 눈 감은 부처님은 무섭지 않다.
(실무를 맡은 아랫사람이 무섭지 높으신 부처님은 무섭지 않다.)

---

156) 【眼飽肚饑 — 畫餅充飢】yǎnbǎodùjī, huàbǐngchōngjī 〈諺〉 眼巴巴光看着但是到不了手.¶ ☞ 眼飽肚饑 [연밮두기] 눈만 유복ᄒᆞ다 (譯補 瑣說 60b) 보고 못 먹어 (語錄彙編 水滸 18b) "若只如此空研光, ~有何用處?" (醒恒 16) ☞ 眼飽肚中饑 눈이 유복ᄒᆞ나 빅ᄂᆞᆫ 곱흔지라 ‖ "正是~. 武行者酒又發作, 恨不得一拳打碎了那桌子." 이른바 눈이 유복ᄒᆞ나 빅ᄂᆞᆫ 곱흔지라 이에 분긔ᄅᆞᆯ 이긔지 못ᄒᆞ여 쥬머귀로 탁ᄌᆞᄅᆞᆯ 분쇄ᄒᆞ고 (水滸 新文 2:31:150) "(羅剎女)將他骨髓慢慢的呼來吃. 臭花娘看在傍邊, 眞是~." (何典 10) ☞ 眼飽肚饑

157) 【手拿魚籃避不淂腥】shǒunáyúlánbìbùdexīng 〈諺〉 沾過魚簍的手難免有魚腥氣. 比喩旣已揷手幹謀事, 就不必有甚麽顧忌.¶ "古人說得好: '~.' 一不做, 二不休; 左右師領家兵殺那和尙去來." (西遊 86)

158) 【沒有屠戶, 連毛吃麽】méiyǒutúhù, liánmáochīma 〈諺〉 王屠: 王姓屠宰手. 反詰語. 指沒有殺猪的王屠夫, 人也不會吃帶毛的猪. 比喩沒有懂行能幹的專門人才, 事情也照樣會做下去.¶ ☞ 沒有王屠, 連毛吃猪 ‖ ~ (華語抄畧 8b/337) ☞ 沒了王屠, 連毛吃猪 ‖ "可是你對人說的, 自從他死了, 好應心的菜也沒一碟子兒. ~? 空有這些老婆, 睜着你日逐只咊屎哩!" (金甁 73)

159) 【只怕睜眼的金剛, 不怕閉眼的佛爺】zhǐpàzhēngyǎndejīn'gāng, bùpàbìyǎndefóyé 〈諺〉 比喩只怕具體管事, 而且態度認眞的人, 不怕職位高而不管事的人.¶ ☞ 不怕閉眼的佛爺, 只怕睜眼的金剛 ‖ ~ (華語抄畧 3b/106) ☞ 只怕睜着眼兒的金剛, 不怕閉着眼兒的佛爺 ‖ "金蓮道: '你不知道, 不要讓了他. 如今年世, ~.'" (金甁 35) ☞ 只認得睜眼睛的金剛, 認不得閉着眼睛的佛 ‖ "又聽得那些人說道: '他家, ~. 我們走呀, 看你家可頑得長就是了!'" (風月夢 7)

226. 工夫到做不渏的事有麼?[160]

공뷔 니르면 허지 못홀 일이 ᄋᆞ시랴.

공력이 쌓이면 못할 일이 있으랴.

227. 他家裡匙椀一樣的小事情都知道了.

져 집의 슐과 ᄉᆞ발 갓튼 져근 일을 다 안다.

저 집의 숟가락이 몇 갠지 밥그릇이 몇 갠지 다 안다.

228. 屁骨大敢吊了心.[161]

밋구무 커 염통이 ᄲᆡ진 듯ᄒᆞ다.

똥구멍이 얼마나 큰지 염통이 빠진 듯하다.

(건망증이 심하거나 침착하지 못하고 덤벙대는 것을 욕하는 말.)

229. 人逢喜事精神爽.[162]

ᄉᆞᄅᆞᆷ이 죠흔 일을 만나면 정신이 샹쾌ᄒᆞ다.

사람이 좋은 일을 만나면 정신이 상쾌하다.

230. 一條板櫈坐不了.

ᄒᆞᆫ 오리 반등에 안지 못ᄒᆞᆫ다.

한 걸상에 다 못 앉는다.

---

160) 【工夫到做不渏的事有麼】gōngfudàozuòbùdedeshìyǒumā 〈諺〉 工夫下到了, 事情自然會成功.¶ ☞ 功到自然成 ‖ “師父不必掛念, 少要心焦. 且自放心前進, 還你箇‘~’也.” (西遊 36) “這師父原來只是思鄉難息! 若要那三三行滿, 有何難哉! 常言道: ‘~’哩.” (西遊 43)

161) 【屁骨大, 敢吊了心】pìgǔdà, gǎndiàolexīn 〈諺〉 屁骨大: 屁眼大. 吊: 掉. 屁眼大到把心也掉下去了. 罵人善忘或粗心大意.¶ “你抱着執壺兒, 怎的不見了, ~了也怎的.” (金瓶 31) ☞ 屁尻大, 敢弔了心. (華語抄畧 5a/142) ☞ 屁股大, 敢吊了心 ‖ “你抱着執壺兒, 怎的不見了, ~了也怎的.” (金瓶 31) ☞ 屁孔寬大, 掉落了心 ‖ “早間夫人們在前廳吃酒, 酒壺倒在炭火上, 起有七八尺高, 幾乎無有燒着頂隔. 他這火不知是如何起法, 明日打聽出來, 亦教那些~的, 從此亦好留神.” (林蘭香 4)

162) 【人逢喜事精神爽】rénféngxǐshìjīngshénshuǎng 〈諺〉 指人遇上喜慶的事, 精神就會特別爽朗.¶ “沙僧道: ‘你還腰疼哩.’ 行者道: ‘我不疼了. 古人云: ‘~’. 你看着行李, 馬匹, 等我去.’” (西遊 42) “劉璞見妻子美貌非常, 甚是快樂. 眞個是~, 那病早去了幾分.” (醒恒 8) ☞ 人逢喜事精神長 ‖ “大家聞聽, 方纔省悟, 不勝歡喜. 雖然熬了幾夜未能安眠, 到了此時, 各各精神煥發, 把乏困俱各忘在九霄雲外了. 所謂‘~’, 是再不能錯的.” (三俠 21)

231. 好男不吃貧時飯, 好女不穿嫁時衣.163)

죠흔 ᄉᆞ나희ᄂᆞᆫ ᄀᆞᄂᆞᆫ헐 ᄣᅴ 밥을 먹지 아니ᄒᆞ고 죠흔 겨집은 혼인헐 ᄣᅴ 옷슬 입지 아니ᄒᆞᄂᆞ니라.

좋은 사내는 가난할 때 밥을 먹지 않고 좋은 계집은 시집갈 때 옷을 입지 않는다.

(남에게 의지하지 않고 자립해야 한다.)

232. 誰人汲淂西江水, 難洗今朝一面羞.164)

뉘 셔강슈를 기러 오리오 ᄋᆞ날 아ᄎᆞᆷ에 ᄒᆞᆫ 낫 븟그러옴을 씻기 어렵다.

누가 서강수를 길어 오리오 오늘 아침에 한 낯 부끄러움을 씻기 어렵다.

(아무리 청렴한 관리라도 친인척의 비리에서 자유롭지 못하다.)

233. 不費【12b】他一絲兒東西.

저의 죠고만 거슬 허비치 아니ᄒᆞ다.

남의 것은 눈꼽만큼도 쓰지 마라.

234. 等的心裏火發.

기ᄃᆞ려 ᄆᆞᄋᆞᆷ에 불난다.

기다리다가 속에서 열불 나겠다.

[애가 타다.]

235. 就在門縫裡張看.

곳 문틈에셔 ᄇᆞᄅᆞ보다.

문틈으로 바라보다.

---

163) 【好男不吃貧時飯, 好女不穿嫁時衣】hǎonánbùchīpínshífàn, hǎonǚbùchuānjiàshíyī 〈諺〉 謂有志氣的男子不吃施舍之食, 有志氣的女子不穿嫁時之衣. 意思是說不要依賴別人. 要自立自强.¶ ☞ 好男不吃分時飯, 好女不穿嫁時衣 ☞ 好男不吃分時飯, 好女不穿嫁時衣 ‖ “等奴出去, 不與衣裳也罷, 自古‘~’.” (金瓶 85)

164) 【誰人汲淂西江水, 難洗今朝一面羞】shuírénjídéxjiāngshuǐ, nánxǐjīnzhāoyīmiànxiū 〈諺〉 比喩卽使是淸官, 也難免要受狡猾的下屬蒙蔽.¶ “幾句把老婆羞的站又站不住, 立又立不住, 飛紅了面皮, 往下去了. 正是: ~.” (金瓶 23) ☞ 饒君掬盡錢塘水, 難洗今朝一面羞

236. 釘在椅子上 — 白不起身.

박인 듯기 교의 우희 이셔 부질업시 니지 아니ᄒᆞ다.

의자에 붙박힌 듯이 앉아 있다 — 그냥은 일어나지 않는다.

237. 人貧志小, 馬瘦毛長.[165)]

ᄉᆞ름은 가난ᄒᆞ면 ᄯᅳᆺ이 젹고 말이 여외면 털이 기ᄂᆞ니라.

사람은 가난하면 뜻이 적고 말이 여위면 털이 길다.

238. 醜皃樣裝箇好皃樣.

더러온 묘양이 죠흔 묘양인 체ᄒᆞ다.

못생겼으면서 예쁜 체한다.

239. 你不要罷, 要的有千有萬.

네 슬커든 말[라] ᄒᆞ려 ᄒᆞᄂᆞ니 쳔이 잇고 만이 잇다.

네가 싫거든 말라. 하려는 사람은 얼마든지 있다.

240. 一頭放水, 一頭放火.[166)]

ᄒᆞᆫ편으로 믈 노코 ᄒᆞᆫ편으로 블 놋타.

한편으로 물 놓고 한편으로 불 놓다.

[양다리 걸치다.]

241. 裹不結寀, 路上吊了.[167)]

ᄡᆞ기를 뇌실히 못ᄒᆞ여 길ᄒᆡ ᄡᅥ러지다.

묶기를 단단히 못해 길에 흘리다.

---

165) 【人貧志小, 馬瘦毛長】rénpínzhìxiǎo, mǎshòumáocháng 〈諺〉 人窮了智謀就顯得不足, 馬瘦了毛就顯得長.¶ [인핀즈샤, 마수만챵] ᄉᆞ람은 가난ᄒᆞ면 ᄠᅳ지 적어지고 말이 여희면 터러기 ：니라 (華撮 日用行語 58b) ‖ "大人, 你咳不大明白這一層理兒. 人憑良心, 官憑公道, 好人長長在强, 長人惡禍多啊。君子有當當, 小人有氣氣. 我一个混他大人們相好裡頭, 他只靠我心音兒, 不嫌我窮的人, '~.' 天生公道的心思, 寡增多少銀子, 顧不得各人的名姓. (中華 藏書 26a) ☞ 人貧智短, 馬瘦毛長 ‖ "'五祖法演禪師': 問: '祖意教意, 是同是別?' 師曰: '~.'" (五燈會元 卷19)

166) 【一頭放水, 一頭放火】yītóufàngshuǐ, yītóufànghuǒ 〈諺〉 比喻要兩面手法.¶ "當初只因潘家那淫婦, ~, 架的舌, 把個好媳婦兒生生逼勒的吊死了; 將有作沒, 把你墊發了去." (金瓶 90)

167) 【裹不結寀, 路上吊了】guǒbùjiēshi, lùshàngdiàole 〈諺〉 ☞ 拴的不結寀, 又是一空 ‖ ~ (華語抄畧 10a/466)

(칠칠맞다.)

242. 不喝酒皻鼻子.[168)]

술 아니 먹고 코 븕다.

술은 입에 대지도 않았는데 코주부 같다.

243. 力大不如禮大.

힘 큰 거시 례 큰 이만 못ᄒᆞ다.

힘 센 것이 예의 바른 것만 못하다.

244. 店房裡臭虫咬客.[169)]

숫막에 빈ᄃᆡ가 손을 문다.

객점의 빈대가 손님을 문다.

[주인이 오히려 손님 대접 받는다. / 주객전도.]

245. 早茶晩酒飯後烟.

아츰 차와 져녁 술과 밥 후 담베.

아침 차와 저녁 술과 식후 담배.

246. 親不親故鄉人，美不美鄉中水.[170)]

---

168) 【不喝酒皻鼻子】bùhējiǔzhābízi 〈諺〉 ☞ 不吃酒皻鼻子 ‖ [부치쥬자비즈] ~ (華語抄畧 3a/75)

169) 【店房裡臭虫咬客】diànfánglichòuchóngyǎokè 〈諺〉 旅店裏的臭虫吸客人的血. 比喻主人反受客人招待.¶ "見小不見大的趙聚財，一聽說還要吃飯，大梲起兩隻胳膊，說: '這這這，這不成了店房裏的臭虫，還咬客哩，可就太不像話了.'" (劉江 太行風雲 6)

170) 【親不親故鄉人，美不美鄉中水】qīnbùqīngùxiāngrén，měibùměixiāngzhōngshuǐ 〈諺〉 故鄉的人見面親，故鄉的水喝了. 形容人們對故鄉有深厚的感情.¶ "那外郎的娘子十分賢會，對丈夫說: '我聽得古人說，~. 一介胡蘆破做兩箇瓢. 他是半箇，你是半箇. 你怎麼同胞生的親兄弟，朝朝到街上討飯喫，無心照顧，只和外人結交，不順天理?'" (訓世 宋行妻 下4b) "常言~. 雖然不是我兄弟，也是我女婿人家." (金瓶 92) "~. 睹物添新恨，還家感舊遊." (寶劍記 51) "老爺道: '這就叫做~了.'" (兒女 23) "判官道: '親不親，故鄉人. 你去探訪湯一番，有何不可?'" (西洋記 88) ☞ 美不美鄉中水，親不親故鄉人 ‖ "崩巴將道: '大聖在天宮，吃了仙酒，仙肴，是以椰酒不甚美口. 常言道: 美不美，鄉中水.' 大聖道: '你們就是親不親故鄉人.'" (西遊 5) "老祖本是西天的佛祖爺爺，見了這個雷峰淨慈寺，俱是西天的出身，正叫做是: '~'" (西洋記 2) "國王起頭看來，只見是個南朝人，姓陳名祖義，現任左標沙湖大頭目之職. 國王道: '~'，正好你去." (西洋記 45) "這如今饒了貧僧，可以自由麼. 況兼貧僧還與關爺爺有個桑梓之情. '~'，關爺爺，你還是放我不放我?" (西洋記 76)

친ᄒᆞ고 친치 아니나 고향 ᄉᆞᄅᆞᆷ이오 ᄋᆞ롬다오나 ᄋᆞ【13a】롬답지 아니나 향즁 물이라.

친하던 친하지 않던 고향 사람이오 아름답던 아름답지 않던 고향의 물이라.

[까마귀도 내 땅 까마귀라면 반갑다.]

247. 蛇鑽窟窿蛇知道.[171)]

ᄇᆡ암이 ᄯᅮ른 구무ᄂᆞᆫ ᄇᆡ암이 아나니라.

뱀이 뚫은 구멍은 뱀이 안다. (자기가 한 일은 자기가 제일 잘 안다.)

248. 只是苦了兩隻腿.

다만 두 다리만 알프다.

두 다리만 아프다.

(헛고생하다.)

249. 這裡推那裡, 那裡推這裡, 就耽悞了半日.

예셔 져긔 미로고 졔셔 여긔 미러 곳 반일 머므다.

이리 저리 미루다 반나절이나 지체하다.

250. 一邊高一邊低.

ᄒᆞᆫ편은 놉고 ᄒᆞᆫ편은 낫다.

한쪽은 높고 한쪽은 낮다.

251. 萬事不密先害己.[172)]

만ᄉᆞ를 비밀이 못ᄒᆞ면 몬져 못[몸]에 ᄒᆡ롭다.

만사를 비밀히 못하면 자신이 먼저 다친다.

---

171) 【蛇鑽窟窿蛇知道】shézuànkūlongshézhīdao 〈諺〉 比喻自己做的事自己心裡清楚.¶ "你休稀里打哄, 做啞裝聾! 自古~, 各人幹的事兒, 各人心裡明." (金瓶 86) "你~, 叫我說個來歷! 你那八兩銀子可是原與了何人?" (醒姻 63)

172) 【萬事不密先害己】wànshìbùmìxiānhàijǐ 〈諺〉 機: 機密事. 指機密若事前被洩露, 就會很快釀成禍害. 語出«後漢書・鮑永傳»諫每戒永曰: "君長機事不密, 禍倚人門.¶ ☞ 機不密, 禍先發 ‖ "幽王聞變, 大驚曰: '~. 我兵未起, 戎兵先動, 此事如何?" (東周列國志 3) ☞ 機不密, 禍先行 ‖ "兄弟商議停當, 央人寫下狀詞, 要往鎭江去告狀. 常言道: "~." 這樣事體, 只宜悄然商議. 那張權是個老實頭, 不曾經歷事體的; 種義又是粗直之人, 說話全不照管, 早被一個禁子聽見." (醒恒 20)

252. 在家敬父母, 何必遠燒香.[173)]

집의 이셔 부모를 공경ᄒᆞ지 엇지 반ᄃᆞ시 멀리 향을 픠오리오.

평소에 부모를 잘 모시면 될걸 굳이 멀리까지 가서 향을 피우리오.

(불공 드리러 멀리 갈 필요 없이 집에서 부모를 잘 모시는 편이 낫다는 뜻.)

253. 貴府在那裡, 貴降在幾時?

귀ᄒᆞᆫ 집이 어ᄃᆡ 이시며 귀ᄒᆞᆫ ᄉᆡᆼ일이 어ᄂᆡ쩍에 잇ᄂᆞ뇨?

댁은 어디시며 생일은 언제십니까?

---

173) 【在家敬父母, 何必遠燒香】 zàijiājìngfùmǔ, hébìyuǎnshāoxiāng 〈諺〉 意謂孝敬父母, 就會得到神靈的贊許保佑, 用不着到遠方去尋廟燒香, 祈求保佑.¶ "從來說得好: ~! 人生在世, 除了父母這兩尊佛, 那裡再尋佛去? 孝順父母, 不必求佛, 上天自然默佑, 不孝父母, 天且不容, 求佛豈能懺悔?" (兒女 24)

[1]

早來早來不早來, 半夜三更天作甚麼來?

일즉 오마 일즉 오마 ᄒᆞ더니 일즉 오지 아니코 반야샴경에 무슴ᄒᆞ라 왓ᄂᆞ다?

일찍 온다 일찍 온다 하더니 일찍 안 오고 반야삼경에 무엇하러 왔느냐?

一巴刺放着洗脚水, 一巴刺放着撒脚鞋, 脫了袴子【13b】上炕來.

ᄒᆞᆫ편에 발 ᄡᅵ슬 물을 노코 ᄒᆞᆫ편에 발 ᄡᆞᄂᆞᆫ 신을 노코【13b】ᄇᆞ지 벗고 캉에 올나오라.

한편에 발 씻을 물을 놓고 한편에 발 싸는 신을 놓고 바지 벗고 온돌로 올라오라.

左一摩右一摩, 摩ㆍㆍ勢着好. 攀着脖子親一箇嘴兒, 好像砂糖味. 哦哦!

좌편으로 ᄒᆞᆫ번 만지고 우편으로 ᄒᆞᆫ번 만져 만지고 만져 만지니 죠타 목을 어르만져 ᄒᆞᆫ번 입마초니 ᄀᆞ장 사당 맛 ᄀᆞᆺ다 오오.

좌로 한번 만지고 우로 한번 만지고 만지고 만지니 좋다. 목을 어루만져 한번 입 맞추니 아주 사탕 맛 같다. 오오!

[2]

【14a】這一位是誰啊?

이 분이 이 뉘뇨?

이 분이 누구뇨?

我是義州官兒啊.

나는 이 의쥬 관원이라.

나는 의주 관원이라.

甚麼官兒?

무슴 벼ᄉᆞᆯ고?

무슨 벼슬이냐?

訓導官兒啊.

훈도 벼ᄉᆞᆯ이라.

훈도 벼슬이라.

在先沒看着你啊. 新來的啊姓甚麽?
젼의 너를 보지 못ᄒᆞ엿노라 새로 오니가 셩이 무섯고?
전에 너를 보지 못했다. 새로 온 이가 성이 무엇이냐?

我姓張啊.
내 셩이 쟝가노라.
내 성은 장가니라.

多站兒來?
언제 온다?
언제 왔느냐?

我呢這箇月初十站來啊.
ᄂᆡ 이 ᄃᆞᆯ 초열을ᄂᆞᆯ 왓노라.
내 이 달 초열흘날 왔노라.

饋我們的禮單東西都拿來了麽?
우리 줄 례단을 다 가져왓ᄂᆞ냐?
우리 줄 예단을 다 가져왔느냐?

都拿來了.
다 가져왓노라.
다 가져왔다.

甚麽東西啊?
무ᄉᆞᆷ 것고?
무슨 물건이냐?

件〻東西都有.
가지가지 다 잇노라.
가지가지 다 있다.

東西都好麽? 數兒多少啊?
둥지 다 됴흐냐? 슈가 엇마나 ᄒᆞ뇨?
물건이 다 좋으냐? 수가 얼마나 되느냐?

這箇你別再問罷. 原來送來的禮單有規矩, 多也罷少也罷, 數兒都有. 要添﹕不滘, 要滅﹕不滘.

이거슨 네 다시 뭇지 말라 본ᄃᆡ 보ᄂᆡᄂᆞᆫ 례단이 법이 이셔 만흐나 젹으나 슈가 다 이시니 더ᄒᆞ려 ᄒᆞ여도【14b】더치 못ᄒᆞ고 감ᄒᆞ려 ᄒᆞ여도 감치 못ᄒᆞᄂᆞ니라.

이것은 네 다시 묻지 말라. 본디 보내는 예단이 법이 있어 많으나 적으나 수가 다 있으니 더하려 해도 더하지 못하고 덜려고 해도 덜지 못한다.

拿來, 我瞧﹕.

가져오라 ᄂᆡ 보쟈.

가져오라 내 보자.

這箇呢好, 這箇呢不好, 你饋我換﹕罷.

이ᄂᆞᆫ 죠코 이ᄂᆞᆫ 죠치 아니ᄒᆞ이 네 날를 밧고아 쥬미 무던ᄒᆞ다.

이것은 좋고 이것은 좋지 아니하니 네 나를 바꿔 줌이 무던하다.

你的不知道了, 禮單東西換﹕的規矩有麼?

네 아지 못ᄒᆞᆫ다 례단에 거슬 밧고ᄂᆞᆫ 법이 잇ᄂᆞ냐?

모르는군요, 예단을 바꾸는 법이 있는가?

你看我的臉面罷了. '不看僧面看佛面'.[174)]

네 ᄂᆡ 낫ᄎᆞᆯ 보라 '즁의 낫ᄎᆞᆯ 보지 아니ᄒᆞ고 부쳐의 낫ᄎᆞᆯ 보나니라'.

너는 내 낯을 보라. '중의 얼굴을 보지 않고 부처님 낯을 보느니라'.

好話啊!

죠흔 말이로다!

좋은 말이로다!

---

174)【不看僧面看佛面】bùkànsēngmiànkànfómiàn 〈諺〉 比喩求人照顧, 給某人一點面子.¶ [부칸승면칸보면] ~ (華語抄畧 1b/19) ▼즁을 보디 아냐 부쳐의 ᄂᆞᆾᄎᆞᆯ 본다 ‖ "'~.' 兄長旣是到此, 萬望救他一救." 즁을 보디 아냐 부쳐의 ᄂᆞᆾᄎᆞᆯ 본다 ᄒᆞ여시니 스승님ᄃᆞ려ᄂᆞᆫ 노ᄒᆞ여 ᄒᆞᆯ지라도 보사님 ᄂᆞᆾᄎᆞᆯ 보아 죵시히 구완ᄒᆞ라 (西遊 延世 5:17-31) "行者笑道: '菩薩, 你却也多疑. 正是'~'." (西遊 42) "爺多狠心處, 你~, 我恁說着, 你就不依依兒." (金甁 26) ☞ 寺破僧醜(也)看佛面

[3]

嗳呀, 你來了麼? 路上好來啊?
애야, 네 왓ᄂᆞ냐? 길에 죠히 온다?
아야, 너 왔구나? 길에 잘 왔느냐?

家裡都太平啊?
집이 다 태평ᄒᆞ냐?
집은 모두 다 평안하십니까?

你們作甚麼來?
너희 무엇ᄒᆞ라 왓ᄂᆞ뇨?
너희는 무엇하러 왔느냐?

我的有當差來.
ᄂᆡ 구실이 이셔 왓노라.
내 일이 있어 왔습니다.

甚麼當差?
무ᄉᆞᆷ 구실고?
무슨 일인가?

義州府尹大人打發我冬大季三位大人根前請安來了.
의쥬부윤이 나를 시겨 동지ᄉᆞ 삼위대인ᄭᅴ 문안ᄒᆞ라 왓노라
의주부윤께서 동지사 세 분 나으리께 문안 드리라고 해서 왔습니다.

這箇大人你知縣的親戚麼?
이 대인이 네 원의 일【15a】가냐?
이 대인은 원님의 친척인가?

否啊, 這是事情規矩啊.
아니라 이 일이 법이라.
아닙니다. 이는 일의 관례입니다.

[4]

你認淂我麽?

네 나를 아ᄂᆞᆫ다?

네 나를 아느냐?

我的不認淂你啊.

ᄂᆡ 너를 아지 못ᄒᆞ노라.

내 너를 알지 못합니다.

好面善啊.

ᄀᆞ쟝 낫치 닉다.

매우 낯이 익습니다.

那一年欽差大人我們地方來的時候你不跟着來麽?

언졔 칙ᄉᆞᄃᆡ인이 우리 ᄯᅡ희 왓실 ᄢᅴ의 네 ᄯᆞ라오지 아니ᄒᆞ엿ᄂᆞ냐?

언젠가 칙사대인이 우리 땅에 왔을 때 네가 따라오지 않았느냐?

我的忘死了.

ᄂᆡ 아죠 이젓노라.

내 아주 잊었습니다.

往我們的家裡去喝一鍾茶好.

우리 집의 가 ᄒᆞᆫ 보ᄋᆞ 차를 먹으미 죠타.

우리 집에 가서 차 한 잔 마시는 것이 좋겠다.

我的有事情不淂閑我. 你先去等我罷. 我的事情完了麽, 一會兒去咧.

ᄂᆡ 일이 이셔 한가홈을 엇지 못ᄒᆞ니 네 몬져 가 날을 기다리라. ᄂᆡ 일이 맛거든 잇다가 가리라.

내 일이 있어 바쁘니 네가 먼저 가서 나를 기다려라. 내 일이 끝나거든 좀 있다가 가리라.

這箇眞箇麽?

이 진실노냐?

그 말이 진실이십니까?

噯, 說甚麽話怎麽不去呢?
애 무슴 말 이르ᄂᆞᆫ다 엇지 가지 아니ᄒᆞ리오?
아니, 무슨 말인가? 어찌 가지 않겠는가?

你別哄我罷.
네 나를 속이지 말라.
저를 속이지 마십시오.

一定不哄你啊.
일정 너를 속이지 아니ᄒᆞ리라.
너를 속이지 않을 것이다.

哄得別人罷咧, 如【15b】何哄得你啊?
다른 이ᄂᆞᆫ 속이려니와 엇지 너를 속이리오?
다른 사람은 몰라도 어찌 너를 속이리오?

好生記着別忘了罷.
ᄀᆞ쟝 긔록ᄒᆞ여 잇지 말라.
잘 기억하여 잊지 마십시오.

[5]

我們明兒箇五更天要出邊門, 你們今兒下晚告訴門上老爺, 打發撥什庫, 早進城裡, 告送老爺說, 我們包子車早已到了沒一輛落後, 諸事都辦的妥當, 快些別悞了.

내 ᄂᆡ일 오경의 변문에 나가려 ᄒᆞ니 너희 오날 제녁의 문 어ᄉᆞᄭᅴ 엿ᄌᆞ와 뵛쇠을 시겨 일즉이 셩의 드러가 노야ᄭᅴ 엿ᄌᆞ와 우리 짐수ᄅᆡ 발셔 이르고 ᄒᆞᆫ 수레도 ᄯᅥ러진 거시 업스니 모든 일을 다ᄒᆞ기를 태당이 ᄒᆞ엿시니 밧비ᄒᆞ고 그릇 말라.

내 내일 오경에 변문에 나가려 하니 너희 오늘 저녁에 문 어사께 여쭈어 영장(領將)을 시켜 일찍 성에 들어가 노야께 여쭈어 우리 짐수레 벌써 도착하고 한 수레도 떨어진 것이 없으니 모든 일을 다하기를 타당하게 했으니 서두르고 그르치지 말라.

[6]

喝一鍾燒酒罷.
ᄒᆞᆫ 잔 쇼쥬를 먹으라.
소주 한 잔 받으라.

噯, 生受啊!
애, 안심치 아니타.
아, 수고하십니다.

再喝不只.
다시 먹으라.
한 잔 더 드시지요.

費心費心. 我的勾了.
안심치 아니ᄒᆞ여라. ᄂᆡ 녁 : ᄒᆞ여라.
수고하십니다. 난 됐습니다.

再喝呢【16a】必定走不淂咧.
다시 먹으면 일졍 가지 못ᄒᆞ리라.
다시 먹으면 틀림없이 가지 못하리라.

噯, 這酒利害.
애, 이 슐 독ᄒᆞ다.
아, 이 술 독하다.

你的詭多啊.
네 ᄭᅬ 만타.
네 꾀 많다.

喝一鍾就醉的規矩有麼?
ᄒᆞᆫ 잔 먹고 취ᄒᆞᄂᆞᆫ 법이 잇ᄂᆞ냐?
한 잔 먹고 취하는 법이 있느냐?

你走麼? 我送你.

네 가ᄂᆞᆫ다? ᄂᆡ 너를 보ᄂᆡ리라.
네 가는가? 내 너를 보내리라.

別送罷.
보ᄂᆡ지 말라.
배웅하지 말라.

甚麽話, 客來豈有不送的禮啊?
무슴 말고? 손이 온ᄃᆡ 엇지 보ᄂᆡ지 아니ᄒᆞᄂᆞᆫ 례 이시리오?
무슨 말인가? 손님이 왔는데 어찌 배웅하지 않는 예가 있으리오?

我的煩你的話有. 你再來的時候, 一把扇子、兩打子紙帶來饋我罷.
ᄂᆡ 네게 청ᄒᆞᆯ 말이 잇ᄂᆞ니 네 다시 올 ᄶᅴ에 ᄒᆞᆫ 자라 부체와 두 권 죠희를 가져와 나를 주미 무던ᄒᆞ다.
내가 네게 청할 말이 있으니 네가 다시 올 때 부채 한 자루와 종이 두 권을 가져와 나를 주면 좋겠다.

早已知道了, 饋你. '官不打送禮人, 狗不咬撒屎人'.
발셔 아란노라 너를 주마 '관가ᄂᆞᆫ 션물 보ᄂᆡᄂᆞᆫ ᄉᆞᄅᆞᆷ을 치지 아니ᄒᆞ고 개ᄂᆞᆫ ᄯᅩᆼ누ᄂᆞᆫ ᄉᆞᄅᆞᆷ을 무지 아니ᄒᆞᄂᆞ니라'.
벌써 알고 있었다. 널 주마. '관은 선물 보내는 사람을 치지 않고 개는 똥누는 사람을 물지 않는 법이다'.

豈有此理!
엇지 이런 니 이시리오!
어찌 그런 법이 있으리오!

'千里送鵝毛, 禮輕人意重'.175)

---

175) 【千里送鵝毛 − 禮輕人義重】 qiānlǐsòng'émáo, lǐqīngrényìzhòng 〈歇〉 比喻禮物雖然輕微, 但情意很深厚.¶ ~ (華語抄畧 4a/110) "他這禮物雖覺微末, 俗語說的: '~.' 只好備箇領謝帖兒, 權且收了." (鏡花緣 50) "呀嗳, 老哥哥正是不對我啊.'~'啊! 不差甚嗎[忄成]慷東西嗎? 按信收明好, 寔在不拿, 就我也心裡下不去. 比方說, 我還你這怎嗎不受送禮的東西, 你也心裡過得去嗎? 人家都有肝胆胃心.普天下人否咧, 誰沒有五行內的嗎? 將心自比心罷, 對不對? 那嗎个兒理嗎? 人有恩典爲義重, '馬有疆繩爲認報, 狗有踐草的恩', 簷前蹄馬贖葪葪, 寒虫叫聲音滴滴." (中華 藏書 8a) ☞ 千里送鵝毛, 物輕人意重 ‖ "諺云: '情人眼裏有西施.' 又云: '~'." (能改齋漫錄 逸文)

'쳔리에 거유털을 보닋ᄆᆡ 례는 경ᄒᆞ여도 ᄉᆞᄅᆞᆷ의 ᄯᅳᆺ은 즁ᄒᆞ니라'.

'천리에 거위털을 보냄에 예는 가벼워도 사람의 뜻은 중하다'. (예물은 보잘것 없지만 뜻이 가상하다.)

自古說, '一言已出, 駟馬難追'.[176]

녜붓터 닐으되 'ᄒᆞᆫ 말 나ᄆᆡ ᄉᆞ마 【16b】 도 ᄯᆞ로기 어렵다 ᄒᆞ니라'.

옛부터 이르되 '한번 내뱉은 말은 주워담기 어렵다(한번 한 말은 어디든지 날아간다 /좁은 입으로 말하고 넓은 치맛자락으로 못 막는다)' 합니다.

是啊!

올타!

옳다!

[7]

今年這裡年成好不好?

올ᄒᆡ 여긔 년ᄉᆡ 죠흐냐 죠치 아니냐?

올해 여기 수확이 좋으냐 좋지 않느냐?

---

176) 【一言已出, 駟馬難追】yīyányǐchū, sìmǎnánzhuī 〈諺〉 意爲話一出口, 就無法收回, 不可反悔.¶ [이연이츄] "~, 老先生休要悔." ᄒᆞᆫ 말이 임의 나매 駟馬ㅣ ᄯᆞ로기 어려오니 老先生은 뉘웃디 마ᄅᆞ쇼셔 (伍倫 2:21a) ☞ 一言出口, 駟馬難追 ~ (華語抄畧 7b/266) ☞ 一言出口, 駟馬難追 ☞ 一言旣出, 駟馬難追 ¶ ᄒᆞᆫ 말이 입의 나매 ᄉᆞ매駟馬 ᄯᆞᆯ오기 어려온디라; 말이 입의 ᄒᆞᆫ번 난 후 ᄆᆞᆯ로 ᄯᆞᆯ와잡디 못ᄒᆞᆫ닷 말이라 ‖ "~. 晩弟明日準行." ᄒᆞᆫ 말이 입의 나매 ᄉᆞ매 ᄯᆞᆯ오기 어려온디라 〔말이 입의 ᄒᆞᆫ번 난 후 ᄆᆞᆯ로 ᄯᆞᆯ와잡디 못ᄒᆞᆫ닷 말이라〕 쇼뎨 당ᆢ히 명일의 ᄒᆡᆼᄒᆞ리니 (玉嬌 3:72) ▼ᄒᆞᆫ 말이 입의 나매 ᄉᆞ매 ᄯᅩᆯ오기 어렵- ‖ "龐駙馬, ~. 他若輸了, 決要在我身上取首級與你. 你今輸了, 要在我身上取一百錠金子與他." 방부마야 ᄒᆞᆫ 말이 입의 나매 ᄉᆞ매 ᄯᅩᆯ오기 어렵다 ᄒᆞ니 뎌 만일 뎌시면 슈급 가지미 내 손의 이실 거시오 네 이제 뎌시니 일빅 뎡 금을 뎌를 주미 ᄯᅩᄒᆞᆫ 내 몸의 잇ᄂᆞᆫ디라 (孫龐 2:119) ▼ᄒᆞᆫ 말이 입의셔 나- ‖ "大丈夫~, 何悔之有!" ᄃᆡ장뷔의 ᄒᆞᆫ 말이 입의셔 나니 엇지 뉘우츠미 이시리오 (三國 16:86) ᄒᆞᆫ 말이 임의 나매 ᄉᆞ매 ᄯᅩᆯ으기 어렵다 (孫龐 2:119) "唐儉說: '將軍你原說有了劉王首級, 便肯降唐. 大丈夫~?'" 당검 왈 댱군이 젼일 니로ᄃᆡ 뉴왕의 슈급을 ᄀᆞ져오면 당의 귀슌ᄒᆞ리라 ᄒᆞ엿ᄂᆞ니 대댱뷔 ᄒᆞᆫ 번 말을 ᄂᆡᄆᆡ 엇지 곳치리오 댱군은 댱ᄎᆞᆺ 엇지ᄒᆞ랴 ᄒᆞᄂᆞ뇨 (唐秦 8:50) "大丈夫~, 豈有變更?" ᄃᆡ장뷔 한 말이 닙의 나ᄆᆡ ᄉᆞᄆᆡ ᄯᆞ로기 어려오니 엇지 변ᄒᆞ니 이시리오 (禪眞 13:12) ▼말를 ᄒᆞᆫ 번 ᄂᆡ이ᄆᆡ ᄉᆞ마라도 ᄶᅩᆺ기 어려울지라 ‖ "~, 卿只要催趕完工, 不必爲孤憂慮." 말를 ᄒᆞᆫ 번 ᄂᆡ이ᄆᆡ ᄉᆞ마라도 ᄶᅩᆺ기 어려울지라 경은 다른 말ᄒᆞ지 말고 다만 ᄌᆡ촉ᄒᆞ야 어셔 일우게 ᄒᆞ며 짐을 위ᄒᆞ야 근심과 염녀홀 거시 아리라 (王昭君 下36:64)

我們旗下們過日子全靠屯裡過活, 所以粮米價錢狠賤, 各樣各樣的粮米都得了.

우리 긔하들 지ᄂᆡ기ᄂᆞᆫ 젼혀 ᄉᆡ골을 미더 사니 이러므로 냥식갑시 가장 흔ᄒᆞ여 여러 가지 곡식을 다 어덧노라.

우리 만주인은 생활을 오로지 시골에 기대어 사니 이런 까닭에 양식값이 아주 싸서 갖가지 곡식을 다 얻었다.

我們的人都是好過活咧.

우리 ᄉᆞ름이 다 죠히 지ᄂᆡ노라.

우리는 다 잘 지냅니다.

我們地方麼今年不是澇就是旱, 年成狠不好, 窮人家狠難過了.

우리 ᄯᅡ희ᄂᆞᆫ 올희 물ᄶᅵ이지 아니면 곳 가무러 년ᄉᆡ 강[가]쟝 죠치 아니ᄒᆞ여 가난ᄒᆞᆫ ᄉᆞ람이 가장 지ᄂᆡ기 어렵다.

우리 지방은 올해 홍수에 가뭄까지 나서 수확이 형편없어 가난한 사람들이 지내기 어렵습니다.

[8]

你的官話如今熟了麼?

요ᄉᆞ이 네 한에 닉어ᄂᆞ냐?

요사이 중국어가 늘었느냐?

上沒慣.

오히려 닉지 못ᄒᆞ여라.

오히려 늘지 않았다.

我呢有年紀再沒有記性, 今兒箇學的話過一夜就忘了, 又舌頭挽不上來了, 要說ㆍ着磕拌又肯錯.

ᄂᆡ 나히 만코 ᄯᅩ 총이 업서 오날 ᄇᆡ혼 말이 ᄒᆞᄅᆞᆺ밤 지ᄂᆡ면 곳 닛고 ᄯᅩ 혀를 되【17a】차지 못ᄒᆞ여 니르려 ᄒᆞ여 닐러도 서슴고 ᄯᅩ 그릇ᄒᆞ기 잘ᄒᆞ노라.

내 나이 많고 기억력마저 떨어져 오늘 배운 말을 하룻밤 지나면 곧 잊고 또 혀를 굴리지 못해 멈칫멈칫하고 또 잘 틀린다.

都是不用心的緣故啊.

다 이 용심 아닌 연괴라.

다 열심히 하지 않은 까닭이라.

‘啞吧吃黃蓮 — 苦在心裡’.[177] 能說不能說，在乎用心不用心呀.
‘벙어리 황년을 먹으미 쓴 거시 속에 이셔’ 능히 니르고 능히 니르지 못ᄒᆞ미 마음 쓰고 아니 쓰기에 잇ᄂᆞ니라.
‘벙어리 냉가슴 앓듯’ 하니 말 잘하고 못함은 마음 쓰고 안 쓰기에 달렸다.

你要話熟麽，只在眼前說別害羞罷.
네 말을 니그려 ᄒᆞ거든 그저 앏페셔 니르고 붓그림 타지 말라. (17a)
네가 말을 능숙하게 하려거든 그저 남 앞에서 말하는 것을 부끄러워하지 말라.

站﹔說官話麽，一日比一日强.
날마다 한어를 니르면 할리 할레 비겨 나으니라.
날마다 중국어를 연습하면 하루가 다르게 나아집니다.

自然的慣，‘打鐵磨成針，功到自然成’[178]呀.
‘쇠를 쳐 가라 바늘을 만드ᄂᆞ니 공이 이르면 ᄌᆞ연이 니루ᄂᆞ니라’.
저절로 익숙해집니다. ‘쇠공이를 갈아 바늘을 만들 듯이 공력을 들이면 자연 이루어진다’.

心靈的啞吧 — 要說，﹔不出來了.[179]

---

177) 【啞吧吃黃連 — 苦在心裡】yǎbachīhuánglián, kǔzàixīnli 〈歇〉 黃連: 中藥材，味極苦. 比喩有苦難言.¶ ☞ 啞子吃黃連，有苦說不出 ¶ 벙어리 황연을 먹음 갓ᄒᆞ여 닙이 쓰ᄃᆡ ᄂᆡ여 니ᄅᆞ지 못홈 갓흔지라 ‖ “張善相聽說，如千刀刺心，又如~.” 션상이 한 번 이 말을 드ᄅᆞᄆᆡ 일쳔 칼노 마음을 쎠ᄒᆞᄂᆞᆫ 듯 일만 뇌졍이 두상을 쳐오ᄂᆞᆫ 듯 벙어리 황연을 먹음 갓ᄒᆞ여 닙이 쓰ᄃᆡ ᄂᆡ여 니ᄅᆞ지 못홈 갓흔지라 (禪眞 16:54) ☞ 啞子吃黃連 — 苦在心裡 [야즈치황련, 쿠ᄌᆡ신리] ~ (華語抄畧 3a/87) ☞ 啞子吃黃連，說不出的苦 ‖ “俄國素懷蠶食之心，不知暗中被占了多少去了! 只苦我國不知地理，~.” (孽海花 8)

178) 【打鐵磨成針，功到自然成】dǎtiěmóchéngzhēn, gōngdàozìránchéng 〈諺〉 工夫下到了，事情自然會成功.¶ ~ (華語抄畧 7a/232) ☞ 只要工夫深，鐵鑿磨做針 ¶ 다만 모ᄅᆞ면 공뷔 깁흘디니 쇠방하고롤 ᄀᆞᆯ아 바ᄂᆞᆯ을 ᄆᆡᆫᄃᆞᆫ다 ‖ “先生豈不聞俗語云: ‘~.’” 션ᄉᆡᆼ은 듯디 못ᄒᆞ엿ᄂᆞᆫ다 쇽어의 닐오ᄃᆡ 다만 모ᄅᆞ면 공뷔 깁흘디니 쇠방하고롤 ᄀᆞᆯ아 바ᄂᆞᆯ을 ᄆᆡᆫᄃᆞᆫ다 ᄒᆞ믈 듯디 못ᄒᆞ엿ᄂᆞᆫ다 (孫龐 1:63) ☞ 鐵打房梁磨繡針，功到自然成 ‖ “俗語說的，‘~’. 眼前還有大半年的光景，再說還有舅母在那邊，大約也沒個磨不成的.” (兒女 23)

179) 【心靈的啞吧 — 要說，說不出來】xīnlíngdeyǎbā, yàoshuō, shuōbùchūlái 〈諺〉 [신링디야바, 얖숴﹔부츄레] 속 슬거온 법이 모말을 니르고져 ᄒᆞ되 말을 니르지 못ᄒᆞᄂᆞ니라 (華撮 日用行語 60a) ☞ 心靈的啞吧 ‖ ~ (華語抄畧 7b/268)

'속 슬거온 벙어리 니르려 ᄒᆞ여도 니르지 못ᄒᆞᄂᆞ니라'.
'속 슬기로운 벙어리처럼 말하고 싶어도 말이 나오지 않습니다.

聽時容易說時難. 凡事都這様. 看着別人說不狠難, 到自己身上說纔知不容易了.
'듯기ᄂᆞᆫ 쉬어도 니르기ᄂᆞᆫ 어려오니라'. 범ᄉᆞ가 다 이러ᄒᆞ니 다른 ᄉᆞᄅᆞᆷ의 니르ᄂᆞᆫ 거슬 보면 가장 어렵지 아니ᄒᆞ되 제 몸에 【17b】 다ᄃᆞ라ᄂᆞᆫ 갓 쉽지 아닌 줄을 알리로다.
'들을 때는 쉬워도 말하기는 어렵다'. 만사가 다 이러하니 다른 사람이 말하는 것을 보면 별로 어렵지 않은 것 같은데 막상 자기가 직접 말해 보면 쉽지 않음을 알게 됩니다.

甚麽話? 論才能別人都赶不上你.
무슴 말고? ᄌᆡᄅᆞᆼ을 의논ᄒᆞ면 다른 ᄉᆞᄅᆞᆷ이 다 너를 밋지 못ᄒᆞ리라.
무슨 말인가? 재능을 논하자면 다른 사람이 다 당신을 따라가지 못하리라.

你會了幾句話?
네 몃 구 말을 아ᄂᆞᆫ다?
네 몇 마디 말을 할 줄 아느냐?

只會眼面前的話.
그저 눈 앏히 말을 아노라.
그저 눈앞의 말 몇 마디밖에 못합니다.

你要說呢就說, 別作難. 不說怎麽淂會呢? 別謙罷.
네 닐오려 ᄒᆞ거든 곳 닐으고 어려워 말라 닐으지 아니ᄒᆞ면 엇지 알리오? 겸샤 말라
네 말하려 하거든 곧 말하고 어려워 말라. 말하지 않으면 어떻게 알겠는가?

你說的話我不憧[懂]淂甚麽話.
네 닐으ᄂᆞᆫ 말을 내 무슴 말인 쥴을 아지 못ᄒᆞ노라.
네가 하는 말을 내 무슨 말인지 알지 못한다.

[9]

你有甚麽好舊書呢借饋我，你別捨不淂．我不壞你的書．

네 무슴 죠흔 녯글이 잇거든 빌려 날을 주고 네 앗겨 말라. ᄂᆡ 네 ᄎᆡᆨ을 상ᄒᆞ이지 아니ᄒᆞ리라.

네 무슨 좋은 책이 있거든 아끼지 말고 나를 빌려 주라. 내가 네 책을 훼손하지 않을 것이다.

嚧，我帶來饋你，﹔等着罷．

올타, ᄂᆡ 가져다가 너를 쥴 거시니 네 기다리라.

옳다, 내 가져다가 너를 줄 것이니 기다려라.

他往你說甚麽話？來細﹔的告送我罷．

졔 너를 향ᄒᆞ여 무슴 말을 일으더뇨? 쟈셔히 날ᄃᆞ려 닐으라.

저가 너에게 무슨 말을 하더뇨? 자세히 나에게 말해 보라.

我忘【18a】了．

ᄂᆡ 이젓노라.

내 잊었다.

你想了瞧罷．

네 ᄉᆡᆼ각ᄒᆞ여 보라.

네가 잘 생각해 보라.

我正想不起來了．

내 졍히 ᄉᆡᆼ각지 못ᄒᆞ리로다.

내가 딱히 떠오르지 않는다.

這事情問他做甚麽？

이 일을 져ᄃᆞ려 무러 무슴ᄒᆞ리오?

이 일을 저에게 물어 무엇하겠는가?

你問他麽就淂明白知道了．

네 져다려 무르면 곳 명ᄇᆡᆨ히 알리라.

네가 제게 물어보면 곧 명백히 알리라.

是啊, 你明兒箇去不去?
올타. 네 ᄂᆡ일 가ᄂᆞᆫ다 아니 가ᄂᆞᆫ다?
옳다. 네 내일 가는가 안 가는가?

明兒箇再瞧, 得了空兒就去.
ᄂᆡ일 다시 보쟈. 틈을 어더 곳 가리라.
내일 다시 보자. 틈이 나면 곧 가리라.

不淂閑麽就罷.
겨를 엇지 못ᄒᆞ면 곳 그만두라.
시간이 없으면 그만두라.

這樣的人也有呢?
이런 ᄉᆞ람도 쏘 잇ᄂᆞ냐?
이런 사람도 있느냐?

這是甚麽話?
이 무슴 말고?
그게 무슨 말인가?

你要去麽, 我等着你打夥兒去.
네 가려 ᄒᆞ거든 ᄂᆡ 너를 기ᄃᆞ려 동모ᄒᆞ여 가쟈.
네가 가려거든 내 너를 기다렸다가 동무하여 가자.

你且站着, 我告送你幾句話.
네 아직 머믈라. ᄂᆡ 너ᄃᆞ려 여러 말을 니르리라.
잠깐만 기다리라. 내 너에게 몇 마디 말을 이르리라.

甚麽話? 快ㆍ的告送我罷.
무슴 말고? 밧비 날더려 닐으라.
무슨 말인가? 어서 나에게 말하라.

昨兒箇那箇人惱你啊.
어졔 그 ᄉᆞ람이 너를 노희여ᄒᆞ더라.

어제 그 사람이 너에게 노여워하더라.

這都是你的謊話, 有甚麽惱處?【18b】我不信你的話.

이 다 네 거즛말이로다. 무슴 노희여ᄒᆞᆯ 곳이 이스리오 ᄂᆡ 네 말을 밋지 아니ᄒᆞ노라.

이 다 너의 거짓말이로다. 무슨 노여워할 이유가 있으리오. 나는 네 말을 믿지 않노라.

[10]

這幾天你在那裡做甚麽?
요ᄉᆞ이 어ᄃᆡ의셔 무섯ᄒᆞ더뇨?
요사이 너 어디서 무엇을 하느냐?

家裡白ᄾ的閑坐.
집의 부졀업시 힘힘이 안젓던니라.
집에서 부질없이 심심하게 앉아 있었더니라.

怎麽不念書呢, 只是頑兒的好麽?
엇지 글을 늙지 아니ᄒᆞᄂᆞ뇨 다만 갈라약질ᄒᆞᄂᆞᆫ 거시 죠흐냐?
왜 글을 읽지 않느냐, 그저 노는 것이 좋으냐?

你會寫字麽?
네 글시 쓰기 아는다?
너는 글씨 쓸 줄은 아는가?

會是會寫的不好.
알기ᄂᆞᆫ 아되 쓰기를 잘 못ᄒᆞ노라.
쓸 줄은 아는데 잘 못 씁니다.

[11]

剛纔你那裡去?
앗가 네 어ᄃᆡ 갓던뇨?
아까 네 어디 갔었더냐?

外頭光去.
밧긔 구경ᄒᆞ라 가더니라.
밖에 구경하러 갔었느니라.

怎麼不告送我? 以後呢別這麼的罷.
엇지 날다려 니르지 아니ᄒᆞ엿ᄂᆞ뇨? 이후ᄂᆞᆫ 이리 말라.
왜 나에게 말하지 않았느냐? 앞으로는 그러지 말라.

你來的狠好. 要商量幾句話.
네 오미 ᄀᆞ장 죠타. 여러 구 말을 상량ᄒᆞ려 ᄒᆞ노라.
네가 오는 것이 가장 좋다. 몇 마디 말을 상의하고자 한다.

商量甚麼話? 憑你們的心裡罷.
무슴 말을 상량ᄒᆞᄂᆞ뇨? 너희 마ᄋᆞᆷ대로 ᄒᆞ라.
무슨 말을 상의하고자 하느냐? 네 얼마든지 해라.

嗳, 你許下我的東西怎麼不給我?
애, 네 ᄂᆡ게 허락ᄒᆞᆫ 거슬 엇지 날을 주지【19a】아니ᄒᆞᄂᆞ뇨?
아, 네가 내게 주기로 한 것을 왜 주지 않느냐?

我幾時許你來麼?
ᄂᆡ 언제 네게 허락ᄒᆞ엿드냐?
내가 언제 네게 주기로 했더냐?

你要給我呢就給我, 萬一沒有呢就罷.
네 날을 주례 ᄒᆞ거든 곳 날을 주고 만일 업거든 곳 말라.
네 주려거든 곧 날을 주고 만일 없거든 말라.

晌午些兒帶來給你啊.
낫 겨즉ᄒᆞ여 갓다가 너를 주마.
한낮쯤 해서 가져다가 너를 주마.

怎麼這樣的心急啊?
엇지 이리 마ᄋᆞᆷ이 급ᄒᆞ뇨?

어찌 이리 마음이 급한가?

常言道, '線緊致扢搭了', 又說, '快吃的飯噎哱子'.[180]

상언에 일으되 '실을 급히 쓰면 미돕이 지고' 또 일으되 '급히 먹는 밥은 목이 멘다' ᄒᆞ니라.

속담에 이르되 '실을 너무 꼬옥 당기면 매듭이 생기고' 또 이르되 '급히 먹는 밥이 목에 멘다(너무 급히 서둘러 일을 하면 잘못하고 실패하게 됨을 비유적으로 이르는 말)'고 하느니라.

[12]

昨兒箇那箇人教我告訴你來.

어제 그 ᄉᆞ람이 날로 ᄒᆞ여 너ᄃᆞ려 니르라 ᄒᆞ더라.

어제 그 사람이 나더러 너에게 이르라 하더라.

他吽我做甚麽?

졔 날을 불러 무슴ᄒᆞ려 ᄒᆞ더뇨?

그가 나더러 무엇하라 하느냐?

誰知道呢?

뉘 아더냐?

누가 알겠느냐?

我且不滒閑一定滒閑時候再來.

ᄂᆡ 아직 겨를을 엇지 못ᄒᆞ여시니 일졍 겨를을 어들 ᄯᅵ에 다시 오마.

내가 아직 시간이 없으니 시간 있을 때 다시 오마.

那塊兒站着等你啊.

어듸 셔ᄉᆞ 너를 기ᄃᆞ리이?

어디 서서 너를 기다릴까?

---

180) 【快吃的飯噎着哱子】 kuàichīdefànyèzhebózi 〈諺〉 ☞ 快喫的飯脖子噎了 ‖ [캐치디반보즈여랴] 밧계 먹난 밥이 목이 메나니라 (華撮 日用行語 60a) ☞ 緊喫的飯脖子噎了 [긴치반여져보즈] ~ (華語抄畧 1a/2)

罷啊, 白白的勒掯人啊. 你且坐ㆍㆍ, 我別處有些事.
마라 부질업시 ᄉᆞ룸을 보ᄎᆡ난야. 【19b】 네 아직 안자시라 다른 곳에 져기 일이 잇노라.
됐네. 쓸데없이 사람을 보채는구먼! 잠깐 앉아 있게. 난 다른 곳에 일이 있네.

你去多站來啊?
네 가서 언제 올다?
지금 가면 언제 오나?

我去就來.
ᄂᆡ 가셔 즉시 오마,
내 갔다가 바로 오마.

這事情你有甚麽相干啊? 別管他罷.
이 일이 네게 무슴 간셥ᄒᆞ미 이시리오 져를 알온 체 말라.
이 일이 너와 무슨 상관이 있느냐? 모른 체 하게.

你咳怕他麽?
네 져를 저허ᄒᆞᄂᆞ냐?
네 저를 두려워하느냐?

我怎麽怕他?
내 엇지 져를 저허ᄒᆞ리오.
내 어찌 저를 두려워하리오.

[13]

方纔我這裡放着東西誰的拿去了.
앗가 ᄂᆡ 여긔 노흔 거슬 뉘 가져갓ᄂᆞ뇨?
아까 내가 여기 놓은 것을 누가 가져갔느냐?

萬一就不給呢必定罵他了.
만일 즉시 쥬지 아니면 일졍 져를 욕ᄒᆞ리라.
만일 즉시 주지 않으면 틀림없이 저를 욕하리라.

噯, 別罵話, 慢〻的找是呢.
ᄋᆡ, 욕ᄒᆞ지 말고 쳔〻이 차즈미 올흐니라.
아이쿠, 욕하지 말고 천천히 찾음이 옳다.

我滿肚裡找了都沒有, 必定丟了.
ᄂᆡ 두로 ᄎᆞ즈되 다 업스니 일졍 일헛다.
내 두루 찾았으나 없으니 잃어버린 것이 틀림없다.

你膳房子找罷.
네 집을 뒤여 ᄎᆞ즈라.
네 집을 뒤져 찾으라.

自古說, '背孩子找三面'.[181)]
녜로부터 닐러시되 '어분 아ᄒᆡ 삼면으로 찻ᄂᆞᆫ다' ᄒᆞ니라
옛날부터 '업은 아이 삼년 찾는다' 하느니라.

纔放在這裡, 想是你藏着.
ᄀᆞᆺ 여긔 노하시니 ᄉᆡᆼ【20a】각건ᄃᆡ 네 감촌 듯ᄒᆞ다.
방금 여기 놓았으니 생각건대 네가 감춘 듯하다.

我沒看見你怎麽賴我.
ᄂᆡ 보지 못ᄒᆞ여시니 네 엇지 날을 보ᄎᆡᄂᆞᆫ다.
나는 보지 못했는데 네가 어찌 나를 보채느냐?

你且在這裡坐一坐.
네 아직 여긔 안ᄌᆞ시라.
넌 잠깐 여기 좀 앉아라.

骨頭冷坐不淂了, 手搨拿不淂物啊.
ᄲᅧ가 ᄎᆞ 안지 못ᄒᆞ고 손이 곱아 잡은 거슬 잡지 못ᄒᆞᆯ다.
뼈가 차가와 앉지 못하고 손이 곱아 물건을 잡을 수가 없다.

---

181) 【背孩子找三面】 bēiháizizhǎosānmiàn 〈諺〉 背起娃找娃. 騎着驢找驢.¶ ☞ 背孩兒找孩兒 ‖ [븨히을잔히을] ~ (華語抄畧 3a/74)

你的怕冷麽?
네 치위를 저퍼ᄒᆞᄂᆞᆫ냐?
너는 추위를 두려워하느냐?

冬天裡誰不怕冷?
겨울에 뉘 치위를 저퍼 아니ᄒᆞ리오.
겨울에 누가 추위를 두려워하지 않으리오.

你要燒酒麽?
네 쇼쥬를 ᄒᆞ고져 ᄒᆞᄂᆞ냐?
너는 소주를 하고자 하느냐?

嗳, 生受. 我的喜歡不盡啊!
애, 안심치 아니ᄒᆞ여라 내 깃부미 다 못ᄒᆞ리로다.
아이쿠, 수고를 끼치는구먼. 내 기쁘기가 이루 말할 수 없다.

你的有甚麽? 和你就當面說. 爲甚麽背裡說? '好話不背人, 背人沒好話'.182)
네 무슴 말이 잇ᄂᆞ뇨 곳 당면ᄒᆞ여 니르라. 무슴ᄒᆞ라 등 뒤 말ᄒᆞᄂᆞ뇨? '죠흔 말은 ᄉᆞ람의 등 뒤에 아니ᄒᆞ고 ᄉᆞᄅᆞᆷ의 등 뒤에 ᄒᆞᄂᆞᆫ 거슨 죠흔 말이 업ᄂᆞ니라'.
당신은 무슨 말을 하는가? 얼굴을 보고 직접 말하라. 무엇하러 뒤에서 말하는가? '좋은 말은 남 뒤에서 하지 않고 남 뒤에서 하는 말은 좋은 말이 없느니라'.

你的話是呀!
네 말이 올타.
네 말이 옳다.

你怎麽定睛兒看我?
네 엇지 날을 뭇그름 보ᄂᆞᆫ다?
너는 어찌 나를 물끄러미 보느냐?

182) 【好話不背人, 背人沒好話】 hǎohuàbùbèirén, bèirénméihǎohuà 〈諺〉 好話不怕別人聽見, 怕人知道的不是好話.¶ ☞ 好話不瞞人, 瞞人非好話 ‖ "正說到此, 褚標亦從外面走進, 瞥見這賀人傑與李昆在那裡密語. 褚標赶至跟前說道: '~'." (施公案 297)

呸, 看你有甚麼淂罪麼?
픠, 너를 보ᄋᆞ든 무슴 죄 어더미 이시리오.
쳇, 너를 보았기로 무슨 죄가 되리오.

我們都【20b】是好朋友. 我也知道你這心, 你也曉淂我的意.
우리들이 다 죠흔 벗이라 나도 네 마음을 알고 너도 ᄂᆡ 뜻을 아ᄂᆞ니.
우리들이 다 좋은 벗이라. 나도 너의 마음을 알고 너도 내 마음을 안다.

你的話好. 我做二十年獸醫, 猜不着驢肚裡病啊.
네 말이 죠타. ᄂᆡ 이십 년 즘ᄉᆡᆼ 고치ᄂᆞᆫ 의원 되여시되 나귀 ᄇᆡ쇽에 병을 짐쟉ᄒᆞ여 아지 못ᄒᆞ리로라.
네 말이 좋다. 내 이십 년 수의를 했지만 나귀 뱃속의 병을 짐작하여 알지 못한다.

嗳呀, 這甚麼話? 你的罵我麼? 我必定稍出四馬來了.
애야, 이 무슴 말이뇨? 네 날을 욕ᄒᆞᄂᆞ냐? ᄂᆡ 일졍 ᄉᆞ마를 부쳐 내리라.
아니, 그게 무슨 말이냐? 네가 나를 욕하느냐? 내 반드시 네 마리 말을 붙여 올 것이다.

罷呀.
마라.
그만 두라.

[14]

嗳也, 你來了? 騎馬來啊, 步行來啊? 多站箇起身, 路上好來啊? 路上風霜多有辛苦啊.
애야, 네 온다? ᄆᆞᆯ을 타고 왓ᄂᆞ냐 거러왓ᄂᆞ냐? 언제 써나며 길ᄒᆡ 죠히 온다? 길ᄒᆡ 풍샹에 신고호미 만핫노라.
오, 왔구나? 말을 타고 왔느냐 걸어왔느냐? 언제 떠났으며 오는 길은 괜찮았느냐? 먼길 오느라고 고생이 많았다.

那箇該殺的奴才那裡跑了? 你看見他麼?
져 쥬겸즉ᄒᆞᆫ 죵놈이 어ᄃᆡ 갓ᄂᆞ뇨? 네 져를 본다?

저 죽일 놈의 종놈은 어디 갓느냐? 네가 저를 보았느냐?

我沒看見.
닉 보지 못【21a】ᄒᆞ엿노라.
내 보지 못하였다.

誰信你這箇撒謊的話?
뉘 네 이 거즛말을 미드리오?
누가 당신의 이런 거짓말을 믿으리오?

有酒菜拿來, 我們打夥兒喝不只.
안쥬 잇거든 가져오라 우리 ᄃᆡ되 먹쟈.
안주 있거든 가져오라. 우리 같이 먹자.

我呢天戒酒喝一鍾狠醉了.
나ᄂᆞᆫ 본ᄃᆡ 술 먹지 못ᄒᆞ여 ᄒᆞᆫ 잔만 먹으면 ᄀᆞ쟝 취ᄒᆞ노라.
나는 본디 술을 먹지 못하여 한 잔만 먹으면 몹시 취한다.

這箇烟帒多少買?
이 담빗ᄯᅵ를 언머에 산다?
이 담뱃대를 얼마에 샀느냐?

二錢銀子買了, 直不直啊?
두 돈 은에 산노라 ᄊᆞ냐 ᄊᆞ지 아니ᄒᆞ냐?
은 두 돈에 샀다. 싼가, 비싼가?

忒貴了, 你的吃哄啊. 多不過一錢五, 你退ᄾ罷.
너무 귀ᄒᆞ니 네 속앗다. 만ᄒᆞ야 돈 반에 지나지 못ᄒᆞ니 네 무르라.
너무 비싸니 당신이 속았다. 많아야 돈 반에 지나지 못하니 무르라.

[15]

啦, 外頭誰叫門呀?
위, 밧긔셔 뉘 문을 부르ᄂᆞ냐?
어이, 문밖에서 누가 부르느냐?

快ㆍ的開門罷.
샐리 문을 열라.
빨리 문을 열라.

你怎麽這站兒來?
네 엇지 이제야 온다?
네 어찌 이제야 오는가?

我早些兒叫你怎麽不荅應?
ᄂᆡ 발셔 너를 불러든 엇지 ᄃᆡ답지 아니뇨?
내가 아까부터 불렀거든 어찌 대답하지 않느냐?

他緊ㆍ的拿我終不放, 剛ㆍ的脫了來.
제가 쟌득 나를 잡아 죵시 노치 아니키에 겨요 버서 왓노라.
제가 계속 나를 잡아 종시 놓지 않기에 겨우 벗어 나왔노라.

快着點灯.
【21b】 샐리 불 혀라.
빨리 불 켜라.

脫衣上睡覺罷.
옷 벗고 자쟈
옷 벗고 자자.

天大亮怎麽咳不起來?
하늘이 훨젹 발가는ᄃᆡ 엇지 이러나지 아니ᄒᆞᄂᆞ뇨?
하늘이 훤히 밝았는데 어찌 일어나지 않느냐?

身子疺了狠困的慌, 再睡一回兒.
몸이 갓바 가장 죠올리니 다시 ᄒᆞ[ᄒᆞᆫ] 지위 자쟈.
몸이 몹시 졸리니 다시 한 차례 자자.

拿洗臉水來, 我要揩臉.
세슈물 가져오라. ᄂᆡ 낫츨 씨스려 ᄒᆞ노라.
세숫물 가져오라, 내 낯을 씻으려 하노라.

穿上衣裳, 繫上帶子, 穿上襪子、靴子.
옷 닙고 띄 ᄯᅴ고 보션과 훠를 신쟈.
옷 입고 띠 두르고 버선과 신을 신자.

'佛是金裝, 人是衣裝',183) 好打扮家裡回去.
'부쳐ᄂᆞᆫ 금으로 ᄭᅮᆷ이고 ᄉᆞᄅᆞᆷ은 옷스로 ᄭᅮᆷ이ᄂᆞ니' 잘 비오고 집으로 도라가쟈.
'부처님은 금이 날개요 사람은 옷이 날개니(사람은 입성이 날개라)' 잘 꾸미고 집으로 돌아가자.

[16]

他作甚麽來啊?
졔 무슴ᄒᆞ라 왓ᄂᆞ뇨?
저가 무엇하러 왔느냐?

請安來了.
문안ᄒᆞ라 왓노라.
문안하러 왔노라.

別磕頭罷.
절 말라.
절하지 말라.

你昨兒箇爲甚麽事情爭嘴了?
네 어제 무슴일을 위ᄒᆞ여 입힐음ᄒᆞᆫ다?
네 어제 무슨 일로 입씨름했는가?

誰的是誰的不是, 你知道麽?
뉘 올흐며 뉘 올치 아닌 줄을 네 아ᄂᆞᆫ다?
누가 옳고 누가 그른지 너는 아느냐?

---

183) 【佛是金裝, 人是衣裝】 fóshìjīnzhuāng, rénshìyīzhuāng 〈諺〉 佛靠金粉裝飾, 人靠衣服裝扮.¶ "常言道: '~.' 世人眼孔淺的多, 只有皮相, 沒有肉相." (醒恒 1) ☞ 人是衣裝, 佛是金裝 ‖ [인시이좡, 보시긴좡] ~ (華語抄畧 1a/11) ☞ 佛是金粧, 人是衣粧 ‖ "雖然如此, ~, 打扮也是極要緊的." (望湖亭 自嗟)

那箇閑事誰管他麽?
져 힘〻ᄒᆞᆫ 일 뉘 알온 체ᄒᆞ리오?
저 쓸데없는 일을 누가 아는 체하리오?

你也是多嘴【22a】人.
너도 이 말 만흔 ᄉᆞᄅᆞᆷ이로다.
너도 말 많은 사람이로다.

這樣糊塗的人也有呢.
이런 호도ᄒᆞᆫ ᄉᆞᄅᆞᆷ도 잇다.
이런 멍청한 사람도 있다.

好囉訴.
ᄀᆞ장 짓괸다.
가장 시끄럽다.

又是這們的又是那們的, 怎麽的纔好.
또 이리허락 또 져리허락 ᄒᆞ니 엇지ᄒᆞ여야 맛치 죠흐료?
또 이리할까 저리할까 하니 엇지해야 좋으리오?

你必定爲這事情來了, 是不是?
네 반다시 이 일을 위ᄒᆞ여 왓도다 올흐냐 올치 아니ᄒᆞ냐?
네 틀림없이 이 일 때문에 왔도다. 그러냐, 그렇지 않으냐?

我的心裡的事你怎麽知道了? 果然爲這事情來了.
ᄂᆡ 마음에 일을 네 엇지 아ᄂᆞ뇨? 과연 이 일을 위ᄒᆞ여 왓노라.
내 마음 속의 일을 네가 어찌 아느냐? 아닌 게 아니라 이 일 때문에 왔노라.

你去問他.
네 가 져다려 무드라.
네가 가서 그에게 물어 보라.

看他甚麽?
져를 보와 므슴ᄒᆞ료?

저를 뭣하러 만납니까?

這箇事情都知道了, 你的放心罷.
이 일을 다 아라시니 네 방심ᄒᆞ라.
이 일을 다 알았으니 네 안심해라.

[17]

老爺在家不在家?
노야 집의 잇ᄂᆞ냐 집의 잇지 아니ᄒᆞ냐?
어르신께서 집에 있느냐, 없느냐?

纔出去往別處去了.
갓 나가 다른 곳을 향ᄒᆞ여 갓ᄂᆞ니라.
방금 나가 다른 곳으로 갔느니라.

他回家麼, 我來的話告送他罷.
졔 집의 도라오거든 ᄂᆡ 앗든 말을 져다려 ᄒᆞ라.
그가 집에 돌아오거든 내가 왔었단 말을 저에게 하라.

你怎麼這樣話多啊! 鸚哥嘴麼? 遭ː來呢嘴裡寡茶寡茶的說亂話, 嘴也不疼啊?
【22b】 네 엇지 이리 말이 만흐뇨? ᄋᆡᆼ모의 부리냐? 번ː이 와 입에 더두어려 어즈러온 말만 ᄒᆞ니 입이 앏프지 아니냐?
네 어찌 그리 말이 많으냐? 앵무새 부리냐? 번번이 와 더듬거려 어지러운 말만 하니 입이 아프지 않느냐?

眞箇的耳朶疼. 自古說, '好話三遍說, 狗也不喜歡'.[184] 又說, '當家三年, 狗也嫌'.[185]
진실노 앏프다. 예부터 닐으되 죠흔 말이라도 셰 번 ᄒᆞ면 개도 죠하 아니ᄒᆞ나니라. 또 니로되 집을 삼년을 당ᄒᆞ면 ᄀᆡ도 뮈워ᄒᆞᄂᆞ니라.
정말이지 귀가 따갑다. 옛부터 이르되 '좋은 말도 세 번 하면 개도 싫어한다'.

---

184) 【好話三遍說, 狗也不喜歡】 hǎohuàsānbiànshuō, gǒuyěbùxǐhuān 〈諺〉 [핫화산변숴, 구여부히훤] 죠흔 말도 셰 번 셰 번 니로면 ᄀᆡ도 깃거 아니ᄒᆞ난이라 (華撮 日用行語 59b)

185) 【當家三年狗也嫌】 dāngjiāsānniángǒuyěxián 〈諺〉 比喩當家主事時間一長, 誰都討厭.¶ "玉樓道: '……小厮你來我去, 秤銀子換錢, 把氣也掏乾了. 饒費了心, 那個道個是也怎的!' 西門慶道: '我的兒, 常言道~.'" (金瓶 75)

또 이르되 '집을 삼년 지키면 개도 지겨워한다(좋은 노래도 장 들으면 싫다)' 하느니라.

'話多不甛, 鰾多不連'.
말이 만흐면 다지 아니ᄒᆞ고 부레 만흐면 븟지 아니ᄒᆞᄂᆞ니라.
말이 많으면 달지 않고 부레가 많으면 붙지 않는다.

[18]

【23a】你這箇年紀上這樣的老背回麽?
네 이 나희 이럿ᄐᆞ시 노망ᄒᆞ냐?
네 이 나이에 그렇듯이 노망하냐?

年紀上了麽, 怎麽辦事?
나히 만하시니 엇디 이를 ᄒᆞ리오?
나이 많으니 어찌 일을 하리오?

給這箇給那箇都不要, 送大些兒的你說大了, 送小些兒的又說忒小了; 這麽的也說不是那麽的也說不是, 不知怎麽樣的纔合着你的主意.
이를 주나 저를 주나 다 마다ᄒᆞ니 큰 거슬 주어도 네 크다 이르고 져그 거슬 주면 또 너무 적다 니르고 이리ᄒᆞ여도 올치 아니타 ᄒᆞ고 져리 ᄒᆞ여도 올치 아니타 ᄒᆞ니 아지 못게라 엇지ᄒᆞ여야 맛치 네 뜻에 마즈리오.
이것을 주나 저것을 주나 다 마다하니 큰 것을 주어도 네 크다 이르고 작은 것을 주면 또 작다 이르고 이리 해도 옳지 않고 저리 해도 옳지 않다 하니 어떻게 하면 네 생각에 맞을지 모르겠다.

你必是要像拿一樣的東西? 這樣的呢淂的難呀.
네 일졍 저 ᄒᆞᆫ가지 갓튼 거슬 달나 ᄒᆞᄂᆞ냐? 이런 거슬 엇기 어려오나라.
네 꼭 같은 물건을 가져가려 하느냐? 그런 것은 얻기 어렵다.

[19]

你看, 外頭有人來了.
네 보라, 밧긔 ᄉᆞᄅᆞᆷ 이셔 왓다.
네 보라, 밖에 누가 왔다.

是誰呀?
이 뉘뇨?
누구지?

你出去瞧〻罷.
네 ᄂᆞ가 보라.
네 나가 보라.

我不認得他.
ᄂᆡ 져를 아지 못ᄒᆞ노라.
나는 그를 알지 못하노라.

噯, 一箇人【23b】在馬上說, 找你告送甚麼話來了.
애, ᄒᆞᆫ ᄉᆞᄅᆞᆷ이 마샹에 이셔 니르되 너를 차쟈 무슴 말 ᄒᆞ라 왓더라.
에쿠, 어떤 사람이 말 위에서 말하길 무슨 말을 하러 너를 찾아왔다더라.

你沒問麽?
네 뭇지 못ᄒᆞ엿는다?
물어보지 않았느냐?

他說看見你當面說.
졔 니르되 너를 보고 당면ᄒᆞ여 니르마 ᄒᆞ더라.
그가 너를 직접 만나서 이야기하겠다고 하더라.

請進家裡罷.
쳥ᄒᆞ여 집의 나아오라.
집안으로 모셔라.

罷呀, 我不進去.
마라, ᄂᆡ 드러가지 아니ᄒᆞ리라.
됐네. 내 들어가지 않겠네.

怎麽這們的忙呀?
엇지 이리 밧바ᄒᆞᄂᆞ뇨?

어찌 이리 바쁜가?

別處有一箇朋友等着我呢, 不淂工夫啊.
다른 곳에 ᄒᆞᆫ 벗이 ᆢ셔 나를 기다리니 결을ᆢ 엇지 못ᄒᆞ여라.
다른 곳에 한 친구가 나를 기다리고 있어서 시간이 없다.

暫時我的家裡去, 哈一鍾茶再去罷.
잠싼 ᄂᆡ 집의 가 ᄒᆞᆫ ᄌᆞᆫ ᄎᆞ를 먹고 다시 가라.
잠깐 내 집에 들러 차 한 잔 마시고 가라.

要進去呢早已進去了, 要等你讓麼?
드러가려 ᄒᆞ면 발셔 드러가실 거시니 네 권ᄒᆞ기를 기다리랴 ᄒᆞ여시랴.
들어가려고 했으면 벌써 들어갔지 네가 권하기를 기다리랴.

這麼的呢我宲在惱你了.
이러ᄒᆞ면 ᄂᆡ 실노 너를 노희여ᄒᆞ노라.
그러면 내 실로 너에게 노여워할 것이다.

那麼的呢你給我甚麼東西吃啊?
그러ᄒᆞ면 네 나를 무스거슬 주어 먹일다?
그러면 네 나에게 무엇을 대접하려 하느냐?

光這箇外【24a】頭再沒有別的好東西.
다만 이밧긔 다시 다른 죠흔 거시 업노라.
이것밖에는 다른 좋은 것이 없다.

[20]

我不慣吃空飯, 你的有好東西麼? 萬一沒有你, 我不進去了.
ᄂᆡ ᄆᆡᆫ밥 먹기 닉지 못ᄒᆞ니 네 죠흔 것 잇ᄂᆞ냐 만일 업스면 ᄂᆡ 드러가지 아니ᄒᆞ리라.
내가 맨밥 먹기는 싫고 뭐 좋은 것 없느냐? 만일 없으면 내 들어가지 않으리라.

你的嫌小麼? 只管進去是了, 寡空飯給你吃的規矩有麼?
네 젹은 거슬 나므라ᄒᆞᄂᆞ냐? 그져 드러가미 올흐니 다만 ᄆᆡᆫ밥을 너를 주어 먹일 법이 이스랴?

네가 먹을 게 없을까봐 그러느냐? 그저 들어감이 옳다. 맨밥만 대접할 리가 있겠느냐?

豈敢.

엇지 감히.

어찌 감히.

是我的家裡打夥兒去罷. 我在頭裡走使淂麼?

이 ᄂᆡ 집이니 ᄒᆞᆫ가지로 가쟈. ᄂᆡ 앏셔 가는 거시 될가 시부냐?

여기가 내 집이니 같이 가자. 내가 앞장서도 되겠느냐?

幇子們在那裡呢? 炕上鋪坐褥, 火盆上添上炭, 裝烟送來.

쫑드리 어ᄃᆡ 닛ᄂᆞ뇨? 캉에 방셕 ᄭᆞᆯ고 화로에 숫 더으고 담ᄇᆡ 담아 오라.

종들은 어디 있느냐? 온돌방에 방석 깔고 화로에 숯 더하고 담배 담아 오라.

老太爺在家沒在家? 替我請安罷.

노ᄐᆡ애 집의 잇는냐 집의 잇지 아니ᄒᆞ냐? 나를 가라차 문안ᄒᆞ라.

어르신 집에 계신가? 내 대신 안부 전해라.

口遮.

올타.

알겠네.

先送酒菜來.

몬져 안쥬를 보ᄂᆡ여 오라.

먼저 안주를 내 오라.

快來炕上【24b】坐.

밧비 와 캉의 안즈라.

얼른 와 온돌에 올라앉게.

這裡好, 不用往別處挪一挪.

여긔 죠흐니 구타여 다른 ᄃᆡ 옴지 말라.

여기가 좋으니 구태여 다른 데 옮기지 마라.

別管他，你進去催一催罷.
저를 아른 체 말고 네 드러가 ᄌᆡ촉ᄒᆞ라.
저를 아는 체 말고 네가 들어가 재촉하기나 해라.

煮的炒的有麽? 快拿來我要吃.
ᄉᆞᆯ문 것 복근 것 잇ᄂᆞ냐? 밧비 가져오라 ᄂᆡ 먹으려 ᄒᆞ노라.
삶은 것 볶은 것 있느냐? 얼른 가져오라. 내 먹으려 하노라.

[21]

你黙口坐着，別胡說.
네 잠〻ᄒᆞ고 안ᄌᆞ 간ᄃᆡ로 이르지 말라.
네 잠자코 앉아 있고 함부로 말하지 말라.

怎麽作客呢?
엇지 손인 쳬ᄒᆞ리오?
어찌 손님인 체하리오?

哈一鍾酒罷.
ᄒᆞᆫ 잔 술 먹그라
술 한 잔 받게.

你先吃.
네 몬져 머그라.
너 먼저 받게.

‘主不吃客不飮’，該當吃的去處呢往飽裡吃，該當喝的去處呢往醉裡喝，白坐着不動快子怎麽的呀?

쥬인 먹지 아니면 손이 먹지 아니ᄒᆞᄂᆞ니 맛당이 먹을 곳이어든 ᄇᆡ부로도록 먹고 맛당이 마실 곳이어든 취토록 마실 거시어늘 심〻이 안ᄌᆞ 져를 움즉이지 아니믄 엇지뇨?

주인이 먹지 않으면 손님이 먹지 않으니 마땅히 먹을 곳이면 배부르도록 먹고 마땅히 마실 곳이면 취하도록 마실 것이거늘 부질없이 앉아 젓가락을 움직이지 않는 것은 무슨 까닭이냐?

我們拉馬的別給他酒喝罷. 若是他醉了怎麽跟着我呢?
우리 말 견마 든[든]니는 져를 술 주어 먹이지 말라. 만일 제 취ᄒᆞ면 엇지 날을 ᄯᆞ로리오?
우리 말 견마 다니는 그를 술 먹이지 말라. 만일 취하면 저가 나를 어찌 따르리오?

你的放心【25a】罷, 我不給他了.
네 방심ᄒᆞ라 ᄂᆡ 져를 주지 아니ᄒᆞ리라.
네 걱정 마라. 내가 저를 주지 아니하리라.

□遮.
올타
옳다.

[22]

這一向你在那裡來着? 終沒見你.
요ᄉᆞ이 네 어ᄃᆡ 잇든다? 마츰ᄂᆡ 너를 보지 못ᄒᆞ다.
요사이 네 어디 있었느냐? 통 너를 보지 못했다.

我的有事情, 前兒箇剛ᵕ的事情完了, 昨兒箇又下兩路泥, 所以泥水濺上來, 馬也沒有不淂來呀.
ᄂᆡ 일이 잇더니 그젓긔 겨요 일을 맛고 어제 ᄯᅩ 비 와 길이 즐어 이러므로 즌흙물이 ᄯᅱ여 오르고 말도 업셔 오지 못ᄒᆞ엿노라.
내가 일이 생겨 그저께야 겨우 일을 마쳤는데 어제 또 비 와 길이 질어 이러므로 진흙물이 튀고 말도 없어 오지 못했느니라.

這裡坐一坐. 幇子們在那裡? 拿卓子來. 又抹布拿來洗ᵕ的乾淨.
여긔 안즈라. 죵드리 어ᄃᆡ 잇ᄂᆞᆫ다? 상을 가져오라. ᄯᅩ 힝ᄌᆞ 가져다가 씃기를 죠히 ᄒᆞ라.
여기 앉아라. 종들은 어디 있느냐? 상을 가져오라. 또 행주 가져다가 닦아라.

嗳, 該死的東西在那裡? 快來.
애 죽엄즉ᄒᆞᆫ 놈이 어ᄃᆡ 잇ᄂᆞ뇨 밧비 오라.
아이쿠, 이 썩을 놈은 어디 있는 게야? 얼른 오너라.

我在廚房裡倒茶.
ᄂᆡ 쥬방에 이셔 ᄎᆞ를 붓노라.
내 주방에서 차를 붓고 있소.

這樣無用的奴才也有麽? 還要强嘴罷. '犯夜的倒拿巡更的'.186)
이 쓸ᄃᆡ업ᄂᆞᆫ 죵놈도 잇ᄂᆞ냐? 도로혀 말 다슬려 ᄒᆞᄂᆞᆫ다?【25b】'범야ᄒᆞᄂᆞ니 도로혀 슌나를 잡으려 ᄒᆞᆫ다.'
이런 쓸데없는 종놈이 있을까? 꼬박꼬박 말대답하는구나. '통금을 어긴 놈이 도리어 순라를 잡으려 한다(적반하장).'

[23]

大杓子添上酒.
큰 구기로 술을 더ᄒᆞ라.
큰 구기로 술을 더하라.

罷啊, 我呢喝過了.
마라. 나ᄂᆞᆫ 먹엇노라.
됐네. 나는 다 마셨네.

再喝一鍾罷. 常言道, '吃雙不吃單'.
다시 ᄒᆞᆫ 쟌 먹으라. 상언에 이르되 ᄊᆞᆼᄇᆡᄂᆞᆫ 먹고 단ᄇᆡᄂᆞᆫ 먹지 아니ᄂᆞᆫ다 ᄒᆞ니라.
한 잔 더 먹으라. 속담에 두 잔은 먹어도 한 잔은 먹지 않는다 하지 않나.

好話. 家裡有忙事, 不去使不得.
죠흔 말이로다. 집의 뱃븐 일이 이시니 가지 아니면 쓰지 못ᄒᆞ리라.
좋은 말이로다. 집에 바쁜 일이 있어서 가지 않으면 안 된다.

萬一沒有事情麽, 只在你的家裡過一夜有何妨?

---

186)【犯夜的倒拿巡更的】fànyèdedàonáxúngēngde 〈諺〉 犯夜: 違反夜禁; 巡更的: 夜間巡查. 比喩做了錯事不認帳, 反而誣陷、打擊揭發人.¶ [반여디닷나슌깅디] ~ (華語抄畧 1b/16) "唐氏道: '你不怕我對你漢子說, 我可對俺漢子說, 說是你兩個做牽頭, 把我牽上合大官人有的, 我破着活不成, 俺拿漢子渾深也不饒過你, 叫你兩個打人命官司.' 晁柱媳婦道: '你看, 這不是~了!'" (醒姻 19) ☞ 犯夜倒拿住巡更的 ‖ "月娘道: "嫂子, 早是你在這裡住, 看着, 又是我和他合氣? 如今~. 我倒容了人, 人倒不肯容我." (金瓶 75)

만일 일이 업스면 그져 네 집의 이셔 ᄒᆞ로밤을 지ᄂᆡ다 무슴 ᄒᆡ로오미 이시리오.
만일 일만 없었으면 그저 네 집에서 하룻밤을 지내도 괜찮을텐데.

這回兒我的家裡來罷, 扯常到你家, 你一定有厭煩的日子.
이제 우리 집의 오라 건ᄂᆡ 네 집의 가면 네 일졍 슬희여ᄒᆞᆯ 날이 이시리라.
이번에는 우리 집으로 오라. 늘 네 집에만 가면 틀림없이 싫어할 날이 있으리라.

你肯來罷, 我喜歡不盡, 豈有厭煩的理呀?
네 즐겨 오면 ᄂᆡ 깃부기 다 못ᄒᆞᆯ 거시니 엇지 슬희여ᄒᆞᆯ ᄂᆡ 이시리오.
네가 온다고만 하면 나는 기쁘기 그지없네. 어찌 싫어할 리 있으리오.

你的話好.
네 말이 죠타.
네 말이 좋다.

[24]

【26a】你是旗下麽, 民家麽?
네 이 군ᄉᆡ냐, ᄇᆡᆨ셩이냐?
네가 팔기군사냐, 백성이냐?

我是旗下.
내 이 긔하라.
나는 팔기군사라.

甚麽旗?
무슴 긔고?
무슨 기인가?

正黃旗.
정황긔라.
정황기라.

名字叫甚麽, 誰的戶中?
일홈을 무어시라 부르며 뉘 겨ᄅᆡ뇨?

이름을 무엇이라 부르며 누구의 친척이냐?

我是頭等侍衛老爺的一家子.
ᄂᆡ 이 두등 시위 노야의 겨ᄅᆡ라.
나는 일급 시위 영감의 친척이라.

貴庚啊?
귀헌 ᄂᆞ이여?
금년 춘추가?

我是屬鼠的呀.
나ᄂᆞᆫ 이 쥐ᄒᆡ라.
나는 쥐띠라오.

哥兄有沒有?
형제 잇ᄂᆞ냐, 업ᄂᆞ냐?
형제는 있느냐, 없느냐?

三箇哥〻兩箇兄弟.
세 형과 두 아히라.
형 셋에 아우가 둘이라.

這麽的呢, 想來你的排行是第四兒.
이러면 ᄉᆡᆼ각건ᄃᆡ 네 항녈이 〻 넷ᄌᆡ로다.
그러면 생각건대 너의 항렬이 넷째로구나.

你的哥兄們甚麽年記, 現在甚麽差事上?
네 형제들이 무슴 년긔며 무슴 ᄎᆡᄉᆡ에 잇ᄂᆞ뇨?
너의 형제들은 나이가 어떻게 되며 무슨 벼슬을 하느냐?

做官的也有, 作買賣的也有.
벼슬ᄒᆞ는 이도 잇고 ᄆᆡ〻ᄒᆞ는 이도 잇다.
벼슬하는 사람도 있고 장사하는 사람도 있다.

你馬步箭都會射麽?
네 마보젼 다 쏠 줄 아는다?
너는 마보전도 쏠 줄 아느냐?

因爲沒有馬, 只會射步箭不會射馬箭.
ᄆᆞᆯ 업스물 위ᄒᆞ여 그져 보젼 쏠 줄【26b】은 알고 마젼 쏠 줄은 모로노라.
말이 없으므로 그저 보전 쏠 줄만 알고 마전 쏠 줄은 모른다.

你拉﹅弓, 瞧﹅罷.
네 활을 달희여 보라.
네 활을 당겨 보라.

好硬, 弓墊子也拉不開.
가장 센 활이니 고ᄌᆞ도 ᄧᅧ이지 못ᄒᆞ리라.
가장 센 활이니 고자도 떼이지 못하겠다.

有弓拉子拿來, 要上弓着.
도지ᄀᆡ 잇거든 가져오라 활 지어 보ᄌᆞ.
도지개 있거든 가져오라 활 지어 보자.

[25]

城將老爺在衙門上沒有?
셩쟝 노야 아문에 잇ᄂᆞ냐 업ᄂᆞ냐?
성장 나으리 아문에 계신가?

今兒箇坐堂. 你別說將軍的話.
오날 좌긔ᄒᆞᄂᆞ니라. 네 쟝군이란 말을 이르지 말라.
오늘 좌기하느니라. 네 장군이란 말을 말하지 말라.

甚麽怕事情有麽?
무숨 무셔온 일 잇ᄂᆞ냐?
무슨 무서운 일이 있느냐?

嗳, 我們聽見將軍兩箇字呢嚇得魂都吊了.

애, 우리 쟝군 두 ᄌᆞ를 드르면 놀나 혼이 써러진다.
아이쿠, 우리는 장군 두 자만 들어도 놀라 혼이 떨어진다.

你快去大人根前告送.
네 밧비 쒸여가 ᄃᆡ인 앏픠 가 고ᄒᆞ라.
네 얼른 뛰어가 나으리께 알려라.

忙甚麽?
무서시 밧브뇨?
뭐가 그렇게 바쁘냐?

你多站箇陞了. 大喜呀! 我早知道呢, 一定早來【27a】賀喜. 你別恠罷.
네 언ᄌᆡ 벼슬이 도단ᄂᆞ뇨? 크게 깃부다! ᄂᆡ 일즉이 아라시면 일정 일 와 하례ᄒᆞ여시리라. 네 고이히 너기지 말나.
네 언제 벼슬이 올랐느냐? 정말 기쁘다! 내 일찍 알았으면 진작에 와 축하했을텐데. 너는 탓하지 말라.

恠甚麽, 我們都是好朋友.
무어슬 허물ᄒᆞ리오 우리 다 죠흔 벗이라.
무엇을 탓하리오. 우린 좋은 벗 아닌가.

[26]

昨兒箇你在那裡?
어ᄌᆡ 네 어ᄃᆡ 잇더뇨?
어제 너 어디 있었느냐?

我打發人去請你. 你的幇子說, 你不在家往別處去了.
ᄂᆡ ᄉᆞᄅᆞᆷ을 시겨 가 너를 쳥ᄒᆞ엿더니 네 죵이 니르되 네 집의 아니 잇고 다른 곳에 갓다 ᄒᆞ더라.
내 사람을 시켜 너를 청했더니 네 종이 말하되 네 집에 있지 않고 다른 곳에 갔다 하더라.

我的心裡想着必定我的家裡來了是, 白等着一天直到日頭落了, 你竟沒有來, 白∶費日子.

ᄂᆡ 마음에 ᄉᆡᆼ각건ᄃᆡ 일졍 ᄂᆡ 집의 온가 ᄒᆞ여 부졀업시 할늘 기다려 바로 져녁에 이르되 네 마츰ᄂᆡ 옴미 업스니 부졀업시 할늘 허비ᄒᆞ엿다.

내 마음에 생각건대 틀림없이 내 집에 오리라 생각해서 해 떨어질 때까지 기다렸으나 네가 끝내 오지 않은 바람에 쓸데없이 하루를 허비하였다.

我整日家荅應差事不淂閑.
ᄂᆡ 왼날을 구실을 답응ᄒᆞ노라 틈을 엇지 못ᄒᆞ엿노라.
내 온종일 관가 일을 보느라 틈을 내지 못하였다.

我煩你作的事, 你和他說了麽?
ᄂᆡ 네게 졍ᄒᆞᆫ 일을 네 져ᄃᆞ려 일넌ᄂᆞᆫ다?
내가 너에게 부탁한 일을 그에게 말하였느냐?

早已說了.
발서 닐넌노라.
벌써 말했다.

你看他的光景, 使【27b】得使不淂?
네 져의 광경을 보라, 될가 못될가?
네 저의 분위기를 보건대 성사될가 안 될가?

他說狠難.
졔 니르되 가쟝 어렵다 ᄒᆞ더라
그가 말하되 매우 어렵다 하더라.

我的一件事倒底使淂使不淂?
내 ᄒᆞᆫ 가지 일이 나죵ᄂᆡ 될가 못될가?
내 이 일이 나중에라도 성사가 될가 안 될가?

慢慢的.
찬〻이 ᄒᆞ여라.
천천히 하여라.

一遭這麽說一遭那麽說, 好沒定準. 這樣反復的人也有麽? '君子一言, 快馬一鞭'.187)

187)【君子一言, 快馬一鞭】jūnzǐyīyán, kuàimǎyībiān 〈諺〉 大丈夫一句話說了, 就像鞭馬向前不能後

ᄒᆞᆫ번은 이리 일으고 ᄒᆞᆫ번은 져리 일너 가쟝 일정ᄒᆞᆫ 거시 업스니 이런 반복ᄒᆞᄂᆞᆫ ᄉᆞᄅᆞᆷ도 잇ᄂᆞ냐? '군자ᄂᆞᆫ ᄒᆞᆫ 말이오 ᄌᆞᆫ 말은 ᄒᆞᆫ ᄎᆡ직이라'.

한번은 이렇게 말하고 한번은 저렇게 일러 일정치가 않으니 이렇게 왔다갔다 하는 사람도 있느냐? '군자는 한 입으로 두 말 하지 않고 달리는 말에 채찍이라'.

[27]

這箇好不好? 你看.
이거시 죠흐냐 죠치 아니냐? 네 보라.
이것이 좋으냐 좋지 않냐? 네가 보라.

拿來我瞧ː.
가져오라 ᄂᆡ 보쟈.
가져오라 내 보자.

平常呀. 比這箇好的那裡有麼?
좀거시로다 이에셔 죠흔 거시 어ᄃᆡ 잇ᄂᆞ냐?
보통이로다. 이보다 더 좋은 것은 어디 있느냐?

這箇東西人ː看見沒有不愛, 你呢好不好都不知道了. 一槩都說不好, 使得麼?

이거슬 ᄉᆞᄅᆞᆷ마다 보ᄆᆡ ᄉᆞ랑치 아니리 업스니 너ᄂᆞᆫ 죠흔지 죠치 아닌지 다 모로ᄂᆞᆫᄯᅩ다. 도모지 다 죠치 아니타 ᄒᆞ니 될가 보냐?

이 물건은 보는 사람마다 좋아하지 않는 이가 없는데 너는 좋은지 좋지 않은지도 모르는도다. 도무지 다 좋지 않다 하니 될가 보냐?

退一樣. 指大丈夫說話不能反悔.¶ 군자일언중천금이오 닫는 말에 채찍이라 ‖ [균ᄌᆞ이연, 쾌마이볜] 군ᄌᆞᄂᆞᆫ ᄒᆞᆫ 마리오 잘 ᄃᆞᆮᄂᆞᆫ ᄆᆞᄅᆞᆫ ᄒᆞᆫ 재라 (飜朴 上26a) 君子ᄂᆞᆫ 一言이오 快馬ᄂᆞᆫ 一鞭이라 ᄒᆞ니라 (朴上 24a) [균즈이연, 쾌마이볜] 君子ᄂᆞᆫ 一言이오 快馬ᄂᆞᆫ 一鞭이라 ᄒᆞ니라 (朴新 1:29a) [균주이연, 쾌마이볜] 군ᄌᆞ은 한이요 쾌한 말은 ᄒᆞᆫ 변 ᄎᆡ치나니라 (華撮 日用行語 58a) "哥, ~. '人而無信, 不知其可也.' 哥前日不要許我便好. 我又與他每說了, 千眞萬眞, 道今日有的了, 怎好去回他?" (金瓶 53) "~, 那有反悔之情?" (施公案 387) ☞ 君子一言, 駟馬難追 ☞ 君子一言, 駟馬難追.¶ [쥰즈이얀, 쓰마란투] 군즈일언의 사마란추라 ‖ "話却是倒有的, 罰幾吊錢是並沒有說過. 各人說的否咧, 也有改口的嗎? ~." 말싼은 잇다마은 멋 닥 돈 별하기은 진실노 말하미 업다 인역이 말하여시면 ᄯᅩ 입 곳치미 이스랴 군즈일언의 사마란추라 (騎着匹 하 34b) "~, 那有食言爽約之理?" (萬花樓 25) ☞ 君子一言, 快馬難追 ‖ "竇耳墩道: '旣如此說, ~.'" (施公案 388)

我看他的貌樣，想是【28a】你的根前要甚麼東西.
닉 져의 모양을 보니 네게 무스거슬 달라는 듯ᄒᆞ다.
내가 저 사람 꼴을 보니 네게 무엇을 달라는 듯하다.

嗳，他要甚麼東西? 有呢給他怕甚麼?
애 졔 무스거슬 달나ᄂᆞ뇨? 잇거든 져를 주면 무어시 져푸리오?
아이쿠, 저 사람 무엇을 달라 하느냐? 있으면 주면 되지 무엇이 두려우리오?

沒有呢沒奈何.
업스니 ᄒᆞ일업다.
없으니 상관없다.

是不是?
올흐냐 올치 아니냐
옳으냐, 옳지 않으냐?

有呢說有，沒有說沒有. 這是好朋友的道理呀.
이시면 잇다 ᄒᆞ고 업스면 업다 ᄒᆞ미 이 벗의 도리니라.
있으면 있다 하고 없으면 없다 하는 것이 벗의 도리니라.

[28]

你要拿着呢就拿着罷. 萬一別人拿去麽，懊悔也沒奈何.
네 가져가려 ᄒᆞ거든 즉시 가져가라. 만일 다른 ᄉᆞ람이 가져가면 뉘웃쳐도 ᄒᆞ일업ᄂᆞ니라.
네 가져가려거든 즉시 가져가라. 만일 다른 사람이 가져가면 후회해도 쓸데없느니라.

你若是捨不淂的麽就罷.
네 만일 앗기거든 그만두라.
네 만일 아까우면 그만두라.

是呀.
올타.
옳다.

前兒箇說給不給，昨兒箇說給沒有給，一日兩⸱日三，捱到二日頭麽，【28b】扯常要哄人，這箇甚麽大事呀?

그젓긔 주마 이르더니 주지 아니코 어제 주마터니 주미 업스니 오날은 ᄂᆡ일이라 ᄒᆞ고 ᄂᆡ일은 모ᄅᆡ라 ᄒᆞ여 이틀을 ᄭᅳ으ᄂᆞ니 거[건]ᄂᆡ ᄉᆞ룸을 속이랴 ᄒᆞ니 이 무슴 도리랴?

그저께 준다더니 주지 않고 어제 준다더니 주지 않고 오늘은 내일 준다 하고 내일은 모레 준다 하면서 이틀이나 끌고 늘 사람을 속이려 하니 이게 대체 무슨 짓거리냐?

漢子事情明⸱白⸱的好. 胡哩麻哩使得麽?

산아희 일을 명ᄇᆡᆨ히 ᄒᆞ미 죠흔니라. 후리마리ᄒᆞ미 될가 보냐?

사내 일은 분명히 함이 좋다. 흐지부지 될가 보냐?

是呀.

올타.

그렇다.

我看他的貌樣狠伶俐的人. 辦事呢事⸱兒疾快，說話呢句⸱兒明白，‘人不可貌相，海不可斗量’188)的話竟不虛.

---

188) 【人不可貌想，海不可斗量】rénbùkěmàoxiǎng，hǎibùkědǒuliáng 〈諺〉 不能單憑外表來判斷一個人.¶ [인부커맏샹，히부커두량] ᄉᆞ람은 얼골노 속을 몰을 거시요 바다은 말노 되지 못ᄒᆞᄂᆞ니라 (華撮 日用行語 59b) ☞ 人不可貌相，海不可斗量 ‖ ~ (華語抄畧 7a/242) [인부커맏샹，해부커두량] 사ᄅᆞᆷ은 가히 얼굴로 상티 못ᄒᆞ고 바다흔 가히 말로 되디 못ᄒᆞ- ‖ “我不想這新來的莊家快打，這的喚做‘~’，怎麽小看人.” 내 이 새로 온 향암이 잘 틸 줄을 ᄉᆡᆼ각디 못ᄒᆞ롸 이러모로 니ᄅᆞ기를 사ᄅᆞᆷ은 가히 얼굴로 상티 못ᄒᆞ고 바다흔 가히 말로 되디 못ᄒᆞᆫ다 ᄒᆞ니 엇디 사ᄅᆞᆷ을 小看ᄒᆞ리오 (朴下 36ab) [인부커맏샹，해부커두량] 사ᄅᆞᆷ은 可히 얼굴로 보지 못ᄒᆞᆯ 거시오 바다흔 可히 말로 되지 못ᄒᆞᆯ 거시로다 ‖ “崔哥這幾回果然打得好. 我不想你這莊家漢，倒慣會打毬哩. 這眞是: ‘~.’” 崔哥ㅣ아 여러 디위를 果然 치기를 잘 ᄒᆞᆫ다 내 너 이 향암엣 놈이 도로혀 댱방올 치기 닉이 알 줄을 ᄉᆡᆼ각지 못ᄒᆞ엿노라 이 진실로 사ᄅᆞᆷ은 可히 얼굴로 보지 못ᄒᆞᆯ 거시오 바다흔 可히 말로 되지 못ᄒᆞᆯ 거시로다 (朴新 3:37b) “我看他的貌樣狠伶俐的人. 辦事呢事⸱兒疾快，說話呢句⸱兒明白，‘~’的話竟不虛.” ᄂᆡ 져의 모양을 보니 가장 녕니ᄒᆞᆫ ᄉᆞᄅᆞᆷ이로다. 일을 ᄒᆞ면 일마다 쌀니 ᄒᆞ고 말을 니르면 구⸱마다 명ᄇᆡᆨ히 ᄒᆞ리니 ᄉᆞᄅᆞᆷ은 얼골노 보지 못ᄒᆞ고 바다ᄂᆞᆫ 되지 못ᄒᆞᆫ단 말이 그르지 아니ᄒᆞ다. (漢語 修綆室 28b) ☞ 人不可貌相 ¶ 사ᄅᆞᆷ을 가히 용모로 보지 못ᄒᆞᆫ다 ‖ “俗言~，別看鍾雄的打扮，文武全才.” 쇽어의 니ᄅᆞᄃᆡ 사ᄅᆞᆷ을 가히 용모로 보지 못ᄒᆞᆫ다 ᄒᆞᆫ지라 종웅의 모양은 비록 이러ᄒᆞ나 문무젼ᄌᆡ 잇ᄂᆞ니 (忠小 4:38) ☞ 人不可貌相，海不可斗量 ☞ 人不可貌相，水不可斗量 ‖ “~. 這番狗奴，也有三分鬼畫符，不免用個奇計勝他.” (西洋記 23)

ᄂᆡ 져의 모양을 보니 가장 녕니ᄒᆞᆫ ᄉᆞ름이로다. 일을 ᄒᆞ면 일마다 ᄲᆞᆯ니 ᄒᆞ고 말을 니르면 구ː마다 명ᄇᆡᆨ히 ᄒᆞ리니 'ᄉᆞ름은 얼골노 보지 못ᄒᆞ고 바다ᄂᆞᆫ 되지 못ᄒᆞᆫ단' 말이 그르지 아니ᄒᆞ다.

내 저의 모습을 보니 영리한 사람이다. 일을 하면 일마다 빨리 하고 말을 이르면 구구마다 분명히 하리니 '사람은 얼굴만 봐서는 그 속을 알 수 없고 바다는 말로 되지 못한다'는 말이 그르지 아니하다.

這公事比不淂私事, 萬一事情出來呢, 眞箇的了不淂.

이 공ᄉᆞ가 ᄉᆞ사에 비치 못ᄒᆞ니 만일 ː이 나면 진실노 에위[워]ᄂᆞ지 못ᄒᆞ리라.

이 공사가 사사에 비하지 못하니 만일 일이 터지면 정말 큰일이다.

但凡事情小心上再小心, 這麽的恰好.

물옷 일을 조심ᄒᆞᆫ 후 ᄯᅩ 조심홈이 이리ᄒᆞ여야 맛치 죠흐니라.

무릇 일은 조심하고 또 조심해야, 그렇게 해야 좋으니라.

你小看我麽, 別勒肯罷.

네 날 업수이 너기ᄂᆞᆫ다? 보치지 말나.

네가 나를 업신여기느냐? 보채지 말라.

或者這樣說或者那樣說. 你可信那一箇, 可聽那一箇?

【29a】 혹 이리 니르고 혹 져리 니르니 네 가히 어늬를 미드며 어늬를 드르리오. 어떤 이는 이렇게 말하고 또 어떤 이는 저렇게 말하니 네 가히 누구 말을 믿으며 누구 말을 들으리오.

怎麽的好, 你小看我麽?

엇지ᄒᆞ여야 됴흐료, 네 날을 업슈이 너기ᄂᆞᆫ다?

어찌해야 좋으냐, 네가 나를 업신여기느냐?

當不淂.

당치 못ᄒᆞ여라.

그럴 리가 있느냐.

常言道: '以眞作假使不淂, 以假作眞也是使不淂'.

샹언에 니르되 진짓 거스로 써 거즛 거슬 ᄒᆞ여도 되지 못ᄒᆞ고 거즛 거스로써 진짓 거슬 ᄒᆞ여도 되지 못ᄒᆞᆯ 거시오.

속담에 '진짜로 거짓을 해도 안 되고 가짜로 진짜를 삼아도 안 된다'는 말이 있다.

以是說非使不淂, 以非說是也是使不淂. 大模兒說老宲的好, 胡哩胡塗的好麼?

올흔 거스로써 그르다 닐러도 되지 못ᄒᆞ고 그른 거스로써 올타 ᄒᆞ여도 되지 못ᄒᆞᆫ다 ᄒᆞ니 도모지 고지식히 니르미 죠흐니 후리후두ᄒᆞ미 죠흐랴?

옳은 것으로써 그르다 일러도 안 되고 그른 것으로써 옳다 하여도 안 된다 하니 도대체 솔직하게 말하는 것이 좋으냐 흐리멍텅한 것이 좋으냐?

[29]

白像認淂你呀!

부졀업시 너를 안 듯ᄒᆞ다!

어디서 너를 본 듯하다!

在那裡會遇是呢?

어ᄃᆡ셔 만나더뇨?

어디서 만났더뇨?

怎麼淂和你扯常在一處? 這箇我的造化了.

엇지 너와 ᄒᆞᆫ가지로 건ᄂᆡ ᄒᆞᆫ곳에 이실고 이거시 ᄂᆡ ᄉᆞ망이라.

어떻게 너와 난 늘 한곳에 있을꼬? 이것이 나의 운수라.

甚麼話呢? 我的話不錯【29b】呀.

무슴 말고? ᄂᆡ 말이 그르지 아니ᄒᆞ냐.

무슨 말인가? 내 말이 그르지 않다.

這箇話你別提罷. 萬一提起來呢, 我眞箇的面羞.

이런 말을 네 제긔치 말나. 만일 제긔ᄒᆞ면 ᄂᆡ 진실노 붓그러옵다.

그런 말을 네 제기치 말라. 만일 제기하면 내가 정말 부끄럽다.

漢子家有事情明ᄉ白ᄉ的完了好.

산아희 일이 이시ᄆᆡ 명빅히 맛춤이 올흐니라.

사나이가 일이 있으면 분명하게 끝내는 것이 옳다.

我如今過活的難呀. 家口多, 又來的少出的多.
ᄂᆡ 요ᄉᆞ이 지ᄂᆡ기 어렵다 식구 만코 ᄯᅩ 드러올 거ᄉᆞᆫ 젹고 ᄡᅳᆯ 곳ᄉᆞᆫ 만토다.
내 요새 지내기가 어렵다. 식구는 많고 또 들어올 것은 적고 쓸 곳은 많다.

孩子們在那裡接馬?
아희들이 어ᄃᆡ 이셔 ᄆᆞᆯ을 븟드ᄂᆞᆫ다?
아이들이 어디서 말을 보살피느냐?

拉這箇馬ᄒ房裡絟上, 別絟在門口罷.
이 ᄆᆞᆯ을 ᄭᅳ으러 마방에 ᄆᆡ고 문모퉁이에 ᄆᆡ지 말나.
이 말을 문가에 매지 말고 마방에 매라.

轡頭掛上鞍橋子, 馬韁撩起來, 饋高粮吃, 快着上炕坐.
구레를 기르마가지에 걸고 다릐를 거두치고 수ᄒ 주어 머기고 밧비 캉의 올라 안즈라.
굴레를 기르마가지에 걸고 다래를 걷어올리고 수수 주어 먹이고 어서 온돌방에 올라 앉으라.

我在這裡絟馬.
ᄂᆡ 여긔셔 말 ᄆᆡ노라.
나 여기에 말 매노라.

你快ᄒ的絟馬來, 拿奶子茶來吃不只.
네 얼른 ᄆᆞᆯ을 ᄆᆡ고 타락을 가져오라 먹쟈.
네 얼른 말을 매고 타락을 가져오너라 먹자.

[30]

【30a】你當差使麽?
네 취ᄉᆡᆨ를 당ᄒᆞ엿ᄂᆞ냐?
네 일을 맡았느냐?

你的話是. 差使呢甛差也有, 苦差也有. 甛差罷苦差難呀.
네 말이 올타. 구실은 죠흔 구실도 잇고 죠치 아닌 구실도 이시니 죠흔 구실은 무던ᄒᆞ거니와 죠치 아닌 구실은 어렵다.

네 말이 옳다. 일은 좋은 일도 있고 힘든 일도 있으니 좋은 일은 괜찮지만 힘든 일은 어렵다.

你呢好沒定準.
너ᄂᆞᆫ 가장 일졍ᄒᆞᆫ 거시 업다.
너는 일정하지가 못하다.

前兒箇爲甚麽不來, 昨兒箇呢再有甚麽事?
그졔 무슴일이 이셔 아니오며 어ᄌᆡ도 ᄯᅩ 무슴일이 잇던다?
그저께 무슨 일이 있어서 안 오고 어제 또 무슨 일이 있었더냐?

今兒箇說明兒箇, 明兒箇說後兒箇, 只要哄人, 謊話呢一次兩次罷咧. 哄人不過一遭, 扯常說哄, 難保你的話.
오날은 ᄂᆡ일이라 니르고 ᄂᆡ일은 모ᄅᆡ라 닐러 그져 ᄉᆞᄅᆞᆷ을 소기려 ᄒᆞ니 거즌 말를 ᄒᆞᆫ 번 두 번 ᄒᆞ지 ᄉᆞᄅᆞᆷ 소기ᄂᆞᆫ ᄒᆞᆫ번에 지나지 못ᄒᆞᄂᆞ니 건ᄂᆡ 거즌말ᄒᆞ니 네 말 밋기 어렵다.
오늘은 내일이라 말하고 내일 가면 모레라 일러 거짓말도 한두 번이고, 사람 속이는 것도 한두 번이지 항상 거짓말을 하니 네 말을 믿기 어렵다.

[31]

幇子們在那裡?
죵들이 어ᄃᆡ 잇ᄂᆞ뇨?
종들이 어디 있느냐?

這裡來拿椅子好擺着. 茶銚子拿來快着湯茶罷.
□□□□□□□□□□. ᄀᆡ흙으로 ᄆᆡᆫ근 차관 가져다가 밧비【30b】□□□□□□□□□□□.
여기 와서 의자 정리 좀 하고. 진흙으로 빚은 찻주전자 가져다가 얼른 데우게나.

[開了沒有]開?
ᄭᅳᆯ헌ᄂᆞ냐 ᄭᅳᆯ치 아니ᄒᆞ엿ᄂᆞ냐?
끓었느냐?

開了.

쓸혓다.
끓었습니다.

倒茶.
차 부으라.
차 따르게.

拿卓子來各樣果子都擺着. 煮的煮炒的炒, 打生的打生作湯的作湯. 我們要打夥兒吃.
조즈를 가져다가 여러 과실을 다 버리라. 복글 거슨 복고 살물 거슨 삼고 회칠 거슨 회치고 국 쓰릴 거슨 국 쓰리라. 우리 흔가지로 머그려 흐노라.
탁자를 가져다가 여러 과일을 벌려 놓게나. 볶을 것은 볶고 삶을 것은 삶고 회칠 것은 회치고 국 끓일 것은 국 끓이라. 우리가 함께 먹으려 하노라.

噯, 你費心多呀! 好辦些兒.
애, 네 안심치 아니미 만타. 잘 일을 흐엿다.
아이쿠, 수고가 많네. 참 잘 차렸다.

爲甚麽費的多?
무슴흐라 허비흐미 만흐리오?
왜 이렇게 많이 차렸는가?

甚麽話呢? 一椀飯、一椀湯、一鍾酒肚裡飽.
무슴 말니뇨? 흔 스발 밥과 흔 스발 국과 흔 잔 술을 먹어 빅부르다.
많이 차리다니요. 밥 한 그릇과 국 한 사발과 술 한 잔인데요.

哦, 勾了, 以後呢再別這麽的罷.
오, 넉ㆍ흐니 이후는 다시 이리 말나.
오, 넉넉하니 앞으로는 다시 이리 말라.

有甚麽吃東西? 眞箇的面羞呀.
무슴 먹을 거시 이시리오 진실노 붓그럽다.
먹을 게 뭐 있다고요? 정말로 부끄럽습니다.

你是海量, 我呢天戒怎麽當得你?

너ᄂᆞᆫ ᄒᆡ량이오 나ᄂᆞᆫ 본ᄃᆡ 술 못 먹ᄂᆞᆫ 이니 엇지 너를 당ᄒᆞ리오?
당신은 술고래요, 나는 본디 술을 못 먹는 사람이니 어찌 당신을 당하리오.

龍多的酒我不吃.【31a】寡吃燒酒難呀, 再有好酒菜麽? 你別恠罷.
물 눅은 술을 ᄂᆡ 먹지 아니ᄒᆞ리라. 다만 쇼쥬만 먹기 어려오니 또 무슴 죠흔 안쥬 잇ᄂᆞ냐? 네 허물 말나.
물 탄 술은 내 먹지 않으리라. 소주만 먹기 어려우니 무슨 좋은 안주 없느냐? 너는 허물 말라.

甚麽話? 好話多有, 怎麽說頑兒話?
무슴 말이뇨? 죠흔 말이 만히 잇거늘 엇지 긔롱에 말만 닐으ᄂᆞ뇨?
별 말씀을 다. 좋은 말이 많이 있거늘 어찌 조롱의 말만 이르느냐?

[32]

管門的有麽? 這裡來罷. 撥什庫、披甲的在那裡?
문 가으마ᄂᆞᆫ 이 잇ᄂᆞ냐? 여긔 오라. 뵛고와 군ᄉᆡ 어ᄃᆡ 잇ᄂᆞ뇨?
문지기 게 있느냐? 이리로 오라. 회계 맡은 사람과 군사는 어디 있느냐?

哦, 誰呀?
오, 뉘뇨?
오, 누구냐?

我呢義州到來的.
나ᄂᆞᆫ 의쥬셔 오니라.
나는 의주서 오니라.

作甚麽來?
무슴ᄒᆞ라 왓ᄂᆞ뇨?
무엇하러 왔느냐?

城將老爺根前有告送的話來了, 你快〻兒到城裡告送罷.
셩쟝 노야 앏희 엿ᄌᆞ올 말이 이셔 와시니 네 밧비 셩 안희 가 엿ᄌᆞ오라.
성장 나으리께 여쭐 말이 있어 왔으니 네 얼른 성 안에 들어가 여쭈어라.

你的有甚麼送我的面皮麼?
네게 무슴 ᄂᆡ게 보ᄂᆡᆯ 면피 잇ᄂᆞ뇨?
네게 줄 선물은 없느냐?

有啊.
잇노라.
있소.

難保你的話.
네 말을 밋지 못ᄒᆞ리로다.
네 말을 믿지 못하겠다.

我的包子裡頭有慢ㆍ的.
[ᄂᆡ] 짐 속에 이시니 날회여 너를 쥬마.
내 짐 속에 있으니 천천히 너를 주마.

包子打不開, 現成的沒有?
짐을 푸지 못ᄒᆞ□□□ 【31b】 □□□□?
짐을 풀지 못했다니, 기존의 것은 없느냐?

我今兒箇城裡進去, 明兒箇回來.
ᄂᆡ 오날 셩 안히 드러가 ᄂᆡ일 도라오[마].
내 오늘 성 안에 들어갔다가 내일 돌아오마.

[33]

[你]在這坑[炕]上睡覺罷.
네 이 캉에셔 자라.
이 온돌방에서 자라.

這屋裡窓戶都破了, 坑[炕]也都塌了四下裡光土, 多有窟竉, 必定風進來. 這樣寒冷的時候, 路上辛苦的人者怎麼這裡睡? 巴不得外頭尋一箇熱坑[炕]過一夜好.

이 집이 창회 다 ᄯᅮ러지고 캉도 다 문허지고 네녁히 민흙이요 구무가 만히 이시니 일졍 ᄇᆞ람이 드러오리라. 이리 치운 ᄯᅢ에 길의 신고ᄒᆞᆫ ᄉᆞ람이 엇지 여긔셔 쟈리오 마지 못ᄒᆞ여 밧긔 ᄒᆞᆫ 더온 캉을 어더 ᄒᆞ로밤을 지ᄂᆡ미 죠타.

이 집이 창문이 다 뚫어지고 온돌도 다 무너지고 사방이 맨흙이오 구멍이 많이 있으니 틀림없이 바람이 들어오리라. 이렇게 추운 때에 길에서 고생하는 사람이 어찌 여기서 자리오. 아무려나 밖에 더운 온돌방을 얻어 하룻밤을 지냄이 좋다.

憑你的心裡罷.
네 마음ᄃᆡ로 ᄒᆞ라.
네 생각대로 해라.

是不是?
올흐냐 올치 아니냐?
그러냐, 그렇지 않느냐?

主人家, 我們要這裡睡覺.
쥬인아 우리 여긔셔 쟈고져 ᄒᆞ노라.
주인장, 우리 여기서 자고자 하노라.

使不淂.
되지 못ᄒᆞ리라.
그것은 안 될 일이다.

我的孩子們多有又房子窄呀, 你別那麼着. 給你房錢罷.
ᄂᆡ게 아희들이 만히 잇고 또 방이 좁으니【32a】네 져리 말라 너를 방젼을 주마.
내게 아이들도 많고 또 방도 좁으니 네 그러지 말라. 네게 방값을 주마.

這是熱坑[炕]麼?
이거시 더운 캉이냐?
이것이 따뜻한 온돌방이냐?

甚麼話? 我們冷坑[炕]睡覺, 讓你熱坑[炕]. 那裡有頂着房子走的人着麼?
무숨 말니뇨? 우리는 찬 방에셔 ᄌᆞ고 네게 더운 캉을 양ᄒᆞ리라. 어ᄃᆡ 집을 니고 단니는 ᄉᆞ람이 이시리오?
무슨 말이오? 우리가 찬방에서 자고 네게 따뜻한 온돌방을 양보하리라. 어디 집을 이고 다니는 사람이 있으리오?

[34]

你們出外麽也是一樣啊, 把這箇孩子們搬在那邊坑[炕], 你們老少一塊兒睡覺罷. 常言道: '人來投主, 鳥來投林'.[189]

너희들이 밧긔 나가면 쏘 ᄒᆞᆫ가지라 이 아희들을 다 가져 져편 캉에 옴기고 너희 늘그니 저므니 ᄒᆞᆫ가지로 쟈라. 샹언에 일오되 ᄉᆞ람은 와 쥬인에 더지고 새ᄂᆞᆫ 와 수풀에 더진다 ᄒᆞ니라.

너희들도 밖에 나가면 마찬가지라. 이 아이들을 저쪽 온돌방에 옮기고 너희 늙은이와 젊은이는 한데 자라. 속담에도 "사람은 객점에 묵고 새는 숲에 묵는다" 하지 않느냐.

這坑[炕]上零碎東西都搬進去, 拿苕帚來掃的乾淨罷.
이 캉에 잔 것들을 다 옴겨 드리고 닛뷔 가져다가 [쓸기]를 간졍이 ᄒᆞ라.
이 온돌방에 잔 물건들을 다 옮겨 들이고 빗자루를 가져다가 깨끗이 쓸어라.

這坑[炕]冷些兒, 再燒火不只.
이 캉이 져기 ᄎᆞ니 쏘 불 싸히라.
이 온돌방이 좀 차니 또 불을 때라.

一打【32b】[子]紙送你罷.
ᄒᆞᆫ 권 죠희를 너를 주마.
종이 한 권을 너에게 주마.

我的不要.
ᄂᆡ 마다.
난 싫소.

---

189) 【人來投主, 鳥來投林】rénláitóuzhǔ, niǎoláitóulín 〈諺〉 人危急時投奔主人, 就像鳥倦飛時投棲樹林一樣. 指人陷入困境時希望得到救助.¶ "我們新來這裏做買賣, 人面上不熟. 自古道: '~.' 難得這樣賢主人, 我們序了年庚結爲兄弟如何?" (二刻 4) ☞ 人來求主, 鳥來投林 ‖ "兄弟, ~. 平時結交弟兄, 只爲要急難相救, 怎麽就見外我?" (明・吾邱瑞 運甓記 25) ☞ 鳥來投林, 人來投主 ‖ [냐레투린, 인레투쥬] ᄉᆡ는 수풀의 다러들고 ᄉᆞ람은 오면 주인으로 다라드나니라 (華撮 日用行語 58a) ▼ᄉᆡᄂᆞᆫ 슈플을 의지ᄒᆞ고 ᄉᆞᄅᆞᆷ은 사ᄅᆞᆷ의게 의지ᄒᆞᆫ다 ‖ "~, 他失了同伴, 遇了荒亂, 也算做一時有難的." ᄉᆡᄂᆞᆫ 슈플을 의지ᄒᆞ고 ᄉᆞᄅᆞᆷ은 사ᄅᆞᆷ의게 의지ᄒᆞᆫ다 ᄒᆞᄂᆞ니 제 란리ᄅᆞᆯ 만나 동힝을 일헛시니 쏘 일시 곤익 즁의 잇ᄂᆞᆫ ᄉᆞᄅᆞᆷ이라 (快心 13:20) "常言~. 偏是我遐叔恁般命薄! 萬里而來, 却又投人不着." (醒恒 25)

怎麽不要?
엇지 마다ᄒᆞᄂᆞ뇨?
왜 싫다 하느냐?

柴火、燈油錢也不勾, 再添甚麽東西罷.
남모갑 기름갑도 넉〻지 못ᄒᆞ니 ᄯᅩ 무서슬 더ᄒᆞ라.
나뭇값 기름값도 넉넉지 못한데 또 무엇을 더하랴.

嘘, 給你.
올타, 너를 주마.
옳다, 너를 주마.

[35]

你們這裡做甚麽?
너희 여긔셔 무엇ᄒᆞᄂᆞᆫ다?
너희 여기서 무엇하느냐?

春天種地, 秋天打圍.
봄에ᄂᆞᆫ 밧갈고 가을에ᄂᆞᆫ 산영ᄒᆞ노라.
봄에는 밭 갈고 가을에는 사냥하노라.

你有皮子拿來, 我瞧.
네 가족 잇거든 가져오라, ᄂᆡ 보쟈.
네 가죽 있거든 가져오라, 내 보자.

價錢多少?
갑시 언마나 ᄒᆞ뇨?
값이 얼마나 하느냐?

大的五錢, 小的四錢. 少兒一分不賣.
큰 이ᄂᆞᆫ 닷 돈이오 젹으이ᄂᆞᆫ 너 돈이라. ᄒᆞᆫ 푼이 젹어도 파지 아니리라.
큰 것은 닷 돈이오 작은 것은 네 돈이라. 한 푼이 적어도 팔지 않으리라.

甚麽話?

무슴 말이뇨?
무슨 말이냐?

這箇皮子秋板不中用, 再好的揀〻拿出來.
이 가족이 털 밧타 쓰지 못ᄒᆞ게 [되]여시니 다시 죠흔 거슬 갈희여 가져오라.
이 가죽이 털이 빠져 쓰지 못하게 되었으니 더 좋은 것을 골라 가져오라.

你們裡頭挖梆搥的也有麽?
너희 즁에 삼 키ᄂᆞᆫ 이 잇ᄂᆞ냐?
너희 중에 삼 캐는 사람이 있느냐?

我們這裡根子狠貴, 比不淂在先.
우리 여긔 삼이【33a】ᄀᆞ쟝 귀ᄒᆞ여 젼에 비치 못ᄒᆞ리라.
우리 여기 삼이 매우 귀하여 전과는 비교가 안 됩니다.

這幾年旱潦的緣故, 年成狠不好, 窮人家難過了.
이 여러 ᄒᆡ ᄀᆞ믈고 물ᄶᅵ인 연고로 년ᄉᆡ 가쟝 죠치 못ᄒᆞ여 ᄀᆞ난ᄒᆞᆫ ᄉᆞ룸이 지ᄂᆡ기 어려오니라.
여러 해 가물고 수해가 난 연고로 수확이 아주 좋지 못하여 가난한 사람이 지내기 어렵습니다.

鳳凰城的老太爺巴不淂上本得準, 教我們挖蔘, 所以會挖的挖去不會的做買賣了.
봉황셩 대노얘 마지못ᄒᆞ여 글 올녀 쥰지를 어더 우리로 ᄒᆞ여 삼 ᄏᆡ라 ᄒᆞᄆᆡ 이리모로 ᄏᆡ기 아나니ᄂᆞᆫ ᄏᆡ라 가고 모로ᄂᆞ니ᄂᆞᆫ ᄆᆡ매ᄒᆞᄂᆞ니라.
봉황성 나으리께서 할 수 없이 상소를 올려 조정의 허가를 받아 우리로 하여금 삼 캐라 하므로, 캘 줄 아는 사람은 캐러 가고 캘 줄 모르는 사람들은 장사를 합니다.

[36]

我要買一隻帽子拿樣子來, 我瞧〻.
ᄂᆡ ᄒᆞᆫ 짝 감토를 ᄉᆞ려 ᄒᆞ니 가져오라, 내 보쟈.
내 감투 한 짝을 사려 하니 가져오라, 내 보자.

這箇樣子你看罷.

이 양즈를 네 보라.
이 모양을 보라.

嗳, 這箇矮些呢, 毛也不好, 赶的人薄多有窟窿.
애, 이거시 □고 털도 죠치 아니ᄒᆞ고 민 거시 ᄯᅩ 엷고 구무도 □□□.
에이, 이것은 작고 털도 좋지 않고 민 것이 또 엷고 구멍도 많다.

要錢怎麼的好? 比上年咳多, 造化大.
갑슬 엇지ᄒᆞ여야 죠흐리오? □□ ᄉᆞ름 □□오 긴ᄃᆡ□랴.
값을 어떻게 하면 좋을까? 지난해보다 많고 운수도 큰데.

你瞞誰? 瞞天瞞不淂我.
네 누를 소기려 【33b】 [ᄒᆞᄂᆞ다? ᄒᆞ날은 소겨도 날 속이지 못ᄒᆞ리라].
네가 누구를 속이려 하느냐? 하늘은 속여도 나를 속이진 못하리라.

我一回兒請你來, 你不來我就去.
ᄂᆡ 잇다가 너를 청ᄒᆞᆯ 거시니 네 오지 아니면 ᄂᆡ 곳 가리라.
내 이따가 널 청할 것이니 네가 오지 않으면 내가 가리라.

這一遭誰的該去?
이번에 뉘 감즉ᄒᆞ뇨?
이번엔 누가 갈 만하냐?

你的去好.
네 가야 죠흐리라.
네가 가야 좋다.

嗳, 他的事情, 你管他做甚麼? '各人自掃門前雪, 莫管他家屋上霜'.190)

190) 【各人自掃門前雪, 莫管他家屋上霜】 gèrénzìsǎoménqiánxuě, mòguǎntājiāwūshàngshuāng 〈諺〉 比喻各人只管自己的事, 不要去多管別人閑事.¶ ☞ 各人自掃門前雪, 莫管他家瓦上霜 ¶ 각인이 스ᄉᆞ로 문 알ᄑᆡ 눈을 ᄡᅳᆯ고 타가의 집 우 서리ᄅᆞᆯ 관셥디 말나 ‖ "這桑皮筋額角上現了黑氣, 眼見得撞入太歲網裡, 正是~." 상피근이 니마의 거믄 긔운이 나타나니 태셰예 막나ᄅᆞᆯ 거우미라 졍히 각인이 스ᄉᆞ로 문 알ᄑᆡ 눈을 ᄡᅳᆯ고 타가의 집 우 서리ᄅᆞᆯ 관셥디 말나 ᄒᆞᆷ ᄀᆞᆺ다 (禪眞 15冊本 8:38) ☞ 各人自掃門前雪, 休管他家屋上霜 ‖ 각인이 스ᄉᆞ로 져의 문 앏 눈이나 쓸 거시지 남의 집붕 우에 셔리를 상관치 말나 (綠牡 1:179)

에이, 져의 일을 네 간셥ᄒᆞ여 무슴ᄒᆞ료? 각인이 제 문젼 눈은 쓰되 ᄂᆞᆷ의 집 우희 서리ᄂᆞᆫ 아론 쳬 말라 ᄒᆞ엿ᄂᆞ이라.

에이, 그 사람 일을 네가 뭣하러 간섭하느냐? 사람들이 제 집 문앞의 눈은 쓸되 남의 집 지붕의 서리는 아는 체 않는다 하였느니라.

[37]

這一塘的事情眞箇的冤屈了. 萬一不干我的事, 作甚麽告送你啊.

이 ᄒᆞᆫ 지위 일 진실노 원통ᄒᆞ다. 만일 내게 간셥지 아닌 일이면 무슴ᄒᆞ라 네게 고ᄒᆞ리오.

이 한 바탕 일은 정말로 원통하다. 만일 나와 상관없는 일이면 무엇하러 네게 말하리오.

這箇甚麽人做甚麽來?

이 무슴 ᄉᆞ룸이 무슴ᄒᆞ라 왓ᄂᆞ뇨?

누가 어떻게 했길래 그러느냐?

這麽說不依, 那麽說不荅應; 好話也不喜, 歹話也不惱, 怎麽的好?

이리 닐러도 듯지 아니ᄒᆞ고 져리 일러도 ᄃᆡ답지 아니ᄒᆞ고 죠흔 말도 깃거 아니ᄒᆞ고 【34a】 사오나온 말도 셩ᄂᆡ지 아니ᄒᆞ니 엇지ᄒᆞ여야 죠흐료?

이리 일러도 듣지 않고 저리 일러도 대답지 않고 좋은 말도 기뻐하지 않고 사나운 말도 성내지 않으니 어찌하면 좋으냐?

大事吮大小事吮小, 要多甚麽? '小吃多甛'.[191]

큰일에 크게 쎄혀 먹고 적은 일에 적게 쎄혀 먹으니 만히 달라 ᄒᆞ여 무슴ᄒᆞ료? 젹게 먹어야 달미 하니라.

큰일에 크게 떼어 먹고 적은 일에 적게 떼어 먹으니 많이 달라 하여 무엇하랴? 적게 먹어야 달다.

[38]

你們這裡賣酒的舖子多有, 寡這箇舖子裡人多怎麽?

너희 여긔 술 파ᄂᆞᆫ 져ᄌᆞ 만히 이시되 다만 이 져ᄌᆞ에 ᄉᆞ룸 만흠은 엇진 일고?

---

191) 【小吃多甛】 xiǎochīduōtián 〈諺〉 ☞ 少吃多甛, 吞多嚼不爛 ¶ [샨치도텬, 튼도쟈부른] ~ (華語抄畧 2a/35)

너희 이곳에 술집들이 많은데 이 술집만 유독 사람이 많은 것은 무슨 까닭이냐?

這是酒好的緣故, '酒好人自來, 花香蝶自來'.

이 술이 죠흔 연괴라. 술이 죠흐면 ᄉᆞᄅᆞᆷ이 스ᄉᆞ로 오고 ᄭᅩᆺ이 향ᄂᆡ ᄂᆞ면 납의 스ᄉᆞ로 오ᄂᆞ니라.

이는 술이 좋은 까닭이라. 술이 좋으면 사람이 제 발로 찾아오고 꽃이 향내나면 나비가 저절로 꼬이느니라.

你的家裡窮不窮?

네 집이 가난ᄒᆞ냐 가난치 아니ᄒᆞ냐?

네 집이 가난하냐, 가난치 아니하냐?

但凡貧富由天定, '世上錢財倘來物, 那是常貧久富人'[192]?

무릇 빈부가 하ᄂᆞᆯ이 졍ᄒᆞᆫ ᄃᆡ 말ᄆᆡ암ᄂᆞ니 셰샹 젼ᄌᆡ가 당ᄅᆡᄒᆞᆫ 물이면 어ᄂᆡ 이 써ᄀᆞ지 가난ᄒᆞ며 오ᄅᆡ ᄀᆞ염□ ᄉᆞᄅᆞᆷ이리오?

무릇 빈부는 하늘에 달려 있으니 세상 재물이 우연히 얻은 것일진대 항상 가난하며 항상 부자겠느냐?

'造化大麼不該淂的淂了, 造化低麼該淂的不淂了.' '萬般都是命, 一毫不由人'.[193]

사망이 크면 엇지 못ᄒᆞᆯ 거도 엇고【34b】사망 쳐지면 어들 것도 엇지 못ᄒᆞᄂᆞ

192) 【世上錢財倘來物, 那是常貧久富人】shìshàngqiáncáitǎngláiwù, nǎshìchángpínjiǔfùrén 〈諺〉 倘來物: 偶然而來, 不意而得的東西. 指世間金錢財富都是偶然中得到的東西, 貧富不會永遠不變.¶ 셰샹 젼ᄌᆡ가 당ᄅᆡᄒᆞᆫ 물이면 어ᄂᆡ 이 써ᄀᆞ지 가난ᄒᆞ며 오ᄅᆡ ᄀᆞ염□ ᄉᆞᄅᆞᆷ이리오 ‖ "但凡貧富由天定, ~?" "造化大麼不該淂的淂了, 造化低麼該淂的不淂了." 무릇 빈부가 하ᄂᆞᆯ이 졍ᄒᆞᆫ ᄃᆡ 말ᄆᆡ암ᄂᆞ니 셰샹 젼ᄌᆡ가 당ᄅᆡᄒᆞᆫ 물이면 어ᄂᆡ 이 써ᄀᆞ지 가난ᄒᆞ며 오ᄅᆡ ᄀᆞ염□ ᄉᆞᄅᆞᆷ이리오 /사망이 크면 엇지 못ᄒᆞᆯ 거도 엇고 사망 쳐지면 어들 것도 엇지 못ᄒᆞᄂᆞ니라 (漢語 修綆室 34ab) ☞ 世上錢財倘來物, 那是常貧久富家 ‖ "常言道: ~. 緊着起來, 朝廷爺一時沒錢使, 還問太僕寺借馬價銀子支來使, 休說買賣的人家." (金瓶 7) ☞ 錢財是倘來之物 ‖ "我如今年老也逼桑榆, 端的是朽木材何足數, 數. 則理會的詩書是覺世之師, 忠孝是立身之本. 這~." (東堂老 3折)

193) 【萬般都是命, 一 毫不由人】wànbāndōushìmìng, yīháobùyóurén 〈諺〉 意謂人生的一切遭際都由命運安排, 半點也由不得自己.¶ ☞ 萬般這有命, 半点不由人 ‖ 만반이 명에 잇고 반졈 ᄉᆞ람의계 잇지 안니이라 ‖ "自然自然. ~." 자연 자연하니라 만반이 명에 잇고 반졈 ᄉᆞ람의계 잇지 안니이라 (騎着匹 상6b) ☞ 萬般皆是命, 半點不由人 ‖ "其年正是三十二歲, 交逢好運, 正應張鐵口先生推算之語. 可見: ~." (警通 17) "勸人放開肚腸, 莫使機心, 不要日裡忙忙碌碌, 茶飯不得安享一餐, 夜裡魂魄飛揚, 好夢不能做得一個, 着何要緊, 只爲不信那: ~這兩句話兒, 所以誤了一生." (生綃剪 6)

니라. 만 가지 다 이 명이라 ᄒᆞᆫ 털억도 ᄉᆞᄅᆞᆷ을 말믜암지 아닌ᄂᆞ이라.

재수가 좋으면 얻지 못할 것도 얻고 재수가 없으면 마땅히 얻을 것도 얻지 못한다. 모든 것은 다 이 운명이라 일호도 사람을 말미암지 않는다.

[모든 것은 운명에 달렸다.]

[39]

你的嘴利害, 嘴吧子打.
네 부리 ᄉᆞ오ᄂᆞ오니 쥬동이를 치리라.
네 부리가 사나우니 주둥이를 치리라.

我不信你的油嘴.
ᄂᆡ 네 김름 바른 부리를 미더 아니ᄒᆞ노라.
나는 너의 기름 바른 주둥이를 믿지 않는다.

胖ᆢ的大漢子怎麽當不淂矮ᆢ的矬漢?
살진 큰 놈이 엇지 킈 져근 놈을 당ᄒᆞ리오?
살진 큰 놈이 어찌 저 키 작은 놈을 당하리오?

‘水泡雖大沒斤兩, 稱錘雖小壓千斤’.194)
물방울이 비록 크나 근량이 업고 져울츄가 비록 져그나 쳔근을 누르ᄂᆞ니라.
물방울이 비록 크나 근량이 없고 저울추가 비록 작으나 천근을 누른다.
[뱁새는 작아도 알만 잘 낳는다. / 키 큰 놈의 집에 내려 먹을 것 없다.]

你的不是處自然露出來.
네 올치 아닌 곳이 ᄌᆞ연이 드러나ᄂᆞ니라.
네 옳지 않은 곳이 자연히 드러나느니라.

‘刮了佛爺的屁股, 麻刀出來了’.195)

194) 【水泡雖大沒斤兩, 稱錘雖小壓千斤】shuǐpàosuīdàméijīnliàng, chēngchuísuīxiǎoyāqiānjīn 〈諺〉 比喻人雖不顯眼, 本領或志向却大.¶ ☞ 稱錘雖小, 壓重千斤 ‖ ~ (華語抄畧 5a/157) ☞ 稱錘雖小, 能壓千斤 ‖ “你這話就說差了. 豈不知~?” (麟兒報 6) ☞ 尿泡雖大無斤兩, 稱錘雖小壓千斤 ¶ 比喻個子大或年紀大的人并不一定有眞本領, 而個子小或年紀小的人却往往有眞本領. ‖ “你原來沒眼色, 認不得人. 俗語云: ‘~.’ 他們相貌, 空大無用……咱老孫小自小, 筋節.” (西遊 31)

195) 【刮了佛爺的屁股, 麻刀出來了】guālefóyedepìgu, mádāochūláile 〈諺〉 傾佛底現亂麻. 比喻外表

부쳐의 밋츨 글그면 삼거울이 드러나ᄂᆞ니라.
부처 밑을 기울이면 삼거웃이 드러난다.
[부처 밑을 들추면 삼거풀이 나온다. /부처님 밑구멍의 삼거웃 같다.]

'有錢的有事也無事, 沒有錢的無事也有事'.
돈 잇ᄂᆞᆫ 이ᄂᆞᆫ 일이 이셔도 일이 업고 돈 업ᄂᆞᆫ 이ᄂᆞᆫ 일이 업셔도 일이 잇ᄂᆞᆫ니라.
돈 있는 이는 일이 있어도 일이 없고 돈 없는 이는 일이 없어도 일이 있다.

這買賣吮吃多少?
이 흥졍에 언머를 ᄯᅥ여 먹으뇨?
이 흥정에 얼마를 떼어 먹느냐?

'老鼠尾巴生瘡 — 濃水【35a】不多'.196)
쥐ᄭᅩ리에 부으롬 나믜 고름이 만치 아니타.
쥐꼬리에 부스럼 — 국물이 별로 없다.

但是事情'先斷後不亂'.197) 萬一出來[事]麽, 懊悔也沒奈何.

華麗, 但內容却亂七八槽.¶ 부쳐의 밋츨 글그면 삼거울이 드러나ᄂᆞ니라 (漢語 修綆室 34b)

196) 【老鼠尾巴生瘡兒 — 濃水不多】lǎoshǔwěibāshēngchuāngr, nóngshuǐbùduō 〈歇〉 瘡: 一種化膿的皮膚病. 比喩沒多大油水.¶ ~ (華語抄畧 5b/165) ☞ 老鼠尾巴上害癤子 — 出濃也不多 ‖ "怪不得人說你們'詩云子曰'的人難說話. 這樣看來, 你好像'~'. 倒是我多事, 不該來惹這婆子曰舌!" (儒林 14)

197) 【先斷後不亂】xiānduànhòubùluàn 〈諺〉 斷: 決斷. 指先把事情談妥了, 以後就不會出糾紛.¶ [션돤톡부뤈] ~ (華語抄畧 2a/51) ☞ 先斷後不難 [션돤후부란] 만져 하면 후의 어렵지 안니하- ‖ "俗言道'~', 咱們嗎口尙哺理都打開瞧一瞧, 寡調出不好的來, 剩不多小筭多小, 点点數兒起票來, 却不省明个的嘮道嗎." 속언에 니르ᄃᆡ 만져 하면 후의 어렵지 안니하니 우리 직급 가지 가지 다 풀고 보고 보와 좃치 안닌 것만 골나ᄂᆡ고 얼마가 나무면 얼마을 셈하고 수을 셰여 표을 ᄂᆡ면 ᄯᅩ한 ᄂᆡ일 괴라음을 덜지 아니랴 (你呢貴姓 16b) [션단학불난] 먼져 결단ᄒᆞ면 쥬의 어렵지 않- ‖ "俗言道'~', 咱們嗎口尙哺理都打開瞧, 寡調出不好的來, 剩不的多小筭多小, 点点數兒起票來, 却不省明个的嘮道嗎." 쇽담의 이르기를 먼져 결단ᄒᆞ면 쥬의 어렵지 안으니라 우리 딕급 가지가지 풀고 보자 과이 죠은 거슨 고르지 말나 남난 것 얼마던지 혐ᄒᆞ자 수를 허여 표ᄒᆞᄌᆞ ᄯᅩ한 ᄂᆡ일 괴로오믈 ᄉᆡᆼ각지 안ᄂᆞ니 (學淸 10b) [션돤후부난] 먼져 싹ᄊᆞᆨ이 허면 후의 어렵지 안타 ‖ "作却到作, 却是有話, 該當說得頭裏, 纔'~'. 你也是顧量着." 허기는 허깃다마는 그 잇는 말은 가이 맛당 먼져 말허야 먼져 싹ᄊᆞᆨ이 허면 후의 어렵지 안타 허엿는니 너도 힘을 ᄌᆡ여 보와라 (中華 濯足 22a) [션돤후부난] ▼만져 ᄉᆞᆫ으면 후에 어렵지 안타 ‖ "作却到作, 却是有話, 該當說淂[到]頭裡, 纔'~'. 你也是顧[估]量着." ᄒᆞ기ᄂᆞᆫ ᄒᆞ려니와 그 잇ᄂᆞᆫ 말이니 가이 맛당이 만져 말ᄒᆞ여 만져 ᄉᆞᆫ으면 후에 어렵지 안타 ᄒᆞ엿ᄂᆞ니라 너도 혬을 ᄌᆡ여 보와라 (中華 華峰 15a) "這老虔婆黑眼睛珠見了二三十兩白晃晃的官銀, 滿面堆下笑來, 說道: '官人在上,

다만 일은 몬져 결단ᄒᆞ면 후에 어즈럽지 아니ᄒᆞ니라. 만일 일이 나면 뉘웃쳐도 ᄒᆞ일업스니라.

다만 일은 먼저 결단하면 후에 어지럽지 않다. 만일 일이 나면 후회해도 소용없다.

常言道: '一星子火能燒萬頃田'. [198)]
상언에 닐으되 ᄒᆞᆫ 불ᄯᅩᆼ이 능이 만 이랑 밧츨 ᄉᆞ론다 ᄒᆞ니라.
속담에 이르되 한 불똥이 능히 만 이랑 밭을 태울 수 있다.

你別說, 我早知道了, '酸甛苦辣都是經過了'. [199)]
네 일으지 말라. ᄂᆡ 볼셔 아노니 ᄉᆡ 것 단 것 쓴 것 ᄆᆡ온 거슬 다 지ᄂᆡ엿노라.
네 이르지 말라. 내 벌써 아노라. 시고 달고 쓰고 매운 것을 다 겪어 보았다.

[40]

啦, 這幾箇東西裡頭揀着好的拿來罷.
위, 이 여러 가지 즁에 죠흔 거슬 ᄀᆞᆯ희고 가져오라.
어이, 이 여러 가지 중에 좋은 것을 골라 가져오라.

看了這箇又看了那箇, 儘只看□作甚麽?
이것 보고 져것 보와 잇긋 보아 무슴ᄒᆞᆯ다?
이것 보고 저것 보고 구경하기만 해서 무엇하려느냐?

但是好是好, '十箇明星當不得一箇月兒'. [200)]
다만 죠흠은 죠커니와 열 ᄉᆡ별이 ᄒᆞᆫ 달을 당치 못ᄒᆞᄂᆞ니라.

不當老身意小. 自古~." (金甁 7)

198) 【一星子火能燒萬頃田】 yīxīngzihuǒnéngshāowànqǐngtián 〈諺〉 一點點火星, 可燒遍原野. 比喩微小的力量可以發展成巨大的力量.¶ [이싱즈호능샤완킹톈] ~ (華語抄畧 3a/80) ☞ 星星之火, 遂成燎原

199) 【酸甛苦辣都是經過了】 suāntiánkǔlàdōushìjīngguòle 〈諺〉 酸甘苦辣, 指各種味道. 比喩人生的種種遭遇都經過了.¶ ☞ 酸甘苦辣都是經過 ~ (華語抄畧 4b/130)

200) 【十箇明星當不得一箇月兒】 shígemíngxīngdāngbùdeyīgeyuèr 〈諺〉 星星再多, 加在一起也比不過月亮. 比喩死物各有一定的檔次, 低檔次的東西再多再好, 也比不過高檔次的.¶ ~ (華語抄畧 3b/103) ☞ 十个星光當不得一个月亮 ‖ 열 낫 별비치 한 낫 달빗츨 당치 못ᄒᆞ니니라 (華撮日用行語 64a) ☞ 十箇明星當不得一箇月兒 ¶ 比喩舊時正妻生一子, 勝過群妾生十兒. ‖ "我替你整治這符水, 你老人家吃了, 管情就有. 難得你明日另養出來, 隨他多少, ~!" (金甁 40)

좋기는 좋거니와 샛별 열 개가 달 하나를 당하지 못한다
[고욤 일흔이 감 하나만 못하다.]

你小看我麽?
[네 날을 업슈이 너기ᄂᆞ냐]?
네 나를 업신여기느냐?

怎麽小看你?
엇지 너을 업슈이 너기리오?
어찌 너를 업신여기리오?

‘太歲上不敢動土’,[201] 我的走了. ‘三十六計, 走爲上策’.[202]

【35b】[ᄐᆡ셰 우ᄒᆡ 감이 흙을 움즉이지 못ᄒᆞ]ᄂᆞ니 ᄂᆡ 가노라 삼십뉵계 [쥬위상칙]이라.

태세 위에 흙을 감히 움직이지 못하나니, 나는 가노라, 삼십육계에 줄행랑이

---

201) 【太歲頭上動土】 tàisuìtóushàngdòngtǔ 〈諺〉 太歲: 木星.迷信認爲, 太歲凶煞, 人們動土建築, 要避開太歲出現的方位, 否則會招來禍患. 比喻觸犯强者, 自取其禍.¶ ~ (華語抄畧 8a/271) 言必有禍. (大方 水滸 6b) “如今她的對頭狠, 是個太歲的老婆. 我們勸公子息了這個念頭, ~.” 이제 ᄒᆞᆫ 모딘 태셰의 지어미 되여시니 우리 공ᄌᆞ를 권ᄒᆞᄂᆞ니 그런 념녀란 긋치시고 태셰의 머리 우희 가 동토를 마ᄅᆞ쇼셔 (後水滸 2:82) “敬德大怒, 喝一聲: ‘我是官兵官將, 有甚麽買路錢! 你這賊好大膽, 來我~!” 나는 관방 관댱이니 므슴 길갑돈이 이시리오 네 ᄀᆞ장 담이 크도다 ᄂᆞᆯ을 범ᄒᆞᄂᆞ니 태셰대왕의 머리털을 거우미ᄅᆞ (唐秦 8:21) ▼태셰 대왕을 거우려 ᄒᆞ- ‖ “汝等殺人放火, 打家劫舍, 犯着~. 都是該死的人. ……好大膽, 直來~!” 너ᄂᆞᆫ 살인방화ᄒᆞ여 하ᄂᆞᆯ에 ᄀᆞ득ᄒᆞᆫ 죄를 지은 놈이라 너도 귀 잇스려든 엇지 감히 이 태셰 대왕을 거우려 ᄒᆞᄂᆞᆫ다 (水滸 新文 1:1:19) “你這鳥頭陀要和我厮打, 正是~!” 이 놈이 감히 죽고자 ᄒᆞ여 날과 결우고자 ᄒᆞᄂᆞᆫ다 이ᄂᆞᆫ 태셰의 머리털을 거우ᄂᆞᆫ 쟉이로다 (水滸 新文 2:31:151) “廖立挺槍喝道: ‘你這伙鳥男女, 如何來驚動我山寨, 在~?” (水滸 104) “官人不要~, 我媳婦不是好惹的.” (初刻 3) “不想那一日起, 你家夜夜像有人說話一般, 若是別個, 我們就好出來稽查. 你曉得, 太歲頭上可是動得土的?” (肉蒲團 11) ☞ 太歲頭上動土

202) 【三十六計, 走爲上策】 sānshíliùjì, zǒuwéishàngcè 〈諺〉 原指打仗占劣勢的一方, 逃走爲上策. 現爲事態已到無計可施的地步, 爲了擺脫困境, 只有一走了事.¶ ~ (華語抄畧 6ab/200) ☞ 三十六着, 走爲上着 ¶ 삼십뉵계의 쥬위상칙이라 ‖ “如今沒甚麽妙計, ~. 你快回去, 教薛志義衆人, 收拾金銀財寶, 燒毁寨柵, 打發僂羅山伙.” 이제ᄂᆞᆫ 아모 계규도 업ᄉᆞ니 삼십뉵계의 쥬위상칙이라 너ᄂᆞᆫ ᄲᆞᆯ니 도라가 금은ᄌᆡ보를 슈습ᄒᆞ여 산ᄎᆡ를 블지ᄅᆞ고 누라를 흣터바리고 (禪眞 6:32) ᄉᆞᆷ십뉵칙의 닷ᄂᆞᆫ 거시 상칙 ‖ “~. 收拾遠走地方, 才有性命.” ᄉᆞᆷ십뉵칙의 닷ᄂᆞᆫ 거시 상칙이니 힝이를 슈습ᄒᆞ여 먼니 다라나야 ᄇᆡ야흐로 셩명을 보젼ᄒᆞ리이다 (粉粧 1:115) 삼십륙계에 주위샹칙이라 ‖ “娘道: ‘我兒, ~. 只恐沒處走.” 그 모친이 닐오ᄃᆡ 삼십륙계예 주위샹칙이라 ᄒᆞ엿스나 다라날 곳이 업슬가 ᄒᆞ노라 (水滸 新文 2:2:11)

상책이라.

嗳，王法利害，你也不知道王法麽?
애, 왕법이 모지니 네 ᄯᅩ 왕법올 아지 못ᄒᆞᄂᆞ냐?
에이, 왕법이 무섭다. 너는 왕법도 모르느냐?

狠怕. ‘人隨王法草隨風’.[203]
ᄀᆞ쟝 무섭다 사ᄅᆞᆷ은 왕법을 ᄯᆞ로고 풀은 바람을 ᄯᆞ로ᄂᆞ니라.
가장 무섭지. 사람은 왕법을 따르고 풀은 바람을 따른다지 않는가.

203) 【人隨王法草隨風】 rénsuíwángfǎcǎosuífēng 〈諺〉 사ᄅᆞᆷ은 왕법을 ᄯᆞ로고 풀은 바람을 ᄯᆞ로ᄂᆞ니라 (漢語 修綆室 35b)

華語抄畧

【1a】

1. 走到日明還不出門.[204)]

[주닫이밍환부츄문]

밤새도록 걸어도 아직 문 밖을 나서지 못하다.

[밤새도록 가도 문 못들기.]

2. 緊吃的飯噎着脖子.[205)]

[긴치반여져보즈]

급하게 먹는 밥이 목에 멘다.

3. 孩子不啼哭, 娘不妳.[206)]

[히즈부치쿠, 냥부내]

울지 않는 아이 젖 주랴.

[보채는 아이 밥 한 술 더 준다.]

---

204) 【走到日明還不出門】 zǒudàorìmíngháibùchūmén 〈諺〉 功虧一簣. 功敗垂成.¶ ☞ 走到天明還不出門 ‖ [주닫련밍환부츄문] 밤ᄉᆡ도록 가다가 도로혀 문을 못낫단 말이 (華撮 日用行語 60a)

205) 【緊吃的飯噎着脖子】 jǐnchīdefànyèzhebózi 〈諺〉 大走多跌, 大嚼多噎. 欲速則不達.¶ ☞ 快吃的飯噎着哱子¶ 급히 먹ᄂᆞᆫ 밥은 목이 멘다 ‖ "常言道, '線緊致扢搭了', 又說, '~.'" 상언에 일으되 실을 급히 쓰면 ᄆᆡ돕이 지고 또 일으되 급히 먹ᄂᆞᆫ 밥은 목이 멘다 ᄒᆞ니라 (漢語 修綆室 19a) ☞ 快喫的飯脖子噎了 ‖ [캐치디반보즈여랸] 밧게 먹난 밥이 목이 메나니라 (華撮 日用行語 60a)

206) 【孩子不啼哭, 娘不奶】 háizibùtìkū' niángbùnǎi 〈諺〉 鬧哭的孩子多給一個餅.¶ ☞ 孩兒不哭, 娘不妳 ‖ 아희가 우지 아니면 어미가 졋 먹이지 아니ᄒᆞᆫ다 (漢語 修綆室 8a)

4. 那陳[陣]風刮爾來.[207)]

[나친봉과니래]

[무슨 바람이 불어서 왔나.]

5. 飢不擇食, 慌不擇路.[208)]

[지부저시, 황부저루]

배고프면 먹을 것 가리지 않고 급하면 길을 가리지 않는다.

[굶은 놈이 이밥 조밥 가리랴.]

6. 一箇椀裏挿不得兩箇匙兒.[209)]

[이거완리챠부더량거츠을]

한 사발에 숟가락 두 개를 꽂을 수 없다.

7. 扇子雖醜, 凉風自在.[210)]

[션즈쉬착양봉즈직]

못생긴 부채도 바람만 시원하다.

8. 噯費心活到老死.

[익픠신호닷랖스]

살아서 죽을 때까지 노심초사한다.

---

207) 【那陣風刮爾來】nǎzhènfēngguānǐlái 〈熟〉 ☞ 甚風刮了就是你來 ‖ 무슴 바름이 부러느뇨 곳이 네 왓도다 (漢語 修綆室 5b/92)

208) 【飢不擇食, 慌不擇路】jībùzéshí, huángbùzélù 〈諺〉 餓急了就不選擇食物, 慌急了就不選擇道路. 比喩急切或沒有條件時顧不上挑選.¶ “大路上把有關人看着, 打着傍邊小路只顧走了. 眞是~.” (九雲記 28)

209) 【一箇椀裏挿不得兩箇匙兒】yīgewǎnlichābùdeliǎngechír 〈諺〉 比喩有矛盾的人在一起, 常生糾紛.¶ ☞ 一个碗裡揷不得兩个匙 ‖ [이거완리차부더냥거즈] 한 스발의 술 둘을 쏫지 못ᄒᆞ니니라 (華撮 日用行語 64a) ☞ 一箇椀裡揷不淂兩箇匙兒, 一箇槽兒絟不淂兩箇馬兒 ‖ ᄒᆞᆫ 스발에 두 술을 곳지 못ᄒᆞ고 ᄒᆞᆫ 귀유에 두 말을 ᄆᆡ지 못ᄒᆞ리라 (漢語 修綆室 1a/3) ☞ 一箇椀內兩張匙,不是湯着就抹着 ‖ “常言說得好: 三窩兩塊, 六婦小妻. ~. 如何沒些氣兒?” (金甁 76)

210) 【扇子雖醜, 凉風自在】shànzisuīchǒu, liángfēngzìzài 〈諺〉 扇子雖然很醜陋, 但扇子的凉風還依然存在. 比喩雖有損失, 但無傷大體. ¶ ☞ 扇子雖破, 骨子在

9. 佛淹水裡救不得羅漢.

[보연쉬리긱부더로한]

부처님도 물에 빠져서는 나한을 구하지 못한다.

10. 倒貼門神, 還怪畵匠.[211)]

[닾텨문신, 환괘화쟝]

문비[212)]를 거꾸로 부치고 화원을 나무란다.

11. 人是衣裝, 佛是金裝.[213)]

[인시이촹, 보시긴좡]

사람은 옷이 날개요 부처님은 금이 날개다.

[옷이 날개.]

12. 宮自宮商自商.[214)]

[궁즈궁샹즈샹]

궁은 궁이오 상은 상이라.

너는 너고 나는 나다.

13. 不淂睡覺, 怎麽做夢.

[부더쉬쟢, 즘마주몽]

잠을 자야 꿈을 꾸지.

[장가를 들어야 애기를 낳지. / 님을 봐야 뽕을 따지.]

---

211) 【倒貼門神, 還怪畵匠】 dǎotiēménshén, háiguàihuàjiàng 〈諺〉 ☞ 倒貼門神怪畵工 ‖ 문븨를 것고로 부치고 화원을 허믈ᄒᆞ다 (漢語 修綆室 8b)

212) 문비(門裨): 정월 초하룻날에 악귀를 쫓는 뜻으로 대문에 붙이는 신장(神將)의 그림.

213) 【人是衣裝, 佛是金裝】 rénshìyīzhuāng, fóshìjīnzhuāng 〈諺〉 指人穿上好衣服會顯得更加漂亮, 就像佛像鍍金會顯得更加好看一樣.¶ ☞ 佛是金裝, 人是衣裝 ¶ 부텨ᄂᆞᆫ 금으로 ᄭᅮᆷ이고 ᄉᆞ름은 옷스로 ᄭᅮᆷ이ᄂᆞ니 ‖ "'~', 好打扮家裡回去." 부텨ᄂᆞᆫ 금으로 ᄭᅮᆷ이고 ᄉᆞ름은 옷스로 ᄭᅮᆷ이ᄂᆞ니 잘 비오고 집으로 도라가쟈 (漢語 修綆室 21b) "常言道: '~.' 世人眼孔淺的多, 只有皮相, 沒有肉相." (醒恒 1)

214) 【宮自宮, 商自商】 gōngzìgōng, shāngzìshāng 〈諺〉 你是你, 我是我.¶ ☞ 宮自宮商自商, 唱的唱彈的彈 ‖ 궁은 궁이오 상은 상이오 노ᄅᆡ 브르리 노ᄅᆡ 부르고 줄타리 줄탄다 (漢語 修綆室 10a/184)

14. 吃椀飯看鍋飯.215)

[치완ᄫᅡᆫ칸고ᄫᅡᆫ]

밥 다 먹고 솥 쳐다본다.

15. 人皮裡包狗骨【1b】頭.216)

[인피리밮구구투]

사람의 거죽을 쓴 개뼈다귀.

[사람의 탈은 쓴 짐승.]

16. 犯夜的倒拿巡更的.217)

[ᄫᅡᆫ여디닾나슌깅디]

야간 통행 어긴 놈이 도리어 순라를 잡다.

[방귀 뀐 놈이 성낸다.]

17. 穿梭一般走.

[춴소이번ᄌᆖ]

북처럼 왔다 갔다 하다.

18. 一魚混水, 衆魚不安.218)

[이위훈쉬, 중위부안]

물고기 한 마리가 온 시냇물을 흐린다.

[어물전 망신은 꼴뚜기가 시킨다.]

---

215)【吃椀飯看鍋飯】chīwǎnfànkànguōfàn 比喻貪心不足.¶ ☞ 吃着碗裡, 看着鍋裡 ‖ "罷罷, 你還哄我哩. 你那~的心兒, 你說我不知道?" (金瓶 72)

216)【人皮裡包狗骨頭】rénpílibāogǒugǔtou 〈諺〉 罵人話. 罵人外面是人, 骨子裡却像畜牲一樣卑鄙無恥.¶ "我把他當個人看, 誰知~, 東西, 要他何用!" (金瓶 76) ☞ 人皮包着狗骨 ‖ "月娘聽了, 心中大怒, 罵道: '雲離守, 誰知你~! 我過世丈夫, 不曾把你輕待. 如何一旦出此犬馬之言." (金瓶 100)

217)【犯夜的倒拿巡更的】fànyèdedàonáxúngēngde 〈諺〉 犯夜: 違反夜禁; 巡更的: 夜間巡查.比喻做了錯事不認帳, 反而誣陷、打擊揭發人.¶ "這樣無用的奴才也有麽? 還要强嘴罷. '~'." 이 쓸ᄃᆡ업ᄂᆞᆫ 죵놈도 잇ᄂᆞ냐 도로혀 말 다슬려 ᄒᆞᄂᆞᆫ다 범야ᄒᆞᄂᆞ니 도로혀 슌나를 잡으려 ᄒᆞᆫ다 (漢語 修綆室 25b) "唐氏道: '你不怕我對你漢子說, 我可對俺漢子說, 說是你兩個做牽頭, 把我牽上合大官人有的, 我破着活不成, 俺拿漢子渾深也不饒過你, 叫你兩個打人命官司.' 晁柱媳婦道: '你看, 這不是~了!" (醒姻 19)

218)【一魚混水, 衆魚不安】yīyúhùnshuǐ, zhòngyúbù'ān 〈諺〉 一個爛桃壞滿筐. 一顆老鼠屎, 敗壞一鍋湯.¶ ☞ ᄒᆞᆫ 낫 고기 물을 흥치ᄆᆡ 뭇고기 편안치 아니타 (漢語 修綆室 8b/154)

19. 不看僧面看佛面.[219)]

[부칸승면칸보면]
중을 보기 전에 부처의 낯을 본다.
[개도 주인을 보고 때린다.]

20. 十箇指頭掙的也活不得一口.

[시거즈투중디여호부더이쿠]
열 손가락으로 벌어도 입 하나 먹여 살리기 어렵다.

21. 石灰布俗, 到處有蹤.[220)]

[시휘부ᄃᆡ, 돠츄우중]
석회 포대 곳곳에 자취를 남긴다.

22. 槐樹遍擔, 寧折不彎.

[홰슈변단닝셔부완]
회나무 멜대 부러질지언정 굽히지 않는다.

23. 天下宰相都是秀才做的.[221)]

[텬햐ᄌᆡ상두시쉬채주디]
천하의 모든 정승은 수재 출신이다.
[수재는 정승의 싹이다.]

---

219) 【不看僧面看佛面】bùkànsēngmiànkànfómiàn 〈諺〉 比喩求人照顧, 給某人一點面子.¶ 즁을 보디 아냐 부쳐의 ᄂᆞᆺ출 본다 ‖ "'~.' 兄長旣是到此, 萬望救他一救." 즁을 보디 아냐 부쳐의 ᄂᆞᆺ출 본다 ᄒᆞ여시니 스승님ᄃᆞ려ᄂᆞᆫ 노ᄒᆞ여 ᄒᆞᆯ지라도 보사님 ᄂᆞᆺ출 보아 죵시히 구완ᄒᆞ라 (西遊 延世 5:17-31) "你看我的臉面罷了. ~." 네 ᄂᆡ 낫츨 보라 즁의 낫츨 보지 아니ᄒᆞ고 부쳐의 낫츨 보나니라 (漢語 修綆室 14b) "行者笑道: '菩薩, 你却也多疑. 正是'~'." (西遊 42) "爺多狠心處, 你~, 我恁說着, 你就不依依兒." (金瓶 26) ☞ 寺破僧醜(也)看佛面

220) 【石灰布俗, 到處有蹤】shíhuībùdài, dàochùyǒuzòng 〈諺〉 指走到哪裡, 行跡暴露到哪裡.¶ [시휘부ᄃᆡ, 돠츄우중] ~ (華語抄畧 1b/21) ☞ 石灰布俗, 到處留迹 ‖ "若是不擇美惡, 以多爲勝, 如俗語所云'~', 其色何在? 但可謂之好淫而已." (醒恒 15)

221) 【天下宰相都是秀才做的】tiānxiàzǎixiàngdōushìxiùcáizuòde 〈諺〉 意謂宰相有秀才中拔取. 恭維人科擧考試得中的話.¶ ☞ 秀才宰相之苗 ‖ "嚷得是: ~. 老爺今年中了擧, 過年再中進士, 將來要奉公拜相的." (兒女 35) ☞ 秀才是宰相的根苗 ‖ "現在看見他兒子得了功名, 雖然不過是箇小小的秀才, 常言: '~.'" (九尾龜 79)

24. 纔生鴿的子飛不得高嶺.[222)]

[칙승거디즈픠부더잔링]

갓 나는 비둘기 재를 넘지 못한다

25. 當場者亂, 隔壁心寬.

[당창져뤈겨비신퀀]

당사자는 어지러워도 이웃의 마음은 편하다.

26. 甕裏做[捉]了鱉.[223)]

[융리쥬랴벼]

독 안의 자라.

[그물에 든 고기. / 독 안에 든 쥐.]

27. 自家壞的事要頂扛別人.

[즈쟈홰디스얖딩강벼]

자기가 저지른 잘못을 남에게 전가하려 한다.

28. 草怕霜, 霜怕日.[224)]

[챂파솽, 솽파이]

풀은 서리를 무서워 하고 서리는 해를 무서워 한다.

29. 天塌了還有撑天的大漢子.[225)]

[텨타랸환위찬텬디다한즈]

---

222) 【纔生的鴿子飛不得高嶺】cáishēngdegēzifēibudégāolǐng 〈諺〉 ☞ 纔飛的鴿子過不得嶺 ‖ 굿 나는 비들기 재를 넘지 못ᄒᆞᄂᆞ니라 (漢語 修綆室 11b/219) [칩의디거즈고부티링야] "~啊." 하릇 비들기 직 넘지 못ᄒᆞᆫ단 말이라 (華撮 日用行語 64a)

223) 【甕裏捉了鱉】wènglizhuólebié 〈諺〉 甕: 大罈子; 鱉: 甲魚.在大罈子裏捉甲魚. 比喻捕捉對象已在掌握之中, 捉拿很有把握.¶

224) 【草怕霜, 霜怕日】cǎopàshuāng, shuāngpàrì 〈諺〉 指一物降一物, 厲害的人會被更厲害的人制服.¶ 플은 서리를 저퍼ᄒᆞ고 서리ᄂᆞᆫ 히를 저퍼ᄒᆞᄂᆞ니라 (漢語 修綆室 4b/75) ☞ 嫩草怕霜霜怕日, 惡人自有惡人磨 ‖ "這些徒弟們欲要上前解救, 見那匡胤相貌非凡, 身材雄壯, 定是箇難鬪的英雄, ……只得也不多言, 也不動手, ……如兩句俗語說的: '~.'" (飛龍 29)

225) 【天塌了還有撑天(的)大漢子】tiāntàleháiyǒuchēngtiān(de)dàhànzi 〈諺〉 比喻出了問題自會有能人來解決, 自己只管放心.¶ 하늘이 문허져도 ᄀᆞ로혀 하늘 고일 큰 놈이 잇ᄂᆞ니라 (漢語 修綆室 3a/41) ☞ 天攤下來自有長的撑住 ‖ "常言道: ~. 凡是有愚兄在前, 賢弟休得過慮." (醒恒 7)

하늘이 무너져도 하늘 필 큰 사나이가 있다.
[하늘이 무너져도 솟아날 구멍 있다.]

30. 怕他學舌隨屁尻走.

[파타효셔쉬피구주]
말을 흉내낼까 두려워 꽁무니를 따라다닌다.

31. 嗔拳不打笑面.[226)]

[친퀀부다샤면]
성난 주먹이 웃는 뺨을 치지 못한다.
웃는 얼굴에 침 못 뱉는다.

32. 藍田之玉未必盡美, 涇河之水未必長濁.

[탄텬즈쉬위비진미, 강허즈쉬위비창조]
남전의 옥이라고 다 아름다운 것은 아니며 경하의 물도 늘 흐린 것은 아니다.

33. 牧丹花兒雖好, 還要綠【2a】葉兒扶持.[227)]

[무단화을쉬핟, 환야루여을부치]
모란꽃이 좋지만 푸른 잎이 받혀 주어야 한다.

34. 蒼蠅不鑽無縫的鷄鳴.[228)]

---

226) 【嗔拳不打笑面】chēnquánbùdǎxiàomiàn 〈諺〉 因怒而揮拳. 即使非常生氣, 也不會揮拳去打笑臉相迎的人.¶ "僧問: '如何是和尙家風?' 師曰: '~.'" (五燈會元 15) "你只顧打他怎的? 自古'~', 他又不曾傷犯着你." (金瓶 96) "師姑大怒道: '~.' 我好意勸你, 怎倒這等不受人抬舉." (何典 7) ☞ 嗔拳不打笑臉 ‖ 셩닌 쥬머괴 웃는 밤를 치지 못흔다 (漢語 修綆室 8a/143)

227) 【牧丹花兒雖好, 還要綠葉兒扶持】mùdānhuārsuīhǎo, háiyàolǜyèrfūchí 〈諺〉 比喩一箇人能力再大, 也需要別人的支持、幫助.¶ "你們人家厮大厮敬, 盡讓一句兒就罷了. 常言: ~." (金瓶 76) ☞ 牡丹雖好, 綠葉扶持 ‖ "南都閭巷中常諺, 往往有粗俚而可味者, 漫記數則, 如曰……: '~'." (客座贅語 1) ☞ 牡丹雖好, 全仗綠葉扶持 ‖ "俗語說的, '~', 太太們不虧了鳳丫頭, 那些人還幇助嗎!" (紅樓 110) ☞ 牡丹雖好, 也得綠葉扶持 ‖ "'~'哩. 你自家一個, 就歪歪到那裏去?" (醒姻 95)

228) 【蒼蠅不鑽無縫的鷄鳴】cāngyingbùzuànwúfēngdejīdàn 〈諺〉 比喩一個人有缺點, 別人才會乘隙而入.¶ 파리가 솔 업슨 둙의알을 둛지 못흔다 (漢語 修綆室 4a/63) ☞ 蒼蠅不入無縫的蛋¶ 프리도 틈이 업슨 알흔 쉬롤 스디 못흔다 ‖ "俗語說得好, ~, 若是任知縣不肯聽分上, 下官怎的敢去講分上? 譬如老大人素嚴關防, 誰敢以私書于干謁?" 속담이 올흐니 프리도 틈이 업슨 알흔 쉬롤 스디 못흔다 흐니 만일 임디현이 청을 듯디 아니흐면 하관이 엇디 감히 청흐리잇고

[창잉부좐무퉁디지단]

파리도 틈이 없는 알은 쉬를 스지 못한다.

35. 小吃多甛呑多嚼不爛.[229)]

[샾치도텬튼도쵸부련]

적게 먹어야 맛나지 많이 삼키면 씹어도 씹히지 않는다.

[시장이 반찬이다.]

36. 老鴉還笑猪蹄黑.[230)]

[랖야환샾쥬티희]

까마귀 돼지다리 검다고 비웃는다.

[그슬린 돼지가 달아맨 돼지 타령한다. / 똥 묻은 개가 겨 묻은 개 나무란다.]

37. 雪上加霜, 火上添油.[231)]

[숴샹갸솽, 호샨텬익]

눈 온 뒤에 서리 내리고 불 위에 기름을 끼얹다

[설상가상. / 불난 집에 부채질하다.]

38. 三分像人, 七分似鬼.[232)]

비컨딕 노대인이 본딕 청쵹의 엄ᄒᆞ니 뉘 감히 ᄉᆞᄉᆞ 일노 칭념ᄒᆞ며 (包公 尸數椽 9:6)

229) 【小吃多甛, 呑多嚼不爛】 xiǎochīduōtián, tūnduōjiáobùlàn 〈諺〉 指美味食物, 少吃一些感到有滋味, 吃多了不好吃了.¶ ☞ 少吃多甛, 多吃少甛 ‖ 적게 먹으면 달미 만코 만히 먹으면 달미 적으니라 (漢語 修綆室 7b) ☞ 小吃多甛¶ 적게 먹어야 달미 하니라 ‖ “大事咣大小事咣小, 要多甚麽?” “~.” 적게 먹어야 달미 하니라 큰일에 크게 쎄혀 먹고 적은 일에 적게 쎄혀 먹으니 만히 달라 ᄒᆞ여 무슴ᄒᆞ료 / 적게 먹어야 달미 하니라 (漢語 修綆室 34a)

230) 【老鴉還笑猪蹄黑】 lǎoyāháixiàozhūtíhēi 〈諺〉 烏鴉說猪黑, 其實猪還有白脚白尾巴的.¶ 가마괴 도로혀 되야지 발 거믄 거슬 웃ᄂᆞᆫ다 (漢語 修綆室 11a/208)

231) 【雪上加霜, 火上添油】 xuěshàngjiāshuāng, huǒshàngtiānyóu 〈熟〉 比喻災難、禍患接連而至, 使受害程度加重.¶ ☞ 雪上加霜 ¶ 눈 우희 서리 더우미로– ‖ “卽色聲求佛亦錯, 離色聲求佛亦錯, 將錯就錯, ~.” 色聲·에 나·사·가 부텨 求·호미·쏘 錯ᄒᆞ·고 色聲 여·희오 부텨 求·호미·쏘 錯ᄒᆞ·니 錯·를 가·져 錯·애 나·사:가미 :눈 우·희 서·리 더·우·미로·다 (金三 4:62a) ☞ 火上添油 ¶ 불 븟ᄂᆞᆫ 우희 기름을 더ᄒᆞ– ‖ “番王聞奏, 好似~, 由不得心頭火起。” 번왕이 말을 드르ᄆᆡ 엇지 불 븟ᄂᆞᆫ 우희 기름을 더홈이며 부ᄎᆡ질ᄒᆞᄂᆞᆫ 격이 아니리오 번왕이 심두에 불이 이러ᄂᆞᄆᆡ (王昭君 下31:10)

232) 【三分像人, 七分似鬼】 sānfēnxiàngrén, qīfēnsìguǐ 〈諺〉 形容人長得醜陋. 也指人生病或遭折磨後不成人樣子.¶ “你看我那三寸釘穀樹皮, ~.” (水滸 24) “看見羅江東猥 醜陋, ~, 吃了一驚.” (西湖

[산분샹인, 치분스귀]
삼이 사람 같다면 칠은 귀신 같다.
못생기다.

39. 耳邊風聽着.[233)]

[을변봉텽져]
귓가의 바람처럼 흘려 듣다.
[귀넘어 듣다. / 귀밖으로 듣다. / 귀등으로 들리다.]

40. 沒爾是活不到今日.

[무니시호부닾긴이]
네가 없었다면 오늘날까지 살 수 없었을 것이다.

41. 壁有縫, 墻有耳.[234)]

[비익봉샹익을]
벽에는 틈이 있고 담에는 귀가 있다.
[낮말은 새가 듣고 밤말은 쥐가 듣는다.]

二集 15) ☞ 三分像人, 七分像鬼 "陳青邀入內書房中, 多壽與丈人相見, 口中稱謝不盡. 朱世遠見女婿~. 好生不悅." (醒恒 9)

233) 【耳邊風聽着】ěrbiānfēngtīngzhe 〈諺〉 聽了後不當一回事. 聽而不聞.¶ ☞ 耳邊風¶ 比喻聽過後不放在心上. 明陳士元 «俚言解»: "聞言不入耳曰~." ‖ [ᄉᆞᆯ변봉] 江南嘉定縣, 謂人聆言不省. (方一 言語 中州鄉語 26a) "山盟海誓, 一似~, 也不記當時多少恩情重." (金瓶 61) ☞ 耳旁風 ¶ 귓가의 바ᄅᆞᆷ ‖ "我平日和你說的, 全當~; 怎麼他說了你就依, 比聖旨還快些!" 나ᄂᆞᆫ 평일의 너다려 말ᄉᆞᆷᄒᆞ면 귓가의 바ᄅᆞᆷ마치 너기더니 엇지ᄒᆞ여 져의 말을 네 곳 쥰힝ᄒᆞ기ᄅᆞᆯ 황뎨의 됴셔보다 도로혀 쾌히 ᄒᆞᄂᆞ냐 (紅樓 8:42) "比不得你, 拿着我的話當~, 夜裡說了, 早起就忘了." 너ᄂᆞᆫ 내 말을 드ᄅᆞ면 귓가의 바ᄅᆞᆷ마치 너겨 밤의 말ᄒᆞ면 아ᄎᆞᆷ의 곳 니져바리난ᄃᆡ 비기지 못ᄒᆞ리라 (紅樓 21:41) ▼귀졋 바ᄅᆞᆷ ‖ "人家那樣勸你說你, 你都是聽得~, 你怎麼好意思要見人呢?" 남은 그러케 너를 권ᄒᆞ고 말ᄒᆞ되 네 도모지 귀 졋 바ᄅᆞᆷ으로 드르니 네 무ᄉᆞᆷ 듯으로 사ᄅᆞᆷ를 보고져 ᄒᆞᄂᆞ뇨 (華語精選 109)

234) 【壁有縫, 墻有耳】bìyǒufēng, qiángyǒuér 〈諺〉 墻有縫隙會傳出話語去, 壁上有耳會潛晴說話. 意謂耳目甚多, 說機密話隨時要提防被竊聽. 也指再機密的事總會洩漏出去. 隔墻有耳.¶ "你咬人的狗兒不露齒, 是言不是語, ~." (金瓶 26) "不知~, 紹聞只說: '怕親家擡起來打我." (歧路 93) ☞ 墻有縫, 壁有耳 ‖ "自古道: ~. 後來被奸人識破, 那時反爲不美." (五美緣 25) ☞ 墻有縫, 壁有眼 ‖ "你又年少青春, 愁到明日養不出來也怎的! 這裡~, 俺每不好說的; 他使心用心, 反累己身. 誰不知他氣不忿你養這孩子." (金瓶 59)

42. 咬文嚼字[235]的.

[야운쵸즈지]

일부러 어려운 문자를 쓰다. / 문자 쓰기를 좋아하다.

43. 狗咬人人不咬狗, 馬踢人人不踢馬.[236]

[구야인인부야구, 마치인인부치마]

개는 사람을 무나 사람은 개 물지 않고 말은 사람을 차나 사람은 말을 차지 않는다.

44. 一般風火事[237] — 慢條斯禮兒.[238]

[이번훙호스, 만탸스리을]

보통 화급한 일 — 느긋하다.

45. 泥佛勸土佛.[239]

[니보퀀투보]

---

235) 【咬文嚼字】yǎowénjiáozì 〈成〉 形容過分地斟酌字句. 也形容死摳字句或賣弄學識.¶ 글ᄌᆞ롤 아ᄂᆞᆫ 체ᄒᆞ- ‖ "這句罵的好! 我看你~的, 太把科甲擺在臉上了!" 네 이제 글ᄌᆞ롤 아ᄂᆞᆫ 체ᄒᆞ고 과갑에 오르더니 더옥 줍말이 느ᄂᆞᆫ도다 (鏡花 19:46) [쟌운쟌즈] ▼즛씨부- ‖ "他們必定把一句話, 拉長了作兩三截兒, ~, 拿着腔兒, 哼哼唧唧的." 져희 둘은 반다시 일정코 한 마듸롤 가져 나가 느려 두셔너 마듸를 민달고 즛씨부며 챵ᄌᆞ가지 ᄡᅥ여내여 횡셜수셜ᄒᆞ니 (紅樓 27:43) ▼문ᄌᆞ롤 의논ᄒᆞ- ‖ "那楊宗又是個武進士, 在建文時爲廣昌守將, 降了燕王, 陞爲濟南參將, 只會~, 若說到相殺, 便是害怕." 양종은 또 일ᄀᆡ 무진ᄉᆞ로 건문시의 광챵슈쟝이 되엿다가 연왕긔 항ᄒᆞ고 승픔ᄒᆞ여 졔남참쟝이 되여 다만 문ᄌᆞ롤 의논홈만 알고 만일 졉젼ᄒᆞ여 싀살ᄒᆞ믈 말ᄒᆞ면 심히 공겁ᄒᆞᄂᆞᆫ지라 (女仙 17:4)

236) 【狗咬人人不咬狗, 馬踢人人不踢馬】gǒuyǎorénrénbùyǎogǒu, mǎtīrénrénbùtīmǎ ¶ ☞ 狗咬人人不咬狗 ‖ 개ᄂᆞᆫ ᄉᆞ롬을 무러도 ᄉᆞ롬은 개를 무지 아니ᄒᆞ다 (漢語 修綆室 9b)

237) 【風火事】fēnghuǒshì 〈名〉 ❶ 比喻緊急的事.¶ "西門慶叫玳安快騎了騾子赶了去. 月娘道: '一個~還像尋常慢條斯禮兒的." (金瓶 30) ❷ 指大小便.¶ "三則, 姑娘的這泡尿大約也是憋急了, 這叫作'~兒, 斯文不來.'" (兒女 9)

238) 【慢條斯理/慢條絲禮】màntiáosīlǐ 〈成〉 形容動作慢, 不緊張.¶ 늘힛늘힛 (譯補 瑣說 60a) "那春梅只顧不進房來, 叫了半日, 才~推開房門進來." (金瓶 12) "我去時, 還在廚房裏雌着, 等他~兒才和面兒." (金瓶 11) "老爺親自在這裡傳你家兒子說話, 怎的~." (儒林 1)

239) 【泥佛勸土佛】nífóquàntǔfó 〈諺〉 泥與土爲一類東西. 比喻勸說與自己一類的人. 也比喻勸慰和自己遭際相同的人.¶ "我的哥哥, 你自顧了你罷, 又~, 你也成日不着箇家: ……又勸人家漢子." (金瓶 13) ☞ 泥人勸土人 ‖ "幾番燈下與杜開先商量, 要做些鑽穴踰墻的光景. 杜開先每每苦止住他. 這也是~. 你道這杜開先可是沒有這點念頭的麼? 心裡還比康汝平想得殷切." (鼓掌絶塵 5)

진흙 부처가 흙부처를 타이른다.
[똥 묻은 겨가 겨 묻은 개 나무란다.]

46. 貼皮貼肉.

[텨피텨류]

47. 火到猪頭爛, 錢到公事辨.[240)]

[호단쥬투란, 쳔댜궁스반]

불이 이르면 돼지머리가 무르녹고 돈이 이르면 공무가 잘된다.

48. 牛大跐不殺虱子, 山高遮不得太陽.[241)]

[뉴ᄃᆞ치부사시즈, 샨갚져부더틔양릐]

소가 크면 이를 밟아 죽이지 못하고 산이 높으면 해를 가리지 못한다.

49. 飯飽弄快子, 瘡好忘了疼.[242)]

[반밮룽쾌즈, 촹화왕럎퉁]

배가 부르면 장단을 맞추고 상처가 아물면 아픔을 잊는다.

---

240) 【火到猪頭爛, 錢到公事辨】huǒdàozhūtóulàn, qiándàogōngshìbàn 〈諺〉 火候到了, 難煮的猪頭也能熟透; 錢花到了, 難辦的公事也能辦成. 指舊時官場中, 行賄可以打通各種關節. 也泛指只要肯花錢, 就可以辦成一切難辦的事.¶ 불이 니르면 돗희머리가 무로녹고 돈이 니르면 공ᄉᆞ를 잘ᄒᆞᄂᆞ니라 (漢語 修綆室 8a/138) “當日席散, 韓夫人取出若干物事, 制辦賽神禮物, 繡下四道長幡. 自古道好道: ~.” (醒恒 13) “常言道: ~. 且說西門慶、夏提刑已是會定了. 次日, 到衙門裏陞廳, 那提孔、節級幷緝捕觀察, 都被樂三替苗青上下打點停當了.” (金瓶 47) ☞ 錢到公事辦, 火到猪頭爛 ¶ 火候到了, 難煮的猪頭也能熟透; 錢花到了, 難辦的公事也能辦成. 指舊時官場中, 行賄可以打通各種關節. 也泛指只要肯花錢, 就可以辦成一切難辦的事. ‖ “自古‘~’. 只要破些錢子, 把這枕箱買了回來, 這事便罷了.” (儒林 13)

241) 【牛大跐不殺虱子, 山高遮不得太陽】niúdàcǐbùshāshīzi, shāngāozhèbùdetàiyáng 〈諺〉 形容强大的事物也有其弱點, 不一定能制勝所有弱小的東西.¶ ☞ 牛大壓不死虱子 ‖ [뉴다야부쓰서즈] 쇼가 커도 니를 눌너 죽이지 못ᄒᆞ나니라 (華撮 日用行語 60b)

242) 【飯飽弄快子, 瘡好忘了疼】fànbǎonòngkuàizi, chuānghǎowàngleténg 〈諺〉 吃飽了飯, 又去擺弄筷子. 比喻對已經得到的東西還不滿足.¶ ☞ 飯飽弄箸 ‖ “宗師着實的駭然, 問道: ‘魏三, 你怎麼說?’ 他只是磕頭, 說道: ‘小的沒的說, ‘~.’ 是死攉的.” (醒姻 47) “誰知這監生得福不知, ‘~’.” (醒姻 94) ☞ 飯飽弄粥 ‖ “只見晴雯如得了甘露一般, 一氣都灌下去了. 寶玉心下暗道: ‘往常那樣好茶, 他尙有不如意之處; 今日這樣看來, 可知古人說的‘飽飫烹宰, 飢饜糟糠’, 又道是‘~’, 可見都不錯.” (紅樓 77)

50. 竹籃打水，魚網斗風.243)

[주란다쉬, 위왕두붕]

대바구니로 물을 긷고 고기그물로 바람을 막는다.

헛수고.

51. 先斷後不亂.244)

[션돤투부뤈]

먼저 결단하면 후에 어지럽지 않다.

52. 頭醋不酸到底兒薄.245)

---

243) 【竹籃打水，魚網斗風】zhúkuāngdǎshuǐ，yúwǎngdǒufēng 〈諺〉 比喻白費力氣，無濟於事.¶ ☞ 竹籃兒打水 ‖ “男子漢已死，奴身邊又無所出. 雖故大娘有孩兒，到明日長了，各肉兒各疼，歸他娘去了. 閃得我樹倒無陰，~.” (金瓶 91) ☞ 竹籃打水，落而無效 ‖ “必是我那些兒薄幸，撇得我回撲着地樹倒無影來呵，~.” (金瓶 59) ☞ 竹筐打水只落了空 ‖ “誰知白白的空養一場，好似~.” (飛龍 43)

244) 【先斷後不亂】xiānduànhòubùluàn 〈諺〉 斷；決斷. 指先把事情談妥了，以後就不會出糾紛.¶ “但是事情~.” 다만 일은 몬져 결단ᄒᆞ면 후에 어즈럽지 아니ᄒᆞ니라 (漢語 修綆室 35a) ☞ 先斷後不難 ¶ [션돤후부란] 만져 하면 후의 어렵지 안니하- ‖ “俗言道‘~’，咱們嗎口尙哺理都打開瞧一瞧，寡調出不好的來，剩不多小筭多小，点点數兒起票來，却不省明个的嘮道嗎.” 속언에 니르ᄃᆡ 만져 하면 후의 어렵지 안니하니 우리 직금 가지 가지 다 풀고 보고 보와 좃치 안닌 것만 골나ᄂᆡ고 얼마가 나무면 얼마을 셈하고 수을 셰여 표을 ᄂᆡ면 또한 ᄂᆡ일 괴라음을 덜지 아니랴 (你呢貴姓 16b) [션단학불난] ▼먼져 결단ᄒᆞ면 쥬의 어렵지 않- ‖ “俗言道‘~’，咱們嗎口尙哺理都打開瞧，寡調出不好的來，剩不的多小筭多小，点点數兒起票來，却不省明个的嘮道嗎.” 쇽담의 이르기를 먼져 결단ᄒᆞ면 쥬의 어렵지 안으니라 우리 ᄃᆡ급 가지가지 풀고 보자 과이 죠은 거슨 고르지 말나 남난 것 얼마던지 혐ᄒᆞ자 수를 허여 표ᄒᆞᄌᆞ 또한 ᄂᆡ일 괴로오믈 싱각지 안ᄂᆞ니 (學淸 10b) [션돤후부난] ▼먼져 싹ᆢ이 허면 후의 어렵지 안타 ‖ “作却到作，却是有話，該當說得頭裏，纔‘~’. 你也是顧量着.” 허기는 허깃다마는 그 잇는 말은 가이 맛당 먼져 말허야 먼져 싹ᆢ이 허면 후의 어렵지 안타 허엿는니 너도 힘을 ᄌᆡ여 보와라 (中華 濯足 22a) [션돤후부난] ▼만져 긋으면 후에 어렵지 안타 ‖ “作却到作，却是有話，該當說淂[到]頭裡，纔‘~’. 你也是顧[估]量着.” ᄒᆞ기는 ᄒᆞ려니와 그 잇ᄂᆞᆫ 말이니 가이 맛당이 만져 말ᄒᆞ여 만져 긋으면 후에 어렵지 안타 ᄒᆞ엿ᄂᆞ니라 너도 헴을 ᄌᆡ여 보와라 (中華 華峰 15a) “惱幾天以後에，客商們招掌櫃的說是，劉三爺旣是勸我們講生意着ᄒᆞ니，我們也不得不作이와，作却到作，却是有話은，該當說得頭裏纔‘~’ᄒᆞᄃᆞ ᄒᆞ여ᄂᆞ니.” (騎着一匹 7b) ☞ 先說斷，後不亂 ‖ “這老虔婆黑眼睛珠見了二三十兩白晃晃的官銀，滿面堆下笑來，說道：‘官人在上，不當老身意小. 自古~.’” (金瓶 7)

245) 【頭醋不酸到底兒薄】tóucùbùsuāndàodǐrbáo 〈諺〉 開頭不行，以後一直好不了.¶ ☞ 頭醋不釅二醋薄 ‖ 맛국 초가 싀지 아니면 둘ᄌᆡ 초가 승겁다 ᄒᆞ니라 (水滸 奎章 51:128) 맛국 쵸가 시지 안니ᄒᆞ면 둘ᄌᆡ 초가 승겁다 ᄒᆞ는니라 (水滸 延世 30b-50) 막국 쵸가 시지 안니ᄒᆞ면 둘ᄌᆡ

[투추부쏸단디을봐]

첫번째 초가 시지 않으면 다음 초도 싱겁다.

[시작이 시원찮으면 그 다음도 시원찮다.]

53. 十箇持[指]頭咬着都疼.246)

[시거즈투약져두통]

열 손가락 깨물어 아프지 않은 손가락 없다.

54. 天有不【2b】測風雨, 人有朝夕禍福.247)

[텬읻부저붕위, 인읻댜시호부]

하늘은 비바람을 예측할 수 없고 사람은 언제 재앙이 닥칠지 모른다.

55. 笆籬不牢, 狗鑽入來.248)

쵸가 승겁다 ᄒᆞ나니라 (水滸 聯帖 20b) 첫벗 초 식지 아니면 두번 ᄌᆡ 초 박ᄒᆞ야 (大方 水滸 6b) 첫번 초 시지 아니ᄒᆞ며 두번 ᄌᆡ 초 마시 박ᄒᆞ단 말 (語覽 水滸 51b) 웃국 초가 싀지 아니며 둘ᄌᆡ 초가 승겁다 ᄒᆞ나니라 (水滸 50:92) 못물쵸가 시지 안이하면 두ᄎᆡ 쵸가 슴겁다 하난이 (水滸 菊齋 1:54b) ☞ 頭醋不艶徹底薄 ‖ "若是吃了一遭酒, 不見了一把, 不嚷亂, 你家是王十萬! ~." (金甁 31)

246) 【十箇指頭咬着都疼】shígezhǐtouyǎozhedōuténg 〈諺〉 比喩骨肉之情, 無論哪一個受到傷害, 都會感到心疼.¶ 열 손가락을 물면 다 알프니라 (漢語 修綆室 8b/155) "死了的也是侄兒, 活着的也是侄兒, ~." (金甁 7)

247) 【天有不測風雨, 人有朝夕禍福】tiānyǒubùcèfēngyǔ, rényǒuzhāoxīhuòfú 〈諺〉 不測: 料想不到. 意爲人有難以預料的災禍, 說不定甚麼時候就災禍臨頭.¶ "天有~. 那小厮恰才無病, 怎生下在牢裡便有病." (合同文字 4折) ☞ 天有不測風雨, 人有暫時禍福 ‖ 하ᄂᆞᆯ은 측냥치 못ᄒᆞᆯ 풍위 잇고 ᄉᆞᄅᆞᆷ은 잠시 화복이 잇ᄂᆞ니라 (漢語 修綆室 4a/62)

248) 【笆籬不牢, 狗鑽入來】bālíbùláo, gǒuzuànrùlái 〈諺〉 籬, 籬笆. 比喩防範嚴密, 壞人就無法鑽空子.¶ 바ᄌᆞ를 든ᄃᆞᆫ이 못ᄒᆞ면 개 쑵고 드러온다 (漢語 修綆室 10a/182) "自從嫁了武大, 眞個螻蟻也不敢入屋裏來, 有甚麼籬笆不牢, 犬兒鑽得入來?" 내 너를 맛난 후로 ᄀᆡ암이도 집에 든 일이 업섯거든 엇지 울타리 실치 못ᄒᆞ여 범이 드러온 일이 잇섯관대 어ᄌᆞ러온 말로 로낭을 침로ᄒᆞᄂᆞᆫ다 (水滸 新文 2:23:51) ☞ 籬牢犬不入 ¶ 계집이 몸을 잘 직히면 외인이 못 드러 오나니라 (水滸 補:116) 女子守內則外人不□入.(水滸 延世 51b) 女子自守, 外人不入. (語覽 水滸 47a) 울을 굿게 ᄒᆞ여야 범이 드지 못ᄒᆞ- ‖ "嫂嫂是個精細的人, 不必用武松多說. 我哥哥爲人質朴, 全靠嫂嫂做主看覰他. 常言道: 表壯不如裏壯. 嫂嫂把得家定, 我哥哥煩惱做甚麼? 豈不聞古人言: ~." 수수는 정세ᄒᆞᆫ 사ᄅᆞᆷ이니 무송이 여러 말 아니ᄒᆞ거니와 나의 가가ᄂᆞᆫ 위인이 질박ᄒᆞ여 범ᄉᆞ를 다 수수의 쥬션ᄒᆞᆷ을 밋어 힝ᄒᆞ려니와 넷 말에 닐넛스되 밧글 장ᄒᆞ게 ᄒᆞᄂᆞᆫ 것이 안을 굿세게 ᄒᆞ니만 ᄀᆞᆺ지 못ᄒᆞ고 울을 굿게 ᄒᆞ여야 범이 드지 못ᄒᆞᄂᆞ니라 (水滸 新文 2:23:50) ☞ 籬籬不牢, 犬兒鑽得入來 ¶ 울타리 실치 못ᄒᆞ여 범이 드러오- ‖ "自從嫁了武大, 眞個螻蟻也不敢入屋裏來, 有甚麼~?" 내 너를 맛난 후로 ᄀᆡ암이도 집에 든 일이 업섯거든 엇

[바리부랖구궏유레]

울타리가 튼튼하지 않으면 개가 뚫고 들어온다.

56. 不圖打魚, 只圖混水.[249)]

[부투다위, 즈투훈쉬]

물고기는 잡지 않고 물만 흐린다.

57. 情人眼裏出西施.[250)]

[칭인얀리츄시스]

제 눈에 안경.

58. 母狗不搖尾, 公狗不上身.[251)]

[무구부얀위궁구부샹신]

암캐가 꼬리를 흔들지 않으면 숫캐가 올라타지 않는다.

59. 上樑不正, 底樑不正.[252)]

지 울타리 실치 못ᄒᆞ여 범이 드러온 일이 잇섯관대 어ᄌᆞ러온 말로 로낭을 침로ᄒᆞᄂᆞᆫ다 (水滸 新文 2:23:51)

249) 【不圖打魚, 只圖混水】bùtúdǎyú, zhǐtúhùnshuǐ 〈諺〉 比喩只想把事情搞亂, 不想漁利.¶ "進錢糧之時, 香裏頭多上些木頭, 蠟裏頭多攙些柏油, 那裏查帳去! ~." (金甁 45) "如今我先把你家女兒休了, 然後一紙狀子告到官: 再不, 東京萬壽門進一本, 你家見收着我家許多金銀箱籠, 都是楊戩應沒官贓物! 好不好, 把你這幾間業房子都抄沒了, 老婆便當官辨賣. 我~要子." (金甁 86)

250) 【情人眼裏出西施】qíngrényǎnlichūxīshī 〈諺〉 西施: 春秋時越國的美女, 後泛稱美人. 自己所鍾情的女子, 卽使長相平常, 也感到和西施一樣美.¶ "'~', 他自暗裡想(着)這文姬: 生相仔麼好, 身材仔麼好, 性格仔麼好." (三刻 20) "一則是天緣, 二則是'~.'" (紅樓 79) ☞ 情人眼內出西施 ‖ "婦人聽了, 微笑說道: '他宅裏神道相似的幾房娘子, 他肯要俺這醜貨兒?' 婆子道: '你怎的這般說? 自古道: ~. 一來也是你緣法湊巧." (金甁 37)

251) 【母狗不搖尾, 公狗不上身】mǔgǒubùyáowěi, gōnggǒubùshàngshēn 〈諺〉 搖尾: 翹起尾巴求歡. 指男女淫亂, 女方也有一定責任.¶ 암ᄀᆡ가 ᄭᅩ리를 흔드지 아니ᄒᆞ면 수개가 몸에 오로지 아니ᄒᆞᄂᆞ니라 (漢語 修綆室 4b/72) ☞ 母狗不掉尾, 公狗不上身 ‖ "大不正則小不敬. ~." (金甁 76) ☞ 母狗不掉尾, 公狗不跳槽 ‖ "他是你丈人愛妾, 寡居守孝. 你因何把他戲嘲? 也有那沒廉恥斜皮, 把你刮刺上了. 自古~." (金甁 86)

252) 【上樑不正, 底樑不正】shàngliángbùzhèng, dǐliángbùzhèng 〈諺〉 比喩上面的人思想行爲不正派, 下邊的人也跟着不學好.¶ ☞ 上樑不正底樑歪 ‖ 웃들뵈 바로지 아니면 아ᄅᆡ들뵈 기우ᄂᆞ니라 (漢語 修綆室 6a/98) ☞ 上梁不正下梁歪 ‖ "傳出去休說六隣親戚笑話, 只家中大小把你也不着在意裡. 正是~." (金甁 26)

[샹량부징디량부징]
윗물이 맑아야 아랫물도 맑다.

60. 解鈴的是絟鈴的.[253)]

[계링디시솬링디]
방울 맨 사람이 도로 방울을 그른다.
[결자해지. / 맺은 놈이 풀지.]

61. 爾也染做半藍.

[니여얀주반란]
너도 반쯤 푸른 색으로 물들인다.

62. 善有善報, 惡有惡報.[254)]

[션익션반, 어익어반]
선은 선으로 보답받고 악은 악으로 갚는다.

63. 兎兒沿山跑, 還來歸舊窩.

[투을연산팦, 환례귀구오]
토끼도 산기슭을 따라 달리다가도 원래 굴로 돌아온다.

64. 一鍬掘井 – 慢慢的等着罷.[255)]

[이취큐징, 만만디등져바]

---

253) 【解鈴的是絟鈴的】jiělíngdeshìshuānlíngde 〈諺〉 比喩誰惹的事還是由誰去解決.¶ ☞ 解鈴還是繫鈴人¶ ᄆᆡ니 픈다; 俗說: 結者當解也. 常行之語曰ᄆᆡ니 그ᄅᆞᆫ다 ᄒᆞᄂᆞ니라 ‖ "此事原是楊老先爲求令愛姻事不成起的釁端. 俗說: '~.' 莫若待學生作伐, 老先生曲從了此段姻事, 等他另薦一人, 替了老先生, 老先生就可不去了." 이 일이 본ᄃᆡ 양ᄌᆞ헌이 녕ᄋᆡ의 혼ᄉᆞ 못되모로 흔단을 지어 내미라 쇽셜의 닐오ᄃᆡ ᄆᆡ니 픈다 ᄒᆞ니 쇼뎨로 듕ᄆᆡ를 사마 이 혼인을 일오면 븍힝을 ᄌᆞ연 면ᄒᆞᆯ 거시오 (玉嬌 1:52) [졔링환스지링인] ▼방울 프ᄂᆞᆫ 이가 도로혀 이 방울 ᄆᆡᄂᆞᆫ 사ᄅᆞᆷ이라 ‖ "心病終須心藥治, ~." ᄆᆞᄋᆞᆷ 병이 마ᄎᆞᆷᄂᆡ ᄆᆞᄋᆞᆷ 약을 기다려 다ᄉᆞ리ᄂᆞ니 방울 프ᄂᆞᆫ 이가 도로혀 이 방울 ᄆᆡᄂᆞᆫ 사ᄅᆞᆷ일너라 (紅樓 90:23) ☞ 解鈴原是繫鈴人 ‖ ᄃᆡ방울을 ᄆᆡᆫ 사ᄅᆞᆷ이 도로 방울을 그른다 (女仙 25:64)

254) 【善有善報, 惡有惡報】shànyǒushànbào, èyǒuèbào 〈諺〉 不論是好人行善事還是壞人做歹事, 都必然會得到報應.¶ "正是: '~. 天網恢恢, 疏而不漏!" (金瓶 1)

255) 【一鍬掘井, 慢慢的等着罷】yīqiūjuéjǐng, mànmàndeděngzheba 〈諺〉 一鍬挖不出一口井. 比喩做事情不可能一下子就輕易就得成功.¶

삽 한 자루로 우물 파기 ─ 마냥 두고 보자.

65. 雷聲大, 雨點小.[256)]

[뤼싱ᄃᆞ, 유뎌샾]

천둥소리 요란한데 빗방울은 작다.

66. 園頭的苦瓜一樣看.[257)]

[원투디쿠과이양칸]

원두막쟁이 쓴 오이 보듯. / 장님 손 보듯 한다.

67. 鳳生鳳, 龍生龍, 耗子生鑽窟窿.[258)]

[봉승봉룽승룽, 핰즈승촨쿠룽]

봉황이 봉황을 낳고 용은 용을 낳고 쥐는 낳으면 구멍을 뚫는다.

68. 天雖高往下看着哩.

[텬쉬갚왕햐칸져리]

하늘은 높아도 볼 때는 내려다 보아야 한다.

69. 成大事者, 不愛小費.[259)]

---

256) 【雷聲大, 雨點小】léishēngdà, yǚdiǎnxiǎo 〈諺〉 比喩叫喊得很厲害, 聲勢造得很大, 但沒甚麼實際行動或有效的結果.¶ "賊沒廉恥的貨, 頭裡那等~, 打哩亂哩, 及到其間, 也不怎麽的." (金甁 20) ☞ 雷聲甚大, 雨點全無 ‖ "慧曰: '汝但揣摩看.' 師竟以爲不然. 經旬, 因記海印禪師, 拈曰: '~.'" (五燈會元 20)

257) 【園頭的苦瓜一樣看】yuántoudekǔguāyīyàngkàn 〈諺〉 冷眼傍觀.¶

258) 【鳳生鳳, 龍生龍, 耗子生鑽窟窿】fèngshēngfèng, lóngshēnglóng, hàozishēngzuànkūlong 〈諺〉 龍生下的是龍, 鳳生下的是鳳. 比喩有甚麼樣的父母, 就會生出甚麼樣的兒子. 也指有甚麼樣的宗師, 就會有甚麼樣的信徒.¶ ☞ 龍生龍, 鳳生鳳, 老鼠生來會打洞 ‖ "詩曰: ~. 吹堂灰起裂麻縫." (飛跎全傳) ☞ 龍生龍, 鳳生鳳 ‖ "張氏道: '罷罷, ~, 有那不思家乞丐天涯的父親, 定然生這不顧母落溝渠的兒子." (石點頭 3)

259) 【成大事者, 不愛小費】chéngdàshìzhě, bù'àixiǎofèi 〈諺〉 辦大事的人不吝惜小的破費.¶ ☞ 成大事者, 不惜小費 ‖ 대ᄉᆞ 일우ᄂᆞ니ᄂᆞᆫ 져근 허비를 앗기지 아니타 (漢語 修綆室 8a/142) "~. 小不忍, 則亂大謀. 掌三軍、封萬戶, 豈可這等樣兒的匹夫之勇, 婦人之仁. 咱爺的雄兵幾十萬, 那裏少了這五十名害兵的囚軍." (西洋記 19) ☞ 成大者不惜小費 ‖ "那賁四連忙跪下說: '何爺說的是. 自古使的憨錢, 治的莊田: 千年房舍換百主, 一番拆洗一番新.' 把個何太監聽了喜歡的要不的, 便道: '你是那裏的? 此人倒會說話兒. 常言~, 其實說的是." (金甁 71)

[칭드스져, 부의산픠]
큰일을 하는 사람은 푼돈을 아끼지 않는다.

70. 但知銀子貴, 不會幹事難.

[단지인즈귀, 부휘간스난]
돈이 귀한 줄만 알았지 일 어려운 줄은 모른다.

71. 海水知深淺, 人心難忖量.[260)]

[히쉬지신쳔, 이신난춘양]
열 길 물속은 알아도 한 길 사람 속은 헤아리기 어렵다.

72. 兩步做一步.[261)]

[량부주이부]
두 걸음을 한 걸음처럼.
[오금에서 불(바람, 비파소리)이 나게.]

73. 兩程做一程.[262)]

---

260) 【海水知深淺, 人心難忖量】hǎishuǐzhīshēnqiǎn, rénxīnnáncǔnliàng 〈諺〉 人心難測, 海水難量. 不能單憑外表來判斷一個人.¶ ☞ 人不可貌相, 海水不可斗量 ‖ [인부커만샹, 히부커두량] ᄉᆞ람은 얼골노 속을 몰을 거시요 바다은 말노 되지 못ᄒᆞᄂᆞ니라 (華撮 日用行語 59b) ☞ 人不可貌相, 海不可斗量 ‖ [인부커만샹, 해부커두량] 사ᄅᆞᆷ은 가히 얼굴로 상티 못ᄒᆞ고 바다흔 가히 말로 되디 못ᄒᆞ- ‖ "我不想這新來的莊家快打, 這的喚做'~', 怎麼小看人." 내 이 새로 온 향암이 잘 틸 줄을 ᄉᆡᆼ각디 못ᄒᆞ롸 이러모로 니ᄅᆞ기를 사ᄅᆞᆷ은 가히 얼굴로 상티 못ᄒᆞ고 바다흔 가히 말로 되디 못ᄒᆞᆫ다 ᄒᆞ니 엇디 사ᄅᆞᆷ을 小看ᄒᆞ리오 (朴下 36ab) [인부커만샹, 해부커두량] ▼사ᄅᆞᆷ은 可히 얼굴로 보지 못ᄒᆞᆯ 거시오 바다흔 可히 말로 되지 못ᄒᆞᆯ 거시로- ‖ "崔哥這幾回果然打得好. 我不想你這莊家漢, 倒慣會打毬哩. 這眞是: '~.'" 崔哥ㅣ아 여러 디위를 果然 치기를 잘 ᄒᆞᆫ다 내 너 이 향암엣 놈이 도로혀 당방올 치기 닉이 알 줄을 ᄉᆡᆼ각지 못ᄒᆞ엿노라 이 진실로 사ᄅᆞᆷ은 可히 얼굴로 보지 못ᄒᆞᆯ 거시오 바다흔 可히 말로 되지 못ᄒᆞᆯ 거시로다 (朴新 3:37b) "我看他的貌樣狠伶俐的人. 辦事呢事ᄏ兒疾快, 說話呢句ᄏ兒明白, '~'的話竟不虛." ᄂᆡ 져의 모양을 보니 가장 녕니ᄒᆞᆫ ᄉᆞᄅᆞᆷ이로다 일을 ᄒᆞ면 일마다 ᄲᆞᆯ니 ᄒᆞ고 말을 니르면 구ᄏ마다 명ᄇᆡᆨ히 ᄒᆞ리니 ᄉᆞᄅᆞᆷ은 얼골노 보지 못ᄒᆞ고 바다ᄂᆞᆫ 되지 못ᄒᆞᆫ단 말이 그르지 아니ᄒᆞ다. (漢語 修綆室 28b) "~. 若愛丰姿者, 如何捉得妖賊也?" (西遊 62)

261) 【兩步做一步】liǎngbùzuòyībù 〈諺〉 形容人心裏着急, 快步趕路的樣子.¶ "鳳四老爹~, 闖進他看墻門, 高聲嚷道: '姓毛的在家不在家?'" (儒林 52) ☞ 三步做兩步 ‖ "這裏從引領潘道士到得門前, 便道: '此間便是.' 丢下法官, ~, 躲開去了." (醒恒 13) ☞ 三步做兩步走 ‖ "在房門外, 便聽得服毒二字, 吃了一驚, ~. 只見兩口兒都倒在地下, 情知古怪, 着了個忙, 叫起屈來." (醒恒 9)

[량창주이팅]
두 일정을 한 일정처럼.
[오금에서 불(바람, 비파소리)이 나게.]

【3a】

74. 背孩兒找孩兒.[263)]

[븨ᄒᆡ을좌ᄒᆡ을]
업은 아기 삼년 찾는다.

75. 不吃酒鱸鼻子.[264)]

[부치쥐자비즈]
술은 입에 대지도 않았는데 코주부 같다.

76. 心緊的吃不得熱的.[265)]

[신긴디치부더여]
마음이 급하니는 더운 죽을 먹지 못한다.

77. 身在矮簷下, 不敢不低頭.[266)]

[신ᄌᆡ왜연햐, 부간부디투]
몸이 낮은 처마 아래 있으니 고개를 숙이지 않을 수 없다.

---

262) 【兩程做一程】 liǎngchéngzuòyīchéng 〈諺〉 形容人心裏着急, 快步趕路的樣子.¶ ☞ 兩步做一步 ‖ “鳳四老爹~, 闖進他看墻門, 高聲嚷道: ‘姓毛的在家不在家?’” (儒林 52)

263) 【背孩兒找孩兒 배해아조해아】 bēiháirzhǎohár 〈諺〉 背起娃找娃. 騎着驢找驢.¶ ☞ 背孩子找三面 ‖ “你騰房子找罷. 自古說, ‘~’.” 네 집을 뒤여 ᄎᆞ즈라 녜로부터 닐러시되 어분 아ᄒᆡ 삼면으로 찻ᄂᆞᆫ다 ᄒᆞ니라 (漢語 修綆室 19b)

264) 【不吃酒鱸鼻子】 bùchījiǔzhābízi 〈諺〉 ☞ 不喝酒鱸鼻子 ¶ 술 아니 먹고 코 붉다 (漢語 修綆室 12b/242)

265) 【心緊的吃不淂熱的】 xīnjǐndechībùderède 〈諺〉 比喩心情焦躁往往辦不成事情.¶ ☞ 心急吃不得熱粥 ‖ 마ᄋᆞᆷ이 급ᄒᆞ니ᄂᆞᆫ 더온 쥭을 먹지 못ᄒᆞᄂᆞ니라 (漢語 修綆室 5b/91) ☞ 心急吃不成熟飯 ‖ “哼, 忙甚麽哩? ~. 你要懂得: 咱們耳靈眼亮, 敵人呢, 是聾子瞎子.” (保衛延安 一章七)

266) 【身在矮簷下, 不敢不低頭】 shēnzàiǎiyánxià, bùgǎnbùdītóu 〈諺〉 處在低矮的屋簷下, 只能低下頭來. 比喩受制於人, 只得俯首聽命.¶ ☞ 在矮簷下, 怎敢不低頭 ‖ “好漢, 休說這話. 古人道: ‘不怕官, 只怕管.’ ‘~.’ 只是小心便好.” (水滸 28)

78. 表裝不如裏裝.[267)]

[뱌좡부유리좡]

남편이 잘난 것보다 아내가 현숙한 것이 낫다.

79. 將功折罪[268)]罷.

[쟝궁죄쥐바]

80. 一星子火能燒萬頃田.[269)]

---

267) 【表裝不如裏裝】biǎozhuāngbùrúlǐzhuāng 〈諺〉 多指與其家庭外表體面, 不如家中有箇賢慧妻子.¶ ☞ 表壯不如裏壯 ¶ 밧글 장ᄒᆞ게 ᄒᆞᄂᆞᆫ 것이 안을 굿세게 ᄒᆞ니만 ᄀᆞᆺ지 못ᄒᆞ- /박글노만 壯大함이 쇽으로 壯大홈만 갓지 못하- ‖ "嫂嫂是個精細的人, 不必用武松多說. 我哥哥爲人質朴, 全靠嫂嫂做主看覷他. 常言道: ~. 嫂嫂把得家定, 我哥哥煩惱做甚麼? 豈不聞古人言: 籬牢犬不入." 수수ᄂᆞᆫ 졍셰ᄒᆞᆫ 사ᄅᆞᆷ이니 무숑이 여러 말 아니ᄒᆞ거니와 나의 가가ᄂᆞᆫ 위인이 질박ᄒᆞ여 범ᄉᆞ를 다 수수의 쥬션홈을 밋어 힝ᄒᆞ려니와 녯 말에 닐넛스되 밧글 장ᄒᆞ게 ᄒᆞᄂᆞᆫ 것이 안을 굿세게 ᄒᆞ니만 ᄀᆞᆺ지 못ᄒᆞ고 울을 굿게 ᄒᆞ여야 범이 드지 못ᄒᆞᄂᆞ니라 (水滸 新文 2:23:50) 嫂嫂는 참으로 자셰한 사람인이 엇지 반다시 武松의 열어 말을 씨리요 ᄅᆡ의 兄이 爲人이 볼ᄉᆡ 質朴하여 젼연이 嫂嫂의 알은 쳬하여 져을 顧見홈만 밋고 嘗言에 릴너시되 박글노만 壯大함이 쇽으로 壯大홈만 갓지 못하다 한이 嫂嫂가 집안을 정하라 ᄅᆡ의 兄으로 걱졍하여 무엇하리요 엇지 옛사람의 말을 듯지 안이하엿는야 울타이가 구듸면 ᄀᆡ가 들어오지 못한다 하연는리라 (水滸 菊齋 5:69b) "常言道: ~, 妻若賢夫免災殃." (風雲會 3) "不像你那狗淫婦, 人硬貨不硬, ~, 作成老公帶了綠帽兒." (醒恒 34) "自古說: '妻賢夫禍少, ~'." (紅樓 68)

268) 【將功折罪】jiānggōngzhézuì 〈成〉 拿功勞抵償罪過.¶ 공으로 죄ᄅᆞᆯ 쇽ᄒᆞ- "爺爺饒命, 我等適纔抬爺爺回來, ~罷." 야ᅣ는 명을 살오라 우리 등이 앗가 야ᅣ를 슈고로이 메여와시니 공으로 죄ᄅᆞᆯ 쇽ᄒᆞ야 티기ᄅᆞᆯ 그치다 (孫龐 4:15) "吾保汝取葭萌關, ~, 若何?" 내 널로 ᄒᆞ여곰 가뮝관을 쥐ᄒᆞ야 쇽죄ᄒᆞ게 ᄒᆞ면 엇더ᄒᆞ뇨 (三國 23:19) "(菩薩)教我跟隨那取經人往西天拜佛求經, ~, 還得正果." (西遊 19) ☞ 將功折過 ¶ [쟝궁져고] 공오로 이번 몯 외온 죄를 마초- /功을다가 過에 마초- ‖ "若再撤簽試不過, 將出免帖來毁了, 便~免了打; 若無免帖, 定然喫打三下." ᄒᆞ다가 다시 사술 쌔혀 외오디 몯ᄒᆞ야도 免帖 내여 ᄒᆡ야 ᄇᆞ리고 아ᄅᆡ 외와 免帖 타 잇던 공오로 이번 몯 외온 죄를 마초와 티기를 면ᄒᆞ거니와 ᄒᆞ다가 免帖곳 업스면 일뎡 세 번 마조믈 니브리라 (飜老 上4b) ᄒᆞ다가 다시 사술 쌔혀 외오디 몯ᄒᆞ여도 免帖 내여 해여ᄇᆞ리고 곳 功을다가 過에 마초아 마즘을 면ᄒᆞ거니와 ᄒᆞ다가 免帖 곳 업스면 일뎡 세 번 마즘을 닙ᄂᆞ니라 (老上 4ab) "若後來在撤簽背不過書的, 拿出免帖來撕開, 便~免打了, 若沒有免帖, 一定吃打三下." 만일 후에 다시 사슬 싸혀 글 외오지 못ᄒᆞᄂᆞᆫ 이ᄂᆞᆫ 免帖을 내여 쓰저 ᄇᆞ리고 곳 功을다가 過에 맛초와 마즈믈 면ᄒᆞ거니와 만일 免帖 곳 업스면 一定 세 번 마즈믈 닙ᄂᆞ니라 (老新 1:5a) ☞ 將功贖罪 ¶ 공으로 죄ᄅᆞᆯ 쇽ᄒᆞ- ‖ "汝等擧朝臣子, 合尊我兄弟爲帝, 猶可~, 稍延狗命." 너희 거됴신ᄌᆞ 다 우리 형뎨ᄅᆞᆯ 존ᄒᆞ야 뎨ᄅᆞᆯ 삼으면 오히려 공으로 죄ᄅᆞᆯ 쇽ᄒᆞ야 잠간 개 목숨을 니으려니와 (開闢 3:11)

269) 【一星子火能燒萬頃田】yīxīngzihuǒnéngshāowànqǐngtián 〈諺〉 一點點火星, 可燒遍原野. 比喩微小的力量可以發展成巨大的力量.¶ "常言道, ~." 상언에 닐으되 ᄒᆞᆫ 불똥이 능이 만 이랑 밧츨

[이싱즈호능샤완킹톈]
불씨 하나가 만 이랑 밭을 태울 수 있다.

81. 氷厚三尺, 不是一日之寒.[270)]

[비후산치, 부시이이즈한]
석 자 두께의 얼음은 한때 추위로 이루어진 것이 아니다.

82. 憂上添憂, 愁上添愁.

[위샹톈위, 추샹톈추]
근심 위에 근심, 수심 위에 수심

83. 車不横行, 禮不退回.[271)]

[쳐부훙힝, 리부튀휘]
수레는 멋대로 가지 않으며, 예는 돌려보내지 않는 법이다.

84. 銀器雖破斤兩有.

[인치쉬포긴량위]
은그릇은 깨져도 제값을 한다.
[썩어도 준치.]

85. 孔夫子第一箇徒弟.

[쿵부즈디이거투디]
공자님의 첫번째 제자.

86. 一人有福, 拖帶滿屋.[272)]

ᄉᆞ론다 ᄒᆞ니라 (漢語 修綆室 35a) ☞ 星星之火, 遂成燎原

270) 【氷厚三尺, 不是一日之寒】 bīnghòusānchǐ, bùshìyīrìzhīhán 〈諺〉 冰凍三尺厚, 並不是一天的寒冷造成的. 比喩事物的形成, 總有一個過程.¶ "這中原天氣十分冷, ~也." (朱有燉 賽嬌容 4) ☞ 氷厚三尺, 不是一時的寒 ‖ 어름이 석 ᄌᆞ 둡거 ᄭᅵᄂᆞᆫ ᄒᆞᆫ ᄣᅵ ᄎᆞ미 아니라 (漢語 修綆室 3b/54)

271) 【車不横行, 禮不退回】 chēbùhèngxíng, lǐbùtuìhuí 〈諺〉 別人以禮相待, 不能不以禮相報.¶ ☞ 禮無不答 ‖ "~, 難道只是學生叨擾, 不容做個主人還席的? 況我輩相與, 不必拘報施常規." (二刻 27) "自古道: '~', 況兼咬海干旣在矮檐下, 怎敢不低頭, 也連忙的唱上兩三箇喏, 說道: '不才是箇被擄之夫, 敢勞女將軍大禮?" (西洋記 36)

[이인ᄋᆛ부토대만우]
한 사람이 복이 있으면 온집안에 그늘이 된다.
[원님 덕에 나발 분다. / 한 사람의 덕을 열이 본다.]

87. 啞子吃黃連 — 苦在心裡.[273)]

[야즈치황련, 쿠ᄌᆡ신리]
벙어리가 깽깽이풀을 먹다 — 벙어리 냉가슴 앓듯 하다.

88. 無事不登三寶殿.[274)]

[우스부등산반뎬]
일 없이 삼보전에 오르지 않는다.
일 없이는 찾아오지 않는다.

89. 一傳十, 十傳百.[275)]

---

272) 【一人有福, 托帶滿屋】yīrényǒufú, tuōdàimǎnwū 〈熟〉 一個人得到好處, 周圍的人也隨之連帶利益.¶ [이신우뿌, 퉈쎠만우] ᄒᆞᆫ ᄉᆞᄅᆞᆷ이 복이 잇스면 왼 집안에 그늘이 된- ‖ “俗語兒說的, ‘~’, 現在那家業充足子孫興旺, 都是他老人家行爲好的報應啊。” 속어에 말기를 ᄒᆞᆫ ᄉᆞᄅᆞᆷ이 복이 잇스면 왼 집안에 그늘이 된다 ᄒᆞ니 지금 그가 업이 충족ᄒᆞ고 ᄌᆞ손이 흥왕ᄒᆞᆷ은 도시 져 로인의 행위가 조흔 보응이요 (支那 親熱 308) ☞ 一人有福, 帶挈一屋 ‖ “二哥說那裡話, 常言道: ~. 我們在此合藥, 俱是有功之人, 只管受用法, 再休多話.” (西遊 69)

273) 【啞子吃黃連 — 苦在心裡】yǎzichīhuánglián, kǔzàixīnli 〈歇〉 黃連: 中藥材, 味極苦. 比喩有苦難言.¶ ☞ 啞吧吃黃連 — 苦在心裡 벙어리 황년을 먹으ᄆᆡ 쓴 거시 속에 이셔 (漢語 修綆室 17a) ☞ 啞子吃黃連, 說不出的苦 ‖ “俄國素懷蠶食之心, 不知暗中被占了多少去了! 只苦我國不知地理, ~.” (孽海花 8) ☞ 啞子吃黃連, 有苦說不出 ¶ 벙어리 황연을 먹음 갓ᄒᆞ여 닙이 쓰ᄃᆡ ᄂᆡ여 니ᄅᆞ지 못ᄒᆞᆷ 갓ᄒᆞᆫ지라 ‖ “張善相聽說, 如千刀刺心, 又如~.” 당션샹이 ᄒᆞᆫ번 이 말을 드ᄅᆞ매 일쳔 칼노 ᄆᆞ음을 디ᄅᆞᄂᆞᆫ ᄃᆞᆺᄒᆞ고 또ᄒᆞᆫ 벙어리 황년 먹으니 ᄀᆞᄐᆞ여 쓰ᄃᆡ 내여 니ᄅᆞ니 못ᄒᆞᆷ ᄀᆞᄐᆞᆫ디라 (禪眞 15冊本 12:33) 션상이 한 번 이 말을 드ᄅᆞᄆᆡ 일쳔 칼노 마ᄋᆞᆷ을 뼈ᄒᆞᄂᆞᆫ 듯 일만 뇌정이 두상을 쳐오ᄂᆞᆫ 듯 벙어리 황연을 먹음 갓ᄒᆞ여 닙이 쓰ᄃᆡ ᄂᆡ여 니ᄅᆞ지 못ᄒᆞᆷ 갓ᄒᆞᆫ지라 (禪眞 16:54)

274) 【無事不登三寶殿】wúshìbùdēngsānbǎodiàn 〈諺〉 三寶殿: 一說指明淸兩朝的三個大殿, 這三個建築豪華, 俗稱‘三寶殿’, 節日慶殿、名將出帥、殿考朝考、宴待外使皆分別在此三殿擧行. 一說指‘佛殿’. 比喩沒有事情就不會上門.¶ “我就知道你是有爲而來的了. 這纔是‘~’啊.” (二睹) ☞ 沒事不登三寶殿 ‖ “古庵道: ‘~.’” (金甁 93)

275) 【一傳十, 十傳百】yīchuánshí, shíchuánbǎi 〈諺〉 本形容疾病傳染迅速. 後形容消息傳播迅速、廣範.¶ “~, 展轉無窮, 故號義疾.” (宋 陶谷 淸異錄・喪葬義疾) “~, 頃刻滿城中盡知譚公子因走新親, 在巴家酒館賭博, 逼死一個小客商⋯.” (歧路) ☞ 一人傳十, 十人傳百 ‖ “吾如今~, 那時人都知道, 再不上你家的門來了.” (玉環記 6)

[이쳔시시훤버]
한 사람이 열 사람에게 전하고 열 사람이 백 사람에게 전하다.
[발 없는 말이 천리를 간다. / 한 입 건너 두 입.]

90. 路上行人口似碑 — 話不虛傳.276)

[루샹힝인쿠스븨, 회부쉬쵠]
길에 다니는 사람들이 비석 같다.
길에 다니는 사람들의 평이 정확하다 — 명불허전.

91. 家鷄打得團團轉, 野鷄打得滿天飛.277)

[쟈지다더퇀퇀쥔, 여지다더만텬븨]
집닭은 치면 도래도래 구을고 꿩은 치면 하늘로 날아오른다.
집안 사람은 맞아도 집으로 돌아오지만 남은 집을 나가 버린다.

92. 一口【3b】兒吃飽麽?278)

[이쿠……………………]
첫술에 배부르랴?

93. 瓦罐不離井上破, 將軍不離陣前亡.279)

---

276) 【路上行人口似碑 — 話不虛傳】lùshangxíngrénkǒusìbēi, huàbùxūchuán 〈諺〉 口是碑: 人們的嘴像碑文一樣, 對人或事作出評論. 無論做的如何隱蔽, 總會傳出去, 兩人們議論、評判.¶ ☞ 路上行人口是碑 ‖ "把一座淮城, 已騷擾得鷄犬不寧了。自古道: "~." 沸沸揚揚, 傳將開去, 李密在路, 早已聞得, 自忖道." 회안 싸히 심히 소동ᄒᆞ야 계견도 평안티 아니ᄒᆞᆫ디라 길ᄒᆡ 힝인들이 이 말을 훤뎐ᄒᆞ니 니밀이 듯고 ᄉᆡᆼ각ᄒᆞᄃᆡ (隋史遺文 9:30) ☞ 路上行人口是碑 ‖ "~, 好歹少不得有人傳說, 如何禁得人口嘴呢?" (石點頭 貪婪漢六院賣風流) ☞ 路上行人口似碑 ‖ "這件事在你老兄雖說是做得隱瞞, 可曉得~呢!" (糊塗世界)

277) 【家鷄打得團團轉, 野鷄打得滿天飛】jiājīdǎdetuántuánzhuàn,yějīdǎdemǎntiānfēi 〈諺〉 [쟈지다더퇀퇀, 쥔여지다더만텬븨] *比喩家人被打, 還留在家中; 外人被打, 就回離家而去.¶ ☞ 家鷄打淂團團轉, 野鷄打淂貼天飛 ‖ 집ᄃᆞᆰ은 치ᄆᆡ 도ᄅᆡ도ᄅᆡ 구을고 들ᄃᆞᆰ은 치ᄆᆡ 하ᄂᆞᆯ의 붓허 나ᄂᆞ니라 (漢語 修綆室 4a/64) "我的傻寃家, 你想起甚麽來, 中了人的拖刀計? 把你心愛的人兒, 這等下無情折挫. 常言道: '~. 你就把奴打死了, 也只在這屋裏, 敢往那裏去?" (金甁 12)

278) 【一口兒吃飽麽】yīkǒurchībǎoma 〈諺〉 一口吃不成胖子. 比喩任何事情都有逐漸發展的過程, 不可能一下子達到目的.¶

279) 【瓦罐不離井上破, 將軍不離陣前亡】wǎguànbùlíjǐngshàngpò, jiāngjūnbùlízhènqiánwáng 〈諺〉 久經沙場的將軍難免在對陣中死亡, 就像汲水的瓦罐難免在井上打破一樣. 比喩經常去幹有危險的事, 遲早要出事. 也比喩某一人或事物, 由于本質決定, 早晚必然在特定的場合毁滅.¶ ☞ 瓦罐不離井上

두레박은 우물가에서 깨지고 장군은 진 앞에서 망한다.

94. 將上不勾, 比下有勾.280)

위로는 부족하고 아래로는 넉넉하다.

95. 觀於海[者]難爲水.281)

바다를 본 사람은 강이 성에 차지 않는다.

96. 知人知面不知心.282)

얼굴만 보고는 사람의 마음 속을 모른다.

破 ‖ [와권부리징상포] 드러박은 우물의 가가가 ᄯᅵ리ᄂᆞ니라 (華撮 日用行語 61a) 드레ᄂᆞᆫ 우물에 ᄯᅥ나지 아니ᄒᆞ여 ᄭᆡ치ᄂᆞ니라 (漢語 修綆室 1b/16) [와권부리징샹포] ▼瓦罐은 井上을 ᄯᅥ나디 아니ᄒᆞ여 破ᄒᆞ- ‖ "~, 喫這等衣飯的, 那箇得久長? 你看這等人子孫, 那箇得昌盛?" 瓦罐은 井上을 ᄯᅥ나디 아니ᄒᆞ여 破ᄒᆞᄂᆞ니 이런 衣飯을 먹ᄂᆞᆫ 이 어ᄂᆡ 久長홈을 어드리오 네 보라 이런 사ᄅᆞᆷ의 子孫이 어ᄂᆡ 昌盛홈을 어드리오 (伍倫 5:20b) "自古道: ~." (京本通俗 馮玉梅團圓) "段三娘恐王慶有失, 挺朴刀來相助. 三個人鬪了十數合, 三個人裏倒了一個. 正是: ~, 强人必在鏑前亡." (水滸 104) "那瓦罐兒少不的井上破, 夜盆兒刷殺到頭臊." (爭報恩 1)

280) 【將上不勾, 比下有勾】 jiāngshàngbùgòu, bǐxiàyǒugòu 〈諺〉 和別人或別處相比, 滿足於自己的中等水平.¶ ☞ 比上不足, 比下有餘 ‖ "杜伯直、崔子玉以工書稱於前, 趙襲與羅暉亦以能草, 頗自矜誇. 伯英與朱賜書曰: 上比崔杜不足, 下比羅趙有餘." (漢・趙岐 三輔決錄 1) "~, 將就度日罷了!" (石點頭 4)

281) 【觀於海者難爲水】 guānyúhǎizhě'nánwéishuǐ 〈諺〉 看見過大海的人, 對江河的水就看不上眼了. 比喩見過大世面的人, 對於平常事物看不上眼. 語出《孟子 盡心上》: "孔子登東山而小魯, 登泰山而小天下, 故~, 遊於聖人之門者難爲言."¶ "縱說是九兄你'~'; 只怕小弟說的這個人, 老哥哥也看小他不起." (兒女 15)

282) 【知人知面不知心】 zhīrénzhīmiànbùzhīxīn 〈諺〉 認識人的面貌却不了解人的內心, 意爲人心叵測.¶ [지인지면부지신] 사ᄅᆞᆷ을 알매 ᄂᆞᆺ촌 아라도 ᄆᆞᄋᆞᆷ은 아디 못ᄒᆞᄂᆞ니라 (朴下 41a) [지인지면부지신] 사ᄅᆞᆷ을 알ᄆᆡ 얼골을 알고 ᄆᆞᄋᆞᆷ을 알 슈 없- ‖ "這纔是'~'呢, 那裡有這樣禽獸的人?" 이ᄂᆞᆫ 곳 사ᄅᆞᆷ을 알ᄆᆡ 얼골을 알고 ᄆᆞᄋᆞᆷ을 알 슈 업ᄂᆞᆫ 일이니 엇지 이런 금슈 ᄀᆞᆺᄐᆞᆫ 사ᄅᆞᆷ이 이시리오 (紅樓 11:43) [지인지면부지신] 사람을 알고 얼골을 아되 마음을 아지 못ᄒᆞ나니라 ‖ "~, 畵虎畵皮難畵骨." 사람을 알고 얼골을 아되 마음을 아지 못ᄒᆞ나니라 볌을 글이ᄆᆡ 가죽은 글이 되 ᄲᅧ은 글이기 어렵다 (華撮 日用行語 64b) ▼인면을 아라도 긔 마음은 아지 못한다 ‖ "却是咱們人不得一樣, 對人說話也有反嘴的說, 咳有恩將仇報的. 所以~." ᄯᅩᄒᆞᆫ 우리 ᄉᆞ람이 한길갓지 아니하니 ᄉᆞ람 ᄃᆡ하여 말하여도 입수의말 하미 이스니 상긔 은장구보하미 이스랴 이러모로 인면을 아라도 긔 마음은 아지 못한다 (騎着匹 하29a) "我還把他當好人看成, 原來~." (金瓶 51) "鳳姐回道: '咱們家人多手雜, 自古說的, '~', 那裡保得住誰是好的.'" (紅樓 94) ☞ 畵虎畵皮難畵骨, 知人知面不知心 ☞ 畵龍畵皮難畵骨, 知人知面不知心

97. 初入盧葦, 不知深淺樣的.[283]

처음 갈대숲에 드니 깊고 얕음을 모르다.

98. 孔夫子也每事問.[284]

공자님도 일마다 묻는다.

[돌다리도 두들겨 보고 건넌다.]

99. 銅盆撞着鐵刷箒.[285]

구리대야가 쇠빗자루를 만나다.

호적수를 만나다.

100. 登[燈]檯下不知自已.[286]

등잔 밑의 자신을 몰라보다.

[등잔 밑이 어둡다. / 등하불명].

101. 把無底坑塡得起.

밑이 없는 웅덩이는 메꿀 수 있다.

102. 亡羊修牢[287]一樣.

소 잃고 외양간 고치기.

---

283) 【初入盧葦, 不知深淺樣的】chūrùlúwěi, bùzhīshēnqiǎnyàngde 〈諺〉. 比喩剛到一地或剛做某事, 情況不熟悉.¶ ☞ 乍入盧圩, 不知深淺 ‖ “我家做官的, ~, 望乞大人, 凡事扶持一二.” (金瓶 71)

284) 【孔夫子也每事問】Kǒngfūziyěměishìwèn 〈諺〉 前脚踏穩, 再移後脚.¶

285) 【銅盆撞着鐵刷箒】tóngpénzhuàngzhetiěshuāzhǒu 〈諺〉 比喩硬漢子碰上了硬漢子.¶ ☞ 銅盆撞了鐵掃帚 ‖ “你兩箇~. 常言惡人見了惡人磨, 見了惡人沒奈何. 自古嘴强的爭一步.” (金瓶 43) ☞ 銅盆撞了鐵掃帚, 惡人自有惡人磨 (醒恒 14)

286) 【燈檯下不知自已】dēngtáixiàbùzhīzìjǐ 〈諺〉 燈盞下的托臺, 燈光能照遠處, 燈臺周圍却一片暗影. 比喩人們容易看到別人的缺點, 却看不見自身的缺點.¶ ☞ 燈臺照不淂自己 ‖ 등ᄃᆡ가 제 몸을 비최지 못ᄒᆞ다 (漢語 修綆室 8a/140) ☞ 燈臺照人不照己 ‖ “南都閭巷中常諺, 往往有粗俚而可味者, 漫記數則, 如曰……‘~.’” (客座贅語 卷1)

287) 【亡羊修牢】wángyángxiūláo 〈成〉 丟了羊再修補羊圈. 比喩出了差錯, 馬上採取防範措施.¶ [왕양ᄉᆔ랖] 양 일코 외양 곳치다 (譯補 瑣說 11a)

103. 十箇明星當不得一箇月兒.[288)]

샛별 열 개가 달 하나를 당하지 못한다.

[고욤 일흔이 감 하나만 못하다.]

104. 文來文對, 武來武對; 兵來將迎, 水來土掩.[289)]

문에는 문으로 무에는 무로 대적하고, 군사에는 장수로 대적하고 물에는 흙으로 막는다.

105. 爭强不伏弱.[290)]

지고는 못 산다.

106. 不怕閉眼的佛爺, 只怕睜眼的金剛.[291)]

눈 감은 부처를 두려워 않고 눈 부릅뜬 금강을 두려워한다.

---

288) 【十箇明星當不得一箇月兒】shígemíngxīngdāngbùdeyīgeyuèr 〈諺〉 星星再多, 加在一起也比不過月亮. 比喩死物各有一定的檔次, 低檔次的東西再多再好, 也比不過高檔次的.¶ 열 ᄉᆡ별이 ᄒᆞᆫ 달을 당치 못ᄒᆞ- ‖ "但是好是好, ~." 다만 죠흠은 죠커니와 열 ᄉᆡ별이 ᄒᆞᆫ 달을 당치 못ᄒᆞᄂᆞ니라 (漢語 修綆室 35a) ☞ 十个星光當不得一个月亮 ‖ [시거싱광당부더이거월냥] 열 낫 별비치한 낫 달빗츨 당치 못ᄒᆞ니니라 (華撮 日用行語 64a) ☞ 十箇明星當不的月 ‖ "我替你整治這符水, 你老人家吃了, 管情就有. 難得你明日另養出來, 隨他多少, ~!" (金甁 40)

289) 【文來文對, 武來武對; 兵來將迎, 水來土掩】wénláiwénduì, wǔláiwǔduì; bīngláijiāngyíng, shuǐláitǔyǎn 〈諺〉 意爲用對方對待自己的方法來對付他.¶ ☞ 文來文對, 武來武對 ¶ [우레우뒤, 우레우뒤] 문이 오면 문으로 ᄃᆡᄒᆞ고 무가 오면 무로 ᄃᆡᄒᆞ고 (華撮 日用行語 58a) ▼글로 말ᄒᆞ면 글로 ᄒᆞ고 힘으로 말ᄒᆞ면 힘으로 ᄒᆞ리라 ‖ "武松道: '不怕. 隨他怎麽奈何我, ~." 두렵지 아니ᄒᆞ여라 뎨 ᄒᆞᄂᆞᆫᄃᆡ로 ᄒᆞᆯ 것이니 만일 글로 말ᄒᆞ면 글로 ᄒᆞ고 힘으로 말ᄒᆞ면 힘으로 ᄒᆞ리라 (水滸 新文 2:27:115) ☞ 兵來將擋, 水來土掩 ¶ 有兵進攻, 將來抵擋; 大水衝擊, 土壩堵住. 比喩不管對方使用甚麽方法, 自有辦法對付. 卽根據對方具體情況, 針鋒相對地採取對策. ‖ 군ᄉᆞ가 오면 장슈가 당ᄒᆞᆫ다 ᄒᆞ얏고 물이 오면 흙으로 막는다 (王昭君 下42:139) "常言道: '~." (金甁 48) ☞ 兵來將對, 水來土掩 ‖ 군ᄉᆡ 오면 쟝슈 막고 믈이 오면 흙으로 막ᄂᆞ다 (南宋 6:24) ☞ 兵來將擋, 水來土掩 ‖ 군ᄉᆞ가 니ᄅᆞ면 장슈 영적ᄒᆞ고 믈이 오면 흙이 뭇친다 (快心 11:112)

290) 【爭强不伏弱】zhēngqiángbùfúruò 〈諺〉 爭强好勝. 意爲總想壓倒別人, 不敢示弱.¶

291) 【不怕閉眼的佛爺, 只怕睜眼的金剛】bùpàbìyándefóyé, zhǐpàzhēngyǎndejīn'gāng 〈諺〉 比喩只怕具體管事, 而且態度認眞的人, 不怕職位高而不管事的人.¶ ☞ 只怕睜眼的金剛, 不怕閉眼的佛爺 ‖ 그저 눈 부릅ᄯᅳᆫ 금강은 저퍼ᄒᆞ고 눈 가문 부쳐는 저퍼 아니ᄒᆞᄂᆞ니라 (漢語 修綆室 12a) "如今年世, ~!" (金甁 35)

107. 經目之事, 猶且未【4a】眞; 背後之話, 豈可全信.[292)]

눈으로 겪은 일도 거짓일 수 있는데 뒤에서 하는 말을 어찌 다 믿을 수 있으랴.

108. 教爾咬耗子咆, 不要閣老的公鷄管用麽.

쥐를 물라고 으르렁거리면서 정승의 숫닭을 내버려 두는게 가능할까?

109. 雪裡埋死屍, 自然消長出來.[293)]

눈 속에 죽은 시체를 묻으면 눈 녹으면 드러난다.

110. 千里送鵝毛 — 物輕人意重.[294)]

천리 기러기털을 보내다 — 예물은 새털처럼 가볍지만 마음만은 두텁다.

111. 將曲作直.[295)]

그른 것을 바른 체하다.

112. 比他古人也無羞.

옛사람에 비해서도 전혀 부끄럽지 않다.
남부끄럽지 않다.

---

292)【經目之事, 猶且未眞; 背後之話, 豈可全信】jīngmùzhīshì, yóuqiěwèizhēn, bèihóuzhīhuà, qǐkěquánxìn 〈諺〉 親眼所見的事還怕不眞實; 背後聽到的話怎麽能全信. 指對所見所聞不可輕信.¶ ☞ 經目之事, 猶恐未眞; 背後之言, 豈能全信 ‖ "這件事不明白, 難以對理. 聖人云: '~?'" (水滸 26) "經目之事, 猶恐未眞, 聞人曖昧, 決不可出諸口." (明・姚舜牧 藥言)

293)【雪裡埋死屍, 自然消長出來】xuělǐmáisǐshī, zìránxiāozhǎngchūlái 〈諺〉 雪裡埋不住死人. 比喻問題或眞相掩盖不住, 遲早要暴露. ¶ ☞ 雪地裡埋不住死人 (狠透鐵 8) (呂梁英雄傳 42)

294)【千里送鵝毛 — 禮輕人義重】qiānlǐsòng'émáo, lǐqīngrényìzhòng 〈諺〉 比喻禮物雖然輕微, 但情意很深厚.¶ 쳔리에 거유털을 보ᄂᆡ미 례ᄂᆞᆫ 경ᄒᆞ여도 ᄉᆞᄅᆞᆷ의 뜻은 즁ᄒᆞ니라 (漢語 修綆室 16a) "他這禮物雖覺微末, 俗語說的: '~.' 只好備箇領謝帖兒, 權且收了." (鏡花緣 50) "呀嗳, 老哥哥正是不對我啊.'~'啊! 不差甚嗎棫憹東西嗎? 按信收明好, 寔在不拿, 就我也心裡下不去. 比方說, 我還你這怎嗎不受送禮的東西, 你也心裡過得去嗎? 人家都有肝胆胃心. 普天下人否咧, 誰沒有五行內的嗎? 將心自比心罷, 對不對? 那嗎个兒理嗎? 人有恩典爲義重, '馬有疆繩爲認報, 狗有踐草的恩', 簷前蹄馬贖葑葑, 寒虫呌聲音滴滴." (中華 藏書 8a) ☞ 千里送鵝毛, 物輕人意重 ‖ "諺云: '情人眼裏有西施.' 又云: '~'." (能改齋漫錄 逸文)

295)【將曲作直】jiāngqūzuòzhí 〈成〉 [장큐조지] 글은 거슬 올흔 쳬ᄒᆞ다 (譯補 瑣說 59b)

113. 蝴蝶兒飛來飛去, 不離花枝.[296)]

나비가 날아왔다 날아가며 꽃가지를 떠나지 않다.

114. 不漏一字兒.

한 자도 놓치지 않다.

115. 旣吃王水土, 豈敢說是非.

임금의 물과 땅을 먹으면서 어찌 시비하랴.

116. 一棒打倒兩箇人.[297)]

몽둥이 하나로 두 놈을 쓰러 뜨리다.
한 마디 말로 두 사람을 다치게 하다.

117. 十箇瞎子一箇明杖.

소경 열 명에 가지 하나.
[열 명의 소경에게 지팡이 하나.]

118. 外邊得了一扇, 家裡還去[丟]兩扇門.[298)]

바깥에서 부채 한 자루 주워오고 집안의 문 두 짝을 잃다.

119. 貴裡買的貴裡賣, 賤裡買的賤裡賣.

비싸게 산 것은 비싸게 팔고 싸게 산 것은 싸게 판다.

120. 將酒投酒, 朋友相會的【4b】一般.

주거니 받거니 친구 만난 듯.

---

296) 【蝴蝶兒飛來飛去, 不離花枝】húdiérfēiláifēiqù, bùlíhuāzhī 〈諺〉 나뷔가 ᄂᆞᆯ아오고 ᄂᆞᆯ아가 ᄭᅩᆺ가지에 ᄯᅥᄂᆞ지 아니ᄒᆞᄂᆞ니라 (漢語 修綆室 7b/133)

297) 【一棒打倒兩箇人】yībàngdǎdǎoliǎnggerén 〈諺〉 比喩一句話同時傷害了兩個人.¶ ☞ 一棒打着兩箇人 ‖ "月娘這一句話, ~: 孟玉樓與潘金蓮都是再醮嫁人, 孝服都不曾滿. 聽了此言, 未免各人懷着慚愧歸房." (金瓶 18)

298) 【外邊得了一扇, 家裡還丟兩扇門】wàibiāndéleyīshàn, jiālihuáidiūliǎngshànmén 〈諺〉 得不償失. 所得到的利益或好處不能補償所受的損失.¶ ☞ 外邊淂了一塊板, 家裡丟了兩扇門 ‖ 밧긔셔 ᄒᆞᆫ 쪽 널을 엇고 집의셔 두 ᄶᅡᆨ 문을 일타 (漢語 修綆室 8a/145)

121. 把爾房子㕶謊 — 神廟好.

자기 집 가지고 호들갑 떤다 – 사당이 좋아.

122. 人雖這般般, 天理未然然.

사람이 비록 이러이러해도 하늘의 이치는 그러하지 않다.

123. 天不從人願.[299)]

하늘은 사람의 바램 같지 않다.

124. 雀兒赶不上老鶴的寸步.[300)]

뱁새가 황새 걸음을 좇아가지 못한다.

[뱁새(촉새)가 황새 따라가다가 가랑이 찢어진다.]

125. 黃鼠狼要吃天鵝肉 — 氣力不加.[301)]

족제비가 백조고기를 먹으려 하다 – 힘이 딸리다.

분수를 모르다.

126. 肉包打狗 — 無路回.[302)]

고기만두로 개를 때리다 – 한번 가면 돌아오지 않는다.

[강원도(지리산) 포수. / 함흥차사. /의붓아비 소 팔러 보낸 것 같다.]

127. 百日打柴一日燒.[303)]

하루 불 때려고 백일 동안 나무한다.

---

299) 【天不從人願】tiānbùcóngrényuàn〈諺〉意爲事情不如所願, 不合乎心願.¶

300) 【雀兒赶不上老鶴的寸步】quègǎnbùshanglǎohèdecūnbù〈諺〉麻雀不要跟鸛子飛. 麻雀學公鷄瀉屎, 腎肝都要瀉出來.¶

301) 【黃鼠狼要吃天鵝肉 — 氣力不加】huángshǔlángyàochītiān'éròu, qìlìbùjiā〈歇〉比喻妄想實現不可能的事情. 癩蛤蟆想吃天鵝肉.¶ ☞ 黃鼠狼思量天鵝肉 ‖ "你道從古至今, 有得幾箇廚子做官? 若是廚子要做官, 却不似黃鼠狼躲在陰溝裏思量天鵝肉吃?" (西湖二集 4)

302) 【肉包打狗 — 無路回】ròubāodǎgǒu, wúlùhuí〈歇〉一去不復還. 意爲走了再沒回來. 比喻無代價地喪失某種利益.¶ ☞ 肉包子打狗 — 去不回頭; 肉包子打狗 — 白扔東西

303) 【百日打柴一日燒】bǎirìdǎcáiyīrìshāo〈諺〉百天砍下的柴火, 供清明一日來燒.¶ ☞ 百日斫柴一日燒 ‖ 百天砍下的柴火, 供清明一日來燒. 唐・李諲按, 冬至到寒食約一百天. «妒神頌序»: "(介子推)妹以兄涉爲主, 身非令終, 遂於冬至之後, 日積一薪, 烈火焚之, 爲其易俗. 諺云: '~', 此之謂也."

128. 別要304)一二其德，先行其而後從之.

한두 가지 덕을 바라기 전에 먼저 행한 후에 따르라.

129. 歲寒然後知松栢之後凋.305)

날이 추워진 후에야 송백이 뒤에 시들믈 안다.
[겨울이 다 되어야 솔이 푸른 줄 안다.]

130. 酸甘苦辣都是經過.306)

시고 달고 쓰고 맵고 다 겪어 보았다.
[산전수전 다 겪다.]

131. 關王賣豆腐 — 人硬貨不硬.307)

관운장이 두부를 팔다 — 사람은 센 데 물건이 시원찮다.
[겉으로 보기엔 강한 것 같은데 사실은 별로라는 뜻.]

132. 石頭撞釘308)一般.

바위에 대못 박듯 하다.
[계란으로 바위 치기.]

---

304) 【別要】biéyào 表示禁止，不要.¶ "你曉得甚的，~吊嘴說，我老人家一年也大你三百六十日哩." (金瓶 53) "他明日到你家却跪着你，你那時~理他." (金瓶 74)

305) 【歲寒然後知松柏之後凋】suìhánránhòuzhīsōngbǎizhīhòudiāo 〈諺〉 語出«論語 · 子罕». 後人常以松柏後凋比喩處於濁世而能報持節操的人.¶ [쉬한연후지쑹베즈후댜] ᄒᆡ가 찬 연후의 숑ᄇᆡᆨ이 뒤ᄒᆡ 여윈다. ‖ "然孔夫子都說: '~'呢. 可知這兩件東西高雅，不怕羞臊的才拿他混比呢." 공부ᄌᆞ긔셔 말ᄉᆞᆷᄒᆞ시기를 ᄒᆡ가 찬 연후의 숑ᄇᆡᆨ이 뒤ᄒᆡ 여윈다 말ᄉᆞᆷᄒᆞ여시니 가히 알지라 져 두 벌 믈건은 놉고 아졍ᄒᆞ여 누린 ᄂᆡ음ᄉᆡ 아니ᄂᆞᆫ이라야 겨유 ᄀᆞᆺ다가 빗기리라 (紅樓 51:77)

306) 【酸甘苦辣都是經過】suān'gānkǔlàdōushìjīngguò 〈諺〉 酸甘苦辣，指各種味道. 比喩人生的種種遭遇都經過了.¶ ☞ 酸甛苦辣都是經過了 ‖ ᄉᆡᆫ 것 단 것 쓴 것 ᄆᆡ온 거슬 다 지ᄂᆡ엿노라 (漢語修綆室 35a)

307) 【關王賣豆腐 — 人硬貨不硬】guānwángmàidòufu，rényìnghuòbùyìng 〈歇〉 關王: 指蜀漢大將關雲長，世稱關公，死後封王. 關公生前是條硬漢子. 意謂人雖硬氣，貨物却不怎麼樣. 也指人表面上强硬，實際上沒啥本事.¶ "今後你有轎子錢便來他家來，沒轎子錢別要來，料他家也沒少你這個窮親戚，休要做打嘴的獻世包! ~." (金瓶 78)

308) 【石頭撞釘】shítouzhuàngdīng 〈諺〉 以卵擊石.¶ 바희에 대못 박다 (譯補 瑣說 61a)

133. 賣蘿菖的跟着塩担子走.[309)]

무우 파는 사람 소금 섬을 따라다닌다.

쓸데없는 짓을 한다.

134. 肚子裡小鹿突突的跳.[310)]

가슴 속에 새끼 사슴이 쿵쿵 뛰는 듯하다.

놀라서 가슴이 콩닥콩닥.

135. 有麝自然香, 何必當風立.[311)]

사향이 있으면 향내 날 것을 굳이 바람을 향하고 서 있을 필요 없다.

풍경이 있으면 맑은 소리 울려나고 궁노루가 있으면 향내가 풍기는 법이다.

(기품이나 능력 있는 사람은 내세우지 않고 가만 있어도 남들이 다 알아본다는 뜻.)

136. 竈口不燒火, 烟洞裡怎【5a】麽生烟.[312)]

---

309)【賣蘿菖的跟着塩担子走】màiluóbodegēnzheyándānzizǒu 〈諺〉 譏諷關心與己無干的事情.¶ 무우 팔리 소곰 셤을 ᄯᅡ라ᄃᆞ니ᄂᆞ니라 (漢語 修綆室 1a/4) "俺的小肉心, 正經使着他, 死了一般懶待動旦. 不知怎的, 聽見乾猫兒頭差事, 鑽頭覓縫幹辦了要去, 去的那快! 見他房裏兩箇丫頭, 你替他走, 管你腿事? ~, 咸嘈心. 好箇閑嘈心的小肉兒!" (金瓶 20) ☞ 賣蘿菖的拉塩担心, 攘成嘈心 ‖ "你看, 獻勤的小婦奴才! 你慢慢走, 慌怎的? 搶命哩! 黑影子拌倒了, 磕了牙也是錢. 姐姐, ~. 養下孩子來, 明日賞你這小婦一箇紗帽戴." (金瓶 30)

310)【肚子裡小鹿突突的跳】dùzilixiǎolùtūtūdetiào 〈諺〉 意謂心裡砰砰亂跳. 形容心情緊張或害怕.¶ ☞ 滿肚皮小鹿在心頭亂撞 ‖ "燕青到此, 眼見是眞, 只急得~, 却無二人可以告訴, 一團寃苦, 唯有自知." 연쳥이 분ᄒᆞ고 셜우미 하ᄂᆞᆯ의 ᄲᅦ칠 ᄃᆞᆺ (後水滸 1:11) ☞ 小鹿兒心頭亂撞 ‖ "賈大少爺出來, 也不知黑大叔待他是好是歹, 心上不得主意, 兀自~." (官場 25) ☞ 小鹿兒心頭撞 ‖ "諕得我慌忙, 則這~." (秋胡戲妻) "您但提起刀槍, 却早~心頭撞." (寒宮秋 3)

311)【有麝自然香, 何必當風立】yǒushèzìránxiāng, hébìdāngfēnglì 〈諺〉 意爲有品德有本領的人, 不必自我宣揚, 別人也會知道. 言外之意是沒品德、沒本領的人, 不管怎樣自我吹噓, 也無濟於事.¶ 샤가 이시면 ᄌᆞ연 향ᄂᆡ 나ᄂᆞ니 엇지 반ᄃᆞ시 ᄇᆞ롬을 당ᄒᆞ여 셔료 (漢語 修綆室 6a/101) "南都閭巷中常諺, 往往有粗俚而可味者……曰, ~." (客座贅語 1) ☞ 有麝自然香 ‖ "~, 家中有了好貨, 不怕人不尋上門來." 샤향곳 이시면 향내 ᄌᆞ연 나ᄂᆞᆫ 거시니 ᄂᆞᆷᄃᆞ려 쟈랑 아니ᄒᆞ다 사리 업ᄉᆞᆯ가 근심ᄒᆞ랴 (後水滸 8:70) "~. 麝香在臍, 擒獲者疾取方得, 少遲已自剔破矣. ……收取其香, 雖什襲以藏, 香氣必達于外, 偶一沾染, 經月不散." (吳下諺聯 卷1) ☞ 不用當風立, 有麝自然香 ‖ "世局從來一戲場, 須知歌譜總文章. 古言~." (明・馬佶人 荷花蕩)

312)【竈口不燒火, 烟洞裡怎麽生烟】zàokǒubùshāohuǒ, yāndònglizhěnmeshēngyān 〈諺〉 屋裡不燒火, 屋外不冒烟. 無風不起浪, 有烟就有火. 無火不生烟, 事必有因.¶

아니 땐 굴뚝에 연기 나랴.

137. 學到老, 不會到老.[313)]

평생 공부하면 늙을 리 없다.
공부는 늙어죽을 때까지 해도 다 못한다.

138. 孔夫子也只會一腿, 恐有不到處.[314)]

공자님도 한 다리밖에 쓰지 못한다 – 모르는 곳이 있을까 두렵다.
[공자님도 모르는 것이 있다.]

139. 爾是接人以武, 我是接人以文.

네가 무예로 사람을 맞으면 나는 글로 사람을 맞으리라.

140. 可與知者言, 不可與不知者道.

아는 사람과 얘기를 나눌 수는 있어도 생판 모르는 사람과 얘기를 나눌 수는 없다.

141. 坐壇遣將軍.[315)]

법단에 올라 앉아서 사람들을 부리다.

142. 屁尻大, 敢弔了心.[316)]

똥구멍이 얼마나 큰지 염통이 빠진 듯하다.

---

313) 【學到老, 不會到老】xuédàolǎo, bùhuìdàolǎo 〈諺〉 活到老也仍有不會的東西. 意謂學無止境. 活到老, 學到老, 還有三分沒學好.¶ "常言: ~. 天下事如牛毛, 孔夫子也識得一腿." (金瓶 70)

314) 【孔夫子也只會一腿, 恐有不到處】Kǒngfūziyězhǐhuìyītuǐ, kǒngyǒubùdàochù 〈諺〉 孔夫子也有不會的東西.¶ ☞ 天下事如牛毛, 孔夫子也識得一腿 ‖ "何太監道: '常言: 學到老, 不會到老. 天下事如牛毛, ~. 恐有不知到處, 大人好歹說與他.'" (金瓶 70)

315) 【坐壇遣將軍】zuòtánqiǎnjiāngjūn 〈諺〉 坐在法壇上. 比喩處於指揮地位.¶ ☞ 坐壇遣將兒 ‖ "也不問我聲兒, 三不知就去了. 但~, 怪不的, 你做了大官兒." (金瓶 46)

316) 【屁尻大, 敢弔了心】pìkāodà, gǎndiàolexīn 〈諺〉 屁尻大: 屁眼大. 吊: 掉. 屁眼大到把心也掉下去了. 罵人善忘或粗心大意.¶ ☞ 屁骨大, 敢吊了心 ‖ 밋구무 커 염통이 ᄲᅵ진 듯ᄒᆞ다 (漢語修綆室 12a/228) ☞ 屁股大, 敢吊了心 ‖ "你抱着執壺兒, 怎的不見了, ~了也怎的." (金瓶 31) ☞ 屁孔寬大, 掉落了心 ‖ "早間夫人們在前廳吃酒, 酒壺倒在炭火上, 起有七八尺高, 幾乎無有燒着頂隔. 他這火不知是如何起法, 明日打聽出來, 亦教那些~的, 從此亦好留神." (林蘭香 4)

침착하지 못하고 덤벙대다.

143. 人而無信, 不知其可也.[317)]

사람이 신용이 없으면 어떻게 할 방법이 없다.

144. 慾火一丈高.

욕망의 불길이 한 길이나 치솟다.

145. 目搖心蕩.

눈이 어지럽고 마음이 흔들리다.

146. 夜睚[睡]到明, 明睚到夜.

밤부터 새벽까지 자고, 새벽부터 밤까지 자다

147. 離門離戶.[318)]

집을 나가다.

148. 砂糖口, 稱鉤心.

사탕처럼 달콤한 말로 마음을 사로잡다.
[감언이설.]

149. 數一數二[319)]的.

첫째 둘째 가다.

---

317) 【人而無信, 不知其可也】rén'érwúxìn, bùzhīqíkěyě 〈諺〉 一個人不講信用, 不知他該怎麼辦? 謂人必須誠實, 守信用. 語出《論語・爲政》: "子曰: '~也. 大車無輗, 小車無軏, 其何以行之哉?"¶ "大凡人生在世, 全以忠信廉恥爲重, 聖人云: 人而無信, 不知其可." (斬鬼傳)

318) 【離門離戶】líménlíhù 〈動〉 離開家門.¶ "你若要他這奴才老婆, 不如先把奴才打發他~." (金瓶 25) "我打聽出, 每人三十板子, 卽與我~." (金瓶 26)

319) 【數一數二】shǔyīshǔèr 〈成〉 意爲不數第一也數第二. 也指逐條逐個的例擧.¶ 쳣직 둘직 가− ‖ "~的財主." 쳣직 둘직 가는 쟝직라 (漢語 修綆室 11a/205) ▼버곰ᄒᆞ− ‖ "袁隱又時時稱讚他的才名, 與燕白頜~, 平如衡信以爲眞." 원은이 또 시시의 당인의 ᄌᆡ명이 연빅함이와 버곰ᄒᆞ다 ᄒᆞ야 일ᄏᆞᄅᆞ니 평여형이 미더 진진 말이라 ᄒᆞ야 (平山 4:95) ▼버곰디곰ᄒᆞ− ‖ "你昨日說張寅與燕白頜~." 여형이 작일의 닐오ᄃᆡ 당인이 연빅함으로 더브러 버곰디곰 ᄒᆞ다더니 (平山 5:8) "學士, 此乃金陵~的歌者, 如學士遞一杯." (風光好 3)

150. 一五一十[320]告送.[321]

시시콜콜하게 알리다.

151. 搖鈴打鼓.[322]

종을 흔들고 북을 치다.

여기저기 떠들고 다니다.

---

320) 【一五一十】 yīwúyīshí 〈成〉 數較多的數目時, 常常以五單位'一五、一十'地數下去. 又指將事件從頭到尾敍述得淸楚而無遺漏.¶ 일오일십 ‖ "那秀才只在房口候着, 一見下船, 他就回到裏首, 問起情由, 他這兩個~都說個細底." 륙슈진는 문어귀의 잇셔 기드리다가 빅의 나리믈 보고 도라오믹 집 쇽 사름들이 졍유를 뭇거놀 져 량개가 일오일십을 모다 즈셔히 말흐니 (瑤華 14:100) [이우이시] 졀반읫 ‖ "~的說." 졀반읫 말 (你呢貴姓 29b) [이우이씨] ~ ‖ "~的都說他, 所以拿這石頭到京裏來, 找行家要賣, 問他多少價錢?" 一五一十을 다 져드려 말흐거놀 이러흐므로 이 돌을 가지고 서울노 와셔 물건밧치를 츳즈 팔고져 흐노라 흐니 져드려 무르딕 언마 갑슬 달나 흐누뇨 (華啓下 29a) [이우이씨] ▼시종 ‖ "問起原故來, 趙姨娘便氣的瞪着眼粗了筋, ~說個不淸." 연고를 뭇거놀 조이랑이 긔가 올나 눈을 부릅쓰고 힘줄이 굴거지며 시종을 말흐딕 명빅지 못흔지라 (紅樓 60:42) "金榮的母親便提起昨日賈府學房裏的事, 從頭至尾, ~都向他小姑子說了." 김영의 모친이 편벽도이 작일 가부학당의 일을 쓰어닉여 즈초지종으로 힝셜슈셜흐여 모다 져의 쇼고다려 말솜흐니 (紅樓 10:8) "這婦人聽了這話, 也不回言, 却踅過來, ~都對王婆和西門慶說了." (水滸 25)

321) 【告送】 gàosòng 〈動〉 告訴, 告知.¶ 말을 흐- ‖ "我們明兒箇五更天要出邊門, 你們今兒下晚告訴門上老爺, 打發撥什庫, 早進城裡, ~老爺說, 我們包子車早已到了沒一輛落後, 諸事都辦的妥當, 快些別悞了." 내 닉일 오경의 변문에 나가려 흐니 너희 오날 제녁의 문어스씌 엿즈와 뵛쇼을 시겨 일즉이 셩의 드러가 노야씌 엿즈와 우리 짐수릭 발셔 이르고 흔 수레도 써러진 거시 업스니 모든 일을 다흐기를 태당이 흐엿시니 밧비흐고 그릇 말라 (漢語 修綆室 15b) "他往你說甚麼話? 來細ː的~我罷." 제 너를 향흐여 무슴 말을 일으더뇨? 쟈셔히 날드려 닐으라 (漢語 修綆室 17b) "你且站着我~你幾句話." 네 아직 머믈라 닉 너드려 여러 말을 니르리라 (漢語 修綆室 18a) "怎麼不~我?" 엇지 날다려 니르지 아니흐엿누뇨 (漢語 修綆室 18b) "他回家麼, 我來的話~他罷." 제 집의 도라오거든 닉 왓든 말을 져다려 흐라 (漢語 修綆室 22a) "噯, 一箇人在馬上說找你~甚麼話來了." 애 흔 스름이 마샹에 이셔 니르되 너를 차쟈 무슴 말 흐라 왓더라 (漢語 修綆室 23b) "你快, 去大人根前~." 네 밧비 쉬여가 딕인 앏픠 가 고흐라 (漢語 修綆室 26b) "城將老爺根前有告送的話來了, 你快ː兒到城裡告送罷." 셩쟝 노야 앏희 엿즈올 말이 이셔 와시니 네 밧비 셩 안희 가 엿즈오라 (漢語 修綆室 31a) "萬一不干我的事作甚麼~你啊." 만일 내게 간셥지 아닌 일이면 무슴흐라 네게 고흐리오 (漢語 修綆室 33b)

322) 【搖鈴打鼓】 yáolíngdǎgǔ 〈成〉 到處張揚.¶ "旣是你喬親家爹主張, 兌三百二十兩, 抬了來罷, 休要只顧~的." (金瓶 62)

152. 人害人人不死, 天害人纔害死了.[323)]

사람이 사람을 해치면 죽지 않으나 하늘이 사람을 해치면 다쳐 죽는다.

153. 不讓一步.

한 걸음도 양보하지 않다.

154. 針子戳在屁炾, 左扭扭不得右扭不得.

바늘 찔린 엉덩이 옴짝달싹 못하다.
[진퇴양난. /오도 가도 못한다.]

155. 右旋左旋.

이리 저리 주선하다.

156. 天大的[324)]事情.

하늘같이 큰 일.

157. 稱鍾雖小, 壓重千斤.[325)]

저울추가 작아도 천근의 무게를 감당한다.
[뱁새는 작아도 알만 잘 난다. / 키 큰 놈의 집에 내려 먹을 것 없다.]

158. 爾在三十三千[天]之上, 他【5b】在九十九地之下.

너는 서른셋 하늘 위에 있고 그는 아흔아홉 땅속에 있다.

---

323) 【人害人人不死, 天害人纔害死了】 rénhàirénrénbùsǐ, tiānhàiréncáihàisǐle 〈諺〉 人害人不能將人害死, 上天降禍纔能將人致於死地. 舊指生死由上天掌管.¶ "誰知被有心的人聽見, 兩箇背地拍成一幇兒算計我. 自古~. 往後久兒自明, 只要你與奴做箇主兒便了." (金甁 12) ☞ 人叫人死, 人不死; 天叫人死, 人纔死 ‖ "狄希陳纔敢與素姐作了兩箇揖, 抽身出去. 狄周媳婦道: '沒帳, 只管去. ~哩.'" (醒姻 75)

324) 【天大的】 tiāndàde 再大的.¶ 하ᄂᆞᆯᄀᆞᆺ치 ‖ "是~造化了." 이 하ᄂᆞᆯᄀᆞᆺ치 큰 사망이로다 (漢語 修綆室 6a/97)

325) 【稱鍾雖小, 壓重千斤】 chèngchuísuīxiǎo, yāzhòngqiānjīn 〈諺〉 比喻人雖不顯眼, 本領或志向却大.¶ ☞ 水泡雖大沒斤兩, 稱鍾雖小壓千斤. ‖ 물방울이 비록 크나 근량이 업고 져울츄가 비록 져그나 천근을 누르ᄂᆞ니라 (漢語 修綆室 34b) ☞ 稱鍾雖小, 能壓千斤 ‖ "你這話就說差了. 豈不知~?" (麟兒報 6) ☞ 尿(suī)泡雖大無斤兩, 稱鍾雖小壓千斤 ‖ "你原來沒眼色, 認不得人. 俗語云: '~.' 他們相貌, 空大無用……咱老孫小自小, 筋節." (西遊 31)

159. 頭上一打, 脚底板響[326]的人.

머리를 탁 치면 발바닥에서 소리 나는 사람.
영민해서 재빠르게 응하는 사람.

160. 當着事粧箇不知, 當着話粧箇不聽.

일을 당하여 모른 체하고 말을 듣고도 못 들은 체한다.

161. 男僧寺對着女寺 － 無事也有事.[327]

스님의 절이 비구니 암자를 마주 보고 있는데 일이 없을 리가 없다.

162. 馬行的時候, 牛也走了.[328]

말 가는데 소도 간다.
남이 할 수 있는 일은 나도 할 수 있다.

163. 滿瓶不搖, 半瓶搖.[329]

왼병은 흔들리지 않고 반병은 흔들린다.
[빈 달구지 굴러가는 소리가 더 요란하다. / 빈 수레가 요란하다.]

164. 掛住了他的網裏.

그의 그물에 걸리다.

---

326) 【頭上一打, 脚底板響】 tóushàngyīdǎ, jiǎodǐbǎnxiǎng 〈諺〉 形容人機敏活潑, 反應迅速.¶ ☞ 頭上打一下, 脚底板響 ‖ "西門慶是~的人, 積年風月中走, 甚麽事兒不知道?" (金瓶 13)

327) 【男僧寺對着女寺 － 無事也有事】 nánsēngsìduìzhenǚsì － wúshìyěyǒushì 〈歇〉 原謂寺廟靠近尼姑庵, 難免生出是非. 比喩處在是非之地, 容易招惹嫌疑.¶ ☞ 男僧寺對着女僧寺 － 沒事也有事 ‖ "金蓮說道: '我聽得說, 你住的觀音寺背後就是玄明觀. 常言道: ~.'" (金瓶 39)

328) 【馬行的時候, 牛也走(了)】 mǎxíngdeshíhou, niǔyězǒule 〈諺〉 馬能去的地方牛也能去. 用以表示別人能做到的, 我也能做得到.¶ ᄆᆞᆯ 갈 ᄢᅴ에 쇼도 가ᄂᆞ니라 (漢語 修綆室 2b/31)

329) 【滿瓶不搖, 半瓶搖】 mánpíngbùyáo, bànpíngyáo 〈諺〉 比喩有眞才實學的人總是謹言愼行, 一知半解的人纔愛誇誇其談.¶ 왼병은 흔들리지 아니ᄒᆞ고 반병은 흔들리ᄂᆞ니라 (漢語 修綆室 5a/82) ☞ 整瓶不搖半瓶搖 ‖ "剛才俺同那些生童講話, 倒不見他有甚通文, 誰知酒保倒通起文來, 眞是'~'!" (鏡花緣 23)

165. 老鼠尾巴生廣[瘡]兒 — 濃水不多.[330)]

쥐꼬리에 부스럼 — 별로 이득이 없다.

166. 便得一片橘皮吃, 莫忘了洞庭湖.[331)]

귤껍질 한 조각만 먹어도 동정호를 잊지 않는다.
(남의 은혜를 잊지 말라는 뜻)

167. 酒色財氣[332)]上超出的也難.

주색잡기에 뛰어나기란 쉽지 않다.
주색잡기를 잘하는 것도 재주다.

168. 樹老花不老, 人老心不老.[333)]

나무는 늙어도 꽃은 늙지 않고 사람은 나이가 들어도 마음만은 청춘이다.

169. 功塔兒不壞了.[334)]

공든 탑이 무너지랴.
[공든 탑이 무너지며 심은 나무 꺽일손가]

---

330) 【老鼠尾巴生瘡兒 — 濃水不多】lǎoshǔwěibāshēngchuāngr, nóngshuǐbùduō 〈歇〉 比喩沒多大油水.¶ 쥐꼬리에 부으롬 나믜 고롬이 만치 아니타 ∥ "這買賣晩吃多少?" "~". 이 흥졍에 언머를 쎠여 먹으뇨 쥐꼬리에 부으롬 나믜 고롬이 만치 아니타 (漢語 修綆室 34b/165) ☞ 老鼠尾巴上害癤子 — 出濃也不多 ¶ 癤子: 一種化膿的皮膚病. ∥ "怪不得人說你們'詩云子曰'的人難說話. 這樣看來, 你好像'~'. 倒是我多事, 不該來惹這婆子曰舌!" (儒林 14)

331) 【便淂一片橘皮吃, 切莫忘了洞庭湖】biàndéyīpiànjúpíchī, qièmòwàngledòngtínghú 〈諺〉 江蘇洞庭湖中洞庭山所産洞庭橘, 皮薄而味美. 比喩不要忘本.¶ 곳 혼 조각 귤피를 어더 먹고 일졀이 동졍호를 잇지 말라 (漢語 修綆室 10b/191) "王婆道: '却不要忘了許我那十兩銀子!' 西聞慶笑道: '~. 這條計, 乾娘幾時可行?'" (金甁 3) ☞ 但得一片橘皮吃, 而莫忘了洞庭湖 ∥ "乾媽這般費心, 我到家, 便取定銀子送來. ……~." (金甁 4) ☞ 但得一片橘皮吃, 莫便忘了洞庭湖 ∥ "西門慶道: '~. 這條計幾時可行?" (水滸 24)

332) 【酒色財氣 주색재기】jiǔsècáiqì 〈熟〉 指嗜酒, 好色, 貪財, 逞氣爲人生'四累', 亦爲人生'四戒'.¶ "李生起而觀之, 乃是一首詞, 名«西江月». 是說~四件的短處." (醒恒 11) "世上稱爲累的, 是~四字, 這四件, 只一件也够了, 況復彼此相生!" (三刻 29) "只是從古至今, ~這四個字是人近不得的東西, 貧道怎敢飮酒愛財, 以生餘事." (韓湘子全傳 11)

333) 【樹老花不老, 人老心不老】shùlǎohuābùlǎo, rénlǎoxīnbùlǎo 〈諺〉 남근 늙거도 곳츤 늙지 아니ᄒᆞ고 ᄉᆞ름은 늙어도 마음은 늙지 아니ᄒᆞᄂᆞ니라 (漢語 修綆室 3a/42)

334) 【功塔兒不壞了】gōngtǎrbùhuàile 〈諺〉 積功之塔不塌, 扎根之樹不倒. 比喩下了苦功夫, 總不會付之東流.¶ ☞ 老天不負苦心人.

170. 閒時不燒香, 急來(抱)佛脚.[335)]

한가한 때에는 향 피우지 않다가 급하면 부처님 다리라도 붙잡는다.
[급하면 관세음보살을 외운다. / 급하면 부처다리를 안는다.]

171. 讓了甛桃, 還尋苦奈.[336)]

복숭아를 마다하고 쓴 오얏을 얻는다.

172. 兩鯨相爭, 魚鰕受殃.[337)]

고래 싸움에 새우등 터진다.

173. 好話不出門, 歹話行千里.[338)]

좋은 말은 문 밖을 나지 않으나 나쁜 말은 천리를 간다.
[나쁜 소문은 빨리 퍼진다.]

---

335) 【閒時不燒香, 急來抱佛脚】 xiánshíbùshāoxiāng, jíláibàofójiǎo 〈諺〉 比喻平時不作好準備, 事到臨頭纔慌忙設法應付.¶ [현스부샾향, 기레봐포교] 한가로온 써여 향을 아니 퓌오다가 급ᄒᆞ면 부쳐의 다리을 봇드나니라 (華撮 日用行語 61b) 한가ᄒᆞᆫ 쎠에ᄂᆞᆫ 향을 픠오지 아니ᄒᆞ다가 급ᄒᆞ면 부쳐의 다리를 안ᄂᆞ니라 (漢語 修綆室 2a/19) "這伙三黨之親, 自從倪太守亡後, 從不曾善繼一盤一盒, 歲時也不曾酒杯相及, 今日大塊銀子送來, 正是'~'." (喩明 10) ☞ 閒時不燒香, 忙時抱佛腿 ‖ "只見應伯爵從角門首出來, 說: '哥休替黃四哥說人情, 他~.'" (金甁 67) ☞ 急來抱佛脚, 閑時不燒香 ‖ 급하면 붓체의 달이을 보듬고 편하면 焚香 告祠도 안이 하들라 (水滸 菊齋 1:80a) ▼ᄒᆞᆼ샹시에 향을 살오지 아니ᄒᆞ고 급ᄒᆞ면 급히 부쳐의 ᄃᆞ리ᄅᆞᆯ 안ᄂᆞᆫ 셈이로- /붓체의 달이을 보듬고 죠흐면 香도 살외지 안이함이노- ‖ "哥哥, 正是'~'. 我却要你銀子時, 便是兄弟勒掯你. 快把去收了不要將來賺我, 哥若如此我便不說." 가가의 일이 졍히 ᄒᆞᆼ샹시에 향을 살오지 아니ᄒᆞ고 급ᄒᆞ면 급히 부쳐의 ᄃᆞ리ᄅᆞᆯ 안ᄂᆞᆫ 셈이로다 가가ᄂᆞᆫ 쾌히 뎌 은ᄌᆞᄅᆞᆯ 치우고 나ᄅᆞᆯ 어린 ᄋᆞ히로 달내지 말라 (水滸 新文 1:16:174) "這伙三黨之親……今日大塊銀子送來, 正是: '~.'" (喩明 10)

336) 【讓了甛桃, 還尋苦奈】 ràngletiántáo, háixúnkǔ'nài 〈諺〉 比喻把好的讓給別人, 自己去找差的.¶ ☞ 讓了甛桃, 去尋苦李 ‖ 단 복셩화를 ᄉᆞ양ᄒᆞ고 가 쁜 오얏슬 엇ᄂᆞ다 (漢語 修綆室 8b/147) ☞ 讓了甛桃, 去尋酸李 ‖ "~. 奴將你這定盤星兒錯認了." (金甁 38)

337) 【兩鯨相爭, 魚鰕受殃】 liǎngjīngxiāngzhēng, yúxiāshòuyāng 〈諺〉 比喻强者鬪爭的結果, 必有弱者受傷. 城門失火, 殃及池魚.¶

338) 【好話不出門, 歹話行千里】 hǎohuàbùchūmén, dǎihuàxíngqiānlǐ 〈諺〉 好話不怕別人聽見, 怕人知道的不是好話.¶ ☞ 好話不出門, 惡事傳千里 ‖ 죠흔 말은 문에 나지 아니ᄒᆞ고 사오나온 일은 쳔리에 젼ᄒᆞᄂᆞ니라 (漢語 修綆室 4b/69) ☞ 好話不瞞人, 瞞人非好話 ‖ "正說到此, 褚標亦從外面走進, 瞥見這賀人傑與李昆在那裡密語. 褚標赶至跟前說道: '~'." (施公案 297)

174. 北京耗子到南京偷油吃, 好肥了, 回到南[北]京還瘦了.

북경 쥐 남경 가서 기름 훔쳐 먹고 피둥피둥 살쪘더니 북경으로 돌아오더니 오히려 비쩍 말랐다.

175. 矯摸矯樣.

거드름 피우다. / 젠체하다.

176. 左右【6a】勤.

이래 저래 바쁘다.

177. 一日不見來如三秋.[339)]

하루가 삼년 같다.

178. 布機也似針線.

바느질을 베짜듯 한다.

179. 內自訟則.

미상.

180. 脚步兒放鬆些.

발걸음도 가볍게. 살금살금.

181. 潑潑養.

미상.

182. 狂風驟雨樣的刷過了.

폭풍우처럼 휩쓸고 지나가다.

183. 滿舡的金銀塡不得烟火[花]寨.[340)]

---

339) 【一日不見來如三秋】yīrìbùjiànrúsānqiū 〈諺〉 三秋: 三年. 意爲一天不見面就如同分別了三年. 形容離別後想念殷切. 語本«詩經·王風·采葛» "一日不見, 如三秋兮".¶ ☞ 一日不見, 如隔三秋

만선의 보화도 유곽을 채우진 못한다.

184. 五百年前寃家撞的一様.

오백년 전의 원수가 부딪친 듯.

185. 井裏河裏的水有乾了時候.

우물과 시냇물도 마를 때가 있다.
[원숭이도 나무에서 떨어질 때가 있다.]

186. 耕也餒在其中.

밭 가는 것도 그 가운데 굶주림이 있다.

187. 陳仲子耳無聞目無見.[341)]

진중자가 귀가 있어도 듣지 않고 눈이 있어도 보지를 않는다.

188. 天不肯傷善類.

하늘은 착한 무리를 다치지 않는다.

189. 天旋地轉, 精神昏了.[342)]

하늘과 땅이 빙빙 도는 것처럼 머리가 어지럽다.

190. 在家千日好, 出戶一日難.[343)]

---

340) 【滿舡的金銀塡不得烟花寨】mǎnchuándejīnyín, tiánbùdeyānhuāzhài 〈諺〉 烟花, 指娼妓. 指錢財再多, 也不够在妓院裡花費.¶ ☞ 滿載的金銀, 塡不滿的烟花寨 "十箇九箇院中淫婦, 和你有甚實情. 常言說得好: ~." (金瓶 13)

341) 【陳仲子耳無聞目無見】Chénzhōngzi'érwúwénmùwújiàn 〈諺〉 語出《孟子 藤文公下》. 比喻清廉.¶

342) 【天旋地轉, 精神昏了】tiānxuándìzhuǎn, jīngshénhūnle 〈諺〉 形容眩暈時的感覺.¶ ☞ 天旋地轉¶ 어득ᄒᆞ- ‖ "王摩便笑道: '恁個漢子, 却不會吃酒, 這酒也沒算老辣, 直恁倒地.' 便要來扶他. 才起身一步, 不期一個~, 豁喇聲跌倒在地." 왕매 웃고 닐오ᄃᆡ 이 놈이 원간 술 먹기를 못ᄒᆞ닷다 ᄒᆞ고 스ᄉᆞ로 나아가 븟들냐 ᄒᆞ다가 몸을 니러셔매 믄득 텬디 어득ᄒᆞ여 싸히 졋바디니 (後水滸 6:46) "只見眼面前黑黑的一塊子, 就不覺~起來." (金瓶)

343) 【在家千日好, 出戶一日難】zàijiāqiānrìhǎo, chūhùyīrìnán 〈諺〉 意爲在家裡生活費在外邊方便、容易.¶ ☞ 在家千日好, 出外片時難 ¶ 집의 이셔는 일쳔 날이 됴흐나 밧긔 나가는 ᄒᆞᆫ 재 어

집에 있을 때는 천일이라도 편하더니 집을 나서니 하루 버티기도 힘들다.

191. 剉豆腐砍不得了.

두부는 벨 수 있어도 찍을 수는 없다.

192. 皮匠家裡失火 － 鞋頭出來.

갖바치 집에 불이 나면 신골이 드러난다.

193. 凍死不烤燈火, 餓死不吃糟糠.[344)]

얼어 죽더라도 등불은 쪼이지 않고 굶어 죽어도 고양이밥을 먹지 않는다.

194. 棄舊從新.[345)]

옛사람을 버리고 새사람을 좇다.

195. 看爾尚有孩子.

보아하니 애가 있는 것 같다.

196. 眼黑地黃.

눈앞이 가물가물하다.

197. 惡人難化.

악인은 교화시키기 어렵다.

렵- ‖ "諸兄在上, 老伯母與秦大嫂埋怨, 小弟不敢分辯, 諸兄是做豪傑的人, 豈不知'~.'" 노ᄇᆡᆨ모와 진대쉬 쇼뎨ᄅᆞᆯ 원망ᄒᆞ시니 감히 분변티 못ᄒᆞ거니와 모든 형은 호걸의 사ᄅᆞᆷ이라 엇디 집의 이셔ᄂᆞᆫ 일쳔 날이 됴흐나 밧긔 나가ᄂᆞᆫ ᄒᆞᆫ ᄣᅢ 어렵다 ᄒᆞ믈 아디 못ᄒᆞᄂᆞᆫ다 (隋史遺文 2:70) ☞ 在家千日好, 出外一日難 ‖ 집의 이셔ᄂᆞᆫ 쳔일이 죠터니 밧긔 나가니 ᄒᆞᆯ리 어렵다 (漢語修綆室 4a/66)

344) 【凍死不烤燈火, 餓死不吃糟糠】 dòngsǐbùkǎodēnghuǒ, èsǐbùchīzāokāng 〈諺〉 ¶ ☞ 凍不烤燈火, 餓不吃猫飯 ‖ 어러도 등블은 ᄶᅩ이지 아니ᄒᆞ고 굴머도 괴밥을 먹지 아니ᄒᆞᄂᆞ니라 (漢語 修綆室 4a)

345) 【棄舊從新】 qìjiùcóngxīn 〈成〉 拋棄舊的, 迎接新的. 舊時常指愛情不專一, 喜新厭舊.¶ ☞ 棄舊迎新 ‖ "皮氏, 想你見那男子~, 你懷恨在心, 藥死親夫, 此情理或有之." (警通 24) "那知珍哥~, 絶無往日之意." (醒姻)

198. 上帝也不能殺孫行者.

하느님도 손행자는 죽이지 못한다.

199. 作出迷天大罪.[346)]

큰죄를 저지르다.

200. 三十六計, 走【6b】爲上策.[347)]

삼십육계 줄행랑(을 놓다).

201. 萬事皆休.[348)]

만사가 다 끝이다.

---

346) 【迷天大罪】mítiāndàzuì 〈成〉 通天大罪. (水滸 延世 50b) 迷天, 通天. (語覽 水滸 42b) [미텬다쥐] ~ ‖ "小媳婦與大妻商量說: '我男兒做這般~的事, 假如明日事發起來時, 帶累一家人都死也怎的好?" 小媳婦ㅣ 大妻ᄃᆞ려 헤아려 닐오ᄃᆡ 우리 ᄉᆞ나희 이런 迷天大罪엣 일을 ᄒᆞ니 만일 明日에 일이 니러나면 온집 사ᄅᆞᆷ이 버므리며 다 죽을 써시니 엇디ᄒᆞ여야 됴흐리오 (朴中 28a) [미텬다쥐] ~ ‖ "他有兩箇渾家, 小老婆與大老婆商量說, 我男兒做這般~的事, 假如明日事發起來, 帶累一家人都死怎的好呢." 뎨 두 계집이 잇더니 져근계집이 큰계집과 의논ᄒᆞ여 니ᄅᆞ되 우리 ᄉᆞ나ᄒᆡ 이런 迷天大罪엣 일을 ᄒᆞ니 만일 ᄂᆡ일 일이 니러나면 왼집 사ᄅᆞᆷ이 범으러 다 죽을 거시니 엇지ᄒᆞ여야 됴흐리오 (朴新 2:34a) 하ᄂᆞᆯ에 ᄀᆞ득ᄒᆞᆫ 죄 ‖ "汝等殺人放火, 打家劫舍, 犯着~. 都是該死的人. ……好大膽, 直來太歲頭上動土!" 너ᄂᆞᆫ 살인방화ᄒᆞ여 하ᄂᆞᆯ에 ᄀᆞ득ᄒᆞᆫ 죄ᄅᆞᆯ 지은 놈이라 너도 귀 잇스려든 엇지 감히 이 태셰 대왕을 거우려 ᄒᆞᄂᆞᆫ다 (水滸 新文 1:1:19) "你女兒做下~, 到來我府前叫屈!" (京本通俗 菩薩蠻) ☞ 彌天大罪

347) 【三十六計, 走爲上策】sānshíliùjì, zǒuwéishàngcè 〈諺〉 原指打仗占劣勢的一方, 逃走爲上策. 現爲事態已到無計可施的地步, 爲了擺脫困境, 只有一走了事.¶ 삼십뉵계 쥬위상칙 ‖ "太歲上不敢動土, 我的走了. ~." [ᄐᆡ셰 우희 감이 흙을 움즉이지 못ᄒᆞ]ᄂᆞ니 ᄂᆡ 가노라 삼십뉵계 [쥬위상칙]이라 (漢語 修綆室 35ab) ☞ 三十六着, 走爲上着 ¶ 삼십뉵계의 쥬위상칙이라 ‖ "如今沒甚麽妙計, ~.你快回去, 教薛志義衆人, 收拾金銀財寶, 燒毁寨柵, 打發傻羅山伙." 이졔ᄂᆞᆫ 아모 계규도 업ᄉᆞ니 삼십뉵계의 쥬위상칙이라 너ᄂᆞᆫ 샐니 도라가 금은ᄌᆡ보ᄅᆞᆯ 슈습ᄒᆞ여 산ᄎᆡᄅᆞᆯ 블지ᄅᆞ고 누라ᄅᆞᆯ 흣터바리고 (禪眞 6:32) ▼ᄉᆞᆷ십뉵칙의 닷ᄂᆞᆫ 거시 상칙 ‖ "~. 收拾遠走地方, 才有性命." ᄉᆞᆷ십뉵칙의 닷ᄂᆞᆫ 거시 상칙이니 힝이ᄅᆞᆯ 슈습ᄒᆞ여 먼니 다라나야 ᄇᆞ야흐로 셩명을 보젼ᄒᆞ리이다 (粉粧 1:115) ▼삼십륙계예 주위샹칙이라 ‖ "娘道: '我兒, ~. 只恐沒處走." 그 모친이 닐오ᄃᆡ 삼십륙계예 주위샹칙이라 ᄒᆞ엿스나 다라날 곳이 업슬가 ᄒᆞ노라 (水滸 新文 2:2:11)

348) 【萬事皆休】wànshìjiēxiū 〈諺〉 ☞ 一日無常萬事休 [이ᅀᅵ우챵완스휘] 一日에 常이 업ᄉᆞ면 萬事ㅣ 休ᄒᆞᄂᆞ니라 (朴下 43b)

202. 掃三災救八難[349]的菩薩.

삼재팔난을 물리치는 관세음보살.

203. 靠罪泰山一樣.

태산 탓하듯.

204. 七顚八倒.[350]

일곱 번 엎어지고 여덜 번 거꾸러지다.

허둥지둥하다.

---

349) 【三災八難】 sānzāibā'nàn 〈成〉 多災多難.¶ [싼재바난] ▼삼ᄌᆡ팔난 ‖ "我想你林妹妹那個孩子素日是個有心的, 況且他原也~的, 旣說了給他做生日, 這會子又給人裝裹去, 豈不忌諱." 내 ᄉᆡᆼ각ᄒᆞ미 너의 림ᄆᆡᄆᆡ 그 ᄋᆞ히ᄂᆞᆫ 평일의 유심ᄒᆞᆫ 사ᄅᆞᆷ이오 ᄒᆞ믈며 ᄯᅩ 져ᄂᆞᆫ 원ᄅᆡ 삼ᄌᆡ팔난을 격근 사ᄅᆞᆷ이라 임의 졔 ᄉᆡᆼ일의 지어쥰 거ᄉᆞᆯ 이번의 ᄯᅩ 남을 쥬어 렴습ᄒᆞ게 ᄒᆞ면 엇지 긔우ᄒᆞ지 아니ᄒᆞ랴 (紅樓 32:66) "從小兒~, 花的銀子照樣打出你這個銀人兒來了." 어려실 졔븟허 삼ᄌᆡ팔난을 격고 은ᄌᆞ를 허비ᄒᆞ여 견양ᄃᆡ로 너의 이런 은 ᄀᆞᄐᆞᆫ 사ᄅᆞᆷ을 ᄆᆡᆫᄃᆞᄅᆞ 내엿고 (紅樓 45:28) "況且自己又~的, 好容易懷了一個哥兒, 到了六七個月還掉了, 焉知不是素日操勞太過, 氣惱傷着的." ᄒᆞ믈며 ᄯᅩ ᄌᆞ긔가 삼ᄌᆡ팔난을 지ᄂᆡ고 용이히 ᄒᆞᆫ ᄀᆡ 거ᄋᆞ를 ᄑᆞᆷ엇더니 륙칠 삭의 니ᄅᆞ러 도로혀 요동이 되여시니 이ᄂᆞᆫ 평일의 슈고를 너모 과히 ᄒᆞ여 심긔 샹ᄒᆞ미 아니라 (紅樓 61:77)

350) 【七顚八倒】 qīdiānbādǎo 〈熟〉 顚倒、混亂之極.¶ [치뎬바돠] 칠젼팔도ᄒᆞ- ‖ "把我常人叫我帮着料理家務, 被我鬧的~, 我還有甚麽臉兒見老太太、太太呢!" 나 ᄀᆞᄐᆞᆫ 평샹ᄒᆞᆫ 사ᄅᆞᆷ으로 ᄒᆞ여금 겻드러 가무를 요리ᄒᆞ게 ᄒᆞ여 나의 들네믈 닙어 칠젼팔도ᄒᆞ게 되어시니 도로혀 내가 무ᄉᆞᆷ 낫치 잇셔 노태태와 태태를 뵈오릿가 (紅樓 107:51) "他心裏本早打算過寶釵生日, 因家中鬧得~, 也不敢在賈母處提起." 제 심즁의 본ᄃᆡ 일ᄌᆞᆨ 보챠의 ᄉᆡᆼ일을 지내려 ᄒᆞ여 료량ᄒᆞ여시나 가즁이 들네여 칠젼팔도ᄒᆞ믈 위ᄒᆞ여 감히 가모의 곳의 잇셔 졔긔치 못ᄒᆞ더니 (紅樓 108:25) ▼칠령팔락ᄒᆞ- ‖ "小人先妻是微末出身, 却倒百伶百俐, 是件都替的小人.如今不幸, 他歿了已得三年, 家裏的事, 都~.爲何小人只是走了出來? 在家裏時便要嘔氣." 쇼인의 션쳐ᄂᆞᆫ 일ᄌᆞᆨ이 서로 맛난 사ᄅᆞᆷ이라 ᄇᆡᆨ녕ᄇᆡᆨ리ᄒᆞ여 집안의 일이 근심업더니 불ᄒᆡᆼ이 죽은지라 이제 삼년이 지냄애 가ᄉᆡᆨ 칠령팔락ᄒᆞᆫ고로 쇼인이 집에 잇슴애 긔운이 불평ᄒᆞ여라 (水滸 新文 2:23:66) ▼릴곱 번 업더지고 야달 번 썩굴어지- ‖ "小人如今不幸, 他歿了已得三年, 家裡的事都~爲何, 小人只是走了出來, 在家裡時要便匾氣." 小人이 卽今에 不幸하여 제가 쥭은 졔 임의 三슊이라 家事가 모도 릴곱 번 업더지고 야달 번 썩굴어져 할 길 업기로 小人이 다맛 박글로 나오고 집의 잇셔는 긔가 막키노라 (水滸 菊齋 4:49b) "只當商之季, ~, 上下崩頹." (語類 51) "三綱五常, 身體發膚, ~." (脚氣集) "赤緊的着疼熱的親娘亡化早, 送的人~." (還牢末 2) "那幾個要走, 李逵赶上, 一連六七斧, 砍的~, 尸橫滿地." (水滸 93) "耿恭~的說了兩句." (水滸 95) "西門慶爲人一場, 沒了多時時光兒, 家中婦人都弄的~." (金甁 83) "不知道的只說西門慶平昔要的人强占多了, 人死了多少時兒, 老婆們一個個都弄的~." (金甁 83) "只爲這寃家害的我一絲兩氣, ~." (警通 24)

205. 尋花問柳.[351)]

유곽을 찾아가다. / 계집질하다.

206. 外人說的金字經, 家人說的耳邊風.[352)]

다른 사람의 말은 금과옥조요 집안 사람의 말은 마이동풍이라.

207. 草裡兎狗赶出來, 心裡話酒赶出來.

풀섶의 토끼는 개가 쫓고 속말은 술이 하게 한다.

208. 昨日夢兆好, 今日大發財.

어제 꿈이 좋으니 오늘은 큰돈 벌겠다.

209. 青旋旋[353)]的剃頭.

푸르댕댕하게 머리를 깎다.

210. 見人之一善一惡, 說定是非却不難河[啊].

남의 선과 악을 보고 시비를 논하기는 쉽다.

211. 慌做一團, 口不出氣.

한데 뒤엉켜 숨을 쉴 수가 없다.

---

351) 【尋花問柳】xúnhuāwènliǔ 〈成〉 比喩狎妓.¶ "苗青見了西門慶手禮, 想他活命之恩, 盡力趨奉. 他兩個成日, 飮酒取樂." (金瓶 81)

352) 【外人說的金字經, 家人說的耳邊風】wàirénshuōdejīnzìjīng, jiārénshuōde'ěrbiānfēng 〈諺〉 耳邊風: 比喩聽不進耳的話. 金字經: 佛經. 有珍貴之物. 家裡人說了當作耳邊之風, 外人說了當作金字佛經. 比喩人往往輕視家裡人的勸告, 而容易聽信外人的說話.¶ ☞ 外人說着金字經, 家人說着耳邊風 ‖ 외인의 니르믄 김즈경이오 가인의 니르믄 귀ᄆᆞ의 ᄇᆞᄅᆞᆷ이라 (漢語 修綆室 9b/170) ☞ 家人說着耳邊風, 外人說着金字經 ‖ "正經家裡老婆, 好言語說着, 你肯聽? 只是院裡淫婦在你跟前說句話兒, 你倒着人個驢耳朵聽他. 正是~." (金瓶 14)

353) 【青旋旋】qīngxuánxuán 〈狀〉 形容青色而圓形.¶ [칭쉔쉔] 프른 旋旋ᄒᆞ- ‖ "那壇主是高麗師傅, ~圓頂, 白淨淨顔面, 聰明智慧過人, 唱念聲音壓衆, 經律論皆通, 眞是一箇有德行的和尙." 뎌 壇主ᄂᆞᆫ 이 高麗ㅅ師傅ㅣ라 프른 旋旋ᄒᆞᆫ 圓頂이오 흰 淨淨ᄒᆞᆫ 顔面이오 聰明과 智慧ᄂᆞᆫ 사ᄅᆞᆷ의게 디나고 唱念ᄒᆞᄂᆞᆫ 聲音은 衆을 壓ᄒᆞ고 經律을 다 通ᄒᆞ니 진실로 이 ᄒᆞᆫ 德行 잇ᄂᆞᆫ 和尙이러라 (朴下 8b) "一個好兒也, 你看那~的頭兒, 小小的口兒, 高高的鼻兒, 我抱將去." (兒女團圓 2) "一個~光頭新剃, 把麝香松子勻搽." (水滸 45) "見他戴着清淨僧帽, 披着茶褐袈裟, 剃的~頭兒, 生的魁肥胖大, 沿口豚腮." (金瓶 50)

212. 動人唇齒.

남의 입을 열게 하다.

213. 前人栽樹, 後人看花.[354)]

앞사람이 심은 나무 뒷사람이 꽃을 본다.

214. 打鐵赶熱.[355)]

쇠는 뜨거울 때 두들겨야 한다.
[쇠뿔도 단김에 빼랬다.]

215. 出身有賤, 掩藏不得.[356)]

출신이 천한 것은 감출 수 없다.
[집에서 새는 바가지 들에 나가도 샌다.]

216. 折成兩塊.

둘로 나누다.

217. 雙折起來.

둘로 접다.

218. 葉落歸根.[357)]

잎이 떨어져 뿌리로 돌아가다.

---

354) 【前人栽樹, 後人看花】 qiánrénzǎishù, hòurénkànhuā 〈諺〉 比喩前人爲後人造福.¶ ☞ 前人栽樹, 後人乘凉 ‖ "俗語說的好: '~.' 我們守着祖宗的遺産, 過了一生, 後來兒孫, 自有兒孫之福." (黃秀球 1)

355) 【打鐵趕熱】 dǎtiěgǎnrè 〈成〉 趁熱打鐵.¶ [다텨간ᅀᅥ] 일을 재 일치 말란 말 (譯補 瑣說 61a)

356) 【出身有賤, 掩藏不得】 chūshēnyǒujiàn, yǎncángbùde 〈諺〉 比喩缺點無論在什麽地方都會表現出來, 也比喩本性難改. 在家漏的瓢, 到野外也漏.¶

357) 【葉落歸根】 yèluòguīgēn 〈成〉 比喩事物有一定歸宿, 多指客居他鄕的人終究要回到本土.¶ [여로귀근] 도로 근본으로 가단 말 (譯補 雜語 61a) "~兒" 닙히 ᄡᅥ러져 ᄲᅮᆯ히로 도라가ᄂᆞ니라 (漢語修綆室 5b/85) ▼입히 ᄡᅥ러져 ᄲᅮᆯ니로 도라가ᅳ ‖ "兩家都是做官的, 也是拿不定. 或者那邊還調進來, 即不然, 終有個~." 두 집이 도시 벼슬ᄒᆞᄂᆞᆫ지라 이거슬 잡아 뎡치를 못ᄒᆞ거니와 혹ᄌᆞ져편의셔 벼슬을 옴겨 드러올ᄂᆞᆫ지라 곳 그러치 아니면 맛ᄎᆞᆷ내 입히 ᄡᅥ러져 ᄲᅮᆯ니로 도라가미 이시며 (紅樓 100:39)

219. 左話右說.[358)]

이리 할 말 저리 하다.

220. 拿三道三.[359)]

남이 할 말 네가 한다.

221. 陽壽已盡, 鬼差上門, 上帝也沒奈何.

양수가 다하여 저승사자가 찾아오는 것은 하느님도 어쩔 수 없다.

222. 天命水命.

천명수명.

223. 打草驚蛇.[360)]

---

358) 【左話右說】 zuǒhuàyòushuō 〈熟〉 說反話, 繞着彎兒說話.¶ [조화우숴] 이리훌 말 져리ᄒᆞ다 (譯補 瑣說 59b) "饒他男子漢十八分精細, 咬斷鐵的漢子, 吃他幾句~的話, 十個九個都着了他道兒." (金甁 25) "不說俺每皮肉兒粗糙, 你拿左話兒來右說着哩." (金甁 75)

359) 【拿三道三】 násāndàosān 〈諺〉 [나산닾산] 놈 훌 말 네 ᄒᆞᆫ다 (譯補 瑣說 29b)

360) 【打草驚蛇】 dǎcǎojīngshé 〈成〉 急忙, 驚動, 又喩因甲事行動不密而牽及乙事.¶ [다챂깅서] 거위 덧내단 말 (譯補 瑣說 61a) 言趂逐之速也. (語覽 西廂 105b) 言疾忙驚動也. (西廂 博文 203) ▼타초경사 ‖ "有法, 有法! 拿一根竹子, 將竹劈破, 駱兄主僕各持一根, 分草而行, 此名爲~." 도리 잇시니 두 낫 ᄃᆡ를 ᄭᅢᆨ훌 ᄭᅵ쳐 락형 쥬복으로 ᄒᆞᆫ 낫식 가지고 풀을 헷치고 힝ᄒᆞ게 ᄒᆞᄉᆞ이다 이 일은 타초경사니이다 (綠牡 5:31) ▼풀을 쳐 ᄇᆡ암을 놀내- ‖ "空自去~, 倒吃他做了手脚, 却是不好." 공연이 미리 가서 풀을 쳐 ᄇᆡ암을 놀내여 무엇ᄒᆞ리오 (水滸 新文 2:28:124) ▼미리 풀을 쳐 ᄇᆡ얌을 놀내- ‖ "必然是有人愛你的, 將錢問你買不得, 因此使這個高手來盜了去. 你可央人慢慢緝訪出來, 別作商議. 且不要~." 필연 사ᄅᆞᆷ이 너의 갑옷을 ᄉᆞ랑ᄒᆞ여 돈을 주고 팔나 ᄒᆞ여도 파지 아니ᄂᆞᆫ 고로 슈단 놉흔 도적을 보내여 도적ᄒᆞ여 간 일이니 관인은 셔셔히 소문을 거두어 다시 의론ᄒᆞᄂᆞᆫ 것이 올흘가 ᄒᆞ오니 미리 풀을 쳐 ᄇᆡ얌을 놀내지 말으쇼셔 (水滸 新文 4:55:95) "你不要性發, 且教女兒款住他, 休得~, 吃他走了." 너ᄂᆞᆫ 급히 구지 말고 녀ᄋᆞ로 ᄒᆞ여곰 뎌롤 관ᄃᆡᄒᆞ여 공연히 풀을 쳐 ᄇᆡ암을 놀내지 말라 (水滸 新文 4:68:275) ▼타쵸경ᄉᆞᄒᆞ- ‖ "他~.把俺心腸扯, 因此不避途路賒. 瞞過夫人, 穩住侍妾." 져 타쵸경ᄉᆞ키로 ᄂᆡ 심쟝을 ᄌᆞ바 터지넌 듯ᄒᆞᆫ지라 이러므로 길 먼결 피치 안코 부인을 눈긔이고 홍낭을 가마니 두고 왓노라 (西廂 博文 203) ▼풀을 쳐서 ᄇᆡ암을 놀ᄂᆡ- ‖ "凡事不可准的, 倘或~, 倒致了不好? 侯爺不如暗暗束裝, 聲言探親去了, 弟看後機更來, 是爲萬全." 범ᄉᆞ를 가히 허슈히 ᄒᆞ지 못훌지라 혹ᄌᆞ 풀을 쳐서 ᄇᆡ암을 놀ᄂᆡ면 도로혀 조치 못훌 것이니 후야씌셔 암ᄋᆞ이 힝장을 묵근 후에 근친ᄒᆞ라 가신다 셩언ᄒᆞ시고 올나가셧다가 다시 후긔를 보와 오시니만 갓지 못ᄒᆞ오니 이러케 ᄒᆞ여야 가히 만젼지칙이 될이이다 (閻羅 16:135) "江州離此間路遠, 軍馬去時, 誠恐因而惹禍, ~, 倒送宋公明性命." (水滸 39)

풀을 쳐 뱀을 놀라게 하다.

경솔한 행동을 하여 계획, 책략 따위가 사전에 누설되어 상대방으로 하여금 경계하게끔 하다.

224. 天大的扎筏子[361]當差, 你的根前.

위세 부릴 더할 나위 없는 기회가 네 앞에.

225. 莊家[362]怎會官裡事.

농사꾼이 관가 일을 어찌 알랴.

---

361) 【扎筏子】zā//fázi 〈熟〉 筏子: 渡水用的竹排或木排. 比喩找個岔子當作出氣或立威風的對象. 也比喩找個借口發揮一番.¶ [자바즈] 긔회롤 숨- ‖ "如今我想: 趁着這幾個小粉頭兒都不是正經貨, 得罪他們也有限的. 快把這兩件事抓着理, 扎箇筏子, 我幫着你作證見. 你老把威風抖一抖, 也好爭別的." 이제 닉 싱각ᄒᆞ니 져 몃 낫 적은 분두들이 도시 다른 믈건이 되지 못ᄒᆞᄂᆞᆫ지라 믄득 져의들의게 잘못ᄒᆞᆫ다 ᄒᆞ여도 분쉬 이실 터이니 쾌히 져 두 가지 일을 긔회롤 숨아 몬져 동ᄒᆞ면 닉 너롤 겻드러 징인이 되어 너의 위풍 닉이를 보리니 이후ᄂᆞᆫ 죠히 다른 거슬 닷톨 거시 업ᄉᆞ리라 (紅樓 60:29) ▼죄 졍ᄒᆞ- ‖ "如今三姑娘正要拿人~呢. 連他屋里的事都駁了兩三件, 如今正要尋我們屋里的事沒尋着, 何苦來往網里碰去?" 이제 삼고랑이 졍히 사롬을 잡아 죄 졍ᄒᆞᄂᆞᆫ 쟝본을 숨으려 ᄒᆞ고 져 방 쇽의 일을 모다 슈숨 조건을 론박ᄒᆞ엿고 이제 졍히 우리 방안 일을 취멱ᄒᆞ려 ᄒᆞ야도 아직 일은 ᄎᆞ질 거시 업ᄉᆞ나 엇지 괴로이 와셔 금을 쇽의 들녀 ᄒᆞᄂᆞ냐 (紅樓 60:73) "敬濟道: '你老人家不與就罷了, 如何~來謊我?'" (金瓶 24) "他一眼看見了褚一官, 便拿他扎了個筏子." (兒女 28)

362) 【莊家】zhuāngjia 〈名〉 ¶ [좡갸] 향음 (譯上 人品 28b) [좡쟈] 향음 (華抄 人品 9a/225) 門客也, 又酒主人也, 又傭人也. (水滸 菊齋 1:7b) [좡갸] ▼향삼 /향암 ‖ "我是新來的~, 不理會的多少湯錢." 내 새로 온 향삼이 탕ᄌᆞᆺ 갑시 언메나 ᄒᆞᆫ 동 몰래라 (飜朴 上52a) 村莊治農之人曰"~", 謂不達時務之人. ‖ 나ᄂᆞᆫ 이 새로 온 향암이라 아디 못ᄒᆞ니 湯錢이 언메나 ᄒᆞᄂᆞ뇨 (朴上 47a) [좡쟈] 촌장 믈건 ‖ "後來又聽見說這裡老爺升了, 我又喜歡, 就要來道喜, 爲的是滿地的~來不得." 후릐의 또 말을 드ᄅᆞ니 이 곳 로야 복직ᄒᆞ셧다 ᄒᆞ기의 내 또 환희ᄒᆞ여 믄득 긔여히 와 치ᄒᆞ롤 ᄒᆞ려 ᄒᆞ딕 싸히 가득ᄒᆞᆫ 촌장 믈건을 위ᄒᆞ여 오지도 못ᄒᆞ고 (紅樓 113:33) ▼픔군 ‖ "何淸問道: '兀那漢子, 你是甚人? 這里是甚去處?' 那人應道: '我是這村裡~, 這里喚做斷頭溝沒路了.'" 何濤가 問道하되 업다 이놈아 너는 엣 사라이며 이 모을은 어딕로 가는 마을잇야 그 사람이 딕답하되 나는 이 마을 픔군이요 이 마을은 斷頭溝라고 하나 질이 업난이라 (水滸 菊齋 4:43b) ▼中老未 ‖ "帶了小舅幷五七箇~." 妻娚과 五七箇 中老未 달이고 (水滸 菊齋 1:81a)

【7a】

226. 能起予心可與言詩.[363]

나의 마음을 깨우치는 사람과 더불어 시를 논할 수 있다.

227. 仰搧着掙, 合蓬[364]着去.

두 팔을 벌리고 올라타다. 계집질하다.

228. 大娘子是一百年家主, 小姊姊是一時草花

안주인은 백년 집주인이오 소실은 한때의 꽃이라.

229. 怎肯守定顔回 — 安貧樂道.

어찌 안회를 붙잡아 두려 하겠는가 — 안빈낙도.

230. 一母之子, 有賢有愚.[365]

한 어머니 뱃속에서 나온 자식이라도 똑똑한 자식이 있고 못난 자식이 있다. [한 어미 자식도 아롱다롱이.]

231. 打鐵磨成針, 功到自然成.[366]

쇠를 갈아 바늘을 만든다.
공을 들이면 안 되는 게 없다.

232. 他的擔的擔兒, 教我要擔着了.

그가 짊어진 짐 나더러 짊어지라 한다.

---

363) 【能起予心可與言詩】néngqǐyǔxīnkěyǔyánshī 〈諺〉 語出《論語 · 八佾》.¶

364) 【合蓬】hépéng 〈動〉 俯臥, 趴着.¶ "賊秣小廝, 仰搧着掙了~着去。" (金瓶 51) ☞ 合蓬着丟 hépéngzhediū ¶ 合撲着花錢. 指嫖妓. ‖ "你家老婆在家仰搧着掙, 你在這裏~." (金瓶 81)

365) 【一母之子, 有賢有愚】yīmǔzhīzǐ, yǒuxiányǒuyú 〈諺〉 一娘生九種. 一龍九種, 種種各別.¶

366) 【打鐵磨成針, 功到自然成】dǎtiěmóchéngzhēn, gōngdàozìránchéng 〈諺〉 工夫下到了, 事情自然會成功.¶ ☞ 只要功夫深, 鐵杵磨成針 ¶ 다만 모ᄅᆞ면 공뷔 깁흘디니 쇠방하고ᄅᆞᆯ ᄀᆞᆯ아 바ᄂᆞᆯ을 ᄆᆡᆫᄃᆞᆫ다 ‖ "先生豈不聞俗語云: '~.'" 션ᄉᆡᆼ은 듯디 못ᄒᆞ엿ᄂᆞᆫ다 쇽어의 닐오ᄃᆡ 다만 모ᄅᆞ면 공뷔 깁흘디니 쇠방하고ᄅᆞᆯ ᄀᆞᆯ아 바ᄂᆞᆯ을 ᄆᆡᆫᄃᆞᆫ다 ᄒᆞ믈 듯디 못ᄒᆞ엿ᄂᆞᆫ다 (孫龐 1:63)

233. 公平交易, 水漲舡高.[367)]

물이 불면 배가 뜨게 마련이다.

때가 무르익으면 저절로 거래가 성사된다.

234. 一箇槽道絟不得兩箇兒馬.[368)]

한 구유에 두 숫말을 매어둘 수 없다.

235. 有錢可以通神.[369)]

돈이면 귀신도 부린다.

236. 天下老鴉一般黑.[370)]

---

367) 【公平交易, 水漲舡高】 gōngpíngjiāoyì, shuǐzhǎngchuán'gāo 〈諺〉 按照合理的價格成交, 買賣雙方都不吃虧.¶ ☞ 公平交易 ‖ "行者道: '我這裡有幾文襯錢, 教八戒上街買去.' 那呆子躲懶道: '恐惹下禍來, 師父怪我.' 行者道: '~, 又不化他, 又不搶他, 何禍之有!" (西遊 68) ☞ 水漲船高 ¶ 水位上昇, 船也隨之昇高. 比喩事物隨着它所依憑的基礎的提高而提高.¶ [쉬쟝촨ᄀᆞᆸ] 물이 나면 ᄇᆡ가 놉- ‖ "那个是~, 小甬子否咧, 赶子拿小傢伙裝上的, 自然是東西小的時候乙, 皮子也不小麼." 그거슨 물이 나면 ᄇᆡ가 놉나니 쟈근 통이여던 아무렴 쟈근 그릇세 다문 거시니 자연 물건이 쟈글 ᄶᅵ여 피즌덜 쟉디 안이하랴 (中華 阿川 7b) "銀子若入平人手裡, 便成了奢侈驕慢的本錢. 卽令不甚驕奢, 這~, 下邊水漲一尺, 上邊船高九寸. 水只管漲, 船隻管高. 這~, 下邊水漲一尺, 上邊船高九寸." (歧路 89)

368) 【一箇槽道絟不得兩箇兒馬】 yīgecáodàoshuānbùdeliǎngge'érmǎ 〈諺〉 比喩一個地方不能同時容納兩個互不相讓或爭强好勝的人. ☞ 一箇槽上拴不下兩頭叫驢.¶ "就沒的家說, ~? 珍哥在前頭住, 計氏在後院住." (醒姻 10)

369) 【有錢可以通神】 yǒuqiánkěyǐtōngshén 〈諺〉 指有錢可以辦許多辦不到的事情.¶ 돈이 잇스면 귀신도 가히 부린- ‖ "林冲嘆口氣道: '~, 此語不差." 림츙이 단신방에 도라와 스ᄉᆞ로 탄왈 돈이 잇스면 귀신도 가히 부린다 ᄒᆞ더니 그 말이 그르지 아니ᄒᆞ도다 (水滸 新文 1:8:91) ▼돈이 잇시면 가희 귀신도 사괸- ‖ "嘆口氣道: '~. 此語不差, 端的有這般的苦處.'" 한숨 하며 하난 말이 돈이 잇시면 가희 귀신도 사괸다 하던이 ᄏᆞ 말이 글으잣타 진실로 릴언 苦狀하난 거시 잇다 (水滸 菊齋 3:7b) ☞ 有錢通神 ¶ [우쳔퉁신] 유젼통신 (你呢貴姓 26b) "當今賄賂公行, 通同作弊, 眞個是~." (西湖二集 20)

370) 【天下老鴉一般黑】 tiānxiàlǎoyāyībānhēi 〈諺〉 比喩同類事物的本質是一樣的. 比喩世上的壞人都一樣的壞.¶ [텬햐난과이번희] 텬ᄒᆞ 가마귀 한가지로 검단 말이 물니가 한가지란 말 (華撮 日用行語 62a) [텬샤냐라이반희] ▼텬하 가마귀가 한글가치 검으니라 ‖ "嗳呀, 我聽大哥的話咧, 合我們那裡一理啊. ~, 今日萬幸在這裡遇見大哥, 從明个咱們弄兒一同作个同伴正對盡哪. 大哥, 你說的話正合我意, 我們那嗎想着來着." 앗구나 ᄂᆡ 형의 말을 드르니 우리계와 한 니로다 텬하 가마귀가 한글가치 검으니라 오날 만힝으로 여긔셔 형을 만ᄂᆡ여시니 ᄂᆡ일노 우리 형이가 함긔 ᄶᅡᆨ을 지여가면 졍이 맛가얏다 헝아 너 하넌 말리 졍이 ᄂᆡ 쯧과 갓다 우리 그러커 ᄉᆡᆼ각하여ᄂᆡ라 (騎着匹 하52a) ☞ 天下老鴰一般黑 ‖ [텬쌰랖궈이반희] 天下의 가마괴 一般으

천하의 까마귀처럼 한결같이 시커멓다.

237. 鐵匠家裡好裡刀子沒有.

대장장이 집에 좋은 칼 없다.

[대장장이 집에 식칼이 논다.]

238. 天也不使空人.

하늘도 부질없이 사람을 부리진 않는다.

239. 漁火也不知魚名, 柴夫不知樹名.

어부도 물고기 이름을 모르고 나뭇꾼도 나무 이름을 모른다.

240. 瞎子上嶺, 不辨高低.[371)]

장님이 재를 넘으매 높낮이를 모른다.

[장님 코끼리 만지는 격.]

241. 人不可貌相, 海不可斗量.[372)]

로 검- ‖ "這怎麼說呢? ~, 那咳有去不了的地方麼?" 이 엇진 말이뇨 天下의 가마괴 一般으로 거무니 엇지 가지 못홀 地方이 잇시리오 (華啓下 32a)

371) 【瞎子上嶺, 不辨高低】 xiāzishànglǐng, bùbiàngāodī 〈諺〉 比喩不了內情, 摸不淸底細.¶ ☞ 瞎子過河, 不摸水深淺

372) 【人不可貌相, 海不可斗量】 rénbùkěmàoxiàng, hǎibùkědǒuliáng 〈諺〉 不能單憑外表來判斷一個人.¶ [인부커맏샹, 해부커두량] 사룸은 가히 얼굴로 상티 못호고 바다흔 가히 말로 되디 못호- ‖ "我不想這新來的莊家快打, 這的喚做'~', 怎麼小看人." 내 이 새로 온 향암이 잘 틸 줄을 싱각디 못호롸 이러모로 니르기롤 사룸은 가히 얼굴로 상티 못호고 바다흔 가히 말로 되디 못혼다 호니 엇디 사룸을 小看호리오 (朴下 36ab) [인부커맏샹, 해부커두량] ▼사룸은 가히 얼굴로 보지 못홀 거시오 바다흔 가히 말로 되지 못홀 거시로- ‖ "崔哥這幾回果然打得好. 我不想你這莊家漢, 倒慣會打毬哩. 這眞是: '~.'" 崔哥ㅣ아 여러 디위를 果然 치기를 잘 혼다 내 너 이 향암엣 놈이 도로혀 당방올 치기 닉이 알 줄을 싱각지 못호엿노라 이 진실로 사룸은 가히 얼굴로 보지 못홀 거시오 바다흔 가히 말로 되지 못홀 거시로다 (朴新 3:37b) "我看他的貌樣狠伶俐的人. 辦事呢事ミ兒疾快, 說話呢句ミ兒明白, '~'的話竟不虛." 닉 져의 모양을 보니 가장 녕니혼 ᄉ룸이로다 일을 호면 일마다 쌀니 호고 말을 니르면 구ミ마다 명빅히 호리니 ᄉ룸은 얼골노 보지 못호고 바다는 되지 못혼단 말이 그르지 아니호다. (漢語 修綆室 28b) ☞ 人不可貌想, 海不可斗量 [인부커맏샹, 히부커두량] ᄉ람은 얼골노 속을 몰을 거시요 바다은 말노 되지 못호느니라 (華撮 日用行語 59b)

사람은 얼굴만 보아서는 알 수 없고 바다는 말로 될 수 없다.

242. 衣破才不破.

옷은 달아 해지지만 재주는 닳지 않는다.

243. 天上吊下來的一般.

하늘에서 떨어진 것처럼.

244. 花香蝶不來.

꽃이 향기로우면 나비가 날아오지 않는다.
[맑은 물에 고기 안 온다.]

【7b】

245. 鳳凰不落無寶處.[373)]

봉황새는 보배 없는 곳에 내려앉지 않는다.
귀한 사람은 아무 데나 내려앉지 않는다.

246. 出頭椽兒先腐爛.[374)]

튀어나온 서까래가 먼저 썩는다.
[모난 돌이 정 맞는다.]

247. 爛木頭鉅不得.

썩은 나무는 켤 수 없다.

---

373) 【鳳凰不落無寶處】fènghuángbùluòwúbǎochù 〈諺〉 比喻貴人不在賤地停留, 也比喻對自己無利的事不幹.¶ ☞ 鳳凰無寶處不落 봉황은 보빈 업슨 곳에 써러지ᄂ 아니ᄒ다 (漢語 修綆室 9b) "婆子道: '……我這侄兒, 平日有仁義, 老身捨不得他好溫克性兒, 不然, 老身也不管着他.' 那張四在傍, 把婆子瞅了一眼, 說道: '你好失心兒! ~.'" (金瓶 7)

374) 【出頭椽兒先腐爛】chūtóuchuánrxiānfǔlàn 〈諺〉 安在梁上支撐屋面的木條. 出頭的椽子由於風化日晒等會先腐爛. 比喻冒尖或帶頭的人, 容易最先遭到不幸.¶ ☞ 出頭椽兒先朽爛 ‖ 모ᄂ 혀가 몬져 썩ᄂ니라 (漢語 修綆室 11a/206) "說長并道短, ……~." (金瓶 86)

248. 鎚[鎚]輕鐵跳.[375)]

망치가 작으면 쇠가 튄다.

249. 寺破僧醜看佛面.[376)]

다 쓰러져가는 절과 못생긴 중도 부처님 눈치를 본다.

250. 巧者多勞拙者閑.[377)]

능력 있는 자가 더 수고하고 못난 자가 한가롭다.
[교자는 졸지노.]

251. 黃花女做媒 – 自己難保.

처녀가 중매 선다 – 제 몸도 보전하기 어렵다.

252. 那一箇猫兒不吃腥.[378)]

비린 것 마다하는 고양이가 있을까.
[참새가 방앗간을 거저 지나랴.]

---

375) 【鎚輕鐵跳】〈諺〉 chuíqīngtiětiào [츼킹톄탸] 마치 적으면 쇠 뛰논다 (譯補 瑣說 61a)

376) 【寺破僧醜, (也)看佛面】 sìpòsēngchǒu, (yě)kànfómiàn 〈諺〉 看不上破敗的寺院和醜陋的和尙, 也要看佛的面. 比喩看不上那裡的條件或地位低的人, 也要看顧某個有身分的主人的情分.¶ "姐夫好狠心也. 就是~, 縱然要去, 你也看看玉堂春." (警通 24) ☞ 不看僧面看佛面 ¶ 즁을 보디 아냐 부쳐의 돗출 본– *比喩求人照顧, 給某人一點面子. ‖ "'~.' 兄長旣是到此, 萬望救他一救." 즁을 보디 아냐 부쳐의 돗출 본다 ᄒᆞ여시니 스승님ᄃᆞ려ᄂᆞᆫ 노ᄒᆞ여 홀지라도 보사님 돗출 보아 죵시히 구완ᄒᆞ라 (西遊 延世 5:17-31) "你看我的臉面罷了. ~." 네 ᄂᆡ 낫츨 보라 즁의 낫츨 보지 아니ᄒᆞ고 부쳐의 낫츨 보나니라 (漢語 修綆室 14b) "行者笑道: '菩薩, 你却也多疑. 正是'~'." (西遊 42) "爺多狠心處, 你~, 我恁說着, 你就不依依兒." (金甁 26)

377) 【巧者多勞拙者閑】 qiǎozhěduōláozhuózhěxián 〈諺〉 精明能幹的人多辛苦, 反使拙笨的人得以淸閑自在.¶ "行者望見, 心疑道: '那呆子笑我哩! 正是'~'. 老孫這般舞弄, 他倒自在. 等我作成他捆一繩, 看他可怕.'" (西遊 46)

378) 【那一箇猫兒不吃腥】 nǎyīgemāobùchīxīng 〈諺〉 比喩誰都會按照本性去做. 又比喩壞人總要幹壞事.¶ ☞ 那箇猫兒不吃腥 ‖ 괴양이 비린 것을 먹지 아니홈이 업– ‖ "這話却似放屁! 做公人的, ~? 閻羅王面前須沒放回的鬼, 你待瞞誰?" 네 말이 진실로 방귀 ᄀᆞᆺ도다 괴양이 비린 것을 먹지 아니ᄒᆞ고 염라왕의 압헤 도로 보내ᄂᆞᆫ 귀신이 잇다 홈을 듯지 못ᄒᆞ엿스니 누구를 속이려 ᄒᆞᄂᆞ다 (水滸 新文 2:20:12) "近寺人家不重僧, 遠來和尙好看經。莫道出家便受戒, ~?" (合汗衫 3) ☞ 那箇猫兒不吃葷 ‖ "~, 多在我老人家肚裡, 大娘不要認眞, 落得便快活快活." (初刻 6) ☞ 那箇猫兒不偸食 ‖ "萬員外忒恁地毒害! 便做我拿了你三五十錢, 你只不使我便了, '~', 直吩咐盡一襄陽府開茶坊底教不使我, 致令我而今沒討飯吃處." (警通 37)

253. 肐者[子]窩帶着鉤子 － 手心上有鰾.

겨드랑이에 쇠갈고리를 차다 － 손바닥 가운데 부레.

254. 寒天窮漢子 － 走的快.

추운 날 가난한 사내 － 부리나케 가다.

255. 矢在弦上, 不得不發.379)

시위를 당긴 화살은 쏘지 않을 수가 없다.

256. 旱天開水道, 須防暴雨時.

가뭄 때 물길을 내는 것은 폭우에 대비하기 위해서이다.
[유비무환.]

257. 肐膊往外麼?380)

팔이 안으로 굽지 밖으로 굽으랴.
[팔이 들이굽지 내여굽냐.]

258. 嚼倒泰山, 不謝土地.

태산을 다 갉아 먹고도 대지에 감사할 줄 모른다.

---

379) 【矢在弦上, 不得不發】 shǐzàixiánshàng, bùdebùfā 〈諺〉 比喻爲形勢所迫, 不得不做.¶ ᄉᆞᆯ이 시위예 이시ᄆᆡ 시러금 발치 아니치 못ᄒᆞ다 (漢語 修綆室 8b/148) “陳琳作檄, 草成, 呈太祖. 太祖先苦頭風, 是日疾發, 臥讀琳所作, 翕然而起曰: ‘此愈我疾病.’ 太祖平鄴, 謂陳琳曰” ‘君昔爲本初作檄書, 但罪孤而已, 何乃上及父祖乎? 琳謝曰: ‘~.’ 太祖愛其才, 不咎.” (太平御覽 597 魏書) ☞ 箭在弦上, 不得不發 ☞ 箭在弦上, 不得不發. ‖ “~耳.” (三國 32)

380) 【肐膊往外麼】 gēbowǎngwàima 〈諺〉 比喻自家人要袒護自家人的短處. 不光彩的事不要往外張揚, 而要包涵遮掩.¶ ☞ 肐膊折了在袖子裏 ‖ [거바제랴재ᄉᆡ즈리] ▼팔을 것그나 ᄉᆞᄆᆡ 쇽의 잇- ‖ “嬸娘是何等樣人, 豈不知俗語說的‘~’.” 심랑이 엇더ᄒᆞ신 사ᄅᆞᆷ이완ᄃᆡ 쇽담의 니ᄅᆞ기ᄅᆞᆯ 팔을 것그나 ᄉᆡᄆᆡ 쇽의 잇다 ᄒᆞᆷ을 엇지 아지 못ᄒᆞᄂᆞ냐 (紅樓 68:75) ☞ 肐膊折了往袖子裏藏 ‖ ▼다리쌔ᄅᆞᆯ 부르질너 ᄉᆞᄆᆡ의 감쵸- ‖ “我甚麼不知道? 咱們‘~’” ᄂᆡ 엇지 모로리오 우리 다리쌔ᄅᆞᆯ 부르질너 ᄉᆞᄆᆡ의 감쵸아라 (紅樓 7:84)

259. 草房、宅房睡覺的一般.

초가집이나 기와집이나 자는 건 매 한가지.

[엎어치나 메치나.]

260. 自古穿青衣抱黑柱.[381)]

자고로 푸른 옷 입고 검은 기둥 껴안는다.

[끼리끼리 모인다.]

261. 病孩兒孝親.[382)]

병든 자식이 효도한다.

[눈먼 자식이 효도한다.]

262. 强中更有强中手.[383)]

강한 놈 안에 강한 놈 있다.

[뛰는 놈 위에 나는 놈 있다. / 기는 놈위에 나는 놈 있다. / 파리 위에 날나리가 있다.]

263. 種瓜得瓜, 種豆得豆.[384)]

---

381) 【自古穿青衣抱黑柱】zìgǔchuānqīngyībàohēizhù 〈諺〉 "青"與"黑"同爲一種顔色. 比喩同類相聚或同類相護.¶ "你過來, ~, 你爹旣說開, 就不惱你了." (金甁 72) ☞ 穿青衣抱黑柱 ‖ "怎的不望他題一字兒? 剛才這等拶打着, 好麽? 乾淨傻丫頭! 常言道: ~, 你不是他這屋裡人, 就不管你了剛才這等掠掣着你, 你娘臉上有光沒光?" (金甁 44)

382) 【病孩兒孝親】bìngháarxiàoqīn 〈諺〉 比喩平時沒有放在心上的人在關鍵時刻幇了個大忙.¶ ☞ 瞎眼兒子行得孝.

383) 【强中更有强中手】qiángzhōnggèngyǒuqiángzhōngshǒu 〈諺〉 强手當中還有更强的能手. 人上有人, 天外有天.¶ "劉太保前日打的斑斕虎, 還與他鬪了半日; 今日孫悟空不用爭持, 把這虎一棒打得稀爛, 正是: '~'!" (西遊 14) ☞ 强中更有强中手, 英雄隊内揀英雄 ¶ ▼강ᄒᆞᆫ 속에 강ᄒᆞᆫ 쟈 잇고 영웅 안에 영웅을 가린- ‖ "大爺要出此氣不難, 門下還有個主意. 俗語說得好: '~.' 天下大矣, 豈一余謙而已. 大爺不惜金帛, 各處尋壯士英雄, 請至家內, 那時出氣, 方保萬全." ᄃᆡ애 이 분을 풀고져 ᄒᆞᆯ진ᄃᆡ 문ᄒᆡ 일ᄀᆡ 쥬의 잇노라 속어에 이르ᄃᆡ 강ᄒᆞᆫ 속에 강ᄒᆞᆫ 쟈 잇고 영웅 안에 영웅을 가린다 ᄒᆞ니 너른 텬하에 엇지 한 여겸 ᄲᅮᆫ이리오 ᄃᆡ애 금ᄇᆡᆨ을 악기지 말고 각쳐로 장ᄉᆞ 영웅을 마ᄌᆞ 와 분푸리를 ᄒᆞ면 가히 만젼일가 ᄒᆞ노라 (綠牡 3:17)

384) 【種瓜得瓜, 種豆得豆 종과득과, 종두득두】zhòngguādéguā, zhòngdòudédòu 〈諺〉 比喩事物的結果來自種下的原因. 也比喩有其因, 必有其果.¶ "古人有篇偈子說得好, 道是: 朝看釋伽經, 暮念華嚴咒, 種瓜還得瓜, 種豆還得豆." (水滸 45) "假如~, 種是因, 得是果." (喩明 29) "再沒有小時候

[콩 심은 데 콩 나고 팥 심은 데 팥 난다.]
[조 심은 데 조 나고 콩 심은 데 콩 난다.]

264. 蛟[蚊]子撲扇死, 自爲嘴傷人.[385)]

모기가 부채에 부딪혀 죽는 것은 사람을 물려고 했기 때문이다.
입을 함부로 놀리면 화를 자초한다.

265. 一言出口, 駟馬難追.[386)]

말이 입 밖에 한번 나면 말로도 따라잡지 못한다.
[한번 내뱉은 말은 주워담지 못한다. / 한번 한 말은 어디든지 날아간다. / 좁은 입으로 말하고 넓은 치마자락으로 못 막는다.]

266. 自庇自驚.

스스로 두남두고 스스로 놀란다.

放辟邪侈, 後來有收成結果的, 也沒有祖宗行勢作惡, 子孫得長遠受用的. 古語云: '~." (豆棚閑話)

385) 【蚊子撲扇死, 自爲嘴傷人】 wénzipūshànsǐ, zìwèizuǐshāngrén 〈諺〉 ☞ 蚊虫遭扇打, 只爲嘴傷人. ‖ 모긔가 부치 치믈 만나믄 그저 부리로 ᄉᆞ름을 상ᄒᆞ믈 위호미라 (漢語 修綆室 4b/70) "衙內隨令伴當, 卽時叫將媒人陶媽媽來, 把玉簪兒領出去, 便變銀子來交, 不在話下. 正是: ~." (金瓶 91) "~. 我如今先把你這箇賊鬼嘴割將下來, 且看你怎麽?" (西洋記 63)

386) 【一言出口, 駟馬難追】 yīyánchūkǒu, sìmǎ'nánzhuī 〈諺〉 意爲話一出口, 就無法收回, 不可反悔.¶ ☞ 一言出口, 駟馬難追 ¶ ᄒᆞᆫ 말이 입의 나매 ᄉᆞ매 ᄯᆞᆯ오기 어려온디라; 말이 입의 ᄒᆞᆫ번 난 후 ᄆᆞᆯ로 ᄯᆞᆯ와잡디 못ᄒᆞᆺ닷 말이라 ‖ "~. 晚弟明日準行." ᄒᆞᆫ 말이 입의 나매 ᄉᆞ매 ᄯᆞᆯ오기 어려온디라 [말이 입의 ᄒᆞᆫ번 난 후 ᄆᆞᆯ로 ᄯᆞᆯ와잡디 못ᄒᆞᆺ닷 말이라] 쇼뎨 당ᄒᆡ히 명일의 힝ᄒᆞ리니 (玉嬌 3:72) ᄒᆞᆫ 말이 입의 나매 ᄉᆞ매 ᄯᆞᆯ오기 어렵- ‖ "龐駙馬, ~. 他若輸了, 決要在我身上取首級與你. 你今輸了, 要在我身上取一百錠金子與他." 방부마야 ᄒᆞᆫ 말이 입의 나매 ᄉᆞ매 ᄯᆞᆯ오기 어렵다 ᄒᆞ니 뎨 만일 뎌시면 슈급 가지미 내 손의 이실 거시오 네 이제 뎌시니 일빅 뎡 금을 뎌를 주미 ᄯᅩᄒᆞᆫ 내 몸의 잇ᄂᆞᆫ디라 (孫龐 2:119) ▼ᄒᆞᆫ 말이 입의셔 나- ‖ "大丈夫~, 何悔之有!" ᄃᆡ쟝뷔의 ᄒᆞᆫ 말이 입의셔 나니 엇지 뉘우ᄎᆞ미 이시리오 (三國 16:86) ᄒᆞᆫ 말이 임의 나매 ᄉᆞ매 ᄯᆞᆯ으기 어렵다 (孫龐 2:119) "唐儉說: '將軍你原說有了劉王首級, 便肯降唐. 大丈夫~?" 당검 왈 댱군이 젼일 니로ᄃᆡ 뉴왕의 슈급을 ᄀᆞ져오면 당의 귀슌ᄒᆞ리라 ᄒᆞ엿ᄂᆞ니 대댱뷔 ᄒᆞᆫ 번 말을 ᄂᆡᄆᆡ 엇지 곳치리오 댱군은 당ᄎᆞᆺ 엇지ᄒᆞ랴 ᄒᆞᄂᆞ뇨 (唐秦 8:50) "大丈夫~, 豈有變更?" ᄃᆡ장뷔 한 말이 닙의 나ᄆᆡ ᄉᆞᄆᆡ ᄯᆞ로기 어려오니 엇지 변ᄒᆞ니 이시리오 (禪眞 13:12)

267. 心靈的啞吧.[387)]

속 슬기로운 벙어리.
속 슬기로운 벙어리처럼 말하고자 해도 말하지 못한다.

268. 張三吃酒, 李四【8a】還錢.[388)]

술은 장삼이 마시고 술값은 이사가 낸다.
[재주는 곰이 넘고 돈은 호인이 받는다. / 잉어 낚시에 속절없는 송사리 걸린 셈.]

269. 張三殺人, 李四償命.[389)]

살인은 장삼이 하고 목숨은 이사가 갚는다.

270. 太歲頭上動土.[390)]

---

387) 【心靈的啞吧】 xīnlíngdeyǎbā 〈諺〉 ☞ 心靈的啞吧 – 要說, 說不出來了. ‖ 속 슬거온 벙어리 니르려 ᄒᆞ여도 니르지 못ᄒᆞᄂᆞ니라 (漢語 修綆室 17a) ☞ 心靈的啞叭 – 要說, 說不出來了. ‖ [신링디야바, 얖숴ᄒᆞ부츄례] 속 슬거온 벙이 모말을 니르고져 ᄒᆞ되 말을 니르지 못ᄒᆞᄂᆞ니라 (華撮 日用行語 60a)

388) 【張三吃酒, 李四還錢】 Zhāngsānchījiǔ, Lìsìhuánqián 〈諺〉 比喩一方得到實利, 而另一方却徒擔虛名. 也比喩由於誤會而代他人承受罪過.¶ ☞ 張三喫酒李四醉 [쟝산치쥐니스쥐] 댱슴이 술 먹은 ᄃᆡ 니ᄉᆞ 취한단 말이 져가 한 일을 니가 당한단 말이라 (華撮 日用行語 61b)

389) 【張三殺人, 李四償命】 Zhāngsānshārén, Lǐsìchángmìng 〈諺〉 比喩一方得到實利, 而另一方却徒擔虛名. 也比喩由於誤會而代他人承受罪過.¶ ☞ 張三操刀, 李二償命 ¶ 댱가가 ᄏᆞᆯ을 잡으ᄆᆡ 니가가 목숨을 갑ᄂᆞᆫ다 ‖ "仍冒以臣名云, 正諺所謂: '~者'云." 신의 일홈으로 인ᄒᆞ여 쓰오니 쇽셜에 니론바 댱가가 ᄏᆞᆯ을 잡으ᄆᆡ 니가가 목숨을 갑ᄂᆞᆫ다 홈과 ᄀᆞᆺᄒᆞ이다 (朝會 32:11)

390) 【太歲頭上動土】 tàisuìtóushàngdòngtǔ 〈諺〉 太歲: 木星. 迷信認爲, 太歲凶煞, 人們動土建築, 要避開太歲出現的方位, 否則會招來禍患. 比喩觸犯强者, 自取其禍. ‖ 言必有禍. (大方 水滸 6b) ▼ ᄐᆡ셰 우희 감이 흙을 움즉이지 못ᄒᆞᄂᆞ니 ‖ "~, 我的走了. 三十六計, 走爲上策." [ᄐᆡ셰 우희 감이 흙을 움즉이지 못ᄒᆡ]ᄂᆞ니 ᄂᆡ 가노라 삼십뉵계 [쥬위상칙]이라 (漢語 修綆室 35ab) "如今她的對頭狠, 是個太歲的老婆. 我們勸公子息了這個念頭, ~." 이제 ᄒᆞᆫ 모딘 태셰의 지어미 되여시니 우리 공ᄌᆞ를 권ᄒᆞᄂᆞ니 그런 념녀란 긋치시고 태셰의 머리 우희 가 동토를 마ᄅᆞ쇼셔 (後水滸 2:82) "敬德大怒, 喝一聲: '我是官兵官將, 有甚麼買路錢! 你這賊好大膽, 來我~!" 나ᄂᆞᆫ 관방 관댱이니 므ᄉᆞᆷ 길갑돈이 이시리오 네 ᄀᆞ장 담이 크도다 ᄂᆞᆯ을 범ᄒᆞᄂᆞ니 태셰대왕의 머리털을 거우미ᄅᆞ (唐秦 8:21) ▼태셰 대왕을 거우려 ᄒᆞ– ‖ "汝等殺人放火, 打家劫舍, 犯着~. 都是該死的人.……好大膽, 直來~!" 너ᄂᆞᆫ 살인방화ᄒᆞ여 하ᄂᆞᆯ에 ᄀᆞ득ᄒᆞᆫ 죄를 지은 놈이라 너도 귀 잇스려든 엇지 감히 이 태셰 대왕을 거우려 ᄒᆞᄂᆞᆫ다 (水滸 新文 1:1:19) "你這鳥頭陀要和我廝打, 正是~!" 이 놈이 감히 죽고자 ᄒᆞ여 날과 결우고자 ᄒᆞᄂᆞᆫ다 이ᄂᆞᆫ 태셰의 머리털을 거우ᄂᆞᆫ 쟉이로다 (水滸 新文 2:31:151) "廖立挺槍喝道: '你這伙鳥男女, 如何來驚動我山寨, 在~?" (水滸 104) "官人不要~, 我媳婦不是好惹的." (初刻 3) "不想那一日起, 你家夜夜像有人說話一般, 若

태세대왕을 거스르다.
[동티 나다.]

271. 火裡火去, 水裡水去.[391]

물불을 가리지 않는다.

272. 交饋交受.

주고 받다.

273. 網雖千口, 不如一綱[綱].[392]

그물이 입이 천 개라도 벼리 하나만 못하다.

274. 各人洗面各人光.[393]

각자 낯 씻으매 각자 반반하다.
(각자 일한 만큼 혜택을 받는다.)

275. 八蠻進寶[394]的一般.

외국 사신 보물 바치듯.

276. 要打猢狸不成, 還惹了一屁股臊.[395]

여우를 잡기는커녕 노린내만 맡다.

是別個, 我們就好出來稽查. 你曉得, 太歲頭上可是動得土的?" (肉蒲團 11)

391) 【火裡火去, 水裡水去】huǒlǐhuǒqù, shuǐlǐshuǐqù 〈諺〉 比喻再大的風險也敢承擔. 言赴湯蹈火.¶ "哥若有使令去處, 兄弟情願~. 願不求同日生, 只求同日死." (金瓶 16)

392) 【網雖千口, 不如一綱】wǎngsuīqiānkǒu, bùrúyīgāng 〈諺〉 그물이 비록 쳔 입이나 ᄒᆞᆫ 별이만 갓지 못ᄒᆞ니라 (漢語 修綆室 2a/21)

393) 【各人洗面各人光】gèrénxǐmiàngèrénguāng 〈諺〉 比喻各人做事各人得益.¶ "這燒香可是神佛兒的事情, '公修公得, 婆修婆德', 咱'~'." (兒女 13) ☞ 各人洗臉各人光 ‖ 각인이 ᄂᆞᆺ 씨스매 각인이 번ᄒᆞ다 (漢語 修綆室 3b/56)

394) 【八蠻進寶】bāmánjìnbǎo 〈成〉 異族使臣進貢寶物. 這裏形容人雙手捧物十分鄭重的樣子.¶ "你還沒見他頭裏從外邊拿進來, 那等用襖子袖兒托着, 恰似~的一般." (金瓶 43)

395) 【要打猢狸不成, 還惹了一屁股臊】yàodǎhúlibùchéng, háirěleyīpìgǔsāo 〈諺〉 指事情沒辦成, 反而招來惡果.¶ ☞ 狐狸打不成, 倒惹了一屁股臊 여으를 쳐 잡지 못ᄒᆞ고 도로혀 왼 밋 노린내만 내다 (漢語 修綆室 3b) "你不該先把銀子遞與小廝, 倒做了管手. ~." (金瓶 79)

[막걸리 거르려다 지게미도 못 건진다.]

277. 叫天天應, 叫地地靈.[396)]

하늘을 부르면 하늘이 응하고 땅을 부르면 땅이 답한다.
원하는 대로 다 되다.

278. 似量着做的一般.

재 가면서 하듯.

279. 做一日和尚, 撞一日鍾.[397)]

하루 중 노릇하면 하루 북을 친다.
[하루살이 살림.]

280. 現鍾不打去做鍾.[398)]

있는 종은 안 치고 종 만들러 간다.
가까운 것을 버리고 먼 것을 취한다. (있는 종 놔두고 다시 종을 만든다.)

281. 人沒害虎心, 虎沒害人心.[399)]

---

396) 【叫天天應, 叫地地靈】 jiàotiāntiānyìng, jiàodìdìlíng 〈諺〉 辦事左右逢源.¶ "須是要信心正果, 假若到了那傷身苦磨之處, 我許你~." (西遊)

397) 【做一日和尚撞一日鐘】 zuòyīrìhéshàng, zhuàngyīrìzhōng 〈諺〉 *原指撞鐘是和尚應做的事. 後多比喻工作消極應付, 幹一天算一天, 得過且過.¶ 하ᄅᆞ 즁 되면 하ᄅᆞ 북을 치ᄂᆞ니라 (漢語 修綆室 3a/46) "那道人道: '拜已畢了, 還撞鐘怎麼?' 行者方丢了鐘杵, 笑道: '你那裡曉得! 我這是'~'的. " (西遊 16) ☞ 做一天和尚撞一天鐘. ‖ "孫知府便說: '老哥眞是能者多勞, 所以如此公忙得很.' 傅知縣嘆了一口氣道: '也不過~, 盡我的職分罷了.'" (文明 7)

398) 【現鍾不打去做鍾】 xiànzhōngbùdǎqùzhuòzhōng 〈諺〉 放着現成的鐘不去敲, 却要等着去敲還待鑄造的鐘. 比喩捨近就遠或捨現求賒. ¶ ☞ 現鐘不打打鑄鐘 ‖ 우리 엇지 잡은 톳기를 노코 ᄃᆞᆺᄂᆞᆫ 놀늘 ᄯᆞ로리오 (西遊 延世 9:123) "說甚麽亂話! '~'? 你現揭了榜文, 教我們尋誰! 不管你! 扯了去見主上!" (西遊 68) ☞ 現鐘不打去煉銅 ‖ "(貼) 你在廟前過水, 我在廟後過山, 約定夕陽西下相會. (付) ~? (貼) 我不哄你便了." (綴白裘 孽海記・下山) ☞ 現鐘不打, 反去煉銅 ‖ "俊卿何得厚于撰之, 薄于小弟乎? 況且撰之又不在此間, ~, 這是何說?" (二刻 17)

399) 【人沒害虎心, 虎沒害人心】 rénméihàihǔxīn, hǔméihàirénxīn 〈諺〉 比喩人不想傷害別人, 別人也不會傷害他.¶ ☞ 人沒傷虎心, 虎沒傷人意 ¶ ᄉᆞᄅᆞᆷ이 범을 ᄒᆡ할 마음이 업스면 범이 ᄉᆞᄅᆞᆷ을 상일 ᄠᅳᆺ이 업- ‖ "你可知古人云: '~.' 他不弄火, 你怎肯弄風?" 고인이 ᄀᆞ로되 ᄉᆞᄅᆞᆷ이 범을 ᄒᆡ할 마음이 업스면 범이 ᄉᆞᄅᆞᆷ을 상일 ᄠᅳᆺ이 업다 ᄒᆞᄂᆞ니 제 이미 블을 희롱치 아녀시면 ᄂᆡ

사람은 호랑이 해칠 마음 없고, 호랑이 역시 사람 해칠 마음 없다.

282. 寃有寃家, 債有債主.[400]

죄는 지은 대로 간다.

283. 陰天皮鼓打不響.[401]

흐린 날 북은 쳐도 소리나지 않는다.

284. 念經打和尙.[402]

은혜를 원수로 갚는다.

285. 本領[403]

엇지 즐겨 바ᄅᆞᆷ을 희롱ᄒᆞ리오 (西遊 啓明大 5:101-16) ☞ 人無害虎心, 虎有傷人意. ¶ 사ᄅᆞᆷ이 범을 ᄒᆡ홀 ᄆᆞ음이 업ᄉᆞ면 범이 엇지 사ᄅᆞᆷ을 샹홀 뜻을 두리오 ‖ "我不忍行這樣損事, 常言道, ~, 可就講不起, 要傷德了." 내 참아 사ᄅᆞᆷ을 샹ᄒᆞᄂᆞᆫ 일을 힝치 못ᄒᆞ나 쇽어의 니ᄅᆞᄃᆡ 사ᄅᆞᆷ이 범을 ᄒᆡ홀 ᄆᆞ음이 업ᄉᆞ면 범이 엇지 사ᄅᆞᆷ을 샹홀 뜻을 두리오 ᄒᆞ니 맛ᄎᆞᆷ내 음덕의 숀샹ᄒᆞ믈 도라보지 못ᄒᆞ리로다 (忠小 12:9) "自古道: ~. 郞君何故必欲殺之? 此獸乃百獸之王, 不可輕殺." (醒恒 5)

400) 【寃有寃家, 債有債主】 yuānyǒuyuānjia, zhàiyǒuzhàizhǔ 〈熟〉 寃仇有結寃者, 債務有借債人. 意爲報仇討債要找准對象, 不連累他人.¶ 죄는 지은ᄃᆡ로 가단 말 (語覽 西遊 83a) ▼원슈ᄅᆞᆯ 지으니ᄂᆞᆫ 갑흐미 제게 간- /원은 결원ᄒᆞᆫ 집이 잇고 빗슨 빗진 집이 잇- ‖ "爺爺呀! '~.' 要索命不干我們事, 都是廣謀與老和尙定計害你的, 莫問我們討命." 노야님아 우리 말을 드르쇼셔 샹담의 닐오ᄃᆡ 원슈ᄅᆞᆯ 지으니ᄂᆞᆫ 갑흐미 제게 간다 ᄒᆞ니 우리ᄂᆞᆫ 간셥ᄒᆞ미 업고 다 노화샹과 광무의 ᄭᅬ로 이리 되여시니 목숨을 살오쇼셔 우리ᄂᆞᆫ ᄋᆡᄆᆡᄒᆞ여이다 (西遊 延世 3:34) 야〻는 드러시라 원은 결원ᄒᆞᆫ 집이 잇고 빗슨 빗진 집이 잇다 ᄒᆞᄂᆞ니 야애 임의 타국어여ᄎᆞ원혼이 되여 명을 구ᄉᆡᆨ홀진ᄃᆡ 아등은 간범ᄒᆞ미 업고 쇼화ᄉᆞᆼ 광뫼 노화ᄉᆞᆼ으로 더부러 간계를 ᄂᆡ여 노야를 ᄒᆡᄒᆞ미오니 아문를 향ᄒᆞ여 목숨을 달난 말은 ᄆᆞ로쇼셔 (西遊 啓明 5:102-16)

401) 【陰天皮鼓打不響】 yīntiānpígǔdǎbùxiǎng 〈諺〉 ᄒᆞ린 ᄂᆞᆯ 북은 쳐 소ᄅᆡ 나지 아니ᄒᆞᄂᆞ니라 (漢語 修綆室 3b/53)

402) 【念經打和尙】 niànjīngdǎhéshàng 〈諺〉 比喩以怨報德. 也指把曾爲自己效勞的人抛棄掉.¶ "念了經打和尙, 往後不省人了." (金甁 21)

403) 【本領】 běnlǐng 〈名〉 ❶ 猶大體. (語初 14a) (語重 20b) (課目 儒學 5b) 〔增注〕 退溪曰: "本根綱領也." 又曰: "猶大旣也." 又曰: "如木之本, 衣之領也." (洛閩 心) "~工夫." 指莊敬涵養工夫如木之本, 如衣之領. (心經 1:12b) 本來, 根本. ‖ "吾曾歷擧佛說與吾儒同處, 問伊川先生, 曰: '恁地同處雖多, 只是~不是, 一齊差却.'" (二程語錄 17) "功名二字, 是俺~前程, 不索賢卿憂慮." (京本通俗錯斬崔寧) ❷ ᄌᆡ조 ‖ "大凡人沒些~, 一味把這兩箇銅錢結識人, 人看他做耍子, 不肯尊重他. 雖有些~, 却好高自大, 把些手段壓伏人, 人又笑他是魯夫." 므ᄅᆞᆺ 사ᄅᆞᆷ이 ᄌᆡ죄 업서 금젼으로 사ᄅᆞᆷ

재주.

286. 祭起

제사하다.

287. 造化[404]

을 사괴면 사룸이 다 뎌를 되접디 아니ᄒᆞ고 비록 ᄌᆡ죄 이시나 ᄉᆞᄉᆞ로 놉흔 톄ᄒᆞ야 슈단을 가져 사룸을 압두ᄒᆞ면 또 뎌를 조로ᄒᆞᆫ 사룸이라 (隋史遺文 1:50) "憑着兄弟~, 前日有幾個毛賊來劫掠, 被我打得稀爛. 張郡丞聞我名, 幾次要我去做親隨." 형데 ᄌᆡ조를 미더 젼일의 여러번 도적이 와 겁냑ᄒᆞ다가 내게 좃치여 가니 댱군승이 내 일홈을 듯고 여러번 날을 블러 친슈를 삼고져 ᄒᆞ되 내 집안을 념녀ᄒᆞ야 감히 가브야이 가디 못ᄒᆞ이다 (隋史遺文 8:84) "何方道士, 多大~." 어내 디방 도ᄉᆡ며 무ᄉᆞᆫ ᄌᆡ죄 잇관되 (女仙 5:13) "屠隆見他沉吟, 遂變色問道: '敢是小女~不高, 面貌不揚, 有不肯俯就的意思麽?'" 도늉이 그 되답 아니ᄒᆞᆷ를 보고 믄득 블연 변ᄉᆡᆨᄒᆞ고 무르되 쇼녀의 ᄌᆡ죄 놉디 못ᄒᆞ며 얼골이 곱디 아냐 뜻의 맛디 아니미 잇ᄂᆞ냐 (後水滸 5:27) ▼슈단 ‖ "夫人你不知道, 他的~多着哩." 부인아 져의 슈단이 만흐믈 아지 못ᄒᆞᄂᆞ냐 (瑤華 2:60) ❸ 本職範圍内的, 自身應承當的.¶ "學生敝同窓聶兩湖, 見在武庫肄業, 與小兒爲師. 在舍~雜作極富." (金瓶 77) "我~兒不濟事, 那勤勞準折罷了." (金瓶 55)

404) 【造化】 zàohuà 〈名〉 ¶ ᄉᆞ망 (同下 買賣 27b) (蒙下 買賣 22a) 됴흔 일 (醒風 2:55) [잔화] "有~的." ᄉᆞ망 잇ᄂᆞᆫ 이 (漢淸 福祉 6:14a) 알 슈가 읍셔셔 (語覽 西遊 65b) 노릇시 잘못된단 말 (語覽 西遊 66a) "~高." ᄉᆞ망 만타 (廣物譜 1 民業 3a) ᄉᆞ망 잇다, 又多幸ᄒᆞ다 (蒙下 買賣 22a) (三學 市) [잔화] ᄉᆞ망 ‖ "甚是~." ᄀᆞ장 ᄉᆞ망 잇다 (漢淸 福祉 6:14a) "~底." ᄉᆞ망 업다 (譯下 瑣說 50b) ᄉᆞ망 업다 (方三 買賣 21b) (方四 雜語 32b) (課目 理生 60b) [잔화] "~底." 사망 업다 (漢談 動靜 33a) ~, 大~!" 天作也. (西遊 聯帖 23b) "~低了." 拙手段也. (西遊 聯帖 25b) "~大." ᄉᆞ망 잇다 (課目 理生 69b) [잔화] 소망 ‖ "~多." 소망 만타 (華撮 日用雜語 66a) [잔화] "甚是~." ᄀᆞ장 ᄉᆞ망 잇다 (漢淸 福祉 6:14a) ~ ‖ "廷爭酬~, 樸眞乞江湖." 廷爭ᄒᆞ야 造化를 갑ᄉᆞ오니 樸質 愚直ㅣ라 ᄒᆞ샤 江湖를 주시다 (杜重 2:10a) ᄉᆞ망, 釋見«譯語類解». ‖ "喒好~." 우리 됴흔 ᄉᆞ망이로다 (伍倫 7:19b) "我設下一計, 看你~如何. 你歸家, 三日後再來聽計." 내 ᄒᆞᆫ 계교를 베퍼 네 ᄉᆞ망이 엇더ᄒᆞᆫ고 볼 거시니 너ᄂᆞᆫ 노ᄉᆡ를 두고 집의 도라갓다가 삼일 후의 다시 와 계교를 드ᄅᆞ라 (包公 騙馬 5:93) "他兩人去開封府做買賣, 半月間, 撿銀若干. 就在省城置家, 買田數頃, 有如此~." 두 사룸이 ᄀᆡ봉부의 ᄆᆡᄆᆡᄒᆞ라 가노라 ᄒᆞ더니 반 ᄃᆞᆯ은 ᄒᆞ여 셔 은을 만히 어더 ᄉᆡᆼ듕의셔 집을 두고 뎐디를 사니 이런 ᄉᆞ망이 잇더라 (包公 氈套客 4:12) "是天大的~了." 이 하ᄂᆞᆯ ᄀᆞᆺ치 큰 사망이로다 (漢語 修綆室 6a) ▼유복- ‖ "我國中實有~, 這個男子, 却也做得我王之夫." 우리 님군이 유복ᄒᆞ시닷다 이런 됴흔 남ᄌᆞ를 만나시니 하ᄂᆞᆯ 모를 일이 아니로다 (西遊 延世 8:6) ▼복 ‖ "不知這蘇相公是那裏~!" 아디 못게라 소슈ᄌᆡᄂᆞᆫ 무ᄉᆞᆷ 복으로 이러ᄐᆞᆺᄒᆞᆫ 비필을 어들고 (玉嬌 1:64) "只說小官人生得豊厚, 是個有~的." 져 집의 가음열기ᄂᆞᆫ 니르도 말고 쇼관인이 얼골이 풍후ᄒᆞ여 극히 복 잇ᄂᆞᆫ 사룸이오 (平妖 6:5) ▼복녁 ‖ "我們的小姐好沒~, 把這擡天的貴顯倒讓了別人了." 우리 쇼져ᄂᆞᆫ 복녁이 업ᄂᆞ니 니런 흔 텬부귀를 도로혀 타인의게 양ᄒᆞ도다 (再生 25:13) ▼복력 ‖ "只要老爺另眼擡擧, 就是他的~, 小老也得放心." 다만 노야ᄂᆞᆫ 별노이 고호ᄒᆞ시면 곳 져의 복력이오 나도 또ᄒᆞᆫ 방심ᄒᆞᆯ지라

복력, 팔자.

288. 晦氣[405]

(雪月 1:66) "~低了." 拙手段. (語覽 西遊 72a) [쏘화] 福力 ‖ "儞眞是有~的了." 당신은 참 福力 잇는 이올시다 (華語教範 60) "歎口氣道聲, ~低了." 이 일을 엇지ᄒᆞ면 조흘는지 신셰가 안이 되엿구ᄂᆞ (語覽 西遊 85a) "打了兩個呵呵道: '大~! 大~!'" ᄒᆞ졔 알슈 읍는 일도 만코 ᄒᆞ졔 알슈 읍는 일도 만쿠 (西遊 1:91a) ▾팔ᄌᆞ ‖ "我今朝~好, 遇着這等一個好婦人. 客店裏都知道我是他的丈夫了, 今晩且快活睡他一夜." 오날 ᄂᆡ 팔ᄌᆡ 긔이ᄒᆞ도다 이 졈 사ᄅᆞᆷ이 임의 부쳬로 아라시니 오날밤은 즐거이 지ᄂᆡᆯ노다 (平妖 6:44) [좌화] ▾복 ‖ "說起當年太祖皇帝仿舜巡的故事, 比一部書還熱鬧, 我偏沒~赶上." 당년의 태조 황뎨긔셔 슌인군의 순슈ᄒᆞ시던 고ᄉᆞᄅᆞᆯ 의방ᄒᆞ시ᄆᆡ 한 질 셔칙보다 더 굉쟝ᄒᆞᄃᆡ 나ᄂᆞᆫ 편벽도이 복이 업셔 ᄯᅡ라가지 못ᄒᆞ엿노라 (紅樓 16:55) ▾복력 ‖ "便是我們做下人的, 伏侍一塲, 大哥落個平安, 也算是~了." ᄆᆞᆫ득 우리 ᄀᆞᆺ튼 하인된 것도 한바탕을 ᄉᆞ환ᄒᆞ여시니 피ᄎᆞ 평안ᄒᆞ게 되여야 ᄯᅩᄒᆞᆫ 복력이라 (紅樓 34:44) ▾복녁 ‖ "小娘子你到我家却是你的~, 你有憑的福氣." 쇼낭ᄌᆞ야 네 우리집의 오미 ᄯᅩᄒᆞᆫ 너의 복녁이니 (快心 30:58) ▾복분 ‖ "殊不知別說庶出, 便是我們的丫頭, 比人家小姐還强呢.將來不知哪個沒~的爲挑庶出誤了事呢, 也不知那個有~的不挑庶出得了去?" 모ᄅᆞᆷ즉이 셔츌이라 말 말나 ᄆᆞᆫ득 우리집 챠환이 남의 집 쇼져의 비ᄒᆞ면 도로혀 나흘 쥴을 아지 못ᄒᆞ니 쟝ᄅᆡ의 엇던 박복ᄒᆞᆫ 이가 젹셔ᄅᆞᆯ 분간ᄒᆞ다가 일을 그릇더리고 엇던 복분 잇ᄂᆞᆫ 이ᄂᆞᆫ 젹셔ᄅᆞᆯ 분간치 아니ᄒᆞ며 어더 갈 쥴을 아지 못ᄒᆞ리로다. (紅樓 55:85) ▾희싀 ‖ "不知可有這樣~?" 아지 못게라 졍히 무ᄉᆞᆫ 희싀 이시리로다 (女仙 11:30) "如若寶叔不嫌侄兒蠢笨, 認作兒子, 就是我的~了." (紅樓 24) ▾사망 ‖ "是天大的~了." 이 하ᄂᆞᆯᄀᆞᆺ치 큰 사망이로다 (漢語 修綆室 6a/97) "但凡貧富由天定, 世上錢財倘來物, 那是常貧久富人?" "~大麽不該淂的淂了, ~低麽該淂的不淂了." 무릇 빈부가 하ᄂᆞᆯ이 졍ᄒᆞᆫ ᄃᆡ 말ᄆᆡ암ᄂᆞ니 셰샹 젼ᄌᆡ가 당ᄅᆡᄒᆞᆫ 물이면 어ᄂᆡ 이 쎠ᆞᆞ지 가난ᄒᆞ며 오ᄅᆡ ᄀᆞ염 □ ᄉᆞᄅᆞᆷ이리오 /사망이 크면 엇지 못ᄒᆞᆯ 거도 엇고 사망 쳐지면 어들 것도 엇지 못ᄒᆞᄂᆞ니라 (漢語 修綆室 34ab) [좌화] ~ ‖ "那麽就有何~麽?" 그러면 무슴 造化가 잇ᄂᆞ냐 (華啓下 25b) "咳有一種~更好看." ᄯᅩ ᄒᆞᆫ가지 造化가 잇시니 더욱 보기 족타 (華啓下 26b) ▾장그라온 일 / 징그러온 일 ‖ "兄弟們, ~! ~! 冤家在我家裏也!" 모든 제형들아 셰샹의 이런 장그라온 일이 잇ᄂᆞ냐 원슈ᄅᆞᆯ 우리집의 와 어덧노라 (西遊 延世 8:55) 이 형들아 세상의 징그러온 일도 잇도다 원슈놈을 우리집의 와 만나도다 (西遊 嶺南大 6:41-56) ▾됴화이- ‖ "衆猴鼓掌大笑道: '~! ~! 做甚麽和尙, 且家來, 帶携我們耍子幾年罷!'" 즁납들이 숀벽쳐 우어 왈 가쟝 됴와이다 고향에 도라와 우리로 더브러 왕락을 누리미 엇지 됴치 아니ᄒᆞ리잇고 (西遊 博文 3:27:24) "溫州府樂淸顯有一秀才.……就于臨安府衆安橋命鋪, 算看本身~." (京本通俗 菩薩蠻)

405) 【晦氣】 huìqì 〈名〉〈形〉 倒霉, 不走運. ¶ [휘키] ᄋᆡᆨ궂다 (譯下 瑣說 44a) ᄋᆡᆨ회, 忌會[기휘] (方四 雜語 25b) ᄋᆡᆨ회, 又曰"忌會". (課目 人倫 4b) 팔ᄌᆞ ᄉᆞ납단 말, ᄯᅩ 잠작고 잇셔 (大方 水滸 3a) ᄋᆡᆨ궂다 (語錄彙編 水滸 11a) (水滸 奎章 6:35) (語覽 西遊 58b) ᄋᆡ궂다 (水滸 聯帖 9b) ᄋᆡᆨ곶다 (水滸 菊齋 1:8a) 가마니, 又슈 사오납다 (語覽 水滸 24b) ᄀᆞ마니, 又슈 사오납다 (水滸 愚山 3b) 슈가 ᄉᆞ오납다, 又가마니 (水滸 5:18) ᄋᆡᆨ궂다, 가마니 (水滸 延世 7b-5) 忿氣. (語錄彙編 水滸 13b) [휘키] "~多." ᄋᆡᆨ궂다 (華撮 日用行語 57a) "~進門." ᄋᆡᆨ궂게 오다, (又)厄星臨門. (語覽 西遊 66b) "我恁地~." ᄅᆡ 엇지 릴억커 ᄋᆡᆨ군 짓고 (水滸 菊齋 1:35b) "却是老爺們~, 撞着你這箇魔頭." 얼운들이 ᄋᆡᆨ궂기로 져 怨讐으 놈을 맛단는야 (水滸 菊齋 2:19a) ▾악궂- ‖ "~~." 面有災厄之氣曰晦氣, 言數不足事不諧也.(西遊 5b-73) "我~他倒來惹我." ᄅᆡ가 ᄋᆡᆨ구진야 제

재수 없다.

289. 打關節[406)]

가 돕더 와셔 랄을 긋어리는군나 (水滸 菊齋 1:65a) ▼익곳- ‖ "這厮却不是~, 倒來尋酒家." 져 놈이 안이 익곳지 안이한야 됩더 와 랄을 찻는구나 (水滸 菊齋 2:7b) ▼익긋- ‖ "鄭虎聽說, 便一頭向招文袋中取銀子, 一頭喃喃吶吶的道: '我們~, 解着這個囚犯, 一路來水酒也不曾吃他一杯, 日日要我們賠錢賠鈔.'" 졍히 주머니예 든 은조각을 내여 일변 즁쥬어리딕 우리 익구져이 죄인 ᄃᆞ려오며 제 몸의 술 ᄒᆞᆫ 잔도 바다 먹디 못ᄒᆞ고 도로혀 우리 갑ᄉᆞᆯ 내ᄂᆞᆫ고 (回文 5:61b) ▼팔ᄌᆡ ᄉᆞ오나오- «사오납다» ‖ "我王則好~, 纔快活得三日, 回來沒討鍾茶吃, 這贓官又來歪纏了." ᄂᆡ 팔ᄌᆡ ᄉᆞ오나와 겨유 삼일을 즐거이 지ᄂᆡ고 곳 집의 오ᄆᆡ 탐관의게 봇치이니 (平妖 8:9) ▼익이 다치- ‖ "你自不小心失盜, 那强盜必然遠去了, 該認自家的~, 反來怨恨上官!" 네 스ᄉᆞ로 조심티 아니ᄒᆞ야 도적을 마ᄌᆞ시니 그 강되 필연 멀니 가실디라 이ᄂᆞᆫ 네 익이 다쳐 이러ᄒᆞ거ᄂᆞᆯ 엇디 도로혀 관가ᄅᆞᆯ 원망ᄒᆞᄂᆞᆫ다 (包公 銅錢插壁 8:66) [홰치] ▼단쳐 ‖ "我纔不過爲了事, 進來勸開了, 好大家保重.姑娘倒尋上我的~." 나ᄂᆞᆫ 앗가 불과ᄒᆞ여 일을 위ᄒᆞ여 나와 프러 말녀 피ᄎᆞ 안보ᄒᆞ여 ᄒᆞ미어ᄂᆞᆯ 고랑은 도로혀 나의 단쳐ᄅᆞᆯ ᄎᆞ져내ᄃᆡ (紅樓 31:21) ▼긔막히- ‖ "見了我好像前世的寃家似的.眞正~, 白鬧了這麽一天." 나ᄅᆞᆯ 보면 죠히 젼ᄉᆡᆼ 원슈ᄀᆞᆺ치 너기니 진졍 긔막혀 날노 져쳐럼 하로ᄅᆞᆯ 들네도다 (紅樓 88:62) ▼명박ᄒᆞ- ‖ "我恁地~! 等了兩日, 不見一個孤單客人過往, 如何是好?" 내 이렇틋 명박ᄒᆞ여 량일을 기ᄃᆞ리나 ᄒᆞᆫ 낫 ᄀᆡᆨ인을 맛나지 못ᄒᆞ고 공슈로 도라오니 왕두령이 무르며 무엇이라 ᄃᆡ답ᄒᆞ리오 (水滸 新文 1:10:109) ▼흔단 ‖ "那人走後, 寥貨打開一看, 是碎銅爛鐵, 就知道這人是成心找~來了." 원ᄅᆡ 기인이 은ᄌᆞ 쥬고 간 후의 요졍귀 헷쳐 보ᄆᆡ 곳 영쇄ᄒᆞᆫ 구리와 쇠죠각이라 니러므로 곳 기인이 ᄯᅳᆺ을 졍ᄒᆞ여 흔단을 ᄌᆞ아ᄂᆡ라 오민 줄 알고 (忠小 14:9) [홰치] ▼불길ᄒᆞᆫ 운수 ‖ "我今兒是那裡來的~, 都拼着你們氣頭兒上, 白白的挨打受罵了." 내 오ᄂᆞᆯ 엇지ᄒᆞᆫ 불길ᄒᆞᆫ 운수로 너의들에 셩ᄂᆡ믈 만ᄂᆞ 공연히 어더맛고 욕을 먹엇노라 (華語精選 174) "我那世裏~, 今日大睜眼又撞入火炕裏來了." (金瓶 19) "你們幾个好兄弟們還是~啊." (華撮 49a)

406) 【打關節】 dǎ//guānjié 〈動〉 賄賂.¶ [다권저] 쇼청ᄒᆞ다 (譯上 爭訟 65a) 쳥쵹ᄒᆞ다 (蒙下 爭訟 24a) "透~." 쳥길을 통ᄒᆞ리라 (水滸 延世 29b-48) 쳥길을 통ᄒᆞ다 (語覽 水滸 45b) [다권져] ~, «吏學指南»云: 下之所以通款曲於上者曰關節, 又造請權要, 謂之關節. 漢曰關說宋包拯剛直好駁時人語曰關節不到, 有閻羅包老, 如本國俗語쇼쳥ᄒᆞ다. ‖ "那寃家們~時, 內中一兩箇官人, 受他錢財當住, 還不肯發落, 該管的外郎也受了些錢財, 把我的文卷來, 丢在槓子閣落裏, 不肯家啓禀, 知他是幾時的勾當." 뎌 寃家ㅣ 쇼쳥ᄒᆞ니 그 듕에 ᄒᆞᆫ두 官人이 뎌의 錢財를 밧고 머믈워 당시롱 즐겨 發落디 아니ᄒᆞ고 ᄀᆞ옴아ᄂᆞᆫ 外浪도 져기 錢財ᄅᆞᆯ 밧고 내 文卷을다가 즐겨 啓禀티 아니ᄒᆞ니 모로리로다 언제 일인다 (朴中 58b) [관져] ▼쇼쳥ᄒᆞ- ‖ "堂上官府憑着理自然合斷的, 只怕那寃家們~煩人說情哩." 堂上官府ㅣ 理로 ᄒᆞ면 自然 결단ᄒᆞ염즉호되 그저 뎌 寃家 둘이 쇼쳥ᄒᆞ여 사ᄅᆞᆷ을 식여 情을 니ᄅᆞᆫ가 저페라 (朴新 3:5a) ▼칭념ᄒᆞ- ‖ "次後須在參軍處, 做了跟脚, 這些衙官不過是錢米. 後在蔡刺史處, 打一關節. 關節到, 大家便葫蘆提出門了." ᄯᅩ 참군의게 통졍ᄒᆞᆯ 거시니 이런 사ᄅᆞᆷ은 블과 은젼을 ᄉᆞ랑ᄒᆞᆯ ᄯᆞᄅᆞᆷ이오 그후의 채ᄌᆞᄉᆞ의게 칭념ᄒᆞ면 가히 모호히 결단ᄒᆞ야 옥문을 나리라 (隋史遺文 1:13) "錢大尹云: '怎麽在我行~那?' 正旦唱: '小人便關節煞, 怎生勾除籍不做娼, 棄賤不從良.'" (謝天香 2) "我這裏自行與知府的~." (水滸 49) "本處縣裏有人都和雷橫好的, 替他去知縣處~." (水滸 51) "賈濡思量要打劉八太尉的關節, 扶持女兒上去, 因此特到兄弟任所, 與他商議." (喻明 22) "監生漸漸的知道害怕, 只得央那快手中久慣與

청탁하다.

290. 鑽營[407)]

뚫어 청하다.

291. 尿精[408)]

오줌싸개.

292. 肯哭的[409)]

울보.

293. 葷不葷, 素不素.[410)]

육식도 아니고 채식도 아니고. (이도 저도 아닌 모양.)

294. 東不着西不就.[411)]

동쪽도 안되고 서쪽도 안되다.

官府~的, 與狄希陳講價." (醒恒 94) "監生漸漸的地道害怕, 只得央那快手中久慣與官府~的, 與狄希陳講價." (醒姻 94) "難道安老爺那樣個正氣人, 還肯找個熟人給兒~不成?" (兒女 34)

407) 【鑽營】 zuānyíng 〈動〉 巴結權勢以謀取個人私利.¶ ᄯᅮ러 청ᄒᆞ다 (漢淸 詞訟 3:7b) 둘러 청ᄒᆞ다 (蒙補 爭訟 29a) 속으로 ᄯᅮᆯ어 경영ᄒᆞ다 (漢淸 凶惡 8:42b) ᄯᅮ러 쳠ᄒᆞ다 (課目 人倫 45a) ᄯᅮ러 청ᄒᆞ다 (課目 仕止 64b) [찬잉] ▼길 ᄯᅮᆯ- ‖ "這位雨村老爺人也能干, 也會~, 官也不小了, 只是貪財, 被人家參了個婪索屬員的幾款." 져위 우촌 로야가 사ᄅᆞᆷ도 간릉ᄒᆞ고 길 ᄯᅮᆯ기ᄅᆞᆯ 잘ᄒᆞ여 벼ᄉᆞᆯ도 젹지 아니ᄒᆞ나 다만 ᄌᆡ믈을 탐ᄒᆞ기로 사ᄅᆞᆷ이 참힉ᄒᆞ믈 닙어 쇽원의게 토식ᄒᆞᆫ 몃 가지ᄅᆞᆯ 말ᄒᆞ엿시니 (紅樓 117:80)

408) 【尿精】 niàojīng 〈名〉 尿床的孩子.¶ [쉬징] 오좀ᄡᆞ기 (漢淸 老少 5:47a) 오좀ᄊᆞ기 (課目 人倫 32b)

409) 【肯哭的】 kěnkū(de) 〈名〉 愛哭的孩子.¶ 우ᄂᆞᆫ 아희 (課目 人倫 32b)

410) 【葷不葷, 素不素】 hūnbùhūn, sùbùsù 〈諺〉 形容人沒有恰當的名分, 不上不下.¶ ~ (華語抄畧 8a/294) "你這邊孝服也將滿. 那時娶你過去, 却不齊備些? 强似搬在五姐樓上, ~, 擠在一處甚麽樣子?" (金甁 16)

411) 【東不着西不就】 dōngbùzháoxībùjiù 〈諺〉 就: 完成. 指甚麽事情也沒有做成. 有時也指揮擇偶不順利.¶ ☞ 東不成西不就 ‖ "他說那老父在日, 原來尋個書香人家, 如今年紀大了, 與其~, 不如揀個穩當的將就些罷了." (蕩寇志 96) ☞ 東也不成, 西也不就 ‖ "這安進士亦因家貧未續親, ~, 辭朝還家續親, 因此二人同船." (金甁 36)

295. 倚子折了，無地靠了.412)

걸상의 등받이가 망가져 기댈 곳이 없다.
[순망치한.]

296. 佛眼相看.413)

좋은 낯으로 보자.

297. 變過臉來.414)

낯빛이 변하다.

298. 淸的自是淸,【8b】葷的自是葷.

맑은 것은 원래 맑고 탁한 것은 원래 탁하다.

299. 行貨415)

---

412)【倚子折了，無地靠了】yǐzizhéle，wúdìkàole 〈諺〉 比喩沒有可依賴或可指望的東西.¶ ☞ 椅子斷了背，沒靠頭

413)【佛眼相看 불안상간】fóyǎnxiāngkàn 〈成〉 比喩以慈悲爲懷，善意相待.¶ [보연샹칸] 됴히 보리란 말 (譯補 瑣說 59b) 조흔 나츠로 보쟈 (水滸 聯帖 21a) 조흔 낫츠로 보ᄌᆞ (語覽 水滸 45b) (水滸 52:94) 조흔 낫치로 보자 (水滸 奎章 53:131) 죤흔 낫츠로 보다 (水滸 延世 31b-52) ▼블안으로 서ᄅᆞ 보- /죽기를 면ᄒᆞ- ‖ "你做一寨之主，若知人事的，快快送還我行李財物，~；少若遲延，立刻教你身爲齏粉." 네 니 채쥐 되야시니 만일 인ᄉᆞ를 알거든 힝니와 ᄌᆡ믈을 쾌히 내야 주고 이 믈을 건너야 보내면 블안으로 서ᄅᆞ 보려니와 만일 디연ᄒᆞ면 닙긱의 널노 ᄒᆞ여곰 회분이 되게 ᄒᆞ리라 (禪眞 15冊本 7:91) 네 한 ᄎᆡ쥐 되어 만일 인ᄉᆞ를 알진ᄃᆡ 쾌히 ᄂᆡ 힝니를 도라보ᄂᆡ면 죽기를 면ᄒᆞ려니와 블연즉 네 몸을 갈늘 ᄆᆡᆫ들니라 (禪眞 10:32) "這村夫若下山呵，我和他~；若不下山呵，我不道的饒了他哩!" (博望燒屯 1) "如是留得盧員外性命在世，~，不忘大德." (水滸 62)

414)【變臉】biàn//liǎn 〈動〉 翻臉.¶ ᄂᆞᆾ 밧고이다 (漢淸 叛逆 7:58a) "變了臉不肯相認." ᄡᅡᆫ젼을 탁부친다 (語覽 西遊 81a) [변련] ▼낫빗촐 변ᄒᆞ- ‖ "代儒已經變了臉，說：'怪不得你老爺生氣，說你沒出息. 第二天你就懶惰，這是甚麽時候纔來!'" 대위 임의 낫빗촐 변ᄒᆞ고 말ᄒᆞᄃᆡ 너의 로야 긔셔 긔를 ᄂᆡ여 네 가믈 분슈ᄒᆞ다 ᄒᆞ믈 고이히 너기지 못홀지라 데이일의 네가 믄득 히타ᄒᆞ여지니 이제 무숨 ᄢᅢ완ᄃᆡ 겨유 왓ᄂᆞ뇨 (紅樓 82:25)

415)【行貨】hánghuò 〈名〉 ❶ 貨物.¶ 황우 (水滸 奎章 16:59) (水滸 延世 12b-15) 황호 (水滸 聯帖 12a) 황아짐 (語覽 水滸 32b) 홍졍감 (語覽 水滸 25b) (水滸 26:54) 興成件ᄋ, 홍졍가음 (水滸 傳語錄 5b) 行貨曰商, 가지고 단이며 買賣하는 ᄌᆡ믈, 居貨曰賈. (水滸 菊齋 1:9a) "手裡~." 生死在手裡. (大方 水滸 5b) 手中物言生死在手. (水滸 延世 51a) 죽기 살기 ᄂᆡ 손의 달녓다 (水滸 補:116) "今日却造化，得這一頭~，必有重賞." 오늘 이거슬 어더시니 가장 조흔 일이로다 반ᄃᆞ시 우리 등의게 즁ᄒᆞᆫ 상이 이시리라 (禪眞 3:59) ▼힝화 ‖ "昨日夜間，衆軍士曾湊得多

少~?" 작야의 너의 군ᄉᆡᆨ 일즉 ᄒᆡᆼ화를 얼마나 어드뇨 (禪眞 10:26) "這幾個月裏好生沒買賣. 今日謝天地, 捉得三個~, 又有些東西." 여러 날 ᄆᆡ〻 업더니 금일 텬ᄒᆡᆼ으로 세 낫 ᄒᆡᆼ화를 잡으니 ᄒᆡᆼ니 젹지 아니ᄒᆞᄆᆡ 깃거ᄒᆞ노라 (이대 수호지 32:6a) "好幾日沒買賣, 今日天送這三頭~來與我." 여러 날 ᄆᆡ매를 잘 못ᄒᆞ엿더니 금일은 하ᄂᆞᆯ이 지시ᄒᆞ야 이런 됴흔 ᄒᆡᆼ화를 맛낫도다 (水滸 新文 2:35:218) "岸上一伙人趕這三頭~來我船裏." ᄒᆞᆫ 쎄 사ᄅᆞᆷ이 세 낫 ᄒᆡᆼ화를 ᄯᆞ라 강변에 니름애 내 구제ᄒᆞ여 ᄇᆡ에 올니니 (水滸 新文 3:36:9) ▼떡 ‖ "任遷看了焦躁起來: '可知叫你忍饑受餓! 只賣得你兩文錢, 到壞了三個~. 這番不換了.' 去架子上捉了銅錢, 看着架子上吹口氣便走." 임쳔이 쵸됴ᄒᆞ다가 닐오ᄃᆡ 네 두 낫 돈을 밧고 ᄂᆡ 세 가지 떡을 더러여시니 이제ᄂᆞᆫ 결단ᄒᆞ여 밧고와 쥬지 못ᄒᆞᆯ노다 ᄒᆞ고 가ᄌᆞ 우히 돈을 더위쳐 가지고 온갓 떡 버린 데로 향ᄒᆞ여 입김을 불고 돌쳐가거ᄂᆞᆯ (平妖 7:16, 17) ▼믈화 ‖ "一日, 王三郎欲整~出商于外, 朱氏勸夫勿行, 三郎依其言, 遂不思遠出, 只在本地近處做些營生." ᄒᆞᆯᄂᆞᆫ 삼낭이 믈화를 출혀 밧긔 나가 쟝ᄉᆞ질ᄒᆞ려 ᄒᆞ거ᄂᆞᆯ 쥬시 권ᄒᆞ야 가지 말나 ᄒᆞ니 삼낭이 그 말을 조ᄎᆞ 먼니 나가지 아니ᄒᆞ고 오직 근쳐의셔 흥판ᄒᆞ더니 (包公 繡履埋泥 5:62) ▼짐 ‖ "若依小人說時, 並不要車子, 把禮物都裝做十餘條擔子, 只做客人的打扮, ~也點十個壯健的廂禁軍却裝做脚夫挑着.……悄悄連夜送上東京交付." 만일 쇼인의 말ᄃᆡ로 ᄒᆞᆯ진댄 수ᄅᆡ를 쓰지 말고 례물을 열 짐에 난화 장ᄉᆞ의 짐 ᄀᆞᆺ치 ᄒᆞ고 열 ᄀᆡ 쟝뎡 군한을 ᄲᅢ 각부의 ᄆᆡᆫ도리ᄒᆞ고 례물을 지고 갈진댄 쇼인이 압령ᄒᆞ여 가리이다 (水滸 新文 1:15:151) ▼물건 ‖ "這個賊配軍正是該死.倒要熱吃, 這藥却是發作的快. 那廝當是我手裏~!" 적ᄇᆡ군이 급히 죽기를 구ᄒᆞᄂᆞᆫ도다 술이 더우면 독이 수히 발작ᄒᆞ리니 나의 슈즁의 물건이 되리로다 (水滸 新文 2:26:107) "你這賊配軍是我手裡~, 輕咳嗽便是罪過!" 너ᄂᆞᆫ 나의 슈즁 물건이라 기침을 크게 ᄒᆞ여도 죄되ᄂᆞ니라 (水滸 新文 3:37:16) ▼物件 ‖ "若你小人說時, 並不要車子, 把禮物都裝做十餘條擔子, 只做客人的打扮~." 만릴 小人의 말과 갓틀 짓된 모도 다 슐이에 실을나 말고 禮物을 야나무 짐이 되게 ᄆᆡ되 다맛 客人의 模樣이며 物件으로 하고 (水滸 菊齋 4:3a) ▼장사 ‖ "只做客人的打扮~." 다맛 客人의 장사 模樣을 하고 (水滸 菊齋 1:74a) ▼行商하는 寶貨 ‖ "怎敢看俺的~." 엇지 감히 ᄅᆡ의 行商하는 寶貨을 보는야 (水滸 菊齋 1:56a) ▼ᄒᆡᆼ즁 ‖ "你這廝好大膽, 怎敢看俺~." 네 ᄀᆞ장 담 큰 도적이로다 엇지 감히 우리 ᄒᆡᆼ즁을 엿보ᄂᆞ뇨 (水滸 新文 1:15:155) ▼보ᄇᆡ ‖ "你這廝好大膽, 怎敢看俺的~." 네 져놈아 〻죠 膽氣가 크구나 엇지 감이 ᄅᆡ의 가져 가는 보ᄇᆡ을 보난요 (水滸 菊齋 2:15b) 貨物, 家伙. ‖ "你倒省氣力, 要混賴我的~." (合汗衫 3) "一百二十行經商買賣, 諸物~都有, 端的整齊." (水滸 3) "你有甚麽~? 你做甚麽營生? 有甚麽資本?" (金鳳釵 3) "你也便別要說起這干人, 那一個是那有良心的~?" (金瓶 1) ❷ 男人生殖器.¶ 좃 ‖ "驢兒大的~." 조시 크단 말 (語覽 水滸 49b) 양물 ‖ "但凡捱光的兩個字最難, 要五件事俱全, 方才得行. 第一件, 潘安的貌; 第二件, 驢的大~; 第三件, 要似鄧通有錢; 第四件, 小, 就要綿裏針忍耐; 第五件, 要閑工夫.此五件, 喚作潘、驢、鄧、小、閑. 五件俱全, 此事便獲着." 므릇 풍졍을 말ᄒᆞᆯ진댄 다ᄉᆞᆺ 가지 일이 구비ᄒᆞᆫ 연후에 가히 ᄒᆡᆼᄒᆞᆯ 것이니 뎨일건은 반악의 풍치를 겸ᄒᆞ고 뎨이ᄂᆞᆫ 양물이 큰 줄 알아야 ᄒᆞᆯ 것이오 뎨삼은 등통의 ᄌᆡ물을 겸ᄒᆞ여 돈이 만코 뎨ᄉᆞᄂᆞᆫ ᄆᆡᄉᆞ를 ᄎᆞᆷ아 일이 되여 가ᄂᆞᆫ ᄃᆡ로 ᄒᆞᆯ 것이오 뎨오ᄂᆞᆫ ᄆᆞ음을 정셩도히 먹고 돈을 앗기지 아니ᄒᆞᆫ 연후에 ᄒᆡᆼᄒᆞ리니이다 다ᄉᆞᆺ 가지 일이 완비ᄒᆞᆫ 후에 ᄒᆡᆼᄒᆞ리라 (水滸 新文 2:23:57) "又生得驢子般一頭大~." (灰闌記 1) "第一要潘安的貌; 第二要驢大~; 第三要鄧通般有錢." (金瓶 3) "那一日我不在屋裏, 三不知把那~包子偸的往他屋裏去了." (金瓶 51) "他只要哄着小的, 把他~子放在小的屁股裏, 弄的脹脹的疼起來." (金瓶 76) ❸ 娼妓.¶ 챵기 ‖ "俺一個富商, 誰人敢來挺撞. 莫說是勾欄院~, 不是你老娘; 便是你老娘, 俺老子霸占了, 也不許你吱個聲兒. 敢來討死!" 가음연 당ᄉᆡᆨ어ᄂᆞᆯ 뉘 감히 와 ᄀᆞᆯ애ᄂᆞ뇨 구란원

짐 / 물건.

300. 大家[416)]

챵기ᄂᆞᆫ 네 늙은 어미 아니어든 비록 네 늙은 어미ᄅᆞᆯ 내 아사다가 감초와신들 너ᄅᆞᆯ 예 와 잡말ᄒᆞ게 ᄒᆞ랴 (後水滸 4:81) ☞ 行貨子

416) 【大家】dàjiā 〈代〉 ❶ 동모 (水滸 愚山 3a) 우리들 (語覽 水滸 34a) 우리 (語覽 西遊 62b) ᄃᆡ되 (水滸 奎章 59:136) (水滸 延世 33a-58) (水滸 58:100) (水滸 聯帖 21b) 大體也, 모도 다 (水滸 菊齋 1:10a) ▼덜어 ‖ "~正在那里." 덜어는 여긔 잇셔 (水滸 菊齋 1:43b) ▼왼집 ‖ "~散火." 왼집 져놈들이 열ᄂᆞ것다 (語覽 西遊 67a) ▼대가ᄒᆞᆫ디 ‖ "上是天兮下是地, 男是男兮女是女. 牧童撞著放牛兒, ~齊唱囉囉哩, 是何曲調萬年歡." 우・ᄒᆞᆫ・가 하・ᄂᆞᆯ히・오 아・래ᄂᆞᆫ・가・ᄯᅡ히・며 남진・ᄋᆞᆫ・가 남진・이・오 :겨지・븐・가 :겨지・비로・다・쇼 머・길 아・희・쇼 노ᄒᆞᆯ 아・희ᄅᆞᆯ 다 딜・어 :대가ᄒᆞᆫ・디 ᄀᆞᄌᆞ기 囉囉哩・ᄅᆞᆯ 브르ᄂᆞ・니・가 :엇던 曲調・오 萬年歡・이로・다 (金三 4:7b) "怎生是皆歸實相妙空, 千重百匝無迴互, ~靜處薩婆訶." :엇뎨・가 :다 實相妙空・애・가ᄂᆞ・뇨・즈믄・볼・온 둘:에 횟도・라 서르・호미 :업서 :대가・히 薩婆訶・애 靜히 處ᄒᆞ・니라 (金三 5:25a) [다갸] ▼대가ᄒᆞᆫ디 ‖ "到半夜前後, 却着這裏的兩箇, 替迴來. ~得些睡時, 明日不渴睡." 밤ᄯᅮᆼ만 다듣거든 ᄯᅩ 옛 둘흘 ᄒᆞ야 ᄀᆞ라 도라오게 ᄒᆞ야 대가ᄒᆞᆫ디 져그나 ᄌᆞᆷ곳 자면 ᄅᆡ실 ᄌᆞᆷ 낟브디 아니ᄒᆞ리라 (飜老 上57a) 밤 ᄯᅮᆼ만 다ᄃᆞᆺ거든 ᄯᅩ 여긔 둘로 ᄒᆞ여곰 ᄀᆞ라 도라오게 ᄒᆞ여 대가ᄒᆞᆫ디 져기 ᄌᆞᆷ을 자면 ᄂᆡ일 ᄌᆞᆷ 낫브디 아니ᄒᆞ리라 (老上 51b) ▼대되 ‖ "小人雖年紀大, 怎麽便受禮. 咱們都起來, ~自在." 小人이 비록 나히 하나 어느 슈례ᄒᆞᆯ고 우리 다 니러ᅀᅡ 대되 ᄆᆞᅀᆞᆷ 노ᄒᆞ리로다 (飜老 上64a) 小人이 비고 나히 하나 엇디 곳 슈례ᄒᆞ료 우리 다 니러야 대되 ᄆᆞ음 노ᄒᆞᆯ이로다 (老上 58a) "怎麽說, 你這們慣做買賣的人, 我一等不慣的人根前, 多有欺瞞, 你使着記號着, ~把穩." 므스기라 니ᄅᆞᄂᆞᆫ다 네 이러ᄐᆞ시 흥졍ᄒᆞ기 니근 사ᄅᆞ미 우리 ᄒᆞᆫ가짓 닉디 몯ᄒᆞᆫ 사ᄅᆞᆷ의게 만히 소기ᄂᆞ니 네 보람 두어ᅀᅡ 대되 편안ᄒᆞ리라 (飜老 下65a) 므서시라 니르ᄂᆞᆫ다 네 이러ᄐᆞ시 흥졍ᄒᆞ기 니근 사ᄅᆞᆷ이 우리 ᄒᆞᆫ가지 닉디 못ᄒᆞᆫ 사ᄅᆞᆷ의게 만히 소기ᄂᆞ니 네 보람 두에야 대되 편안ᄒᆞ리라 (老下 58b) "我們~嘗新." 우리 대되 嘗新ᄒᆞ쟈 (朴中 34b) ▼대개 ‖ "咱兩箇捽, ~休打臉, 好好捽." 우리 둘히 시름호되 대개 뺨 티디 말고 됴히 됴히 시름ᄒᆞ쟈 (朴中 50b) [다쟈] ~ ‖ "咱兩箇捽, ~休打臉, 好好的捽." 우리 둘이 ᄡᅵ름ᄒᆞ되 大家ㅣ 뺨 치지 말고 됴히 됴히 ᄡᅵ름 ᄒᆞ쟈 (朴新 2:56a) ▼대되 ‖ "~散去." 대되 허여지다 (漢淸 去來 7:36b) "又道: '天下無不散之筵席', 看天氣已晩了, ~別了罷." ᄯᅩ 니ᄅᆞ되 天下에 흣터지지 아닐 잔ᄎᆡ 업다 ᄒᆞ니 보매 하ᄂᆞᆯ이 이미 느저시니 대되 니별ᄒᆞ쟈 (朴新 1:17b) "咱幾箇好朋友們, 這八月十五日中秋節, ~斂些錢, 做箇賞月會何如?" 우리 여러 됴ᄒᆞᆫ 벗들이 이 八月 十五日 中秋節에 대되 져기 돈 거두어 ᄒᆞᆫ 賞月會ᄅᆞᆯ ᄒᆞᆷ이 엇더ᄒᆞ뇨 (朴新 1:27b) "就如一母所生親弟兄, 有苦同受有樂同享, 豈不~有義氣麽." 곳 一母 所生 親弟兄ᄀᆞᆺ치 ᄒᆞ여 괴로옴이 잇거든 ᄒᆞᆫ가지로 밧고 즐거옴이 잇거든 ᄒᆞᆫ가지로 누리면 엇지 대되 義氣 이시미 아니랴 (朴新 2:7b) "咱好悶當不的, ~商量遊山翫景去罷." 우리 ᄀᆞ장 힘힘ᄒᆞ여 당치 못ᄒᆞ니 대되 의논ᄒᆞ여 遊山翫景ᄒᆞ라 가쟈 (朴新 2:38a) [다쟈] ▼ᄃᆡ도 ‖ "我從本地來, 一到瀋陽聽着說, 大紙、海蔘~見一点光都賣出去." ᄂᆡ 본지로조ᄎᆞ 오ᄆᆡ 쳐음 심양거지 와셔 드르니 쟝지 ᄒᆡ삼은 ᄃᆡ도 니를 졈보아 다 팔니고 (中華 濯足 15a) "~熱鬧些, 却就領掌櫃的情. 我們也一不爲利二不爲增." ᄃᆡ도 즐비나 허면 그는 쟝궤디의 덕ᄉᆡᆨ을 힘입엇지 우리도 쳣ᄌᆡ난 남기ᄒᆞ를 위허지 아니허고 둘ᄌᆡ도 남기ᄒᆞ를 위허지 아니허나니 (中華 濯足

모두.

301. 探子[417)]

염탐꾼.

302. 花木瓜, 空好看.[418)]

빛좋은 개살구.

303. 張望[419)]

23b) "一頭往上添不上去, ~說到半天, 一頭往下惱不下來, 上下終沒有活動的意思, 粧惱結實的樣兒, 這如何成得來呢?" 딕도 반일 말허여도 일변 아릐로 더 닉리우지도 아니허니 샹하가 죵시 호동허는 의사가 업고 든ㅣ헌 체허니 이 엇더케 되기는니 (中華 濯足 30b) [다자] ▼모다 ‖ "明兒箇~一路走罷. 店掌櫃的要打店錢, 教他算去罷." 닉일 모다 한길로 가쟈 店 쥬인이 店錢을 헴ᄒᆞ랴 ᄒᆞ니 져로 ᄒᆞ여곰 헴ᄒᆞ여 가게 ᄒᆞ라 (華啓上 17b) [싸쟈] 모다; 大家는 衆人也. ‖ "大家爲錢爭鬧, 後來有個報了官的, 是不是?" 모다 돈 ᄯᅢ문에 닷호다가 후에 관가에 보ᄒᆞᆫ 이가 잇슴이올시다 그려 그럿슴닛가 아니오닛가 (支那 過逾虛詐 227) ▼모도 ‖ "~回來咧. 看門的回話." 모도 도라왓다 看門的가 말을 알외딕 (華啓下 17a) ❷ 猶言"大段", 或云"大故". (語初 13a) 猶言"大段"、"大槩". (語重 19b) 猶言"大段", 或云"大故". 〔春訓〕大槩. (洛閩 詁) 딕컨 (西廂 博文 194) ▼딕컨 ‖ "霎時間杯盤狼藉, 還要車兒投東馬兒向西, 兩處徘徊, ~是落日山橫翠." 삽시간의 빅반이 낭즈ᄒᆞ여 도리혀 수레넌 동으로 더지고 말은 셔흘 향ᄒᆞ고즈 ᄒᆞ야 두 곳의 빅회ᄒᆞ니 딕컨 ᄲᅥ러지넌 달의 산빗시 푸루숨 가루젓도다 (西廂 博文 195) ❸ ~ ‖ "~東征逐子回, 風生洲渚錦帆開." 大家ㅣ 東·ᄋᆞ로 가매 아ᄃᆞᆯ 조·차 도·라가ᄂᆞ·니 ᄇᆞᄅᆞᆷ·나ᄂᆞᆫ·믌ᄀᆞᅀᅵ 錦·ᄋᆞ로·ᄒᆞᆫ·빗 돗·ᄀᆞᆯ 여놋·다 (杜初 23:31a) ❹ 皇帝. 是親近、侍從對皇帝的稱呼.¶ 臣呼天子曰"~"、"宅家"、"天家". 今俗呼"官家", 又曰"官裏". (四下 30ab) 宮中女人相尊之称. (課目 人倫 30b) "睞曰: '~計必殺兒, 願客兒衣冠就死.'" (醒恒 24)

417) 【探子】 tànzi 〈名〉 原指在軍中做偵察工作的人.¶ [탄쯔] 偵探兵 (漢語指南 陸軍 54) [탄즈] ▼탐지ᄒᆞᄂᆞᆫ 사ᄅᆞᆷ ‖ "又不知是來做耳報神的, 也不知是來作~的, 鬼鬼祟祟的, 倒嚇了我一跳." ᄯᅩ 아지 못게라 이졔 온 거시 이보신〔귀의 보ᄒᆞᄂᆞᆫ 귀신이란 말〕이 되미냐 탐지ᄒᆞᄂᆞᆫ 사ᄅᆞᆷ으로 왓ᄂᆞ냐 귀신 빌미 모양으로 도로혀 나ᄅᆞᆯ 놀내ᄂᆞ냐 (紅樓 47:29) [탄쯔] ▼염탐 ‖ "敵人的~來了麼?" 적군의 염탐이 왔읍니까 (自通 158)

418) 【花木瓜, 空好看】 huāmùguā, kōnghǎokàn 〈諺〉 ¶ 外好內不好, 似是不堪食之瓜. (大方 水滸 6b) 言外好而內不好也.木瓜似是不堪食之瓜. (水滸 延世 52a) 言外好而內不好. 花木瓜似是不堪食之瓜. (語覽 水滸 51a) 안은 조흐되 것슨 언잔타 (水滸 補:117) "只道說是: 親難轉債, 人只道一個親兄弟做都頭, 怎地養活了哥嫂, 却不知反來嚼咬人.正是~!" ᄀᆞ장 됴흔 친형뎨라 아자미ᄅᆞᆯ 접간ᄒᆞ려 ᄒᆞ되 그 분ᄒᆞᆫ 것을 아지 못ᄒᆞ니 닐은 바 괴ᄅᆞᆯ 길너 도로혀 사ᄅᆞᆷ을 샹흠 ᄀᆞᆺ도다 (水滸 新文 2:23:48) ☞ 花木瓜, 外看好 ‖ "俺如今行處馬頭高, 人面上逞英豪, 則俺那美玉十分俊, 不似你~." (擧案齊眉 4)

419) 【張望】 zhāngwàng 〈動〉 窺視, 瞧看. ¶ 엿보다 (水滸 延世 41b) (語覽 水滸 23b) 窺望. 엿보

엿보다.

304. 探頭舒腦420)

고개를 내밀어 기웃기웃 하다.

305. 毛病421)

다 (水滸傳語錄 3a) "探頭探腦在那裡~." 기웃기웃 거긔셔 엿보거늘 (水滸 奎章 2:12) 기웃기웃 거긔셔 엿보거늘 (語覽 水滸 54b) 기웃ᄒᆞᆫ 거긔셔 엿보다 (水滸 聯帖 7b) 기웃기웃 거긔셔 엿보다 (水滸 延世 4a-1) 몰을 늘으여 기웃ᄒᆞ 거긔셔 여엇보건늘 (水滸 菊齋 1:73a) ▼기웃기웃 하며 둘네둘네 여엇보- ‖ "正乘凉哩, 只見一箇人探頭探腦在那里~, 史進喝道: '作怪, 誰在那里張俺莊上.'" 참으로 乘凉할 제 다맛 본직 한 사람이 목을 늘리여 거긔셔 기웃기웃 하며 둘네둘네 여엇보건을 史進이가 喝道하되 괴이하다 뒤가 져긔셔 ᄅᆡ 집을 여엇보난고 하고 (水滸 菊齋 4:8b)

420) 【探頭舒腦】 tàntóushū'nǎo 〈成〉 探: 頭或上身向前伸出. 用以形容伸頭張望、窺探的樣子. ¶ [탄투슈낲] 기웃기웃 보다 (譯補 瑣說 61b) "只見那個頭陀挾着木魚, 來巷口探頭探腦." (水滸 45) ☞ 探頭探腦 ‖ 머리 굽니러 기웃기웃 (語覽 水滸 41a) 머리 굽니러 (水滸 延世 48b) 머리 굽니러 (水滸 1:7) 扣頭, 머리 굽니다 (水滸傳語錄 8a) "~望了." 窺視也. (水滸 奎章 6:38) "~在那裡張望." 기웃ᄒᆞᆫ 거긔셔 엿보다 (水滸 聯帖 7b) 기웃기웃 거긔셔 엿보다 (水滸 延世 4a-1) 기웃기웃 거긔셔 엿보거늘 (語覽 水滸 54b) "只見樹影裡一箇人~望了一望, 吐了一口唾閃入去." 본이 나무근을 쇽의 한 사람이 머릴을 기웃ᄒᆞᆫ 하고 보다가 한 번 츔 밧고 우물어 들어가건을 (水滸 菊齋 3:22a)

421) 【毛病】 máobìng 〈名〉 ❶ 缺點, 壞習慣.¶ [만빙] 괴이ᄒᆞᆫ 벽 (譯補 瑣說 52a) 고이ᄒᆞᆫ 벽 (方四雜語 26b) (課目 人倫 43b) 疵也. 好色. (水滸 延世 41a) 好色. (大方 水滸 1a) [만삥] 흠절 (自通 116) [만빙] ▼병통 ‖ "~多." 병통 만타 (漢淸 厭惡 8:48a) (蒙補 人事 14a) 이 ᄉᆞᆼ이 잇난이라 (水滸 菊齋 1:32b) ▼속병 ‖ "省得悶出~." 속병을 낫게 ᄒᆞ여 (語錄彙編 水滸 23b) "此地向來風俗, 自國王以至庶民, 諸事儉朴; 就只有個~, 最喜打扮婦人." 이곳이 녜로부터 풍쇽이 검소ᄒᆞ믈 숭상ᄒᆞ되 다만 병통이 잇셔 부인 쟝속ᄒᆞ기를 ᄀᆞ쟝 즐기므로 (鏡花 8:4) "俗語說的好: '快棋慢馬吊, 縱高也不妙.' 圍棋犯了這個'快'字, 最是大~." 져제 임의 ᄇᆞ독을 두고져 ᄒᆞ실진ᄃᆡ ᄆᆞᄎᆞᆷᄂᆡ 천ᄒᆞ이 ᄒᆞ쇼셔 셰ᄒᆞ히 샹냥ᄒᆞ면 ᄌᆞ연 조히 둘 곳을 엇거니와 일향 쉽기를 쥬ᄒᆞᆫ 즉 다만 놉ᄒᆞ지ᄒᆞ 못ᄒᆞᆯ 분 아니라 졈ᄒᆞ 나ᄌᆞ지ᄂᆞ니 ᄇᆞ독에 쉬오믈 쥬ᄒᆞ미 이에 큰 병통이 되ᄂᆞ니이다 (鏡花 19:69) "這何成手頭有了些東西, 舊時~復發." 하셩이 슈즁의 여간 ᄌᆡ믈이 이시ᄆᆡ 젼일 병통이 다시 발ᄒᆞᄂᆞᆫ지라 (雪月 1:55) "爲甚麽不好稱述, 想是有些~的." 엇지ᄒᆞ여 긔록ᄒᆞᆯ 거시 업다 ᄒᆞᄂᆞ뇨 ᄉᆡᆼ각건ᄃᆡ 병통이 잇ᄂᆞᆫ 듯ᄒᆞ도다 (快心 20:11) "這個兄弟諸般都肯向前, 只是有這些~." 이 형뎨 왼갓 일에 다 츙용이 잇스나 거긔ᄂᆞᆫ 큰 병통이 잇ᄂᆞ이다 (水滸 新文 2:163) ▼취졸 ‖ "說罷, 就走開了. 馮君衡見柳洪去後, 他便抓頭不是尾, 險些兒沒急出~來." 언파의 나가거ᄂᆞᆯ 군형이 뉴홍의 가믈 보고 더옥 ᄉᆞᄉᆞ로 용납ᄒᆞᆯ 곳이 업ᄂᆞᆫ 듯ᄒᆞ며 거의 취졸을 낼 ᄃᆞᆺᄒᆞᆫ지라 (忠俠 13:11) ▼ᄉᆞᆼ /험 ‖ "有這些~." 이 좃고만 ᄉᆞᆼ이 잇는이 (語覽 水滸 48b) 이 ᄉᆞᆼ이 잇ᄂᆞ니라 (水滸 奎章 32:90) 이 적은 험이 잇나니라 (水滸 31:61) ❷ 隱情.¶ [만빙] 풍류의 일 ‖ "王家的素日並不知道他姑表姊弟有這一節風流故事, 見了這鞋襪, 心內已是有些~." 왕션

버릇. / 흉.

306. 登時[422)]

당장.

307. 胡說[423)]

보의 식부ᄂᆞᆫ 평일의 아오로 져의 고표 형뎨가 져 일졀 풍류의 일이 잇ᄂᆞᆫ 줄은 아지 못ᄒᆞᄂᆞᆫ 지라 (紅樓 74:111)

422) 【登時】 dēngshí 〈副〉 卽刻, 馬上. ¶ 그째로셔 (課目 雜類 102b) [등스] 그째로셔 (譯補 瑣說 53a) (方四 雜語 31a) [썽쓰] "~絶命." 卽時死者 (漢語指南 陸軍 52) ▼즉시 ‖ "~變色, 把娘娘搶白一場." 즉시 변ᄉᆡᆨᄒᆞ야 탹실이 ᄒᆞᆫ ᄎᆞ례ᄅᆞᆯ 멋ᄒᆞ니 (孫龐 4:115) "將他兩足盛在閘中颼的一聲響, 十箇足指~下地." 방연의 열 발가락을 협도 가온대 녀코 우소 ᄒᆞᆫ 소ᄅᆡ예 열 낫 발가락이 즉시 짜히 써러디고 (孫龐 5:130) ▼즉시로셔 ‖ "~告我們相公的詞狀不計其數, 不多日斃于獄了." 즉시로셔 우리 샹공 죄샹을 고ᄒᆞᆫ 재 무수ᄒᆞᆫ디라 여러 날이 못ᄒᆞ여 옥듕에셔 죽고 (醒風 7:54) ▼즉각으로 ‖ "唐敖接過, 揭開瓶盖, 將藥末倒在手中, 嗅了許多, 打了幾個噴嚏, ~神清氣爽." 밧비 술을 먹 당싱이 년망히 ᄇᆞ다 병ᄆᆞᄀᆡ를 쎄며 약ᄀᆞ로ᄅᆞᆯ 손 슷히 쏘다 코의 다히며 여러 번 ᄌᆞ치음ᄒᆞ더니 즉각으로 긔운이 상쾌ᄒᆞ고 머리 안졍ᄒᆞ거ᄂᆞᆯ (鏡花 6:76) ▼당각의 ‖ "這毛包臉上磨不開, ~大怒, 抓起骰子, 照那人臉上一撒." 모픠 무안ᄒᆞ여 당각의 ᄃᆡ로ᄒᆞ여 그 쥬사외ᄅᆞᆯ 가지고 기인의 낫촐 향ᄒᆞ여 한 번 더지니 (紅復 21:72) ▼당긱의 ‖ "聽了~怒氣嗔嗔, 面紅過耳, 微微冷笑道. "你敢則投在他門下了. 好!" 당긱의 얼골이 통홍ᄒᆞ며 미미히 링쇼ᄒᆞ여 니ᄅᆞᄃᆡ 너ᄂᆞᆫ 져의 문하의 투탁ᄒᆞ미 죠흔 듯ᄒᆞ도다 (忠俠 6:15) ▼고닥 ‖ "老都管自先喫了一瓢, 兩箇虞候各喫一瓢, 衆軍漢一發上, 那桶酒~喫盡了." 늘근 셰간 廳直이가 一瓢을 먹고 두 虞候가 각 와셔 져 桶의 술을 고닥 다 먹어벌리다 (水滸 菊齋 4:3a) 卽時也. (輯覽 2:7a) (元明 天) (震覽 11b) ‖ "~有金義不知名伴當六七名持杖前來, 將林主事幷伴當捉拿綁縛.龍劒當見金義行兇言說:" (吏文 9)

423) 【胡說】 húshuō 〈動〉 〈名〉 瞎說, 不負責任的話. ¶ 되는 ᄃᆡ로 이르다 (水滸 奎章 1:6) 되는 ᄃᆡ로 이르다, 헛도이 니ᄅᆞ다 (水滸 延世 1a -楔) 무엇시라 ᄒᆞ는다 (水滸 奎章 2:16) 무ᄉᆞᆷ 말고 (水滸 奎章 17:62) (水滸 聯帖 12b) 무삼 말고 (水滸 延世 13a -16) 무ᄉᆞᆷ말, 거즛말 (語覽 水滸 22b) 무엇시라 ᄒᆞ는다 (語覽 水滸 31a) 무ᄉᆞᆷ 말고 (水滸 16:35) 무ᄉᆞᆷ 말고, 又거즛말 (水滸 楔子:1) 無甚言, 又誑言.(水滸傳語錄 2b) 무어시라고 하는다, 又되는 ᄃᆡ로 릴으다, 又무슨 말인고 (水滸 菊齋 1:8a) "休~." 실업슨 쇼ᄅᆡ 마라 (水滸 奎章 36:95) 실업시 쇼ᄅᆡ 말나 (水滸 延世 21a -35) 실업슨 소ᄅᆡ 마라 (語覽 水滸 39b) 무어시라 ᄒᆞ는다, 又거즛말 (韋庵 水滸 5) "你莫~." 네 실업는 말 마라 (水滸 菊齋 1:28b) ▼밍낭ᄒᆞᆫ 말 ‖ "你這潑猴! 又來~了. 怎麼這等一個女子, 就認得他是個妖怪." 이 몹슬 진납이 엇지 이런 밍낭ᄒᆞᆫ 말을 ᄒᆞᄂᆞᆫ다 져젓시 계집아ᄒᆡ여ᄂᆞᆯ 엇지 요괴라 ᄒᆞᄂᆞᆫ요 (西遊 영남대 10-36:26) ▼실업- ‖ "~, 且看檀越之面, 後來必改." 실업다 丹骨의 낫슬 보와라 후에는 곳칠리라 (水滸 菊齋 2:8b) [후숴] 간대옛말 ᄒᆞ- /간대로 니ᄅᆞ- ‖ "你是熟客人, 咱們便是自家裏一般, 我怎麼敢~? 怕你不信時, 別箇店裏試商量去." 너ᄂᆞᆫ 니기 ᄃᆞᆫ니ᄂᆞᆫ 나그내니 우리 곧 내 집 ᄒᆞᆫ가지니 내 어듸ᄯᆞᆫ 간대옛말 ᄒᆞ리오 너옷 믿디 몯ᄒᆞ야 ᄒᆞ거든 다ᄅᆞᆫ 뎜에 시험ᄒᆞ여 의론ᄒᆞ야 보라 가듸여 (飜老 上18b) 이 큰형아 므슴 말고 너

허튼소리 하다.

308. 白道

헛되이 이르다.

309. 連夜[424)]

ᄂᆞᆫ 니기 ᄃᆞᆫ닌 나그내니 우리 곳 내 집 ᄒᆞᆫ가지라 내 엇디 敢히 간대로 니ᄅᆞ리오 저컨대 네 밋디 아니커든 다ᄅᆞᆫ 뎜에 시험ᄒᆞ여 商量ᄒᆞ라 가라 (老上 16b) [후쉬] 간대로 니ᄅᆞ다 (伍倫 5:15a) "這厮~, 天祚宋朝, 必無此事, 你放心休憂慮." 이놈 간대로 닐온다 하ᄂᆞᆯ히 송조ᄅᆞᆯ 도으시니 반ᄃᆞ시 이 일이 업스리니 네 放心ᄒᆞ고 憂慮티 말라 (伍倫 5:9a) "我不~." 내 간대로 닐암이 아니라 (伍倫 1:30b) ▼간ᄃᆡ로 이르- ‖ "你黙口坐着別~." 네 잠ᄌᆞᆷ ᄒᆞ고 안ᄌᆞ 간ᄃᆡ로 이르지 말라 (漢語 修綆室 24ㄲ) ▼거즛말 ‖ "~! 如今人一箇錢也捨不得, 怎有這許多贈你." 이ᄂᆞᆫ 거즛말이라 즉금 인심이 ᄒᆞᆫ 푼 은을 ᄂᆞᆷ을 주디 아니ᄒᆞ거든 엇디 이러ᄐᆞᆺ 만히 주리오 (隋史遺文 3:9) "你這干人好~! 我見他門首是個穿扎珠翠, 一個小戶人家的婦人.甚麽太歲、小歲!" 내 그 집 문 알플 보니 블과 진쥬 ᄢᅦᄂᆞᆫ 죠고만 집 녀진가 시브거ᄂᆞᆯ 너희 무슴 태셰 쇼셰ᄅᆞᆯ 드놋ᄂᆞ뇨 (後水滸 2:82) "晴雯笑道: '你這就是~了.'" 청문이 웃고 니ᄅᆞᄃᆡ 네 이거시 곳 거즛말이로다 (續紅 11:96) [후쉬] ▼종업시 말ᄒᆞ- ‖ "想是你要死了, ~的是什麽!" ᄉᆡᆼ각건ᄃᆡ 네가 죽으려 ᄒᆞ나 보다 종업시 ᄒᆞᄂᆞᆫ 말이 무슴 말인고 (紅樓 30:11) ▼황셜 ‖ "信他~, 誰家癆病死的孩子不燒了, 也認眞開喪破土起來." 뉘 황셜을 밋고 그리ᄒᆞᄂᆞ냐 뉘 집 노쇠병으로 죽은 ᄋᆞᄒᆡᄌᆞᄅᆞᆯ 살으지 아니ᄒᆞ고 진ᄀᆡ 샹례ᄅᆞᆯ ᄎᆞ려 파토ᄒᆞ며 안장을 하려 ᄒᆞᄂᆞ냐 (紅樓 69:77) [후쉬] ▼막 허- ‖ "難得說是我一箇對着你們~咧, 却就必不依我作呢? 滿天要價, 旧店裡還錢, 却是行不去的, 何故來呢?" 어려온 말노 ᄂᆡ가 너의를 ᄃᆡ허여 막 허드라 허여도 그는 반드시 ᄂᆡᄃᆡ로 허지 아니헐지라 하늘의 찬 갑슬 달나 허면 디부로 환젼헌다 허여시니 그는 되지 못헐 거슬 무엇터러 (中華 濯足 28b) ▼싼소리 ‖ "是蛤螟做的糖麽?" "你別~了[싼소리 마라], 是遼東的地□." (官叢 3a) "敢問何謂浩然之氣? 孟子曰: '難言也.' 明道先生云: '只他道箇難言也, 便知這漢肚裏有爾許大事. 若是不理會得底, 便撑拄~將去.'" (二程語錄 17)

424) 【連夜】 liányè 〈副〉 就在當夜. ¶ 밤새도록 ᄒᆞ다 (漢清 遷移 7:44b) ~ (同上 時令 5a) 밤새오다 (蒙補 雜語 39a) [련여] ▼連ᄒᆞ여 밤의 ‖ "永安, 我平日心中不曾思慮, 所以無有夢寐, ~心中不寧, 夢寐不吉, 不知有甚麽事?" 永安아 내 平日 心中에 일쯕 思慮티 아니ᄒᆞ니 ᄡᅧ 夢寐ㅣ 업슨 배러니 連ᄒᆞ여 밤의 心中이 편티 못ᄒᆞ야 夢寐ㅣ 吉티 아니ᄒᆞ니 아디 못게라 므슴 일이 이실고 (伍倫 5:33a) ▼밤ᄆᆞ다 ‖ "本欲~爭執, 自上有窒塞之候, 朝日之啓又留政院. 時刻若至則勢須進服, 退日恐未安矣." 본ᄃᆡ 밤ᄆᆞ다 ᄃᆞ토려 ᄒᆞ엿더니 샹이 막히시ᄂᆞᆫ 문안이 겨시니 아ᄎᆞᆷ 계ᄉᆞ도 ᄯᅩ 명원의 머믈닐디라 셩복 시ᄀᆡᆨ이 들면 제복을 드릴 거시니 날을 물니믄 미안타 (朝記 典禮 2:66) ▼새도록 ‖ "遂寫書一封, 差心腹人~往荊州, 送與刺史劉表, 就路上截住而奪之." ᄃᆞᄃᆡ여 글월 ᄒᆞᆫ 봉을 ᄡᅥ 심복의 사ᄅᆞᆷ으로 ᄒᆞ여곰 새도록 형쥐 가 ᄌᆞᄉᆞ 뉴표ᄅᆞᆯ 주라 ᄒᆞ니 그 글월의 길히 즐러 아ᄉᆞ라 ᄒᆞ엿더라 (三國 2:127) ▼새ᄃᆞ록 /ᄉᆡ도록 ‖ "尙盡棄印綬節鉞、衣甲輜重, ~望中山而逃." 샹이 인슈와 졀월과 의갑과 치듕을 ᄇᆞ리고 새ᄃᆞ록 듕산을 ᄇᆞ라고 ᄃᆞ라나다 (三國 11:58) 샹이 인수와 졀월과 의갑과 치듕을 바리고 ᄉᆡ도록 듕산을 ᄇᆞ라고 ᄃᆞ라나다 (奎章 三國 8:64) ▼밤낫 ‖ "還官印綬, 吾已去矣. 玄德、關、張~回涿郡." 인슈ᄅᆞᆯ 맛

밤새도록.

310. 一不做, 二不休.[425)]

디고 벼슬을 ᄇᆞ리고 삼인이 밤낫 탁군으로 가니 (三國 1:81) "魏都督曹休被陸遜大破於石亭, 車仗馬匹、軍資器械并皆磬盡. 休惶恐太甚, ~奔走, 因此氣憂成病, 到洛陽發背而死." 위도독 조휘 셕명의셔 뉵손의게 대패ᄒᆞ야 거댱마필과 군ᄌᆞ긔계ᄅᆞᆯ 다 일코 근심ᄒᆞ고 두려 밤낫 ᄃᆞᆯ려 도라오더니 낙양의 니ᄅᆞ러 등의 죵긔 내여 죽으니 (三國 31:87) "我說夫人大才, 快快打點, 我~赶去, 父親的性命在夫人身上了." 내 원간 부인의 큰 ᄌᆡ조ᄅᆞᆯ 닐넛더니 ᄲᆞᆯ니 지어 ᄒᆡ여 날노 ᄒᆞ여곰 밤낫 셔울 가 부친 셩명을 구ᄒᆞ게 ᄒᆞ라 (醒風 7:26) ▼밤나ᄌᆞ로 ‖ "只有兩條路從你行: 若是聲張起來, 我自走了, 哥哥卻用去償命; 若還你要沒事, 家中取了藥囊, ~逕上梁山泊, 救我哥哥. 這兩件, 隨你行!" 이제 두 가지 일이 이시니 만일 너ᄅᆞᆯ 조차갓다가 이 일이 들텨나면 내 ᄃᆞ라나려니와 너ᄂᆞᆫ 죽을 거시오 만일 무ᄉᆞ코져 ᄒᆞᆯ딘대 밤나ᄌᆞ로 냥산박으로 가 우리 형을 구완ᄒᆞᆯ 거시니 이 두 가지예 너 ᄒᆞ쟈 ᄒᆞᄂᆞᆫ 대로 ᄒᆞ리라 (忠義水滸 서울대 22:43b-65) ▼밤을 녈ᄒᆞ여 ‖ "~赶出韓城." 밤을 녈ᄒᆞ야 한셩을 ᄲᅡ뎌나 (孫龐 5:40) "所以携了母親, ~駕着一葉扁舟, 望武林進發." 모친을 ᄃᆞ리고 유모로 더브러 쟈근 ᄇᆡᄅᆞᆯ 사 밤을 녈ᄒᆞ여 무림 ᄶᅡ흘 ᄇᆞ라고 나아갈ᄉᆡ (醒風 6:3) "尋個店中安歇, 然後細細訪問, 才知這些緣故. 急出城~上山報知衆弟兄. 衆弟兄聽了一時盡皆失色." 갓가온 뎜의 드러가 ᄌᆞ셔히 듯보아 그 연고ᄅᆞᆯ 알고 밤을 녈ᄒᆞ야 산채예 도라 그 연고ᄅᆞᆯ 모든 형뎨ᄃᆞ려 니ᄅᆞ니 모다 듯고 일시예 실ᄉᆡᆨᄒᆞ더니 (後水滸 7:82) [녈여] ▼밤을 도와 ‖ "來旺兒心中俱已明白, 急忙進城找着主文的相公, 假托賈璉所囑, 修書一封, ~往長安縣來." ᄅᆡ왕ᄋᆞ의 심즁의ᄂᆞᆫ 발셔 명ᄇᆡᆨ히 아ᄂᆞᆫ지라 급히 셩즁의 드러가 문셔ᄅᆞᆯ 쥬쟝ᄒᆞᄂᆞᆫ 샹공을 ᄎᆞ져 보고 가련의 당부ᄒᆞᆫ ᄇᆡ라 가탁ᄒᆞ여 일봉 셔간을 닥가 가지고 밤을 도와 쟝안현으로 향ᄒᆞ여 오니 (紅樓 15:61) ▼밤 도와셔 ‖ "聞可法至, ~掘坑, 掩埋暴骨, 次日請見, 詞色俱變." 가법이 ᄋᆞ름을 듯고 구렁 파기를 밤도와셔 드러난 ᄒᆡ골을 파뭇고 익일에 쳥ᄒᆞ야 보되 사ᄉᆡᆨ이 모다 변ᄒᆞ얏ᄂᆞᆫ지라 (神州光復 3:18a) ▼ᄇᆡ도ᄒᆞ- ‖ "我叫你來商量辦個詳稿, 咱們竟給他~一報." 내 너ᄅᆞᆯ 블너오믄 보쟝을 슈리ᄒᆞ여 져ᄅᆞᆯ 위ᄒᆞ여 쥬야 ᄇᆡ도ᄒᆞ여 보ᄒᆞ믈 샹량ᄒᆞ미나 (紅復 6:88) ▼망야ᄒᆞ- ‖ "我着一箇家人執我名帖, 同衆位~解往本縣." 내 일ᄀᆡ 가인을 시겨 나의 명텹을 가지고 녈위와 ᄒᆞᆷᄭᅴ 망야 압녕ᄒᆞ여 본현으로 가야 (雪月 6:98) "二仙師枉過, 敢不唯命? 只今~移去便了." 냥 션ᄉᆡ 왕림ᄒᆞ여 계시니 엇지 감히 명을 좃지 아니ᄒᆞ리오 다만 이졔 망야ᄒᆞ여 옴겨가리라 (女仙 3:54) ▼밤을 타셔 ‖ "想是躲門戶的恐怕里長曉得, 却就~搬了." 아마 빗진 놈이 되여셔 동ᄂᆡ ᄉᆞ람 모로게 밤을 타셔 이ᄉᆞᄒᆞ엿는가 보다 (語覽 西遊 94a)

425) 【一不做, 二不休】 yībùzuò, èrbùxiū 〈諺〉 要麼不幹, 要幹就幹到底. 不幹則已, 要幹就幹到底.¶ 그리도 말고 져리도 말아 (語錄彙編 水滸 21b) 쳐음의 아니ᄒᆞᆯ지언졍 두 번ᄌᆡᄂᆞᆫ 긋치기 어렵다 (忠俠 36:76) 不可中止, 猶言이러커니 져러커니 (大方 水滸 6b) ᄒᆞᆫ 번은 못ᄒᆞ여도 두 번부터 쉬지 못ᄒᆞᆫ다 ᄒᆞ니 (水滸 延世 15b-20) ᄒᆞᆫ 번은 못ᄒᆞ여도 두 번부텀 쉬지 못ᄒᆞᆫ다 ᄒᆞ니 (水滸 奎章 21:70) ᄒᆞᆫ 번은 못ᄒᆞ여도 두 번부터 쉬지 못ᄒᆞᆫ다 ᄒᆞᆫ니 (水滸 聯帖 13b) ᄒᆞᆫ 번은 못ᄒᆞ여도 두 번붓터 쉬지 못ᄒᆞᆫ다 ᄒᆞ니 (語覽 水滸 50a) ᄒᆞᆫ 번은 못ᄒᆞ여도 두 번은 쉬지 못ᄒᆞ다 (水滸 20:42) ᄒᆞᆫ 번은 못ᄒᆞ엿거니와 두 번ᄌᆞᄎᆞ 못ᄒᆞ랴 (語覽 西遊 76a) 한 번은 못다 하여도 두 번 불여셔는 슈지 못한다 한이 (水滸 菊齋 1:43b) ▼한 번의난 못다 하여도 두 번에는 쉬지 못하리라 ‖ "西門慶道: '乾娘, 只怕罪過, 罷罷, ~.'" 西門慶이가 말하되 乾娘아 罪가 잇슬가 걱졍하는야 한 번의난 못다 하여도 두 번에는 쉬지 못하리라 하릴업고 ᄒᆞᄒᆞᄒᆞᄒᆞ

안하면 안했지 두 번째는 그만두지 못한다.

[평택이 무너지나 아산이 깨여지나. / 평택이 깨지나 아산이 무너지나 해보자.]

311. 干休[426]

하릴업다 (水滸 菊齋 2:56a) "宋江道: '原來却在這裏.' ~, 兩手便來奪. 那婆惜那里肯放." 宋江이가 말하되 原來예 져긔 잇고나 한 벗의 못다 하여도 두 번 불여셔는 쉬지 못한다 하고 兩手노 와셔 쎄야시나 져 파석이가 어이 노을리요 (水滸 菊齋 5:62a:21) "如今事處騎虎之勢, ~. 縣官又差人押着就要回話, 嫂嫂與侄女俱一般悖頑天理, 我再去說也無濟于事." 이 일이 범 ᄐᆞ니 ᄀᆞᆺᄐᆞ여 이제 도라가 의논ᄒᆞᆫ들 수수와 딜네 내 말을 조ᄎᆞᆯ니 업ᄉᆞ니 가 닐러도 무익ᄒᆞᆫ디라 (醒風 4:63) "~, 索性敎他出一場醜. 又倒拖婦人過來, 將裙褲盡皆扯下, 渾身精赤." 부ᄃᆡ 져를 븟그럽게 ᄒᆞ여야 그만 긋치리라 ᄒᆞ고 그 녀ᄌᆞ를 거구로 ᄭᅳ어와 쇽것ᄉᆞᆯ 다 찌져 왼몸을 벌거케 드러ᄂᆡ니 (禪眞 9:11) ▼ᄒᆞ나흘 ᄒᆞ디 아니면 둘흘 긋치디 말나 ‖ "~. 來, 我今日只射死了秦王, 死無對證, 父王還問甚的?" ᄒᆞ나흘 ᄒᆞ디 아니면 둘흘 긋치디 말나 ᄒᆞ야시니 내 오ᄂᆞᆯ날 진왕을 쏘와 죽여도 ᄃᆡ증ᄒᆞ리 업ᄉᆞ니 부왕이 므어ᄉᆞᆯ 므ᄅᆞ리오 (隋史遺文 12:94) ▼두말 말- ‖ "卿所奏, 言之有理, 這叫~.卽日就統發大兵, 殺到天朝便了." 경의 말이 유리ᄒᆞ니 두말 ᄒᆞ고 즉각 ᄃᆡ병을 통발ᄒᆞ야 엄살ᄒᆞ리라 (王昭君 上21:76) ▼일른 말이 ᄒᆞ나이 둘이 되지 아니ᄒᆞ면 그만두지 아니ᄒᆞᆫ- ‖ "常言道: ~, 待俺用激將計策惱番王便了." 엇지ᄒᆞ면 ᄂᆡ가 그 원슈를 갑지 아니ᄒᆞ리오 속담에 일른 말이 ᄒᆞ나이 둘이 되지 아니ᄒᆞ면 그만두지 아니ᄒᆞᆫ다 ᄒᆞ얏스니 ᄂᆡ가 장수 격동 식이는 계교를 써셔 번왕을 격동 식이구야 그만두리라 (王昭君 下31:10) "晁蓋叫道: '~, 衆好漢相帮着晁某, 直殺盡江州軍馬, 方纔回梁山泊去.'" (水滸 40) "俗說'~', 莫若乘他不在, 弄一手脚, 把這親事好歹成了. 到他回來, 那時已是親家, 縱然惱怒也不妨了." (玉嬌 3) "商春芳看了, 大覺沒趣, 只得出來, 與春茂計較道: '如今說不得了, ~, 昨日聞得南莊瘟疫盛行, 莊中男婦不知死了多少. 家人沒一个敢去看看. 大哥明日見母親, 可瞞起此情, 只說南莊租米久不交納, 可叫三弟去催催. 他若去, 染了瘟疫, 縱不死, 也要害一場病!'" (人中畫 寒徹骨) "昨聞小魏有了科擧, 萬一今秋得□, 將之如何? 故特與兄計議, 可有甚麼妙策, 所謂~, 必須斬草除了根, 方無後患." (桃花影 4) "~. 聞董斗自渭出河換乘河船, 將之長沙, 君侯倘不惜所費, 恁般這般庶可以洩得宿憾." (聾菴消寂 下:1b)

426) 【干休】 gānxiū 〈動〉 罷休.¶ 그만ᄒᆞ다 (大方 水滸 1b) 그만ᄒᆞ단 말 (水滸 延世 43b) 그만ᄒᆞ단 말이라 (語覽 水滸 28b) 그만ᄒᆞ단 말가 (水滸 延世 38b) 그만ᄒᆞ단 말인가 (水滸 補:114) "和你~." 너와 그져는 아니 잇스리라 (水滸 延世 20b-32) 너를 그져 둘 슈가 잇것는냐 (語覽 西遊 67b) "不肯和你~." 너와 그져ᄂᆞᆫ 아니 잇스리라 (水滸 奎章 33:91) 너와 그젼난 안니 잇스리라 (水滸 聯帖 16a) 너와 그져는 아니 잇스리 (水滸 32:63) 너와 그져는 아니 잇스리 (語覽 水滸 50a) 너와 그져는 안이 잇시리라 (水滸 菊齋 1:42b) "現在宋、燕兩村紛紛訪拿餘黨, 那熊大郎今日失了公子, 豈肯~, 勢必仍到原處搜捕." 지금 송촌과 연촌의 분ᄒᆞ히 여당을 잡으려 ᄒᆞᆯ 분 아니라 오날ᄂᆞᆯ 웅대랑이 공ᄌᆞ를 일코 그만ᄒᆞ야 그칠니 업스니 반드시 그 두 ᄆᆞ을 에워 ᄎᆞ즐 거시요 (鏡花 16:16) ▼간휴ᄒᆞ- ‖ "收吾之寶, 豈肯~?" 일판 좌ᄒᆞ고 미보를 쓰면 엇지 즐겨 간휴ᄒᆞ리오 (西周 14:2) ▼그져 잇- ‖ "我與李二亡八~不得." ᄂᆡ 망팔 니이야로 더브러 그져 잇지 못ᄒᆞ리라 (快心 22:10) "我身經百戰, 無人敢當, 今日受衄于草芥, 若不殺盡, 誓不~." 내 몸쇼 ᄇᆡᆨ번이ᄂᆞ ᄡᅡ홧시ᄃᆡ 감히 당ᄒᆞᆯ 재 업더니 쵸ᄀᆡ ᄀᆞᆺᄐᆞᆫ 도적의게 ᄑᆡᄒᆞ엿시니 만일 모다 쥭이지 못ᄒᆞ면 ᄆᆡᆼ셰코 그져 잇지 아니리라 (女仙 41:29) ▼그만두- ‖ "我們弟兄九人, 只此一

그만두다.

312. 直恁[427)]

이토록.

313. 糊塗[428)]

子, 今被傷死, 豈肯~!" 우리 형뎨 구인에 다만 이 흔 ᄌᆞ식ᄲᅮᆫ이러니 이졔 쥭음을 입엇시니 엇지 그만두리오 (綠牡 5:86) "我今與你這班匹夫豈肯~!" ᄂᆡ 이졔 이 필부를 잡으리니 엇지 그만두리오 (綠牡 5:132) ▼임치ᄒᆞ- ‖ "但自有父兄裏保護, 倘被知覺, 豈肯~." 다만 ᄉᆞᄉᆞ로 부형배 잇셔 보호홀 거시니 만일 알고 ᄭᅵ다ᄅᆞ미 되면 엇지 즐겨 임치ᄒᆞ리오 (瑤華 1:23) "早是妾身, 可以容恕, 若夫人知其事呵, 決無~." (西廂 1:2) "限你每三日內將鶯鶯獻出來與俺將軍成親, 萬事~." (西廂 2:1) "老相公又不肯~, 只管在家囉唕." (琵琶記 18) "爾今受曹操富貴, 我若見你, 定無~." (三國志平話 中) "任珪道: '有一日撞在我手裏, 決無~!'" (喩明 38) "太公道: '你又和誰合口? 叫起哥哥來時, 他却不肯~, 又是殺人放火.你且對我說這緣故." (水滸 37) "朱仝看了道: '那厮既有下落, 我和他~不得!' (水滸 51) "你偸吃了, 尙說有罪: 却又連樹推倒, 他肯~?" (西遊 26) "你兄弟武二, 你須知他性格, 倘或早晩歸來, 他肯~?" (金瓶 5)

427) 【直恁】 zhínèn 〈副〉 竟然如此.¶ 그듸지 (水滸 菊齋 1:4a) "汝做六郡八十三縣大都督, ~無條計策去荊州, 却將我女兒爲名, 使美人計! 殺了劉備, 便是望門寡, 明日再怎的說親? 須誤了我女兒一世!" 쥬유 필부야 네 뉵군 팔십일쥐 대도독이 되야 흔 형쥐 아술 모칙이 업서 내 ᄯᆞᆯ로ᄡᅧ 일홈을 사마 미인계를 ᄒᆞ려 ᄒᆞᄂᆞ냐 뉴비를 주기면 이는 문을 ᄇᆞ라는 과뷔 되리니 뉘 다시 혼인ᄒᆞ쟈 ᄒᆞ리오 내 ᄯᆞᆯ의 일ᄉᆡᆼ을 그릇 민돌리로다 (三國 17:98) ▼이ᄃᆡ도옥 ‖ "他門~義氣, 我若拿他去解官請賞時." 져 놈들이 ᄋᆡ듸도옥 義氣로 한이 ᄅᆡ가 만릴 져을 잡아 官家의 押領하여 賞을 請하거듸면 (水滸 菊齋 2:32b) ▼엇디 도로혀 ‖ "殷尙赤聽了, 不勝跌脚道: '弟子到此~無緣.'" 은샹젹이 그 말을 듯고 발을 구ᄅᆞ며 닐오ᄃᆡ 뎨ᄌᆞ 이곳의 니ᄅᆞᄆᆡ 엇디 도로혀 진인긔 뵈올 연분이 업ᄉᆞ뇨 (後水滸 12:9) "是甚麽人? ~大膽! 夜晩間看這榜做什麽?" (京本通俗 志誠張主管) "你如今又不死, ~枉殺了人." (警通 2)

428) 【糊塗】 hútu 〈形〉 ❶ "含胡"仝. (語初 16a) (語重 23b) 退溪曰: "不分明貌." 宋呂端小事胡塗, 大事不胡塗. 胡塗, 字音鶻突. (洛閩 知) [후투] 흐리다 (方一 性情 24a) [후투] 흐리다 (漢淸 愚昧 8:30a) (課目 性行 47a) [후두] 흐리다 (漢談 人品 23b) 흐리다 (西廂 博文 100) [후두] ᄆᆡ옥ᄒᆞ다 (華語精選 69) [후ᄯᅮ] 어리석다 (支那 形容辭 89) "~了." 濁称. (語錄彙編 水滸 17b) "醉~了." 니취ᄒᆞ다 (漢淸 飮食 12:53a) "你太把人看~了." 네 ᄉᆞ람을 너모 업슈히 녀긴다 (語錄彙編 水滸 22b) ▼함호 ‖ "只得~應允." 다믄 함호 응윤ᄒᆞ고 (孫龐 5:114) ▼흐리- ‖ "我宋信聰明了一世, 怎麽一時就~到這箇田地! 他一箇相府女兒, 又是眞正奇才, 天子所重, 倒不去奉承他, 反倚着一箇科官與他爲仇, 豈不差了主意." 내 일셰예 총명흔 사ᄅᆞᆷ으로 어이 이번 일을 심히 흐리게 ᄒᆞ야 뎌 샹부 녀ᄋᆡ 텬ᄌᆞ도 듕히 너기시는 거슬 흔 ᄃᆡ간[관]을 밋고 뎔로 더브러 원싊 되니 엇디 쥬의를 그릇 잡디 아녀시리오 (平山 2:65) ▼모호ᄒᆞ- ‖ "蘇生與張郞, 好醜相去何止天淵! 爹爹素稱識人, 今日爲何這等~?" 소ᄉᆡᆼ이 댱냥으로 더브러 고으며 더러오미 하늘과 ᄯᅡ ᄀᆞᆺ거ᄂᆞᆯ 야애 본ᄃᆡ 사ᄅᆞᆷ을 잘 아노라 ᄒᆞ시더니 오ᄂᆞᆯ날 엇디 이러ᄐᆞᆺ 모호ᄒᆞ시ᄂᆞᆫ고 (玉嬌 2:53) [후두] ▼후두ᄒᆞ- ‖ "我的兒, 到底是你想得到.我一時氣~了." 내 ᄋᆞ히가 도져히 ᄉᆡᆼ각을 잘ᄒᆞ도다 내

가 한쯰 심ᄉᆞ가 후두ᄒᆞ여 그리ᄒᆞ미라 (紅樓 47:77) “幸虧我還明白, 但凡~不知禮的, 早急了.” 다힝이 내가 명ᄇᆡᆨᄒᆞ기의 그만ᄒᆞ거니와 다만 후두ᄒᆞ여 례졀을 아지 못ᄒᆞ면 엇지 되리오 (紅樓 55:43) “寶玉, 你不要~了, 你說, 今日的聖恩高厚, 眞個是你的學問上來的麼?” 보옥아 너ᄂᆞᆫ 후두치 말나 너ᄂᆞᆫ 니ᄅᆞ기ᄅᆞᆯ 금일 셩은이 니러틋 늉즁ᄒᆞ미 진ᄀᆡ 너의 학문으로 말ᄆᆡ암아 니ᄅᆞ럿다 ᄒᆞᄂᆞ냐 (後紅 15:3) “這會子我心裏越發~了, 這裡可是陰間不是?” 지금 ᄂᆡ 심즁이 더욱 후두ᄒᆞ니 이 곳은 졍히 음간이 아니냐 (補紅 1:24) “若使丈夫無主意, 婦言是聽便~.” 만일 장부로 ᄒᆞ여곰 쥬의가 업ᄉᆞ면 부인의 말만 드러 믄득 후두ᄒᆞ더라 (快心 13:22) “爲聰明, 反上了~當. 罵强梁, 好肥羊肉, 偏與狗充腸.” 춍명을 위ᄒᆞ여 도로혀 후두ᄒᆞᆫᄃᆡ 올나 강량ᄒᆞᆫ 사ᄅᆞᆷ의 도당이 되엇다 ᄭᅮ지ᄌᆞ니 죠히 살찐 양육을 편벽도이 ᄀᆡ를 쥬어 챵ᄌᆞᄅᆞᆯ 치게 ᄒᆞ엿도다 (瑤華 15:82) “景氏夫人呼擺膳, 方纔是, 大家驚得已~.” 먹을 거ᄉᆞᆯ 쥰비ᄒᆞ라 방ᄌᆞ 즁인이 놀나 졍신이 후두ᄒᆞ엿도다 (再生 43:41) “其實據孫家看來, 容顏又有幾分諧. 孟親家母~性, 她總是, 把定明堂作女孩. 惹得朝廷翻下臉, 這一頓, 反聲發作好難挨.” 실샹 나의 쇼견 ᄀᆞᆺ흘진ᄃᆡ 용뫼 ᄯᅩ 몃분이나 샹합ᄒᆞ거ᄂᆞᆯ ᄆᆡᆼ친가 부인이 심히 후두ᄒᆞ여 다만 여승샹을 지목ᄒᆞ여 녀ᄋᆡ라 ᄒᆞ다가 셩샹이 변ᄉᆡᆨᄒᆞ시며 일쟝 발작ᄒᆞ시ᄆᆡ 졍히 견ᄃᆡ기 어려오며 (再生 35:85) “呀, 哪曉得你的胞弟~, 又不曾拿個着實的憑據, 又不曾察個分明, 倚着狂妄的性兒, 就冒認着老師爲原聘.” 뉘 알니오 그ᄃᆡ의 친뎨 후두ᄒᆞ여 일ᄌᆞᆨ 뎍실ᄒᆞᆫ 빙거ᄅᆞᆯ 엇지 못ᄒᆞ며 ᄯᅩ 분명히 ᄉᆞᆲ히지 못ᄒᆞ고 다만 광망ᄒᆞᆫ 셩픔으로 모몰ᄒᆞ고 로ᄉᆞ부ᄅᆞᆯ 지목ᄒᆞ여 원ᄇᆡ라 ᄒᆞᆫ지라 (再生 40:35) “把我嚇~了. 剛然到北上坡不遠, 誰知那邊有個人.” 내 놀나 졍신이 후두ᄒᆞ도다 겨유 븍편 언덕 근쳐의 니ᄅᆞ럿더니 뉘 알니오 그 곳의 일ᄀᆡ 사ᄅᆞᆷ이 잇ᄂᆞᆫ지라 (忠俠 10:3) ▼호도ᄒᆞ- ‖ “這樣~的人也有呢.” 이런 호도ᄒᆞᆫ ᄉᆞᄅᆞᆷ도 잇다 (漢語 修綆室 22a) [후두] ▼모호ᄒᆞ- ‖ “他本是聾子, 我說東他說西, 高聲說他他肯~, 教我氣死說不出話來, 在那裏站着半天時候兒.” 졔가 근본이 귀먹은 사ᄅᆞᆷ이라 ᄂᆡ가 東을 말ᄒᆞ면 졔가 西ᄅᆞᆯ 말ᄒᆞ고 소ᄅᆡᄅᆞᆯ 놉혀 져ᄃᆞ려 일을ᄉᆞ록 졔 더욱 모호ᄒᆞ니 날노 ᄒᆞ여곰 氣ᄆᆡᆨ혀 말이 나오지 아니ᄒᆞ여 거긔 반일 동안을 셧더니 (華啓上 21a) ▼흐미ᄒᆞ- ‖ “身子雖然强扎掙着, 還在那兒陪着坐, 哎, 眼睛却十分受不得了, 眼皮子也搭拉了, 心裏也~了, 沒法子.” 몸은 비록 간신이 참고 거긔 모셔 안졋스나 아이 눈은 발셔 십분이나 견댈 슈 업셔 눈가족도 느러지고 마음속도 흐미ᄒᆞ야 ᄒᆞᆯ 슈가 업셧소 (支那 熬夜 367) ▼미련ᄒᆞ- ‖ “一片~.” 아죠 미련ᄒᆞ다 (水滸 延世 11b-14) 아조 미련ᄒᆞ다 (語覽 水滸 43b) (水滸 14:32) ▼플칠하여도 도ᄇᆡ한 셰염 ‖ “如今該管官司沒甚分曉, 一片~, 千萬犯了迷天大罪的倒都沒事, 我弟兄們不能快活. 若是但有肯帶挈我們的, 也去了罷!” 卽今에 맛듯 官家의셔 알난 거시 업고 一片갓치 플칠하여도 도ᄇᆡ한 셰염이라 하랄에 닷는 罪을 지엿시되 돕더 모도 아무 릴도 업고 울이 兄弟는 능히 시원이 살지 못한이 만릴 다맛 울이을 달여갈짓된 가고 말이라 (水滸 菊齋 5:38b) ▼흐리터분ᄒᆞ- ‖ “今日昧著惺惺使~了.” 이졔 ᄶᅩᆨᄶᅩᆨᄒᆞᆫ 놈을 흐리터분ᄒᆞᆫ 사ᄅᆞᆷ 만든단 말 (語覽 西遊 86b) 宋呂端: ‘大事不~’注. 鶻突, 世似當時方言. 今~不分曉也 (松南雜識 方言 181) ▼도호ᄒᆞ- ‖ “貴國既不發誓, 就是不願降和之意, 等是~以了事塞責.” 귀국이 ᄆᆡᆼ셔ᄅᆞᆯ 발치 아니ᄒᆞ니 실노 강화ᄅᆞᆯ 원치 아닛ᄂᆞᆫ ᄯᅳᆺ이오 등한이 도호ᄒᆞ야 뇨ᄉᆞᄒᆞ고 ᄉᆡᆨ칙ᄒᆞ미라 (朝僉 25:54) [후두] ▼모호ᄒᆞ- ‖ “自己不懂[懂]文字也不向別人打聽麽? 這眞是~的人了.” 自己가 文字를 몰으고도 남의게 向ᄒᆞ야 아라보지 아니ᄒᆞ면 ᄎᆞᆷ 모호ᄒᆞᆫ 사람이올시다 (漢語指南 222) [후두] ▼흐리터분ᄒᆞ- ‖ “別說別說, 他眞~.” 말 마오 말 마오 그가 ᄎᆞᆷ 흐리터분ᄒᆞ지요 (華語教範 32) ❷ 후두히 ‖ “提着影戲人子上場兒, 好歹別戳破這層紙兒. 你別~油蒙了心, 打諒我們不知道你府上的事.” 희ᄌᆞ임ᄂᆡᄂᆡᄂᆞᆫ 사ᄅᆞᆷ을 마당의 오ᄅᆞ게 ᄒᆞ고 호블호간의 져 층 조희ᄅᆞᆯ ᄢᅵ져 바리지 말나 네가 후두히 기ᄅᆞ므로 심통을 닙히지 말지어다 우리가 너의 부즁 일을 아지 못ᄒᆞᆫ다고 료량ᄒᆞᄂᆞ냐

멍청하다.

314. 渾脹東西[429]

빌어먹을 놈.

315. 年下[430]

세밑.

316. 日逐[431]

날마다.

317. 托出

돋보이게 하다.

(紅樓 65:35) "茗烟這忘八崽子寫的實在~." 망팔고ᄌᆞ 명연이 쓰기를 실노 후두히 ᄒᆞ엿도다 (紅復 31:109) "今朝若不分明說, 我竟~在夢間." 금일의 만일 말을 분명히 아니터면 ᄂᆡ 필경 몽즁 ᄀᆞᆺ치 후두히 지ᄂᆡ여시려니와 (再生 23:84)

429) 【渾脹東西】 hùnzhàngdōngxi 〈名〉 罵人話. 蠢材. ¶ ☞ 渾帳 /渾賬 ‖ [훈쟝] 후두ᄒᆞᆫ 놈 (方三罵辱 13b) 흐린 놈 (課目 性行 47a) ☞ 渾賬貨 [훈장호] 막 자런 놈 (你呢貴姓 24b)

430) 【年下】 niánxià 〈名〉 過年的時候.¶ [녠쌰] 셰초 (漢話 單語 21) [년뺘] 셰밋ㅎ ‖ "咱們送他的, 趁着他家有~送鮮的船, 交給他帶了去了." 우리 져의게 보ᄂᆡᄂᆞᆫ 믈건도 져의 집의셔 셰밋히 ᄉᆡᆼ션 보ᄂᆡ던 ᄇᆡ의 븟쳐 보ᄂᆡ엿ᄂᆞ이다 (紅樓 7:45) "~做件衣裳穿." 셰밋히 옷가지나 지어 닙고 (紅樓 42:16) "還有你們~添補的衣服, 打點給人做去呢." ᄯᅩ 너의들의 셰밋히 보텸ᄒᆞ여 입을 의복이 이시니 타졈ᄒᆞ여 사ᄅᆞᆷ을 쥬어 짓게 ᄒᆞ여야 되리라 (紅樓 45:16) ▼셰밋ㅊ ‖ "我們鄉下人, 到了~, 都上城來買畵兒貼, 時常閑了, 大家都說." 우리 향촌 사ᄅᆞᆷ들이 셰밋치 되면 모다 셩즁의 드러와셔 그림을 ᄉᆞ다가 븟칠 제 샹시의 한가ᄒᆞ며 즁인이 모다 니ᄅᆞᄃᆡ (紅樓 40:14) ▼셰말 ‖ "那裡能~就有了? 只怕明年端陽有了." 엇지 셰말의 맛치릿가 다만 명년 단오나 되여야 겨유 맛치리이다 (紅樓 50:63) ▼셔를 ‖ "您~做甚麼消遣?" 당신 셔를에 무슨 消遣을 ᄒᆞ셧소 (華語教範 130) "爹賞了我兩件綢絹衣裳, ~穿, 教我來與娘磕頭." (金瓶 74) ☞ 年底

431) 【日逐】 rìzhú 〈名〉 逐日, 每天.¶ [ᅀᅵ주] 날마다 (譯補 瑣說 55b) "有一學者先佞佛, ~念'金剛大悲咒'不停口." (語類 120) "閑了經紀, 如今在家中, ~盤費如何措置?" (京本通俗 志誠張主管 13) "給了一本帳簿, 教王慶將~買的, 都登記在簿上." (水滸 103) "王慶在黑地裏觀看, 却是~透遞消息的那個小厮, 提個行燈." (水滸 103) "那厮跟了個客人在外邊, 不見個音信回來, 老身~耽心不下." (金瓶 3) "他母親張氏着了一場重氣, 染病在身, ~臥床不起." (金瓶 92) "回來算你~賣帳." (喻明 3) "(小娥)想道: '在湖裏遇的盜, 必是原在江湖上走, 方可探聽消息.' ~在埠頭伺候." (初刻 19) "(王冕)就賣幾本舊書, ~把牛拴了, 坐在柳陰樹下看." (儒林 1)

318. 兀自[432]

---

432) 【兀自】 wùzì 〈副〉 仍自, 還.¶ 업다 이 놈아 져 놈아 (水滸 菊齋 1:4b) ▼오히려 ‖ "~賴哩." 오히려 발명ᄒᆞ여 (大方 水滸 5a) 오히려 발명 (語錄彙編 水滸 16a) "~賴哩." 슬로 긔이려 (水滸 愚山 9a) 네 오희러 앙탈ᄒᆞ는야 (水滸 延世 4b-2) 네 오히려 앙탈ᄒᆞ느냐 (水滸 聯帖 8a) 네가 업다 佯頔하는야 (水滸 菊齋 1:31a) 네 오히려 앙탈ᄒᆞ니 (水滸 2:11) 스ᄉᆞ로 긔이려 (水滸 2:10) 스ᄉᆞ로 그리려 (水滸 延世 48b) 自然之. (水滸傳語錄 8a) ▼원ᄂᆡ ‖ "兩箇獵戶失驚道: '你兀自不知哩.'" 기인이 니ᄅᆞᄃᆡ 원ᄂᆡ 네 아지 못ᄒᆞᄂᆞᆫ도다 (水滸 이대 19:25a-23) ▼그져 ‖ "這些和尙着實快活, 日高三丈, 尙~安睡未起." 화상들은 팔ᄌᆞ 조토다 날이 늣도록 그져 ᄌᆞᄂᆞᆫ도다 (禪眞 1:24) ▼업다 ‖ "大郎, 你~賴哩." 大郎아 네 업다 發明하야는야 (水滸 菊齋 1:53a) "~捉脚不住." 업다 달이을 셰우지 못하고 (水滸 菊齋 1:48b) 업다 달이을 잡아 셰우지 못하면셔 (水滸 菊齋 1:39b) "~哭不住." 업다 울음을 근치지 안이하는지라 (水滸 菊齋 1:31a) "也~劫了人." 업다 사람을 겁탈하거든 (水滸 菊齋 1:43b) "~有半里多路." 업다 반리 지음이나 된다 (水滸 菊齋 1:56a) "~晁盖收拾未了." 업다 晁盖가 악직 收拾들 못하여 (水滸 菊齋 1:65b) ▼오히려 /업다 ‖ "大郎, 你~賴哩! 見有原告人李吉在這裡." 대랑아 네 오히려 발명코자 ᄒᆞᄂᆞᆫ다 원고 리길이 여긔 잇ᄂᆞ니라 (水滸 新文 1:2:24) 大郎 史進아 네가 업다 曖昧타고 할야는야 보덕기 原告人 李吉이가 卽今 여긔 잇다 (水滸 菊齋 2:44a) ▼오히려 스ᄉᆞ로 ‖ "這廝死在目前, ~不知, 管這等閒事, 張皇榜, 召英雄, 于你何干?" 이 놈아 죽기 목젼의 잇거ᄂᆞᆯ 오히려 스ᄉᆞ로 아디 못ᄒᆞ고 한ᄉᆞ를 관셥ᄒᆞ야 므엇ᄒᆞ리오 황방을 댱괘ᄒᆞ야 영웅을 블러든 네게 아롱곳가 (孫龐 1:98) ▼오히려 ‖ "你~不下馬受縛, 更待何時? 劃地巧言令色, 煽惑軍心." 네 오히려 말긔 나려 항복지 아니ᄒᆞ고 공교ᄒᆞᆫ 말노 군심을 현혹게 ᄒᆞ나냐 (水滸 이대 29:25a) "那不肖子去時, 原說多只三年, 少只二載, 如今整齊三個年頭, ~不回, 寄這書來何用?" 이 블쵸ᄒᆞᆫ ᄌᆞ식이 갈 쌔예 닐오ᄃᆡ 만흐면 삼년이오 젹그면 두 ᄒᆡ라 ᄒᆞ더니 이제 졍졔히 삼 년이 디나ᄃᆡ 오히려 도라오디 아니ᄒᆞ고 이 편지를 브텨 보내여 므엇ᄒᆞ려 ᄒᆞᄂᆞ뇨 (孫龐 1:72) "我娘兒兩個在破裏住, 此時~沒早飯得吃. 胡亂與我一文錢, 湊糴些米, 娘兒們煮粥充饑." ᄂᆡ 늙은 어미 오히려 조반을 굴머시니 ᄡᆞᆯ이나 돈을 쳥ᄒᆞ노라 (平妖 7:14) "這皇太子生性聰明好學, 雖然夜深, ~秉燭而坐. 幾個內侍們, 四下倚台靠壁, 東倒西歪, 都在打瞳睡." 황ᄐᆡᄌᆞ 글을 됴히 넉여 밤이 깁허시되 오히려 쵹을 ᄇᆞᆰ히고 안잣ᄂᆞᆫᄃᆡ 뫼신 내관들은 다 벽을 의지ᄒᆞ야 잠을 닉게 드럿거ᄂᆞᆯ (平妖 羅孫 3:67) "說話這織錦在黑暗中被黑兒摟得心慌, 主母叫得忙亂, 卽走出堂來, 尙~心跳氣促, 遂立在主母身後." 화셜 직금이 쥬모의 브ᄅᆞ믈 듯고 밧긔 나오니 놀나온 ᄆᆞ음이 오히려 움즉이고 호흡이 쳔쵹ᄒᆞ야 쥬모의 뒤히 와 셔니 (後水滸 5:79) "春香應諾, 走到孟老兒房外敲門. 孟老~未起." 츈향이 ᄃᆡ답ᄒᆞ고 ᄆᆡᆼ노아의 문 압히 가 문을 두다리니 ᄆᆡᆼ노ᄋᆡ 오히려 니지 아냣ᄂᆞᆫ지라 (禪眞 15:71) "各縣回說裘君見識最高, 城池又大, ~歸降, 我等城小民稀, 粮草不足, 焉能據守?" 각현 관원이 답ᄒᆞᄃᆡ 구공이 식견이 가장 놉흔지라 셩이 크ᄃᆡ 오히려 항ᄒᆞ여시니 우리 등이 셩이 젹으며 ᄇᆡᆨ셩이 드물고 냥최 부죡ᄒᆞ니 엇지 능히 직희리오 (禪眞 14:2) "馬道: '哥哥~討面情, 便沒叫吃.' 不一時奉完, 手中尙存六塊, 便來查點. 內中已不見了郝雄、張杰, 便要去赶尋." 마룽이 닐오ᄃᆡ 가가의 ᄂᆞᆺ곳 아니런들 너를 먹이고 말니라 ᄒᆞ고 고기를 도라보니 오히려 여ᄉᆞᆺ 조각이 남앗ᄂᆞᆫ디라 사ᄅᆞᆷ을 ᄉᆞᆯ펴보니 한웅 댱걸이 좌의 업거ᄂᆞᆯ ᄯᅩᆯ와가 ᄎᆞ자 먹이랴 ᄒᆞᆫᄃᆡ (後水滸 10:45) "你不知我家艱苦, 只看我身面上, 布草~不充, 焉能觳想這富貴的道路?" ᄂᆡ 뵈옷도 가리오지 못ᄒᆞ니 어ᄃᆡ셔 돈이 나 진쥬를 ᄉᆞ리오 (禪眞 2:30) "我雖文理不通, ~寫得幾句, 還有一句寫不出來的." ᄂᆡᆫ이 비록 문리를 통티 못ᄒᆞ나 오히려 쓰기를 알거니와 이제 ᄒᆞᆫ ᄌᆞ도 쓰디 못ᄒᆞᄂᆞ니 이시니 (包公 屈殺英才 7:42) "大郎, 你~賴哩! 見有原告人李吉在這

여전히 / 역시 / 오히려.

319. 標致[433)]

裡." 대랑아 네 오히려 발명코자 ᄒᆞᆫ다 원고 리길이 여긔 잇ᄂᆞ니라 (水滸 新文 1:2:24) "保正, 你~不見我好處.我怕雷横執迷, 不會做人情, 被我賺他打你前門, 我在後面等你出來放你." 보정이 오히려 나의 됴흔 ᄆᆞᄋᆞᆷ을 아지 못ᄒᆞᄂᆞᆫ도다 내 뢰횡으로 ᄒᆞ여곰 압흘 직희라 ᄒᆞ고 나ᄂᆞᆫ 후면에 잇서 너ᄅᆞᆯ 노하 보내ᄂᆞ니 (水滸 新文 1:17:186) "你~不下馬受縛, 更待何時? 剗地巧言令色, 煽惑軍心." 네 오히려 ᄲᆞᆯ게 ᄂᆞ려 ᄆᆡ임을 밧지 아니ᄒᆞ고 감언리셜로 군심을 미혹고자 ᄒᆞᄂᆞᆫ다 (水滸 新文 2:33:185) ▼아니ᄒᆞ- ‖ "右手卻早刀落; 去那婆惜嗓子上只一勒, 鮮血飛出, 那婦人~吼哩." 올ᄒᆞᆫ손의 칼로 파셕의 목을 디ᄅᆞ니 블근 피 ᄲᅱ여나며 소ᄅᆡᄅᆞᆯ 긋치디 아니ᄒᆞ거ᄂᆞᆯ (忠義水滸 서울대 8:12b-21) "天色兒又待明也, 不知做甚麽, 書幃裏~點着燈火." (董西廂 4) "往常時翠轎香兜, ~倦朱簾揭綉." (漢宮秋 2) "你記得當時在月臺上賞月, 把我許你, 你~拜謝, 你記得也不記得?" (京本通俗 碾玉觀音) "你~不知哩! 如今景陽岡上, 有一只極大的大虫, 夜夜出來傷人." (水滸 23) "一頓拳打的動不得了, 使的這漢子口裏~氣喘不息." (金瓶 1) "三巧兒見不是丈夫, 差得兩頰通紅, 忙忙把窓兒拽轉, 跑在後樓, 靠着床沿上坐地, ~心頭突突的跳一個不住." (喻明 1) "進至後堂, 主人鬚下忽作大嗥. 余大驚却立. 主人微笑請坐.主人長鬚斑白, ~炕上踞短脚床." (熱河日記 盛京雜識)

433) 【標致】 biāozhì 〈形〉 美麗, 出衆.¶ [뱌지] 에엿ᄲᅳ다 (譯補 瑣說 51b) (方四 雜語 26b) 聰俊敏慧之稱, 俱美其人心貌之辭." 標"字本在並母則宜從. 俗呼爲去聲, 而今俗呼標致之 "標"爲上聲, 則字宜作"表"字讀是.(老朴集 累字解 2a) 聰俊敏慧之稱言, 俱美其人心貌之辭. (語初 漢語集覽字解 23a) (語重 26b) 聰俊敏慧之謂. (洛閩 品) [뱌지] ▼영노ᄉᆞᆯ갑고 ᄉᆞ믯가오- /영노ᄉᆞᆯ갑- ‖ "咳, 眞箇好~, 便猜着了." 해 진실로 영노ᄉᆞᆯ갑고 ᄉᆞ믯가올셔 즉재 바ᄅᆞ 아라 올히 닐어다 (飜朴 上15a) [뱌지] 애 진실로 ᄀᆞ장 영노ᄉᆞᆯ갑다 곳 아ᄂᆞᆫ고나 (朴上 14b) ▼영노ᄉᆞᆯ가오- «영노ᄉᆞᆯ갑다» ‖ "他~, 是我好相識, 你請他這裡來麽?" 뎨 영노ᄉᆞᆯ가오니 이내 ᄀᆞ장 서ᄅᆞ 아ᄂᆞᆫ이라 (朴下 40a) "他~, 是我好常識." 뎨 영노ᄉᆞᆯ가오니 이 내 ᄀᆞ장 서ᄅᆞ 아ᄂᆞ이라 (朴下 40a) ▼영노ᄉᆞᆯ갑다, «語錄解»: ~, 聰俊敏慧之謂, 俱美其人心貌之辭. ‖ "是好, 是好, 二位哥哥作成我, 討箇~婊子, 多少是好?" 이 됴타 이 됴타 二位 형이 나ᄅᆞᆯ 도아 ᄒᆞᆫ 영노ᄉᆞᆯ가온 겨집을 어듬이 언머이 됴커니ᄯᆞ녀 (伍倫 1:4b) "嗚珂坊李尙書家, 于今一人之下, 萬人之上, 朝中號他做擎天柱, 有箇兒子十分~." 嗚珂坊 李尙書 집은 이제 一人의 下요 萬人의 上이니 朝中이 뎌ᄅᆞᆯ 號ᄒᆞ야 擎天柱ㅣ라 ᄒᆞᄂᆞ니 ᄒᆞᆫ 兒子ㅣ 이시되 ᄀᆞ장 영노ᄉᆞᆯ가오니이다 (伍倫 2:18a) ▼긔특ᄒᆞ- ‖ "只見一人揭起蘆簾, 隨卽入來. …那一個人生得十分~." ᄒᆞᆫ 사ᄅᆞᆷ이 밋바다 드러와 브ᄅᆞ거ᄂᆞᆯ 보니 그 사ᄅᆞᆷ의 인믈이 긔특ᄒᆞ고 (忠義水滸 서울대 22:8b-62) ▼표티ᄒᆞ- /쇄려ᄒᆞ- ‖ "如今升元閣前有一土妓, 十分~, 我今作東, 送賢侄往彼處一樂, 何如?" 이제 승원각 알ᄑᆡ ᄒᆞᆫ 명기 이셔 십분 표티ᄒᆞ니 내 듀ᄆᆡ 되여 현딜을 게 가 놀게 ᄒᆞ미 엇더뇨 (禪眞 15冊本 4:3) 요ᄉᆞ이 승원각 압희 한 명기 잇셔 십분 쇄려ᄒᆞᆫ지라 ᄂᆡ 쥬ᄆᆡ되여 현질이 한 번 놀미 엇더ᄒᆞ뇨 (禪眞 4:68) ▼얼골이 곱- ‖ "這山上的男婦見屠俏生得~, 又且本事高强, 俱看得眼花繚亂, 齊集山前." 산차에 모든 군ᄉᆡ 도쵸의 얼골이 곱고 무예 놉흔 줄을 보고 더옥 긔특이 너겨 ᄃᆞ토와 알프로 굿보더니 (後水滸 12:68) ▼아ᄅᆞᆷ다오- ‖ "還有孫宣雅, 途中訪有一富戶女子, 生得~, 就彼成親." 손션아ᄂᆞᆫ 길히셔 ᄒᆞᆫ 가음연 사ᄅᆞᆷ의 녀ᄌᆞᄅᆞᆯ 어드니 얼골이 극히 아ᄅᆞᆷ다오매 그 곳의 셩친ᄒᆞ야 (隋史遺文 8:90) ▼표치ᄒᆞ- ‖ "正値賈母和園中姐妹們說笑解悶, 忽見鳳姐帶了一箇~小媳婦進來." 가뫼

예쁘다.

320. 打地

땅을 치다.

321. 行在[434)]

임금이 거둥하시는 곳.

322. 賣弄[435)]

원즁 ᄌᆞᄆᆡ들노 더브러 담쇼ᄒᆞ며 쇼견ᄒᆞ더니 홀연 보니 봉졔 일ᄀᆡ 표치ᄒᆞᆫ 식부ᄅᆞᆯ 다리고 드러오거ᄂᆞᆯ (紅樓 69:2) "那西北兩院的丫頭看見他們兩個的氣概比往天大不相同, 滿面上放了光彩, 覺得十分~." 셔븍 량원의 챠환이 져의 량인의 모양을 보ᄆᆡ 젼일의 비ᄒᆞ여 대샹부동ᄒᆞ고 만면의 광ᄎᆡ 나며 십분 표치ᄒᆞᆫ지라 (紅復 12:108) "梅姑娘算來今年也是十八歲, 自然長得一發~了!" ᄆᆡ고낭은 혜여 보ᄆᆡ 금년의 ᄯᅩᄒᆞᆫ 십팔 셰라 ᄌᆞ연 장셩ᄒᆞᆯᄉᆞ록 더욱 표치ᄒᆞᆯ 듯ᄒᆞ도다 (雪月 13:6) "家中有錢財, 有糧食, ……則少一個標標致致的老婆." (秋胡戲妻 2) "聞知他有個小姐, 生的十分~, 大有顏色." (鴛鴦被 1) "蔡福看時, 但見那個人生得十分~." (水滸 62) "如此舊時~, 還當謝我." (西遊 59) "這婦人年紀不上二十五六, 生的這樣~." (金瓶 9) "好個~娘子, 正好青春享福." (金瓶 64)

434) 【行在】 xíngzài 〈名〉 皇帝巡行所至之地. ¶ 乘輿所至處曰"~", 人君以一國爲家, 故行曰乘輿, 至曰"~". (經國註解 入直 下55b) 時宋南遷, 故指所都謂~. (心經 4:1b) 行幸. (俗名類聚 國家) ▼힝ᄌᆡ소 ‖ "江東謫居前都事曹好益起義兵討賊多有斬獲, 冬至日率士卒望~, 終夜痛哭一軍爲之流涕." 강동 뎍거ᄒᆞᆫ 젼 도ᄉᆞ 조호익이 의병을 니ᄅᆞ혀 도적을 티니 참획ᄒᆞ미 만터라 동지일의 ᄉᆞ졸을 거ᄂᆞ리고 힝ᄌᆡ소ᄅᆞᆯ ᄇᆞ라보고 죵야 통곡ᄒᆞ니 일군이 다 뉴톄ᄒᆞ더라 (朝記 壬辰兵事 7:28) ▼힝ᄌᆡ쇼 ‖ "兩日傳聞南都號令馬靈屍首, 其言甚爲可惡, 若~聞知, 必生猶豫." 근일의 젼셜노 드ᄅᆞᄆᆡ 남경의셔 마녕의 시신을 가지고 호령ᄒᆞᄃᆡ 그 말이 심히 가통ᄒᆞ니 만일 힝ᄌᆡ쇼의셔 드ᄅᆞ시면 반ᄃᆞ시 의려지심이 계실지라 (女仙 29:3) ▼힝ᄌᆡ ‖ "遇射生將王獻忠以轂騎叛, 劫諸王欲奔虜, 子儀讓之, 取諸王送~." 샤ᄉᆡᆼ댱왕 헌튱이 구긔로ᄡᅥ 반ᄒᆞ야 졔왕을 겁박ᄒᆞ야 노듕으로 가게 ᄒᆞ거ᄂᆞᆯ ᄌᆞ의 크게 ᄭᅮ짓고 졔왕을 밧드러 힝ᄌᆡ예 보내고 (郭子儀傳 38) "遂崎嶇跋涉於小山峽之間, 因赴光海之召, 而旋詣~." 드ᄃᆡ여 산협으로 발셥ᄒᆞ야 광ᄒᆡ의 브ᄅᆞᄂᆞᆫ ᄃᆡ 갓다가 즉시 힝ᄌᆡ로 가니 (朝記 文廟陞黜 12:42) "二人遂幇日月火輪, 寅時起身, 酉時即到~." 두 사ᄅᆞᆷ이 드ᄃᆡ여 일월화륜을 잘ᄅᆡ 녀코 인시의 몸을 니ᄅᆞ혀 유시의 힝ᄌᆡ의 니ᄅᆞ니 (開闢 1:96) "朝夕以晉安爲憂, 出黃榜招奇謀異策之士, 以條具詣~奏聞. 明日, 有吏部侍郎龍敏趨行朝見帝, 百官班定, 龍敏越班而出." 됴셕의 진안을 근심ᄒᆞ야 방 브텨 긔모이칙의 사ᄅᆞᆷ을 브ᄅᆞ니 니부시랑 농민이 힝ᄌᆡ ᄀᆞ의 와 뎨긔 뵈고 표ᄅᆞᆯ 올리니 (南宋 1:43) "秦檜同妻王氏, 航海奔至臨安~, 只說道殺了金家監守之人, 私逃歸來." (喻明 32)

435) 【賣弄】 màinòng 〈動〉 ❶ 炫示, 誇耀. ¶ [매롱] 쟈랑 (譯補 瑣說 51b) 쟈랑ᄒᆞ여 뵈다 (方四 雜語 26b) 誇也.(大方 水滸 1b) 誇弄也. (艶夢 西廂 25b) 추다 (語覽 水滸 33a) 츄다 (水滸 奎章 24:77) (水滸 23:47) 츄다, 誇也. (水滸 延世 18a-23) 愛也, 셔드러 (語覽 水滸 28b) 자랑

자랑하다.

323. 面生[436]

(語覽 西遊 61b) 충찬하다, 又잘앙하다, 又잘난 체하다 (水滸 菊齋 1:9a) 見能. (語錄彙編 水滸 13a) "~手段." ᄌᆡ조를 자랑 (語覽 西遊 71a) 展才. (西遊 聯帖 23b) "~精神." 졍신 ᄎᆞ려 (語覽 西遊 70b) ▼체ᄒᆞ- ‖ "~有錢." 돈 만은 체ᄒᆞ다 (水滸 延世 21b-36) (語覽 水滸 44b) 돈 만은 체ᄒᆞ고 (水滸 奎章 37:96) 돈 만한 체 잘앙하다 (水滸 菊齋 1:23b) "遠方~." 먼ᄃᆡ ᄉᆞ람 일커르고 갓가온 ᄃᆡ ᄉᆞ람 츄어 쥬거다 (水滸 延世 21b-35) ▼쟈랑ᄒᆞ- ‖ "誰家美少年, 在此~才華? 題詩驚座, 也不管隔墻有人!" 뉘 집 미쇼년이 여긔 이셔 ᄌᆡ조ᄅᆞᆯ 쟈랑ᄒᆞ야 글로ᄡᅥ 좌샹을 놀래며 격쟝의 사ᄅᆞᆷ이 잇ᄂᆞᆫ 줄을 아디 못ᄒᆞᄂᆞᆫ다 (玉嬌 2:87) "不一會, 兩人各~本事. 屠俏見棍來, 便鐙裏藏身; 殷尚赤見劍到, 卽使花棒躲閃. 直看得衆小嘍羅, 俱拍掌叫好." 격은덧 ᄉᆞ이의 두 사ᄅᆞᆷ이 각각 ᄌᆡ조ᄅᆞᆯ 쟈랑ᄒᆞ야 막대 오ᄆᆡ 도쇠 몸을 등ᄌᆞ 아래 감초고 칼노 티니 은샹젹이 막대 겻트로 ᄉᆞ리혀 피ᄒᆞ니 모든 누래 일시의 손뼉티며 칭찬ᄒᆞ더라 (後水滸 5:21) ▼ᄌᆞ랑ᄒᆞ- ‖ "你是那裏的狗男女? 敢來滅我鎭上的威風, ~你有錢鈔!" 엇던 ᄀᆡᆨ인니 감히 ᄂᆡ 진상 위풍을 업슈이 넉이고 네 돈이 만흔 ᄌᆞ랑ᄒᆞᄂᆞᆫ다 (粉粧 3:18) ▼ᄌᆞ챵ᄌᆞ화ᄒᆞ- ‖ "不過冷大戶有幾個村錢, 自家~, 好攀人家做親罷了." 블과 ᄂᆡᆼ대회 ᄌᆞ챵ᄌᆞ화ᄒᆞ야 녀ᄋᆞ의 혼인 갑슬 도로려 ᄒᆞ민가 ᄒᆞᄂᆞ이다 (平山 3:14) ▼자랑 ‖ "你個挽弓酸倈沒意兒, ~你有家私, 我圖謀你的東西來到此? 把你做先生的錢物, 與紅娘爲賞賜, 我果然愛你的金貲?" 너 만궁산ᄅᆡ몰의아야 네가 사잇넌 거슬 ᄌᆞ랑ᄒᆞ너냐 ᄂᆡ가 네 물건을 바라구 니의 왓너냐 네 학장질흔 젼물을 자바 나을 쥬어 상급한다 ᄒᆞ려너냐 ᄂᆡ가 과연 네 금ᄌᆞ를 ᄉᆞ랑ᄒᆞᄂᆞ보다 (西廂 博文 115) [매릉] ▼거들거리- ‖ "無知的業障! 你能知道幾個古人, 能記得幾首舊時, 也敢在老先生前~!" 무지흔 업츅아 네 능히 고인을 몃치나 알며 능히 고시ᄅᆞᆯ 몃 수나 알관ᄃᆡ ᄯᅩ흔 감히 로션ᄉᆡᆼ의 ᄋᆞᆲ히셔 거들거리ᄂᆞ냐 (紅樓 17:52) ▼강악ᄒᆞ- ‖ "四川、兩廣也曾去來, 不曾見你這般~." 내 일즉 ᄉᆞ쳔 량관 등디에 아니 본 곳이 업스되 너ᄀᆞᆺ치 강악흔 인물은 보지 못ᄒᆞ엿노라 (水滸 新文 1:15:154) [ᄆᆡ릉] ▼빙졍거리- ‖ "無論什麼人, 愛這~自己的本事, 小看別人.這是挨打受罵的本兒了." 무ᄉᆞᆷ 사ᄅᆞᆷ이던지 쟈긔의 ᄌᆡ죠를 빙졍거러 남을 젹게 본 것이 ᄆᆡ 맛고 욕볼 쟝본이외다 (華語精選 165) "俺捺撥那孟姜女, 之乎者也, 人前~能言語." (董西廂 4) "閑常時只呂鳥嘴, ~殺好拳棒." (水滸 25) "不是小閑~, 那人實有千百兩金銀, 欲送與宅上." (水滸 72) "那李桂姐~他是月娘的乾女兒, 坐在月娘炕上, 和玉簫兩個剝果仁兒." (金瓶 32) ❷ 玩弄. ‖ "當斬者配, 當配者徒, 當徒者杖, 當杖者笞, 是乃~條貫, 舞法而受賕者耳." (語錄輯略 5)

436) 【面生】 miànshēng 〈形〉 面生不熟. ¶ [면ᄉᆡᆼ] ᄂᆞᆺ서다 (譯下 瑣說 44a) (方四 雜語 25b) [면ᄉᆡᆼ] ▼ᄂᆞᆺ서다- «ᄂᆞᆺ설다» ‖ "我不是不教你宿. 官司排門粉壁: 不得安下~歹人. 知他你是那裏來的客人!" 우리 너희를 자디 몯게 ᄒᆞ논 주리 아니라 구의로 ᄆᆞᄉᆞᆯ 집 문마다 ᄇᆞᄅᆞ매 분칠ᄒᆞ고 써쇼ᄃᆡ 가ᄃᆡ예 잡사ᄅᆞᆷ 업다 ᄒᆞ야 잇ᄂᆞᆫ 거긔 ᄂᆞᆺ선 잡사ᄅᆞᄆᆞᆯ 브리워 두디 몯홀 거시니 네 어듸 나그낸 ᄃᆞᆯ 알리오 (飜老 上47b) 내 너희를 재디 아니려 ᄒᆞᆫ 줄이 아니라 구의예셔 집문마다 ᄇᆞᄅᆞᆷ애 분칠ᄒᆞ고 써쇼ᄃᆡ ᄂᆞᆺ선 잡사ᄅᆞᆷ을 브리오디 못ᄒᆞ게 ᄒᆞ엿ᄂᆞ니 네 어듸 나그낸 줄 알리오 (老上 43a) "如今官司好生嚴謹, 省會人家: 不得安下~歹人, 你雖說是遼東人家, 我不敢保裏! 你這幾箇火伴的模樣, 又不是漢兒, 又不是達達, 知他是甚麼人, 我怎麼敢留你宿!" 이제 구의 ᄀᆞ장 嚴謹ᄒᆞ야 人家ᄃᆞᆯ홀 올외여 ᄂᆞᆺ선 아니완ᄒᆞᆫ 사ᄅᆞᄆᆞᆯ 브티디 몯ᄒᆞ게 ᄒᆞᄂᆞᆫᄃᆡ 네 비록 遼東人이로라 ᄒᆞᆫᄃᆞᆯ 내 믿디 몯ᄒᆞ애라 네 이 여러 번ᄃᆞᆯ히 양ᄌᆡ ᄯᅩ 漢人도 아니오 ᄯᅩ 다대 아니니 모로리로다 어듸 사ᄅᆞᆷ고 내 엇디 너를 머믈워 재리오 (飜老 上50a) 이제 구의 ᄀᆞ장 嚴謹ᄒᆞ야 人

낯설다.

324. 面生人

낯선 사람.

325. 眼生[437]

생소하다.

326. 眼生人

낯선 사람.

327. 只是說箇不了.

家애 디위ᄒᆞ여 ᄂᆞᆾ선 아니완ᄒᆞᆫ 사ᄅᆞᆷ을 브티디 못ᄒᆞ게 ᄒᆞᄂᆞ니 네 비록 遼東 사ᄅᆞᆷ이로라 ᄒᆞ나 내 밋디 못ᄒᆞ여라 네 이 여러 벗들의 모양이 ᄯᅩ 한 사ᄅᆞᆷ도 아니오 ᄯᅩ 達達도 아니니 모로리로다 엇던 사ᄅᆞᆷ고 내 엇디 너를 머믈워 재리오 (老上 45a) [면승] ▼낫치 셜- ‖ "賈潤甫家中到了十五騎大馬, 都是異言異服, 有~可疑之人." 가윤보의 집의 열다ᄉᆞᆺ 사ᄅᆞᆷ이 큰 ᄆᆞᆯ을 ᄐᆞ고 와시되 의복과 말이 다ᄅᆞ고 ᄂᆞᆾ치 서러 가히 의심젓다 ᄒᆞ니 (隋史遺文 6:76) ▼낫치 셔어ᄒᆞ- ‖ "~全不曾相識." 낫치 셔어ᄒᆞ니 아지 못ᄒᆞ리로다 (水滸 이대 58:12a-72) ▼낫치 셔- ‖ "面生. 面生. 不曾相會." 아마도 낫치 셔니 몰나보리로다 (西遊 영남대 4-34:24) "幸而再看時, 這女孩子~, 不是個侍兒." 다힝이 다시 보니 이 계집ᄋᆞ히 낫치 셔러 시녀ᄂᆞᆫ 아니오 (紅樓 30:45) ▼ᄉᆡᆼ소ᄒᆞ- ‖ "此時此身豈可以如此事發口~之常漢." 이 ᄣᅢ 이 몸이 엇디 이런 말로 ᄉᆡᆼ소ᄒᆞᆫ 샹한의게 ᄀᆡ구ᄒᆞ리오 (朝記 換封竊科 18:83) ▼ᄉᆡᆼ쇼ᄒᆞ- ‖ "連忙出來, 站在屋門口簾子裏往外一瞧, 見周瑞家的引了兩個~女人進來, 年紀都約四十以內模樣." 련망히 나와 방문 어귀의 셔셔 바올 쇽으로 밧글 향ᄒᆞ여 보ᄆᆡ 쥬셔 식뷔 량ᄀᆡ ᄉᆡᆼ쇼ᄒᆞᆫ 녀인을 닛글고 드러오ᄃᆡ 년긔ᄂᆞᆫ 모다 ᄉᆞ십이 못된 모양 ᄀᆞᆺ더니 (紅補 1:98) ▼낫시셔 셜- ‖ "我們見他偌大一條大漢, 在廟裡睡得蹺蹊, 亦且~又不認得, 因此設疑捉了他來這里." 올이가 져 놈이 릴엇컨 한 크다 한 놈이 廟裡예셔 자난 것도 殊常한 曲折이 잇고 ᄯᅩ는 낫시셔 셜어 아지 못하기로 의심을 ᄂᆡ여 져을 잡아가지고 여긔 왓시되 (水滸 菊齋 4:21b) 猶言素不相識之人也.(輯覽 4:27b) (洛閩 刑) ‖ "但有無批、引, 語貌不一, ~可疑之人, 捉拿解來." (吏文 78) "燕青唱個喏, 那人道: '~, 全不曾相識.'" (水滸 72) ☞ 生面

437) 【眼生】 yǎnshēng 〈形〉 少見或沒有見過.¶ [안승] 눈의 ᄉᆡᆼ쇼ᄒᆞ- ‖ "凡略有~之物, 一併命收的收捲起來, 拿到自己房裡去了." 무릇 여간 눈의 ᄉᆡᆼ쇼ᄒᆞᆫ 믈건이 이시면 일변 명ᄒᆞ여 거두워 ᄌᆞ긔 방즁으로 가져가고 (紅樓 77:45) "大抵畵, 今時人~者, 卽以古人向上名差配之; 似者, 卽以正明差配之." (畵史) ▼눈이 병 들- ‖ "忽坐下馬~前失, 把龐統掀在馬下." 믄득 ᄐᆞᆫ ᄆᆞᆯ이 눈이 병 드러 업더뎌 방통을 ᄂᆞ리텨ᄂᆞᆯ (三國 20:91) ▼안ᄉᆡᆼᄒᆞ- ‖ "玄德再與龐統約會, 忽坐下馬~前失, 把龐統掀將下來." 현덕이 방통으로 더부러 약졍ᄒᆞᆯᄉᆡ 홀연 통의 탄 말이 안ᄉᆡᆼᄒᆞ야 압흘 일어 통이 ᄆᆞᄒᆞ의 ᄂᆞ려지니 (毛三國 10:123)

그저 안된다고만 한다.

328. 眼見[438)]

눈으로 보다.

329. 眼勢[439)]

눈치.

330. 對換[440)]

맞바꾸다.

331. 對馬[441)]

말 바꾸다.

---

438) 【眼見】 yǎnjiàn 〈動〉 眼看.¶ [얀잔] 눈으로 보- ‖ “阿彌陀佛! 這些人~的. 不要說前日一次, 就從舊年以來, 凡各房裏偶然間不論姑娘姐兒們要添一樣半樣, 誰不是先拿了錢來, 另買另添.” 아미타블 져런 사ᄅᆞᆷ이 눈으로 보왓시나 젼일 ᄒᆞᆫ 번 지ᄂᆞᆫ 거ᄉᆞᆯ 말ᄒᆞ지 말나 곳 거년 이ᄅᆡ로 무릇 각방 즁의 무론 고랑져져ᄒᆞ고 ᄒᆞᆫ가지나 반가지나 더ᄒᆞ려 ᄒᆞ면 뉘가 몬져 돈을 가지고 별노이 사셔 별노이 더ᄒᆞ지 아니ᄒᆞ더냐 (紅樓 61:17)

439) 【眼勢】 yǎnshì 〈名〉 眼色. ¶ [연시] 눈ᄎᆡ (譯上 動靜 39b) (方一 動靜 21b) (課目 人倫 34b) 눈치 (廣物譜 1 形氣 2a) (博物 事情 28a) ▼눈ᄎᆡ ‖ “你看他的~罷.” 네 저의 눈ᄎᆡ를 보와라 (漢語 修綆室 10b/197)

440) 【對換】 duìhuàn 〈動〉 折算.¶ [뒤훤] 막밧고다 (譯上 買賣 68b) 맛밧고다 (方三 買賣 21a) (課目 理生 69b) [뒤훤] ▼밧고- /막밧고- ‖ “咱有一件東西~如何?” 우리 ᄒᆞᆫ 거슬 밧고ᄃᆡ 엇더ᄒᆞ뇨 (飜朴 上72a) 우리 ᄒᆞᆫ가짓 거시 이시니 막밧곰이 엇더ᄒᆞ뇨 (朴上 63a) [뒤환] ▼밧고- ‖ “咱有一件東西要與你~如何?” 우리 ᄒᆞᆫ가지 써시 이셔 너와 밧고고져 ᄒᆞ니 엇더ᄒᆞ뇨 (朴新 2:7a) “咱~甚麽東西?” 우리 ᄆᆞ스거슬 밧고료 (飜朴 上72a) 우리 ᄆᆞ스거슬 막밧고료 (朴上 63a) “你要~甚麽東西?” 네 ᄆᆞ스거슬 밧고고져 ᄒᆞᄂᆞᆫ다 (朴新 2:7a) “我的串香褐通袖膝欄五彩綉帖裏, 你的大紅織金胸背帖裏~着.” 내 향ᄎᆞᆺ비쳇 ᄉᆞᄆᆡ예 통ᄒᆞ야 무룹 둘와 오ᄎᆡ실로 슈질ᄒᆞᆫ 텰릭과 네 다홍비쳇 금으로 흉븨 ᄧᆞᆫ 텰릭과 밧고져 (飜朴 上72a) 내 텸향빗체 通袖 膝欄ᄒᆞ고 五彩로 綉 노흔 텰릭과 네 大紅빗체 금ᄉᆞ로 ᄧᅡ 胸背 ᄒᆞᆫ 텰릭과 막밧고쟈 (朴上 63b) [뒤환] ▼밧구- ‖ “你有外貨否咧, 咱們兩頭作價~~否子, 也是[使]得.” 너 밧갓 물건 이스랑이면 우리 두 머리로 갑슬 지여 밧구더ᄅᆡ도 또 올타 (你呢貴姓 11a) [뒤환] ▼박구- ‖ “你有外貨否咧, 咱們兩頭作價~否子, 也是[使]得.” 너의게 밧갓 물건 잇거든 우리 양편으로 갑슬 ᄒᆞ여 박구쟈 (學淸 3b)

441) 【對馬】 duìmǎ 〈動〉 換馬.¶ [뒤마] ᄆᆞᆯ ᄀᆞ다, =換馬[환마] (譯上 館驛 23b)

332. 撒尿[442)]

오줌 놓다.

333. 風聲[443)]

소문.

334. 使巧兒[444)]

잔꾀 부리다.

335. 便知就裡, 不知就裡.

속내를 알 것도 같고, 모를 것도 같다.

336. 沒有王屠, 連毛吃猪.[445)]

---

442) 【撒尿/撒溺】 sā//niào 〈動〉 小解手.¶ 져근물 보다, 一云"撒水"、"放水". (譯上 氣息 39a) 쇼변 보다 (方一 身體 18b) 오좀 누다 (同上 身體 17b) (蒙上 身體 14a) 오좀 누다, 又曰"小遺". (課目 身體 29a) 오줌 (華抄 身體 11a) [사냐] 오좀 누다 (華撮 日用雜語 65b) [싼오] 오좀 누다 (漢談 屋宅 21a) ▼오좀 누- ‖ "見人~說是淋." 사름의 오좀 눔을 보고 이 淋이라 니르고 (伍倫 2:40b) ▼오짐 누- ‖ "撒了一花甁臊溺." 노런ᄂᆡ 나는 오짐을 ᄒᆞᆫ 쏫병의다 누단 말 (語覽 西遊 81a) "撒泡溺罷." 오짐이ᄂᆞ 누리라 (語覽 西遊 70a) ▼오즘을 누- ‖ "呆子一頓脚踢起, 襯在肚下, 等了半會, 全不見~." 팔계 한 번 다리를 굴니고 발노 ᄎᆞ 니로켜 잔을 가져 ᄇᆡᆨ마 ᄇᆡ 아리 ᄃᆡ혀 반향을 기다려되 돈연이 오즘을 누지 아닛는지ᄅᆞ (西遊 啓明 23:51-69)

443) 【風聲】 fēngshēng 〈名〉 傳出來的名聲.¶ 소문 ‖ "他敢也知些~, 好幾時不去了; 今晚必然吃那老咬虫假意兒纏了去." 뎨 그 소문을 듯고 가디 아니ᄒᆞ더니 필연 그 늘근 거ᄉᆡ게 보채여 가도다 (忠義水滸 서울대 8:5a-21) ▼풍셩 ‖ "賀世賴出二門廳後站立, 以觀~." 하셰뢰 즁문에 나가 문짝 뒤에 셔셔 뼈 풍셩을 보더라 (綠牡 1:159) [풍싱] 풍셩 ‖ "王夫人正因他~不雅, 深爲憂慮, 見他今行此事, 豈有不樂之理." 왕부인이 졍히 져 풍셩이 아졍치 못ᄒᆞ믈 인ᄒᆞ여 깁히 근심ᄒᆞ더니 졔 이졔 이 일 힝ᄒᆞ믈 보ᄆᆡ 엇비 즐겨 아니미 이시랴 (紅樓 69:8) ▼눈치 ‖ "太太是多疑的人, 只怕疑我走了~, 使他拿腔作勢的." 태태가 의혹이 만흔 사ᄅᆞᆷ이라 내가 몬져 눈치를 알게 ᄒᆞ여 져로 ᄒᆞ여금 률긔ᄒᆞ고 ᄉᆡ셰ᄒᆞᆫ다 의심ᄒᆞᆯ 거시오 (紅樓 46:16) ▼쇼식 ‖ "萬望照顧弟媳婦姪兒兩箇, 切不可走漏一些~." 쳔만 바라건ᄃᆡ 뎨식부와 질아 냥인을 고조ᄒᆞ시고 일호 쇼식을 누셜치 말나 (快心 5:76)

444) 【使巧兒】 shǐqiǎor 〈動〉 要花招.¶ "賊牢, 你在老婦手裡~, 拿些面子話兒來哄我." (金甁 75)

445) 【沒有王屠, 連毛吃猪】 méiyǒuwángtú, liánmáochīzhū 〈諺〉 王屠: 王姓屠宰手. 反詰語. 指沒有殺猪的王屠夫, 人也不會吃帶毛的猪. 比喩沒有懂行能幹的專門人才, 事情也照樣會做下去.¶ ☞ 沒有屠戶, 連毛吃麼 ‖ ᄇᆡᆨ쟝이 업스면 털조차 먹으랴 (漢語 修綆室 12a/224) ☞ 沒了王屠, 連毛吃猪 ‖ "可是你對人說的, 自從他死了, 好應心的菜也沒一碟子兒. ~? 空有這些老婆, 睜着你日逐只咊屎哩!" (金甁 73)

백정이 없다고 털조차 먹으랴.

337. 自古人惡禮不惡.[446)]

옛부터 사람은 악하나 예에는 악하지 않다.

338. 猜[447)]了

알아채다.

---

446) 【自古人惡禮不惡】 zìgǔrén'èlǐbù'è 〈諺〉 指人家雖不講理, 仍應以禮相待.¶ “姐姐, 你怎麼這等的, 快休要舒口. ~, 他男子漢領着咱, 偌多的本錢, 你如何這等待人? 好名兒難得, 快休如此.” (金瓶 80) ☞ 人惡禮不惡 ‖ “〔曹學士云〕常言道~, 還辭一辭老丞相.〔正末云〕看學士分上, 我辭一辭.” (元·鄭德輝 王粲登樓 1折)

447) 【猜】 cāi 〈動〉 根據不明顯的線索或憑想像來尋找正確的解答.¶ [채] 測疑也. (老朴集 單字解 7a) 짐작 (語覽 水滸 21b) (語覽 西廂 102b) 알다 (西廂 博文 131) 시쳐 (水滸 菊齋 1:1b) “~~.” 짐작 (語錄彙編 水滸 17a) “一~便着.” 흔 번 짐작흐면 안다 (語覽 水滸 41a) 흔 번 짐작흐면 맛다 (水滸 6:21) 흔 번 짐쟉흐면 맛다 (水滸 延世 49b) 흔 번 즘쟉흐며 맛다 (水滸 愚山 9b) 한 번 시쳐 아로다 (水滸 菊齋 1:27b) ▼눈치치- ‖ “富安道: ‘小子一~便着.’ 衙內道: ‘你~我心中甚事不樂?” 富安이가 마을 하되 小子가 한 번 눈치치연노라 衙內가 말하되 네가 릭의 心中에 무슨 릴노 不樂하는 쥴을 눈치로 아는야 (水滸 菊齋 3:4b) [채] ▼알- ‖ “我~.” 내 바ᄅ 알리로다 (飜朴 上14b) 내 알리로다 (朴上 14a) “你~的麽?” 네 바ᄅ 알리로소녀 (飜朴 上14b) 네 알리로소냐 (朴上 14a) “咳, 眞箇好標致, 便~着了.” 해 진실로 영노슬갑고 ᄉ믻가올셔 즉재 바ᄅ 아라 올히 닐어다 (飜朴 上15a) 애 진실로 ᄀ장 영노슬갑다 곳 아ᄂ고나 (朴上 14b) ▼싀득ᄒ- ‖ “到了次日, 細細打聽, 才知有個緣故.諸位姐姐! 請~一~, 其中究係何故?” 이튼날 셰ᄉ히 탐문ᄒ야 비로소 연고를 아니 청컨ᄃ 제위 져ᄉᄂ 써ᄒ되 무슴 연권지 가히 싀득ᄒ시리잇가 (鏡花 16:90) “秦小春正聽的入彀出神, 忽見閨臣又教衆人請~.” 쇼츈이 졍히 이 말을 즘측ᄒ여 밧비 그 씃츨 듯고져 ᄒ다가 문득 규신에 싀득ᄒ라 ᄒ믈 듯고 (鏡花 16:90) ▼싯쳐 아- ‖ “小子一~便着衙內, 道: ‘我心中甚事不樂?’” 小子가 한 번 눈치로 싯쳐 아로라 衙內가 말하되 네가 릭의 心中에 모슨 릴을 不樂하는 쥴을 싯쳐 아는이 (水滸 菊齋 5:38a) “富安道: ‘衙內是思想那雙木的. 這~如何?’ 衙內笑道: ‘你~得是, 只沒有箇道理得他.’” 富安이가 마을 하되 衙內의 ᄉᆡᆼ각이 應當 兩木인이 그 싯쳐 아는 거시 엇더한요 衙內가 우시며 마을 하되 네 싯쳐 보난 거시 올흐되 져을 어들 道理가 젼이 엽다 (水滸 菊齋 4:4b) ▼ᄉᆡᆼ각ᄒ- /싯쳐 보- ‖ “俺~着這個撮鳥, 是個剪徑的强人, 正在此間等買賣, (見洒家是個和尙, 他道不利市, 吐一口唾, 走入去了).” 지심이 ᄉᆡᆼ각ᄒ되 뎌 놈이 일뎡 강도질ᄒ든 놈으로 쥬가의 화샹임을 보고 뎌의 노릇에 리치 아니타 ᄒ여 춤을 밧고 드러 감이니 (水滸 新文 1:5:61) 릭 싯쳐 본이 져 아죠 쫄아진 놈이 얼인걸여 ᄌ물 集取하는 賊人으로셔 어긔 잇셔 장사하기을 지ᄃ인다 (水滸 菊齋 2:58a) ▼맛쳐 ᄂ- ‖ “我有個謎[미]兒你~~[맛쳐 ᄂ시오].” (官叢 26a) “幾年家, 却只管要臣屬, 疊疊的來纏. 這箇意也有甚難見, 只想道這一枝軍馬, 別處都定體了, 必來征伐也. 你都差~了, 我的意是實實的意, 我的手詔恰便是說誓的一般, 說道若非肆侮于邊陲, 朕安敢違上天之命云云.” (高麗史 禑王 13:5)

339. 百依百隨.448)

고분고분 순종하다.

340. 多管是時常三病四痛.449)

대체로 늘 여기 저기 아프다.

341. 中聽

듣기 좋다.

342. 却又作怪450)

---

448)【百依百隨】bǎiyībǎisuí 〈成〉 各方面都依從別人.¶ [배이배쉬] ᄇᆡᆨ가지면 ᄇᆡᆨ가지를 밋- ‖ “他娘聽了, 自此便~的, 不敢倔强了.” 졔 어믜 듯고 일노부터 ᄇᆡᆨ가지면 ᄇᆡᆨ가지를 밋으ᄆᆡ 감히 블감ᄒᆞᆫ 톄 못ᄒᆞ더라 (紅樓 60:10) ▼ᄇᆡᆨ가지를 의지ᄒᆞ고 ᄇᆡᆨ가지를 ᄯᆞᄅᆞ- ‖ “聽他女人吩咐, ~, 且吃够了便去睡覺.” 져의 식부의 분부ᄃᆡ로 ᄇᆡᆨ가지를 의지ᄒᆞ고 ᄇᆡᆨ가지를 ᄯᆞᄅᆞ며 ᄯᅩ 마시기를 다 ᄒᆞᄆᆡ 믄득 가셔 ᄌᆞ더라 (紅樓 65:17) “這潘金蓮平日見李瓶兒從有了官哥兒, 西門慶~, 要一奉十.” (金瓶 59) “見今老爺~聽他說話, 正經大奶奶二奶奶且打靠後.” (金瓶 88)

449)【三病四痛】sānbìngsìtòng 〈熟〉 形容身體多病.¶ ☞ 十病九痛 ‖ 열흘이면 아희레乙 알ᄂᆞ니 (水滸 奎章 24:77) 열흘이면 아흐레를 알는니라 (水滸 延世 18a-23) 열흘이면 아흐ᄅᆡ을 알느니라 (水滸 聯帖 15a) 열흘의 九日을 알타 (語覽 水滸 44a) 열흘이면 아홉 릴을 병 알노라 (水滸 菊齋 1:20b) [싸빙쓰퉁] ▼열 번 병들고 아홉 번 알프- ‖ “如今我的身子是~的, 你二嫂子也是三日好兩日不好.” 이제 나의 신ᄌᆞ가 열 번 병들고 아홉 번 알프ᄃᆡ 네 이 슈ᄌᆞᄂᆞᆫ 삼일은 조코 량일은 조치 못ᄒᆞᆫ지라 (紅樓 102:2) ▼열흘에 아홉 날은 병이 나 ᄋᆞᆲ흐- /열흘이면 아흘ᄋᆡ을 앓- ‖ “便是老身~, 怕有些山高水低, 頭先要制辦些送終衣服.” 로신이 열흘에 아홉 날은 병이 나 ᄋᆞᆲ흔 고로 슈의를 지어 두고져 ᄒᆞ더니 (水滸 新文 2:23:60) 老身이 열흘이면 아흘ᄋᆡ을 알흔이 죽을가 염예하여 밀이셔 送終하는 衣服을 辦出하여 지을여 하되 (水滸 菊齋 5:68a) ☞ 時常也八病九痛

450)【作怪】zuòguài 〈形〉 奇怪, 古怪.¶ 恣爲怪也. (語初 12b) 恣爲怪也. 猶言作用. (語重 19a) 按: “怪, 非常之事也. ~者, 言恣爲非常之事也.” (洛閩 事) 괴이ᄒᆞ다, 又방자ᄒᆞ다 (漢淸 僭奢 8:17b) 요괴로이 구다 (漢淸 輕狂 8:25b) 샤 들니다 (漢淸 鬼怪 9:8a) [조괘] ▼괴이ᄒᆞ- ‖ “怪哉, 恰十五歲的女孩兒, 說這般~的言語.” 괴이ᄒᆞ다 ᄀᆞᆺ 十五歲엣 女孩兒ㅣ 이런 괴이ᄒᆞᆫ 말을 닐ᄋᆞᄂᆞᆫ고나 (朴中 49a) “怪哉! 纔十五歲的女孩兒說這般~的言語?” 괴이ᄒᆞ다 ᄀᆞᆺ 十五歲에 女孩兒ㅣ 이런 괴이ᄒᆞᆫ 말을 니ᄅᆞᆫ다 (朴新 2:54b) “也曾蓄過幾個姬妾, 可煞~: 留在身邊, 三五年再沒一毫影響; 及遣去嫁人, 不上年餘, 便人人生子.” 일즙 여러 희쳡을 두니 괴이ᄒᆞ믄 삼오년식이나 머므러 두되 죵시 ᄌᆞ식이 업다가 다른 사ᄅᆞᆷ의게 셔방마쳐 보낸즉 일년이 넘디 못ᄒᆞ야셔 믄득 저마다 아ᄃᆞᆯ을 나커ᄂᆞᆯ (玉嬌 1:2) ▼고히ᄒᆞ- ‖ “包待制道: ‘難得難得.’ 雖然是恁般順口答應, 口中不道, 心下思量: 這件事又~, 世上那有此理?” 포공이 입으로 신이ᄒᆞ믈 칭찬ᄒᆞ나 ᄆᆞ음의 ᄉᆡᆼ각ᄒᆞᄃᆡ 셰샹의 어이 그런 고히ᄒᆞᆫ 일이 이시리오 필연 요인이 태위를 소기도다 (平妖 羅孫 5:7) ▼고괴ᄒᆞ- ‖ “佩珩把李武一看, 却也生得~.” 셕픽형이 니무를 한번 보ᄆᆡ ᄯᅩᄒᆞᆫ 용ᄆᆡ 고괴ᄒᆞᆫ지라

고이하다.

343. 備馬[451)]

길마를 짓다.

344. 摘鞍子

안장을 내리다.

345. 大街上好挨擠不開[452)]哩.

큰 길거리가 너무 붐벼 비집고 나갈 수가 없다.

346. 一味[453)]

(快心 17:44) ▼쟈변ᄒᆞ- ‖ "我同宋大哥商量過, 趕着發送掉倒安靜, 省得留在家裏~駭人." 내 숑거거로 더브러 샹의ᄒᆞ고 즉시 쳬빅을 발숑ᄒᆞ여 집의 머믈너 쟈변ᄒᆞ여 사ᄅᆞᆷ을 놀내게 아니ᄒᆞ리라 (紅復 4:113) "~! 未曾起更, 老鼠便出來打鬧人." (喻明 36) "只見郭排軍把頭只管側來側去, 口裏喃喃地道: '~! ~!'" (京本通俗 碾玉觀音) "起一陣惡風, ……白狐就不知去向. 敬瑭道: '這事也好~!'" (五代史 晉史 上) "史進喝道: '~! 誰在那裏張俺莊上?'" (水滸 2) "這件事却又~! 我自去殮武大郎尸首, 他却怎地與我許多銀子? 這件事必定有蹺蹊." (水滸 25) "李瓶兒對西門慶道: '好不~麼, 一許了獻神道, 就減可了大半. '" (金瓶 53)

451) 【備馬】 bèimǎ 〈動〉 放上馱鞍. ¶ [ᄇᆡ마] 기르마 짓다 (漢淸 套備馬匹 14:30a)

452) 【挨擠不開】 āijǐbùkāi 비켜 셜 슈 업게단 말 (語覽 西遊 68a) ▼메이- ‖ "將行李付主人, 二人一逕到縣前來. 但見人山人海, ~." 힝니를 쥬인의 맛기고 둘히 ᄒᆞᆫ가지로 현 압히 오니 모든 사ᄅᆞᆷ이 길히 메엿거ᄂᆞᆯ (醒風 5:9) "此時縣門首~, 道是馮小姐被人搶去, 捕快捉回, 好不稀奇." 이 ᄣᅢ에 풍쇼졔 사ᄅᆞᆷ의게 잡혀갓가다 조쾌 ᄎᆞ자왓단 말 듯고 현 압히 사ᄅᆞᆷ이 뫼ᄀᆞᆺ티 메여와 굿보거ᄂᆞᆯ (醒風 5:83) "霎時間, 人山人海, ~." (後水滸 14)

453) 【一味】 yīwèi 〈副〉 ❶ 一股勁兒地. 持續不斷地.¶ 猶一切, ᄒᆞᆫᄀᆞᆯᄀᆞ티 (語初 15b) (語重 23a) 猶一切, 又ᄒᆞᆫᄀᆞᆯᄀᆞ치 (洛閩 詁) ▼건ᄂᆡ ‖ "若像你這懶小厮們, 只是~貪頑, 日裏不肯刷不管喂, 夜裏又死睡不肯起來添草, 這馬如何能長膘呢?" 만일 너ᄀᆞᆺ치 이 게어른 아ᄒᆡ들이 다만 건ᄂᆡ 놀기만 貪ᄒᆞ여 나직 즐겨 빗기지 아니ᄒᆞ며 먹이기를 ᄀᆞ음아지 아니ᄒᆞ고 밤에 ᄯᅩ 죽은ᄃᆞ시 자고 즐겨 니러 여믈을 주지 아니ᄒᆞ니 이 ᄆᆞᆯ이 엇디 능히 ᄉᆞᆯ디리오 (朴新 1:24b) ▼가디록 ‖ "你這人一味胡說! …希圖騙我鞭子." 네 어이 가디록 이런 허망ᄒᆞᆫ 말로 날을 소겨 채를 엇고져 ᄒᆞᄂᆞᆫ다 (玉嬌 1:82) ▼샹해 ‖ "你幹得好事, ~胡言亂語." 네 됴흔 일은 ᄒᆞ야다 샹해 호언난어로 (孫龐 4:85) "~貪酷, ……任滿回家, 不知得了幾十萬宦資, 又各處購求奇珍異寶, 進獻韓侂胄." 다만 탐ᄒᆞ기를 일삼아 과만이 ᄎᆞ매 도라갓더니 ᄯᅩ 각쳐의 긔특ᄒᆞᆫ 보ᄇᆡ를 사다가 한탁듀의게 드린대 (醒風 4:27) 一向也. ‖ "晚生單名策, 只因屢屈場屋, ~棲屑, 偶經相國寺, 幸蒙了然和尚款待, 留住幾天. 和尚有此裁書, 勸進存府干謁." 만싱의 일홈은 칙이니 여러번 과거에 굴흠을 인ᄒᆞ야 ᄉᆞ방에셔 쵸흠을 면치 못ᄒᆞ옵다가 우연이 상국ᄉᆞ를 지날ᄉᆡ 다힝이 요연 션사에 관

한결같이. / 마냥. / 늘상.

347. 好

좋다.

348. 買金的偏不着賣金的.

금을 사려는 사람은 금을 파는 사람을 만나지 못하다.
[개똥도 약에 쓰려면 없다.]

349. 過意不去.[454)]

미안해 하다. / 죄송스럽게 생각하다. / 마음이 편치 못하다

350. 三心二意.[455)]

이랬다 저랬다 하다. / 이리저리 망설이다. / 우유부단하다.

351. 認眞起【9a】來麽?

진지해졌나?

듸흠을 입어 두어 늘 멈을더니 션亽가 이 글을 쥬고 권ᄒᆞ야 존부에 ᄂᆞ아와 빅알케 ᄒᆞ더이다 (閻羅 13:107) ❷ 單純地; 僅僅.¶ "本朝宰相, 但~度量而已." (語類 8) "應些時景, 不要被人笑我們梁山泊好漢~是大碗酒, 大塊肉." (水滸後 2) ☞ 一味的 ¶ 일미 ‖ "曉得幾着棋局, 憑着利口便舌, 隨機應便. 凡是公子貴客, 喜他~奉承不過, 少他不得." 바독 장긔롤 즐기며 니구쳠셜노 슈긔응변ᄒᆞ니 공ᄌᆞ 귀긱들이 일미 봉승ᄒᆞ믈 깃거ᄒᆞ며 져롤 업지 못홀 거술 아니 (禪眞 10:68) ▼쟝시 ‖ "此水寒則透骨, 鵝毛沉底, ~亂轉." 이 물이 한링ᄒᆞᆫ 긔운이 골슈의 ᄉᆞ뭇치며 거위 털도 밋희 잠기고 쟝시 어ᄌᆞ러이 물결이 도라단니ᄂᆞᆫ지라 (忠小 2:54) ☞ 一味地 ¶ 一直. (大方 水滸 4a) 猶一直. (語覽 水滸 37a) 얼결에, 一直也. (水滸 延世 22a-3b) 얼결의 (水滸 36:68) "智深~打將出來." 智深이가 얼졀의 칠 덕기 나온이 (水滸 菊齋 1:75a) ☞ 一味頭 ‖ "海陵也只當不得知, ~只是作樂淫謔." (醒恒 23) "王喜也是~生性, 只箅着後邊崔科害他, 走了出去, 不曾想着如何過話. 隨身上帶一個指頭的刷牙, 兩個指的筯兒, 三個指頭的抿子, 四個指頭的木梳, 却不肯做五個指頭伸手的事." (型世 9:8)

454) 【過意不去】guòyìbùqù 心中不安, 感覺抱歉.¶ [궈이부취] ᄆᆞ음이 편치 못ᄒᆞ- ‖ "自己反~." ᄌᆞ긔가 도로혀 ᄆᆞ음이 편치 못ᄒᆞ미 (紅樓 72:8) "心上時刻想着, 總~." 심즁의 시긱으로 싱각이 나며 모다 ᄆᆞ음을 노코 지ᄂᆡ지 못ᄒᆞ여 (紅樓 88:49)

455) 【三心二意】sānxīn'èryì 〈成〉 形容猶豫不決, 拿不定主意. 也指思想不專一, 不堅定.¶ [산신을이] 이리ᄒᆞ락 져리ᄒᆞ락 ᄒᆞ다 (漢淸 猜疑 8:20a) (課目 性行 48a) "待裝箇老實, 學三從四德, 爭奈是匪妓, 都是~." (救風塵 1折) "今日在聖賢爐前成了八拜之交, 有福同享, 有馬同騎, 那個若有~, 叫周將軍監察." (歧路) ☞ 三心兩意 ‖ "非有~, 前後相反也." (王充 論衡)

352. 情知[456]理虧

이치에 맞지 않음을 알다.

353. 猛可裡[457]

문득. / 엉겁결에.

354. 驀然[458]

---

456) 【情知】 qíngzhī 〈動〉 心知, 明知. ¶ [칭지] 실정을 알- ‖ "薛蟠見母親如此說, ~扭不過的, 只得吩咐人夫一路奔榮國府而來." 셜반이 모친의 이럿틋 니ᄅᆞ시믈 드ᄅᆞᄆᆡ 밀막지 못ᄒᆞᆯ 쥴 실졍을 알고 다만 슈하인의게 분부ᄒᆞ여 영국부로 향ᄒᆞ여 오니 (紅樓 4:60) ▼알- ‖ "黛玉~不是路了, 求去無用, 不如尋個自盡, 站起來往外就走." ᄃᆡ옥이 일이 되지 못ᄒᆞᆯ 쥴 알ᄆᆡ 더 구ᄒᆞ여도 쓸ᄃᆡ 업ᄂᆞᆫ지라 ᄌᆞ진ᄒᆞᄂᆞᆫ 것만 ᄀᆞᆺ지 못ᄒᆞ다 ᄒᆞ여 니러나 밧그로 향ᄒᆞ여 믄득 다르며 (紅樓 82:68) "~是誰! 爭奈武二那廝, 我見他大雪裏歸來, 連忙安排酒請他吃.他見前後沒人, 便把言語來調戲我." 네 누구를 무르니 알면 엇지ᄒᆞᆯ다 아까 무숑이 그 놈이 눈 맛고 도라오기로 뎌의 치움을 ᄉᆡᆼ각고 술을 더여 뎌를 먹이더니 뎌 술 먹으며 나를 희롱ᄒᆞ니 엇지 분치 아니리오 (水滸 新文 2:23:47) "獄卒牢子~不好, 不得面皮, 把戴宗捆翻, 打得皮開肉綻, 鮮血迸流." 옥졸들이 인졍을 볼 수 업ᄂᆞᆫ지라 ᄃᆡ종을 잡아 업지르고 칠ᄉᆡ 살이 ᄒᆞᆺ허지고 류혈이 림리ᄒᆞ니 (水滸 新文 3:39:60) "乾娘~是那個, 便只是他." (水滸 24) "說了又笑一場, 正是: ~語是鉤和錢, 從頭釣出是非來." (喻明 38) "這婦人~不是, 叉手望他深深拜了一拜." (金瓶 2)

457) 【猛可里 /猛可裡】 měngkěli 〈副〉 忽然.¶ [믕커리] 블의에, 或猛箇定. (譯下 瑣說 52b) 집피 (水滸 菊齋 1:16a) ▼홀연 ‖ "清早有一丑臉頭陀, 一面行過村口, 口中喃喃的罵着林爺, ~將手一招, 不知何處來了幾隻大虫, 當路哮吼." 앗춤의 한 더러온 화상이 압흐로 지나며 닙으로 즁즁ᄒᆞ여 님장노를 ᄭᅮ짓고 숀으로 무어슬 브ᄅᆞ더니 홀연 무슈ᄒᆞᆫ 범이 와 쇼ᄅᆡ를 지ᄅᆞ고 날ᄯᅱ니 (禪眞 6:76) "仰着個玉團也似梨花白臉玩月, 看了半晌, ~低頭長嘆數聲." 옷 갓흔 화용을 드러 우러러 달을 보더니 홀연 머리를 슉이고 두어 쇼ᄅᆡ로 탄식ᄒᆞ거날 (禪眞 15:51) ▼ᄆᆡᆼ년이 ‖ "吃了一驚, 黙然不語, 左思右想了一回, ~心中省悟道." ᄒᆞᆫ번 놀나 묵연이 ᄉᆡᆼ각ᄒᆞ다가 마음에 ᄆᆡᆼ년이 ᄭᆡ다라 ᄉᆡᆼ각 왈 (今古 高大 67) [멍커리] ▼겁결의 ‖ "~倒唬了黛玉一跳." 겁결의 ᄃᆡ옥이 놀나며 ᄒᆞᆫ 번 소수치ᄆᆡ (紅樓 82:4) "却說孔亮引領敗殘人馬, 正行之間, ~樹林中撞出一彪軍馬, 當先一等好漢, 便是行者武松." 각셜 공량이 패잔인마를 잇글고 졍이 힝ᄒᆞ더니 수플 속으로셔 일표 인매 내다름애 당션 호한은 힝ᄌᆞ 무숑이라 (水滸 新文 4:56:115) "~聽得炒鬧, 老漢大膽來到." (宋元戲文輯佚 陳光蕊江流和尙) "一時變卦, ~要尋丈夫起來, 俺急地沒處尋個大鼻頭與你作對." (西湖二集 19) "就殺了, 剝了皮子曬乾時節, ~打起旋窩風, 那馬皮包了女兒隨風飛去了." (訓世 下8b) ☞ 猛可, 猛可地

458) 【驀然】 mòrán 〈副〉 突然.¶ 瞥然. (艶夢 西廂 4a) 音"ᄆᆡᆨ", 奄然, 별안간 (語覽 西廂 102a) 忽然. (水滸 延世 43b) (語覽 水滸 28b) 홀연이 (水滸 補:113) 奄然. 謂陡然. 愚見云, 有驚嘆之聲. (西廂 驚艶 修綆室 1a) 速也. (西廂 博文 22) 얼는, 一想之中遙遙而起來也. (水滸 菊齋 1:12a) ▼믄득 ‖ "若能反求諸己, ~觸著鼻孔, 坐斷報化佛頭去在, 所以求人不如求自己." ·ᄒᆞ다·가 能·히 도ᄅᆞ·혀 제 모·매 求ᄒᆞ·면 믄·득·곳 굼·긔 다·혀 報化佛ㅅ 머·리를 그·쳐 안ᄌᆞ·리니·이런·ᄃᆞ로 :사ᄅᆞ·ᄆᆡ게 求·호미 제 모·매 求·홈·ᄀᆞᆮ디 아·니니·라

별안간.

355. 懶吃[459]

먹기 싫다.

356. 會得[460]

알다.

357. 瞧科[461]

(金三 4:42a) “虛空發焰, 海底生烟, ~磕著, 打破重玄.” 虛空애 브리 나며 바ᄅᆞᆯ 미틔 ᄂᆡ 나 믄득 맛ᄃᆞᄅᆞ매 ᄀᆞ장 玄微ᄒᆞᆫ 고ᄃᆞᆯ 헤더리니 (法語 23b) “紙灰起地上團團的轉, 看看旋到媽媽脚邊來, 媽媽怕燒了衣服, 退後兩步, 只見那紙灰看着媽媽口裏只一涌出來, 那媽媽大叫一聲, ~倒地.” 블 붓흔 직 홋터지지 아니코 방 안희셔 회호리ᄇᆞ람쳐로 여러 번 도라가 졈졈 원군의게 갓ᄀᆞ이 가니 블이 ᄭᅥ지지 아냣ᄂᆞᆫ디라 ᄎᆡ여 안더니 그 ᄌᆡ 믄득 ᄒᆞᆫ 번 소사 원군의 닙을 드리ᄃᆞᄅᆞ니 원군이 ᄒᆞᆫ 번 크게 소ᄅᆡᄒᆞ고 졋바디니 (平妖 羅孫 3:82) ▼언듯 ‖ “~見五百年風流業冤.” 언듯 오ᄇᆡᆨ 년 죠흔 웬슈ᄉᆡᄉᆞᆯ 보앗도다 (西廂 博文 22) ᄆᆡᆼ연이; 忽然也. ‖ “又~思來: ‘俄者陳林已被放去, 郭槐又升懿榻, 密密有活, 此事甚屬蹊蹺.’” 또 ᄆᆡᆼ연이 ᄉᆡᆼ각ᄒᆞ되 앗가 딘림이 임의 노하 보ᄂᆡᆷ을 입어 가더니 곽회가 또 탑뎐에셔 가만가만이 말ᄒᆞ다가 또 딘림을 불너왓ᄉᆞᆫ즉 이 일이 심이 의심되ᄂᆞᆫ 일이라 ᄒᆞ고 (閻羅 7:59) “又吃了幾碗酒, 悶上心來. ~想起: ‘以先在京師做教頭……’” (水滸 11) “宋江見了三十五員錦衣御酒, ~傷心, 淚不能止.” (水滸 116)

459) 【懶吃】 lǎnchī 먹기 ᄉᆞ려 (博物 造饌 21a)

460) 【會得】 huìdé 〈動〉 識相, 知趣. ¶ 아다 (課目 雜類 111a) 猶會照也, 如移文他司照驗之意. (語初 11b) (語重 17b) (洛閩 言) 移文照檢. (水滸傳語錄 6b)

461) 【瞧科】 qiáokē 〈動〉 ¶ 눈치 보다 (大方 水滸 1b) 눈치ᄎᆡ오다 (水滸 奎章 21:71) 눈치 짐작ᄒᆞ다 (水滸 延世 26a-44) (水滸 奎章 45:110) (水滸 44:81) 눈치ᄎᆡ으다 (水滸 延世 15b-20) 눈치 아다 (語覽 水滸 25a) 눈치ᄎᆡ다, 又눈치로 짐작하다 (水滸 菊齋 1:8b) “心裡~.” 쇽의 눈치로 짐작하여 (水滸 菊齋 1:30a) ▼눈ᄎᆡ를 알- /녕니ᄒᆞ- ‖ “宋江尋思道: ‘這斯來得最好!’ 把嘴望下一努. 唐牛兒是個乖巧人, 便~, 看著宋江便說道.” 송강이 ᄉᆡᆼ각ᄒᆞᄃᆡ 이제야 뎨 와시니 ᄀᆞ장 됴타 ᄒᆞ고 눈준대 당우ᄋᆡ 그 눈ᄎᆡ를 알고 송강을 보며 닐오ᄃᆡ (忠義水滸 서울대 8:5a-21) 숑강이 보고 심즁의 혜오ᄃᆡ 져놈이 오기를 잘 ᄒᆞ엿도다 ᄒᆞ고 입으로 아ᄅᆡ를 가르치니 져 우ᄋᆡ 위인이 본ᄃᆡ 녕니ᄒᆞᆫ지라 문득 아라 보고 숑강을 향ᄒᆞ여 닐오ᄃᆡ (水滸 이대 17:25b-21) ▼알- ‖ “那婆子~, 便應道: ‘兀誰叫老娘?’” 파ᄌᆡ 알고 짐즛 무러 왈 그 뉘라셔 로신을 찻ᄂᆞ뇨 (水滸 新文 2:23:63) ▼알아듯- ‖ “王婆看着西門慶, 把一隻手在臉上摸, 西門慶心裏~, 已知有五分了.” 왕패 셔문경을 보며 ᄒᆞᆫ 손으로 ᄲᅣᆷ을 어로ᄆᆞ지니 셔문경이 알아듯고 오분이나 깃거ᄒᆞ더라 (水滸 新文 2:23:65) ▼눈치를 짐작ᄒᆞ- ‖ “石秀道: ‘緣來怎地!’ 自肚裏已有些~.” 셕쉬 왈 원ᄅᆡ 그러ᄒᆞ렷다 ᄒᆞ며 속으로 임의 일분이나 눈치를 짐작ᄒᆞ니라 (水滸 新文 3:44:141) ▼눈치ᄎᆡ- ‖ “樂和已自~了, 便來開門, 放顧大嫂入來.” 악홰 임의 눈치ᄎᆡ고 문을 열어주니 (水滸 新文 3:48:212) ▼눈티ᄎᆡ- ‖ “唐牛兒是箇乖的人, 便~, 看着宋江便說道: ‘小人何處不尋過, 原來却在

눈치로 짐작하다.

358. 知局

판세를 알다.

359. 不字[462)]

잘나지 못하다. 못나다.

360. 面皮蠟渣[463)]也似黃了.

얼굴이 밀납처럼 누렇게 떴다.

361. 了也[464)]

-다. / -라.

這里喫酒耍, 好喫得安穩.' 宋江道: '莫不是縣裡有甚麼要緊事.'" 唐牛兒난 본ᄃᆡ 살가온 사람이라 눈티ᄎᆡ고 宋江을 보고 말하되 小人이 어ᄃᆡ을 안이 차자씨리요 여긔셔 슐을 먹난고나 슐을 먹어 安穩코져 하난고나 宋江이가 말하되 안이 官中의 무슨 要緊한 릴이 잇난야 (水滸 菊齋 5:55b:21) "你與我打睃, 有甚不~." (對玉梳 2) "文若虛是個伶俐的人, 看見來勢, 已此~在眼裹, 曉得是個好主顧了." (初刻 1) "看見老嬤這般打扮, 手中又拿着東西, 也有些~, 忙問其來意." (二刻 2)

462) 【不字】 bùzì 〈名〉 蠢材.¶ 못난 사람 (水滸 菊齋 1:12a)

463) 【蠟渣】 làzhā 〈名〉 喩焦黃色.¶ ☞ 蠟查. 臘查. ¶ 쵸쓸텅 ‖ "面皮~也似黃了." 面皮가 쵸쓸텅 갓치 롤으건을 (水滸 菊齋 1:71a) "王婆當時就地下扶起武大來, 見他口裏吐血, 面皮~也似黃了, 便叫那婦人出來, 舀碗水來, 救得蘇醒." 왕패 무대ᄅᆞᆯ 븟드러 니르혀니 입으로 피ᄅᆞᆯ 흘니고 낫빗히 금빗 ᄀᆞᆺ흔지라 금련을 불너 ᄅᆡᆼ슈ᄅᆞᆯ 가져오라 ᄒᆞ여 먹이니 비로소 정신을 ᄎᆞ리거ᄂᆞᆯ (水滸 新文 2:24:75) "醜嘴臉渾如~, 直恁般性格兒諂吒." (紅梨花 1) "臉唬的~也似黃, 跪着西門慶, 再三哀告." (金甁 14) "西門慶慌走到前邊來看視, 見李甁兒睡在炕上, 面色~黃了." (金甁 61)

464) 【了也】 liǎoyě 〈助〉 語氣詞.¶ [랴여]-다. ‖ "某年月日, 立契人王客押, 管牙人馬二押. 其餘的馬契都寫~." (老乞大 24b) "某年月日, 立契人王某押, 牙人張某押. 其餘的馬契都寫~." 아모 ᄒᆡ 아모 ᄃᆞᆯ 아모 날 글월 ᄆᆡᆼᄀᆞᆫ 사ᄅᆞᆷ 王 아뫼 일홈 두고 즈름 張 아뫼 일홈 두엇다 그 나ᄆᆞᆫ ᄆᆞᆯ 글월도 다 써다 (飜老 下17b) 아모 ᄒᆡ 아모 ᄃᆞᆯ 아모 날 글월 ᄆᆡᆼ근 사ᄅᆞᆷ 王 아모 일홈 두고 즈름 張 아뫼 일홈 두엇다 그 나ᄆᆞᆫ ᄆᆞᆯ 글월도 다 써다 (老下 16a) "這弓卸下, 弝子小些箇, 弰兒短. 弓也買~." 이 활 브리우라 오ᄂᆡ 쟉고 고재 뎌ᄅᆞ다 활도 사다 (飜老 下32a) "這些行貨都買~." (老乞大 39a) "這些貨物都買~." 이 황호ᄃᆞᆯ 다 사다 (飜老 下70b) 이 황호ᄃᆞᆯ 다 사다 (老下 63b) "更買這箭葫蘆弓袋. 這雜帶都買~." (老乞大 28b) "再買這弓箭撒袋. 諸般的都買~." ᄯᅩ 화살 녀흘 궁ᄃᆡ 동개 사져 여러 가짓 거슬 다 사다 (飜老 下32b) ᄯᅩ 화살 녀흘 둥ᄃᆡ 도개 사쟈 여러 가짓 것 다 사다 (老下 29b) ᄯᅩ 화살 녀흘 궁ᄃᆡ 도개 사쟈 여러 가짓 것 다 사다 (平老下 29ab)

362. 了便了了.

끝내기는 끝내다.

363. 何故見外[465]

어찌 외대하느냐.

364. 烘衣裳[466]

옷을 말리다.

365. 休要和他一般見識.[467]

---

465) 【見外】jiàn//wài 〈動〉 當作外人看待. ¶ 셔어이 구다 (水滸 奎章 24:75) (水滸 延世 17a-23) (語覽 水滸 33a) 셜어이 구게 (水滸 菊齋 1:10a) ▼셜어이 ‖ "西門慶道: '九叔休要~, 請收過了.'" 西門慶이가 말하되 九叔은 셜어이 말고 청컷닷 거두어 발여라 (水滸 菊齋 2:21a) ▼셜게하- ‖ "西門慶道: '九叔何故~, 且請坐.'" 西門慶이가 말하되 九叔아 무슨 연고로 셜게 하리요 거긔 안거라 (水滸 菊齋 2:16b) ▼외딕ㅎ- ‖ "就是嫂有不周之言, 當看我往日情分, 休要~." 비록 가인이 잘못ᄒᆞᆫ 말이 이실지라도 맛당히 나의 이젼 졍분을 보아 외딕치 말게 ᄒᆞ라 (包公臨江亭 3:25) "九叔何故~? 且請坐." 구슉은 외딕치 말고 안지라 (水滸 新文 2:24:81) ▼외딕ᄒᆞ- ‖ "今日非是宋江~, 于內已受了一條." 금일 닉 외딕ᄒᆞ미 아니라 님의 한 쥴기 금을 바다시니 (水滸 이대 17:20b) "此皆自家土產, 何爲禮云? 若不收留, 是~了, 在下卽便告別." 이ᄂᆞᆫ 다 ᄌᆞ가의 토산이니 무ᄉᆞᆷ 족히 례라 이르리오 만일 밧지 아니ᄒᆞ시면 이ᄂᆞᆫ 외딕ᄒᆞ심이니 직히 곳 고별ᄒᆞ나이다 (綠牡 1:79) "叔叔今雖在舍二載, 奴家總未深談. 今値無人之際, 欲領教益, 怎麽催我速回, 是~也." 슉슉이 닉 집에 뉴ᄒᆞᆫ 지 비록 두 ᄒᆡ나 노ᄀᆡ 깁흔 말ᄉᆞᆷ을 못ᄒᆞ엿더니 이졔 조용ᄒᆞᆫ ᄯᅢ를 맛ᄂᆞ 가라치시믈 듯고져 ᄒᆞ옵거ᄂᆞᆯ 엇지 도라가믈 ᄌᆡ촉ᄒᆞ시ᄂᆞᆫ뇨 이ᄂᆞᆫ 나를 외딕ᄒᆞ시미로다 (綠牡 2:3) "叔叔却怎地這般~? 自家的骨肉, 又不伏侍了別人." 슉슉은 엇지 이러틋 외딕ᄒᆞᄂᆞ뇨 ᄌᆞ가의 골육은 ᄇᆞ리고 다른 사ᄅᆞᆷ으로 복시ᄒᆞ려 ᄒᆞ시니 (水滸 新文 2:23:44) "却是拙夫分付奴來.若還乾娘~時, 只是將了家去做還乾娘." 이ᄂᆞᆫ 장부의 분부ᄒᆞᆫ 일이니 만일 건낭이 듯지 아니ᄒᆞ면 이ᄂᆞᆫ 외딕ᄒᆞᆷ이라 (水滸 新文 2:23:62) ▼이괘ᄒᆞ- ‖ "這是老太太見了外了, 本來早該送哥兒回去, 因爲這裏給哥兒到林府去求過親, 那邊不允." 이ᄂᆞᆫ 노태태ᄭᅴ셔 ᄋᆡ괘ᄒᆞ시미니 본ᄅᆡ 일죽 거ᄋᆞ를 보내여 도라 가게 ᄒᆞᆯ 거시로ᄃᆡ 이곳의셔 거ᄋᆞ를 위ᄒᆞ여 림부의 사ᄅᆞᆷ을 보내여 구혼ᄒᆞ엿더니 그곳의셔 응낙지 아니ᄒᆞᄂᆞᆫ지라 (紅補 10:89)

466) 【烘衣裳】hōng//yīshāng 〈動〉 [홍이샹] 옷 불에 ᄆᆞᆯ늬오다 (譯補 服飾 29a) [홍이샹] 옷 불에 ᄆᆞᆯ늬오다 (華抄 服飾 14a)

467) 【見識】jiànshi, 〈動〉 〈名〉 見地, 主意. 計策, 本領. ¶ 가르다 (水滸 奎章 29:87) 갈으다 (水滸 延世 19b-28) (語覽 水滸 33b) 意見也, 又갈으다 (水滸 菊齋 1:10b) ▼그러구- ‖ "這廝不識尊卑的人, 兄長不要和他一般~. 且聽哥哥主張大事." 이ᄂᆞᆫ 존비를 아디 못ᄒᆞᄂᆞᆫ 사ᄅᆞᆷ이니 형댱은 뎌과 그러구디 말고 대ᄉᆞ를 수이 쥬댱ᄒᆞ라 (忠義水滸 영남대 21:21a-60) ▼가루- ‖ "休與他一般~." 져와 갓치 가루지 말나 (水滸 奎章 4:25) (水滸 延世 6a-3) 져와 갓치 가류지 말나 (語覽 水滸 52a) 저와 갓치 가로지 마라 (水滸 3:15) ▼갈ᄋᆡ- ‖ "你們且沒奈何, 休與他一般~."

그와 맞서서 견주지 말라.

366. 賠[468]我

너의가 또 할 길 업슨이 져와 갓치 갈ᄋᆡ지 마라 (水滸 菊齋 2:12b) [견시] ▼아- «알다» /見識 ‖ "你可憐見.你是有~的, 這早晚日頭落也, 教我那裏尋宿處去? 不揀怎生, 着我宿一夜." 네 에엿비 너기고라 너ᄂᆞᆫ 일 아ᄂᆞᆫ 사ᄅᆞ미어니 이 느즌 ᄃᆡ 히도 디ᄂᆞ다 우리를 ᄒᆞ야 어ᄃᆡ 가 잘 ᄃᆡ 어드라 가라 ᄒᆞᄂᆞ뇨 아ᄆᆞ라나 마나 혜디 말오 우리를 ᄒᆞᆫ밤만 자게 호ᄃᆡ여 (飜老 上49a) 네 에엿비 너기라 너ᄂᆞᆫ 見識이 잇ᄂᆞᆫ 사ᄅᆞᆷ이니 이리 느저 히도 뎟ᄂᆞᆫᄃᆡ 우리로 ᄒᆞ야 어ᄃᆡ 가 잘 ᄃᆡ 어드라 가라 ᄒᆞᄂᆞ뇨 아ᄆᆞ라나 혜디 말고 우리로 ᄒᆞ여 ᄒᆞᆫ밤만 재라 (老上 44b) [견시] ~ ‖ "老夫人~超出世人, 眞所謂女中君子也." 老夫人의 見識이 世人에 超出ᄒᆞ시니 진실로 니론 밧 女中君子ㅣ로소이다 (伍倫 1:19b) ▼계교 ‖ "使些~." 계교를 부려 (語覽 水滸 44b) 의ᄉᆞ를 부려 (水滸 38:72) ▼알음 ‖ "你們有甚~?" 너의가 무신 알음이 잇슬고 (水滸 菊齋 1:44b) "你有甚~能得他時." 네가 무슨 알음이 잇셔 능히 져을 어들 양이면 (水滸 菊齋 1:77a) ▼눈치 ‖ "你休使~賺我入來." 너을 눈치 잇게 쇽여 들너오게 마라 (水滸 奎章 36:94) 너는 눈츼 잇게 속여 드러오게 말나 (水滸 35:67) "便先來說破使箇~." 먼져 와 의ᄉᆞ 즈레 셜파ᄒᆞ미라 (水滸 奎章 45:113) 몬져 와 의ᄉᆞ로 셜파ᄒᆞ다 (語覽 水滸 54b) 먼져 와셔 의ᄉᆞ를 지레 셜파ᄒᆞ미라 (水滸 44:84) ▼연고 ‖ "我曉得大官人積年在院中走動的, 必有些~, 不知可有些計較?" 대관인이 우리 구란원의 니기 ᄃᆞᆫ녀시니 ᄯᅩᄒᆞᆫ 그 연고를 알 거시니 아디 못게라 무슴 계교 잇ᄂᆞᆫ가 (後水滸 4:63) ▼소견 ‖ "知府一時聽了這幾句說話, 不勝跌脚道: '是呀, 是呀, 實是想不到此. 本府功名, 實要在擒獲楊幺顯擢.你果有~, 可與本府作速寫起文書, 付與他帶去.'" 디뷔 듯고 발 구ᄅᆞ며 닐오ᄃᆡ 올타 올타 내 ᄉᆡᆼ각디 못ᄒᆞ얏더니 네 ᄀᆞ장 소견이 이시니 밧비 샹ᄉᆞ의 문셔를 ᄡᅧ 보내게 ᄒᆞ라 (後水滸 9:52) ▼所見 ‖ "老都管道: '你們有甚~?'" 늘근 세간 廳直이가 말을 하되 너의가 무슨 所見이 잇난야 (水滸 菊齋 1:84a) [잔시] ▼지식 ‖ "寶釵聽了, 心中暗忖道: '倒別看錯了這個丫頭, 聽他說話, 倒有些~.'" 보채 텽파의 심즁의 가만이 혜오ᄃᆡ 이 계집ᄋᆞ히를 도로혀 그릇 보지 말나 졔 셜화를 드ᄅᆞ니 도로혀 여간 지식이 잇도다 (紅樓 21:17) ▼知識 ‖ "小人也知那廝胡爲不與他一般~, 又勞保正遠出作別自去." 小人이 져 놈의 글은 게슬안이 져와 知識을 一般으로 안이하고 또 保正이 멀이 온 거슬 위로하로라 하고 이별하고 가다 (水滸 菊齋 3:23a) ▼의견 ‖ "太太別多心, 並沒有這話.這不過是我的小~." 태태ᄂᆞᆫ 다심ᄒᆞ게 마ᄅᆞ쇼셔 도모지 이건 말이 업고 이ᄂᆞᆫ 블과ᄒᆞ여 나의 젹은 의견이라 (紅樓 34:48) ▼식견 ‖ "我也不枉了擡擧你, 眞個有~." 네 말이 유리ᄒᆞ니 내 너를 ᄃᆡ거코져 홈이 그르지 아니코 너희 식견이 과연 올토다 (水滸 新文 1:15:151) [젼시] ▼견식 ‖ "那巡哨船早躲開了, 楊廣他經過那個, 就長了一個~." 그 슌초션이 일즉이 지나갓슴으로 양광이는 그것을 격거셔 곳 견식이 조곰 자랏습니다 (支那 自己拋費 222) ▼의ᄉᆞ스러우- ‖ "賊禿! 倒好~!" ᄀᆞ장 의ᄉᆞ스러운 놈이로다 (水滸 新文 3:44:151) "風汛不好, 不曾來的, 我的指揮問, 它不會說漢兒言語, 把這高麗人每綁了手脚, 撇在水裏, 恁那宰相忙唾了兩三唾, 休休可怎知道漢兒言語來, 都是小~." (高麗史 恭愍王 22:7 壬子) "殺死丈夫, 劫了錢; 又使~往隣舍家借宿一夜, 却與漢子通同計較, 一處逃走." (京本通俗 錯斬崔寧) "俺小人有便有個~, 只怕你做不得." (百花亭 2) "這個老虔婆, 使這等~, 故意不認他." (合同文字 3) "那魔不知是個~, 只道是句老實言語." (西遊 35) "黃老大, 你這些乙个貨是都有人停儅咧沒有啊? 城裡皮舖哩要~~牛皮呢." (華撮 42b)

468) 【賠】 péi 〈動〉 ❶ 賠償.¶ 남의 것 무다 (廣物譜 1 庶流 1a) 苞也, 웃짐치다 (艶夢 西廂 40b) 물어쥬다 (水滸 菊齋 1:2a) 苞也, 웃짐치다 (西廂 미도관 34b) 買賖也. (西廂 博文 183) "~了."

내게 물어 주라.

367. 感多心[469]

공연한 걱정을 하다. / 의심이 많다.

368. 拄拐[470]

지팡이 짚다.

369. 好惱存性兒

성 잘 내는 사람이 솔직하다.

370. 紫漲了面皮.[471]

얼굴을 붉히다.

371. 挑撥[472]

무러쥬다 (語覽 水滸 34a) 물어쥬다 (水滸 菊齋 1:9a) [픠] 쟝만ᄒᆞ- /장만ᄒᆞ- ‖ "(却倒)~些房奩." 방 셰간 쟝만ᄒᆞ다 (水滸 奎章 24:79) 방 셰간 장만ᄒᆞ다 (語覽 水滸 44a) 방 셰간 물어 장만하고 (水滸 菊齋 1:23a) ❷ 賠本.¶ [페] 밋지- ‖ "做買賣~了本兒." 장ᄉᆞᄒᆞ다가 밋쳔을 밋젓소 (賠는 失敗也) (支那 俚語 165)

469) 【多心】 duō//xīn 〈動〉 猜疑. ¶ [둬신] 다심ᄒᆞ다 (華語精選 161) [도신] ▼다심ᄒᆞ- ‖ "若要指名喚他來使用, 一則怕襲人等多寒心; 二則又不知他是何性情, 因而納悶." 만일 져를 지목ᄒᆞ여 블너다가 ᄉᆞ환ᄒᆞ면 쳣ᄌᆡᄂᆞᆫ 습인 등이 다심ᄒᆞᆯ가 두렵고 둘ᄌᆡᄂᆞᆫ ᄯᅩ 져의 셩졍이 엇더ᄒᆞᆯ 쥴 아지 못ᄒᆞ여 인ᄒᆞ야 민망히 너겨 (紅樓 25:3) "寶釵聽說, 便知寶玉是怕他~, 用話攔襲人." 보채 말을 드ᄅᆞᄆᆡ 믄득 보옥이 다심ᄒᆞᆯ가 두려ᄒᆞ여 말노 습인을 밀막ᄂᆞᆫ 쥴 알고 (紅樓 34:10) [둬신] ▼다심히 ‖ "您這樣說倒~待我了. 我怎麼糊塗, 連個好歹也不知道, 還筭是人麼?" 당신이 이러케 말ᄉᆞᆷᄒᆞᆷ이 도로혀 다심히 ᄃᆡ졉ᄒᆞᆷ이라 내 엇지 호도ᄒᆞᆫ들 션악ᄭᆞ지 모로면 오히려 사ᄅᆞᆷ이라 ᄒᆞ리요 (華語精選 161)

470) 【拄拐】 zhǔ//guǎi 〈動〉 "拄着拐." 拄, 撑持也; 拐, 蹩者之杖也. 절독바리 집핑이라 (艶夢 西廂 29a) 拄, 撑持也; 拐, 躄者之杖. 졀둑바리 집핑이라 (西廂 미도관 26a) 撻之所傷也. (語覽 西廂 101b) "拄個拐." 집팡이 집허 (語錄彙編 水滸 16b)

471) 【紫漲】 zǐzhàng 〈動〉 臉孔漲得紫紅色. ¶ "~了臉." 無顔面赤, 或生氣面.(語錄彙編 水滸 19a) "~了面皮." 낫 붉혀 (語錄彙編 水滸 19b) [즈쟝] 벌거ᄒᆞ여지- ‖ "襲人羞的臉~起來, 想一想原是自己把話說錯了." 습인이 븟그려 ᄒᆞ여 얼골이 벌거ᄒᆞ여지며 한 번 ᄉᆡᆼ각ᄒᆞ여 보니 이ᄂᆞᆫ 원ᄅᆡ ᄌᆞ긔가 말을 그릇ᄒᆞ미라 (紅樓 31:19)

472) 【挑撥】 tiǎobō 〈動〉 挑逗, 離間. ¶ 부츄기다 (水滸 奎章 21:68) 부촉이다 (語覽 水滸 25b) 부추기다, ᄭᅩ도기다 (水滸 延世 15a-20) ᄭᅩ득이다 (水滸 20:41) 衝動여ᄅᆡ다 (水滸 菊齋 1:8a) 도

꼬드기다. / 충동이다.

372. 專一聽, 雀察壁.

가만히 듣고 있으면 참새가 벽을 스친다.

373. 滿肚中不快活.[473]

불만이 가슴 가득하다.

374. 中人的拖刀之計.[474]

도다 (語錄彙編 水滸 13b) ▼도도- ‖ "每每乘內宴時, 稱揚晋王賢孝, ~獨孤皇后." 믹양 궁듕 잔치홀 때에 딘왕이 어딜고 효셩이 이시믈 일ㅋ라 독고황후를 도ᄒᆞ니 (隋史遺文 1:32) ▼츙동ᄒᆞ- /~하- ‖ "是誰~你? 我娘兒兩個下半世過活都靠着押司, 外人說的閑是閑非都不要聽他, 押司自做個張主. 我女兒但有差錯, 都在老身身上. 押司胡亂去走一遭." 뉘라셔 너의 부부간 금슬을 희지어 사오나온 말로 압ᄉᆞ를 츙동ᄒᆞᆫ지 모르거니와 내 ᄋᆞ히 평ᄉᆡᆼ은 압ᄉᆞ에게 달녓스니 외인의 시비를 취신치 말라 그것은 개방귀 ᄀᆞᆺᄒᆞᆫ 말이니 범ᄉᆞ를 스ᄉᆞ로 쥬쟝홀지니 만일 무ᄉᆞᆷ 그른 일이 잇거든 로신이 담당ᄒᆞ리니 오날은 로신과 ᄒᆞᆷᄭᅴ 가게 ᄒᆞ라 (水滸 新文 2:20:1) 이 뉘가 너을 衝動하던야 울이 娘兒 둘의 下半世上 살기를 모도 押司의게 靠着하여신이 남의 말을 죠타 하되 죠티 안이하논이 모도 남의 말 듯지 말고 押司가 主張을 하여라 울이 女兒가 글읏친 릴이 잇시면 모도 老身의게 잇신이 押司는 엇지할넌지 한 질로 가자 (水滸 菊齋 5:49a)

473) 【不快活】 bùkuàihuó 〈形〉 不高興, 不開心. ¶ [부쾌호] 즐기디 아니ᄒᆞ- /즐겁디 아니ᄒᆞ- ‖ "無子無孫盡是他人之物, 咱如今~是做甚麼?" ᄌᆞ셕 업고 손ᄌᆡ 업스면 다 ᄂᆞᄆᆡ 거시 도의리니 우리 이제 즐기디 아니ᄒᆞ고 므스일 ᄒᆞ리오 (飜朴 上7b) 無子無孫ᄒᆞ면 다 他人의 거시라 ᄒᆞ니 우리 이제 즐기디 아니ᄒᆞ면 므슴ᄒᆞ리오 (朴上 8a) "是快活, ~, 他都爭他做甚的?" 이 즐거오니 즐겁디 아니면 뎨 다 뎌를 ᄃᆞ토와 므슴ᄒᆞ리오 (伍倫 7:21b)

474) 【拖刀計】 tuōdāojì 〈名〉 機謀, 陰謀.¶ 타도계 ‖ "龐涓戰到天晚, 越發精神抖擻, 田忌、須文龍、須文虎漸覺手鈍. 龐涓使個~, 撥轉馬頭便走." 방연이 싸화 어둡기의 니ᄅᆞᄃᆡ 졍신이 ᄇᆡ가ᄒᆞ고 뎡긔 슈문뇽 슈문호는 졈ᄒᆞ ᄑᆞᆯ이 ᄌᆞ의여 ᄒᆞ거ᄂᆞᆯ 방연이 타도계를 ᄡᅧ ᄆᆞᆯ머리를 두로혀 ᄃᆞ라난대 (孫龐 1:102) ▼칼 ᄡᅳ으는 계규 ‖ "老將黃忠, 名不虛傳, 鬪一百合, 全無破綻. 來日必用~, 背砍贏之." 노장 황튱의 일홈이 허뎐이 아니로다 일ᄇᆡᆨ 합을 싸화도 그ᄅᆞᆺᄒᆞ미 업ᄉᆞ니 ᄂᆡ일은 반ᄃᆞ시 칼 ᄡᅳ으는 계규를 ᄡᅧ 뒤흐로셔 버히리라 (三國 17:47) "鼠賊欲使~, 吾豈懼哉!" 쥐 ᄀᆞᄐᆞᆫ 도적놈아 칼 ᄡᅳ으는 계규를 ᄡᅳ고져 ᄒᆞᄂᆞ냐 내 엇디 두리리오 (三國 24:75) "話說趙英與土金渾大戰五十個回合, 不能就勝, 暗生一計, 用~, 故意詐敗下來." ᄒᆞᄂᆞ는 가고 ᄒᆞᄂᆞ는 오며 싸호긔를 오십 합이나 ᄒᆞ니 됴영이 ᄉᆡᆼ각ᄒᆞ되 능히 익일 수 읍ᄂᆞᆫ지라 감안이 계교 ᄒᆞ나를 ᄉᆡᆼ각ᄒᆞ고 칼 ᄡᅳᄂᆞᆫ 계교를 쓸ᄉᆡ 거짓 ᄑᆡᄒᆞᆫ 쳬ᄒᆞ고 다라나며 (王昭君 上30:135) "若要我解勸時, 日出在西方, ……一朝吊桶落在你井裏, 早晚中了~." (宋元戲文 王祥臥冰) "須是你藥殺他男兒, 又帶累他妻, 呀! 你暢好會使~." (魔合羅 4) "我的傻寃家, 你想起甚麽來, 中了人的~? 把你心愛的人兒, 這等下無情折挫. 常言道: '家鷄打㴑團團轉, 野鷄打得貼天飛. 你就把奴打死了, 也只在

남의 계교에 넘어가다.

375. 在外眠花臥柳,[475] 難噤聲些.

계집질에 교성이 없으랴.

376. 觀風[476]

구경하다. / 동정을 살피다. / 과거 보다.

377. 行市[477]遲.

這屋裏, 敢往那裏去?" (金甁 12)

475) 【眠花臥柳】 miánhuāwòliǔ 〈熟〉 指嫖妓宿娼. 花、柳: 指娼妓. ¶ [면화워릐] 화류총즁의 놀- ‖ "那柳湘蓮原是世家子弟, 讀書不成, 父母早喪, 素性爽俠, 不拘細事, 酷好耍槍舞劍, 賭博吃酒, 以至~, 吹笛彈箏, 無所不爲." 져 류샹련은 본시 대가ᄌᆞ뎨로 글 닑어 일우지 못ᄒᆞ고 일즉 부모를 여희고 셩픔이 샹쾌ᄒᆞ여 져근 일을 구ᄋᆡ치 아니ᄒᆞ고 심히 챵 쓰기와 칼츔 츄기와 노름ᄒᆞ고 슐 먹기를 조하ᄒᆞ여 그러므로 화류총즁의 놀기를 조하ᄒᆞ며 피리 블기와 징 치기를 ᄒᆞ지 못ᄒᆞ미 업고 (紅樓 47:38) "逐日搭着這伙喬人只~, 把花枝般媳婦兒丟在房裏通不顧." (金甁 69) ☞ 眠花宿柳 ‖ 쏫히 놀며 버들을 조히 너기- (紅樓 75:42) 쏫을 찻고 버들에 조을- (綠牡 5:126)

476) 【觀風】 guānfēng 〈動〉 ❶ 觀賞風光. 亦作"關風".¶ "往那裡~去了." 어듸 가셔 바람 쐬넌가 보다 (語覽 西遊 80b) ▼완경ᄒᆞ- ‖ "那林裏是個清雅的去處, 決然沒有妖精. 想是老和尚坐不住, 往那裡~去了." ᄂᆡ 그윽키 ᄉᆡᆼ각ᄒᆞ니 이곳이 밝고 죠츨ᄒᆞ여 죠흔 경쳐 만ᄒᆞ니 졍코 요졍은 업슬지ᄅᆞ 사부 노화상이 외로이 안ᄌᆞ 긔다리ᄆᆡ 아등 형졔 오ᄅᆡ 오지 아니물 괴로이 녀겨 일쳐에 안져 긔다리지 안코 완경ᄒᆞ물 탐ᄒᆞ여 어ᄂᆡ 곳으로 좃ᄎᆞ 나아ᄀᆞ (西遊 啓明 9:62-28) ❷ 爲進行秘密活動的人觀察動靜.¶ "等你過那邊去, 我這裡與你兩個~." (金甁 13) "兩個在廚房後墻底下僻靜處說話, 玉簫在後門首替他觀着風." (金甁 26) "先把兩個銀戒指賞着春來, 教他~做脚, 防守門戶." (石點頭 4) ❸ 清代學政及地方官到任時, 命題考試士子, 稱"觀風".¶ 글을 지이- ‖ "次日~, 取弘史作案首, 取荒國材第二." ᄎᆞ일의 고을 션비를 글을 지이여 쥬홍ᄉᆞ로 웃듬을 ᄒᆞ이고 황국ᄌᆡ로 둘ᄌᆡ를 ᄒᆞ이니 (包公 咬舌扣喉 1:56) "至敝鄉考試, 歷來雖無女科, 向有舊例, 每到十餘年, 國母即有~盛典: 凡有能文處女, 俱准赴試, 以文之優劣, 定以等第." (鏡花 16) ☞ 關風

477) 【行市】 hángshì 〈名〉 ❶ 市場.¶ 져제 (訓中 官銜 5a /8a) ❷ 行市.¶ 시셰 (漢獨 附錄 99) [항쓰] 시세 (自通 商業 437) [항스] ▼시셰 ‖ "只知鷄蛋是平常物件, 那裏知道外頭買賣的~呢." 다만 계란이 평샹ᄒᆞᆫ 믈건으로 알ᄆᆡ 엇지 ᄆᆡᄆᆡᄒᆞᄂᆞᆫ 시셰를 알니오 (紅樓 61:13) [항쓰] ▼시셰 ‖ "除咧這兩種貨, 別的~晡哩都腐, 所以門上的帽客都在那裡白悞好些箇日子, 只是擺挪些, 終不合實." 이 두 가지 물건 외예는 다른 시셰는 가지ᄀᆞ ᄀᆞ 다 무셰허니라 그러무로 칙문 감투ᄀᆡ이 다 거긔셔 공연이 여러 일ᄌᆡ를 더디면셔 그져 셔둘너도 죵시 합실치 아니허더라 (中華 濯足 15b) "因爲市上的貨很短, 所以~往上長." 시상에 물건이 달님으로 인ᄒᆞ야 시셰가 올나 감니다 (支那 買賣 147) "你不知賊蠻奴才~, 連貨物沒處發脫, 纔來上門脫與人." (金甁 16) "這兩日~遲, 顧銀鋪教我挑副擔兒出來, 街上發賣些零碎." (金甁 90) "不論~好歹하고, 只照大恒[行]大事

시세가 더디다.

378. 打着羊，狗驢騾戰.[478)]

양을 때리면 노새와 나귀도 덩달아 떤다.
[일벌백계.]

379. 落錢

돈 놓다.

380. 仇家路兒窄.[479)]

원수는 외나무 다리에서 만난다.

381. 散氣

김 빠지다.

382. 毬子心腸[480)]

정해진 마음 없다.

383. 能走不能飛.

달리기는 하나 날지는 못한다.

듸로，現增現賣시지，那怕費呢건이? 增錢、費錢是古得常事라. 一个行市麽어뎐，作生意家又顧得那个嗎라?" (騎着一匹 2ab) "今年我們那裏的外貨~，那宗合實呢[ᄒᆞ냐]? 我從本地來，一到瀋陽，聽着說니，大紙、海蔘大家見一点光都賣出去고，除咧這兩種貨여난，別的~，哺哩都臭ᄒᆞ기로." (騎着一匹 5a) "原是趕到夏天下缸的時候，纔各處皮哺裏起頭裏往皮行家開盤子ᄂᆞ니，所以每年个到春天就~管包起來너니，所以他們打着把永長号的皮貨가 萬一別人買下咧면，敢明个開盤的時候가셔，只怕砍他們的鍋ᄒᆞᄂᆞ니." (騎着一匹 11b) ☞ 行事

478) 【打着羊狗驢戰】dǎzheyánggǒulǘzhàn 〈諺〉 打羊時駒驢也發抖. 這裏謂打陳洪西門慶也發抖.¶ ☞ 打着羊駒驢戰 ‖ "常言'機兒不快，梭兒快，~.' 倘有小人指搠，拔樹尋根. 你我身家不保." (金瓶 17)

479) 【仇家路兒窄】chóujiālùrzhǎi 〈諺〉 指仇人狹路相逢，無可回避. 常比喻不願見面的人偏偏相見.¶ ☞ 寃家路兒狹 ‖ 원슈는 외나무다리에 만나 (語錄彙編 水滸 25a) 원슈ᄂᆞᆫ 길이 좁다 (紅樓 100:8) ☞ 寃家路(兒)窄 ‖ 혐원이 잇다 (玉嬌 晩松 10:下9) 웬슈는 외나무 ᄃᆞ리에서 맛난다 (語覽 西遊 78b) "眞是~，今日一命討了一命，那心上事只有李參軍知道." (初刻 30)

480) 【毬子心腸】qiúzixīncháng 〈名〉 [킥즈신챵] 뎡ᄒᆞᆫ ᄆᆞ음 업다 (譯補 瑣說 60a)

384. 原來是箇隨水倒舵、順水推船[481]的行貨.

물길을 따라 키를 움직이고 바람따라 돛을 다는 사람
기회를 틈타 약삭빠르게 행동하는 사람.

385. 挨次[482]

차례로.

386. 恭喜[483]

---

481) 【順水推船 순수추선】 shùnshuǐtuīchuán 〈熟〉 順水: 順着水流的方向. 順着水流的方向推着船走. 比喩順勢行事或因利乘便.¶ "你空担着漢子的名兒, 原來是個隨風倒舵, ~的行貨子." (金瓶 22) "是他立性既自如此, 留着也落得做冤家, 不是好住手的; 不如~, 等他去了罷." (二刻 11)

482) 【挨次(兒)】 āi//cì(r) 〈副〉 順着次序. ¶~ (老朴集 單字解 2a) [애츠] 次第做事. (漢淸 辦事 2:62b) 計次除職曰"~". (漢淸 陞轉 2:47b) [애츠] 차례로 (方一 陞黜 33a) (課目 仕止 63b) ▼ᄎᆞ례로 ‖ "楊幺見他發話, 只得坐了首位. 客位~就是沃泰、郃元、柯柄、童良; 主位~是王摩、袁武、孫本、馬窿、鄭天佑、殳動; 下二席是殷尙赤、屠俏共一席, 賀雲龍是素一席; 共是十三席酒." 양외 여러번 츄양ᄒᆞ다가 상좌의 안ᄌᆞ니 옥태 틱원 가병 동냥은 긱위예 안고 왕마 원무 손본 마룽 뎡텬우 슈동은 양요의 아래 ᄎᆞ례로 안고 은샹적 도쵸ᄂᆞᆫ 아래로 안고 하운뇽은 ᄯᅩᆫ 자리의 소찬을 바드니 대되 열네 사ᄅᆞᆷ이 좌ᄅᆞᆯ 뎡ᄒᆞ고 (後水滸 8:19) [애츠] ᄎᆞ례로 ‖ "賈妃~看姊妹們的寫到." 가비 ᄎᆞ례로 ᄌᆞᄆᆡ들의 ᄡᅳᆫ 거ᄉᆞᆯ 보니 닐러시ᄃᆡ (紅樓 18:50) "必定要~吃一遍才便得." 반ᄃᆞ시 일뎡코 ᄎᆞ례로 한 번식을 먹어야 마치 되리라 (紅樓 41:8) "賈赦、賈政在中間坐了, 兩旁雁翅都擺了椅子, 一一~的坐下." 가샤와 가정이 즁간의 안고 량편의 기럭이 나ᄅᆡ ᄀᆞᆺ치 모다 의ᄌᆞᄅᆞᆯ 버리고 ᄎᆞ례로 안ᄌᆞᄆᆡ (補紅 17:49) ▼ᄎᆞ례ᄅᆞᆯ 의지ᄒᆞ- ‖ "薛蟠~斟了酒." 셜반이 ᄎᆞ례ᄅᆞᆯ 의지ᄒᆞ여 술을 치고 (紅樓 67:37) ▼ᄋᆡᄎᆞᄒᆞ- ‖ "於是這些子女, 各挾弓箭, ~上廳來." 어시의 여러 ᄌᆞ녀 무리 각각 궁젼을 ᄭᅵ고 ᄋᆡᄎᆞᄒᆞ여 텽샹으로 올나 오ᄂᆞᆫ지라 (瑤華 5:87) [애츠얼] ▼차셔를 ᄯᅡ러셔 ‖ "你是明白漢字的人哪, 要學繙繹很容易, 只是專心別隔斷了, 挨着次兒的學, 兩三年的工夫兒, 自然就有頭緖兒了." 로형은 한문에 밝으신 ᄉᆞᄅᆞᆷ이니 번역을 ᄇᆡ호시려면 ᄆᆡ우 용이ᄒᆞ오 다만 젼심으로 간단 말고 차셔를 ᄯᅡ러셔 공부ᄒᆞ면 이삼 년 동안에 자연이 곳 두셔가 잇스리다 (支那 許考 337) "當下吳銀兒遞喬大戶, 鄭愛香兒遞吳大舅, 韓玉釧兒遞吳二舅, 兩分頭~遞將來." (金瓶 32)

483) 【恭喜】 gōngxǐ 〈動〉 ❶ 祝賀人有喜事的客套話.¶ [궁히] 깃게라, 致賀ᄒᆞᄂᆞᆫ 말, =親想[친샹] (譯上 禮度 41a) 깃게라 치하ᄒᆞᄂᆞᆫ 말 (方二 接待 5b) 깃거라 치하ᄒᆞᆫ 말 (課目 人倫 42b) [궁시] 깃게라 치ᄒᆞᄒᆞᄂᆞᆫ 말 (華抄 禮度 12b) [궁시] 경ᄉᆞ답다의 意라 (漢獨 附錄 104) ▼공희ᄒᆞ- ‖ "~殷大哥幹了這樁大事, 我們合鎭的人無不感激, 還要公公相謝." 은대거의 이런 큰 일을 힝ᄒᆞᄆᆞᆯ 공희ᄒᆞ노라 우리 촌진 사ᄅᆞᆷ이 모다 감격히 너겨 도로혀 은ᄌᆞᄅᆞᆯ 츌염ᄒᆞ여 샤례ᄒᆞ려 ᄒᆞᄂᆞ니라 (雪月 7:3) "賢弟去歲登科, 愚兄進京方知, ~~." 현뎨 거년의 등과ᄒᆞ엿거ᄂᆞᆯ 우형이 상경ᄒᆞ여 바야흐로 아랏ᄂᆞ니 공희ᄒᆞ노라 (快心 25:56) "娘娘派你到地府裏找老太太去呢, ~, ~." 낭낭긔셔 너ᄅᆞᆯ 파정ᄒᆞ여 디부의 가셔 노태태ᄅᆞᆯ ᄎᆞᄌᆞ 뵈오라 ᄒᆞ여 계시니 공희ᄒᆞ노라 (補紅 1:86) "只見甘婆笑嘻嘻的進來, 悄悄道: '武大爺~. 果是那話兒.'" 다만 보ᄆᆡ 감노히 희희히 우ᄉᆞ며 죵용히 니ᄅᆞᄃᆡ 무ᄃᆡ야아 공희ᄒᆞ노라 과연 그 말과 ᄀᆞᆺ도다 (忠俠 40:38) [궁씨] ▼감츅ᄒᆞ- ‖ "兄

축하하다.

387. 賊人膽兒虛.484)

도둑이 제 발 저리다.

388. 瓜兒只【9b】揀軟處捏.485)

오이를 연한 곳만 골라 잡는다.
약자만을 골라 못살게 군다.

389. 估想486)

짐작하여 생각하다.

390. 打扮487)

台~咯, 說放章京, 揀選上了." 형님 감축흠니다 장경이 되셔셔 쎱히셧다 ᄒᆞ는구려 (支那 擬正 303) [꿍히] ❷ 工作.¶ 다니- ‖ "在那衙門~?" 어느 관청에 다니십니까 (自通 再會 259) ▼근무하- ‖ "你~在甚麽地方?" 노형은 어디 근무하십니까 (自通 192) ▼소일하- ‖ "賤姓是房, ~在那兒?" 내 성은 방가올시다 어디서 소일하십니까 (自通 初對面 253) "您在那兒~?" "現在沒有事, 新由家裏上來." (京語 訂交 上32a) ❸ 分娩.¶ 분만ᄒᆞ- ‖ "寶姑娘~, 有一兩個月了, 也是昨兒纔聽見的." 보고낭이 분만ᄒᆞᆫ 지 일이 삭이 되어시ᄃᆡ 또ᄒᆞᆫ 쟉일의 바야흐로 드럿시니 (紅補 2:33)

484) 【賊人膽(兒)虛】 zéiréndán(r)xū 〈諺〉 做賊人心虛膽怯. 比喩做了壞事或見不得人的事怕人知道.¶ "這要不是他幹的營生, 他爲甚麽唬的那尿……這分明是~." (醒姻 64) ☞ 賊人心膽虛 ‖ "昌得官畢竟~, 一聽話內有因, 便漲紅了臉, 一句答不上." (官場 29) ☞ 賊人心虛 ‖ "自古道: ~. 那趙昴因有舊事在心上, 比王員外更是不同, 嚇的魂魄俱無." (醒恒 20)

485) 【瓜兒只揀軟處捏】 guārzhǐjiǎnruǎnchùniē 〈諺〉 比喩專揀弱者欺負.¶ "你看這老婆子這等張睛! 俺每在屋裡好好兒的臥着不起, 你每亂道怎的! 把孩子唬了, 沒的賴人起來, ~, 俺每這屋裡是好纏的." (金瓶 59)

486) 【估想 고상】 gūxiǎng 〈動〉 估計, 猜度. ¶ [구샹] 짐쟉ᄒᆞ여 ᄉᆡᆼ각ᄒᆞ다 (譯上 氣息 38b)

487) 【打扮】 dǎbàn 〈動〉 裝飾, 裝束.¶ 비ᄉᆞ다 (四上 77b) [다반] 비이다 (譯上 服飾 46b) (方三 梳飾 8a) 비오다 (課目 服用 89a) 비오다, 又曰"裝扮". (課目 雜類 106a) [다반] 빔허다 (華抄 服飾 14a) 裝束也. ᄆᆡ (西廂 미도관 6b) 粉成也. ᄭᅮᆷ여ᄂᆡ다 (西廂 미도관 25a) ᄲᅱ워단 말 (西廂 借廂 修綆室 2b) ᄲᅱ미단 말 (語覽 西廂 102a) 모양 (語覽 水滸 24b) 모양, 又ᄆᆡᆫ도리 (水滸 9:25) ᄆᆡᆫ도리, 皃樣. (水滸 延世 9b-9) 裝束. (語覽 西遊 60b) "怎生~." 엇지 ᄒᆞᆫ ᄆᆡᆫ두리 (語覽 西遊 71b) "道粧~." 道士貌樣ᄒᆞ다 (語覽 水滸 46a) ▼ᄆᆡᆫ도리 /망돌이 ‖ "~(做)丞局." 승발 아젼 ᄆᆡᆫ도리ᄒᆞ고 (水滸 43:81) 衙典 망돌이하고 (水滸 菊齋 1:26a) [다반] ▼비ᄉᆞ- /비ᄋᆞ- ‖ "夜來, 兩箇舍人操馬, 一箇舍人~的, 脚穿着, 皂麂皮嵌金線藍條子." 어제 두 舍人이 ᄆᆞᆯ 調習ᄒᆞ더니 ᄒᆞᆫ 舍人이 비ᄉᆞ쇼ᄃᆡ 바래 시넛노니ᄂᆞᆫ 거믄 기ᄌᆞ피예 금션람 비단 갸품 ᄢᅵ고 (飜朴 上26a)

어제 두 舍人이 뭘 됴습호되 훈 舍人 비우기는 발에 신은 거슨 거믄 기ᄌ피예 金線 남오리로 갸픔 씌고 (朴上 24b) "又一箇舍人~的白麂皮靴子, 鴨綠羅納綉獅子的抹口青絨氈襪上, 絟着一對明綠綉四季花護膝." 또훈 舍人은 빗서쇼되 힌기ᄌ필 훠 야투로 노애 ᄉᆞ지 치질히욘 깃ᄃᆞ론 거믄 ᄀᆞ놀오 보ᄃᆞ라온 시욱청 우희 훈 쌍 명록비쳇 비단으로 ᄉᆞ계곳 슈질훈 후시를 ᄆᆡ엿고 (飜朴 上29a) 또 훈 舍人的 비우기는 흰기ᄌ피 훠ᄋᆞ에 鴨頭綠羅에 獅子를 綉ᄒᆞ야 깃도론 프른 부드러온 시욹청에 훈 쌍 明綠비치 四季花를 綉훈 슬갑을 ᄆᆡ엿고 (朴上 27a) "兩箇舍人~的風風流流, 的那馬一似那箭, 眞箇是好男兒." 두 舍人의 비서 이쇼미 ᄀᆞ장 아룸다오니 잰 ᄆᆞ리 젼혀 뎌 살 ᄀᆞᄐᆞ니 진짓 어딘 남자니러라 (飜朴 上30b) 두 舍人의 비온 거시 風風流流ᄒᆞ고 잰 뎌 뭘은 뎌 살ᄀᆞᄐᆞ니 진짓 이 好男兒ㅣ러라 (朴上 28b) [다반] ▼비오- ‖ "一箇舍人~, 是頭戴玄狐帽, 上面絟着孔雀翎, 身穿立水貂皮蟒袍." 훈 舍人의 비온 거슨 마리에 玄狐帽를 쓰고 우희 孔雀翎 ᄃᆞ랏고 몸에 슈결 잇는 貂皮 蟒袍를 닙고 (朴新 1:29a) "又一箇舍人~, 是頭戴紫貂帽, 也繫孔雀翎, 身穿烏雲豹皮袍, 銀針海龍皮馬褂." 또 훈 舍人의 비오기는 마리에 紫貂帽를 뻐시니 또 孔雀翎을 ᄃᆞ랏고 몸에 거믄 구룸 ᄀᆞᆺ흔 豹皮袍를 닙고 銀針 ᄀᆞᆺ흔 海龍皮로 훈 쟈른 옷시오 (朴新 1:30a) "這兩箇舍人, 眞是~的風流好看." 이 두 舍人은 진실로 비온 거시 風流로와 보기 됴터라 (朴新 1:31a) [다반] ▼비우- ‖ "你如何來到這裡這等~?" 네 엇디 예 와 이리 비윗ᄂᆞ요 (伍倫 7:23b) [다반] ▼비옴ᄒᆞ- ‖ "穿的~是好像耍戲法的人." 입어 비옴훈 거시 가쟝 희ᄌᆞ노리 ᄒᆞᄂᆞᆫ 사름 ᄀᆞᆺᄐᆞ되 (華啓上 29b) "這位~好看." 이 位의 비옴 훈 거시 보기 좃타 (華啓下 1a) ▼ᄆᆡᆫ도리ᄒᆞ- ‖ "~箇貧乞老道姑的模樣, 下山到華陰縣前, 問了楊巡檢家." 셩괴 이 말을 듯고 이의 도ᄉᆞ의 ᄆᆡᆫ도리ᄒᆞ고 양슌검의 집을 ᄎᆞᄌᆞ가니 문의 방을 부쳐시되 (平妖 2:10) "你還不拔下來摔到他臉上呢! 把你~的成了老妖精了." 너는 도로혀 ᄲᅦ혀나려다가 제 얼골의 문질너 쥬지 안ᄂᆞ냐 너를 ᄆᆡᆫ도리ᄒᆞ여 늙은 요괴 되엇도다 (紅樓 40:13) ▼ᄆᆡᆫ두리를 ᄉᆞ미- ‖ "再兼這些人~的桃羞杏讓, 燕妬鶯慚, 一時也道不盡." 다시 겸ᄒᆞ여 이런 사람들이 ᄆᆡᆫ두리를 ᄉᆞ민 거시 도화는 븟그려ᄒᆞ고 힝화는 겸양ᄒᆞ며 졔비는 투긔ᄒᆞ고 ᄭᅬᄭᅩ리는 븟그려ᄒᆞᆯ 만ᄒᆞ니 일시의 이로 니루디 못ᄒᆞᆯ너라 (紅樓 27:7) ▼ᄆᆡᆫ도리 ‖ "到了第二日, 果眞姊妹們大家約定, 也只隨身衣服, 并不~." 뎨 일[이]일의 니ᄅᆞ러 과연 ᄌᆞᄆᆡ 등이 모다 언약을 졍ᄒᆞ고 다만 샹시 의복을 닙고 죠금도 화려훈 ᄆᆡᆫ도리를 아니ᄒᆞ고 (後紅 12:26) "我的女兒不是佛門中弟子, 休要落髮, 因此還是俗家~." 나의 녀ᄋᆞᄂᆞᆫ 블가 뎨ᄌᆡ 아니니 락발치 말나 ᄒᆞᄂᆞᆫ지라 이러므로 지금가지 쇽인 ᄆᆡᆫ도리를 ᄒᆞ엿ᄂᆞ이다 (紅復 4:61) "我雖沒見, 我也同來, 我們張德輝伙計說, 都是有頭髮的, 都是俗家~, 他認定是寶二爺和柳二爺的." ᄂᆡ 비록 보지 못ᄒᆞ엿시나 ᄂᆡ 또훈 우리 쟝덕휘의게 무러 보ᄆᆡ 말ᄒᆞ되 모다 두발이 잇고 쇽인 ᄆᆡᆫ도리를 ᄒᆞ엿시되 졔 분명히 보이야와 다못 뉴이야믈 아노라 ᄒᆞ더라 (補紅 12:32) "胡理從他面前經過, 一刀殺死, 將他衣服剝下, 自己穿上; 又將腰刀取下, 帶在自己身上, ~得是個兵丁模樣." 호리 훈 칼노 질너 쥭이고 의복을 벗겨 입고 또 요도를 글너 차니 ᄆᆡᆫ도리 병졍과 일반이라 (綠牡 6:137) ▼ᄆᆡᆸ시 ‖ "柴進却備了三二十匹馬, 帶了弓箭旗槍, 駕了鷹雕, 牽着獵狗, 一行人馬都~了, 却把林冲雜在裏面, 一齊上馬, 都投關外." 당일에 장긱으로 힝리를 지여 몬져 관 밧게 나가 기ᄃᆞ리라 ᄒᆞ고 싀진이 이삼십 필 뭘을 쥰비ᄒᆞ여 궁젼과 도창과 탄ᄌᆞ와 ᄆᆡ와 산양개를 잇글고 일힝인이 산양ᄒᆞᄂᆞᆫ ᄆᆡᆸ시로 일시에 관외로 힝ᄒᆞ여 나가더라 (水滸 新文 1:10:103) ▼쟝속ᄒᆞ- ‖ "此地向來風俗, 自國王以至庶民, 諸事儉朴; 就只有個毛病, 最喜~婦人." 이곳이 녜로부터 풍쇽이 검소ᄒᆞᆷ을 숭상ᄒᆞ되 다만 병통이 잇셔 부인 쟝속ᄒᆞ기를 ᄀᆞ쟝 즐기므로 (鏡花 8:4) "你且送與他, 改日娘做衣服~." (張協狀元 11) "李克用便~出陣; 頭魁金水鍍金, 腦打正貌狻猊." (五代史 唐史 上) "這婦人退出去, 教一箇使喚的丫頭, ~送進去." (訓世 上17b)

꾸미다. / 분장하다.

391. 堂客[488)]

안손님. / 아내.

392. 兩椿大事

두 가지 큰 일.

393. 動撣不得[489)]

옴짝달싹 못하다.

394. 光溜溜[490)]

미끄럽다.

395. 扯木過的

나무를 당겨다가 건너다.

---

488) 【堂客】tángkè 〈名〉 舊時稱婦女、內眷爲堂客, 稱男子爲官客.¶ [탕커] 안ㅅ손님 (譯補 親屬 33a) [탕커] 안손임 (華抄 親屬 16b) 안손임 (廣物譜 1 人倫 4a) ▼안ᄉᆞ룸 ‖ "這是甚麽話? 爹爹都是糊塗了. 好好的~, 都叫人家驗看起來了." 이 무슴 말숨이잇고 야야 도모지 호도 호도다 엇지 조코 조흔 안ᄉᆞ룸을 남다려 보라 ᄒᆞᄂᆞᆫ잇고 (綠牡 6:73) [탕커] ▼ᄀᆡᆨ ‖ "況他是個絶風流人品, 家裡頗過得, 素性又最厭惡~, 今竟破價買你, 後事不言可知." ᄒᆞ믈며 그 사ᄅᆞᆷ은 졀등ᄒᆞᆫ 풍뉴 인믈이오 가셰 도젹이 견될 만ᄒᆞ고 본ᄃᆡ 셩품이 ᄯᅩ ᄀᆡᆨ 변ᄒᆞ믈 가장 슬혀하ᄂᆞᆫ지라 이제 못춤ᄂᆡ 즁가룰 드려 너를 살 젹의는 후ᄉᆞᄂᆞᆫ 블언가지니 (紅樓 4:29) "晁家旣然計氏沒了, 便沒有~去弔孝, 也自罷休." (醒姻 11)

489) 【動彈不得】dòngtánbùde 〈動〉 不能活動.¶ 뮈우믈 몯ᄒᆞ- ‖ "神用自由, 妙體難覩, ~, 堅固難壞, 生死路幾度往返." 神ᄒᆞᆫ 用·가 :쥬변 ᄃᆞ외·며 微妙ᄒᆞᆫ 體 :보미 어·렵·도소·니 뮈·우믈 :몯ᄒᆞ·며 구·더 허·로미 어·렵도·다 :살며 죽ᄂᆞᆫ 길·헤·몃 번·올 가·며 도·라·오나·뇨 (金三 2:7b) ▼운동치 못ᄒᆞ- ‖ "難爲你掛心, 我不要甚麽湯水, 只是渾身疼痛, ~, 煩你扶我便一便纔好." 너의 용심ᄒᆞ미 감샤ᄒᆞ나 내 무슨 차를 먹으려 아니ᄒᆞ고 다만 혼신이 동통ᄒᆞ여 운동치 못ᄒᆞ니 청컨ᄃᆡ 네 나를 붓드러 한번 편히 눕게 ᄒᆞ미 죠흐리라 (雪月 3:86)

490) 【光溜溜】guāngliūliū 〈狀〉 光滑.¶ "爬得~的." 붓들고 드러갈 수가 읍단 말 (語覽 西遊 76a) ▼밋그러우- ‖ "都轉身看時, 牌樓下山脚下有一塊大石, 約有十餘里方圓; 正中間有缸口大的一個洞兒, 爬得~的." 삼인이 ᄒᆞᆫ가지로 가본즉 산 압 오목ᄒᆞᆫᄃᆡ ᄒᆞᆫ구멍이 광활ᄒᆞ고 구멍녁으로 도라가며 쵸근이 밋그러워 발 붓치기 어려온지ᄅᆞ (西遊 啓明 26:8-82) ▼ᄆᆞᆰ- ‖ "黑鬒鬒鬒兒, 細彎彎眉兒, ~眼兒, 香噴噴口兒." 거문 머리와 가ᄂᆞᆫ 눈셥이며 ᄆᆞᆰ은 눈과 향긔로온 닙이며 (水滸 이대 40:6b-44)

396. 捱不過491)

견디지 못하다.

397. 受用492)

---

491) 【捱不過】 áibùguo 受不了. ¶ [애부고] 견ᄃᆡ디 못ᄒᆞ다 (譯上 氣息 38b)

492) 【受用】 shòuyòng 〈動〉 ❶ 受益, 享受.¶ [ᄉᆡ융] 눌이다 (譯補 瑣說 46a) (方四 雜語 4b) 누리다, ᄒᆞ고 슈픈 ᄃᆡ로 (語覽 西遊 58b) 享也. (西遊 修綆室 7a-91) “大不~.” 크게 말 못되여 (語錄彙編 水滸 18b) ▼조히 지ᄂᆡ- ‖ “弄幾個錢回家~.” 돈 어더 조히 지ᄂᆡ여 (語錄彙編 水滸 25a) [ᄉᆡ융 /시융] ▼ᄡᅳ- ‖ “死的後頭, 不揀甚麽, 都做不得主張.好行的馬別人騎了, 好襖子別人穿了, 好媳婦別人取了. 活時節, 着甚麽來由不~?” 주근 후에ᄂᆞᆫ 아모 것도 ᄀᆞᆯ히디 몯ᄒᆞ야 다 쥬변 몯ᄒᆞᆯ 거시니 됴히 걷던 ᄆᆞᆯ도 다ᄅᆞ니 ᄐᆞ며 됴ᄒᆞᆫ 옷도 다ᄅᆞ니 니브며 됴ᄒᆞᆫ 겨집도 다ᄅᆞ니 얻ᄂᆞ니 사라신 저긔 므슴 젼ᄎᆞ로 ᄡᅳ디 아니ᄒᆞ료 (飜老 下42a) 죽은 후에ᄂᆞᆫ 아므 것도 ᄀᆞᆯᄒᆡ디 못ᄒᆞ여 다 쥬댱티 못ᄒᆞ여 됴히 것ᄠᅳᆫ ᄆᆞᆯ도 다ᄅᆞᆫ 사ᄅᆞᆷ이 ᄐᆞ며 됴ᄒᆞᆫ 옷도 다ᄅᆞᆫ 사ᄅᆞᆷ이 니브며 됴ᄒᆞᆫ 겨집도 다ᄅᆞᆫ 사ᄅᆞᆷ이 엇ᄂᆞ니 사라신 적의 므슴 젼ᄎᆞ로 ᄡᅳ디 아니ᄒᆞ리오 (老下 38a) “因有金銀、牛馬、粮草等項來送狗王, 被官兵搶去, 請狗王自去奪來~.” 금은과 우ᄆᆞ와 량쵸 등믈을 가지고 와 구왕긔 드리려 ᄒᆞ다가 관병의게 아인 ᄇᆡ 되여시니 청컨ᄃᆡ 구왕은 ᄉᆞᄉᆞ로 가 아ᄉᆞ다가 ᄡᅳ쇼셔 (紅復 42:68) [ᄉᆡ융] ▼~ᄒᆞ- ‖ “做母的罷不得兒子做官, 多討金銀回來~, 誰肯這等?” 엄이 되엿ᄂᆞᆫ 이 마디 못ᄒᆞ야 兒子ㅣ 벼슬ᄒᆞ면 만히 金銀을 어더 도라와 受用ᄒᆞ려 ᄒᆞᄂᆞ니 뉘 즐겨 이리ᄒᆞ리오 (伍倫 6:32a) ▼이밧- «이받다» ‖ “每年十月間, 倪太守親往莊上收租, 整月的住下.莊戶人家, 肥鷄美酒, 盡他~.” ᄒᆡ마다 구월이면 태슈 한가히 막대ᄅᆞᆯ 집고 들ᄒᆡ가 곡식을 보니 ᄆᆞ을 사ᄅᆞᆷ들이 ᄉᆞᆯ찐 ᄃᆞᆰ과 아ᄅᆞᆷ다온 과실노 태슈ᄅᆞᆯ 이밧더라 (今古 낙선 3) ▼맛보- ‖ “坡下一將, 已被我刺死, 你等又來~這條畫戟!” ᄂᆡ 앗가 져 언덕 아ᄅᆡ셔 한 장슈ᄅᆞᆯ 질너 죽엿더니 네 ᄯᅩ 이 화극을 맛보려 ᄒᆞᄂᆞ다 (禪眞 13:2) ▼슬토록 먹- ‖ “行者三人在留春亭, 亦盡~, 各飮了幾杯, 也都有些酣意, 正欲去尋長老, 只見長老已同國王在一閣. 八戒呆性發作, 應聲叫道: ‘好快活! 好自在! 今日也受用這一下了! 却該趁飽兒睡覺去也!’” 힝ᄌᆞ 등이 뉴츈졍의셔 향긔로온 술을 슬토록 먹고 팔계 사승이 져희를 바리고 황뎨로 더부러 조ᄒᆞᆫ 음식을 더 먹ᄂᆞᆫ가 ᄒᆞ여 몹슬 말을 무슈히 ᄒᆞ며 지져괴더니 (西遊 영남대 12:11-94) ▼편히 쉬- ‖ “乃是寇員外家. 他們前有個‘萬僧不阻’之牌. 似你這遠方僧, 盡着~.” 그곳은 구원의 집이니 그 집의셔 날마다 즁을 격거도 오히려 낫바ᄒᆞ니 그리로 가면 당뇌 편히 쉬리라 (西遊 延世 13:34) ▼맛지- ‖ “哥哥放心, 我明日自下産去拿那婦人, 今番還我~.” 가ᄀᆞᄂᆞᆫ 방심ᄒᆞ라 ᄂᆡ 명일 나려가 져 부인을 잡아 오리니 이번은 나ᄅᆞᆯ 맛지라 (이대 수호지 29:19a) ▼슈용ᄒᆞ- ‖ “他東西都~足了, 爲甚麽不去?” 져 믈건이 도모지 슈용ᄒᆞ미 흡족ᄒᆞ거ᄂᆞᆯ 엇지ᄒᆞ야 가지 아니리오 (綠牡 1:175) [ᄉᆡ융] ▼안과ᄒᆞ- ‖ “今日難得女兒自家心活, 何不將機就機, 把他許配錢員外, 落得你我下半世~.” 이제 ᄋᆞ마음니 젼과 달은니 웃지 잇ᄯᆡ을 타 젼원외에게 ᄒᆞ[허]혼ᄒᆞ여 우리 ᄂᆞ문 셰상을 안과치 안으리요 (今古 고대 37) ▼안향ᄒᆞ- ‖ “他比老太太還~呢, 問他作什麽!” 져ᄂᆞᆫ 로태태보다 더옥 안향ᄒᆞᄂᆞ니 져ᄅᆞᆯ 무러 무엇ᄒᆞᆯ고 (紅樓 8:59) ▼잉편ᄒᆞ- ‖ “我苦辭過幾回, 太太又不許, 倒說: ‘我圖~, 不肯學習了.’” 내 몃 번을 괴로이 ᄉᆞ양ᄒᆞᄃᆡ 태태 ᄯᅩ 허ᄒᆞ지 아니ᄒᆞ시고 도로혀 니ᄅᆞ시ᄃᆡ ᄂᆡ 잉편ᄒᆞ기ᄅᆞᆯ 도모ᄒᆞ고 이런 일을 ᄇᆡ화 버릇ᄒᆞ기ᄅᆞᆯ 즐겨 아니ᄒᆞᆫ다 ᄒᆞ시며 (紅樓 16:24) ▼조케 ᄒᆞ- ‖ “我浪我的, 誰叫你動火, 難道圖你~? 叫他知道了, 又不肯貸我呀.” 나ᄂᆞᆫ 내 ᄆᆞ음ᄃᆡ로 ᄒᆞ여시니 뉘 너다려 욕심을 내라 ᄒᆞ더뇨 너만 조케 ᄒᆞ엿다가 졔 알게 되면 ᄯᅩ 나

누리다.

398. 打趣[493)]

ᄅᆞᆯ 즐겨 요ᄃᆡᄒᆞ지 안ᄂᆞᆫ 거ᄉᆞᆯ 엇지ᄒᆞᆯ고 (紅樓 21:67) "等你們都去了, 我再動不遲. 有你們一日, 我且~一日." 너의가 모다 가기ᄅᆞᆯ 기다려 내 다시 동ᄒᆞᄂᆞᆫ 거시 더ᄃᆡ지 아니ᄒᆞ고 너의 가 하로ᄅᆞᆯ 이시면 내 하로ᄅᆞᆯ 잘 지내리라 (紅樓 51:36) ▼쇼견ᄒᆞ- ‖ "芍藥花正是時候, 灌醉了你好到青石子上去~." 쟉약ᄭᅩᆺ치 졍히 필 ᄯᅢᄅᆞᆯ 당ᄒᆞ여시니 너ᄅᆞᆯ 니취케 ᄒᆞ여 죠히 쳥셕 우희 가셔 쇼견케 ᄒᆞ리라 (紅補 2:77) [ᄉᆔ융] ▼평안허- ‖ "阿哥, 你們作北京的生意家, 正是收用的買賣." 형아 너의 북경 장사허는 사람들이 정이 평안헌 쟝사더라 (中華 濯足 41b) ▼호강ᄒᆞ- ‖ "我和你~快活." (語覽 水滸 52a) 나와 너와 호강ᄒᆞ다 (水滸 奎章 42:103) "我和你~快樂." 나와 너와 호강ᄒᆞ고 (水滸 延世 24a -41) "因這般上頭, 得一家人懽喜, 奉侍父母呵, 不枉了有, 麽道.因這的上頭, 父母在生時, 着~, 咱每奉侍者; 死了呵, 着受用, 咱每祭奠者.這般呵, 天下都太平, 百姓每无災難有.阿的是聖人治的天下這般好有." (孝直 7a) "如今將西北營角開了, 一齊上去, 拿住孛兒忽祭旗, 搶些馬來大家~." (花影集 郵亭午夢) "把外郎的錢粮分做兩分, 一分與他叫化的~." (訓下 7a) "被這包袱絆一交, 起來叫人時, 沒人來往.我只得跎回和你~." (清平山堂 曹伯明錯勘贓記) "那兩個公人道: '都排, 眞個~! 淸早兒臉上好春色'." (水滸 102) "張鸞、卜吉雖在其位, 全無權柄, 到落得清閑~." (平妖 35) "你家這姐姐端的百伶百俐, 不枉了好個婦女, 到明日不知甚麽有福的人~他." (金瓶 6) "因白小姐長一歲, 這一夜就先在白小姐房中成親.眞是少年才子佳人, 你貪我愛, 好不~." (玉嬌 20) ❷ 〈形〉 shòuyong 開心.¶ [ᄉᆔ융] ‖ "那一回我穿着, 可巧遇見了老爺, 老爺就不~, 問是誰作的." 한 번 신엇더니 공교히 로야ᄅᆞᆯ 만나 다시 신지 못ᄒᆞ여 뉘가 지어 쥬더야 무ᄅᆞ시거ᄂᆞᆯ (紅樓 27:64) ▼쁘- ‖ "若是替別人家做一點半點, 他家的那些奶奶太太問還不~呢." 만일 다ᄅᆞᆫ 사ᄅᆞᆷ이 조금이라도 ᄃᆡ신ᄒᆞ여 쥬면 그 집안의 내내와 태태들이 도로혀 쁘지 안ᄂᆞᆫ다 ᄒᆞ더라 (紅樓 32:55) ▼맛- «맞다» ‖ "方纔你們送來野鷄崽子湯, 我嘗了一嘗, 倒有味兒, 又吃了兩塊肉, 心裡很~." 앗가 너의들이 보낸 야계ᄉᆞᄌᆞ탕 [ᄭᅯᆼ의 삿기로 ᄭᅳ린 국] 을 내 한 번 맛보니 도로혀 마시 잇고 ᄯᅩ 두 덩이 고기ᄅᆞᆯ 먹으니 심즁의 가쟝 맛더라 (紅樓 43:3) ❸ 賺錢. ‖ "阿哥, 你們作北京的生意家어, 正是~的賣買더ᄃᆡ, [怎]不賣[費]甚嗎力ᄒᆞ고, 也倒增錢니, 不過是走着一年一輌京니고, 一還本地就清天家全不管甚嗎事ᄒᆞ고." (騎着一匹 장서각 14a) "你們作北京的生意家가, 正是~的賣買드라, 正不費甚嗎力ᄒᆞ고, 也倒增錢고." (中華 順天 8a)

493) 【打趣】 dǎqù 〈動〉 拿人開玩笑, 取笑嘲弄.¶ ᄌᆞᆼ기라이 넉이다 (課目 人倫 35b) [다취] 일졉게 너기- ‖ "錯一點兒他們就笑話~, 偏一點兒他們就指桑說槐的報怨." 한 졈만 그릇ᄒᆞ여도 져의들이 곳 흉보고 일졉게 너기며 한 졈만 일편도이 ᄒᆞ여도 져의들이 곳 횡셜슈셜 칭원ᄒᆞ며 (紅樓 16:25) "你自己便比世人好, 也不犯着見一個~一個." 너ᄂᆞᆫ ᄌᆞ긔가 셰샹 사ᄅᆞᆷ보다 조타 ᄒᆞᄃᆡ ᄯᅩᄒᆞᆫ 하나ᄒᆞᆯ 보면 그 하나의게 의취 잇게 못ᄒᆞ리라 (紅樓 20:64) ▼희롱ᄒᆞ- ‖ "誰敢戲弄你? 你不~他." 뉘 감히 너ᄅᆞᆯ 희롱ᄒᆞ리오 네 져ᄅᆞᆯ 거우지 아니ᄒᆞ여시니 (紅樓 21:3) "承值衙門戲子送上摺本, 做了些雜劇, 都是~着蠻王的." 그 아문의 대령ᄒᆞᆫ 희ᄌᆞ칙을 올니고 여간 잡된 곡죠ᄅᆞᆯ 부ᄅᆞ니 모다 만왕을 희롱ᄒᆞᄂᆞᆫ 거시라 (女仙 27:35) ▼맛ᄉᆞᆯ 부리- ‖ "他要這半新不舊的兩條帕子? 他又要惱了, 說你~他." 제 이런 ᄉᆡᆨ 것도 아니오 낡지도 아니ᄒᆞᆫ 두 벌 슈건을 달나더냐 져ᄂᆞᆫ ᄯᅩ 셩내어 니ᄅᆞᄃᆡ 네가 제게 맛ᄉᆞᆯ 부린다 ᄒᆞ리라 (紅樓 34:59) ▼놀니- ‖ "奶奶吃了酒, 又拿了我來~着取笑兒了." 내내 ᄉᆞᆯ을 ᄌᆞ시더니 ᄯᅩ 나ᄅᆞᆯ 가져다가 놀니시며 우음거리ᄅᆞᆯ ᄒᆞ시ᄂᆞᆫ도다 (紅樓 39:8) "又~我做什麽?" ᄯᅩ 실업ᄂᆞᆫ 말을 ᄒᆞᄂᆞ냐 (紅樓 52:36) ▼긔롱ᄒᆞ- ‖ "黛玉

조롱하다.

399. 倒且靠後[494)]

아직 내버려 두다.

400. 連三接四[495)]

연달아.

401. 給箇沒臉[496)]

부끄럽게 하다.

402. 多禮

(지나치게) 정중하다.

403. 妥當[497)]

自悔失言, 原是~寶玉的, 就忘了趣了彩雲." ᄃᆡ옥이 ᄉᆞᄉᆞ로 실언ᄒᆞ믈 뉘우치니 본ᄃᆡ ᄫᆞᆨ을 긔롱ᄒᆞ려 ᄒᆞᆫ 거시나 믄득 ᄎᆡ운가지 긔롱이 되엿ᄂᆞᆫ지라 (紅樓 62:76) [다취] ▼죠롱ᄒᆞ- ‖ "衆人便知他~白日間湘雲醉眠的事, 都笑了." 즁인이 믄득 제가 나죄 샹운이가 취ᄒᆞ여 조으던 거ᄉᆞᆯ 죠롱ᄒᆞᄂᆞᆫ 줄 알고 모다 웃더라 (紅樓 63:45) "好何相公, ~我老頭子!" 하샹공은 나 ᄀᆞᄐᆞᆫ 늙은이ᄅᆞᆯ 됴히 죠롱ᄒᆞ시ᄂᆞᆫ도다 (女仙 29:31) "他倒作笑話兒~我!" (西遊 35)

494) 【靠後】 kàohòu 〈動〉 ❶ 退開, 閃在一邊.¶ 뒤흐로 므르다, 一云"退後". (譯上 動靜 40a) 뒤흐로 물너나다 (華抄 動靜 11b) 뒤ᄡᅥ러져 (西廂 博文 33) 教鶯少避依我背後. (艶夢 西廂 45a) ❷ 緩一緩, 放在後面辦.¶ "且~." 아직 ᄇᆞ려 두고 (水滸 奎章 35:93) 아직 버려 두고 (語覽 水滸 34:65) "當下袁達叫衆將~, '吾先撞一陣'." (七國春秋 下) "老叔自說得是, 家中官事且~. 只有一個老父歿了, 如何不煩惱!" (水滸 35)

495) 【連三接四】 liánsānjiēsì 〈熟〉 接連不斷.¶ [년싼졔쓰] 삼ᄉᆞ ᄎᆞᄅᆞᆯ 졉련ᄒᆞ여 ‖ "平兒道: '有甚麽事, 這麽要緊? 我爲大奶奶拉扯住說話兒, 我又不逃了, 這麽~的叫人來找." 평ᄋᆡ 니ᄅᆞᄃᆡ 무ᄉᆞᆷ 일이 잇셔 이러케 요긴ᄒᆞ뇨 나ᄂᆞᆫ 대내내의게 븟들녀 셜화ᄒᆞ믈 위ᄒᆞ엿고 나ᄂᆞᆫ 또 도망ᄒᆞᆫ ᄇᆡ 업거ᄂᆞᆯ 이러케 삼ᄉᆞ ᄎᆞᄅᆞᆯ 졉련ᄒᆞ여 사ᄅᆞᆷ을 보내여 나ᄅᆞᆯ 찻ᄂᆞᆫ고 (紅樓 39:23) ▼세곳을 바드며 네곳이 또 오- ‖ "原來平兒出去, 有賴林諸家送了禮來, ~, 上中下三等家人來拜壽送禮的不少." 원ᄅᆡ 평ᄋᆡ 제 곳의 나가ᄆᆡ 뇌ᄃᆡ와 림지ᄒᆞᆫ 모ᄃᆞᆫ 집의셔 례믈을 보ᄂᆡᄆᆡ 셰곳을 바드며 네곳이 또 와 샹즁하 삼층으로 헌슈ᄒᆞᄂᆞᆫ 례믈 보ᄂᆡᄆᆡ 젹지 아니ᄒᆞᆫ지라 (紅樓 62:45) [렌싼졔씌] ▼녈비ᄒᆞ게 ‖ "有什麽事這麽要緊, ~的叫人來找了. 我爲客人拉住說話呢, 我又不逃走了." 무ᄉᆞᆷ 일이 잇셔 이갓치 요긴ᄒᆞ뇨 녈비ᄒᆞ게 사ᄅᆞᆷ을 부려 찻ᄂᆞ뇨 내 손님의게 글여 이야기ᄒᆞᆫ다 내 도망ᄒᆞᆫ 것은 아니다 (華語精選 153)

496) 【給箇沒臉】 gěigeméilián ☞ 給沒臉 ᄂᆞᆺ업시 붓그럽게 ᄒᆞ다 (蒙補 雜語 36a)

온당하다. / 타당하게.

404. 爭些兒[498)]

497) 【妥當】 tuǒdàng 〈形〉 辦事穩妥, 周到可靠.¶ [토당] 온당ᄒᆞ다 (譯補 瑣說 53b) (方四 雜語 26b) "~了." 온당ᄒᆞ다 (漢淸 完成 12:18a) [토당] ▼온당ᄒᆞ- ‖ "賈母素知秦氏是極~的人, 生得裊娜纖巧, 行事又溫柔和平, 乃重孫媳婦中第一個得意之人, 見他去安置寶玉, 自是安穩的." 가뫼 본ᄃᆡ 아는 바의 진시는 극히 온당ᄒᆞᆫ 사ᄅᆞᆷ이오 모양이 요요ᄒᆞ고 공교ᄒᆞ며 ᄒᆡᆼᄉᆡ ᄯᅩ 온유ᄒᆞ고 화평ᄒᆞ니 이는 여러 숀부 즁의 뎨일노 득의ᄒᆞᆫ 사ᄅᆞᆷ이라 졔 보옥을 안돈ᄒᆞ려 ᄒᆞᆷ을 보ᄆᆡ 스ᄉᆞ로 온당히 너기더라 (紅樓 5:9) "因命平兒拿了樓門上鑰匙, 傳幾個~人來抬去." 인ᄒᆞ여 평ᄋᆞ를 명ᄒᆞ여 다락문 열쇠를 가지고 몃 낫 온당ᄒᆞᆫ 사ᄅᆞᆷ을 블너다가 메여 가라 (紅樓 6:71) "我心中原有個~人, 也當面托老太太, 等着桂姑娘過門之後, 就將這件辦了, 完我一件心事." 내 심즁의 근본 온당ᄒᆞᆫ 사ᄅᆞᆷ이 이시니 ᄯᅩᄒᆞᆫ 당면ᄒᆞ여 노태태긔 쳥ᄒᆞ엿다가 계고낭의 과문ᄒᆞ기를 기다려 이 일을 판리ᄒᆞ여 나의 한가지 심즁ᄉᆞ를 요감ᄒᆞ리이다 (紅復 8:103) ▼맛당ᄒᆞ- ‖ "是極~之人." 극히 맛당ᄒᆞᆫ ᄉᆞ람 (語錄彙編 水滸 20a) ▼~ᄒᆞ-/~ᄒᆞ- ‖ "你道我這箇租帖, 寫得~不~?" 네 니ᄅᆞ라 내 이 셰 내는 글월이 ᄡᅳᆫ 거시 妥當ᄒᆞᆫ가 妥當치 아니ᄒᆞᆫ가 (朴新 2:45ab) [토당] ▼ᄶᅡᆨᄶᅡᆨ허- ‖ "蘇長家在鋪子裡, 打發伶俐~的夥計們往外販貨去, 該要賬的要賬, 一頭攏這箇的一頭攏那箇的, 給掌櫃的各干其事, 那箇到受福不受福? 又是嫌甚嗎呢?" ᄆᆡ양 져쟈의셔 약고 ᄶᅡᆨᄶᅡᆨ헌 동무드를 시겨 압푸로 물건 사랴 허고 외상 차즐 외상 찻고 일변 이것도 변통허고 일변 져것도 변통허나니 쟝궤지를 각각 그 일을 허여 쥬는ᄃᆡ 그 도로여 편안허랴 평안치 못허랴 ᄯᅩ 무어슬 나무라허랴 (中華 濯足 44a) [토당] ▼즐 보- ‖ "老爺事情都~咧無, 裝車罷別的老爺早走咧." 노야 일을 다 즐 보아 게시고 노야는 발셔 가더이다 (關話 14a) [토당] ▼~이 ‖ "車輛都做~了麼?" 車輛을 다 ᄆᆡᆫ들기를 妥當이 ᄒᆞ엿ᄂᆞ냐 (朴新 2:19b) ▼~히 ‖ "這般陳設~, 來的客人們也道我收拾得精緻, 豈不有趣呢." 이리 陳設ᄒᆞ기를 妥當히 ᄒᆞ면 오는 客人들도 내 收拾기를 精緻히 ᄒᆞ엿다 니를 거시니 엇지 맛 잇지 아니ᄒᆞ랴 (朴新 2:50a) ▼태당이 ‖ "我們明兒箇五更天要出邊門, 你們今兒下晚告訴門上老爺, 打發撥什庫, 早進城裡, 告送老爺說, 我們包子車早已到了沒一輛落後, 諸事都辦的~, 快些別悞了." 내 ᄂᆡ일 오경의 변문에 나가려 ᄒᆞ니 너희 오날 제녁의 문 어ᄉᆞᄭᅴ 엿ᄌᆞ와 빗ᄉᆞ을 시겨 일즉이 셩의 드러가 노야ᄭᅴ 엿ᄌᆞ와 우리 짐수ᄅᆡ 발셔 이르고 ᄒᆞᆫ 수레도 ᄯᅥ러진 거시 업스니 모든 일을 다ᄒᆞ기를 태당이 ᄒᆞ엿시니 밧비ᄒᆞ고 그릇 말라 (漢語 修綆室 15b)

498) 【爭些(兒)】 zhēngxiē(r) 〈副〉 差一點, 險些. ¶ [즁셔울] ᄒᆞᆷ아, =險些兒[현셔울] (譯下 瑣說 51a) ᄒᆞ마, 又曰"險些兒". (課目 雜類 109b) 거위란 말 (語覽 西廂 104a) ᄒᆞ마터면 (大方 西廂 4b) (水滸 奎章 1:2) (大方 水滸 10a) (語覽 三國 109b) ᄒᆞ마트면 (水滸 24:50 /34:65) 함아, 又져기더[터]면 (語覽 水滸 35b) ᄒᆞ마트면 (水滸 楔子:2) 하마터면 (西廂 聯帖 鬧簡 3b) 하마트면 (語錄彙編 水滸 16a) 하마타면 (水滸 菊齋 1:13b) 조옴터면 (艷夢 西廂 28b) 죠금터면 (西廂 미도관 25b) 져기트면, 幾字意. (水滸 延世 2a-楔) "~跌了一交." 하마트면 넘어질 번ᄒᆞ여 (水滸 奎章 69:145) 하마토면 너머질 번ᄒᆞ여 (水滸 延世 36b-68) 하마타면 넘어질 번하여 (水滸 菊齋 1:54b) ▼하맛타면 ‖ "~送了性命." 하맛타면 쥬글 번하다 (水滸 菊齋 1:54b) ▼하마타면 ‖ "~送了性命不如下山去罷." 하마타면 쥬글 번하여신이 도로 下山하여 가고 마는 것만 못하다 하고셔 (水滸 菊齋 2:12a) ▼거위 ‖ "~把奴拖犯." 거위 나로 ᄒᆞ여곰 간범이 될 번 ᄒᆞ엿다 (語覽 西廂 107a) ▼ᄒᆞ마 ‖ "這是先生命慳, 不是紅娘違慢. 那的做了你的招狀, 他的勾頭, 我的公案. 若不覷面顏厮顧眄, 擔饒輕慢, ~把奴打犯." 이거시 션ᄉᆡᆼ의 명수가 비ᄉᆡᆨᄒᆞᆫ 거시오 니 홍

하마터면.

405. 燙酒[499]來篩下

술을 데워 따르다.

406. 秧歌[500]

메나리.[501]

407. 古詞[502]

이야기.

408. 雪片[503]也似[504]

낭의 어긧드리미 아닐셰 엇지 져지른 거슨 너의 공쵸승복이오 져의 썩쇠친 거슨 나의 공결 숑안일네 마닐 안면을 보아 셔로 아러쥬어 죠곰 잘못ᄒᆞᆫ 거슬 넹기지 못ᄒᆞ게 되면 하마 나 렬 자바 실범으로 칠 번ᄒᆞᆯ너니라 (西廂 博文 128) ▼거의 ‖ "嫂嫂休要恁地不識羞恥! 把手隻一推, ~把那婦人推一跤." 수쉬 렴치 업도다 엇지 붓그런 줄 모르고 이런 말을 ᄒᆞ나뇨 ᄒᆞ며 손을 밀치니 부인이 거의 것구러질 번 ᄒᆞᆫ지라 (水滸 新文 2:23:47) ▼ᄒᆞ마ᄒᆞ더면 ‖ "我那爺, 你何不早通個大名! 省得着我做出歹事來. ~傷了仁兄." 우리 야애아 네 일즉 셩명을 통치 아냐 날노 ᄒᆞ여금 ᄒᆞ마ᄒᆞ더면 일을 그릇 힝ᄒᆞ여 거의 인형의 목숨을 상ᄒᆞᆯ 번ᄒᆞ도다 (水滸 이대 32:21b-37) ▼ᄒᆞ마ᄒᆞ드면 ‖ "原來不識好人, 一時間見不到處, 少問個緣由, ~壞了義士." 원ᄅᆡ 됴흔 사ᄅᆞᆷ을 알아 보지 못ᄒᆞ고 하마ᄒᆞ드면 의ᄉᆞ의 셩명을 닷칠 번ᄒᆞ엿더니 (水滸 新文 2:32:161) "碧天振動斗牛宮, ~刮倒森羅殿." (西遊 20)

499) 【燙酒】 tàngjiǔ 〈動〉 燙: 用熱水溫之使熱. ¶ [탕쥐] 슐 데이다 (漢談 食餌 13a)

500) 【秧歌】 yānggē 〈名〉 農民挿殃時唱的歌. 用以減少勞累. ¶ [양거] 메ᄂᆞ리 (漢淸 戱耍 6:61b) (課目 音樂 121a) [양거] 메널이 (方三 田農 24b) 메ᄂᆞ리 (課目 理生 67a) (文類 器用部 20b) 메나리 (物名考 西江 耕織 1a) 메너리 (博物 農具 18b)

501) 경상도, 전라도, 충청도 들에 전해오는 농부가에 가까운 민요의 하나. 노랫말은 지방마다 조금씩 다른데, 슬프고 처량한 조를 띰.

502) 【古詞】 gǔcí 〈名〉 故事.¶ [구츠] 니야기 (漢淸 戱耍 6:61b)

503) 【雪片】 xuěpiàn 〈名〉 雪片.¶ 눈송이 (漢淸 天文 1:14b) 눈ㅅ발 (蒙補 天文 1b) ▼눈 ‖ "~也似." 눈 날니드시 (水滸 奎章 1:1) (水滸 楔子:2) 눈 날이드시 (水滸 聯帖 6a) 눈 나리드시 나다 (語覽 水滸 42b) 눈쪽 ᄅᆡ이드시 (水滸 菊齋 1:21b) ▼눈쪽 ‖ "~也似申奏將來." 눈쪽 ᄅᆡ리드시 奏聞하고 (水滸 菊齋 1:61b) ▼눈쏙 ‖ "天下各州各府~也似申奏將來." 天下 各州 各邑의 셔 눈쏙 ᄅᆡ리더니 啓聞하덜라 (水滸 菊齋 2:20b)

504) 【也似】 yěsì 那樣, 那般. ¶ -드시 ‖ "雪片~." 눈 날니드시 (一簑 水滸語錄 1a) ▼-다시 ‖ "飛~都奔將來." 나난 다시 모도 달아가다 (水滸 菊齋 1:54a) "一箇飛~入來報監寺." 하나이 나는 다시 들으와 監寺僧의게 릴으다 (水滸 菊齋 1:82a) ▼-덧기 ‖ "見關了門把拳頭擂鼓~敲門."

눈송이 날리듯이.

409. 遮莫[505]

門 잠고는 거슬 보고 쥬먹귀로 북치덧기 門을 두달이다 (水滸 菊齋 2:13b) ▼-ᄃᆞ시 ‖ "這的恰將來的馬, 飛~緊馬窟, 快走的點的都有了." 이 ᄀᆞᆺ 가져온 ᄆᆞᆯ이 ᄂᆞᄂᆞᆫ ᄃᆞ시 재고 잘 건ᄂᆞᆫ 이와 셰가탈 ᄒᆞᄂᆞᆫ 이 다 이셰라 (朴中 8a) [여스] ▼ᄀᆞᄐᆞ- ‖ "騎着一箇墨丁~黑五明馬, 鞍子是一箇烏犀角邊兒輓玳瑁油心紅畫水波面兒的鞍橋子." ᄒᆞᆫ 먹뎡ᄀᆞ티 거믄 가라간 져ᄉᆞ죡빅앳 ᄆᆞᆯ 탓고 기ᄅᆞ마ᄂᆞᆫ 이 ᄒᆞᆫ 거믄 셔각으로 젼ᄒᆞ고 ᄃᆡ미 ᄡᆞ고 유심홍 블근비체 슈파 그림 면엣 기ᄅᆞ맛 가지예 (飜朴 上27b) ᄒᆞᆫ 墨丁 ᄀᆞᄐᆞᆫ 가라간쟈 ᄉᆞ죡빅 ᄆᆞᆯ을 ᄐᆞ고 기ᄅᆞ마ᄂᆞᆫ 이 ᄒᆞᆫ 鳥犀角변ᄋᆞ에 玳瑁ᄅᆞᆯ ᄉᆞᆯ랏고 油心紅빗치 水波面 그린 기ᄅᆞ마 가지오 (朴上 26a) "街上泥凍的, 只是一剗狼牙~, 馬們怎麽當的? 거리예 즌ᄒᆞᆰ 언 거시 그저 ᄒᆞᆫ골ᄀᆞ티 일희니 ᄀᆞᄐᆞ니 ᄆᆞᆯ들히 엇디 당ᄒᆞ리오 (朴中 29b) "三尺寬肩膀, 燈盞~兩隻眼, 直挺挺的立地, 山~不動憚, 咳, 正是一條好漢." 석 자나 너ᄅᆞᆫ 엇게오 등잔 ᄀᆞᄐᆞᆫ 두 눈에 바로 곳곳이 ᄡᆞ히 셔시니 山 ᄀᆞᄐᆞ여 動憚티 아니ᄒᆞ니 애 졍히 一條好漢이러라 (朴下 31b) ▼ᄀᆞᆺ- ‖ "黃豆來大的, 血點~, 好顔色圓淨的價錢大." 콩만치 크고 혈점 ᄀᆞᆺ고 빗 됴코 원정ᄒᆞ니ᄂᆞᆫ 갑시 만흔디라 (朴下 26b) ▼-더시 ‖ "那匹戰馬撥風~去了." 져 戰馬가 발암의 ᄯᅳᆫ 더시 가다 (水滸 菊齋 1:80b)

505) 【遮莫/遮末】 zhēmo ❶ 〈連〉不管怎麽, 拼着.¶ 縱令也. 猶言"儘教", 므던타 (四下 33a) 遮, 音折, 므더니 너기다, 猶言儘教也, 진실로 그러케 ᄒᆞ다, 遮, 一作"折". (語初 8a) (語重 12a) «杜詩»: "~, '隣鷄下五更.' 注云: 儘教也." «鶴林玉露»: ~, 今俗語所謂儘教也, 乃有用爲禁止之辭者, 誤矣. (洛閩 詁) 儘教. (大方 水滸 1b) 거니, 不關之意. ~, 其去處, 져 아모곳으로 가거니 (水滸 延世 44b) 아물어커나 (水滸 菊齋 1:1:10a) "好了, ~去那里陪着小心, 借宿一宵, 明日早行." 좃타 아물이커나 졀이 가셔 恭順이 하고 하로밤 借宿한 후의 明日에 릴직 가리라 (水滸 菊齋 2:52b) ▼므더니 너기- ‖ "久拚野鶴如雙鬢, ~鄰鷄下五更." 미·햇 鶴·가 :두 귀민 곧·호ᄆᆞᆯ 오·래 ᄇᆞ·리고 이·웃집 ᄃᆞᆯ기 五更·에 ᄂᆞ·료ᄆᆞᆯ 므던·히 너·기노·라 (杜初 15:49b) "~甚麽." 무어시든지 (語覽 水滸 46b) "~怎地." 아므리 ᄒᆞ던지 (水滸 奎章 60:137) 아모리 ᄒᆞ던지 (水滸 延世 33a-59) (語覽 水滸 46a) (水滸 59:101) 아무리 하던지 (水滸 菊齋 1:24b) ▼아모커나 ‖ "~去那裡陪箇小心." 아모커나 져리 가셔 공순이 ᄒᆞᄌᆞ (水滸 奎章 2:10) (語覽 水滸 54b) 아모커나 져리 가셔 공순이 ᄒᆞᆫ다 (水滸 延世 3b-1) ▼아물어커나 ‖ "王進看了道: '好了, ~去那里陪箇小心, 借宿一宵, 明日早行.'" 王進이 가 보고 道하되 좃타 아물어커나 져긔로 가셔 恭順하고 借宿一夜한 後의 ᄅᆡ 릴직 가리라 하고 (水滸 菊齋 3:20b) "這人驚問道: '~便是放殷尙赤犯罪開封的孫節級哥哥麽?" 그 사ᄅᆞᆷ이 듯고 놀나 무ᄅᆞᄃᆡ 아니 은샹젹을 노코 기봉부의 죄닙은 손졀급 가갠다 (後水滸 7:38) ▼-셔도 ‖ "柴進聽罷, 笑道: '兄長放心, ~做下十惡大罪, 旣到敝莊, 俱不用憂心. 不是柴進誇口, 任他捕盜官軍, 不敢正眼兒 著小莊.'" ᄉᆡ진이 웃고 닐오ᄃᆡ 형은 방심ᄒᆞ여시라 십악대죄ᄅᆞᆯ 지어셔도 내 집의 이시면 근심 업ᄉᆞ니라 내 쟈랑내여 니ᄅᆞᄂᆞᆫ 줄이 아니라 포도관군이 감히 내 집을 업슈이 너겨 보디 못ᄒᆞᄂᆞ니라 (忠義水滸 서울대 8:24a-22) ▼아모 ‖ "~酸咸苦澀, 問甚滑辣淸香, 是酒還須飮三碗." 아모 술이든지 먹고 가리라 (水滸 新文 2:28:127) "兀那裏燈光明處, 必有人家. ~怎地陪個小心, 借宿一夜, 明日早行." 뎌 등광이 빗최ᄂᆞᆫ 곳에 일뎡 촌개 잇스리니 아모 곳에나 조심ᄒᆞ여 ᄒᆞ로밤 자기ᄅᆞᆯ 빌어보리라 (水滸 新文 3:36:3) "~去那裏陪個小心, 借宿一宵, 明日早行." (水滸 2) 任憑, 儘教. ‖ "解使三里門內女, ~九皈殿中仙. 玉皇殿上, 侍香金童把臂拖來; 王母宮中, 傳言玉女攔腰抱住." (金甁 2) ❷ 卽使.¶ 만일 ‖ "兄長放心! ~做下十惡大罪. 旣到弊莊, 但不用憂心." (水滸 22) "休

무던하다. / 아무튼지.

410. 躧了[506]

밟다.

411. 不忿[507]

기분 나쁘다. / 언짢다. / 불만이 가라앉지 않다.

412. 撇下鋪馬[508]

說一件事, ~幾十件, 也都依你." (水滸 51) ☞ 遮末, 折莫

506) 【躧】cǎi 〈動〉 踩.¶ "~着." 볿다 (同上 動靜 26b) (蒙上 動靜 20b) "~著." 볘져 들고 (語覽 西遊 59a) "~了." 거치단 말 (水滸 延世 43b) (語覽 西遊 29a) [채] 볿다, «音義»云: 跐, 音채."躧" 通用, 後同.今按: 舊本作"躧". «韻書»: 跐, 音재.又즈, 躧, 音새.又시, 兩字爲채音者, «韻書»不收而俗讀, 則俱從채音, 並上聲. 今亦從之. «字學啓蒙»: 字作"蹀". ‖ "你看那瓦有破的時, 換箇新的. 你慢慢兒走, 那瓦水潤了無些氣力, 只怕~破了." 네 보아 뎌 디새 깨여디니 잇거든 새로 밧고고 네 날회여 ᄃᆞ니라 뎌 디새 믈 빅야 져기 힘이 업스니 그저 불와 ᄩᆞ릴가 저페라 (朴中 40b) "都是你兩個小畜生的勾當, 每日家尋空便拿雀兒, 把瓦來都~破了." 다 너희 두 가히삐의 일이라 每日에 뵌 적을 어더 새 잡노라 디새를다가 다 불와 ᄩᆞ려시니 (朴中 40b) "其中那一火兒强的, 把別的打的四分五落裡, 東走西散, 這般赶退了, 忽跳上牛去, 撮下那明珠, 各飯店酒肆裡繞着走, 這般鬧起來, 打的打~的~, 這般戰場裡, 乾無來由做甚麽去?" 그 듕에 아모 ᄒᆞᆫ 무리 나은이 다ᄅᆞᆫ 이를다가 텨 四分五落ᄒᆞ야 東走西散ᄒᆞ니 이리 뽀차 믈리티고 믄득 쇠게 뛰여올라 뎌 明珠를 쌔혀 各 飯店과 酒肆에 두로 ᄃᆞᄅᆞ니 이리 요란ᄒᆞ여 티리 티고 불피리 불피니 이런 戰場에 쇽졀업시 므슴ᄒᆞ라 가리오 (朴下 48b) ▼믓지ᄅᆞ- ‖ "若牙迸半個'不'字, 我推倒了黑風山, ~平了黑風洞, 把你這一洞妖邪, 都碾爲虀粉." 만일 거슬면 흑풍산을 업지ᄅᆞ고 흑풍동을 믓지ᄅᆞ며 너희 요괴놈들을 대쇼업시 다 ᄇᆞ으쳐 ᄀᆞᄂᆞᆯ ᄆᆞᆫ들니라 (西遊 延世 3:43) ▼니러나- ‖ "只顧望東小路裏撞將去, 約莫走了也是一更時分, 心裏越慌, 看不見地下, ~了一條絆馬索." 동편 쇼로로 향ᄒᆞ야 다라나더니 초경 째ᄂᆞᆫ 되여셔ᄂᆞᆫ ᄆᆞᄋᆞᆷ이 더욱 황망ᄒᆞᆫ지라 뎌ᄉᆞᄒᆞ고 닷더니 수플 속으로셔 ᄆᆞᆯ 동히ᄂᆞᆫ 줄이 니러나며 (水滸 新文 2:31:159) "衆猴脚~實地, 認得是家鄉, 個個歡喜, 都奔洞門歸路." (西遊 2) "他大娘這般沒人心仁義, 自恃他身邊養了個尿胞種, 就把人~到泥裏." (金瓶 85)

507) 【不忿/不憤】bùfèn 〈形〉 不高興, 不服氣.¶ 셩을 졀억 ᄅᆡ다 (水滸 菊齋 1:6a) [부분] 블쾌ᄒᆞ- ‖ "如此黛玉心中便有些~之意, 寶釵却渾然不覺." 이러므로 대옥이 믄득 심즁의 블쾌ᄒᆞᆫ 의ᄉᆡ 이시ᄃᆡ 보챠ᄂᆞᆫ 믄득 흔연ᄒᆞ여 ᄭᅵᄃᆞᆺ지 못ᄒᆞ며 (紅樓 5:4) "見董卓氣勢欺人, 越有~之心." (三國志平話 上) "關、張心中~." (三國 15) "鄆哥~鬧茶肆." (水滸 24) "到此處, 見這樣個情節, 他必然~." (西遊 30) "梁尚賓聽說, 心中~, 又見價錢相因, 有些出息, 放他不下." (喩明 2) "(潘金蓮)看上面西門慶底下同室人吳氏, 傍邊只有李氏, 再沒別人, 心中就有幾分~." (金瓶 39) "這一個就~他唱這詞, 剛才搶白了爹幾句." (金瓶 73) ☞ 不憤氣

508) 【鋪馬】pùmǎ 〈名〉 驛站所備的馬匹, 卽驛馬. 鋪: 驛站.¶ 역ᄆᆞᆯ (課目 禽獸 24b) 驛馬. (語覽 水滸

역말을 버리다.

413. 經到報至

미상.

414. 宿頭[509)]

잘곳.

415. 將着

가지고.

416. 敢未打火[510)]

34b) [푸마] ~ ‖ "更沒多騎~, 又不曾冒支分例, 沒一點非理害民, 何故不與甘結?" 또 鋪馬롤 만히 틈이 업고 또 일즙 分禮롤 冒支티 아니ᄒᆞ여 一點도 非理로 害民홈이 업ᄉᆞ니 므슴 연고로 甘結을 주디 아니ᄒᆞ리오 (朴中 9a) "~裏去也, 長行馬去?" 鋪馬로 가냐 長行馬로 가냐 (朴下 38a) ~, 站馬也. 元制遠方之任官負一品五匹, 二品四匹, 三、四品三匹, 五品以下二匹. 古者常称太守曰五馬. 按«禮»: 天子六馬左右驂, 三公九卿駟馬左驂. 則漢制太守駟馬, 其加秩中二千石乃右驂, 故以五馬爲貴.«遯齋閑覽»云: 漢朝臣出使爲太守增一馬, 故爲五馬. ‖ "甚麽長行馬, 五箇~去了." 므슴 長行馬ㅣ 리오 다ᄉᆞᆺ 鋪馬로 가니라 (朴下 38a) "每站設馬夫二十人, 內~, 并使臣的廩給羊馬, 及車輛牛隻, 定將則例去." (元朝秘史 15) "凡見馬則換易, 并一行人從悉可換馬, 謂之乘~, 亦古乘傳之意." (蒙韃備錄) "上謂承政院曰, 稱父母妻子兄弟之病, 啓請~者頗多. 其禁斷之術, 商議以聞." (朝鮮王朝實錄 世宗 123:31:1 甲午) "帶了數十人, 上了~, 一行部從, 離了東京, 取路徑投信州貴溪縣來." (水滸 1) "盧俊義聽了聖旨宣取回朝, 同使命離開了盧州, 一齊上了~來京." (水滸 120)

509) 【宿頭】 sùtóu 〈名〉 宿處.¶ 잘참 (廣物譜 1 人道 7a) 잘츰 (語覽 水滸 23a) 잘만 (水滸 延世 40b) 宿所. (水滸傳語錄 2b) 잘듸 (水滸 菊齋 1:8a) ▼슌막 /잘듸 ‖ "趕不上~." 슌막을 지ᄂᆡ치 (水滸 奎章 29) 좃차가되 잘듸을 가지 못하여 (水滸 菊齋 1:34b) "不覺錯過了~." 글읏 잘듸을 지ᄂᆡ 쥴 몰나노라 (水滸 菊齋 1:53a) "洒家趕不上~." ᄅᆡ가 좃차오다가 잘듸을 오지 못하여 (水滸 菊齋 1:56b) ▼잘곳 ‖ "小人是個犯罪配送江州的人. 今日錯過了~, 無處安歇, 欲求貴莊借宿一宵, 來早依例拜納房金." 쇼인은 귀향가ᄂᆞᆫ 사ᄅᆞᆷ이러니 금일에 잘곳을 다 지내치고 귀ᄒᆞᆫ 곳에 니르럿스니 명일 써날 째에 방셰롤 의례히 드리고 가랴 ᄒᆞᄂᆞ이다 (水滸 新文 3:36:3) "子母兩個歡喜, 在路上不覺錯過了~." (水滸 2) "又上了幾步, 有兩個客店, 火家來兜攬道: '西來的客官, 同去~遠哩! 就我家安歇, 有好房間, 好糟道!'" (蕩寇 75)

510) 【打火】 dǎ//huǒ 〈動〉 燒火做飯.¶ [다호] 블씻다, =燒火[샤호] (譯上 食餌 54b) [다호] 부쇠 치다 (漢清 烟火 10:50b) [다호] 부쇠 치다 (漢談 器具 18a) 뎜심ᄒᆞ다 (課目 宮室 74b) [다호] 불 씌다 (華抄 食餌 15b) [다호] 불 씻다 (華撮 日用雜語 66a) 졈심 요긔, 做飯. (水滸 延世 40b) 造飯. (大方 水滸 1b) 밥짓다 (語覽 水滸 23a) 밥 식인단 말 (語覽 西遊 62b) "敢未~." 미쳐 밥 못 먹어쓰리라 (水滸 奎章 2:17) 미쳐 밥 못 먹어시리라 (水滸 延世 3b-1) 밋쳐 밥 못 먹어스리라 (語覽 水滸 42b) "~喫了飲食." 불 어더 飮食하여 먹고 (水滸 菊齋 1:44a) "路上又沒

미처 밥 먹지 못하다.

417. 福物[511]

제물.

418. 休要[512]

……하지 마라.

箇~處." 路上에 쏘 밥 먹을 고지 업고 (水滸 菊齋 1:70a) [다호] ▼블디디 ᄒᆞ- /블띳기ᄒᆞ- ‖ "我不~喝風那? 你疾快做着五箇人的飯着." 내 블디디 몯ᄒᆞ고 ᄇᆞᄅᆞᆷ마시려 네 ᄲᆞᆯ리 다ᄉᆞᆺ 사ᄅᆞᄆᆡ 밥 지스라 (飜老 上20a) 내 블띳기 못ᄒᆞ고 ᄇᆞᄅᆞᆷ마시랴 네 ᄲᆞᆯ리 다ᄉᆞᆺ 사ᄅᆞᆷ의 밥을 지으라 (老上 18a) ▼밥ᄒᆞ- ‖ "行了四五日路程, 每日天色晩來投店安歇, 平明~上路." ᄉᆞ오일 길흘 가되 ᄆᆡ일 나죄마다 뎜의 드러 자고 날이 새거든 밥ᄒᆞ야 먹고 갈ᄉᆡ (忠義水滸 영남대 21:24b-61) ▼블ᄯᅡ히- ‖ "梁忠自此住在店中, 替他~做飯, 凡遇來往客人, 就訪問梁生消息." 냥튱이 이날브터 예 머므러 밥소ᄐᆡ 블ᄯᅡ혀 주고 됴셕을 어더 먹으며 인ᄒᆞ야 ᄀᆡᆨ인들의게 냥ᄉᆡᆼ의 쇼식을 뭇더니 (回文 4:13a) ▼(밥을) 먹- ‖ "如今世上人, 那個頂着房屋走哩! 你母子二人敢未~?" 엇지 그러ᄒᆞᆷ이 잇스리오 ᄉᆡᆼ각건댄 너희 모ᄌᆞ 이인이 셕반을 먹지 못ᄒᆞ엿스리로다 (水滸 新文 1:1:13) 卽今 世上 사람이 뉘가 이티예 房屋을 이고 질을 간다든야 너의 母子 二位가 밋차 밥을 못 먹어슬리라 (水滸 菊齋 3:7a) "當日客店裏辰牌時分, 慢慢地~吃了早飯行." (水滸 16) "丑: '行得氣喘.' 合: '肚中飢餒.' 丑: '都不見~.'" (張協狀元 40) "相公, 該打中火了." (警通 4) "到得他家, 娘子妬色, 罰我廚下~, 挑水做飯, 一言難盡." (警通 20) "羅童正行在路, ~造飯." (淸平山堂 陳巡檢梅嶺失妻記) "一路看了些山明水秀, 午牌時打中火又行." (金瓶 55)

511) 【福物】fúwù 〈名〉 祭神用的供品. 特指猪、牛、羊三牲.¶ [부우] 祭物. (譯補 祭祀 10a) ▼고사할 것 ‖ "買了~煮熟在廟." 고사할 거슬 사셔 릭켜 가지고 廟中의 잇거라 (水滸 菊齋 1:63b) ▼告祠할 거 ‖ "兩箇排軍, 買了~煮熟, 在廟等到巳牌也不見來." 두 排定한 軍士가 告祠할 거를 사셔 익켜 가지고 廟中으셔 巳牌時가지 지ᄃᆡ여도 오는 거슬 보지 못하여 (水滸 菊齋 2:60b) ▼희ᄉᆡᆼ ‖ "汝是何等人, 敢來詐降! 吾今缺少~祭旗, 願借你首級." (三國 16:51:49) "且說兩箇牌軍買了~煮熟, 在廟等到巳時, 也不見來." (水滸 2) "你今日猪羊上廟, ~盛得十分的, 小弟又在此, 怎的不散福?" (金瓶 53)

512) 【休要】xiūyào 〈副〉 別.¶. "~和他一般見識." (華語抄畧 9a/366) [휘야] ▼말- ‖ "你主人家就與我買去, 買一斤肉着. ~十分肥的, 帶肋條的肉買着, 大片兒切着, 炒將來着." 너 쥬인하 즉재 날 위ᄒᆞ야 사라 가라 ᄒᆞᆫ 근 고기를 사ᄃᆡ ᄀᆞ장 ᄉᆞᆯ지니란 말오 녑발치 조ᄎᆞᆫ 고기를 사다가 편 굵게 사ᄒᆞ라 봊가 오라 (飜老 上21a) 너 主人아 이믜셔 나를 위ᄒᆞ여 사라 가라 ᄒᆞᆫ 근 고기를 사되 ᄀᆞ장 ᄉᆞᆯ지니란 말고 녑팔지 브튼 고기를 사다가 편 굵게 싸흐라 봊가 가져오라 (老上 19a) "這等說, 你好好的用心讀書學習, ~懶惰, 街上休要遊蕩." 이리 니ᄅᆞᆯ 양이면 네 ᄀᆞ장 用心ᄒᆞ여 讀書學習ᄒᆞ여 懶惰치 말고 거리에 遊蕩치 말라 (朴新 1:48b) [휘얖] "誰人門前來請我, 你着我手~悔." 뉘 門 앏희 와 날을 請ᄒᆞᄂᆞ뇨 네 내 슈단을 닙어도 뉘웃디 말라 (伍倫 2:9a) "~囉唣." 잡되게 굴지 말나 (水滸 菊齋 1:23a) "三日已後, 索要喫些茶飯, 教他~因死的傷了活的; 痛心休教抵死過當着. 這的是聖人教人行孝的法度." (孝直 15a) "好速攙扶你嫂子回房去, ~慌嚇他." (金瓶 26) "你須自解自歎, ~只顧煩惱了." (金瓶 59)

419. 遭是513)

마침.

420. 一千人

천인.

421. 一千514)

천.

422. 看顧515)

---

513) 【遭是】 zāoshì 〈副〉 恰好.¶ 마초와 (老朴集 單字解 7a) 마츰 (課目 雜類 107a) 訓 마츰 (五洲衍文 語錄辨證說) [잪亽] 마츰 (譯補 瑣說 53a) (方四 雜語 30b) (蒙下 雜語 42a) 마즘 (同下 雜語 50a) (三學 詁) [잪시] ▼마즘 ‖ "今年年成平常銀錢艱難, 京都也沒甚麼買賣. ~我不去, 往還路程約有二千多里, 到那裏住兩三箇月, 買賣也沒有利息, 房錢又空費了, 如何使得呢?" 올히 年成이 平常ᄒᆞ고 錢이 艱難ᄒᆞ여 셔울도 아모란 買賣 업더라 마즘 내 가지 아니ᄒᆞᆯ샤 往還路程이 二千里 나마 잇고 뎌긔 가 두석 ᄃᆞᆯ을 어들 써시오 買賣도 利息이 업스면 房錢을 ᄯᅩ 쇽졀업시 허비ᄒᆞᆯ 거시니 엇디ᄒᆞ리오 (朴新 1:52a) 마초와 (老朴集 單字解 5a) [잪ᄉᆞ] ▼마초와 / 마초아 ‖ "~我不去." 마초와 내 아니갈셔 (飜朴 上53b) 마초아 이 내 가디 아니ᄒᆞᆯ샤 (朴上 48a) ▼마즘 ‖ "~你來也." 마즘 네 오나다 (朴中 8b) "我本待要請你去來, ~你來也." 내 본ᄃᆡ ᄒᆞ마 너ᄅᆞᆯ 청ᄒᆞ라 가고져 ᄒᆞ티니 마즘 네 오나다 (朴中 9b) [잪亽] "~他也走去了, 若是有些失錯, 豈不貽母親之憂?" 마즘 뎨 ᄃᆞ라날ᄉᆡ만뎡 만일 져기 그릇홈이 잇ᄃᆞᆫ들 엇디 母親의 근심을 깃티디 아니ᄒᆞ리오 (伍倫 1:12b) "~我只說«三字經», 若說«百中經», 豈不喫打一百?" 마즘 내 그저 三字經을 닐올ᄉᆡ 만뎡 만일 百中經을 닐으더면 엇디 一百 마즘을 닙디 아니ᄒᆞ리오 (伍倫 3:6b) "至正二十年間, 那一縣十分飢荒. 平章劉哈剌不花領軍馬, 四下裏打劫, 擒這李仲義去.~那軍中無粮食, 便把仲義要煮喫." (訓世 上12b)

514) 【一千】 yīqiān 〈數〉 一千.¶ 쳔 (同下 算數 20b) (蒙下 數目 16b) (三學 數) [이쳰] 일천 (自通 數詞 353)

515) 【看顧】 kàngù 〈動〉 照顧, 照料.¶ [칸구] 돌보다 =照顧 [쟢구] (譯補 瑣說 51a) (方四 雜語 24a) [칸구] 돌보다 (漢淸 助濟 6:46b) 돌보다 (課目 人倫 41a) 보ᄉᆞᆯ피다 (同上 人事 34a) (蒙上 人事 25a) ▼고죠ᄒᆞ- ‖ "及到何生手裏, 雖不能如先人~, 斗米束薪, 亦屢屢照拂." 하ᄉᆡᆼ의 대에 니ᄅᆞ러ᄂᆞᆫ 비록 능히 션친갓치 고죠치 못ᄒᆞ나 몃 말 ᄣᆞᆯ과 몃 뭇 나무ᄅᆞᆯ ᄯᅩᄒᆞᆫ 시시로 돌보며 (雪月 1:28) "黃氏再不敢提起'妖精'二字, 女兒雖不十分~, 亦不敢以陰毒相加." 황시 다시ᄂᆞᆫ 요녀란 말을 제긔치 못ᄒᆞ며 녀ᄋᆞᄅᆞᆯ 비록 십분 고죠치 아니ᄒᆞ나 ᄯᅩᄒᆞᆫ 감히 암독ᄒᆞᆫ 히ᄅᆞᆯ 끼치지 못ᄒᆞ고 (雪月 1:40) [칸궈] ▼~ᄒᆞ- ‖ "你這怎麼說呢? 天下人交天下友, 一遭生兩遭熟, 你呢別當外人~我罷. 越交越厚, 這纔是朋友的道理." 네 이 무슴 말이뇨 天下 사ᄅᆞᆷ이 天下 벗을 ᄉᆞ괴되 ᄒᆞᆫ 번엔 셜고 두 번엔 먹ᄂᆞ니 네 나ᄅᆞᆯ 外人쳐로 看顧치 말나 사괼ᄉᆞ록 더욱 둣터우니 이 맛치 朋友의 道理니라 (華啓下 11b) ▼돌보- ‖ "況是柴大官人有書, 必須要~他." ᄉᆡ대인의 셔신도 필경 뎌 사ᄅᆞᆷ을 돌보라 ᄒᆞᆫ 부탁인가 ᄒᆞ노라 (水滸 新文 1:8:91:) "兄弟, 你早晚只在家侍

돌보다.

423. 照顧[516)]

奉, 休要爲我來江州來, 棄撇父親, 無人~.” 나의 이번 힝흠을 너는 념려치 말고 다만 부친이 년긔 쇠로ᄒᆞ시니 시봉홀 사름이 부족ᄒᆞᆫ지라 (水滸 新文 2:35:213) “當初在東京時, 多得林冲~.” (水滸 10) “我一怨你身死了誰祭祀, 二怨你有孩兒, 不得相~; 三怨你三年, 沒一個飽暖的日子.” (琵琶記 22) “思慮他家無人, 意欲整西邊書房去請親家、女兒同居住, 早晚也好~.” (荊釵記 13) “白先生, 你呢~底些乙們的苦節乙罷, 凍手凍脚的再沒有比底些乙們苦啊.” (華撮 41a) ☞ 看當

516) 【照顧】 zhàogù ❶ 〈動〉 照料. 偏袒 ¶ 슬피다 (語初 5b) (語重 8a) 鄕言斗頓也. (于公奏議輯覽 18a, 駁稿輯覽 4a) 照, 明所燭也; 顧, 回視也. 言明察其所燭而回視也. (洛閩 知) 슬피다, 又曰 “照管”. (課目 人倫 33b) [쟈구] 돌보다 (譯補 瑣說 51a) 顧照. 보살피다 (水滸傳語錄 5a) “~我.” 날 돌보다 (譯下 瑣說 50b) 두둔ᄒᆞ다 (水滸 7:22) 보살피다 (水滸 25:52) ▼슬펴보- ‖ “若不退, 便下地行數十步, 眼頭清明, 又去坐, 千萬~話頭, 及常常鞭起疑, 久久, 工夫純熟, 方能省力.” ᄒᆞ다가 믈러가디 아니커든 믄득 ᄯᅡ해 ᄂᆞ려 두어 열 거르믈 거러 누니 ᄀᆞᆺᄀᆞᆺ거든 ᄯᅩ 안자 ᄀᆞ장 話頭를 슬펴보며 時常애 疑心을 더 니르와다 오라면 工夫ㅣ 니거 반ᄃᆞ기 能히 힘ᄲᅮ미 져그리라 (蒙山 3b) “只在人人脚跟下~.” 젼혀 사ᄅᆞ미 脚跟 아래(脚跟ᄂᆞᆫ 밧 뒤츠기니 本來 ᄒᆞᄂᆞᆫ 이리니 話頭ㅣ라) 슬펴보매 잇ᄂᆞ니라 (十玄譚要解 3a) [쟈구] ▼~ᄒᆞ- ‖ “這箇不須太爺們囑咐, 好與不好都是小舖的門面. 旣承有心~, 敢不盡心細做麽? 請裏坐好講.” 이는 모롬이 太爺들이 당부 말라 됴흐며 됴치 아니ᄆᆡ 다 이 小舖의 門面이라 이믜 有心 照顧홈을 니브니 敢히 盡心ᄒᆞ여 경셰히 민ᄃᆞ지 아니ᄒᆞ랴 청컨대 안희 안자 의논ᄒᆞ쟈 (朴新 1:19b) “再來必得~你們就着咧.” 다시 오면 반다시 너의를 照顧ᄒᆞ리라 (華啓上 19a) ▼돌보- ‖ “小舖賤賣了, 你太爺下次好再來~.” 小舖에셔 賤히 ᄑᆞ니 너 太爺ㅣ 훗번에 다시와 돌보미 됴타 (朴新 2:9a) [쟈구] 도라보- ‖ “若不是舊臉就誰肯~我這个老頭麽, 就是慢待你們咧.” 만일 구면이 안이면 뉘가 즐겨 ᄂᆡ 이럿케 늘근 거슬 도라보갓너니 다못 너를 만ᄃᆡ하엿노라 (中華 阿川 20a) [쟈구] ▼도라보- ‖ “你~我, 我~你.” 네가 나을 도라보고 ᄂᆡ가 너을 도라보쟈 (你呢貴姓 22a) [자ㅜ구] 도라보- ‖ “赶下次沒有人~你就是咧. 咱們先止住頑笑話罷.” 아릇번의 너을 도라보고 ᄉᆞ람이 업스면 올타 우리 아직 긔롱읫말 멋초고 (騎着匹 下41a) ▼고조ᄒᆞ- ‖ “萬望~弟媳婦姪兒兩箇, 切不可走漏一些風聲.” 쳔만 바라건ᄃᆡ 데식부와 질아 냥인을 고조ᄒᆞ시고 일호 쇼식을 누셜치 말나 (快心 5:76) ▼고죠ᄒᆞ- ‖ “只要我這個姊姊念着個同胞的情分兒, ~着我就好, 只是我一個女孩兒家.” 다만 나의 ᄌᆞᄆᆡ가 졍분이 가쟝 죠흐니 나의 ᄌᆞᄌᆞ가 동포 졍의를 ᄉᆡᆼ각ᄒᆞ여 나를 고죠ᄒᆞ면 곳 죠흐ᄃᆡ 다만 나는 일개 녀ᄌᆞ라 (後紅 7:87) ▼고호ᄒᆞ- ‖ “在這裡住着, 說不盡蒙老太太、舅母的恩典, 承二嫂子的照顧, 明兒一總去磕頭.” 이곳의셔 여러 ᄒᆡ를 머믈너시ᄆᆡ 노태태와 구모의 은뎐과 이슈ᄌᆞ의 고호ᄒᆞ믈 닙은 거슬 다 말ᄒᆞ기 어려오니 명일은 모다 가셔 ᄇᆡ례ᄒᆞ리라 (紅補 2:5) “拜托熊兄加~, 叮嚀公子用心田.” 웅호의게 노샹의 고호ᄒᆞ믈 부탁ᄒᆞ고 쇼화의게 용심ᄒᆞ여 응시ᄒᆞ믈 경계ᄒᆞᆫᄃᆡ (再生 14:93) [쟈구] ▼도라보- /찻- ‖ “這个纔是話, ‘一遭生兩遭熟’, 咱們是開道的買賣, 初會的朋友跟前, 你呢留一点人情纔往後再~你呢.” 이것시야 올흔 말이로다 한 번은 ᄉᆡᆼ면이요 두 번 보면 구면이랴 우리가 길 여넌 ᄆᆡᄆᆡᄃᆡ 쳐음으로 모인 벗 압페 네 좀 인졍을 두야 후우에 다시 너을 도라보리라 (你呢貴姓 19b) 이거시야 올흔 말이로다 한 번 만ᄂᆡ 낫치 셜고 두 번 만나면 슉면이라 우리 길 여는 홍졍의 쳐음으로 아는 친고 압페 네 조곰 인졍를 머무루야 이ᄃᆡ암 다시 너를 찻지 (學淸 14a) “你怎麽同胞生的親兄

돌보다.

424. 越發[517]

弟, 朝朝到街上討飯喫, 無心~, 只和外人結交, 不順天理?" (訓世 下4b) "托大人的福, 不大狠發財, 橫竪一年勾~兒就是咧." (中華 藏書 23a) ❷ 〈名〉 用處. ¶ [좌궐] 용쳐 ‖ "你們家裡一年的~著多少啊?" "不筭糧食, 寡吃穿使用的打得一塊筭起來嗎, 著个三百來的銀子." 너의 집의 일년 용쳐가 얼마나 되너니 /냥식은 셈치 말고 먹고 입고 쓰넌 것만 한듸 노와 셈하여 네 량이면 삼빅여 량 은이 되노라 (你呢貴姓 9b) [좌궐] ▼용쳐 ‖ "托啊哥的福, 雖然不能大發財, 橫竪是够~就是咧." 형의 복을 힘닙어 비록 크게 부자는 되지 못허여스나 그랴도 용쳐나 죡허여시면 그만이로다 (中華 濯足 1b) [쟈丅궐] ▼용쳐 ‖ "若不是那麽着, 連各人~也弄不來的本事, 何時對付你的狗錢麽?" 만일 그럿티 안이하면 이편의 용쳐도 변통티 못하넌 직간이니 언제 네 가이 갑슬 듸여 주갓나니 (中華 阿川 11a) "你咳不知道, 我的家口多咧, 年ㆍ~不小, 若走咧一遍拿二百兩銀子纔可以使得來回呢." 네 사로 아디 못한다 우리 인간이 만아셔 년년이 용쳐가 불쇼하니 만일 한 번을 가면 이빅 냥 은을 가지고야 가이 닉회를 쓰너니라 (中華 阿川 13b)

517) 【越發】 yuèfā 〈副〉 更加.¶ [웨바] 더욱 (譯下 瑣說 44b) (同下 雜語 49a) 더옥 (蒙下 雜語 41b) (方四 雜語 31b) [웨바] 더욱 (漢談 動靜 32b) 더욱 (五洲衍文 語錄辨證說) (語覽 水滸 27b) "~沒了依靠." 더옥 의지홀 듸 업셔 (語錄彙編 水滸 25a) [웨바] ▼더욱 ‖ "早修起了, 比在先的高二尺, 闊三尺, ~做的甚好." 볼셔 고쳐시되 이젼에 比컨대 두 자히 놉고 석 자히 너ᄅᆞ니 더욱 ᄆᆞᆫ돌기ᄅᆞᆯ 잘 ᄒᆞ엿ᄂᆞ니라 (老新 1:33a) "橫竪是六站里的年成是還筭不離不胡, 一過遼陽就十分荒年. 故此沿道的草料~貴的離胡." 그랴도 통팔참니 시졀은 아즉 무던헌 혬이로듸 쳐음 요양을 지닉면 십분 흉녀이라 그러무로 연로 초료가 더욱 엉둥이 귀허니 (中華 濯足 14a) "店房賬櫃的一看這箇光景, 替他心裡焦急, 各人盡力兒給他活動些, ~更沒有信." 젼방 장궤지가 쳐음 이 어림을 보고 그 사람드리 마음이 죠급허여 이편이 힘을 다허여 져를 셔둘너 쥬어도 더욱 가망이 업더니 (中華 濯足 20a) ▼더옥 ‖ "齊兵四下攻城甚急, 比先前~利害." ᄉᆞ하로 셩 티미 급ᄒᆞ야 젼의셔 비ᄒᆞ매 더옥 니해ᄒᆞ여이다 (孫龐 4:76) "這番是楊素的言語, ~信了. 弄得他父子之間百般猜忌." 이제 양소의 말을 듯고 더옥 미더 뎌의 부ᄌᆞ ᄉᆞ이에 빅 가지로 싀긔ᄒᆞ고 ᄒᆞ믈며 슈쥬의 셩졍이 본듸 의심이 만흔디라 (隋史遺文 1:32) "聽得他們說, 如今上了年紀, ~憐貧恤老, 最愛齋僧布施." 져의 무리 말솜을 드ᄅᆞ니 이제ᄂᆞᆫ 년긔 지긋ᄒᆞᄆᆡ 더옥 간난ᄒᆞ니ᄅᆞᆯ 불샹히 너기고 늙으니ᄅᆞᆯ ᄋᆡ휼ᄒᆞ며 즁을 밥먹이고 시쥬ᄒᆞ기ᄅᆞᆯ 가장 ᄉᆞ랑ᄒᆞᆫ다 ᄒᆞ더라 (紅樓 6:19) "李嬷嬷聽了這話, ~氣起來了." 니마ᄆᆡ 이 말을 듯더니 더옥 긔ᄅᆞᆯ 내여 (紅樓 20:8) "金桂意謂一不做, 二不休, ~起來了." 금계 뜻의 하나흘 짓지 아니ᄒᆞ고 둘을 쉬지 아니리라 ᄒᆞ여 더옥 고함ᄒᆞ여 말ᄒᆞ듸 (紅樓 80:42) "年成倒好, 就是吃食東西~貴了." 年成은 도로혀 죠흐듸 곳 먹ᄂᆞᆫ 믈건은 더옥 貴ᄒᆞ더라 (華啓下 19b) "那關東是比這北京~冷的地方." 그 關東은 이 北京의 比ᄒᆞ면 더옥 찬 地方이라 (華啓下 20a) [워파] 더옥 ‖ "怎嗎說呢? 只怕下次躲着我. 各人粧老實些罷, ~欺付老哥ㆍ. 有話說不出口來!" 엇젼 말인고 하니 다못 아릇문의 나을 물니칠가 하여 인역이 노실한 쳐하야 더옥 노형을 속이가시니 말이 이스되 입의로 하여 닉지 못하갓다 (騎着匹 下36a) [워파 /웨파] ▼더옥 /더욱 ‖ "那个~下不來. 這些个雜貨拿回去咧, 到我們地方剛勾本賣到現銀子, 就也倒沒有難, 若說是恒[行]事一違賣不出去咧, 我咳該怎嗎的呢." 긔 더옥 펴우지 못하갓다 이 여러 가지 잡물건 가져가면 우리 디방의 니르러 갸우 본의 자릐 파라 직은이 되면 또 도리여 어러움 업갓다마은 만일 니로기을 시세가 한 번 어그려저 파라나가지 안이면 닉 상긔가 이 엇지 하갓너니 (你呢貴姓 14b) 그거시 더욱 펴우지 못ᄒᆞ깃다

더욱.

425. 一遭[518)]

한 번 / 한 차례.

이 여러 가지 잡물건 가져가거라 우리 지 외방 이르러 갸우 본의 딕은으로 파라닉어면 또 ᄒᆞᆫ 어려우미 읍다 만닐 시세가 썩 츨니면 팔지 못ᄒᆞ깃다 (學淸 8a) ▼써옥 ‖ "又着雷部衆神, 以雷屑釘打, ~不能傷損一毫." 또 뇌부 즁신의 우치를 발ᄒᆞᆯ시 뇌졍벽녁을 써옥 발ᄒᆞ나 또ᄒᆞᆫ 일호도 상치 아니ᄒᆞ니 (西遊 啓明 2:102) "卜兒云: '再添上幾個親眷拽一拽.' 衆做拽不動科, 云: '又添上許多人, ~拽不動了!'" (范張鷄黍 3) "這幾年又門禁好生嚴緊, 比在前~緊了, 內外大小門都鎖了, 十日兩遭開門, 柴火也由不得出入, 把我們㺚子一般接待, 那裏有優禮厚待的勾當?" (象院 門禁白活 11b) ☞ 越性

518) 【一遭(兒)】 yīzāo(r) ❶ 〈數量〉 一回.¶ ᄒᆞᆫ 디위 (語初 7b) ᄒᆞᆫ 번 (四下 21a) (語重 11a) ᄒᆞᆫ ᄎᆞ리 (同下 算數 21a) (蒙補 數目 40a) ᄒᆞᆫ 번 (水滸 奎章 5:32) (語覽 水滸 23a) 一番. (語覽 西遊 58a) ᄒᆞᆫ 지위, 又ᄒᆞᆫ 번; 崔僉樞曰: "猶一番也." (輯覽 2:8a) (洛閩 詁) 한붓탕 (西廂 博文 21) ᄒᆞᆫ 번, ᄒᆞᆫ바탕 (水滸 延世 38b) 同去也, 又巡也. (水滸 菊齋 1:5a) "~跌挫." ᄒᆞᆫ 번 구러뎌 挫氣ᄒᆞ다 (譯下 雜語 53b) [이잔] ▼ᄒᆞᆫ 디위 ‖ "還有些時住裏. 我別沒甚買賣, 比及你賣布的其間, 我買些羊, 到涿州地面賣去, 走~迴來. 咱們商量別買貨物如何?" 당시예 져그나 이시면 머믈고나 내 별히 아ᄆᆞ란 흥졍 업스니 네 뵈 ᄑᆞᆯ 곧와 그 ᄉᆞ이예 내 양 사 涿州 ᄡᅡ해 가 ᄑᆞᆯ라 가 ᄒᆞᆫ 디위 ᄃᆞᆫ녀오리라 우리 다티 살 흥졍ᄀᆞᄉᆞᄅᆞᆯ 의논호ᄃᆡ 엇더ᄒᆞ니오 (飜老 下21a) 당시롱 저기 머믈미 이실로다 내 다ᄅᆞᆫ 아므란 흥졍 업스니 네 뵈 ᄑᆞᆯ믈 미처 그 ᄉᆞ이예 내 羊을 사 涿州 ᄡᅡ히 가 ᄑᆞᆯ라 가 ᄒᆞᆫ 디위 ᄃᆞᆫ녀오리라 우리 별로 살 貨物을 의논호ᄃᆡ 엇더ᄒᆞ뇨 (老下 19a) "小人每日不在家, 大舍夜來乾走了~." 小人이 ᄆᆡ실 지븨 잇디 아니ᄒᆞ다니 얼우시니 어제 ᄒᆞᆫ 디위 쇽절업시 ᄃᆞᆫ니시도쇠이다 (飜朴 上58b) 小人이 每日에 집의 잇디 아니ᄒᆞ니 大舍ㅣ 어제 쇽절업시 ᄒᆞᆫ 디위 ᄃᆞᆫ더다 (朴上 52b) "須向紛飛起處, 輕輕放下, 打一介轉身下地, 行~, 又上床, 開兩眼, 捏雙拳, 竪起脊梁, 依前提起, 便覺淸涼, 如一鍋湯, 纔下杓冷水相似." 모로매 어즈러비 ᄂᆞ라가ᄂᆞᆫ 고ᄃᆞᆯ 向ᄒᆞ야 잠ᄭᅡᆫ ᄇᆞ려 ᄒᆞᆫ 디위 모ᄆᆞᆯ 옮겨 ᄡᅡ해 ᄂᆞ려 ᄒᆞᆫ 디위 ᄃᆞᆫ니고 또 床ᄋᆡ 올아 두 누늘 ᄠᅳ며 두 주머귈 쥐며 등ᄆᆞᄅᆞᆯ 니르와다 아릿 양ᄋᆞ로 잡들면 곧 淸涼호ᄆᆞᆯ 아르미 ᄒᆞᆫ 노ᇰ 더운 므레 ᄒᆞᆫ 잣 ᄎᆞᆫ믈 ᄀᆞᆺ 브슘 ᄀᆞᆮᄒᆞ니라 (法語 12b) "媚春也走~." 媚春도 ᄒᆞᆫ 디위 가사이다 (伍倫 1:31b) [이잔얼] ▼한 ᄎᆞ례 ‖ "奶奶辦事不是今兒個~了, 我們敢違拗嗎?" 내내의 결쳐ᄒᆞ시ᄂᆞᆫ 거시 오날 한 ᄎᆞ례 ᄲᅮᆫ이 아니라 우리들이 감히 어긔오리잇가 (紅樓 110:47) ▼한 박회 ‖ "說得有理.走了~回去睡他的娘." 말이 유리ᄒᆞ도다 한 박회 단이다가 집의 도라가 ᄌᆞ리라 (快心 5:54) [이잔] ▼ᄒᆞᆫ 번 ‖ "你連~沒有來過麼?" 네가 ᄒᆞᆫ 번이라도 오지 못ᄒᆞ엿ᄂᆞ냐 (華啓上 20a) 猶一事也.(元明 詁) ‖ "恁每如今連三年, 依舊累來之後, 可三年~來進貢." (吏文 10) "因此上着老院使和兩箇內侍與將些少紗羅段匹荅禮, 准當走~來. 你可廢那一箇小火者, 便有甚麼光彩." (高麗史 恭愍王 22:7 壬子) "盧員外看了~, 便道: '怎生不見我那一個人?'" (水滸 61) "我問宋江哥哥告了一個月假限, 背着一包袱金珠財寶, 救兄弟走~去." (燕靑博魚 4) "教授分付了渾家, 換了衣服, 出去閑走~." (京本通俗 西山一窟鬼) "那嗎招幾个賣買人都往這裡來. 咱們大家據[쥐]理明講明定罷. 我替你們走ㆍ一遭乙, 白听各人的意思, 回來再講罷." (華撮 50a) ❷ 〈名〉 周圍, 四周.¶ 四面也. (水滸 菊齋 1:5a) "原來祝家莊又蓋得好, 占着這座獨龍山岡, 四下~闊港." (水滸 47) ☞ 一周遭

426. 禁了口[519)]

입 다물다.

427. 蠻法[520)]

우악하다.

428. 大踏步[521)]

달음질하다. / 성큼성큼 걷다 / 바삐 걷다.

429. 渾家[522)]

---

519) 【禁口】 jìnkǒu 〈動〉 住口.¶ "教伊~, 猶兀自絮絮叨叨." (宋元戲文 陳光蕊江流和尚)

520) 【蠻法】 mánfǎ 〈形〉 不講理的樣子.¶ 우악ᄒᆞ다 (語覽 水滸 33b) (水滸 奎章 32:89) 愚惡也. (水滸 菊齋 1:10b) ▼법에 업ᄂᆞᆫ 말 ᄒᆞ- ‖ "店主人道: '也不曾見你這個出家人, 恁地~!' 武行者喝道: '怎地是老爺~? 我白吃你的!" 뎜쥬인 왈 내 일즉이 츌가ᄒᆞᆫ 사ᄅᆞᆷ이 법에 업ᄂᆞᆫ 말ᄒᆞᄂᆞᆫ 것을 보지 못ᄒᆞ엿노라 무힝ᄌᆡ 닐오ᄃᆡ 로애 무ᄉᆞᆷ 말을 법에 업ᄂᆞᆫ 말을 ᄒᆞ던다 (水滸 新文 2:31:151)

521) 【大踏步】 dàtàbù 邁開大步.¶ 쾌이 거러가니 (水滸 奎章 3:21) 달음질하여 가다 (水滸 菊齋 1:15a) "~搶入去." 셥픈ᄒᆞ 달여든이 (水滸 菊齋 1:40a) "~搶入廟來." 션득ᄒᆞ 걸어 廟中으로 달여들어오다 (水滸 菊齋 1:57b) ▼밥비 걸어 ‖ "只見一箇大漢~竟入進茶房裡來." 본직 한 大漢이 밥비 걸어 茶房으로 들어오다 (水滸 菊齋 2:33a) ▼달음질하- ‖ "引着那二三十箇破落戶, ~搶入廟來." 져 二三十箇 破落戶을 달이고 달음질하여 嶽廟로 달여든이 (水滸 菊齋 2:43b) ▼셩큼 거러; 闊步也. ‖ "非是我攙, 不是我攬. 知道他怎生喚做打參, ~, 止曉得殺入虎窟龍潭." ᄂᆡ가 당긔넌 것도 아니오 휘어잡으랴 ᄒᆞᆷ도 아니라 알괘라 져 웃지 타츰한다구 환쥬ᄒᆞ연넌지 셩큼 거러 호굴용담의 살립ᄒᆞᆯ 쥴만 아노라 (西廂 博文 70) ▼크게 거러 ‖ "巧巧迎着叔寶~出來, 陳奇跟着." 마즘 슉뵈 크게 거러 나오고 딘긔 ᄯᆞ라와 나오믈 만나니 (隋史遺文 8:65) ▼펄펄 걸어 ‖ "穿了皂衣直裰, 繫了鵝青條, 換了僧鞋, ~出山門來." 皂衣長衫 입고 鵝青ᄯᅴ ᄃᆡ고 僧鞋 신고 펄ᄒᆞ 걸어 山門으로 나오다 (水滸 菊齋 3:7a) ▼대답보로 ‖ "楊雄忿怒, ~趕將去." 양웅이 분노ᄒᆞ여 대답보로 조차가니 (水滸 新文 3:43:133) ▼달음질하여 ‖ "~投南趕來, 此時天色已明, 却早望見雷橫引着土兵, 慢慢地行將去." 달음질하여 南으로 ᄶᅩᆺ차온이 잇ᄃᆡ에 하랄이 발가건을 멀이 본직 雷橫이가 本邑 軍士을 달이[고] 자옥이 가건을 (水滸 菊齋 5:20b) "只見武大從外裸起衣裳, ~直搶入茶坊裏來." (金瓶 5)

522) 【渾家】 húnjiā 〈名〉 ❶ 妻子.¶ [훈갸] 通稱 쳐 (方一 親屬 14a) 겨집 (課目 人倫 30b) 妻也.(大方 水滸 1a) (水滸 延世 38b) 안ᄒᆡ (語覽 水滸 25b) (水滸 9:25) (語覽 西遊 59a) ▼겨집 /계집 ‖ "這廝眞實是個蛇瘟, 男子漢一個~也管不得, 容他去相交和尙, 罰一大觥酒." ᄉᆞ나희로셔 ᄒᆞᆫ 겨집을 거ᄂᆞ리지 못ᄒᆞ고 즁을 통간ᄒᆞ니 가히 벌 먹염즉ᄒᆞ다 (禪眞 15冊本 4:60) 사나희로셔 한 계집을 거ᄂᆞ리지 못ᄒᆞ고 즁을 통간케 ᄒᆞ니 벌을 먹염즉ᄒᆞ도다 (禪眞 5:55) ▼혼가 ‖ "~閻氏, 又與外人通奸, 醜聲搖揚. 這管賢士却是奸生子, 俗語名爲雜種." 혼가 염시 ᄯᅩ 외인으로 더브러 통간ᄒᆞ야 이 관현ᄉᆞ를 나흐니 쇽어의 니른바 잡죵이나 (禪眞 15冊本 8:28) 혼가 염시를 잠간ᄒᆞ여 현ᄉᆞ를 나흐니 쇽어의 니른 바 잡종이라 (禪眞 10:67) ▼혼ᄀᆞ ‖ "~, 有甚話

아내

430. 酒[洒]家523)

說?" ᄒᆞᆫ 무ᄉᆞᆫ 일 급히 날을 청ᄒᆞ시난잇고 (西遊 啓明 9:80-29) [훈자] ▼계집 ‖ "他有兩箇家, 小老婆與大老婆商量說, 我男兒做這般迷天大罪的事, 假如明日事發起來, 帶累一家人都死怎的好呢." 뎨 두 계집이 잇더니 져근계집이 큰계집과 의논ᄒᆞ여 니ᄅᆞ되 우리 ᄉᆞ나희 이런 迷天大罪엣 일을 ᄒᆞ니 만일 ᄂᆡ일 일이 니러나면 왼집 사ᄅᆞᆷ이 범으러 다 죽을 거시니 엇지ᄒᆞ여야 됴흐리오 (朴新 2:34a) ▼쳐가쇽 ‖ "這是你的~, 如何却道是鬼?" 네 쳐가쇽이여든 어이 귀신이라 ᄒᆞᄂᆞ뇨 (平妖 6:46) ▼실인 ‖ "丈人啊, 你還好生看待我~." 장인은 향슈다복ᄒᆞ여 죠히 살고 또 나의 실인을 잘 ᄃᆡ졉ᄒᆞ여 고은 얼골이 쵸최치 아닐진ᄃᆡ (西遊 啓明 6:78-19) ▼안ᄒᆡ ‖ "卽分付~不可不轎, 自復跨上雕鞍, 慌慌策馬趲轎奔西南而去." 안ᄒᆡ를 교ᄌᆞ의 나리지 아니ᄒᆞ고 스ᄉᆞ로 말긔 올나 셔남으로 향ᄒᆞ여 가니 (禪眞 19:25) ▼안해 ‖ "這位星君如此模樣, 想來必是魁星夫人. 原來魁星竟有~, 却也罕見!" 져 셩군에 위의를 보건ᄃᆡ 분명이 북두 괴셩이로ᄃᆡ 모양을 볼진ᄃᆡ 졍녕이 일위 부인이니 이 아니 괴셩이 본ᄃᆡ 안해를 두엇던가 그 엇지 젼일은 보지 못ᄒᆞᆯ너뇨 (鏡花 1:16) ▼쳐 ‖ "着做佛頭的趙蜜嘴同謀, 賺騙寺後鄰人沈全~黎賽玉通奸." 념불ᄒᆞ기를 핑계ᄒᆞ고 니고 조파와 동모ᄒᆞ여 심젼의 쳐 ᄉᆡ옥을 쇽여 통간ᄒᆞ거ᄂᆞᆯ (禪眞 3:67) "東京賣肉的張琪, 賣炊餅的任遷, 賣面的吳三郎打聽得胡永兒是王則的~, 左黜爲國舅, 俱到貝州投奔王則." 동경의 고기 파던 장긔와 썩 파던 임텬과 면 파던 오왕이 쇼문의 호영ᄋᆡ 왕측의 쳬 되고 좌츌이 두음ᄒᆞᆷ믈 듯고 즉시 왕측의게 두탁ᄒᆞ니 (平妖 8:58) ▼가실 ‖ "却纔竈邊婦人, 便是小人的~." 아까 부억에 있던 부인이 쇼인의 가실이오 (水滸 新文 1:16:162) ▼쳐실 ‖ "是. 小人的~有眼不識泰山, 不知怎地觸犯了都頭? 可看小人薄面, 望乞恕罪." 과연 쇼인의 쳐실이니 눈이 잇스나 태산을 몰나 보앗스니 아지 못게라 무슴 일로 도두에게 촉범ᄒᆞᆫ지 모르거니와 쇼인의 낫을 보아 용서ᄒᆞ쇼셔 (水滸 新文 2:26:108) ▼가쇽 ‖ "侍兒是清風寨知寨的~. 爲因母親棄世, 今得小祥, 特來墳前化紙, 那裏敢無事出來閑走." 나ᄂᆞᆫ 청풍진지치의 가쇽이러니 모친이 죽은 지 돌이라 이제 분묘에 올나가 지젼을 살으고져 ᄒᆞ여 나온 일이니 엇지 감히 무고히 나왓스리잇고 (水滸 新文 2:31:163) "崔寧到家中, 沒情沒緒, 走進房中, 只見~坐在床上." (京本通俗 碾玉觀音) "末云: '~, 孩兒害餓哩, 甑中還有米也沒有?' 旦云: '從昨日沒了米了!'" (貶黃州 3) "大郎不知, 那婆子爲勾引蔣興哥的~, 做了些醜事." (喩明 1) "次後投入大人家做家人, 把人家仍子拐出來做了~." (金瓶 16) "丈人啊, 你還好生看待我~." (西遊 19) ❷ 全家. ‖ "~大小吃了缸內水, 眼看着媳婦偸盜, 只相沒看見一般." (金瓶 12)

523) 【洒家】 sǎjiā 〈代〉 我, 咱家. 宋元時北方口語.¶ ᄂᆡ라 (課目 人倫 45b) 我也. (大方 水滸 1a) (水滸 延世 38b, 43b) (語覽 水滸 28b) 날이라 말이라 (水滸 補:114) ▼우리 ‖ "若還兄長推讓別人, ~們各自都散!" 형이 만일 다른 ᄉᆞ람의게 ᄉᆞ양ᄒᆞᆯ진ᄃᆡ 우리 등이 각〻 허여져 가리라 (水滸 이대 56:24b-68) ▼라 ‖ "你沒錢揪住~怎地?" 네 돈이 업시면 랄을 틀어잡기는 엇짓요 (水滸 菊齋 1:76b) ▼ᄅᆡ ‖ "~怎敢." ᄅᆡ가 엇지 감이 글어하리요 (水滸 菊齋 1:29a) "你們不得~言語, 胡亂便要買酒喫, 好大膽!" 너의들이 ᄅᆡ의 말을 듯도 안이하고 슐을 사먹을여 한이 아죠 膽氣가 크구나 (水滸 菊齋 2:49b) ▼나 ‖ "一齊笑將起來. 正說笑間, 忽聽得弓弦響處, 喝聲: '箭到燈滅, 休使~娘去!'" 명텬우와 슈동이 쏘ᄒᆞᆫ 웃더니 홀연 활시욹 소ᄅᆡ 나ᄂᆞᆫ 곳의 ᄒᆞᆫ 사ᄅᆞᆷ이 웨ᄃᆡ 살히 가며 등잔이 써져 나의 모친이 가디 못ᄒᆞ게 ᄒᆞ라 (後水滸 6:70) ▼쥬가酒家 ‖ "'~特地要消遣你!' 把兩包臊子劈面打將去, 却似下了一陣的'肉雨'." 쥬개 너 ᄀᆞᄐᆞᆫ 놈을 다리고 엇지 쇼일ᄒᆞ리오 ᄒᆞ고 두 ᄉᆞ럼이 회를 졍도를 ᄇᆞ라고 치니 고기 비오듯 허여지며 졍도의 쌈

나 / 우리 / 주인.

431. 剪拂[524)]

절하다. / 군례하다. / 굽실거리다.

432. 入眼[525)]

눈에 들다.

433. 結果了[526)]

을 마치니 (水滸 新文 1:2:32) ▼쥬인 ‖ "~道: '客官, 要肉便添來.' 武松道: '我也要酒, 也再些切些肉來.' ~道: '肉便切來添與客官吃, 酒卻不添了.'" 쥬인이 닐오ᄃᆡ ᄀᆡᆨ이 고기ᄅᆞᆯ 더 먹고져 ᄒᆞᄂᆞᆫ다 무숑이 닐오ᄃᆡ 내 술을 더 먹고져 ᄒᆞ니 고기도 가져오라 쥬인이 닐오ᄃᆡ ᄀᆡᆨ이 고기ᄂᆞᆫ 더 먹게 주려니와 술은 더 못ᄒᆞ리라 (忠義水滸 서울대 8:29a-23) "正末扮楊和尙上, 云: '~醉了也!'" (昊天塔 4) "楊志道: '~的須不是店上賣的白鐵刀, 這是寶刀.'" (水滸 12)

524) 【剪拂】 jiǎnfú 〈動〉 綠林中人見面的行禮. ¶ 如今軍禮. (大方 水滸 2b) 졀ᄒᆞ다, 强入相見. (水滸 延世 7a-4) 군례ᄒᆞ단 말, 又졀ᄒᆞ단 말 (水滸 4:16) 굽정 굽 잘하다 (水滸 菊齋 1:9b) 拜也. (語覽 水滸 38b) 굽젹ᄒᆞᄒᆞ하며 잘하노이다 (水滸 菊齋 1:14a) "兩箇再~了." 둘리 다시 굽졍ᄒᆞᄒᆞ하며 졀하다 (水滸 菊齋 1:45a) 둘이 다시 셔로 얼은걸여 졀하고 (水滸 菊齋 1:44b) ▼굽정굽정하- ‖ "翻身便~." 몸을 뒤집어 굽졍ᄒᆞᄒᆞ 하고 (水滸 菊齋 1:36a) ▼굽정걸이- ‖ "翻身便~說道." 몸을 뒤집어 굽졍걸이며 말하되 (水滸 菊齋 1:57b) "把頭摸一摸叫聲呵呀, 撲翻身便~." 머릴을 흔들며 숄이을 아하ᄒᆞᄒᆞ하고 얼는 몸을 뒤집어 얼은ᄒᆞᄒᆞ 하여 잘하다 (水滸 菊齋 2:26b)

525) 【入眼】 rù//yǎn 〈動〉 看得中意.¶ 눈에 드다 (水滸 奎章 7:42) (水滸 延世 8a-6) (語覽 水滸 31b) "實是只等客商過往, 有那~的, 便把些蒙汗藥與他吃了." (水滸 27) [위얀] ▼눈의 들- ‖ "老太太素日不大同我說話的, 有些不入他人家的眼的." 로태태 평일의 그ᄃᆡ지 날노 더브러 말숨ᄒᆞ지 아니ᄒᆞ시고 져기 그 로인네의 눈의 드지 못ᄒᆞ엿더니 (紅樓 37:73) "休只管, 戀它每, ~便爲勤." (小孫屠 10) "他也自恃其才, 沒有一個人看得~." (喩明 12) "時常攬了載, 約莫有些油水看得~時, 半夜三更悄地將船移動, 到僻靜去處, 把客人謀害, 劫了財帛." (警通 11)

526) 【結果】 jiéguǒ 〈動〉 ❶ 整死, 殺死.¶ [겨고] 죽다, 一云뭋다 (譯下 瑣說 49a) 쥭이다, 又써르써리다 (水滸 奎章 8:46) 쥭이다, 써르써리마 (水滸 延世 8b-7) 주기다, 써러트려 (語覽 水滸 24b) [겨고] ᄆᆞᄎᆞ다; 釋見«譯語類解». ‖ "孃, 這裏是我~去處." 孃아 여긔ᄂᆞᆫ 이 나의 ᄆᆞᄎᆞᆯ 곳이로다 (伍倫 6:13a) ▼셩명을 결ᄒᆞ- ‖ "本待一斧~你這廝性命, 可憐你魏主倚門而望." 본ᄃᆡ 도치로 네 셩명을 결ᄒᆞᆯ 거시로ᄃᆡ 가히 어엿브다 너의 위왕이 문의 지혀 ᄇᆞ라리니 ᄲᆞᆯ니 가 ᄲᆞᆯ니 오라 (孫龐 4:88) ▼셩명을 맛- ‖ "在下奉知州相公所委, 適斷配卜吉出來, 這厮在州衙前放刁. 如今奉知州相公台旨, 叫你二人怎的做個道理, 就僻靜處~了他, 揭他面上金印回話, 重重賞的." 앗가 지부상공이 분부ᄒᆞ시되 복길이 고을 압ᄒᆡ셔 흉악ᄒᆞᆫ 말을 ᄒᆞ니 바려두지 못ᄒᆞ리니 너의 냥인이 유벽ᄒᆞᆫ 곳의가 져의 셩명을 맛고 ᄌᆞ직ᄒᆞᆫ ᄊᆞᆷ을 드리면 즁상ᄒᆞ리라 ᄒᆞ더라 (平妖 6:71) ▼쥭여 업시ᄒᆞ- ‖ "知州相公怪你在州前放刁, 要~你. 他是一州之主, 誰敢違拗. 你要性命,

죽여 없애다.

我回去倒要替你受毒棒不成." 지부상공이 네 말을 괘심히 너겨 부ᄃᆡ 죽여 업시ᄒᆞ라 ᄒᆞ시니 만일 거역ᄒᆞ면 너를 ᄃᆡ신ᄒᆞ여 즁죄를 닙으리라 (平妖 6:72) ▼죽이- ‖ "一發~了他." ᄒᆞᆫ긔 죽여 버린단 말 (語覽 西遊 78a) ▼쥐기- ‖ "~了這斷一箇." 져놈 하나흘 쥐계야 (水滸 菊齋 1:54a) ▼죽이- ‖ "今日在此下手, ~這三、四個人, 要去逃奔. 不知尊姓大名, 乞見教明白." 오ᄂᆞᆯ 비로소 조각을 어더 사ᄅᆞᆷ을 죽이고 도망ᄒᆞ랴 ᄒᆞ더니 아디 못게라 놉흔 셩과 큰 일홈을 듯고져 ᄒᆞ노라 (後水滸 4:3) "太陰老母道: '旣有這富客, 着幾個嘍羅去~了來!'" 태음노뫼 닐오ᄃᆡ 열아믄 누라를 보내여 뎌를 죽이고 아사 오리라 (後水滸 12:41) ▼맛- «맞다» ‖ "可憐數年道行, 今日~!" 가히 어엿브다 두어 ᄒᆡ ᄇᆡ혼 도힝이 오ᄂᆞᆯ날 맛도다 (西周 12:35) ▼결과ᄒᆞ- ‖ "鮑賜安本待出水~這斷性命." 포ᄉᆞ안이 물 밧게 나와 져의 셩명을 결과코ᄌᆞ ᄒᆞ나 (綠牡 4:3) ▼결과ᄒᆞ- ‖ "吾自去和他說話, 好便好, 不好時, 不等他取南郡, 先~了劉備." ᄂᆡ 친히 가 져를 달ᄂᆡ여 조켜 ᄒᆞ면 문득 조흘런니와 조케 아니할 ᄯᅢ의난 남군 취ᄒᆞ물 기다리지 아니ᄒᆞ고 몬져 뉴비를 결과ᄒᆞ리라 (毛三國 8:69) "寨主有令, 將他們帶到山上, ~他們的性命." ᄎᆡ쥐 하령ᄒᆞ여 져의를 거ᄂᆞ리고 산상으로 오라 ᄒᆞ여 져의 셩명을 결과ᄒᆞ려 ᄒᆞ신다 (忠小 4:23) "並無別事, 只因祁子富同我有仇, 不過望你二位在路上代我~了他." 긔ᄌᆞ뷔 나와 원쉬라 너희 길희셔 긔회를 타 져의 셩명을 결과 〔죽인단 말이라〕 ᄒᆞ[고] (粉粧 2:149) "不用法寶, ~他不得!" 법보를 쓰지 아니면 져를 결과치 못ᄒᆞ리라 (女仙 5:18) "你二位也知林冲和太尉是對頭, 今奉着太尉鈞旨, 教將這十兩金子送與二位, 望你兩個領諾.不必遠去, 只就前面僻靜去處, 把林冲~了, 就彼處討紙回狀, 回來便了.……太尉自行分付, 并不妨事." 너희 이인도 림츙이 태위와 혐의 잇ᄂᆞᆫ 것은 알니니 내 이졔 태위 균지를 밧아 십량 금ᄌᆞ를 몬져 주나니 너ᄂᆞᆫ 굿ᄒᆞ여 멀니 가지 말고 고요ᄒᆞᆫ 곳에 가 림츙을 결과ᄒᆞ고 도라오면 뒤 일은 태위 다 담당ᄒᆞ리라 (水滸 新文 1:7:79) "却又作怪! 終不成將息得我肥胖了, 却來~我? 這個鳥悶葫蘆教我如何猜得破? 這酒食不明, 我如何吃得安穩?" 이 ᄯᅩᄒᆞᆫ 고이ᄒᆞᆫ 일이로다 나의 살지기를 기ᄃᆞ려 결과ᄒᆞ려 ᄒᆞᆷ인가 이러ᄒᆞᆫ 불분명ᄒᆞᆫ 쥬식을 내 어이 먹으리오 (水滸 新文 2:27:119) [졔귀] ▼목숨을 업시ᄒᆞ- ‖ "不如趁今日~了他的狗命, 以絶將來之患!" 오ᄂᆞᆯ을 타셔 져의 ㄱㅣ ᄀᆞᄐᆞᆫ 목숨을 업시ᄒᆞ여 쟝ᄅᆡ 근심을 ᄭᅳᆫᄒᆞᆷ 만 ᄀᆞᆺ지 못ᄒᆞ다 (紅樓 33:36) "我着刀子~了他性命, 歇兩日大虫吃了, 又無形迹." (對玉梳 3) ❷ 善後事宜, 送終.¶ [졔과] 결과ᄒᆞ- ‖ "我所剩的東西也有限, 等我死了做~我的使用." 내 남져지 믈건이 한이 이시니 나 죽기를 기다려 나 결과ᄒᆞᄂᆞᆫᄃᆡ 쓰게 ᄒᆞ고 (紅樓 107:40) [졔귀] ▼결말ᄒᆞ- ‖ "纔剛你老爺叫我去, 說老太太的事固要認眞辦理, 但是知道的呢, 說是老太太自己~自己, 不知道的只說咱們都隱匿起來了." 방ᄌᆞ 이 로애 나를 블너다가 말ᄒᆞ기를 로태태의 일을 진실노 맛당히 진졍으로 알고 판리ᄒᆞᆯ 거시니 다만 아ᄂᆞᆫ 이ᄂᆞᆫ 말ᄒᆞ기를 로태태긔 가 ᄌᆞ긔를 결말ᄒᆞ엿다 ᄒᆞᄃᆡ 아지 못ᄒᆞᄂᆞᆫ 이ᄂᆞᆫ 다만 말ᄒᆞ기를 우리 무리가 모다 은ᄌᆞ를 은익ᄒᆞ엿다 ᄒᆞᆯ 거시니 (紅樓 110:28) ▼쟝ᄉᆞ ‖ "~使用麽?" 쟝ᄉᆞ에 쓸 것시나 잇ᄂᆞ냐 (水滸 奎章 19:67) 쟝ᄉᆞ에 쓸 거시나 잇ᄂᆞᆫ냐 (水滸 延世 14b-19) 장ᄉᆞ의 쓸 것시나 잇다냐 (水滸 聯帖 13a) 葬事의 쓸 썻시ᄂᆞ 잇나 (語覽 水滸 48a) 장ᄉᆞ의 쓸 거시나 잇ᄂᆞᆫ냐 (韋庵 水滸 40) ▼쥬검 ‖ "~使用麽." 쥬검의 ᄡᅳᆯ 거시나 잇난야 (水滸 菊齋 1:32a) ▼갊- ‖ "宋江道: '這個容易; 我去陳三郎家買一具棺材與你. 仵作行人入殮時, 自我分付他來, 我再取十兩銀子與你~.'" 송강이 닐오ᄃᆡ 아조 쉬오니 내 딘삼낭의 집의 가 관을 사 너를 주어든 입관ᄒᆞ고 내 ᄯᅩ 은 열 냥을 주어든 갈믈 졔 쓰라 (忠義 水滸 서울대 8:13b-21) ▼염장ᄒᆞ- ‖ "去縣東陳三郎家取具棺材. 宋江又問道: '你有~使用麽?'" 네 이를 가지고 현동 진삼낭의 집의 가 이를 쥬고 관ᄌᆡ를 가져다가 쓰게 ᄒᆞ라 ᄒᆞ고 우 문왈 네 염장ᄒᆞᆯ 거시 닛난냐 (水滸 이대 17:12b-21)

434. 剪經[徑][527]

길을 막고 강도질하다.

435. 風話[528]

미친 소리.

---

527) 【剪徑】jiǎnjìng 〈動〉 遮路行劫.¶ 㤝行路. (大方 水滸 3a) 行盜賊虜掠事. (語覽 西遊 58b) "~的." 길도적 (語錄彙編 水滸 16a) "~的大王." 길 ᄎᆞ지ᄒᆞᆫ ᄃᆡ왕 (語覽 西遊 74a) ▼젼경질ᄒᆞ- ‖ "你原來是~的强盜!" 이놈들이 일졍 젼경질ᄒᆞᄂᆞᆫ 강도놈이로다 (西遊 延世 13:49) ▼길을 감ᄒᆞ- ‖ "我等是~的大王, 行好心的山主. 大名久播, 你量不知. 早早的留下東西, 放你過去." 아등은 본ᄃᆡ 길을 감ᄒᆞ는 ᄃᆡ왕이요 죠ᄒᆞᆫ 마음을 힝ᄒᆞ는 ᄉᆞᆫ쥬ᄅᆞᆫ 큰 일홈이 오ᄅᆡ 젼파ᄒᆞ엿나니 너난 모로미 가진 거실 ᄂᆡ여 아등의계 보ᄂᆡ여야 너를 노와 보ᄂᆡ리라 (西遊 啓明 5:23-14) ▼강도질ᄒᆞ- ‖ "俺猜着這個撮鳥, 是個~的强人, 正在此間等買賣, (見洒家是個和尙, 他道不利市, 吐一口唾, 走入去了." 지심이 ᄉᆡᆼ각ᄒᆞ되 뎌 놈이 일뎡 강도질ᄒᆞ든 놈으로 쥬가의 화샹임을 보고 뎌의 노릇에 리치 아니타 ᄒᆞ여 춤을 밧고 드러 감이니 (水滸 新文 1:5:61) ▼겁탈ᄒᆞ- ‖ "原來那老兒年紀小時專一~, 因見小人手脚活便, 帶小人歸去到城裏, 教了許多本事, 又把這個女兒招贅小人做了女婿." 원ᄅᆡ 그 로인도 쇼시적에 겁탈ᄒᆞ든 츌신이라 쇼인의 좀 ᄌᆡ조 잇ᄂᆞᆫ 것을 ᄉᆞ랑ᄒᆞ여 다리고 뎨 집에 도라가 허다ᄒᆞᆫ 무예ᄅᆞᆯ ᄀᆞᄅᆞ치고 ᄯᅩ 뎌의 ᄯᆞᆯ로써 나ᄅᆞᆯ ᄉᆞ위 삼아 (水滸 新文 2:26:109) ▼겁박질ᄒᆞ- ‖ "孩兒本不敢~, 家中因有個九十歲的老母, 無人養贍, 因此孩兒單題爺爺大名唬嚇人, 奪些單身的包裹, 養贍老母." 쇼인이 당초에 겁박질ᄒᆞᄂᆞᆫ 것이 즐기여 ᄒᆞᄂᆞᆫ게 아니라 당샹에 구십로뫼 잇슴애 봉양ᄒᆞ올 길이 업ᄂᆞᆫ고로 부득이 단신ᄀᆡᆨ인의 ᄌᆡ물을 아셔 로모ᄅᆞᆯ 살니더니 (水滸 新文 3:42:106) 젼경질; 遮路行劫也. ‖ "又見一漢子擔着包裹過來, 小弟不問姓名, 剛要~." ᄒᆞᆫ 낫 한ᄌᆞ가 푸ᄀᆡ를 지고 지ᄂᆞ가거ᄂᆞᆯ 소뎨 셩명도 뭇지 아니ᄒᆞ고 굿셰게 젼경질을 ᄒᆞ고ᄌᆞ ᄒᆞ더니 (閻羅 11:92) "這條冲州撞府的紅塵路, 是俺娘~截商的白草坡." (紫雲庭 3) "我等是~的大王, 行好心的山主." (西遊 14)

528) 【風話】fēnghuà 〈名〉 風流有趣的話兒, 不正經的話.¶ 밋친 소ᄅᆡ (水滸 奎章 53:131) 밋친 소ᄅᆡ (語覽 水滸 34a) 거즛말 (語覽 水滸 27a) 謠戲之言.(大方 水滸 1b) ▼희담 /우은 말 ‖ "押司, 你不合是個男子漢, 只得裝些溫柔, 說些~兒耍." 압ᄉᆞᄂᆞᆫ ᄉᆞ나ᄒᆡ로셔 엇디 ᄎᆞᆷ된 톄ᄒᆞ고 희담도 아니ᄒᆞᄂᆞᆫ가 (忠義水滸 서울대 8:4b-21) ▼희롱된 말 ‖ "本是不肯下手, 一者見伯伯包裹沉重, 二乃怪伯伯說起~, 因此一時起意." 처음에ᄂᆞᆫ 그런 ᄆᆞᄋᆞᆷ을 먹지 아니ᄒᆞ엿더니 ᄇᆡᆨᄇᆡᆨ이 희롱된 말로 나ᄅᆞᆯ 시험ᄒᆞ며 겸ᄒᆞ여 ᄇᆡᆨᄇᆡᆨ의 푸개 침즁ᄒᆞᆷ을 봄애 ᄌᆞ연 이런 ᄉᆡᆼ의ᄅᆞᆯ ᄒᆞ엿ᄂᆞ니라 (水滸 新文 2:26:111) ▼희롱의 말 ‖ "我幾番見那婆娘, 常常的只顧對我說些~." 내 보건댄 뎌 파낭이 ᄒᆞᆼ샹시에 나ᄅᆞᆯ ᄃᆡᄒᆞ여 희롱의 말을 ᄒᆞ나 (水滸 新文 3:44:142) ▼통긔 잇ᄂᆞᆫ 말 ‖ "我幾番見那婆娘常常的只顧對我說些~, 我只以親嫂嫂一般相待. 原來這婆娘倒不是個良人!" 져 파랑이 나ᄅᆞᆯ 이러ᄐᆞᆺ ᄃᆡᄒᆞ여 져긔 통긔 잇ᄂᆞᆫ 말을 ᄒᆞ거ᄂᆞᆯ 나ᄂᆞᆫ 친슈ᆢ로 알아 의심이 업시 ᄃᆡ졉ᄒᆞ엿더니 원ᄂᆡ ᄒᆞᆫ 낫 블상ᄒᆞᆫ ᄉᆞᄅᆞᆷ이로다 (水滸 이대 40:15a-45) ▼헷쟝 ‖ "李逵見他們害怕, 越說起~來." 리귀 뎌의 등의 두려ᄒᆞᄂᆞᆫ 양을 보고 더욱 헷쟝을 쓰니 (水滸 新文 4:52:59) "恐怕喪了你行止, 顯的俺每陰騭了, 故此先把幾句~來教你認範." (金瓶 19) "那女子到說些~, 引誘趙升." (喩明 13) "坐間未免將幾句~撩他." (二刻 21)

436. 綠林[529)]

녹림, 도적이 모이는 숲

437. 落草[530)]

도적의 무리에 들다.

---

529) 【綠林】 lǜlín 〈名〉 舊時强人都聚結於山林, 因稱强人據地爲綠林.¶ 盜聚處. (課目 兵戎 112a) 도적 못ᄂᆞᆫ 수플 (後水滸 4:11) ▼녹님 ‖ “遂想出了這個主意, 寫了這兩封書帖, 叫附近~中飛遞. 自己別了丁家弟兄, 往旱地一路追去.” 드ᄃᆡ여 ᄒᆞᆫ 봉 글월을 ᄡᅧ 갓가온 녹님 〔도적 못ᄂᆞᆫ 수플이라〕 으로 보내여 믈길노 ᄂᆞ라 뎐ᄒᆞ라 ᄒᆞ고 스ᄉᆞ로 뭇트로 ᄯᆞᆯ오더니 (後水滸 4:11)

530) 【落草】 luòcǎo 〈動〉 占據山林爲盜.¶ 기ᄋᆞᆫ ᄃᆡ 落ᄒᆞ다 (語初 16b) 기ᄋᆞᆫ ᄃᆡ 落ᄒᆞ다, 도적의 무리에 드다 (語重 24b) (洛閩 法) 退溪曰: 墮在荒草中也. 安陵曰: 或云落, 刊落也, 謂刊草通徑也. 又曰: 按大安禪師在潙山三十年, 只看一頭水牯牛若~路, 入草便牽出. 疑~或出此. ~, 墮落草莽也. (洛閩 草) ᄂᆞᆷ의 ᄌᆡ믈 겁칙ᄒᆞᄂᆞᆫ 놈 (水滸 奎章 5:30) 도적에 운의 드다 (語覽 水滸 24a) 도적의 운의 드다 (水滸 2:10) 운에 드다 (水滸 延世 41b) 도적에 드다 (語錄彙編 水滸 10b) ▼낙초ᄒᆞ다; 도적질ᄒᆞ단 말이라 ‖ “張飛自芒碭山中飄蕩~, 待投河北去, 路經古城過, 入縣借糧; 縣官不肯, 就殺入去, 奪了縣印, 縣官逃去.” 댱비 망당산 듕의 드러 표탕ᄒᆞ야 낙초ᄒᆞ더니 하븍으로 가려 ᄒᆞ야 고셩을 디나더니 셩의 드러가 양식을 비니 현관이 주디 아니ᄒᆞ거ᄂᆞᆯ 댱비 노ᄒᆞ야 원을 주기고 인을 아ᄉᆞ니 사ᄅᆞᆷ이 다 ᄃᆞ라나거ᄂᆞᆯ (三國 9:133) ▼도적의게 들- ‖ “此人原是朝廷命官, 靑州都監, 與秦明、花榮一時~.” 이 사ᄅᆞᆷ이 본ᄃᆡ 됴뎡 명관으로셔 진명 화영으로 더브러 ᄒᆞᆷᄭᅴ 도적의게 드럿더니 (忠義水滸 서울대 22:33a-64) ▼플의 뭇치- ‖ “觀汝相貌堂堂, 非是久屈人下者也. 不圖建功立業, 以作人間有名之士. 何爲甘心~, 以作强徒.” 네 샹뫼 당ᄃᆞᆼᄒᆞ야 오ᄅᆡ 나의 아ᄅᆡ 이슬 ᄌᆡ 아니로ᄃᆡ 엇지 공명을 도모치 아니ᄒᆞ고 감심ᄒᆞ야 플의 뭇쳐 강도의 일홈을 엇ᄂᆞ뇨 (春秋列國 10:3) ▼산채에 의지ᄒᆞ- ‖ “今若舍此, 叫我今生到那裏去求討這個女豪傑來與我作對. 我今已無家可歸, 同他們~實是出于無奈.” 이제 졍으로 내 ᄇᆡ필을 삼으랴 ᄒᆞ니 진짓 하ᄂᆞᆯ 인연이라 이ᄅᆞᆯ ᄇᆞ리고 어ᄃᆡ 가 다시 호걸의 녀ᄌᆞᄅᆞᆯ 어드리오 이제 도라갈 곳이 업셔 산채에 의지ᄒᆞ미 ᄯᅩᄒᆞᆫ ᄇᆞ득이ᄒᆞᆫ 일이라 (後水滸 5:27) “向來借貸富室資本, 出外經商. 不期命蹇, 舟覆黃河, 負人財物, 無顔以歸故里, 進退兩難, 暫且投此山寨中~.” 향ᄂᆡ의 부인의 ᄌᆡ믈을 가지고 상고ᄅᆞᆯ 시작ᄒᆞ엿더니 명박ᄒᆞ여 황하의 니ᄅᆞ러 믈화 시ᄅᆞᆫ ᄇᆡᄅᆞᆯ 업치니 남의 ᄌᆡ물을 일코 도라가미 무안ᄒᆞ여 진퇴양난ᄒᆞᄆᆡ 잠간 이 산ᄎᆡ의 잇더니 (禪眞 10:36) ▼낙쵸ᄒᆞ다; 도적되- ‖ “因本官死在鴨綠江, 不得歸家, 就此~.” 본관이 압녹강의셔 죽으매 시러곰 도라가디 못ᄒᆞ야 이곳의셔 낙쵸 〔도적되다〕 ᄒᆞ니 (隋史遺文 8:108) ▼락초ᄒᆞ- ‖ “如是哥哥不願~時, 待平淨了, 小弟們與哥哥重整莊院, 再作良民.” 만일 락초ᄒᆞ기ᄅᆞᆯ 불원이면 우리 무리 가ᄀᆞᄅᆞᆯ 위ᄒᆞ여 집을 니리혀고 다시 량민이 되게 ᄒᆞ리니 그 무엇이 해로오리오 (水滸新文 1:2:25) ▼草賊질하- ‖ “制使若有心~時, 到去那裡入夥足可安身.” 制使 마릴 草賊질할 마ᄋᆞᆷ이 잇시 양이면 져 쇽의 가셔 ᄶᅦ에 들면 죡키 가이 安身하리라 (水滸 菊齋 2:49b) “(晁蓋八個)邀約楊志等十二人, 共有二十個, 結爲兄弟, 前往太行山梁山泊去~.” (宣和遺事 元集) “不向長安看花去, 且來~做英雄.” (五代史 梁史 上) “殺人肝膽, 翻爲濟衆之心; ~英雄, 反作破賊之勇.” (董西廂 2) “有劉備、關張衆將軍兵, 都往太山~.” (三國志平話 上) “俺如今旣出了家, 如何肯~.” (水滸 5) “如今曹家輜重車輛無數, 你們欲得富貴不難, 只就今夜三更, 大家砍將入去, 把曹嵩一家殺了, 取了財物, 同往山中~.” (三國 10)

438. 勾當[531)]

531)【勾當/句當】gòudang ❶〈名〉事情.¶ 幹管也. 又事也. 當亦去聲. (老朴集 單字解 3b) ᄆᆞᄋᆞᆷ아라 출히다, 一說猶主管. (語初 10a) (語重 15a) 猶主管之意. (心經 3:9a) 治事. (課目 人倫 40a) 일, 事故. (課目 雜類 108b) 事也, 猶云區處約定也. (語覽 西廂 102a) 일, 幹當事. (語覽 水滸 27b) 구실 (語覽 水滸 34a) (水滸 奎章 49:125) 事也, 謀也. (水滸 延世 40a) ᄶᅡ닥 (語覽 西遊 61a) [구당] 일 보다 (漢談 動靜 31a) "緊~." 급헌 일 (漢談 動靜 31a) 崔僉樞曰: "皆, 去聲. 事也, 又掌管也." «歸田錄»: 宋青彬手江南回, 稱奉勅江南~公事回. 言鯖曰: "光儒言~, 俱去聲, 幹當事也." (洛閩 知) 하는 놀읏, 又아무 구릴 (水滸 菊齋 1:6a) [구당] ▼일 ‖ "你京裏有甚麼~去?" 네 셔울 므슴 일 이셔 가ᄂᆞᆫ다 (飜老 上8a) 네 셔울 므슴 일 이셔 가ᄂᆞᆫ다 (老上 7b) "你往京裏去, 有甚麼~去?" 네 셔울을 향ᄒᆞ여 갈쟉시면 므슴 일이 이셔 가ᄂᆞᆫ다 (老新 1:10a) "有甚麼~?" 므슴 이리 잇ᄂᆞᆫ고 (飜朴 上7b) 므슴 일이 잇ᄂᆞ뇨 (朴上 8a) "我正要出來做些~." 내 졍히 나와 일ᄒᆞ고져 ᄒᆞ더니 (伍倫 7:6a) [구당] 일 ‖ "我也沒甚麼幹的~, 也沒有盤纏, 所以不曾去." 나도 아모란 ᄒᆞᆯ 일 업고 ᄯᅩ 盤纏이 업기로 이러모로 일즉 가지 못ᄒᆞ엿노라 (朴新 2:57b) "水裏~." 물 속 일을 (語覽 西遊 60a) "那里好幹這個~." 어ᄃᆡ 일은 조흔 일이 잇깃는냐 (語覽 西遊 83b) "這是押牢節級的~, 難道教我下手? 過一兩日, 教他自死." 그 일은 졀급의 ᄒᆞᆯ 일이니 나ᄂᆞᆫ 하슈티 못ᄒᆞ려니 삼ᄉᆞ 일만 디나면 저ᄅᆞᆯ 죽이리라 (忠義水滸 서울대 22:10b-62) "你們問問他幹的~, 可饒不可饒? 素日皆是你們這些人把他醸壞了." 너의들은 져 ᄒᆞᆫ 일이 가히 용셔ᄒᆞᆯ 만ᄒᆞᆫ가 못ᄒᆞᆫ가 무러보라 평일의 다 너의 이런 사ᄅᆞᆷ들이 져ᄅᆞᆯ 못되게 ᄆᆡᆫᄃᆞ라 이 디경이 되게 ᄒᆞ고 (紅樓 33:34) "今日我在頭裡特以給你們二位辦事, 也有下不來的~嗎?" 오날 ᄂᆡ 쳐음으로 너의 두 분 일을 반허여 쥬는ᄃᆡ ᄯᅩ한 못될 일이 잇스랴 (中華 濯足 25b) "甚嗎~罷?" 무삼 이리냐 (你呢貴姓 20a) "王大哥的話, 若說是你上我的儅, 就這壹件牛皮的是~是不差甚嗎, 笲結咧嗎." 왕형의 말이 올타 마약 네가 ᄂᆡ게 속으량이면 이 한 낫 우피 일이니 거의 슷ᄆᆡ즈므로 헴치남무나 (學清 14b) "我勾他有甚麼~, 這麼怪冷天道對他門口乙說話呢." ᄂᆡ 절과 무순 일이 잇기여 이러케 괴이 추운 날에 저를 문구에 ᄃᆡ하여 말하갓너니 (中華 阿川 8a) ▼그른 일 ‖ "在下是岳陽人, 犯罪同押差在此經過. 因知孫節級肯濟人危急, 爲此望濟. 若看老兄恁般說, 莫非他近日做了甚不循理的~?" 나는 악양 ᄶᅡ 사ᄅᆞᆷ이라 죄ᄅᆞᆯ 범ᄒᆞ고 압치와 ᄒᆞᆫ가지로 이 알플 디나더니 손졀급이 사ᄅᆞᆷ 위틔ᄒᆞᆫ 거ᄉᆞᆯ 구제ᄒᆞᆫ다 듯고 ᄒᆞᆫ 번 보고져 ᄒᆞ미러니 노형의 말ᄉᆞᆷ을 드ᄅᆞ니 아니 요ᄉᆞ이 무ᄉᆞᆷ 그ᄅᆞᆫ 일을 ᄒᆞ던가 (後水滸 5:71) ▼거동 ‖ "哥哥如此豪傑, 却恨討了這個淫婦! 倒被這婆娘瞞過了, 做成這等~!" 가ᄏᆞ의 져 ᄀᆞᄐᆞᆫ 녕걸도 이 ᄀᆞᄐᆞᆫ 음부ᄅᆞᆯ 만나 져런 망측히연ᄒᆞᆫ 거동을 ᄒᆞᄃᆡ 전연이 아지 못ᄒᆞ니 엇지 통히치 아니리오 (水滸 이대 41:3a-45) ▼힝실 ‖ "做那不長進的~." 니런 장진 업ᄂᆞᆫ 힝실을 ᄒᆞ엿시리오 (快心 23:11) [거ᄀᆞ당] ▼구단 ‖ "誰知他們爺兒兩個做些甚麼~!" 뉘 알니 져 무리 부ᄌᆞ 량ᄀᆡ가 무ᄉᆞᆷ 구단을 지엇ᄂᆞ냐 (紅樓 107:44) ▼구실 ‖ "不敢動問, 聞知兄長在鄆城縣~, 如何得暇, 來到荒村敝處?" 형쟝이 운셩현에 잇서 구실 ᄃᆞᆫ니ᄂᆞ니 무ᄉᆞᆷ 여개 잇서 니르시뇨 (水滸 新文 2:21:24) "聞知得舅舅在州裏~, 家下窮忙少閑, 不曾相會. 今日甚風吹得到此?" 들으니 족해 고을에 잇셔 구실 ᄃᆞᆫ닌다 ᄒᆞ고 우리ᄂᆞᆫ 집이 간난ᄒᆞ고 결을이 적어 일즉이 서로 모히지 못ᄒᆞ엿더니 금일은 무ᄉᆞᆷ 바람이 불어 이에 니른고 (水滸 新文 3:48:206) ▼노릇 ‖ "做些什麼~?" 무슨 노릇슬 ᄒᆞᄂᆞ니 (語錄彙編 水滸 26a) 皆, 去聲.事也, 又掌管也. (輯覽 2:10a) (元明 事) ‖ "去問得戴六十, 供說戴沙剌係是女壻, 見在王京~, 不曾拘起, 却作見在之數." (吏文 18) "等的口內, 方才交百姓來報, 又駕船的軍人每根的也交多人, 說與恁那王國, 一年三四起, 家差人來進貢許多錢糧, 我可無些少好~." (高麗史 恭愍王 22:7 壬子) "錄參到廳裏罵推官說: '你怎麼受了富家的錢粮, 要救出免罪?' 若水笑說:

일, 짓

439. 文文謅謅[532]

머뭇거리다.

440. 延挨[533]

뭉기적거리다. / 주저하다.

441. 蠅拂【10a】子殺才.

파리채로 생사람 잡는다.

442. 掙扎[534]

'咳, 好幾箇人該死的~, 却怎麼不詳察?'" (訓世 上25a) "這幾年又門禁好生嚴緊, 比在前越發緊了, 內外大小門都鎖了, 十日兩遭開門, 柴火也由不得出入, 把我們韃子一般接待, 那裏有優禮厚待的~?" (象院 門禁白活 11b) "截黃鉞的~, 須索你去." (五代史 梁史 上) "娶下一個小娘子,……這也是先前不十分窮薄時做下的~." (京本通俗 錯斬崔寧) "我只爲那誑上的~, 整受了這五百年的苦難." (西遊 15) "這幾日老相公出朝, 不知有甚~, 久當省中, 未曾回府." (琵琶記 6) "店小二問曰: '客長有何~?'" (喩明 20) "各人心地不同, 我這裡~你也休和他說." (金瓶 73) "王四爺, 有甚嗎~招我咧?" (華撮 41b) ❷ 〈動〉 做事.¶ "您好生小心~, 事濟有賞." (五代史 漢史 上) "我一心要去延安府, 投着在老種經略處~." (水滸 2) ❸ 〈名〉 本事, 能耐.¶ 슈단 ‖ "常況便說道: '倒不如兄弟去行當日~, 只悄去黑地裏弄來可不省事.'" 쇼데 이 밤의 가 녯날 슈단을 부려 가져오미 엇더뇨 (後水滸 10:105) "剛才爹見的兩個妖精, 伸眉竪眼, 我多大點~, 張跟頭, 打的出他兩個手掌去麼?" (醒姻 91) ☞ 勾當

532) 【文文謅謅】 wénwénzhōuzhōu 〈狀〉 形容斯文.¶ 머뭇머뭇, 又긴치 아니한 허두릐말 (大方 水滸 5b) 머뭇머뭇ᄒᆞᆫ단 말 (語覽 水滸 42a) 셰쇄ᄒᆞᆫ 잔말 (水滸 延世 19b-28) 셰쇄ᄒᆞᆫ 잔말 (水滸 28:57) "不要~." 거즛말 쉬면 말아 (水滸 28:58) ▼셰쇄하- ‖ "武松道: '小管營不要~, 只揀緊要的話直說來.'" 武松이가 말하되 小管營은 셰쇄한 잔말은 말고 다맛 緊要한 말로 발오 말하여라 (水滸 菊齋 3:5b) "小官營不要~, 揀緊要的話直說來." (水滸 29) ☞ 文縐縐

533) 【延挨 /延捱】 yán'āi 〈動〉 拖延, 稽留. ¶ 물녀간단 말 (語覽 水滸 26a) 문그다 (水滸 延世 43a) 뭉긔여 가단 말 (水滸 28:56) ▼머믈- ‖ "欲不應允, 夫人明明赶我起身, 怎生~得?" 부인의 말을 듯지 말고져 ᄒᆞ되 분명 날을 쏘ᄎᆞ리니 엇지 시러곰 잠시룰 머믈게 ᄒᆞ리오 (禪眞 16:55) ▼느리혀- ‖ "平兄果有眞才恨不能一時把臂, ~得時日." 평형이 과연 진짓 ᄌᆡ죄 이실딘대 즉긱의 손목을 잡아 즐기디 못ᄒᆞ믈 ᄒᆞᆫᄒᆞᄂᆞ니 엇디 긔약을 느리혀리오 (平山 4:87) ▼ᄌᆞ져ᄒᆞ- ‖ "今晴雯打發人來請, 執意不去, 又怕他見怪, ~了一會, 沒奈何去一趟." 이제 청문이 사ᄅᆞᆷ을 보내여 청ᄒᆞ거ᄂᆞᆯ 고집ᄒᆞ여 가지 아니면 또 제가 고이히 너길가 져허ᄒᆞ여 한즈음을 ᄌᆞ져ᄒᆞ다가 엇지ᄒᆞᆯ 길이 업셔 한 번 단여오고 (紅補 23:54) "~一日, 却再理會." (水滸 29)

534) 【掙扎】 zhēngzhá 〈動〉 勉力支撐, 用力支持.¶ [ᄌᆞᆼ자] 버릇져기다 (譯補 瑣說 54b) (方四 雜語 30a) (課目 雜類 107a) 더벅이다 (艶夢 西廂 42a) (西廂 미도관 35b) 벌덕여 (語錄彙編 水滸

버르적거리다. / 버둥거리다.

443. 撲涌[535)]

풍덩.

11b) 버르젹여 이러나다 (水滸 延世 43a) "却得~." 버르져겨 이러ᄂᆞ려 ᄒᆞ다 (水滸 奎章 4:28) 버르져겨 니러나려 ᄒᆞ다가 (水滸 延世 6b-3) 버르져겨 이러나려 (語覽 水滸 42a) ▼발닥 릴어나- ‖ "那大王却待~." 져 대왕이 발닥 릴어 랄ᄒᆞ제 (水滸 菊齋 1:57a) ▼펄덕걸이- ‖ "兩箇潑皮都踢在糞窖裡~." 두 덜어운 놈들을 모도 ᄯᅩᆼ고의 차 너은이 펄덕걸이들라 (水滸 菊齋 2:9b) ▼썰티- ‖ "武松將半截棒丟在一邊, 兩隻手就勢把大蟲頂花皮肐搭地揪住, 一按按將下來. 那隻大蟲急要~, 被武松儘氣力捺定, 那裏肯放半點兒鬆寬." 무숑이 손의 가졋던 브러딘 막대ᄅᆞᆯ ᄇᆞ리고 ᄒᆞᆫ 편으로 칙ᄃᆞᄅᆞ며 범의 며가지ᄅᆞᆯ 가족조차 트러잡아 ᄆᆞ이 눌러시니 범이 썰티고져 ᄒᆞᄃᆡ 블셔 긔력이 진ᄒᆞ엿고 무숑도 힘을 극진히 ᄲᅧ 노티 아니ᄒᆞ고 (忠義水滸 서울대 8:32b-23) ▼견ᄃᆡ- ‖ "將一大石硯劈面打去. 頭陀閃過, 趕入一步把鍾守淨劈領揪翻, 大拳打下. 鍾守淨極力~不得, 大聲喊叫." 두ᄐᆡ 피ᄒᆞ여 다라드러 슈졍을 잡아 업지ᄅᆞ고 ᄆᆡ이 치니 견ᄃᆡ지 못ᄒᆞ여 쇼ᄅᆡ질너 (禪眞 2:17) ▼도득ᄒᆞ- ‖ "李小姐要相公~功名, 央媒去說." 니쇼제 상공으로 ᄒᆞ여금 공명을 도득ᄒᆞᆫ 후의 즁ᄆᆡᄅᆞᆯ 보ᄂᆡ여 의혼ᄒᆞ라 (快心 7:37) ▼앙탈ᄒᆞ- ‖ "那賊禿知道石秀, 那裏敢~做聲? 被石秀都剝了衣裳, 赤條條不着一絲." 적승이 임의 셕슈임을 알앗ᄂᆞᆫ지라 엇지 감히 앙탈ᄒᆞ리오 샹하 의복을 모조리 벗김을 당ᄒᆞᆷ애 ᄒᆞᆫ올기 실도 ᄂᆞᆷ지 아니ᄒᆞᆫ ᄲᅢᆨ안 몸동이 ᄲᅮᆫ이라 (水滸 新文 3:44:159) ▼강쟉ᄒᆞ- ‖ "紫鵑知道黛玉病體漸愈, 十分快慰, 因黛玉叮嚀, 也不想~過去." ᄌᆞ견이 대옥의 병이 졈졈 하린 쥴 알고 십분 위로ᄒᆞ며 대옥의 부탁ᄒᆞ미 이시므로 인ᄒᆞ여 ᄯᅩᄒᆞᆫ 강쟉ᄒᆞ여 갈 거시 업ᄂᆞᆫ지라 (紅補 1:88) ▼강잉ᄒᆞ- ‖ "包公剛要~起來致謝. 和尙過來按住, 道." 포공이 졍히 강잉ᄒᆞ여 니러나 치샤코ᄌᆞ ᄒᆞ거ᄂᆞᆯ 화샹이 와셔 멈츄며 니ᄅᆞᄃᆡ (忠俠 3:68) "叫了一回, 沒人答應, 却待~起來, 酒尙未醒. 不覺又睡了去." (京本通俗 錯斬崔寧) "却待~, 智深再復一拳, 打倒在山門下." (水滸 4) ☞ 掙挫

535) 【撲通/撲同】 pūtōng 〈聲〉 物入水聲. ¶ 풍덩 (水滸 延世 33a-58) (語覽 水滸 34a) 풍뎡 (水滸 奎章 59:136) 풍덩 ᄲᅡ지는 소ᄅᆡ (水滸 58:100) 얼는 풍덩 ᄲᅡᆺ지다 (水滸 菊齋 1:11a) "~的." 풍덩 슈루루 (水滸 19:39) 沒水聲, 躍下皃. (水滸 延世 47b) 躍下皃. (語覽 水滸 37b) (大方 水滸 4a) ▼출렁 ‖ "~一聲響, 兩个連人帶馬, 都弔下个深潭裡." 출렁 ᄒᆞ고 ᄒᆞᆫ 소ᄅᆡ나며 두 ᄉᆞᄅᆞᆷ이 ᄆᆞᆯ ᄐᆞᆫ 재 깁흔 소 가온대 ᄲᅡ디거ᄂᆞᆯ (孫龐 3:115) ▼덤벙이- ‖ "只聽的後面叫聲: "呵呀!" 回頭看時, 路傍有個小小水潭, 瘸子右脚陷入, 提得起時, 左脚把滑不住, ~的倒撞下水去了." 홀연 등뒤히셔 아야 ᄒᆞᄂᆞᆫ 쇼ᄅᆡ 나거ᄂᆞᆯ 도라보니 가지 밋그러워 길가 우물의 ᄲᅢ져시되 물이 깁흐니 즉시 다리ᄅᆞᆯ ᄲᅢ히지 못ᄒᆞ여 덤벙이거ᄂᆞᆯ (平妖 4:54) ▼풍덩 ‖ "被武松一手接住腰胯, 一隻手把冠兒捏做粉碎, 揪住雲髻, 隔櫃身子提將出來, 望渾酒缸裏只一丟, 聽得~的一聲響, 可憐這婦人正被直丟在大酒缸裏." 무숑이 ᄂᆞ려오ᄂᆞᆫ 부인을 잡어 술독에 것구로 박으니 한 소래 풍덩 ᄒᆞ고 술독 속으로 들어가거ᄂᆞᆯ (水滸 新文 2:28:129) "兩個好漢~地都翻筋斗撞下江裏去." 두 낫 호한이 번드쳐 서로 붓들고 물속으로 들어가니 (水滸 新文 3:37:28) ▼툼벙 ‖ "把河濤兩腿只一扯~地倒撞下水裡." 河濤의 두 달이을 잡아 얼는 툼벙 물에다가 썩굴로 너은이 (水滸 菊齋 2:44b) "兩個面面廝覷, 走出門, 看着清湖河裏, ~地都跳下水去了." (京本通俗 碾玉觀音) "張順見不是頭, ~地先跳下水去." (水滸 64) ☞ 撲冬

444. 火家[536)]

동무. / 중노미.

445. 叵耐[537)]

참을 수 없다. / 고약하다. / 악착하다. / 발칙하다.

446. 不耐煩[538)]

---

536) 【火家】huǒjiā 〈名〉 伙計, 傭人.¶ 雇工. (大方 水滸 2a) 즁놈니 (水滸 奎章 3:24) 즁놈이, 동므 (水滸 延世 6a -2) 中老未等也. (水滸 菊齋 1:7a) 동모 (語錄彙編 水滸 11a) 동모, 동모 사룸 (語覽 水滸 23b) ▼가졍 ‖ "我兩個五更帶數個~挑着, 去半路裏僻靜處等候." 우리 두리 오경의 두어 가졍으로 메우고 길히 가셔 졔 잡아 가지고 오기룰 기다려 (水滸 이대 39:9a -43) "今夜便叫兩個~, 覓了一輛車兒, 先送妻子和細軟行李起身, 約在十里牌等候, 都去上山." 금야의 가졍 ᄒᆞ나흘 불너 슐위를 ᄎᆞ려 쳐ᄌᆞ와 셰간을 실어 십니만 가셔 기다려 흠긔 산의 올나가게 ᄒᆞ고 (水滸 이대 39:9b) ▼화반 ‖ "方纔拖進作房去, 等~未回, 不曾剝開." 앗가 인육방의 ᄭᅳ어 드리고 화반을 기다리노라 (水滸 이대 32:6b) "來到武大門前, 只見那幾個~在門首伺候." 하구슉이 심즁에 의혹ᄒᆞ나 홀 일 업서 무대 집문에 니르니 화반들이 문 압헤 잇거놀 (水滸 新文 2:24:82) "第三隻船上, 李俊引着李立、童威、童猛, 也帶十數個賣鹽~, 都各執槍棒上岸來." 뎨 삼쳑 션샹에는 리쥰이 리립 동위 동밍으로 더브러 십수 ᄀᆡ 화반을 다리고 각각 창봉을 들고 언덕에 오르며 (水滸 新文 3:39:68) ▼반당 ‖ "令李立帶十數個~, 去山南邊那裏開店." 리립으로 십수 ᄀᆡ 반당을 다리고 산남에 쥬뎜을 버리고 (水滸 新文 3:43:125) ▼화ᄌᆞ ‖ "却纔包了, 且去門前望幾個火家歸來開剝." 도로 ᄊᆞ놋코 문젼의 나와 화ᄌᆞ의 도라오믈 기다려 하슈ᄒᆞ려 ᄒᆞ더니 (이대 수호지 32:4b) ▼中老未 ‖ "衆隣舍幷十來箇~, 那箇敢向前來勸." 열엇 이웃 사람과 또 야라문 되는 中老未 那 놈들이 감히 압페 와셔 말나고 勸하리요 (水滸 菊齋 2:32a) "買了棺木, 叫了兩個~, 來河下撈起尸首." (淸平山堂 錯認尸) "只見那幾個~正在門首伺候." (金瓶 6) "王酒酒便隨程五娘到褚堂仵作李團頭家, 買了棺木, 叫兩個~來河撈起尸首, 盛于棺內, 就在河岸邊存着." (警通 33)

537) 【叵耐】pǒnài 〈動〉 〈形〉 不可忍耐. 可惡. ¶ 고약ᄒᆞᆫ 것 (語錄彙編 水滸 13b) 악착하다 (水滸 菊齋 1:10a) "~那撮鳥." 악착한 져 죨아진 놈아 (水滸 菊齋 1:34a) "~那老驢." 악착한 져 늘근 짐승아 (水滸 菊齋 1:34a) "~這厮笑話我的棒法." 악착한 져 놈이 ᄅᆡ의 ᄆᆡ법을 슝본다 (水滸 菊齋 1:80a) ▼惡錯하- ‖ "~史進那廝, 前日我去他莊上尋矮丘乙郞, 他道我來相脚頭躧盤, 你原來倒和賊人來往.'" 惡錯한 史進 져 놈이 前日에 ᄅᆡ가 져의 莊上에 가셔 矮丘乙郞을 찾는 거슬 졔가 말하기을 랄 달여와셔 발질 ᄅᆡᄀᆡ야고 둔젼걸맛다고 하던이 原來예 졔가 될여 賊人과 往來한구나 하고 (水滸 菊齋 4:27b:2) ▼발칙하- ‖ "那道士~無禮, 戲弄下官." 져 道士가 발칙하고 無嚴하여 下官을 戲弄하라 (水滸 菊齋 2:1b)

538) 【不耐煩】bùnàifán 不能忍受, 不樂意.¶ [부닉반] 병 드다 (華抄 疾病 17a) "等得~." 춤다가 못ᄒᆞ야 (水滸 延世 9a -8) 춤다가 못ᄒᆞ여 (語覽 水滸 48a) ▼번거ᄒᆞ믈 슬히 너기- ‖ "寶玉在席上酬應了一會, 因唱的都是繁華熱鬧戲文, ~看, 他便出席掀簾出來, 走下臺階." 옥이 셕샹의셔 이윽히 슈응ᄒᆞ다가 희ᄃᆡ의셔 부ᄅᆞ는 곡죠가 모다 번화열요ᄒᆞᆫ지라 ᄆᆞ음의 번거ᄒᆞ믈 슬히 너겨 믄득 셕샹의 나와 념ᄌᆞ룰 들고 셤돌노 나려 오다가 (紅補 4:99) ▼번뢰홈을 견ᄃᆡ지 못ᄒᆞ- ‖

참다 못해.

447. 悄悄[539)]

슬며시. / 조용히.

448. 尷尬[540)]

"裏邊有吏部大堂公子王大爺家, 來了幾位大叔幷賀相公, 自日出時就來相等, 直到此都等的~了." 이면에 리부딕랑 공ᄌᆞ 왕딕야의 긔긔 가인과 ᄯᅩ 하상공이 일츌시로부터 와 셔로 기다려 이졔ᄭᆞ지 이름의 번뢰홈을 견딕지 못ᄒᆞᆫ다 (綠牡 1:86) "李逵便道: '酒把大碗來篩. ~小盞價吃." (語類 113) "今却~去做這樣工夫, 只管要求捷徑去意見." (五代史 唐史 下) "急煎煎~的二親." (琵琶記 21) "衆人~, 入去他房裏看時, 只見縛着一箇老兒." (喩明 36) "我偏教你吃這一大盅, 那小盅子刁刁的~." (金瓶 33) "你要商量去, 瞒流兒去急流兒回來罷. 怪忙的時候乙, 我們幾个人湊在這裡候你們回信乙, 寀在好~哪." (華撮 50a) ☞ 不耐繁 [부내반] 병드다 (譯上 疾病 60b)

539)【悄悄】qiāoqiāo〈狀〉輕輕, 低低. ¶ ᄀᆞ만ᄀᆞ만 ‖ "~說." ᄀᆞ만ᄀᆞ만 말ᄒᆞ다 (課目 人倫 34a) ▼ᄀᆞ마니 ‖ "今晩不要回去, ~躱在樹傍, 看是個什麽樣人, 拿住他好對師父講." 오ᄂᆞᆯ 져녁의란 도라가디 말고 ᄀᆞ마니 남모 겻틔 숨어 잇다가 엇던 사ᄅᆞᆷ인고 보아 잡아다가 ᄉᆞ부ᄅᆞᆯ 딕ᄒᆞ야 니ᄅᆞ미 됴토다 (孫龐 1:120) "~對龐涓道." ᄀᆞ마니 방연ᄃᆞ려 닐러 ᄀᆞᆯ오딕 (孫龐 2:16) "于是~喚來, 分付要他去探個實落." 즉시 ᄀᆞ만이 블너 분부ᄒᆞᆫ대 (醒風 4:24) ▼가마니 ‖ "楊幺遂~對兩押差說道: '我去打這廝下臺, 休敎他誇口, 笑天下無人.'" 양외 드딕여 가마니 압차ᄃᆞ려 닐오딕 내가 이놈을 텨 딕의 ᄂᆞ리텨 다시 쟈랑ᄒᆞᄂᆞᆫ 말을 내디 못ᄒᆞ게 ᄒᆞ리라 (後水滸 5:57) ▼ᄀᆞ만이 ‖ "勞捷道: '不可, 不可. 這些船隻在此, 豈無頭目看守? 莫非打聽不實? 不如我二人~去看明. 若是果然, 便招呼殺去未遲." 노쳡이 닐오딕 블가ᄒᆞ다 ᄇᆡ 우희 반ᄃᆞ시 두목이 잇ᄂᆞ니 우리 두 사ᄅᆞᆷ이 ᄀᆞ만이 나아가 보와 만일 쥰비ᄒᆞ미 업ᄉᆞ면 군ᄉᆞᄅᆞᆯ 블너 즛텨 드러가미 늣디 아니ᄒᆞᆫ다 (後水滸 10:30) ▼쵸쵸히 ‖ "不如趁今月色, 偃旗息鼓, ~偸回, 待來春再圖大擧." 이제 ᄃᆞᆯ빗취 긔ᄅᆞᆯ 누이고 븍을 그치고 쵸쵸히 도망ᄒᆞ야 도라가 오ᄂᆞᆫ 봄을 기ᄃᆞ려 다시 도모홈만 ᄀᆞᆺ디 못ᄒᆞ니라 (開闢 5:64) ▼죵용히 ‖ "只見進喜走近房門口, ~聲說道, 郡主且在裏邊坐坐." 다만 보믹 강진희 방문 앏희 갓가히 와 죵용히 니ᄅᆞ딕 쇼져ᄂᆞᆫ 아즉 그곳의 안ᄌᆞ 계시쇼셔 (再生 22:89) ▼죵용이 ‖ "忽聽有脚步之聲. 睜眼看時, 天已大亮. 見相公~從裏看出來, 低言道." 홀연 드ᄅᆞ믹 발ᄌᆞ최 쇼릭 나거ᄂᆞᆯ 눈을 ᄯᅧ 보믹 하ᄂᆞᆯ이 임의 밝고 안싱이 죵용이 내간으로셔 나와 쇼릭ᄅᆞᆯ 나직이 ᄒᆞ여 니ᄅᆞ딕 (忠俠 12:42) ▼가만가만 문칫문칫ᄒᆞ- ‖ "那猴子見有果子在上, 遂往東北角上拾果子吃, 花碧蓮~挨近後邊, 才待伸手去捉." 회즁으로셔 ᄯᅩ ᄒᆞᆫ 움쿰 실과를 취ᄒᆞ야 동북 각상에 헷치니 후ᄌᆡ 실과를 보고 동북 각상을 향ᄒᆞ야 실과를 쥬어 먹거ᄂᆞᆯ 화벽년이 가만가만 문칫문칫ᄒᆞ야 후ᄌᆞ의 신변에 갓가움의 손을 펴 잡으랴 ᄒᆞ더니 (綠牡 3:5)

540)【尷尬】gān'gà〈形〉古怪, 鬼鬼祟祟, 不正常.¶ 슈샹 (水滸 延世 41b) 슈샹, 音남ᄀᆡ (語覽 水滸 24b) 不正貌, 슈샹 (語覽 西遊 58b) 슈상ᄒᆞ단 말 (水滸 9:25) 殊常.(大方 水滸 2a) (語錄彙編 水滸 14b) 슈샹ᄒᆞ다, 殊常. (水滸 延世 9b-9) 슈승ᄒᆞ다 (水滸 聯帖 10b) 卽殊常也. (物解 人事 10b) (水滸 菊齋 1:8b) 不精皃, 非語錄. (西遊 修綆室 2a-23) "~扭捏出俏語低聲道." 몸을 븨틀며 어엿분 쳬ᄒᆞ여 니랄되 (西遊 聯帖 26a) ▼슈샹ᄒᆞ- ‖ "這干人有些~, 四樣人都在一房, 生意微薄, 又每日有酒食吃." 이 사ᄅᆞᆷ들이 극히 슈샹ᄒᆞ야 네 사ᄅᆞᆷ이 다 ᄒᆞᆫ 방의 이셔 홍졍ᄒᆞᄂᆞᆫ 거

수상하다.

449. 蹺蹊[541]

수상하다.

450. 撒酒風[542]

술주정하다.

시 적으되 날마다 쥬식을 먹고 (隋史遺文 9:102) “却才有個東京來的~人, 在我這裡請管營、差撥吃了半日酒.” 아까 엇던 슈샹지인이 내 집에 와 술 먹고 챠발과 관영을 청ᄒᆞ여 무슴 일을 은근이 의론ᄒᆞᄂᆞᆫ 즁에 (水滸 新文 1:9:94) “這個開酒店的漢子又~, 也是鬼了! 我們走休!” (京本通俗 西山一窟鬼) “押司娘道: ‘迎兒, 且莫睡則個! 這時辰正~那!’” (警通 13) “程元玉見他說話有些~, 不解其故.” (初刻 4)

541) 【蹺蹊】 qiāoqī 〈形〉 奇怪, 可疑.¶ 곡졀 (水滸 奎章 28:86) 슈샹, 又까닥 (語覽 水滸 25b) 수상, 又어렵다 (水滸 愚山 4a) 까ᄃᆞᆰ이라 (水滸 27:55) 슈상ᄒᆞ다 (水滸 24:50) 殊常, 又曲折.(大方 水滸 2a) “有些~.” ᄉᆞ쇼 곡졀 잇도다 (水滸 奎章 14:52) 곡졀 잇다 (語覽 水滸 43b) “甚是~.” 가쟝 곡졀이 잇ᄂᆞ니 (水滸 奎章 49:123) [쟌히] 야긔ᄯᆞ다, «字箋»: 不穩當也, 又不平貌. ‖ “這三箇人好~, 別人打死人, 檢屍明白, 填了屍刑格目, 上了長枷, 還不肯認, 認了又還攀指別人, 他三人爭着認死, 好~.” 이 세 사ᄅᆞᆷ이 ᄀᆞ장 야긔ᄯᆞ다 다ᄅᆞᆫ 사ᄅᆞᆷ은 사ᄅᆞᆷ을 텨 죽이매 檢屍ᄅᆞᆯ 明白히 ᄒᆞ야 屍刑格目애 메오고 긴 칼흘 메워도 도로혀 즐겨 알롸 아니ᄒᆞ고 알롸 호ᄃᆡ ᄯᅩ 도로혀 다ᄅᆞᆫ 사ᄅᆞᆷ을 攀指ᄒᆞ거ᄂᆞᆯ 뎌 세 사ᄅᆞᆷ은 알롸 ᄒᆞ야 죽기ᄅᆞᆯ ᄃᆞᆺ토니 ᄀᆞ장 야긔ᄯᆞ다 (伍倫 1:55ab) ▼슈상ᄒᆞ- ‖ “薛尚文只是搖頭道: ‘這事有些~.’” 셜샹문이 머리ᄅᆞᆯ 흔들며 닐오ᄃᆡ 이 일이 죵시 슈상ᄒᆞ다 (回文 1:28a) “這件事必有~, 我一向見侄女爲人, 足智多謀, 雖是女子, 實男子所不及.况這頭親事, 原是勉强成的.” 딜녀의 위인이 지혜 죡ᄒᆞ고 ᄭᅬ 만흐니 이 혼인을 제 본ᄃᆡ 원티 아니며 아디 못ᄒᆞ야 일운 거시러니 그 가온대 므슴 ᄭᅬ 잇던가 ᄒᆞ고 (醒風 4:52) ▼묘믹 ‖ “心下思量: ‘這個和尚話語來得~, 甚麼一種心病?’” 민쥐 혜오ᄃᆡ 이 화상의 말이 필유묘믹이라 ᄒᆞ고 (禪眞 2:20) “想是有脚的會走, 就是也跳不出去.” ᄶᅡᆨ닥 ᄉᆡᆼ각건ᄃᆡ 두 ᄃᆞ리가 잇는게 되여 다라날 줄만 아라짓 아마 ᄲᅱ여 다라ᄂᆞ든 못ᄒᆞᆯ걸 (語覽 西遊 93a) “這人從來不曾和我吃酒, 今日這杯酒必有~.” (水滸 新文 2:24:81) ▼고이ᄒᆞ- ‖ “却又~! 我自是清河縣人氏, 他自是孟州人, 自來素不相識, 如何這般~我? 必有個緣故.我且問你, 那小管營姓甚名誰?” 이 ᄯᅩᄒᆞᆫ 고이ᄒᆞᆫ 일이로다 나의 살지기ᄅᆞᆯ 기ᄃᆞ려 결과ᄒᆞ려 ᄒᆞᆷ인가 이러ᄒᆞᆫ 불분명ᄒᆞᆫ 쥬식을 내 어이 먹으리오 너의 쇼관영이 엇더ᄒᆞᆫ 사ᄅᆞᆷ이며 날과 언제 ᄉᆞ괴미 잇관ᄃᆡ 쥬식을 보내여 나ᄅᆞᆯ 먹게 ᄒᆞᄂᆞᆫ고 (水滸 新文 2:27:119) “小娘子與那後生看見赶得~, 都立住了脚.” (京本通俗 錯斬崔寧) “~! 自從師父到我家書堂裏教書, 也不作詩寫字, 鎮日在我家後廳啼哭.” (金錢記 3) “磕頭連忙拜他, 則被你~殺我也, 救苦救難菩薩!” (忍字記 2) “~! ~! 他的鈴兒怎麽與我的鈴兒就一般無二!” (西遊 71) “東坡雖是妙才, 這對出得~, 一時尋對不出.” (警通 3) “春梅看見果是一只大紅平底鞋兒, 說道: ‘是娘的. 怎麽來到這書篋內, 好~的事.’” (金瓶 28) ☞ 蹺欹, 蹺蹺

542) 【撒酒風】 sā//jiǔfēng 〈動〉 酒醉後胡鬧.¶ [사쥐봉] 쥬정ᄒᆞ다 (譯補 動靜 25b) (方一 動靜 22a) (同上 飲食 60b) (蒙上 飲食 47a) “撒起酒風來.” 주정ᄒᆞᆫ단 말 (語覽 西遊 75b) “酒在此, 你有量盡着你吃, 只不要~!” (朱砂担 1) “這廝原來酒後無德, ~那!” (凍蘇秦 3)

451. 算他

미상.

452. 走了風543)

누설하다.

453. 打水544)

물 긷다.

454. 搭箭545)

---

543) 【走風】 zǒu//fēng 〈動〉 洩漏秘密.¶ 누셜ᄒᆞ다 (三學 言) 漏泄ᄒᆞ다 (蒙上 人事 24b) [주봉] “走了風.” 말 漏泄ᄒᆞ다 (譯下 瑣說 51b) 누셜ᄒᆞ다 (方四 雜語 33a) 누셜 (博物 花部 11b) [주봉] 말 누설하다 (漢談 動靜 30b) “弄走了風.” 종적이 탈노된단 말 (語覽 西遊 68a) [주봉] ▼발각ᄒᆞ- ‖ “老師父叫我們, 小道童胡厮罵, 不是舊話兒走了風, 可是甚的!” 앗가 두 동ᄌᆡ 스승님과 소ᄅᆡ질너 말ᄒᆞ더니 급히 부르시니 일졍 우리 일졍 도적ᄒᆞᆫ 거시 발각ᄒᆞ도다 (西遊 延世 4:12) ▼쇼식을 통ᄒᆞ- *走漏消息. ‖ “咱們私自頑話怎麽也知道了? 又沒外人~, 這可奇怪了.” 우리가 ᄉᆞᄉᆞ로이 노니ᄂᆞᆫ 말을 엇지 ᄯᅩᄒᆞᆫ 아시ᄂᆞ냐 ᄯᅩ 외인이 쇼식을 통ᄒᆞ미 업ᄉᆞ니 이ᄂᆞᆫ 가히 긔괴ᄒᆞ미로다 (紅樓 77:52) [주봉] ▼누셜ᄒᆞ- ‖ “我都囑咐到了, 這是什麽人去走了風呢, 這不更是一件難事了嗎?” 내가 모다 부탁ᄒᆞ여 두엇더니 이ᄂᆞᆫ 엇던 사ᄅᆞᆷ이 누셜ᄒᆞ엿ᄂᆞᆫ지 이거시 더옥 한가지 난쳐ᄒᆞᆫ 일이 아니냐 (紅樓 97:6) “那知有人走了風, 放他逃了性命.” 엇지 알니오 사ᄅᆞᆷ이 잇셔 쇼식을 누셜ᄒᆞ여 져ᄅᆞᆯ 노하 셩명을 도망케 ᄒᆞ더라 (千里 1:60) “我說與爹, 休教一人知道, 就是應花子也休望他題, 只怕走了風.” (金甁 68)

544) 【打水】 dǎ//shuǐ 〈動〉 汲水.¶ 믈 깃다 (老朴集 單字解 4a) [다쉬] 믈 깃다 (譯上 食餌 48b) (方二 割烹 32b) [다쉬] 물 깃다 (華抄 食餌 14b) 물 깃다 (語覽 水滸 28a) [다쉬] ▼믈 긷- /믈 깃- ‖ “那般着, 你敢慣~?” “我不慣~. 你先~去, 我兩箇牽馬去.” 그리ᄒᆞ져 네 믈기리 니근 ᄃᆞᆺᄒᆞ고나 /내 믈기리 닉디 몯호라 네 몬져 믈 기르라 가라 우리 둘히 ᄆᆞᆯ 잇거 가마 (飜老 上 34b) 그리ᄒᆞ쟈 네 믈 깃기 니근ᄃᆞᆺ ᄒᆞ괴야 /내 믈 깃기 닉디 못호롸 네 몬져 믈 길라 가라 우리들히 ᄆᆞᆯ 잇그러 가마 (老上 31b) “却怎麽那般~? 我不理會得. 我只道是和我這裏一般~.” ᄯᅩ 엇디 그리 믈 긷ᄂᆞ뇨 내 모로리로다 내 그저 닐오ᄃᆡ 우리 예 ᄒᆞᆫ가지로 믈 긷ᄂᆞ다 ᄒᆞ야 니ᄅᆞ노라 (翻朴 上37a) “你們那裏朝鮮地方有井沒有? 怎麽不會~呢?” 너희 지긔 朝鮮ㅅ싸히 우믈이 잇ᄂᆞ냐 업ᄂᆞ냐 엇지 믈 깃기ᄅᆞᆯ 아지 못ᄒᆞᄂᆞ뇨 (老新 1:45a) [다쉬] ▼믈 깃- ‖ “找不着他, 纔有~的人說: ‘那東南角上井裏~, 見一箇屍首.’ 趕着叫人打撈起來.” 져ᄅᆞᆯ ᄎᆞᆺ지 못ᄒᆞᆯ ᄎᆞ의 물 깃ᄂᆞᆫ 사ᄅᆞᆷ이 잇셔 니ᄅᆞᄃᆡ 동남간 방 우물의셔 물 깃더니 일개 시신이 잇ᄉᆞ믈 보고 다라와서 사ᄅᆞᆷ을 불너 건져내니 (紅樓 32:51)

545) 【搭箭】 dā//jiàn [다졘] 살 메우다 (譯補 敎閱 15a) (課目 兵戎 114b) 살 메오다 (方四 射藝 14b) 살 먹이다 (同上 軍器 48a) (蒙上 軍器 36a) 살 메우다 (廣物譜 2 軍旅 4a) ▼활을 ᄃᆼ긔- ‖ “魯王並不謙遜, 搭上箭, 扯滿弓, 騰地一箭射去, 剛剛中着垛上紅心.” 노왕이 겸양티 아니ᄒᆞ고 살흘 먹여 활을 ᄃᆼ긔여 ᄒᆞᆫ 살로 졍히 홍심을 마치니 (孫龐 3:74) ▼살흘 먹이- ‖ “薛舉

화살을 활시위에 얹다.

455. 剌剌疼[546)]

쓰라리다.

456. 空馬

빈 말. 짐 싣지 않은 말.

457. 摌馬[547)]

맨잔등이 말. / 안장을 얹지 않은 말.

458. 鏟馬[548)]

안장을 얹지 않은 말. / 맨잔등이 말.

459. 眼花[549)]

斜倚畵戟, 彎弓~看得淸, 射得巧, 颼地一箭, 剛中樂正年肩窩, 翻身落馬." 화극을 엽히 끼고 조궁의 살흘 먹여 악졍년을 쏘아 엇게롤 맛치니 몸을 번뒤쳐 말게 나려지거날 (禪眞 13:3)

546) 【剌剌疼】 làlàténg 〈形〉 火辣辣地疼.¶ 쁠알이다 (廣物譜 1 形氣 5b) [라라텅] 쁠알히다 (譯上 疾病 62a) [라라텅] 쁠알히다 (華抄 疾病 17b)

547) 【摌馬】 chǎnmǎ 〈名〉 不鞍馬.¶ 민잔등 (水滸 延世 7a -4) 민잔등이 말 (水滸 延世²3b) (語覽 水滸 31b) ▼밋잔등이 말 ‖ "騎着~." 밋잔등이 말을 타고 (水滸 菊齋 1:28a) "大王道: '苦也, 這馬也來欺負我.' 再看時, 原來心慌不曾解得繮繩, 連忙扯斷了, 騎着~, 飛走出得莊門." 大王이 道하되 셜업다 져 말도 랄을 업이 너기는구나 하고 다시 본이 근본 겁을 릭여 괴비을 안이 플너건을 밥비 끈어 발이고 밋잔등이 말을 타고 라낫다시 집 門에 나와 (水滸 菊齋 4:47b) 亦作"鏟馬." ‖ "三藏無奈, 只得依言, 跨了鏟馬." (西遊 15)

548) 【鏟馬】 chǎnmǎ 〈名〉 不鞍馬. ¶ ☞ 驏馬 ‖ [찬마] 기르마 업슨 몰 (譯補 走獸 48a) (方四 走獸 14b) (同下 走獸 37a) (蒙下 走獸 31a) 길마 업슨 말 (課目 禽獸 24a) 기ᄅ마 업슨 몰 (三學 獸) 길마 업슨 몰 (文通 物名考 毛蟲 1:9b) [찬마] 기ᄅ마 업ᄂ 몰 (華抄 走獸 26a) "恰好遇着打柴樵夫過來, 尉遲問說: '樵夫哥, 你曾見有一匹渾黑的~跑過去麼?" 말을 보읏ᄂ뇨 기둥 일인 니ᄅ딕 크고 거믄 말이 이 압흐로 지나ᄃ라 (唐秦 23:170) ☞ 驏馬 ‖ [챤마] 기ᄅ마 업슨 몰 (漢淸 騎駝 14:31a) 길마 업난 말 (博物 獸部 14a)

549) 【眼花】 yǎn//huā 〈動〉 看東西模糊不淸.¶ 눈 흐리다 (課目 身體 27a) [얀화] 눈 흐리다 (漢淸 老少 5:43a) [얀화] 눈 밤의다 (華抄 疾病 17a) [얀화] ~ (漢談 身體 25a) [연화] "~了." 눈 밤의다 (譯上 疾病 61a) "眼也花了." 눈이 현향하다 (語覽 水滸 45b) [연화] ▼누네 브스와믹- ‖ "無邊無涯的, 浮萍蒲棒, 噴鼻~的, 是紅白荷花." ᄀᆞᆺ 업스니ᄂ 머구릐밥과 부듣 방취오 고해 품기며 누네 브스와믹ᄂ니 이 紅白 녓고지러라 (飜朴 上70b) 코헤 쌤기고 눈에 밤읜 거슨 이

눈이 흐리다.

460. 一發[550]

紅白 荷花러라 無邊無涯ᄒᆞᆫ 거슨 이 浮萍과 蒲棒이오 (朴上 62a) [연화] ▼눈이 바믜- ‖ "有諸般唱詞的, 也有弄棒的, 一箇高卓兒上脫下衣裳, 赤條條的仰白着臥, 一托來長短, 停柱來麤細的, 油紅畵金棒子, 放在他脚心上轉, 脚背上轉, 指頭上轉, 吊下來踢上去, 弄的只是~了." 여러 가지 唱詞ᄒᆞᄂᆞᆫ 이 이시며 ᄯᅩ 막대 弄ᄒᆞᄂᆞᆫ 이 이시니 ᄒᆞᆫ 노픈 卓子 우희 옷 벗고 벌거케 올올이 잣바누어 ᄒᆞᆫ 발 기릐예 기동 만ᄒᆞᆫ 굴긔예 油紅빗체 金으로 그림 그린 막대ᄅᆞᆯ 뎌 발빠당에 노하 구을리고 발ᄯᅳᆼ에 구을리고 가락 우희 구을리다가 ᄂᆞ려오거든 차 올려 농ᄒᆞ기를 그저 눈이 바믜엿게 ᄒᆞ고 (朴中 1b) "昨日那厮我家裏來了, ~的不辨東西, 不省人事, 倒在床上打鼾睡." 어제 뎌 놈이 내 집의 왓거늘 눈이 밤의여 동셔를 분변티 못ᄒᆞ고 인ᄉᆞᄅᆞᆯ 아디 못ᄒᆞ여 상 우희 것구러뎌 코 고오고 자거늘 (朴中 47a) [얀화] ▼눈이 밤븨- ‖ "昨日那厮恰到我家來, 我特地把酒灌的他爛醉, 他便~, 不辨東西不省人事, 倒在床上便打鼾睡." 어직 뎌 놈이 마치 내 입의 왓거ᄂᆞᆯ 내 부러 술을다가 뎌의게 부어 爛醉케 ᄒᆞ니 뎨 곳 눈이 밤븨어 東西ᄅᆞᆯ 분변치 못ᄒᆞ고 人事ᄅᆞᆯ 아지 못ᄒᆞ여 床 우희 것구러져 곳 코 고오고 자거ᄂᆞᆯ (朴新 2:52a) "李謌看得~, 驚得神竦, 稱羨不已." 니악이 눈이 밤븨며 몸이 숏그러ᄒᆞ여 칭찬ᄒᆞ믈 마지 아니터라 (禪眞 20:76) "兩人鬪到間深裏, 燕陣上千軍萬馬, 看得~, 莫不喝采." 량인이 졍히 흥취잇게 ᄡᅡ호ᄆᆡ 연진 즁의 쳔군만ᄆᆡ 눈이 밤븨며 막불갈치ᄒᆞᄃᆡ (女仙 25:24) ▼눈ᄭᅮᆺ치 안기 갓ᄒᆞ여 희미ᄒᆞ- ‖ "老兒~, 那綠蔭下站的不是?" 노지 눈ᄭᅮᆺ치 안기 갓ᄒᆞ여 희미ᄒᆞ여 져 프른 그ᄂᆞᆯ 아ᄅᆡ 거문ᄉᆡ 넙쥭 와 션 거ᄉᆞ 그 무엇고 (西遊 啓明 6:94-20) ▼희미ᄒᆞ- ‖ "便做道摟得慌, 也索覷咱, 多管是餓得你個窮神~." 문듯 지근거리기도 급하다구 말은 ᄒᆞ고 얼는 예겨보니 앙커나 이 쥬린 네가 귀것쳐럼 눈ᄭᆞ지 흐미ᄒᆞ도다 (西廂 博文 139)

550) 【一發】 yīfā 〈副〉 ❶ 一起, 一并.¶ 鄕言이믜셔, 一說言一時俱發也. (于公奏議輯覽 2a) 猶鄕言 이므셔리 (駁稿輯覽 12b) 흠ᄭᅴ, 又이믜셔, 又칙어 (老朴集 累字解 1b) ~, 又칙여 (語初 漢語集覽字解 23a) 흠ᄭᅴ, 一就. (語重 26a) 흠ᄭᅴ (大方 水滸 1b) ᄒᆞᆫᄃᆡ, ᄒᆞᆫᄭᅴ (語覽 水滸 23a) 홈긔 (語覽 水滸 28b) 아오로 (水滸 35:66) ᄒᆞᆫ 번 (語覽 西廂 102b) 암쥬로, 함긔 (水滸 延世 21a-35) 암쥬로 (水滸 奎章 36:93) 한겁의 (水滸 菊齋 1:5a) ▼일시에 /일시의 ‖ "~上." 일시에 ᄃᆞ라오면 (水滸 奎章 17:62) 일시의 달아들면 (水滸 聯帖 12b) 일시의 달아드러 (語覽 水滸 38a) 일시의 다라드러 (水滸 16:35) ▼홈긔 /함긔 /한긔 ‖ "~算錢還你." 홈게 돈 셰여 쥬마 (水滸 聯帖 8b) 져근덧 함긔 셈ᄒᆞ여 쥬다 (水滸 延世 13a-16) 한긔 돈셰여 너를 쥬마 (水滸 2:11) [이바] ▼흠ᄭᅴ ‖ "旣這般時, 火伴, 你三箇~都出了着, 記着數目, 到北京時~筭除." 이믜 이러면 버다 너희 세히 흠ᄭᅴ 다 내오 수 뎌거 둣다가 北京의 가면 흠ᄭᅴ 혜여 덜 거시라 (飜老 上24a) 이믜 이러면 벗아 너희 세히 흠ᄭᅴ 다 내고 數目 뎌것다가 北京의 가든 흠ᄭᅴ 혀어 더쟈 (老上 21b) ▼이믜셔 /흠ᄭᅴ ‖ "好, 好, 多謝, 多謝! 主人家哥, 又有一句話: 人喫的且有些箇, 這馬們却怎生? ~那與些草料如何?" 됴토다 됴토다 ᄀᆞ장 깃게이다 쥬신 형님하 ᄯᅩ ᄒᆞᆫ 마리 이셰이다 사ᄅᆞᆷ 머글 거슨 안직 져그나 잇거니와 이 ᄆᆞᆯ돌ᄒᆞᆫ ᄯᅩ 엇디ᄒᆞ려뇨 이믜셔 져기 딥과 콩을 논힐훠 주ᄃᆡ 엇더ᄒᆞ고 (飜老 上55b) 됴토다 됴토다 ᄀᆞ장 깃게이다 쥬인 형아 ᄯᅩ ᄒᆞᆫ 말이 이셰라 사ᄅᆞᆷ 머글 써슨 아직 져기 잇거니와 이 ᄆᆞᆯ돌ᄒᆞᆯ ᄯᅩ 엇디ᄒᆞ려뇨 흠ᄭᅴ 져기 딥과 콩을 논일워 줌이 엇더ᄒᆞ뇨 (老上 50a) [이바] ▼흠ᄭᅴ ‖ "懶小廝們, ~滿槽子饋草, 睡到明, 可憐見那不會說話的頭口們, 喂不到." 게으른 아ᄒᆡ돌히 흠ᄭᅴ 구ᅀᅵ예 ᄀᆞᄃᆞ기 여믈 주고 즘드러 새도록 자ᄂᆞ니 에엿븐 뎌 말 모로ᄂᆞᆫ 즘ᄉᆡᆼ돌히 치기를 ᄀᆞ장 몯ᄒᆞᄂᆞ니 (飜朴 上21b) 게여른

아ᄒᆡ들히 홈ᄭᅴ 귀유에 ᄀᆞ득이 여믈을 주고 자기를 블그매 다ᄃᆞᆺ도록 ᄒᆞ니 가히 어엿브다 뎌 말 못ᄒᆞᄂᆞᆫ 즘승들흘 먹이기를 이긋 못ᄒᆞ니 (朴上 21a) ▼ᄒᆞᆫ 번에 ‖ "把這窓孔的紙都扯了, ~着草布糊了." 이 창쑴게 죵히를다가 다 ᄆᆡ티고 ᄒᆞᆫ 번에 얼믠 뵈로 ᄇᆞᄅᆞ라 (朴中 58a) ▼다함 ‖ "~錯認了.待我自出去一向便知明白." 이놈이 다함 그릇 듯고 와 니ᄅᆞ니 내 친히 나가 무러야 ᄌᆞ시 알니로다 (醒風 6:38) ▼마자 ‖ "婆婆要換便換了罷, 只是還有訣兒, ~傳你." 파패 밧고〻져 ᄒᆞ면 당〻이 밧고려니와 다만 신검 브리ᄂᆞᆫ 진언이 이시니 마자 뎐코져 ᄒᆞ노라 (平妖羅孫 5:104) ▼한껍의 ‖ "賈母聽說, ~高興起來, 忙遣人去請薛姨媽邢夫人等, 又叫請姑娘們幷寶玉." 가뫼 말을 듯고 한껍의 놉흔 흥치를 내여 밧비 사ᄅᆞᆷ을 보내여 셜마마와 형부인 등을 쳥ᄒᆞ고 ᄯᅩ 블너 고랑들과 다ᄆᆞᆺ 보옥을 쳥ᄒᆞ라 ᄒᆞ며 (紅樓 43:7) "屠俏聽了果是推辭道: '恁便是軍師不達道理. 只前日替大伯擦了花臉遮蓋, 吃黑瘋子作了笑柄. 怎今日又叫去認二伯, ~使人笑壞! 俺只不去.'" 츄ᄉᆞᄒᆞ야 닐오ᄃᆡ 하운농 군ᄉᆡ ᄀᆞ쟝 도리를 아디 못ᄒᆞᆫ다 이 계교ᄂᆞᆫ 현마 힝티 못ᄒᆞᆯ 거시니 ᄂᆞᆷ의 우음을 엇디ᄒᆞ리오 (後水滸 12:66) ▼일졔히 ‖ "且~完局了他." ᄯᅩ 져를 일졔히 료감ᄒᆞ리라 (女仙 41:59) "此是當初~同時做底工夫, 及到成時, 知至而後意誠耳." (語類 15) "快準備, 車乘鞍馬, 主僕行李, ~離門走." (董西廂 8) "你的女兒~賣與我呵, 仕宦往來時可得相見." (訓世 上27a) "三件置造銅鐵石, 可用五萬人, ~修造, 一年半可了." (三國志平話 下) "小人母親騎的頭口, 相煩寄養, 草料望乞應付, ~拜還." (水滸 2) ❷ 索性, 乾脆.¶ 아무쥬록 (水滸 聯帖 16b) ▼아조 /아죠 ‖ "~信地." 아조 밋도록 ᄒᆞᆫ 일이라 (水滸 奎章 50:126) 아죠 밋도록 ᄒᆞᆫ 일이라 (水滸 49:90) "這妮子不賢惠, 打一棒快毬子, —— 你舍的宋引章, 我~嫁你." (救風塵 3) "宋江道: '先生何不將帶幾個人去, ~就搬取老尊堂上山, 早晚也得侍奉?'" (水滸 42) "師父, 且把善字兒包起, 讓我們使些凶惡, ~結果了他, 脫身去罷." (西遊 25) "重湘道: '也罷, ~喚蕭何來與你審個明白.'" (喩明 31) "老漢方纔擧箸, 劉公又盛時兩碗飯來, 道: '~吃飽了好行路.'" (醒恒 10) ❸ 越發, 更加.¶ 가디록 ‖ "你這人~胡說!" 네 가디록 괴이ᄒᆞᆫ 말을 ᄒᆞᄂᆞᆫ다 (玉嬌 1:81) ▼더옥 ‖ "這~胡說, 你且將投文時在那家歇宿, 病時在誰家將養, 一一說來, 我好喚來對證, 還可出豁你." 이 더옥 거즛말이라 네 공ᄉᆞ를 븟칠 ᄶᅢ의 뉘 집의셔 머므러시며 병드러실 제 뉘 집의셔 됴리ᄒᆞ고 일〻히 니ᄅᆞ라 내 블러다가 ᄃᆡ변ᄒᆞ게 ᄒᆞ리라 (隋史遺文 3:10) "龐涓渾身有口, 也難分說, 衆文武見龐涓呆住, ~認眞是他換了, 一齊開口道." 방연이 비록 혼신의 입이 이시나 발명키 어려온디라 모든 문뮈 방연의 말 못ᄒᆞᄂᆞᆫ 양 보고 더옥 뎌의 거ᄉᆞᆯ 밧고왓다 ᄒᆞ야 일졔히 닐오ᄃᆡ (孫龐 3:14) "便指說是妖魔, 日後養大必要妨害爹娘. 我丈夫~不喜歡, 便要弄死他們, 是我不肯, 只與我合氣." 믄득 요괴를 나하시니 후에 길너 ᄌᆞ라면 반ᄃᆞ시 부모의게 해로오리라 ᄒᆞ니 댱뷔 더옥 깃거 아냐 ᄆᆡ양 죽이고져 ᄒᆞᄃᆡ 내 줄겨 듯디 아냣더니 (後水滸 1:33) "一清將經擔挑去, 以頭藏于三寶殿後, ~無踪了." 일청이 경칙 짐을 가지고 도라와 그 머리를 삼보뎐 뒤희 무드니 더옥 죵젹이 업서지니라 (包公 三寶殿 4:28) "包公心下生疑, 口中叫怪道: '天下有這樣事! 陽間弊竇多端, 陰司~不好.'" 포공이 ᄆᆞᄋᆞᆷ의 의심ᄒᆞ야 닐오ᄃᆡ 괴이ᄒᆞ다 텬하의 어이 이런 일이 이시리오 양간의 폐단이 만타 ᄒᆞ더니 음간의 더옥 됴치 아니ᄒᆞ도다 (包公 久鰥 5:5) "兩個人偶然說話, 他來了, 急忙散開, ~動了一個醋子." 두 사ᄅᆞᆷ이 우연히 셜화ᄒᆞᆯ ᄎᆞ의 졔가 오면 급히 허어져 가ᄂᆞᆫ지라 더옥 일긔 초ᄇᆞᆨ를 발ᄒᆞ여 (紅樓 100:25) "那知寶玉病後雖精神日長, 他的念頭~更奇僻了, 竟換了一種." 엇지 알니오 보옥이 병후의 비록 정신은 날노 나하가나 져의 념두ᄂᆞᆫ 더옥 긔이ᄒᆞ고 괴벽ᄒᆞ여 맛ᄎᆞᆷ내 ᄒᆞᆫ 무리가 밧고여 (紅樓 116:78) ▼더욱 ‖ "~害怕." 더욱 놀나 (語覽 西遊 71a) "尤氏如今要裝出做夫人的身價來, ~厲顏厲色." 우시 발명ᄒᆞᆫ 후의 부인 톄면을 내려ᄒᆞ여 더욱 안ᄉᆡᆨ을 엄녀히 ᄒᆞ며 호령이 긋치지 아니ᄒᆞᄂᆞᆫ지라 (雪月 3:61) ▼-ㄹᄉᆞ록 ‖ "梅姑娘算來今年也是十八歲, 自然長得~標致了!" ᄆᆡ고낭은 혜여 보ᄆᆡ 금년

함께. / 한꺼번에.

461. 打話[551)]

말을 걸다.

462. 爲漢子作漾子的 – 打鎗跑馬.

사내 노릇 한답시고 날뛰다 – 총 쏘고 말 달리다.

463. 羊角葱靠南墻 – 越發老辣.[552)]

양각파가 남쪽 담에 기대다 – 갈수록 맵다.

464. 猪眼 – 一箇人喫兩箇人不喫.

의 쏘흔 십팔 세라 주연 장셩홀수록 더욱 표치홀 듯ᄒᆞ도다 (雪月 13:6) "便是半路上出家的一般, 賣買行中~不是本等伎倆, 又把本錢消折去了." (京本通俗 錯斬崔寧) "他不是押司出身? 我教哥哥~放心." (水滸 46) "如今老母, ~不敢抛離." (西遊 1) "西門慶聽言未了, 又鼻子裏覺得異香馥馥, 樂聲~近了." (金瓶 55) "三巧兒一日不見他來, 便覺寂寞, 叫老家人認爲薛婆家裏, 早晚常去請他, 所以~來得勤了." (喩明 1) ☞ 一法

551) 【打話】dǎhuà 〈動〉 說話, 答話.¶ 說破也. (語初 11a) 說破也. 打爲也. (語重 16b) 做話也. (洛閩 言) 打爲. (課目 人倫 35a) 말ᄒᆞ다 (西廂 博文 68) 말ᄒᆞᄌᆞ (語覽 三國 109a) "那里~." 心專於所思不聞潛身背立之說, 驚目無覩, 張耳無聞, 兩相似何酷相似也. (西廂 미도관 28b) "大叫: '請曹操~!'" 크게 브르되 조승상을 청ᄒᆞ야 말ᄒᆞ쟈 (三國 10:59) ▼말ᄒᆞ- ‖ "正是仇人相見, 心頭火起, 面目通紅, 更不~." 졍히 이 원슈의 사ᄅᆞᆷ이 서ᄅᆞ 보니 ᄆᆞᄋᆞᆷ과 머리의 블이 니러나고 면목이 통ᄒᆞ야 븕어 다시 말을 아니ᄒᆞ고 (開闢 3:27) "文招討依舊帶了喞筒手, 並猪羊二血, 使人高叫王則~." 문쵸토 피 바른 궁노와 피 너흔 ᄃᆡ통을 졍제ᄒᆞ고 진의 ᄂᆞ와 군ᄉᆞ로 ᄒᆞ여금 왕측을 불너 말ᄒᆞᄌᆞ ᄒᆞ니 (平妖 9:47) "進門也不~, 便兒一聲肉一聲的要討人命." 문의 들ᄆᆡ 다만 말 아니ᄒᆞ고 믄득 ᄋᆞ히야 ᄒᆞᄂᆞᆫ 한마ᄃᆡ 쇼ᄅᆡ와 골육아 ᄒᆞᄂᆞᆫ 한 마ᄃᆡ의 긔여히 샹명ᄒᆞ려 ᄒᆞ니 (紅樓 103:31) ▼졉어ᄒᆞ- ‖ "快叫皇甫長華下來~." 쌜니 황보쟝화로 ᄒᆞ여금 나려와 졉어케 ᄒᆞ라 (再生 10:28) "那里叙寒溫~." 어ᄃᆡ셔 인ᄉᆞ를 펴고 말을 하랴너냐 (西廂 博文 139) "諺吃, 告總管借與我馬, 橫方天戟, 不~便戰." (薛仁貴征遼事略) "(潔朝鬼門道叫科)請將軍~." (西廂 2:楔子) "重披掛, 何曾~, 不問箇是和非, 僧人便扎." (董西廂 2) "施禮~已畢, 二人挑戰." (秦幷六國上) "李逵、焦挺兩個好漢, 引着小嘍攔住去路." (水滸 67) "衆人歸到後邊去, 雪娥獨自悄悄和他~." (金瓶 90) "再說越州觀察使劉漢宏, 聽得黃巢兵到, 一時不曾做得準備, 乃遣人~, 情願多將金帛犒軍, 求免攻掠." (喩明 21) "主將柳琳引入對坐, 使英哲通譯, 胡將傳淸主之令, ~之際, 頻ᄼ細見英哲." (金英哲傳 57)

552) 【羊角葱靠南墻, 越發老辣】yángjiǎocōngkàonánqiáng, yuèfālǎolà 〈諺〉 羊角葱: 葱的一種. 羊角葱長在向陽南墻, 老而味辣. 形容人老練狠毒.¶ ☞ 羊角葱靠南墻, 老辣已定 ‖ "那淫婦要了我漢子, 還在我跟前拿話兒拴縛人, 毛里磚司兒, 又臭又硬, 恰似降伏着那箇一般, 他便~." (金瓶 85)

돼지 눈 – 혼자 먹어야 성이 찬다.

465. 拴的不結寀, 又是一空.[553)]

단단히 매지 않아 또 헛탕 치다.

466. 果然認得馬, 狗也赶不上.

아닌게 아니라 좋은 말은 개도 따라잡지 못한다.

467. 到底好牲口, 騎着纔拿着.

좋은 짐승인지는 직접 타 봐야 안다.

468. 走的熱麽 – 化開了.

땀 좀 나는가 – 풀렸다.

469. 憑他怎麽的罷.

그가 어떻게 하는지 보자.

470. 不離大隔兒.

크게 벗어나지 않다.

471. 拉了去 – 那不是官牛麽?

끌고 간다 – 관가의 소 아닌가?

472. 禿老婆上轎子 – 往後的事情不理論.

대머리 마누라 꽃가마 탄다 – 앞으로 일은 아무도 모른다.

473. 怎麽不買出他的命來麽?

왜 그 사람 목숨을 사 버리지 않고?

---

553) 【拴的不結寀, 又是一空】shuāndebùjiēshi, yòushìyīkōng 〈諺〉 ☞ 裹不結寀, 路上吊了. ‖ ᄡᆞ기를 뇌실히 못ᄒᆞ여 길히 ᄲᅥ러지다 (漢語 修綆室 12b)

474. 怨不得.[554]

원망하지 않다. / 탓할 수 없다.

【10b】

475. 你高麗沒本事, 馬忒不中用.

당신네 조선은 형편 없어, 특히 말이 시원찮다.

554) 【怨不得】 yuànbùde ¶ [원부더] 고이치 아니ᄒᆞ- ‖ “竟是個嫡親的孫女, ~老祖宗天天口頭心頭一刻不忘.” 아ᄌᆞᆫ 친숀녜니 로조종이 날마다 심즁과 구두의 일시라도 잇지 못ᄒᆞ시기 고이치 아니ᄒᆞ거니와 (紅樓 3:34) ▼칭원ᄒᆞ지 못ᄒᆞ- ‖ “果然~人人溺愛他.” 과연 사ᄅᆞᆷ마다 져ᄅᆞᆯ 편벽도이 ᄉᆞ랑ᄒᆞᆷ믈 칭원ᄒᆞ지 못ᄒᆞ리로다 (紅樓 7:61) “原是我昨兒吃了酒, 回來的晚了, 路上撞着客了, 來家沒醒, 不知胡說了些甚麽, 連自己也不知道, ~你生氣.” 원ᄅᆡ 어제 내가 슐을 먹고 도라오기ᄅᆞᆯ 늣게 ᄒᆞ다가 로샹의셔 숀을 만나 집의 와도 슐이 ᄭᆡ지 아니ᄒᆞ여시니 종업ᄂᆞᆫ 말을 무어시라 ᄒᆞ엿ᄂᆞᆫ지 모로고 ᄌᆞ긔조ᄎᆞ 쏘ᄒᆞᆫ 아지 못ᄒᆞ니 너의 긔ᄅᆞᆯ 내믈 칭원치 못ᄒᆞ리로다 (紅樓 35:14) ▼원망치 아니ᄒᆞ- ‖ “況且我年紀輕, 不壓人, ~不放我在眼裏.” ᄒᆞ믈며 쏘 나ᄂᆞᆫ 년쳔ᄒᆞ여 즁인을 진압ᄒᆞ지 못ᄒᆞ니 나ᄅᆞᆯ 졔 눈의 너겨 보지 아니ᄒᆞ믈 원망치 아니ᄒᆞ거니와 (紅樓 16:26) ▼탓ᄒᆞ지 못ᄒᆞ- ‖ “好丫頭! 眞~鳳丫頭偏疼他.” 조흔 ᄋᆞ히야 진ᄀᆡ 봉져가 편벽도이 너ᄅᆞᆯ ᄉᆞ랑ᄒᆞᄂᆞᆫ 거ᄉᆞᆯ 탓ᄒᆞ지 못ᄒᆞ리라 (紅樓 55:57)

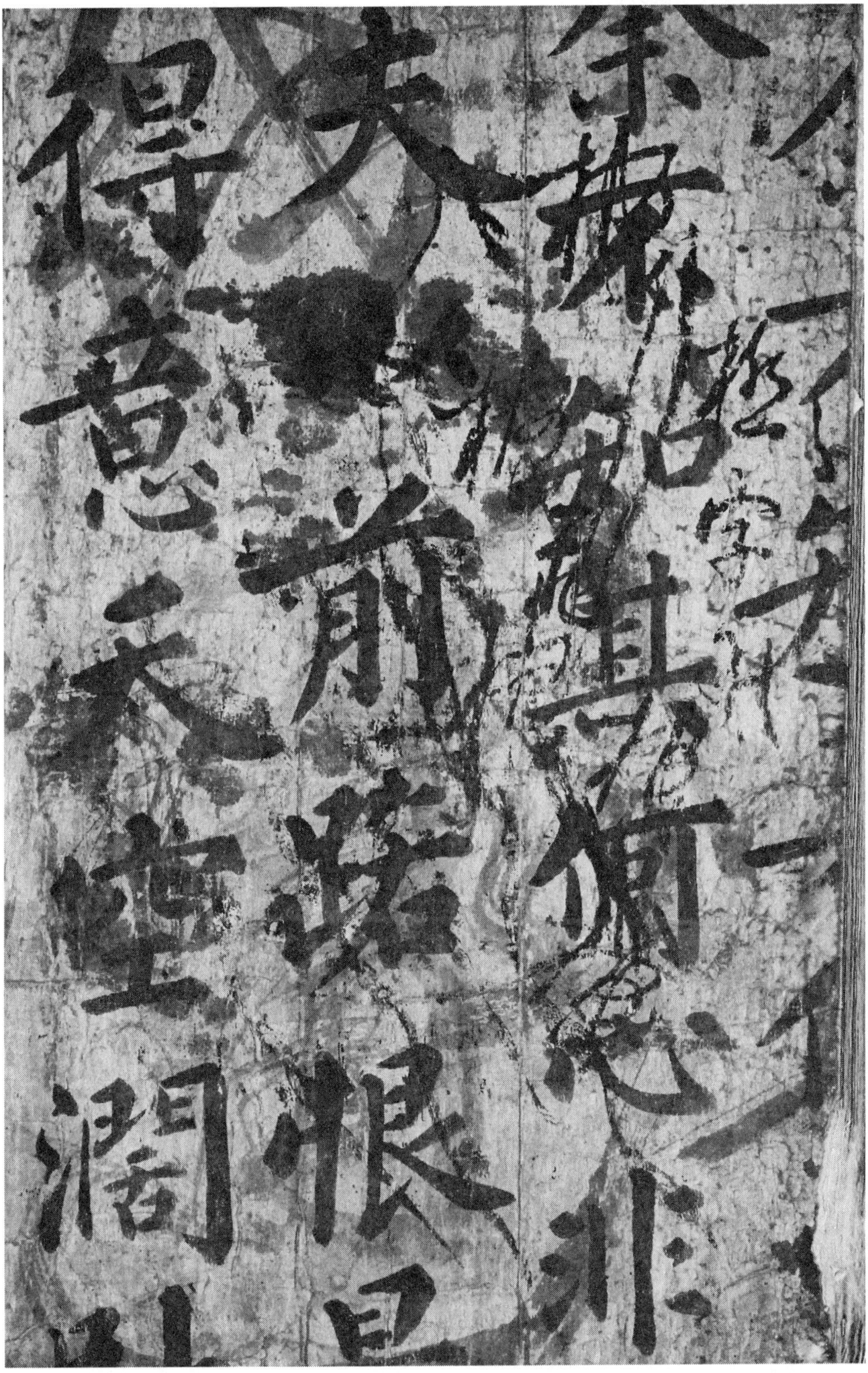

趕他低麻 흐리누나 我的走了 너가노라 三十六計走爲上 삼십뉵계

希[illegible]是命 이라 噯王法利害 애왕법이모지니 你也不知道王法麽

네왕법을아지못ᄒᆞᄂᆞ냐 很怕 ᄆᆞ장무섭다 人隨王法草隨風 사ᄅᆞᆷ은왕법을ᄯᆞ로고풀은바람을ᄯᆞ로ᄂᆞ니라

35b

不多 쥐ᄭ리에부으룸나믜 고름이만치아니니라 但是事情先斷後不亂 다만일은몬져 결단호면후에어즈럽지아니호니라 萬一出來麽懊悔也沒奈何 만일일이나면뉘웃쳐도호일업스니라 常言道一星子火能燒萬頃田 상언에닐으되호불똥이능이만이랑밧출스론다호니라 你別說我早知道了 네일으지말라내불셔아노나 酸甜苦辣都是經過了 싀것단것쓴것미온거슬다지너엿노라 呾這幾箇東西裡頭揀着好的拿來罷 이여러가지즁에조흔거슬골희가져오라 看了這箇又看了那箇 이것보고뎌것보와 儘只看作甚麽 엇지보아무슴호눈다 但是好是好 다만조흠은조커니와 十箇明待一箇月兒 열석별이호달을당치못호노니라 你小看我麽 怎麽小着你 엇지너를업슈이너기리오 太歲上不敢動土

35a

34b

些低底該得的不得了 사망쳐지면어들것도 엇지못ᄒᆞᄂᆞ니라 萬般都是命一毫不由人 만가지다이명이라ᄒᆞᆫ털억도 ᄉᆞ름을말미암지아니ᄒᆞᄂᆞ니라 你的嘴利害嘴巴子打 네부리ᄉᆞ오나오니 쥬동이를치리라 我不信你的油嘴 네기름바른부리를 미더아니ᄒᆞ노라 胖胖的大漢子怎麽當不得矮矮的矬漢 살진큰놈이엇지키 젹근놈을당ᄒᆞ리오 水泡雖大沒斤两 물방울이 비록크나근량이 업고 秤錘雖小壓千斤 저울츄가비록젹으나 천근을누르ᄂᆞ니라 你的不是處自然露出來 네올치아닌곳이자 연이드러나ᄂᆞ니라 剃了佛爺的屁股麻刀出來了 부쳐의밋츨글그면삼 거울이드러나ᄂᆞ니라 有錢的有事也無事 돈잇ᄂᆞᆫ이ᄂᆞᆫ일이 이셔도일이업고 沒有錢的無事也有事 돈업ᄂᆞᆫ이ᄂᆞᆫ일이업 셔도일이잇ᄂᆞ니라 「這買賣吃吃多少 이흥졍에언머를 며여벅으뇨 老鼠尾巴生癤膿水

사오나온말도셩니지아니ᄒᆞ니엇지ᄒᆞ여야죠ᄒᆞ료

大事吃大小事吃小 큰일에크게셰혀먹고젹은일에젹게셰혀먹으니 要多甚麽小吃多甜 만히달라ᄒᆞ여무슴ᄒᆞ료젹게먹어야달미하니라

你們這裏賣酒的鋪子多有 너희여긔술파난거지만히이시되 寡這箇鋪子裏人多怎麽 다만이거지에ᄉᆞ룸만흠은엇진일고 這是酒好的緣故 이술이죠흔연괴라

酒好人自來花香蝶自來 술이죠흐면ᄉᆞ롬이스스로오고곳이향니ᄂᆞ면납의스ᄉᆞ로오ᄂᆞ니라

你的家裏窮不窮 네집이가난ᄒᆞ나가난치아니ᄒᆞ냐

但凡貧富由天定 무릇빈부가하ᄂᆞᆯ이졍ᄒᆞᆫ디말ᄆᆡ암ᄂᆞ니 世上錢財倘[illegible]物那是常貧久富人 세상젼재가당ᄅᆡᄒᆞᆫ물이면어늬이셰ᄀᆞ지가난ᄒᆞ며오리ᄀᆞ염ᄂᆞᆫᄉᆞ룸오

造化大麽不該得的得了 사망이크면엇지못ᄒᆞᆯ거도엇ᄉᆞ고

34a

替你送你罷 ᄒᆞᆫ너도 날 我一四見請你来 서잇다가 너를 쳥ᄒᆞ러 가서

个不来些我就去 네 오지 아니면 ᄂᆡ 곳 가리라 這一遭誰的該去你的

好 이번에 뉘 갈 ᄎᆞ례ᄂᆞ뇨 네가 가야 조ᄒᆞ리라 嗳他的事情你管他做甚

庅 애져의 실은 네 간셥ᄒᆞ여 무ᄉᆞᆷ ᄒᆞᆯ고 各人自掃门前雪莫管他家

屋上霜 각인이 제 문젼 눈은 쓰되 남의 집 우희 서리ᄂᆞᆫ 아른체 말라 ᄒᆞᆫ 옛 속어라

這一塊的事情真个的寃屈了 이ᄒᆞᆫ지위 일진 실노 원통ᄒᆞ다 萬

一不干我的事你甚庅告送你啊 만일 내게 간셥지 아닌 일이면 무ᄉᆞᆷ ᄒᆞ라 네게 고ᄒᆞ리오

這个甚庅人做甚庅来 이 무ᄉᆞᆷ 사ᄅᆞᆷ이 무ᄉᆞᆷ ᄒᆞ라 왓ᄂᆞ뇨

這庅說不依那庅說不荅應 이리 닐러도 듯지 아니ᄒᆞ고 져리 닐러도 ᄃᆡ답지 아니ᄒᆞ고

好話也不喜歹話也不惱怎庅的好 조흔 말도 깃거 아니ᄒᆞ고

33a

ᄀᆞ장귀ᄒᆞ여젼에 비치못ᄒᆞ리라 這幾年旱澇的緣故 이여러희ᄀᆞ믈고 믈시인연고로 年成
很不好 년시가장죠치 못ᄒᆞ여 窮人家難過了 ᄀᆞ난ᄒᆞᆫᄉᆞᄅᆞᆷ이지닉 기어려오니라
鳳凰城的老太爺巴不得上本得準 봉황셩대노애 마지못ᄒᆞ여글
오ᄅᆞᆯ녀쥰지 ᄅᆞᆯ어더 教我們挖蔘 우리로ᄒᆞ여 삼키라ᄒᆞ미 所以會挖的挖去
不會的做買賣了 이리모로키기아나니ᄂᆞᆫ키라가 고모로ᄂᆞᄂᆞᆫ미매ᄒᆞᄂᆞ니라
我要買一隻帽子拿樣子來我瞧〻 ᄂᆡᄒᆞᆫ짝감토ᄅᆞᆯᄉᆞ 려ᄒᆞᄂᆞ니가져오라내
보자 這箇樣子你看罷 이양ᄌᆞᄅᆞᆯ 네보라 噯這箇矮些呢 애 이
여시고 毛也不好趕的又薄多有窟窿 털도죠치아니 ᄒᆞ고민거시ᄯᅩ엷
고구무도만 희이시ᄆᆡ 賣錢怎麽的好 갑슬엇지ᄒᆞ여 야죠흐리오 比上年喫多
ᄉᆞᄅᆞᆷ 오 造化大 긴되 哩 你瞞誰瞞天瞞不得我 비누ᄅᆞᆯ 소기려

32b

悄悄送你罷 흔권조희를너를주마 我的不要 너마다 怎麼不要 엇지

마다ᄒᆞᄂᆞ뇨 柴大燈油錢也不勾 나모갑기름갑도넉〻지못ᄒᆞ니 再添甚麼

東西罷 또무서슬더ᄒᆞ라 應給你 올타너를주마

你們這裡做甚麼 너희여긔셔무엇ᄒᆞᄂᆞᆫ다 春天種地秋天打園 봄에

논밧갈고가을에ᄂᆞᆫ산영ᄒᆞ노라 你有皮子拿來我瞧 네가죡잇거든가져오라너보쟈 價

錢多少 갑시언마나ᄒᆞ뇨 大的五錢小的四錢 큰이ᄂᆞᆫ닷돈이오젹은이ᄂᆞᆫ너돈이라

少見一分不賣 ᄒᆞᆫ푼이젹어도ᄑᆞᆯ지아니리라 甚麼話 무ᄉᆞᆷ말이뇨 這箇皮

子秋板不中用 이가족이털빗다ᄊᆞ지못ᄒᆞ게여시니 再好的揀〻拿出來

다시조흔거ᄉᆞᆯ갈희여가져오라 你們裡頭挖挪揵的也有麼 배희즁에

삽킈ᄂᆞᆫ이잇ᄂᆞ냐 我們這裡根子根貴比不得在先 우리여긔삽이

32a

你別那麽着給你房錢罷 네져리말라너를방젼을주마 這是熱坑

麽 이거시더운캉이냐 甚麽話 무슴말니뇨 我們冷坑睡覺 우리는츤방에셔자고

讓你熱坑 네게더운캉을양ᄒᆞ리라 那裡有項着房子走的人着

麽 어듸집을니고ᄃᆞᆫ니는ᄉᆞ람이이시리오

你們出外麽也是一樣啊 너희들이밧긔나가면또ᄒᆞᆫ가지라 把這箇孩子

們搬在那邊坑 이아희들을다가져편캉에옴기고 你們老少一塊兒

睡覺罷 너희늘그니져므니ᄒᆞᆫ가지로자라 常言道人來投主鳥來投林

샹언에일오되ᄉᆞ람은와쥬인에더지고 這坑上零碎東西都搬

새ᄂᆞᆫ와수풀에더진다ᄒᆞᄂᆞ니라

進去 이캉에잔것들을다옴겨드리고 拿着笤帚來掃的乾淨罷 낫뷔가져다가

[illegible]ᄉᆞ를간이ᄒᆞ라 這坑冷些兒 이캉이져기ᄎᆞ니 再燒火不只 또불ᄯᅡ히라 一打

些 그르라 我今見箇城裡進去明兒箇回来 너 오날 셩안희 드러가 너

好 一

在這坑上睡覺罷 네 이 캉에 셔 자라 這屋裡窓戶都破了 이 집이 창

회ᄃᆞ 러지고 坑也都塌了四下裡先土 캉도 다 문허지고 네녁히 ᄇᆞ람 흙이요 多有窟

窿 구무가 만희시시니 必定風進来 일졍 ᄇᆞ람이 드러오리라 這様寒冷的時候

路上辛苦的人者怎麽這裡睡 이리 치운 셔에 길의 신고ᄒᆞᆫ ᄉᆞ람이 엇지 여긔셔 자리오

巴不得外頭尋一箇熱坑過一夜好 마지못ᄒᆞ여 밧긔 ᄒᆞᆫ 더온 캉을 어더 ᄒᆞᆫ로 밤을

지내미 죠타 憑你的心裡罷 네 마ᄋᆞᆷ 되로 ᄒᆞ라 是不是 올ᄒᆞ나 올치 아니냐 主人家

我们要這裡睡覺 쥬인아 우리 여긔셔 자고져 ᄒᆞ노라 使不得 되지 못ᄒᆞ리라

我的孩子们多有又房子窄呀 너게 아희들이 만히 잇고 또 방이 좁으니

寡吃燒酒難呀再有好酒菜麽 다만쇼쥬만먹기어려오 니또무ᄉᆞᆷ조흔안쥬잇ᄂᆞ냐

你別怪罷 네허물말나 甚麽話 이뇨 무ᄉᆞᆷ말 好話多有怎麽

說頑兒話 조흔말이만히잇거ᄂᆞᆯ엇지괴롱에말만닐으ᄂᆞ뇨

管門的有麽這裡來罷 문가으마ᄂᆞᆫ이잇ᄂᆞ냐 여긔오라 撒什庫披甲的

在那裡 뵈ᄉᆞ고와군ᄉᆞ 어듸잇ᄂᆞ뇨 哦誰呀 오뉘뇨 我呢義州到來的 나ᄂᆞᆫ의쥬셔오

니라 住甚麽來 무ᄉᆞᆷᄒᆞ라왓ᄂᆞ뇨 城將老爺根前有告送的話來

了 셩장노야아래회엿ᄌᆞ올말이이셔와시니 你快快見到城裡告送罷 네밧비셩안희가엿

ᄌᆞ오라 你的有甚麽送我的面皮麽 네게무ᄉᆞᆷ너게보빌면피잇ᄂᆞ뇨 有啊

獃這雜傢伙的話 네말을밋지못ᄒᆞ리로다 我的包子裡頭有慢慢的

노ᄒᆞᆫ거ᄉᆞᆯ집속에이시나날이ᄒᆞᆫ간여너를쥬마 包子打不開現成的沒有 집을프지못ᄒᆞᄂᆞ

31a

些무슴말고그르지아니 閒셜헌ᄂᆞ냐셜치아니ᄒᆞ엿ᄂᆞ냐 閒了셜헛다 倒茶차부으라 拿卓

子一各樣果子都擺着조ᄌᆞ를가져다가여러과실를버리라 煮的煮炒

的炒打生的打生作湯的복글거ᄉᆞᆫ복고살믈거ᄉᆞᆫ삼고회칠거ᄉᆞᆫ회치고국ᄭᅳ릴거ᄉᆞᆫ국ᄭᅳ리라

我們要打彩兒吃우리ᄒᆞᆫ가지로머그려ᄒᆞ노라 嗳你費心多呀애네안심치아

내며만타 好辦事呀잘일을ᄒᆞ엿다 為甚麽費的多무슴ᄒᆞ라허비ᄒᆞ미만ᄒᆞ리오

甚麽話呢一碗飯一碗湯一鍾酒肚裡能무슴말니뇨ᄒᆞᆫᄉᆞ발밥과

ᄒᆞᆫᄉᆞ발국과ᄒᆞᆫ잔술을먹어ᄇᆡ부르다 我哦勾了以後呢再別這麽的罷

오녀ᄂᆞᄒᆞ니이후ᄂᆞᆫ다시이리말나 有甚麽吃東西真箇的西着呀무슴먹을

거시이시리오진실노봇그럽다 你是海量我呢天戒怎麽當得你너ᄂᆞᆫ희량이오

나ᄂᆞᆫ본ᄃᆡ술못먹ᄂᆞᆫ이니엇지너를당ᄒᆞ리오 龍多的酒我不吃몰ᄂᆞᆨ은술을니먹지아니ᄒᆞ리라

30b

30a

你當差使庅 네치시를당 ᄒᆞ여시ᄂᆞ냐 你的話是 네말이 올타 差使呢甜差
也有苦差也有 구실은조흔구실도잇고 조치아닌구실도이시니 甜差罷苦差難呀
조흔구실은무던ᄒᆞ거니와조 치아닌구실은어렵다 你呢好沒定準 너ᄂᆞᆫ가장일정 ᄒᆞᆫ거시업다 前
兒箇爲甚庅不來肬兒箇呢再有甚庅事 그제무슴 일이이셔
아니오며어제ᄯᅩ무슴일 이잇던다
今兒箇說明兒箇明兒箇說後
兒箇只要哄人 오날은ᄂᆡ일이라니ᄅᆞ고ᄂᆡ일은모 리라닐러그져ᄉᆞᄅᆞᆷ을소기려ᄒᆞ니 謊話呢一
次兩次罷咧 거즛말를ᄒᆞᆫ 번두번ᄒᆞ지 哄人不過一遍 ᄉᆞᄅᆞᆷ소기ᄂᆞᆫᄒᆞᆫ번에 지나지못ᄒᆞᄂᆞ니
扯常說哄難保你的話 건너거즛말ᄒᆞ니네 말밋기어렵다
帮夥們在那裡 쫑들이어ᄃᆡ 잇ᄂᆞ뇨 這裡來拿椅子好擺着
오ᄂᆞ라의ᄌᆞ를 이호자여ᄂ 茶銚子拿来快着湯茶罷 미흐릐으로린근차 관가져다가밧비

29b

[illegible] 무슨말고 니말이 그르지아니ᄒᆞ냐 這箇話你別提罷 이런말을 네 졔긔치말나 萬

一提起来呢我真箇的面羞 만일 졔긔ᄒᆞ면 니 진실노 붓그러옵다 漢子家

有事情明〻白〻的完了好 산아희 일이 이시미 명ᄇᆡᆨ히 맛춤이 오ᄅᆞᄒᆞ니라 我

如今過活的難呀 니 요ᄉᆞ이 지ᄂᆡ기 어렵다 家口多 식구 만코 又来的少出

的多 ᄯᅩ 드러올 거슨 젹고 쓸 곳슨 만토다 孩子们在那裡接馬 아희들이 어ᄃᆡ이셔 ᄆᆞᆯ을

붓드ᄂᆞᆫ다 拉這箇馬〻房裡拴上 이 ᄆᆞᆯ을 ᄭᅳ으러 마방에 ᄆᆡ고 別拴在门口

罷 문모통이에 ᄆᆡ지말나 轡頭掛上鞍橋子 구레를 기르마 가지에 걸고 馬鞭撩

起来 다리를 거두치고 饋高粮吃 수〻 주어 머기고 快着上炕坐 밧비 캉의 올라

안즈라 我在這裡拴馬 니 여긔셔 말 ᄆᆡ노라 你快〻的拴馬来 네 밧비 ᄆᆞᆯ

을 ᄆᆡ고 拿奶子茶来吃不只 타락을 가져오라 먹자

혹이리니ᄅᆞ고 혹뎌리니ᄅᆞ니 你可信那一箇可聽那一箇 네가히어니ᄅᆞᆯ미드며어니ᄅᆞᆯ드ᄅᆞ

오리 怎麽的好你小看我麽 엇지ᄒᆞ여야됴ᄒᆞ료네날을업슈이너기ᄂᆞᆫ다 當不得

당치못ᄒᆞ여라 常言道以真作假使不得以假作真也是使

不得 상언에니ᄅᆞ되진짓거ᄉᆞ로ᄡᅥ거즛거ᄉᆞᆯᄒᆞ여도되지못ᄒᆞ고 거즛거ᄉᆞ로ᄡᅥ진짓거ᄉᆞᆯᄒᆞ여도되지못ᄒᆞᆯ거시오 以是

說非使不得以非說是也是使不得 올ᄒᆞᆫ거ᄉᆞ로ᄡᅥ그ᄅᆞ다닐러도되지못ᄒᆞ

고그ᄅᆞᆫ거ᄉᆞ로ᄡᅥ올타ᄒᆞ여도되지못ᄒᆞᆫ다ᄒᆞ니 大模兒說老実的好 도모지고지식히니ᄅᆞ미죠ᄒᆞ니

胡哩胡塗的好麽 후리후두ᄒᆞᆫ미죠ᄒᆞ랴

白像認得你呀 부절업시너ᄅᆞᆯ안듯ᄒᆞ다 在那裡會過是呢 어ᄃᆡ

셔만나더뇨 怎麽得和你扯常在一處 엇지너와ᄒᆞᆫ가지로건니ᄒᆞᆫ곳에이실고

這箇我的造化了 이거시ᄂᆡᄉᆞ망이라 甚麽話呢我的話不錯

28b

扯常要哄人這箇甚麽大事呀 거ᄂᆞᆯ ᄉᆞ람을 속이라 ᄒᆞ니 이 무ᄉᆞᆷ 도리랴

漢子事情明明白白的好 산아희 일을 명ᄇᆡᆨ히 ᄒᆞ미 조흔니라 胡哩麻哩使

得麽 후리마리 ᄒᆞ며 ᄡᅳᆯ가 보냐 是呀 올타 我看他的貌樣很伶俐的人

너ᄌᆞ의 모양을 보니 가장 령니ᄒᆞᆫ ᄉᆞ람이로다 辦事呢事事兒疾快說話呢句句兒明

白 일을 ᄒᆞᆫ번 일마다 ᄲᆞᆯ니 ᄒᆞ고 말을 ᄇᆡᆨ구ᄀᆞ마다 명ᄇᆡᆨ히 ᄒᆞ리니 人不可貌相海不可斗

量的話竟不虛 ᄉᆞ람은 얼골노 보지 못ᄒᆞ고 바다는 되지 못ᄒᆞᆫ단 말이 그르지 아니ᄒᆞ다 這公

事比不得私事 이 공ᄉᆞ가 ᄉᆞᄉᆞ에 비치 못ᄒᆞ니 萬一事情出來呢真箇

的了不得 만일 일이 나면 진실노 에워ᄂᆞ지 못ᄒᆞ리라 但凡事情小心上再小心

這麽的恰好 믈읏 일을 조심ᄒᆞᆫ 후 ᄯᅩ 조심ᄒᆞᆷ이 이리 ᄒᆞ여야 맛치 조흐니라 你小看我麽

別勤肯罷 비ᄂᆞᆫ 업수이 너기ᄂᆞᆫ다 보ᄒᆞ지 마라나 或着這樣說或着那樣說

你的根前要甚麼東西 네게무스거슬ᄯᆞᆯ라ᄂᆞᆫ듯ᄒᆞ다 噯他要甚麼東

西 애제무스거슬달나ᄂᆞ뇨 有呢給他怕甚麼 잇거든저를주면무어시저푸리오 沒有

呢沒奈何 업스니ᄒᆞᆯ실업다 是不是 올ᄒᆞ냐치아니냐 有呢說有沒

有說沒有這是好朋友的道理呀 이시면잇다ᄒᆞ고업스면업다ᄒᆞ미

이벗의도리니라

你要拿着呢就拿着罷 네가져가려ᄒᆞ거든즉시가져가라 萬一別人

拿去麼懊悔也沒奈何 만일다ᄅᆞᆫᄉᆞ람이가져가면뉘웃쳐도ᄒᆞᆯ일업ᄂᆞ니라 你若

是捨不得的麼就罷 네만일앗기거든그만두라 是呀 올타 前見箇說

給不給睢見箇說給沒有給 그젓긔주마이르더니주지아니ᄒᆞ고어제주마터니주며업

스나 一日兩々日三推到二日頭麼 오ᄂᆞᆯ은ᄂᆡ일이라ᄒᆞ고ᄂᆡ일은모릐라ᄒᆞ여이틀을ᄭᅳ오ᄂᆞ니

得使不得 네뎌의광경을보라 될가못될가 他說很難 뎌너르되가장어렵다ᄒᆞ더라

我的一件事倒底使得使不得 내ᄒᆞᆫ가지일이나죵 내될가못될가 慢

慢的 찬찬이ᄒᆞ여라 一遍這麽說一遍那麽說好沒定準 ᄒᆞᆫ번은이

리일ᄋᆞ고ᄒᆞᆫ번은져리일너 가장일졍ᄒᆞᆫ거시업ᄉᆞ니 這樣反復的人也有麽 이런반복ᄒᆞᄂᆞᆫᄉᆞᄅᆞᆷ

도잇ᄂᆞ냐 君子一言快馬一鞭 君子ᄂᆞᆫᄒᆞᆫ말이오진말은ᄒᆞᆫ채직이라

這箇好不好你看 이거시죠흔냐죠치아니냐네보라 拿來我瞧瞧 가져오라네보자

平常呀 죰거시로다 比這箇好的那裡有麽 이에셔죠흔거시어ᄃᆡ잇ᄂᆞ냐

這箇東西人人看見沒有不愛 이거슬ᄉᆞᄅᆞᆷ마다보며ᄉᆞ랑치아니리업ᄉᆞ니 你

呢好不好都不知道了 너ᄂᆞᆫ죠흔지죠치아닌지다모로ᄂᆞᆫ또다 一槩都說不好

使得麽 도모지다죠치아니라ᄒᆞ니될가보냐 我看他的貌樣 뎌거의모양을보니 想是

賀喜네일즉이아라시면일정일와하례ᄒᆞ여시리라 你別恠罷네고이히너기지말나

恠甚麽我们都是好朋友무어슬허물ᄒᆞ리오우리다죠흔벗이라

晧兒箇你在那裡어제네어듸잇더뇨 我打發人去請你니ᄉᄅᆞᆷ을

시겨가너를청ᄒᆞ엿더니 你的幇子說你不在家往別處去了네죵이니

르되네집의아니잇고다른곳에갓다ᄒᆞ더라 我的心裡想着必定我的家裡来

了是니마음에성각건디일정니집의온가ᄒᆞ여 白等着一天直到日頭落了부졀

업시할늘기다려바로져녁에이르되 你竟沒有来네마츰니옴미엽스니 白白費日子

부졀업시할늘허비ᄒᆞ엿다 我整日家荅應差事不得閑니왼날을구실

을답응ᄒᆞ노라틈을엇지못ᄒᆞ엿노라 我煩你的事你和他說了麽니네게졍

ᄒᆞᆫ일을네져ᄃᆞ려일넌ᄂᆞ다 早已說了발셔닐넌노라 你着他的先景使

26b

온ᄋᆞᆯ고마쳔살주ᄅᆞᆯ 은모로노라 你拉〻[illegible]瞧〻罷 네활을ᄃᆞᆯ희 여보라 好硬弓

墊子也拉不開 가장센활이니고ᄌᆞ도 ᄯᅧ이지못ᄒᆞ리라 有弓拉子拿来要

上弓着 도지미잇거든가져 오라활지어보ᄌᆞ

城將老爺在衙门上没有 셩장노야아문에 잇ᄂᆞ냐업ᄂᆞ냐 今見箇坐臺

오날좌긔 ᄒᆞᄂᆞ니라 你别說將軍的話 네장군이란말을 이르지말라 甚麽怕事

情有麽 무ᄉᆞᆷ무셔온 일잇ᄂᆞ냐 嗳我们聽見將軍兩箇字呢嚇得

魂都吊了 애우리장군두ᄌᆞ를드르면놀나 혼이ᄯᅧ러진다 你快去大人

根前告送 네밧비ᄲᅧ여가 되인앏희가고ᄒᆞ라 忙甚麽 무서시 밧브뇨 你多站箇陛

了 비번지버슬 이도단ᄂᆞ뇨 大喜呀 크게깃 부다 我早知道呢一定早来

你是旗下麽民家麽 네이군사냐빅셩이냐 我是旗下 내이긔하라
甚麽旗 무슴긔고 正黃旗 졍황긔라 名字叫甚麽誰的戶中
일홈은무어시라부르며뉘겨리오 我是頭等侍衛老爺的一家子
내이두둘시위노야의겨리라 貴庚阿 귀현ᄂᆞ이여 我是屬鼠的呀 나논이쥐회라
哥兄有沒有 형제잇ᄂᆞ냐업ᄂᆞ냐 三箇哥〻兩箇兄弟 세형과두아히라
這麽的呢想来你的排行是第四呀 이러면성각건ᄃᆡ네항녈이〻넷지
로다 你的哥兄们甚麽年記現在甚麽差事上 네형뎨들
이무슴년긔며무슴치시에잇ᄂᆞ뇨 做官的也有住買賣的也有 벼슬ᄒᆞᄂᆞᆫ이도잇고
미〻ᄒᆞᄂᆞᆫ이도잇ᄂᆞ다 你馬步箭都會射麽 네마보젼다ᄡᅩᆯ줄아ᄂᆞᆫ다 因為沒
有馬 ᄆᆞᆯ업스므로위ᄒᆞ여 只會射步箭不會射馬箭 그져보젼ᄡᅩᆯ줄

26a

25b

(범야ᄒᆞᄂᆞ니도로혀술나ᄅᆞᆯ잡으려ᄒᆞᆫ다)

大杓子添上酒 (큰구기로술을더ᄒᆞ라) **罷阿我吃喝過了** (마라나ᄂᆞᆫ먹엇노라)

再喝一鍾罷 (다시ᄒᆞᆫ잔먹으라) **常言道吃雙不吃單** (常言에이르되상비)

(ᄂᆞᆫ먹고단비ᄂᆞᆫ먹지아니ᄒᆞᄂᆞ다ᄒᆞ니라) **好話** (죠흔말이로다) **家裡有忙事不去使不**

得 (집의ᄉᆡᆼ분일이씨시니가지아니면쓰지못ᄒᆞ리라) **萬一沒有事情麽只在你**

的家裡過一夜[有]**何妨** (만일일이업스면그져네집의이셔ᄒᆞ로밤을지니다무슴ᄒᆡ로오미이시리오)

這回見我的家裡來罷 (이제우리집의오라) **扯常到你家你一定**

有厭煩的日子 (건너네집의가면네실졍을ᄒᆡ여ᄒᆞᆯ날이이시리라) **你肯來罷我**

喜歡不盡 (네즐겨오면되깃부기다못ᄒᆞᆯ거시니) **豈有厭煩的理呀** (엇지슬ᄒᆡ여ᄒᆞᆯ)

(니이시리오) **你的話好** (네말이죠타)

25a

罷我不給他了 네방심ᄒᆞ라ᄂᆡ져ᄅᆞᆯ주지아니ᄒᆞ리라 嗻 올타

這一向你在那裡來着 요ᄉᆞ이네어ᄃᆡ잇든다 終沒見你 마ᄎᆞᆷᄂᆡ너ᄅᆞᆯ보지못ᄒᆞᆯ다

我的有事情 내일이잇더니 [illegible] 前兒箇剛剛的事情完了 그젓긔겨요일을맛ᄎᆞ고

昨兒箇又下雨路泥所以泥水濺上來 어제ᄯᅩ비와길히즐어이러므로쟌흙물이뛰여오ᄅᆞ고

馬也沒有不得來呀 말도업서오지못ᄒᆞ엿노라

這裡坐一坐 여긔안즈라

幫子們在那裡拿桌子來 ᄌᆞᆼ드리어ᄃᆡ잇ᄂᆞᆫ다샹을가져오라

又抹布拿來洗洗的乾淨 ᄯᅩ힝ᄌᆞ가져다가ᄭᆡᆺ기ᄅᆞᆯ죠히ᄒᆞ라

噯該死的東西在那裡快來 애죽엄즉ᄒᆞᆫ놈이어ᄃᆡ잇ᄂᆞ뇨ᄲᆞᆯ니오라

我在廚房裡倒茶 ᄂᆡ쥬방에이셔차ᄅᆞᆯ부ᄉᆞ노라

這樣無用的奴才也有麽 이쓸ᄃᆡ업ᄂᆞᆫ죵놈도잇ᄂᆞ냐

還要强嘴罷 도로혀말다ᄉᆞᆷ려ᄒᆞᄂᆞᆫ다

托夜的倒拿巡更的

24b

坐 밧비와강의안즈라 這裡好 여긔죠ᄒᆞ니 不用往別處挪一挪 구타여다른듸옴지말라 別管他 저를아른체말고 你進去催一催罷 네드러가저촉ᄒᆞ라 煮的妙的有甚麼快拿來我要吃 술믄것볶근것잇ᄂᆞ냐밧비가져오라내먹으려ᄒᆞ노라 你默口坐着別胡說 네잠ᄌᆞᆷᄒᆞ고안즈간듸로이르지말라 怎麼作客呢 엇지손인체ᄒᆞ리오 哈一鍾酒罷 ᄒᆞᆫ잔술먹그라 你先吃 네몬저먹그라 主不吃客不飲 쥬인먹지아니면손이먹지아니ᄒᆞᄂᆞ니 該當吃的去處吃往飽裡吃 맛당이먹을곳이어든비부로도록먹고 該當喝的去處喝往醉裡喝 맛당이마실곳이어든취토록마실거시어늘 白坐着不動快子怎麼的呀 실ᄂᆞ이안즈져를움즉이지아니ᄂᆞᆫ엇지뇨 我們拉馬的別給他酒喝罷 우리말견마ᄃᆞᆫ니ᄂᆞᆫ져를술주어먹이지말라 若是他醉了怎麼跟着我呢 만일제취ᄒᆞ면엇지날을ᄯᆞ로리오 你的放心

頭再没有别的好東西 다만 이밧긔 다시 다른 됴흔 거시 업노라

我不慣吃空飯 너 뷘밥 먹기 닉지 못ᄒᆞ니 你的有好東西麽 네 됴흔 것 잇ᄂᆞ냐

萬一没有呢我不進去了 만일 업스면 니 드러가지 아니ᄒᆞ리라 你的嫌小

麽 네 젹은 거ᄉᆞᆯ 나므라ᄒᆞᄂᆞ냐 只管進去是了 그저 드러가미 올흐니 寡空飯給

你吃的規矩有麽 다만 뷘 밥을 너를 주어 먹일 법이 이스랴 豈敢 엇지 감히 是我的

家裡打彩兒去罷 이 니 집에 니ᄒᆞᆫ 가지로 가자 我在頭裡走使得麽

너 앏ᄒᆡ셔 가는 거시 될가 시부냐 幇子们在那裡呢 죵ᄃᆞ리 어듸 잇ᄂᆞ뇨 炕上鋪坐

褥火盆上添上炭禁焆送來 캉에 방셕 ᄭᆞᆯ고 화로에 숫 더으고 당비 담아 오라 替我請安罷

老太爺在家没在家 노ᄐᆡ애 집의 잇ᄂᆞ냐 집의 잇지 아니ᄒᆞᄂᆞ냐

나ᄅᆞᆯ 가라차 문안ᄒᆞ라 嘘先送酒菜來 올라 본뒤 안쥬ᄅᆞᆯ 보니여 오라 快來炕上

23b

在馬上說我你告送甚麽話来了 애ᄒᆞᆫ ᄉᆞ롬이 마상에 이셔 나ᄃᆞ려 너를 차자 무슴 말을 ᄒᆞ라 와ᄉᆞ더라 你沒閒麽 네 못지 못ᄒᆞ엿ᄂᆞᆫ다 他說看見你當面說계 나ᄃᆞ려 너를 보고 당면ᄒᆞ여 나ᄃᆞ려 마ᄒᆞ더라 請進家裡羅 청ᄒᆞ여 집의 나아오라 羅呀我不進去 마라 니ᄃᆞ려 가지 아니ᄒᆞ리라 怎麽這們的忙呀 엇지 이리 밧바ᄒᆞᄂᆞ뇨 別處有一箇朋友等着我呢 나른 곳에 ᄒᆞᆫ 벗이 ᄂᆞ셔 나를 기다리니 不得工夫啊 결을ᄂᆞ 엇지 못ᄒᆞ여라 暫時我的家裡去喀一種茶再去羅 잠산 니 집의 가 ᄒᆞᆫ 돈 ᄎᆞ를 먹고 다시 가라 要進去呢 早已進去了 드려 가려 ᄒᆞ면 발셔 드러가실 거시니 要等你讓麽 네 권ᄒᆞ기를 기다리라 ᄒᆞ여시랴 這麽的呢 我寀在惱你了 이러ᄒᆞ면 니 실노 너를 노희여ᄒᆞ노라 那麽的呢你給我甚麽東西吃啊 그러ᄒᆞ면 네 나를 무스 거슬 주어 먹이ᄂᆞᆫ다 先這箇外

23a

你這箇年紀上這樣的老面庅 녜이나ᄒᆡ이럿 투시노망ᄒᆞ냐 年紀

上了庅怎庅辦事 나희만ᄒᆞ시니엇 디이를ᄒᆞ리오 給這箇給那箇

都不要 이를주나뎌를주 나다마다ᄒᆞᄂᆞ니 送大些兒的你說大了 큰거슬 주어도

베크다 이르고 送小些兒的又說忒小了 젹그거슬주면ᄯᅩ 너무젹다니르고 這庅

的也說不是那庅的也說不是 이리ᄒᆞ여도올치아니타 ᄒᆞ고뎌리ᄒᆞ여도올치아니

타ᄒᆞ 니 不知怎庅樣的纔合着你的主意 아지못게라엇 지ᄒᆞ여야맛치

베俟에마 즈리오 你必是要像那一樣的東西 네일뎡뎌ᄒᆞᆫ가지 갓튼거슬ᄯᅡ나ᄒᆞᄂᆞ냐

這樣的呢得的難呀 이런거슬엇기 어려오니라

你着外頭有人來了 베보라밧긔ᄉᆞ ᄅᆞᆷ이와시다 是誰呀 이뉘 뇨 你出

去瞧瞧罷 베ᄂᆞ가 보라 我不認得他 니뎌를아지 못ᄒᆞ노라 嘜一箇人

22b

베엇지이리 말이만ᄒᆞ노 鸚哥嘴広 잉모의부리나 遠ㄱ来呢嘴裡寡茶

寡茶的說亂話 번ᄀᆞ이와 입에 더우어려어즈러온말만ᄒᆞ니 嘴也不疼阿真個

的耳朶疼囘 입이앏ᄒᆞ지아니ᄒᆞ나 진실노귀앏ᄒᆞ다 自古說好話三遍說狗也

不喜歡 예부터닐오되 죠흔말이라도세번ᄒᆞ면개도죠하아니ᄒᆞᄂᆞ니라 又說當家三年

狗也嫌 또니로되 집을삼년을당ᄒᆞ면기도뮈워ᄒᆞᄂᆞ니라 話多不甜鰾多不連

말이만ᄒᆞ면다지아니ᄒᆞ고불레만ᄒᆞ면붓지아니ᄒᆞᄂᆞ니라

22a

人 너도이말만흔 사름이로다 這樣胡塗的人也有呢 이런호도흔 사름도잇다 好
囉詐 마장짓연다 又是這們的又是那們的 또이리허락또져리허락흐나
怎麽的總好 엇지흐여야맛치죠흐료 你心定爲這事情來了 네반다시
이일을위흐여왓도다
是不是 올흐냐올치아니흐냐 我的心裡的事你怎
麽知道了 네마음에일을네엇지아느뇨 果然爲這事情來了 과연이일을위
흐여왓노라 你去問他 네가져다려무드라 看他甚麽 져르보와무슴흐료 這箇
事情都知道了 이일을다아라시니 你的放心罷 네방심흐라
老爺在家不在家 노야집의잇느냐집의잇지아니흐냐 總出去往別
處去了 갓나가다른곳을향흐여갓느니라 他回家麽我來的話告送他
罷 져집의도라오거든내맛든말을져다려흐라 你怎麽這樣話多啊

21b

샐리불허라 脫衣裳睡覺罷 옷벗고자자 天大亮怎麽咳不

起来 하ᄂᆞᆯ이훤젹발가ᄂᆞᆫᄃᆡ엇지이러나지아니ᄒᆞᄂᆞ뇨 身子疼了根困的慌

몸이갓바가장죠오ᄅᆞ리니 再睡一回兒 다시ᄒᆞᆫ위자자 취 拿洗脸水来 셰슈물가져오

라 我要揩脸 너낫츨씨스려ᄒᆞ노라 穿上衣裳繫上帶子穿上

襪子靴子 옷닙고ᄃᆡᄃᆡ고보션과훠를신자 佛是金裝人是衣裝 부텨ᄂᆞᆫ금

으로ᄭᅮ미고ᄉᆞᄅᆞᆷ은옷스로ᄭᅮ미ᄂᆞ니 好打扮家裡四去 잘비오고집으로도라가자

他作甚麽来啊 졔무ᄉᆞᆷᄒᆞ라왓ᄂᆞ뇨 請安来了 문안ᄒᆞ라왓노라 别磕

頭罷 절말라 你脏兒箇爲甚麽事情爭嘴了 네어제무ᄉᆞᆷ일

을위ᄒᆞ여입힐음ᄒᆞᆫ다 誰的是誰的不是你知道麽 뉘올ᄒᆞ며뉘올치아닌줄을네

아ᄂᆞᆫ다 那箇閑事誰管他麽 져힘ᄒᆞᆫ실뉘알온쳬ᄒᆞ리오 你也是多嘴

ᄒᆞ엿노라 誰信你這箇撒謊的語 뉘네이거즛말을미드리오 有酒菜

拿来我们打影兒喝不只 안쥬잇거든가져오라우리되되먹쟈 我吧天戒

酒喝一鍾很醉了 나ᄂᆞᆫ본ᄃᆡ술먹지못ᄒᆞ여ᄒᆞᆫ잔만먹으면ᄀᆞ장취ᄒᆞ노라 這箇烟

带多少買 이담비셰를언머에산다 二錢銀子買了 두돈은에산노라 直

不直啊 쌋냐쌋지아니ᄒᆞ냐 忒貴了你的吃哄啊 너무귀ᄒᆞ니네속앗다 多不

過一錢五你退〻罷 만ᄒᆞ야돈반에지나지못ᄒᆞ니네무르라

㕵外頭誰叫门呀 위밧긔셔뉘문을부ᄅᆞᄂᆞ냐 快〻的開门罷 섈리문을

열라 你怎庅這諮兒来 네엇지이제야온다 我早些兒叫你怎庅

不荅應 니발셔너를불러든엇지ᄃᆡ답지아니ᄒᆞᄂᆞ뇨 他緊〻的拿我终不放 가게

잔득나를잡아종시노치아니ᄒᆞ기에 剛〻的脫了来 겨요버서왓노라 快着點灯

20b

是好朋友 우리들이다 됴흔 벗이라 我也知道你的心 나도 네 마음을 알고 你也
曉得我的意 너도 닉 뜻을 아ᄂᆞ니 你的話好 네 말이 됴타 我做二十年
獸醫 내 이십년 즘싱 고치ᄂᆞᆫ 의원 되여시되 精不着驢肚裡病啊 나귀 ᄇᆡ 속에 병을
짐작ᄒᆞ여 아지 못ᄒᆞ리로라 噯呀這甚麽話 애야 이 무슴 말이뇨 你的罵我麽 네 날
을 욕ᄒᆞᄂᆞ냐 我必定稍出四馬來了 너일 졍ᄉᆞ마를 부쳐 ᄇᆡ리라 罷呀
마라
噯呀你來了騎馬來啊步行來啊 애야 네 온다 ᄆᆞᆯ을 타고 왓ᄂᆞ냐 거러 왓ᄂᆞ
냐 多站箇起身路上好來啊 언제 ᄯᅥ나며 길희 죠히 온다 路上風霜
多有辛苦啊 길희 풍상에 신고ᄒᆞ오미 만ᄒᆞ시노라 那箇該殺的奴才那裡跑
了 져 쥭겸즉ᄒᆞᆫ 종놈이 어ᄃᆡ 갓ᄂᆞ뇨 你看見他麽 네 져를 본다 我沒看見 너 보지 못

각건듸네감촌듯ᄒᆞ다 我沒看見你怎麽賴我 ᄂᆡ보지못ᄒᆞ여시니네엇지날을보치ᄂᆞ다
「你且在這裡坐一坐 네아직여긔안조시라 骨頭冷坐不得了 ᄲᅧ가
ᄎᆞ안지못ᄒᆞ고 手掐拿不得物啊 손이곱아잡은거슬잡지못ᄒᆞᄂᆞ다 你的怕冷
麽 네치위를저퍼ᄒᆞᄂᆞ냐 冬天裡誰不怕冷 겨울에뉘치위를저허아니ᄒᆞ리오 你
要燒酒麽 네쇼쥬를ᄒᆞ고져ᄒᆞᄂᆞ냐 噯生受我的喜歡不盡啊
애안심치아니ᄒᆞ여라내깃부미마못ᄒᆞ리로다 你的有甚麽話呢就當面說
네무슴말이잇ᄂᆞ뇨곳당면ᄒᆞ여니르라 為甚麽背裡說 무슴ᄒᆞ라등뒤말ᄒᆞᄂᆞ뇨 好話不
背人 죠흔말은ᄉᆞ람의등뒤에아니ᄒᆞ고 背人沒好話 ᄉᆞ람의등뒤에ᄒᆞᄂᆞᆫ거슨죠흔말이업ᄂᆞ니
라 你的話是呀 네말이올타 你怎麽定睛兒看我 네엇지날을뭇그름
보ᄂᆞᆫ다 呸看你有甚麽得罪麽 피너를보온ᄃᆞᆫ무슴죄어더미이시리오 我們都

19b

네아직안자시라다른곳에져기일이잇노라 你去多站来們 네가서언졔오ᄅᆞ다 我去就

来 니가셔즉시오마 這事情你有甚麼相干們別管他罷 일이

이네게무슴간셥ᄒᆞ미이시리오져를알은체말라 你咳怕他麼 네져를져허ᄒᆞᄂᆞ냐 我怎麼

怕他 내엇지져를져허ᄒᆞ리오

方纔我這裡放着東西誰的拿去了 앗가니여긔노흔거슬뉘가져갓ᄂᆞᆫ

ㄴ고 萬一就不給呢必定罵他了 만일즉시쥬지아니면일졍져를욕ᄒᆞ리라

噯別罵語慢慢的找是呢 의욕ᄒᆞ지말고쳔쳔이차즈미오올ᄒᆞ니라 我滿肚

裡找了都沒有必定丢了 너두로ᄎᆞᄌᆞ되다업스니일졍일헛다 你騰房

子找罷 네집을뒤여ᄎᆞᄌᆞ라 自古說情孩兒找三面 녜로부터닐러시되

어룬아희삼면으로찻ᄂᆞᆫ다ᄒᆞᄂᆞ니라 纔放在這裡想是你藏着 못여긔노하시나싱

19a

아니ᄒᆞ노뇨 我幾時許你來庅 너언제네게허락ᄒᆞ엿드냐 你要給我呢

就給我萬一沒有呢就罷 네날을주례ᄒᆞ거든곳날을주고만일업거든곳말라 晌

午些兒帶來給你啊 낫겨즉ᄒᆞ여갓다가너를주마 怎庅這樣的心腸

啊 엇지이리마음이급ᄒᆞ뇨 常言道緣緊致扢搭了 상언에일으되실을급히ᄊᆞ면

ᄆᆡ듭이지고 又說快吃的飯噎嗓子 ᄯᅩ일으되급히먹는밥은목이멘다ᄒᆞ니라

昨兒箇那箇人教我告訴你來 어제그ᄉᆞ람이날로ᄒᆞ여너ᄃᆞ려니르라ᄒᆞ더라

他叫我做甚庅 제날을불러무슴ᄒᆞ려ᄒᆞ더뇨 誰知道呢 뉘아더냐 我且

不得閑一定得閑時候再來 너아직겨를을엇지못ᄒᆞ여시니일뎡겨를을어

들ᄯᅴ에마시오마 那塊兒站着等你啊 어ᄃᆡ셔〻너를기ᄃᆞ리마 罷啊白白

的勤捐人啊 마라부질업시ᄉᆞᄅᆞᆷ을보채난야 你且坐坐兒別處有些事

18b

我不信你的話 너네말을밋지 아니ᄒᆞ노라

這幾天你在那裡做甚庅 요ᄉᆞ이네어ᄃᆡ 셔무엇ᄒᆞ더뇨 ᄂᆡ家裡白〻

的閑坐 집의부졀업시힘 힘이안젓던니라 怎庅不念書呢只是頑兒

的好庅 엇지글을닑지아니ᄒᆞᆫᄂᆞ뇨다 만놀라약질ᄒᆞᄂᆞᆫ거시죠ᄒᆞ냐 你會寫字庅 네글 시쓰

기아 는다 會是會寫的不好 쓰기ᄂᆞᆫ아되쓰기 를잘못ᄒᆞ노라

剛纔你那裡去 앗가ᄂᆡ어 듸갓던뇨 外頭逛去 밧긔구경ᄒᆞ 라가더니라 怎庅

不告送我 엇지날다려니르 지아니ᄒᆞ엿ᄂᆞ뇨 以後呢別這庅的罷 이후는 이리말

라 你來的很好要商量幾句話 네오미ᄀ장죠타여러 구말을상량ᄒᆞ려ᄒᆞ

라노 商量甚庅話憑你們的心裡罷 무슴말을상량ᄒᆞ ᄂᆞ뇨너회마음대로

ᄒᆞ라 嗳你許下我的東西怎庅不給我 애네내게허락ᄒᆞᆫ거 슬엇지날을주지

18a

了 니이것노라 你想了瞧罷 네싱각ᄒᆞ여보라 我正想不起來了 내졍

히싱각지못ᄒᆞ리로다 這事情問他做甚麽 이일을져ᄃᆞ려무러무슴ᄒᆞ리오 你問

他麽就得明白知道了 네져ᄃᆞ려무르면곳명ᄇᆡᆨ히알리라 是啊 올타 你明兒箇

去不去 네ᄂᆡ일가ᄂᆞᆫ다아니가ᄂᆞᆫ다 明兒箇再瞧 ᄂᆡ일다시보자 得了空兒就去

틈을어더곳가리라 不得閑麽就罷 겨를엇지못ᄒᆞ면곳그만두라 這様的人也有呢

이런ᄉᆞ람도ᄯᅩ잇ᄂᆞ냐 這是甚麽話 이무슴말고 你要去麽我等着你打

夥兒去 네가려ᄒᆞ거든ᄂᆡ너를기ᄃᆞ려동모ᄒᆞ여가자 你且站着我告送你幾句

話 네아직머물라ᄂᆡ너ᄃᆞ려여러말을니르리라 只甚麽話快々的告送我罷 무슴말고

밧비닐러려닐으라 昨兒箇那箇人惱你啊 어제그ᄉᆞ람이너를노희여ᄒᆞ더라 這

都是你的謊話有甚麽惱處 이다네거즛말이로다무슴노희여ᄒᆞᆯ곳이이스리오

17b

다ㆍ라논갓쉽지아니줄을알리로다 甚麼話論才能別人都赶不上你許

말고져ᄒᆞᄂᆞᆫ올의논ᄒᆞ면다른ᄉᆞᄅᆞᆷ이다너를밋지못ᄒᆞ리라 你會了幾句話 네몃구말을아논다 只會

眼面前的話 그저눈앏희말을아노라 你要說呢能說 비닐오려ᄒᆞ거든곳닐으고

別作難 어려워말라 不說怎麼得會呢 닐으지아니ᄒᆞ면엇지알리오 別謙罷

겸사말라 你說的話我不懂得甚麼話 네닐으논말을내무슴말인줄을아지

못ᄒᆞᆫ노라

你有甚麼好舊書呢借饋我 네무슴죠흔녯글이잇거든빌려날을주고 你別

捨不得 네앗겨말라 我不壞你的書 내네칙을상ᄒᆞ이지아니ᄒᆞ리라 隨我帶来

饋你ㆍ等着罷 날라니가져다가너를줄거시니네기다리라 他往你說甚麼話

来細ㆍ的告送我罷 졔너를향ᄒᆞ여무슴말을일으더뇨자셔히날ᄃᆞ려닐으라 我忘

17a

차지못ᄒᆞ여 要說〻着磕拌又肯錯 니르려ᄒᆞ여닐러도서슴고任그릇ᄒᆞ기잘ᄒᆞ노라 都是
不用心的緣故呀 다이용심아닌연괴라 啞吧吃黃蓮苦在心裡 벙어리황변을
먹으미쓴거시속에이셔 能說不能說在乎用心不用心呀 능히니르고능히니르지못ᄒᆞᆷ
미마음쓰고아니쓰기에잇ᄂᆞ니라 你要話熟應只在眼前說別害羞罷 네말
을니그려ᄒᆞᆫ거든그저쌀래쩨셔니르고붓그럽타지말라 站〻說官話應一日比一日強 날마다한어를
니르면할리할례비겨나으니라 自然的慣 ᄌᆞ연이닉어 打鉄磨成針功到自
然成呀 쇠를쳐가라바ᄂᆞᆯ을만드ᄂᆞ니공이이르면ᄌᆞ연이니루ᄂᆞ니라 心裏的啞吧要說〻不
出來了 속슬거ᄉᆞᆫ벙어리니르려ᄒᆞ여도니르지못ᄒᆞᄂᆞ니라 聽時容易說時難 듯기ᄂᆞᆫ쉬어도
니르기ᄂᆞᆫ어려오니라 凡事都這樣 범ᄉᆞ가다이러ᄒᆞ니 看着別人說不狠難到
自己身上說纔知不容易了 다른ᄉᆞᄅᆞᆷ의니르ᄂᆞᆫ거슬보면가장어렵지아니ᄒᆞ되제몸에

16b

도ᄯᅩ로기어렵다ᄒᆞ니라 是啊 올타

今年這裡年成好不好 올ᄒᆡ여긔년ᄉᆡ죠ᄒᆞ나죠치아니냐 我们旗下们過日

子全靠屯裡過活 우리긔하들지니기ᄂᆞᆫ젼혀식골을비더사니 所以粮米價錢很

賤 이러므로냥식갑시가장흔ᄒᆞ여 各樣各樣的粮米都得了 여러가지곡식을다어덧

노라 我们的人都是好過活咧 우리ᄉᆞ람이다죠히지니노라 我们地方麽

今年不是澇就是旱年成很不好 우리ᄯᅡ희ᄂᆞᆫ올ᄒᆡ물ᄭᅦ이지아니면곳가무러년

시ᄀᆞ장죠치아니ᄒᆞ여 窮人家很難過了 가난ᄒᆞᆫᄉᆞ람이가장지니기어렵다

你的官話如今熟了麽 요ᄉᆞ이네한에닉어나냐 尚没慣 오히려닉지못ᄒᆞ여라 我

呢有年紀再没有記性 너나히만코ᄯᅩ총이업서 今兒箇學的話過

一夜就忘了 오날비혼말이ᄒᆞ로ᄉᆞ밤지니면곳닛고 又舌頭挠不上来了 ᄯᅩ혀를되

必定走不得咧 다시먹으면 일졍 가지못ᄒᆞ리라 嗳這酒利害 애이술 독ᄒᆞ다
你的說多咧 네새 만타 喝一鍾就醉的規矩有麽 ᄒᆞᆫ잔먹고취ᄒᆞ
ᄂᆞᆫ법이 잇ᄂᆞ냐 你走麽我送你 네가ᄂᆞᆫ다니 너를보ᄂᆡ리라 別送罷 보ᄂᆡ지 말라 甚
麽話 무ᄉᆞᆷ 말고 客来豈有不送的禮咧 손이온ᄃᆡ 엇지보ᄂᆡ지아 니ᄒᆞᄂᆞᆫ례이시리오
我的煩你的話有 ᄂᆡ네게청ᄒᆞᆯ말 이잇ᄂᆞ니 你再来的時候一把扇
子兩打子紙帶来饋我罷 네다시올ᄯᅢ에ᄒᆞᆫ자라부체와 두권죠희를가져와나를주미
무던 ᄒᆞ다 早已知道了饋你 발셔아란노 라너를주마 官不打送禮人狗
不咬撒屎人 관가ᄂᆞᆫ션물보ᄂᆡᄂᆞᆫᄉᆞᄅᆞᆷ을치지아니ᄒᆞᆫ 고개ᄂᆞᆫ똥누ᄂᆞᆫᄉᆞᄅᆞᆷ을무지아니ᄒᆞᄂᆞ니라 豈有此理
엇지이런니 이시리오 千里送鵝毛禮輕人意重 쳔리에거유털을 보ᄂᆡ믜례ᄂᆞᆫ경ᄒᆞ
여도ᄉᆞᄅᆞᆷ의ᄯᅳᆺ 은즁ᄒᆞ니라 自古說一言已出駟馬難追 녜붓터닐으되 ᄒᆞᆫ말나믜ᄉᆞ마

15b

何哄得你們 다른이,눈속이려,나와엇 지너를속이리오 好生記着別忘了

罷 ᄆᆞ장긔록ᄒᆞ여 잇ᄉᆞ지말라

我們明兒箇五更天要出邉門 내너일오경의변 문에나가려ᄒᆞ니 你

們今兒箇下晩 너희오날 제녁의 告訴門上老爺 문어ᄉᆞ쉬 엿ᄌᆞ와

打發什庫 뵈ᄉᆞ고을 시겨 早進城裡 일즉이셩 의드려가 告送老爺

說 노야쉬 엿ᄌᆞ와 我們包子車早已到了沒一輛落後 우리짐 수리밧

쉬이르고ᄒᆞᆫ수레도쉬 러진거시업ᄉᆞ니 諸事都辦的妥當 모든일을다ᄒᆞ기 를태당이ᄒᆞ엿시

니 快些別悞了 밧비ᄒᆞ고 그릇말라

喝一鍾燒酒罷 ᄒᆞᆫ잔쇼쥬 를먹으라 噯生受啊 애안심치 아니다 再喝不

只 다시먹 으라 費心費心我的勾了 안심치아니,ᄒᆞ여 라너넉ᄂᆞᄒᆞ여라 再喝呢

가나 否啊 아니라 這是事情規矩啊 이일이 법이라

你認得我麼 네나를 아ᄂᆞᆫ다 我的不認得你啊 너를아지 못ᄒᆞ노라

好兩善啊 ᄆᆞ장낫 치나다 那一年欽差大人我們地方来的時

候你不跟着来麼 언제칙ᄉᆞ대인이우리ᄯᅡ희왓실ᄯᅵ 의네ᄯᅡ라오지아니ᄒᆞ엿ᄂᆞ냐 我的

忘死了 닉아죠이 젓노라 往我們的家裡去喝一鍾茶好 우리 집의

가ᄒᆞᆫ보ᄋᆞ차를 먹으미죠타 我的有事情不得閑啊 니일미이셔한가 ᄒᆞᆷ을엇지못ᄒᆞ니

你先去等我罷 네몬져가날을 기다리라 我的事情完了庅一會

兒去咧 너일이맛거든 잇다가가리라 這箇真箇庅 이진실 노냐 嗄說甚庅

話怎庅不去呢 애무슴말이르는다엇 지가지아니ᄒᆞ리오 你別哄我罷 네나 를속

이지 말라 一定不哄你啊 일졍너를속이 지아니ᄒᆞ리라 哄得別人罷咧 如

15a

14b

더치못ᄒᆞ고감ᄒᆞ려ᄒᆞ여도
감치못ᄒᆞᄂᆞ니라 拿来我瞧瞧 가져오라 너보자 這箇呢
好這箇呢不好你饋我換換罷 이는죠코이는죠치아니ᄒᆞ니 네날를밧고아쥬미무던ᄒᆞ다
你的不知道了 네아지 못ᄒᆞᆫ다 禮单東西換換的規矩有麼
례단에거슬밧고ᄂᆞᆫ 법이잇ᄂᆞ냐 你看我的臉面罷了 네ᄂᆡ낫 츌보라 不看僧面
看佛面 즁의낫츨보지아니ᄒᆞ고부 쳐의낫츨보나니라 好話啊 죠흔말 이로다
嗳呀你来了麽 애야네 왓ᄂᆞ냐 路上好来啊 길에죠 히온다 家裡都
太平啊 집이다태 평ᄒᆞ냐 你们住甚麽来 너희무엇ᄒᆞ 라왓ᄂᆞ뇨 我的有
當差来 너구실이시 셔왓노라 甚麽當差 무슴구 실고 義州府尹大
人打發我冬大季三位大人根前請安来了 의쥬부윤 이나를시
겨동지ᄉᆞ삼위대인 셔문안ᄒᆞ라왓노라 這箇大人你知縣的親戚麽 이대인이 네원의일

這一位是誰啊 이분이 이뉘뇨 我是義州官兒啊 나ᄂᆞᆫ이의쥬 관원이라 甚
麽官兒 무슴벼 슬고 訓導官兒啊 훈도벼 슬이라 在先沒着着伱
啊 젼의너를보지 못ᄒᆞ엿노라 新來的啊 새로오 니가 姓甚麽 셩이무 엇고 我姓
張啊 내셩이쟝 가노라 多站兒來 언제 온다 我吃這箇月初十站來
啊 내이ᄃᆞᆯ초열 을놀왓노라 饒我們的禮單東西都拿來了麽
우리줄례단을다 가져왓ᄂᆞ냐 都拿來了 다가져 왓노라 甚麽東西啊 무슴 것고
件〻東西都有 가지가지 다잇노라 東西都好麽 둉지다 됴ᄒᆞ냐 數兒多
少啊 슈가엇마 나ᄒᆞ뇨 這箇伱別再問罷 이거슨네다시 뭇지말라 原來送
來的禮單有規矩多也罷少也罷數兒都有 본ᄃᆡ 보니
ᄂᆞᆫ례단이법이이셔만ᄒᆞ나적 으나슈가다이시니 要添〻不得要減〻不得 더ᄒᆞ려 ᄒᆞ여도

子上炕来 (부지벗고광에올나오라) 左一摩右一摩 (좌편으로ᄒᆞᆫ번만지고우편으로ᄒᆞᆫ번만져) 摩〻執着好 (만지고만져만지니조타) 攀着領子親一個嘴兒 (목을어르만져ᄒᆞᆫ번입ᄆᆞ초니) 好像砂糖味 (ᄀᆞ장사당맛ᄀᆞᆺ다) 哦〻 (오오)

롬답지 아니나 향즁물이라 鮀鑽窟窿鮀知道 뷔암이 ᄯᅮ룬 구무ᄂᆞᆫ 비얌이 아ᄂᆞ니라

只是蓋了兩隻腿 다만 두 다리만 아랍드다 這裡推那裡那裡推

這裡就耽悞了半日 예서 져긔 미로고 졔서 여긔 미러 곳 반일 머므다 一遍高

一遍低 ᄒᆞᆫ편은 놉고 ᄒᆞᆫ편은 ᄂᆞᆺ다 萬事不容先害已 만ᄉᆞ를 비 말이 못ᄒᆞᄂᆞᆫ

면 몬져 몸에 ᄒᆡ롭다 在家敬父母何必遠燒香 집의 이셔 부모를 공경ᄒᆞ지 엇지 반

두시 멀리 향을 픠오리오 貴府在那裡 귀ᄒᆞᆫ 집이 어듸 이시며 貴降在幾時 귀ᄒᆞᆫ 싱일

이 어ᄂᆡ ᄯᅢ예 잇ᄂᆞ뇨

早来早来不早来 일즉 오마 일즉 오마ᄒᆞ더니 일즉 오지 아니코 半夜三更天作

甚麽来 반야 삼경에 무슴ᄒᆞ라 왓ᄂᆞ다 一把刺放着洗脚水 ᄒᆞᆫ편에 발 ᄡᅵ슬

물을 노코 一把刺放着撒脚鞋 ᄒᆞᆫ편에 발 ᄡᅵᆺ눈 신을 노코 脫了褲子

13a

12b

他一絲兒東西 저의죠고만거슬허비치아니ᄒᆞᆫ다 等的心裏火發 기ᄃᆞ려ᄆᆞᄋᆞᆷ에불난다 就在門縫裡張着 못문틈에서ᄇᆞ라보다 釘在椅子上白不起身 ᄇᆡᆨ인듯기교의우희셔셔부질업시니지아니ᄒᆞᆫ다 人貧志小馬瘦毛長 ᄉᆞᄅᆞᆷ은가난ᄒᆞ면뜻이젹고ᄆᆞᆯ이여외면털이기ᄂᆞ니라 醜良樣裝箇好良樣 더러온모양이죠흔모양인쳬ᄒᆞᆫ다 你不要罷要的有千有萬 네슬커든말ᄒᆞ려ᄒᆞᄂᆞ니천이잇고만이잇다 一頭放水一頭放火 ᄒᆞᆫ편으로믈노코ᄒᆞᆫ편으로불노타 畏不結案路上吊了 맛기를뇌실히못ᄒᆞ여길희ᄲᅧ러지다 不喝酒皺鼻子 술아니먹고코븕다 力大不如禮大 힘큰거시례큰이만못ᄒᆞᆫ다 店房裡臭蟲咬客 ᄉᆞᆺ막에빈ᄃᆡ가손을문다 早茶晚酒飯後烟 아ᄎᆞᆷ차와져녁술과밥ᄒᆞᆫ후담배 親不親故鄉人美不美鄉中水 친ᄒᆞ고친치아니나고향ᄉᆞᄅᆞᆷ이오아ᄅᆞᆷ다오나아

12a

이골푼거슬메온다

手拿魚籃遮不得腥 손에고기다루치가지미비리믈피치몯ᄒᆞᆫ다

沒有屠戶連毛吃麽 ᄇᆡᆨ장이업스면털조차먹으랴

只怕睜眼的金剛不怕閉眼的佛爺 그저눈부릅ᄯᅳᆫ금강은저퍼ᄒᆞ고눈가문부쳐는저퍼아니ᄒᆞᄂᆞ니라

工夫到做不得的事有麽 공뷔나르면ᄒᆞ지못ᄒᆞᆯ일이ᄋᆡ시랴

他家裡匙桄一樣的小事情都知道了 저집의술과ᄉᆞ발ᄀᆞᆺᄐᆞᆫ져근일을다안다

屁骨大敢吊了心 밋구무커염통이ᄲᆡ진듯ᄒᆞ다

人逢喜事精神爽 ᄉᆞ름이죠흔일을만나면졍신이상쾌ᄒᆞ다

一條板櫈坐不了 ᄒᆞᆫ오리반등에안지못ᄒᆞᆫ다

好男不吃負時飯好女不穿嫁時衣 죠흔ᄉᆞ나희ᄂᆞᆫᄀᆞᄂᆞᆫ혈셰밥을먹지아니ᄒᆞ고죠흔겨집은혼인ᄒᆞᆯ셰옷슬엡지아니ᄒᆞᄂᆞ니라

誰人汲得西江水難洗今朝一面羞 뉘셔강슈를기러오리오ᄂᆞᆯ아ᄎᆞᆷ에ᄒᆞᆫᄂᆞᆺ븟ᄭᅳ러옴을씻기어렵다

不貫

牙来 개입에 무슴 상아를 토ᄒᆞ여 내리오 瓦房草房睡覺一般 기와집 초가집

짜기는 ᄒᆞᆫ가지라 白餑餑黑餑餑一樣味兒 흰떡 거믄떡이 ᄒᆞᆫ가지 마시라 瘦也

因他病也因他 여위기도 저를 인ᄒᆞ고 병도 저로ᄒᆞ여 인ᄒᆞ다 養猫的家裡鼠

不從行 괴 기르는 집의 쥐 방조히 단니지 못ᄒᆞᆫ다 人在矮簷下不敢不低頭

ᄉᆞᄅᆞᆷ이 나즌 쳠하 아래 이시면 감히 머리를 슉이지 아니타 못ᄒᆞᆫ다 人情送馬匹買賣爭

分毫 인졍은 馬匹를 보내고 흥졍은 分毫를 닷호ᄂᆞ니라 饞飛的鴿子過不得

嶺 못나ᄂᆞᆫ 비둘기 재를 넘지 못ᄒᆞᄂᆞ니라 人是舊的好衣是新的好

ᄉᆞᄅᆞᆷ은 오린 니가 됴코 옷슨 새거시 됴ᄒᆞ니라 十斧俱下無不砍倒 열도끠 ᄒᆞᆫ끠 누리미 찍어 것구러지지 아니ᄒᆞ리 업ᄂᆞ니라

眼飽肚飢畫餅充飢 눈이 브르고 ᄇᆡ가 골푸나 그림에 ᄯᅥᆨ

오나온말은ᄉᆞᄅᆞᆷ을상ᄒᆞ니 育이ᄎᆞ도다 兒不嫌母醜狗不嫌家貧 ᄋᆞ희ᄂᆞᆫ어
믜더러옴을혐의치아니ᄒᆞ고개는 집가난ᄒᆞᆷ을혐의치아니ᄒᆞᆫ다 好的也放在心裡歹的
也放在心裡 죠흔것도마ᄋᆞᆷ에너허두고사 오나온것도마ᄋᆞᆷ에너허두라 人之壽夭不在
手藥材 ᄉᆞᄅᆞᆷ의슈요는약 에잇지아니ᄒᆞ다 人多舌頭多 ᄉᆞᄅᆞᆷ이만ᄒᆞ면 말ᄊᆡ만ᄒᆞ니라
數一數二的財主 쳣지둘지가 는쟝지라 出頭椽兒先朽爛 모 난
혀ᄭᅡ몬져 벅ᄂᆞ니라 老鴉叫十二樣聲誰愛他麼 가마괴열두가지 쇼리ᄒᆞᆫ들뉘저를
ᄉᆞ랑 ᄒᆞ라 老鴉還笑猪蹄黑 가마괴도로혀되야지 발거믄거슬웃ᄂᆞᆫ다 我眼睛是
認得你拳頭呢不認得你 내눈은이녀를아라도쥬 머괴는녀를모로ᄂᆞ니라 只像
牛身上拔了一根毛兒 그저쇠몸에ᄒᆞᆫ터럭 ᄲᅢ힘과ᄀᆞᆺ다 不燒火的烟
洞怎麼生烟 블아니ᄯᅢ인굴독에 엇지너가나리오 狗口裡吐出甚麼象

11a

10b

눈 웃잔
을 먹다 豆芽菜有甚困見 콩기름에 므스슴 못
그미에 시리오 嚴霜便

打孤根草 된서리 곳외로
운 풀을 치다 便得一尺橘皮吃切莫

忘了洞庭湖 못ᄒᆞᆫ 조각 ᄒᆞᆫ 피를 어더 먹고 닐
절이 동졍호를 잊지 말라 男兒不吃

嗟来食 사나희 차리식
를 먹지 아니다 媽媽的女兒不會搽粉底 의 만

ᄯᆞᆯ이 분 ᄇᆞ를 줄
모로ᄂᆞ니 牛尾巴盖不得馬屁骨 쇠꼬리 ᄆᆞᆯ 밋구
멍 덥지 못ᄒᆞᆫ다

赶着月光一步一步捱到家裡 ᄃᆞᆯ 빗츨 ᄯᅡ라 ᄒᆞᆫ 거름 ᄒᆞᆫ
거름식 집의 가ᄉᆞ그고

다가 見勢頭不好就跑去了 세 죠치 아니믈 보
고 곳 나ᄃᆞ나다

眼勢罷 네 저의 눈치
를 보와라 剛剛的逢着這好機會 겨요이
죠흔 긔

회를 만
나다 你要他也要到底給誰 너도 달라ᄒᆞ고 저도 달라
ᄒᆞ니 낭종애 누를 주리오

甜言美語三冬暖惡語傷人六月寒 단 말과 미어 눈 삼
동이 다ᄉᆞᄒᆞ고 사

10a

吃飯眼前花 삼일을밥먹으미업스면눈이어둡다 有眼不識荊山
玉拿着頑石一樣着 눈이ㅅ셔도형산옥을아지못ᄒᆞ여완셕을가져ᄒᆞᆫ가지로본다
人〻有面樹〻有皮 ᄉᆞ름마다낫치이ㅅ고나무마다가죡잇다 天也有眼窪
下着呢 하ᄂᆞᆯ도눈이ㅅ셔아리를보ᄂᆞ니라 晝夜勞苦通不得閑 쥬야
로슈고ᄒᆞ여아조ᄒᆞᆫ가ᄒᆞᆷ을엇지못ᄒᆞᆫ다 笆籬不牢狗鑽入來 바ᄌᆞ를든〻이못ᄒᆞ면개ᄯᅮᆲ고
드러온다 要打沒好手廝罵沒好口 치려ᄒᆞ미조흔손이업고서로욕ᄒᆞ미조흔닙이업
다 官自官商自商唱的唱彈的彈 官은官이오商은商이오노리브르리노
리부르고줄다리ᄂᆞᆫ줄ᄐᆞᆫ다 不是疼人是疼錢 이ᄉᆞ름을ᄉᆞ랑ᄒᆞ미아니라돈을ᄉᆞ랑ᄒᆞ미로다
瓶兒罐兒都有耳朵 병과항관이다귀잇ᄂᆞ니라 天下錢眼兒都
一樣 쳔하에돈구무다ᄒᆞᆫ가지라 酒吃頭鍾茶吃末鍾 술은첫잔을먹고차

借一間房子睡覺 덕의 ᄒᆞᆫ 간 방을 빌려 자고져 ᄒᆞᆫ노라 手忙脚亂

搬東搬西如坐針毡兒 손이 밧부고 발이 어즈러워 동으로 옴기고 셔로 옴겨 바늘 방

셕에 안즘 ᄀᆞᆺ다 誰人保得常無事 뉘 건너 일업기를 미드리오 一身有福

拖帶滿屋 ᄒᆞᆫ 몸이 유복ᄒᆞ면 온 집을 ᄉᆞᆯ인다 外人說着金字經家

人說着耳邊風 외인의 니르믄 김ᄌᆞ경이오 가인의 니르믄 귀ᄀᆞ의 ᄇᆞᄅᆞᆷ이라

家醜不可外揚 집의 흉은 가히 밧긔 드러니지 못ᄒᆞᆫ다 鳳凰無寶處不

落 봉황은 보ᄇᆡ 업ᄉᆞᆫ 곳에 ᄂᆞ려지 아니ᄒᆞᆫ다 狗咬人、不咬狗 개ᄂᆞᆫ ᄉᆞᄅᆞᆷ을 무러도

ᄉᆞᄅᆞᆷ은 개를 무지 아니ᄒᆞᆫ다 皮子沒有毛兒那裡出來了 가죽이 업ᄉᆞ면 털이

엇지 나리오 十一方之地有賢有愚 일방 ᄯᅡ희 어진이도 잇고 어린이도 잇ᄂᆞ니라 兎

死狐悲物傷其類 토세 죽으미 여히 슬허ᄒᆞ니 물이 그 류를 슬허ᄒᆞᆫ다 三日沒

9b

9a

慣曾出外偏憐客 自己貪杯惜醉人 밧긔 나가기 익그면 젼혀 나그ᄂᆡ를 어엿비 너기고 이녁이 술 탐ᄒᆞ면 취ᄒᆞᆫ ᄉᆞᄅᆞᆷ을 앗기ᄂᆞ니라

畫虎畫皮難畫骨 知人知面不知心 범을 그리ᄆᆡ 가족은 그려도 ᄲᅧ 그리기 어렵고 ᄉᆞᄅᆞᆷ을 알ᄆᆡ 낫촌 알아도 ᄆᆞ음 알지 못ᄒᆞᄂᆞ니라

金磚何厚玉瓦何薄 금벽장은 엇지 두거오며 옥기와는 엇지 어르뇨

掩耳偸鈴一般 귀를 가리오고 방울을 도젹홈 갓다

太倉一粒米 九牛一根毛 태창에 ᄒᆞᆫ 낫 ᄡᆞᆯ이오 구우에 ᄒᆞᆫ 낫 털젹이라

山高遮不得太陽 牛大壓不殺虱子 산이 놉하도 ᄐᆡ양을 가리오지 못ᄒᆞ고 쇠 커도 니를 눌러 죽이지 못ᄒᆞᄂᆞ니라

一年經蛇咬 三年怕井繩 ᄒᆞᆫ ᄒᆡ를 ᄇᆡ암 믈려지내면 삼년을 드레줄도 저퍼ᄒᆞᄂᆞ니라

閉門家裡坐 禍從天上來 문을 닷고 집의 안자도 홰 하ᄂᆞᆯ로 좃차 온다

三人同行少的吃苦 세 ᄉᆞᄅᆞᆷ이 동ᄒᆡᆼᄒᆞ며 져무니 슈고ᄒᆞᆫ다

尊府上要

을엇고집의셔두 龍鬪虎爭苦了小獐 룡이싸호고범이두토미져근
샥문을일라
ᄂᆞᆯ니억 讓了甜桃去尋苦李 단복셩화를ᄉᆞ양ᄒᆞ고가쁜오얏슬어든다
못다
失在弦上不得不發 슬이시위예이시미시려금발치아니치못ᄒᆞᆫ다 倒貼门
神怕画工 문뷔를거ᄭᅩ로부치고화원을ᄒᆞ믈ᄒᆞᆫ다 火燒到身各自掃去
불이라몸에니르미각각ᄉᆞᄉᆞ로쓰러바리ᄂᆞ니라 小魚多刺小事多忙 져근고기가삐만코져
근일이만분거시만타 打狗也看主人面不看僧面看佛面 개를쳐도쥬인
의ᄂᆞᆺ츨보ᄂᆞ니중의ᄂᆞᆺ츨보지말고부쳐의ᄂᆞᆺ츨보라 经過大難的不怕小煩 대난을지내미
져근번거ᄒᆞᆫ거슬저피아니ᄒᆞᄂᆞ니라 一魚混水衆魚不安 ᄒᆞᆫ낫고기물을흐치미뭇고기편안치
아니타 十個指頭咬着都疼 열손가락을믈면다알프니라 婆兒燒
香當不得老子念佛 겨집의향퓌오는거시사나희념불을당치못ᄒᆞᄂᆞ니라

8b

搭兒 ᄉᆞ람의 ᄒᆞᆫ 목숨을 구ᄒᆞ면 칠층 탑을 민글미셔 나으니라 孩兒不哭娘不
妳 아희가 우지 아니면 어미가 졋 먹이지 아니ᄒᆞᆫ다 饞生的犢兒不怕大蟲
갓난 쇼아지가 큰 즘싱을 저펴 아니ᄒᆞᆫ다 滿腹文章充不得飢 비에 가득
ᄒᆞᆫ 문장이 골문 거슨 메오지 못ᄒᆞᄂᆞ니라 火到猪頭爛錢到公事辦
불이 니르면 돗희 머리가 무로녹고 돈이 니르면 공ᄉᆞ를 잘ᄒᆞᄂᆞ니라 小厮眼前不可吃
水 져근 아희 눈에 눈물 먹지 못ᄒᆞ리로다 燈臺照不得自己 등ᄃᆡ가 제 몸을 비최
지 못ᄒᆞᆫ다 遠親不如近隣 먼 겨레가 갓가온 동니만 ᄀᆞᆺ지 못ᄒᆞᆫ다 成大事者
不惜小費 대ᄉᆞ 일우ᄂᆞ니ᄂᆞᆫ 져근 허비를 앗기지 아니ᄒᆞᆫ다 嗔拳不打笑臉 셩낸 주머
괴 웃ᄂᆞᆫ 빰을 치지 못ᄒᆞᆫ다 只聞其名不會其面 다만 그 일흠만 듯고 그 얼굴은 아지
못ᄒᆞᆫ다 外邊得了一塊板家裡丢了兩扇門 밧긔셔 ᄒᆞᆫ 쪽 널

7b

上官只爲口 쳔리에벼슬ᄒᆞ기ᄂᆞᆫ 다만입을위ᄒᆞ미라 男大須婚女大須嫁 ᄉᆞ나희크면모로미혼인ᄒᆞᆯ셰시오 계집이크면모로미셔방마즐거시라 爲己者多爲人者少 내몸위ᄒᆞᄂᆞ니ᄂᆞᆫ만코ᄂᆞᆷ 위ᄒᆞᄂᆞ니ᄂᆞᆫ젹다 人善被人欺馬善被人騎 ᄉᆞᄅᆞᆷ이용ᄒᆞ면ᄉᆞᄅᆞᆷ의소김을닙고 ᄆᆞᆯ이용ᄒᆞ면ᄉᆞᄅᆞᆷ의ᄐᆞ기를닙ᄂᆞᆫ다 受人點水的恩必當湧泉之報 ᄉᆞᄅᆞᆷ의졈슈만ᄒᆞᆫ은 혜를바드면반ᄃᆞ시 ᄆᆞᆺ당히湧泉으로 갑흘거시니라 要人不知除非莫爲 ᄉᆞᄅᆞᆷ이아지말 과져ᄒᆞ면아니 ᄒᆞᆯ만ᄀᆞᆺ지 못ᄒᆞᄂᆞ니라 少吃多甜多吃少甜 젹게먹으면달미 만코만히먹으면 달미젹 으니라 少雀兒趕不上老鶴兒的寸步 뱝새가 황새거 ᄅᆞᆷ을ᄯᆞ로지못 ᄒᆞᄂᆞ니라 蝴蝶兒飛来飛去不離花枝 나 뷔 가놀아오고놀아가ᄭᅩᆺ가지 에ᄯᅥ나지아니ᄒᆞᄂᆞ니라 救人一命勝作千層

7a

恁還薄 ᄆᆞᄋᆞᆷ은하ᄂᆞᆯ의비ᄒᆞ미도로혀놉고 명은조히의비ᄒᆞ미도로혀엷다ᄒᆞ니 那得閑錢買

這箇東西使喚 엇지한가ᄒᆞᆫ돈을어더이거ᄉᆞᆯ사ᄡᅳ리오 入门休问荣枯

事着着容顏便得知 문에들미영고ᄉᆞ를믓지말라 얼굴을보면곳아ᄂᆞ니라

逢人且說三分話未可全抛一片心 ᄉᆞᄅᆞᆷ을만나며ᄯᅩ삼분말니ᄅᆞ고가

히일편ᄆᆞᄋᆞᆷ을다더지〻못ᄒᆞ리라 馬有垂韁之報狗有濺草之恩

ᄆᆞᆯ은곳비ᄃᆞ리온갑ᄒᆞ미잇고 개ᄂᆞᆫ플에물ᄲᅮ린은혜잇ᄂᆞ니라 謀事在人成事在

天 일을꾀ᄒᆞ기ᄂᆞᆫᄉᆞᄅᆞᆷ의게잇고 일을일우기ᄂᆞᆫ하ᄂᆞᆯ에잇ᄂᆞ니라 上不敬則下慢

우희공경치아니ᄒᆞ면 아ᄅᆡ가거만ᄒᆞᄂᆞ니라 自手不折恁的支使人 제손이부

러지〻아니ᄒᆞ면엇지ᄉᆞᄅᆞᆷ을시기리오 不結子花休要種無義之

人不可交 열ᄆᆡ여지아니ᄒᆞᄂᆞᆫ꼿ᄎᆞᆫ심으지말고 의업ᄉᆞᆫᄉᆞᄅᆞᆷ은가히ᄉᆞ괴지아니리라 千里

6b

ᄂᆞ니눈 잇고 눈속에 ᄉᆞᆺ
보ᄂᆡᄂᆞ니 ᄂᆞᆫ 업ᄂᆞ니라 有君子嫌君子無君子想君
子 군ᄌᆞ 이시면 군ᄌᆞ를 나모라ᄒᆞ고 군
ᄌᆞ 업스면 군ᄌᆞ를 ᄉᆡᆼ각ᄒᆞᄂᆞ니라 受人的托必當
從人的事 ᄉᆞᄅᆞᆷ의 부탁을 바드면 반ᄃᆞ시
맛당이 ᄉᆞᄅᆞᆷ의 일을 맛ᄎᆞ리라 為官者為
名為商者為利 벼ᄉᆞᆯᄒᆞᄂᆞ니ᄂᆞᆫ 명을 위ᄒᆞ고 쟝
ᄉᆞᄒᆞᄂᆞ니ᄂᆞᆫ 리를 위ᄒᆞᄂᆞ니라 木不鑽
不透話不說不明 남글 ᄯᅮᆯ지 아니면 사뭇지 못ᄒᆞ고 말
을 니ᄅᆞ지 아니면 ᄇᆞᆰ지 못ᄒᆞᄂᆞ니라
娩頭熱埶〻草兒 강아리 목이 더우
나 집흘 괴오라 知足者常樂能忍者自安
別再去 ᄃᆞ의ᄒᆞᆫ 作ᄒᆞᆫ다
시 가지 말라
족ᄒᆞᆫ 줄 아ᄂᆞ니ᄂᆞᆫ 거ᄂᆡ 즐기고 능
히 참ᄂᆞ니ᄂᆞᆫ 스〻로 편안ᄒᆞᄂᆞ니라 不會爬先學走 길줄
모ᄅᆞ고
고ᄅᆞᆫ져 거ᄉᆞᆺ게
부ᄅᆡ 비ᄒᆞᆫ다 三遍淘井吃甜水 세번 우물을 츠면
ᄃᆞᆫ 물을 먹ᄂᆞ다 賒
三不送現二 셋지 운거시 현셩ᄒᆞᆫ
둘만 ᄀᆞᆺ지 못ᄒᆞ다 口比天還高命比

ᄒᆞ단말이라 走慣了的狗也不咬 ᄃᆞᆫ니기닉으니ᄂᆞᆫ개도무지아니ᄒᆞᄂᆞ니라

是天大的造化了 이하ᄂᆞᆯᄀᆞᆺ치큰사망이로다 上樑不正底樑

歪 웃드ᄅᆞᆫ뵈바로지아니면아리들뵈기우ᄂᆞ니라 上馬管軍下馬管民 ᄆᆞᆯᄐᆞ면군

ᄉᆞ를가아말고ᄆᆞᆯ를ᄂᆞ리면ᄇᆡᆨ셩들가암아ᄂᆞ니라 若說一句知心話死也甘

心 만일ᄒᆞᆫ구ᄆᆞ음아ᄂᆞᆫ말을니르면죽어도감심ᄒᆞ리라 有廚自然香何必當

風立 사가이시면ᄌᆞ연향내나ᄂᆞ니엇지반ᄃᆞ시ᄇᆞᄅᆞᆷ을당ᄒᆞ여셔료 飽吃一遭好

茶飯也在運氣上 ᄒᆞᆫ지위죠흔음식먹기도팔ᄌᆞ에잇ᄂᆞ니라 心好的

必有福田心不好的必有灾殃 ᄆᆞ음죠ᄒᆞ니ᄂᆞᆫ반ᄃᆞ시복이잇고ᄆᆞ

음죠치아니ᄒᆞᄂᆞ니ᄂᆞᆫ반ᄃᆞ시ᄌᆡ앙이잇ᄂᆞ니라 就殺身也難報 곳몸으로죽여도갑

기어렵다 錦上添花的有雪裡送炭的沒有 깁우희꼿더ᄒᆞ

葉落歸根兒 닙히ᄯ러져샐리로도라가ᄂ니라 夜哭到明、哭到夜還不知那一箇媽、死了 밤셔도록울고ᄯ져무도록우다가어늬마마라죽으믈모ᄅ더라 破的容易救的難 헐기는쉬오되구ᄒ기는어렵다 失的容易得的難 일키는쉬오되엇기는어렵다 時常家裡穿梭一般走 번ᄂ겁의뵈틀에북나드ᄃ시단니다 王爺也有草鞋的親戚 남군ᄯ의도집신、은겨레잇ᄂ니라 積功凡事成 공을ᄡᄒ면범셔니ᄂ니라 心際的吃不得熱粥 마음이급ᄒ니ᄂ더온쥭을먹지못ᄒᄂ니라 甚風刮了就是你來 무슴바ᄅᆞᆷ이부러ᄂ뇨곳이네왓도다 你拿甚麼嘴臉見我 네무슴부리와ᄂᆺ츨가져나ᄅᆞᆯ본다 起早眠晚很辛苦了 일닐고늣지야자니ᄆ장신고ᄒ여라 拆東墻補西墻 마동보셔

아니ᄒᆞ고비오지아니면믈이넘지아니ᄒᆞᄂᆞ니라 天若改常不風則雨 하ᄂᆞᆯ이만일덧덧ᄒᆞᆫ거ᄉᆞᆯ고치면ᄇᆞ람아니면비오고ᄉᆞ람이

人若改常不病則死 만일덧덧ᄒᆞᆫ거ᄉᆞᆯ고치면병아니면죽ᄂᆞ니라 大人不見小人過 대인은쇼인의허믈을보지아니ᄒᆞᄂᆞ니라

天不言而自高地不言而自厚 하ᄂᆞᆯ이말아니ᄒᆞ여도스스로놉고ᄯᅡ히말아니ᄒᆞ여도스스로두터오니라 臘鴨子煮在鍋

裡身子兒爛、嘴頭兒還硬 납월오리를가마의살무니몸은물러도부리ᄂᆞᆫ오히려세더라 人有貴賤口無尊卑 ᄉᆞ람은귀쳔이이셔도입은존비업ᄂᆞ니라

滿瓶不搖半瓶搖 원병은흔들리지아니ᄒᆞ고반병은흔들리ᄂᆞ니라 人生一世草生一秋 인셩은일셰오초셩은일츄라 人離鄉

賤物離鄉貴 ᄉᆞ람은고향을ᄯᅥ나면쳔ᄒᆞ고物은고향을ᄯᅥ나면귀ᄒᆞᄂᆞ니라

5a

4b

路上行人口似碑 ᄒᆞ나히 열에 젼ᄒᆞ고 열히 ᄇᆡᆨ에 젼ᄒᆞ니 길히 ᄃᆞᆫ니난 ᄉᆞ람이 입이 비 ᄀᆞᆺ다

好話不出门惡事傳千里 죠흔 말은 문에 나지 아니ᄒᆞ고 사오나온 일은 쳔리에 젼ᄒᆞᄂᆞ니라

蚊虫遭扇打只爲嘴傷人 모긔가 부리치믈 만나믄 그저 부리로 ᄉᆞ람을 샹ᄒᆞ믈 위ᄒᆞ미라

大才小用可惜了 큰 지조를 젹게 ᄡᅳ기 앗갑도다

毋狗不搖尾公狗不上身 암ᄏᆡ가 ᄭᅩ리 흔드지 아니ᄒᆞ면 수개가 몸에 오ᄅᆞ지 아니ᄒᆞᄂᆞ니라

要知山下路須問過来人 산 아릐 길을 알려ᄒᆞ거든 모로미 지나온 ᄉᆞ람ᄃᆞ려 무ᄅᆞᆯ지라

野路看着近一時走不到 들길을 보미 갓가오나 일시에 가 다ᄃᆞᆺ기 어려오니다

草怕霜霜怕日 풀은 서리를 저퍼ᄒᆞ고 서리ᄂᆞᆫ ᄒᆡ를 저퍼ᄒᆞᄂᆞ니라

明日日頭打西出来 ᄂᆡ일은 ᄒᆡ가 서로 도드리라

風不刮樹不搖雨不来河不漲 ᄇᆞ람이 부지 아니면 남기 흔드기지

려ᄒᆞᆫ다 凍不烤燈火餓不吃猫飯 어려도 등불은 ᄶᅬ이지 아니ᄒᆞ고 주려도

괴밥을 먹지 아니ᄒᆞᄂᆞ니라 明月不長圓彩雲容易散 ᄇᆞᆰ근 ᄃᆞᆯ은

기리 둥구지 못ᄒᆞ고 치운은 훗터지기 쉬오니라 天有不測風雨人有暫

時禍福 하ᄂᆞᆯ은 측낭치 못ᄒᆞᆯ 풍우ㅣ 잇고 ᄉᆞᄅᆞᆷ은 잠시 화복이 잇ᄂᆞ니라 蒼蠅不鑽

無縫的鷄鴠 파리가 ᄲᅮᆯ 업ᄉᆞᆫ ᄃᆞᆰ의 알을 ᄯᅮᆲ지 못ᄒᆞᆫ다 家鷄打得團〻

轉野鷄打得貼天飛 집ᄃᆞᆰ은 치면 도리〻 구을고 들ᄃᆞᆰ은 치미 하ᄂᆞᆯ의 븟터나ᄂᆞ

니라 一日賣了三担甲三天賣不了一担針 ᄒᆞᄅᆞ에 세짐 갑

옷ᄉᆞᆫ 포라도 사흘에 ᄒᆞᆫ짐 ᄇᆞᄂᆞᆯ은 ᄑᆞ지 못ᄒᆞᄂᆞ니라 在家千日好出外一日難

집의 이셔ᄂᆞᆫ 쳔 일이 죠터니 밧긔 나가ᄂᆞᆫ ᄒᆞᄅᆞ리 어렵다 鴈過留聲人過留名

기러기 지나며 소ᄅᆡᄅᆞᆯ 머믈고 ᄉᆞᄅᆞᆷ이 지나미 일홈을 머믈온다 一箇傳十〻傳百

4a

3b

집무당의 春天不下種到秋那𢔶收 봄에ᄡᅵ를ᄲᅵ치 아니면ᄀᆞ을의

셔방 엇지거두리오 偷鷄的猫兒到底不改性 되도적ᄒᆞᆫ괴 가마즘ᄂᆡ본셩

을고치지 못ᄒᆞᆫ다 拔了蘿蔔地皮寬 무우를ᄲᅢ히면ᄯᅡ 히너르니라

敢後也馬不進 감히ᄒᆞᄂᆞᆫ줄이아니 라ᄆᆞᆯ이가지아니ᄒᆞᆫ다 羊毛出在

羊身上 양의털이양의 몸에나ᄂᆞ니라 陰天皮鼓打不響 ᄒᆞ린 ᄂᆞᆯ북

은쳐소ᄅᆡ나지 아니ᄒᆞᄂᆞ니라 氷厚三尺不是一時的寒 어름이석 ᄌᆞ두텁거시

ᄂᆞᆫᄒᆞᆫ셰ᄎᆞ미 아니라 蜂蜜吃唆說苦 ᄭᅮᆯ먹고ᄡᅳ 다니ᄅᆞᄂᆞᆫ다 各人洗臉

各人光 각인이ᄂᆞᆺᄡᅵ스ᄆᆡ 각인이번〻ᄒᆞᆫ다 先下米的先吃飯 몬져 ᄡᆞᆯ을

두ᄂᆞᆫ이몬져밥 을먹ᄂᆞ니라 狐狸打不成倒惹了一屁骨臊 여으 를츼

잡지못ᄒᆞ고도로혀 왼몃노린내만내다 動不動兒要罵人 져기ᄒᆞ면사 ᄅᆞᆷ을욕ᄒᆞᆫ

면개엽슈이녀기믈남고 홍이며희를 써나면셔오의희롱을밧ᄂᆞ니라 十箇狼守一箇

檳兒誰的先下口 열일희가ᄒᆞᆫ쇠야지를 직희미뉘몬져먹을고 一福

能壓百禍 ᄒᆞᆫ복이능히빅화를누르ᄂᆞ니라 天塌了還有撑天大

漢子 하ᄂᆞᆯ이문허져도ᄃᆞ로려하ᄂᆞᆯ고일큰놈이잇ᄂᆞ니라 樹老花不老人老

心不老 남근늙거도곳촌늙지아니ᄒᆞ고ᄉᆞᄅᆞᆷ은늙어도마음은늙지아니ᄒᆞᄂᆞ니라 六

月裡扇子不可借人你熱我也熱 뉴월부치난빌니지못ᄒᆞ

ᄂᆞᆫ거시ᄂᆞ네더울제나도더우니라 只要自家飽不管別人餓 그저제배

만부르려ᄒᆞ고놈의주리믄관겨히아니녀기ᄂᆞ니라 桃花三月紅菊花九月

開 도화ᄂᆞᆫ삼월의븕고국화ᄂᆞᆫ구월의픠ᄂᆞ니라 做一日和尚撞一日鐘

하ᄅᆞ즁되면하ᄅᆞ북을치ᄂᆞ니라 瞎厮的老婆師婆的丈夫 쇼경의녀

3a

罵 아히 사오나오면 부뫼 욕먹고 죵이 사오나오면 샹뎐이 욕먹ᄂᆞ니라

貓弄水泛空喜歡 괴가 물거품을 어르고 쓸ᄃᆡ업시 깃거ᄒᆞᆫ다

瞎廝打老婆不鬆手 쇼경이 겨집을 치며 손을 서운이 아니ᄒᆞᆫ다

快刀割水兩開難 드는 갈로 물을 버히매 둘희 나기 어려오니라

馬行的時候牛也走 ᄆᆞᆯ 갈 ᄯᆡ에 쇼도 가ᄂᆞ니라

可惜了好一塊羊肉落在狗口裡 앗갑다 조흔 ᄒᆞᆫ덩이 양육이 ᄀᆡ 입에 ᄯᅥ러지것다

拿一箇魚混一河水 ᄒᆞᆫ낫 고기를 잡으며 왼 내를 흐리온다

遠井救不得近火 먼 ᄃᆡ 물이 갓가온 불을 구치 못ᄒᆞᆫ다

老鴉奪了鳳凰窩 가마괴가 봉황의 집을 앗다

賣酒家不說醋 술 파ᄂᆞᆫ 집의셔 식다 니르지 아니ᄒᆞᆫ다

丟了楊棍受狗欺 막ᄃᆡ를 일흐면 ᄀᆡ 업슈이 너기믈 밧ᄂᆞ니라

虎入平林被犬欺龍離大海受蝦戲 범이 평님에 들

2a

活的狗還咬脚後跟兒 나기른개가도로혀발뒤측을문다 閑時不
燒香急來抱佛脚 한가ᄒᆞᆫ뎨에는향을픠오지아니ᄒᆞ다가급ᄒᆞ면부쳐의다리를안
ᄂᆞ니라 孤掌難鳴 單絲不線 외손벽이울기어렵고홋올이실되지못ᄒᆞᆫ다
網雖千口不如一綱 그물이비록쳔입이나ᄒᆞᆫ별이만갓지못ᄒᆞ니라 十箇着
守的難防一箇賊 직희리열히ᄒᆞᆫ독적을막기어려오니라 有心開
飯店不怕大肚漢 유심ᄒᆞ여밥뎜을떠려시니냥큰놈을거피아니ᄒᆞᆫ다 秀
才不出門廣知天下事 슈재가문에나지아니ᄒᆞ여도텬하일을너비아ᄂᆞ
니라 人無千日好 花無百日紅 ᄉᆞ름은쳔일죠ᄒᆞᆫ거시업고곳ᄎᆞᆫᄇᆡᆨ일블근
거시업ᄂᆞ니 山高上不得 水深渡不得 산이놉하오로지못ᄒᆞ고물이깁허건너
지못ᄒᆞᆫ다 猴兒利害爺娘吃罵 奴才利害主子吃

1b

人面咫尺心隔千里 ᄉᆞᄅᆞᆷ의 ᄂᆞᆺ츤 지쳑이로되 마ᄋᆞᆷ은 쳔리을 격ᄒᆞᆫ다 殺鷄
焉用牛刀 ᄃᆞᆰ을 주기며 엇지 우도를 ᄡᅳ료 眊覺的老虎踢
起来種的火鑽起来 자ᄂᆞᆫ 범을 ᄎᆞ니르혀고 무든 불을 니르현다 特恩
怎麼報得 특은을 엇지 갑ᄒᆞ리오 巧媳婦做不得沒米飯
저간이ᄉ 눈 겨집이라도 ᄡᆞᆯ 업ᄉᆞᆫ 밥을 딧지 못ᄒᆞ고 醜媳婦免不得見公婆
더러온 며ᄂᆞ리도 싀부모 보기를 면치 못ᄒᆞᄂᆞ니라 尋着的木留着根兒 다시
불나무ᄂᆞᆫ 글늘 두ᄂᆞ니라 長者賜不敢辭 어룬이 주며 감히 사양치 못ᄒᆞᄂᆞ니라
留得青山在不怕柴火燒 쳥산을 머무러이시면 나무 ᄡᅡ희기 져프
지 아니ᄒᆞᄂᆞ니라 尾羅不離井上破 드레ᄂᆞᆫ 우물에셔 나지 아니ᄒᆞ여셔 치ᄂᆞ니라
飢時糟糠甜如蜜 주릴 ᄯᅢ에 겨가 달기가 ᄭᅮᆯ 가ᄐᆞ니라 、自家養

1a

毒藥苦口利於病忠言逆耳利於行 독약이입에쓰 나병에나ᄒᆞ고
츙언이귀에거스리 나칭실에나ᄒᆞᄂᆞ니라 一言不可兩用 ᄒᆞᆫ몸을가히둘 에쓰지못ᄒᆞ리
라 一箇梳裡揷不得兩箇匙兒 ᄒᆞᆫ수발에두 술을못지못
ᄒᆞ 고 一箇槽兒拴不得兩箇馬兒 ᄒᆞᆫ귀유에무 말을ᄆᆡ지못
ᄒᆞ리 라 賣蘿蔔的跟着甚擔子走 무우ᄑᆞᆯ리소곰짐 을ᄯᆞ라ᄃᆞᆫ니ᄂᆞ니라
世上無難事只怕有心人 셰상에어려온일이업ᄉᆞ되 그저유심ᄒᆞᆫᄉᆞᄅᆞᆷ이저프
니 라 千丈河水知深淺惟有人心難忖量 쳔장하 슈ᄂᆞᆫ심
쳔을알려니와오직인심 운혜아리기어려오니라 遠行知馬力日久見人心 멀 라
가며몰힘을알고날이오리 며ᄉᆞᄅᆞᆷ의ᄆᆞᄋᆞᆷ을보ᄂᆞ니라 金逢火鍊方知色人與
財交便見心 금은불에붓ᄎᆞ믈만나바야ᄒᆞ로빗ᄎᆞᆯ알 고ᄉᆞᄅᆞᆷ을재물로사과되ᄭᅩᆺᄆᆞᄋᆞᆷ을본다

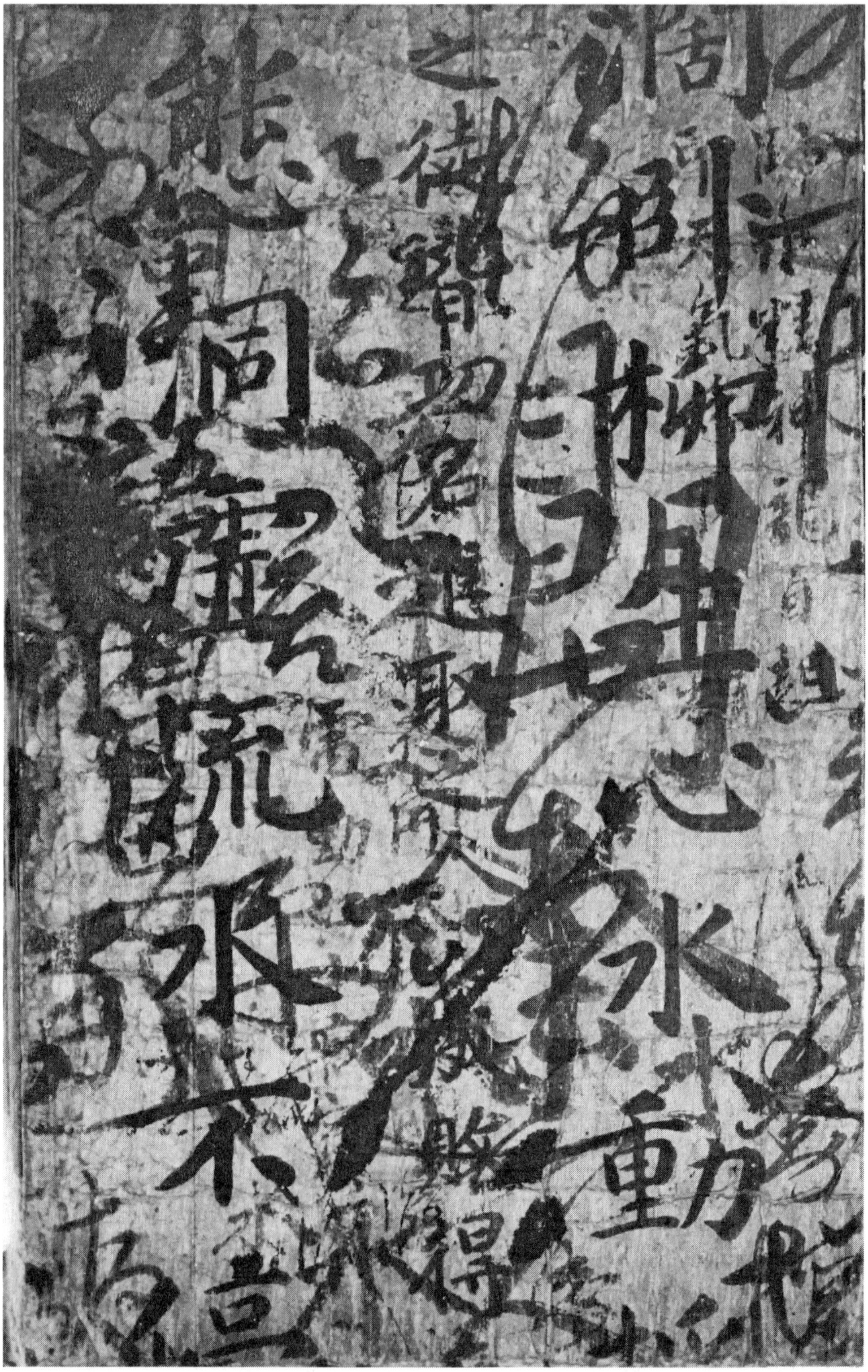

華書

乙巳[illegible]

10b

伱高麗沒本事馬忒不中用

子。殺才 掙扎 撲通 火家 尌耐 不耐煩 悄〻邁迹 蹺
蹊 撒酒風 算他 走了風 打水 搭箭 刺〻疼 空馬
攏馬 鏇馬。眼花 一發 打話 為漢子作漾子的打鎗跑馬
羊角蔥靠南墻越發老辣 猪眼一箇人喫兩箇人不喫
拴的不結宲是一空 果然認得馬狗也赶不上 到底好
牲口騎着纔拿着 走的熱庅他開了。憑他怎麼的罷
不難大隅児 拉了去那不是官牛庅 秃老婆上轎子往
後的事情不理論 怎庅不買出他的命来庅 怨不得

9b

揀軟處埋 估想 打扮 堂客 兩椿大事 動撣不得
光淄淄 扯不過的 捱不過 受用 打趣 倒且靠後
連三接四 給箇沒臉 多禮 妥當 爭些兒 燙酒
来篩下 秧歌 古詞 雪片也似 遮莫 躧了 不忿
撇下鋪馬 經到報至 宿頭 將着 敢未打火 福物
休要 遭是 一千人一千 看顧。照顧 越發 一遭
禁了口 蠻法 大踏步 渾家 酒家 剪拂·八眼 結果
了 剪經 風話 綠林 落草 勾當 文文謅謅 延挨 蠅拂

認麼 情知理罰 猛可裡 驀肽 懶吃 會得 瞧科 知局

不字面皮 𧏾渣也似黃了 了也

了便了 何曾見外 烘衣裳 休要和他一般見識 賭我

感多心 拄拐 好慍存性兒 紫漲了面皮 挑撥 專聽

躍察壁 滿肚中不快活 中人的拖刀之計 在外眠花卧柳

噤聲 䚍風 行市遲 打着羊狗驢騾戰 落錢 仇家

路兒窄 散氣 毬子心腸 能走不能飛 原來是箇隨水

倒舵順水推船的行貨 挨次 恭喜 賊人膽兒虛 瓜兒只

8b

渾的自是渾 行貨 大家 揉子 花木瓜空好看 張望 探頭舒

腦 毛病 登時 胡說 自道 連夜 一不做二不休 一十休 直傒 糊塗

渾脹東西 年下 日逐 托出 兀自 標致 打地 行在 賣美

面生 面生人 眼生眼生人 只是說箇不了 眼見眼勢 對換對馬

撒尿 風聲 使巧兒 便知就裡 不知就裡 沒有王屠連毛吃猪

自古人惡禮不惡 猜了 百依百隨 多管是時常三病四痛

中聽 却又作怪 備馬 摘鞭子 大街上好挨擠不開哩 一味

好 買金的偏不着賣金的 過意不去 三心二意 認真起

8a

還錢　張三殺人李四償命　大歲頭上動土　火裡火去水裡水
去　交鐀交受　綢雖千古不如一綢　各人洗面各人光　八蠻
進寶的一般　要打猢狸不成還惹了一屁股臊　叫天天應叫地
々　似量着做的一般　做一日和尚撞一日鐘　現鐘不打去做
鐘　人沒害虎心虎沒害人心　寃有寃家債有債主　陰天
皮鼓打不響　念經打和尚　本領　發起　造化　晦氣　打閧
節　鐀營　㞎精　肯哭的　葷不葷素不素　東不着西不就
倚子折了無地靠了　佛眼相看　變過臉来　清的自是清

7b

鳳凰不落無寶處 出頭椽兒先腐爛 爛木頭鋸不得 鎚輕
鉄跳 寺破僧醜着佛面 巧者多勞拙者閑
黃花女做媒自己難保 那一箇猫兒不吃腥 肐者子窩帯着鉤
子手心上有鰾 寒天窮漢子走的快 矢在弦上不得不發
旱天開水道須防暴雨時 肐膊往外拐 嚼倒泰山不謝土地
草房尾房睡覺的一般 自古穿青衣抱黑柱 病後兒孝親
強中更有強中手 種瓜得瓜種豆得豆 蚊子搽扇兜自為嘴傷
人一言出口駟馬難追 自屁自驚 心灵的啞吧 張三吃酒李四

能起歹心可甚言詩 仰搧着掙 合蓬着去 大娘子是一
百年家主 小妳妳是一時草花(下) 怠肯守定顔回安貧樂道
一母之子有賢有愚 打鉄磨成針功到自然成 他的擔
的擔兒教我要擔着了 公平交易水漲舡高 一箇槽道
絟不得兩箇兒馬 有錢可以通神 天下老鴉一般黑 鉄匠
家裡好裡刀子沒有 天也不使空人漁火也不知魚名笑
不知樹名 瞎子上嶺不辨高低 人不可貌相海不可斗
量 衣破才不破 天上吊下來的一般 花香蝶不來

7a

6b

為上策○萬事皆休○掃三災救八難的菩薩○非罪泰山一樣
○七顛八倒○尋花問柳○外人說的金字經家人說的耳邊風○
草裡兔狗趕出來心裡話酒趕出來○昨日夢兆好今日大發財○
青旋旋的剃頭○見人之一善一惡說定是非却不難河○慌做一團口
不出氣○動人唇齒○前人栽樹後人看花○打鉄趁熱○出身
有賊掩藏不得○折成兩塊○雙折起來○葉落歸根○左話右
說○拿三道三陽壽已盡鬼差上門上帝也沒奈何○天命水命○打
草驚蛇○天大的札筏子當差你的根前○莊家怎會官裡事○

勤○一日不見來如三秋○布機也似針線○內有訟則○脚步

兜放鬆些○濺 濺著○狂風驟雨樣的刷過了○滿舡的金

銀填不得烟火寨○五百年前寃家撞的一樣○井裏河裏的水

有乾了時候○耕也餒在其中●陳仲子耳無聞目無見○不肯

傷善類○天旋地轉精神昏了○在家千日好出戶一日難○

烤

剉豆腐砍不得了○皮匠家裡失火鞋頭出來凍死不勝燈火

餓死不吃糟糠○棄旧從新○着甬尚有孩子○眼黑地黃○惡

人難化○上帝也不能殺孫行者○依出迷天大罪○三十六計走

6a

5b

在九十九地之下○頭上一打脚底板響的人○當着事粧箇不知當着話粧箇不聽○男僧寺對着女寺無事也有事○馬行的時候牛也走了○滿瓶不搖半瓶搖○掛住了他的絹裏○老鼠尾巴生瘡兒濃水不多○便得一片橘皮吃莫忘了洞庭湖○酒色財氣上超出的也難○樹老花不老人老心不老○功塔兒不壞了○閒時不燒香急来佛脚○讓了甜桃還尋苦奈○兩鯨相爭魚蝦受殃○好話不出門歹話行千里○北京耗子到南京偷油吃好肥了回到南京還是瘦了○矯模矯樣○左右

5a

麽生炯〇學到老不會到老〇孔夫子也只會一腿恐有不
到處〇甭是接人以武我是接人以文可與知者言不可與
不知著道〇坐壇遣將軍〇屁屄大敢吊了心〇人而無信
不知其可也〇慾火天高〇目搖心蕩〇夜眠到明〃眠到
夜〇離門離戶〇砂糖口稱鈎心〇數一數二的〇一五一十
告送〇搖鈴打鼓〇人害人不死天害人纔害死了〇不
讓一步〇針子戳在屁屄左扭不得右扭不得〇右旋左旋〇
天大的事情〇一桶鍾錐小壓重千斤〇甭在三十三千之上他

4b

一般○把爾房子叫謊神廟好○人雖這般々天理未然々○天不從人願○雀兒趕不上老鸛的寸步●黃鼠狼要吃天鵝肉氣力不加○肉包打狗無路回百日打柴一日燒○別要二三其德先行其而後從之○歲寒然後知松栢之後凋○酸甘苦辣都是經過○關王賣豆腐人硬貨不硬○石頭撞釘一般○賣蘿蔔的跟着鹽担子走○肚子裡小鹿突々的跳○有麝自然香何必當風立○竈口不燒火烟洞裡怎

真背後之話豈可全信○教爾咬耗子吃不
要閣老的公鷄管甚麽〻雪裡埋死屍自然
消長出来○千里送鵝毛物輕人意重○將曲
作真〻比他古人也無著〻蝴蝶兒飛來飛去不離
花枝〻不漏一字兒〻 旣吃 王水土豈敢說是非
○一棒打倒兩箇人○十箇瞎子一箇明枝〻外邊
得了一扇家裡還去兩扇門〻貴裡買的貴
裡賣賤裡買的賤裡賣○將酒換酒朋友相會的

4a

兒吃飽麽○尾鑵不離井上破將軍不離陣
前亡○將上不勾比下有勾○觀於海難為水○
知人知面不知心○初入蘆葦不知深淺樣的○孔
夫子也每事問○銅盆撞着鉄刷箒○登樓不
不知自己○把無底坑填得起○亡羊修牢一樣●
十箇明星當不得一箇月兒○文來文對武來
武對兵來將迎水來土掩○爭強不伏弱○不怕
眼
閉眼的佛爺只怕睜眼的金剛○經目之事猶且未

3b

ㅁ뎐

○背孩兒找孩兒○不吃酒齄鼻子○心緊的吃不得熱的

븨히을 잔히을 부치작자비즈 신긴디치부더여

○身在矮簷下不敢不低頭○表裝不如裏裝○將功

신지왜연햐부간부디투 뱌좡부유리좡 쟝궁

折罪罷○一星子火能燒萬頃田○冰厚三尺不是一日之

죄쥐바 이싱즈호능샾완킹텬 비후산치부시이이즈

寒○憂上添憂愁上添愁○車不横行禮不退回

한 위샹텬위추샹텬추 처부흥항리부퇴회

銀器錐破斤窟有○孔夫子第一箇徒弟○一人有福

인치 쉬포긴광의 쿵부즈디이거두디 이인익부

拖帶滿屋○啞子吃黃連苦在心裡○無事不登

투대만우 야즈치황련쿠지신리 우스부등

三寶殿○一傳十十傳百○路上行人口似碑話不虛

산반뎐 이쳔시시쳔비 루샹힝인쿠스비화부쉬

傳○家雞打得團團轉野雞打得滿天飛○一口

쳔 쟈지다더퇀퇀쳔 여지다더만텬비 이쿠

2b

뎐

測風雨人有朝夕禍福○笆籬不牢狗鑽入来○不圖打魚

只圖混水○情人眼裏出西施○毋口不摇尾公狗不上身○上

樑不正底樑不正○觔鈴的是絟鈴的○觔也滐做半蹩

善有善報惡有惡報○兎兒沿山跑還来歸舊窩○鍬

掘井慢慢的等着罷○雷聲大雨點小●園頭的苦瓜一樣着

○鳳生鳳龍生龍耗子生鑽窟窿○天雖高往下看着

里成大事者不愛小貴○但知銀子貴不會幹事難○

海水知深淺人心難忖量○兩步做一步○兩程做一程

과

링 권 반

여울부치 챵잉부좐우붕디지단 샤오치도텬툰도쟢부
葉兒扶持○蒼蠅不鑽無縫的雞鴠○小吃多甜呑多嚼不
란 랖야한샾쥬티헤 쉐샹갸상호샨텬위산분샹
爛●老鴉還笑猪蹄黑○雪上加霜火上添湯○三分像
인치붇스귀 울변붕텅저 무너시호부단권이비와
人七分似鬼○耳邊風聽着○沒爾是活不到今日○譬有
봉샹와울 얀운쟈즈지 구얀인부얀구마치인부치마
縫墻有耳、咬文嚼字的○狗咬人不咬狗馬踢人不踢馬
이번봉호스만탸스리을 나봉쳔투봉 톄피톄루 호단
二般風火事慢條斯禮兒●泥佛勸土佛○貼皮貼肉○大爺
쥬투란쳔단궁스반 부둥쳐무사시즈샨갚져부더텨양 키
猪頭爛錢到公事辦○牛大跐不殺虱子山高遮不得大陽○
반바오 룽쾌즈참할왕랸텅 주란다쉬위왕두봉 션돤투
飯飽弄快子瘡好忘了疼●竹籃打水魚網兜風○先斷後
부뤈 투추부완단다울반 시거즈투얀져두둥 텬와부
不亂○頭醋不酸到底兒薄○十箇持頭咬着都疼○天有不
즈

2a

1b

頭○犯夜的倒拿巡更的○穿梭一般走○一魚混水衆
魚不安○不看僧面看佛面○十箇指頭掙的也活不
得一口○石灰布袋佈到處有蹤○槐樹遍擂寧折不彎
○天下宰相都是秀才做的○纔生鴿的子飛不得高嶺
○當場者亂隔壁心寬○甕裏做了鱉○自家壞的事
要頂扛別人○草怕霜霜怕日○天塌了還有撐天的大漢
子○怕他學舌隨屁兒走○嗔拳不打笑面○藍田之玉未
必盡美涇渭之水未必長濁○牡丹花兒雖好還要綠

1a

華語抄畧

走到日明還不出門○緊吃的飯噎着脖

子○孩子不啼哭娘不妳○那陳風刮甬来

○飢不擇食慌不擇路○一箇椀裏捕不

得兩箇匙飽○扇子雖醜涼風自在噯費心活到老

免○佛淹水裡救不得羅漢○倒貼門神還怕畫

匠○人是衣裝佛是金裝○宮自宮商自商○不得

睡覺怎麽做夢○吃椀飯着鍋飯○人皮裡包狗骨

乙巳清和節

華音

華音

華問

乙巳清和節

華音

華

박재연(朴在淵) 선문대학교 중어중국학과 교수
논문「진주 유씨가 묘 출토 언간의 어휘론적 고찰」
「조선 후기 필사본 한어 회화서 華峰文庫『中華正音』에 대하여」
「『됴야긔문』의 번역양상과 어휘론적 고찰」 외 다수
편저『中朝大辭典』(전9책), 『필사본 고어대사전』(전7책)

박철상(朴徹庠) 고문헌연구가
논문「『완당평전』, 무엇이 문제인가?」
「조선후기 목활자 '장혼자(張混字)' 명칭의 재검토」
「조선후기 문인들의 인장(印章)에 대한 인식의 일면」 외 다수
저서『세한도』
역서『서림청화(書林淸話)』

최정혜(崔晶惠) 선문대학교 중한번역문헌연구소 연구교수
논문「국어 명사구 구성 요소의 의미관계 연구」
「개화기 이후의 표기법 규정과 언어현실」
「중의 어절의 문법 범주별 유형 연구」(공동)
「현대국어 보조사의 분포에 대한 연구」(공동)
「유의어(類義語)의 경계 탐색」(공동) 외 다수

漢語·華語抄畧

共著者：朴在淵·朴徹庠·崔晶惠

鮮文大學校中韓翻譯文獻硏究所(www.itccl.or.kr)
韓國忠淸南道牙山市湯井面葛山里100番地

發行者：河雲根
出版發行：學古房
社址：韓國首爾市恩平區大棗洞213-5 郵編：122-838
電話：(02)353-9907, 356-9903 傳眞：(02)386-8308
版次：2012年 11月 15日 印刷 第1版
2012年 11月 30日 發行 第1版
電子郵址：hakgobang@chol.com
Home-page | http://hakgobang.co.kr
登錄：第311-1994-000001號

ISBN：978-89-6071-281-2 93720
定價 45,000圓